2017–2019

WORLD SOCIAL PROTECTION REPORT

UNIVERSAL SOCIAL PROTECTION TO ACHIEVE
THE SUSTAINABLE DEVELOPMENT GOALS

世界社会保障报告
(2017—2019)
全民社会保护以实现可持续发展目标

国际劳工组织 / 组织编写　华颖　等 / 译校

中国劳动社会保障出版社

图书在版编目(CIP)数据

世界社会保障报告. 2017—2019 / 国际劳工组织组织编写；华颖等译校. -- 北京：中国劳动社会保障出版社，2019

ISBN 978-7-5167-4092-7

Ⅰ.①世… Ⅱ.①国…②华… Ⅲ.①社会保障－研究报告－世界－2017—2019 Ⅳ.①D57

中国版本图书馆 CIP 数据核字（2019）第 156721 号

中国劳动社会保障出版社出版发行

（北京市惠新东街 1 号　邮政编码：100029）

*

中国铁道出版社印刷厂印刷装订　　新华书店经销

787 毫米 × 1092 毫米　16 开本　42 印张　871 千字
2019 年 11 月第 1 版　2019 年 11 月第 1 次印刷
定价：168.00 元

读者服务部电话：（010）64929211/84209101/64921644

营销中心电话：（010）64962347

出版社网址：http://www.class.com.cn

版权专有　　侵权必究

如有印装差错，请与本社联系调换：（010）81211666
我社将与版权执法机关配合，大力打击盗印、销售和使用盗版图书活动，敬请广大读者协助举报，经查实将给予举报者奖励。
举报电话：（010）64954652

目 录

中文版前言 / 1
英文版前言 / 3
致谢 / 5
缩略语表 / 8
图索引 / 12
表索引 / 17
专栏索引 / 19
执行摘要 / 22

1 导论 / 1
  1.1 不让任何一个人掉队：《2030 年可持续发展议程》中的社会保护 / 2
  1.2 构建社会保护体系的进展 / 5
  1.3 监测可持续发展目标中的社会保护：国际劳工组织世界社会保护数据库 / 11
  1.4 本报告的目标和结构 / 12

2 面向儿童的社会保护 / 14
  2.1 通过社会保护满足儿童需要，实现与儿童相关的可持续发展目标 / 15
  2.2 儿童与家庭社会保护制度的类型 / 18
  2.3 有效覆盖：监测有关儿童的可持续发展目标指标 1.3.1 / 20
  2.4 儿童社会保护支出 / 22
  2.5 福利津贴和儿童保育服务的相互补充 / 23
  2.6 全民社会保护增进儿童和家庭福祉 / 24

3 面向劳动年龄女性和男性的社会保护 / 28
  3.1 寻求收入保障 / 28
  3.2 生育保护 / 33
    3.2.1 生育保护和可持续发展目标 / 33
    3.2.2 生育保护制度的类型 / 35
    3.2.3 法律覆盖 / 37

3.2.4 有效覆盖：监测有关新生儿母亲的可持续发展目标指标1.3.1 / 37
3.2.5 确保产假期间收入保障的生育福利之充足性 / 38
3.2.6 孕产妇保健的获得 / 39
3.2.7 实现生育保护全覆盖：机遇与挑战 / 42

3.3 失业保护 / 46
3.3.1 保障收入安全、支持经济结构调整和实现可持续发展目标 / 47
3.3.2 失业保护制度的类型 / 51
3.3.3 法律覆盖 / 54
3.3.4 有效覆盖：监测有关失业的可持续发展目标指标1.3.1 / 55
3.3.5 扩大对无业者的支持：全球趋势 / 58
3.3.6 加强失业保护与积极劳动力市场和创造就业的宏观经济政策之间的关联 / 64

3.4 工伤保护 / 65
3.4.1 在工伤情况下保护劳动者 / 66
3.4.2 工伤保护制度的类型 / 69
3.4.3 有效覆盖 / 70
3.4.4 待遇给付的充足性 / 71
3.4.5 最近的发展：扩大工伤保险 / 71

3.5 残障福利 / 76
3.5.1 保护残障人士，确保其就业、收入安全和自立生活 / 77
3.5.2 残障福利制度的类型 / 79
3.5.3 有效覆盖：监测有关重度残障者的可持续发展目标指标1.3.1 / 80
3.5.4 实现对残障人士的普遍社会保护：近期发展与挑战 / 80

4 面向老年群体的社会保护——通过养老金体系对抗贫困 / 86
4.1 可持续发展目标和老年收入保障 / 87
4.2 养老金制度的类型 / 89
4.3 法律覆盖 / 89
4.4 有效覆盖：监测有关老年人的可持续发展目标指标1.3.1 / 91
4.5 养老金覆盖的全球趋势：为所有老年人提供普遍的社会保护 / 94
4.6 老年人群社会保护支出 / 99
4.7 老年收入保障的不平等和长期性别差距 / 103
4.8 为老年人提供真正收入保障的养老金的充足性 / 106
4.8.1 防止养老金贬值：确保定期调整 / 108
4.8.2 在财政整固和紧缩政策的背景下改革养老金体系 / 109
4.9 逆转养老金私有化 / 113
4.9.1 三十年来养老金私有化的教训 / 113

4.9.2 重返公共养老金体系 / 117
4.10 确保老年人群的收入保障：持续的挑战 / 119

5 迈向全民健康覆盖 / 121
    5.1 关于健康保障的国际劳工组织公约和其他国际标准：实现可持续发展目标的有利框架 / 122
    5.2 健康保障的不足 / 124
        5.2.1 实现全民健康覆盖的可持续性发展目标方面的城乡差距：全球和区域的评估 / 125
        5.2.2 全球和区域的长期护理覆盖情况 / 130
    5.3 对全民健康覆盖投入的就业潜力 / 135
    5.4 实现全民健康覆盖的政策优先项 / 139
        5.4.1 扩大社会保护覆盖面，提高健康和长期护理服务的可及性，提供全民保障 / 140
        5.4.2 为足够数量的卫生人员和长期护理人员创造体面工作 / 140
        5.4.3 应停止以下做法：以家庭成员的无偿劳动填补长期护理劳动力缺口、低技能或无技能的社区健康志愿者 / 141
    5.5 全民健康覆盖：近期趋势 / 141

6 监测社会保护的发展进程：区域趋势 / 146
    6.1 非洲 / 147
        6.1.1 社会保护的区域挑战和工作重点 / 147
        6.1.2 社会保护的有效覆盖：监测非洲的可持续发展目标指标 1.3.1 / 150
        6.1.3 社会保护支出（不含医疗卫生）的趋势 / 162
        6.1.4 区域展望 / 165
    6.2 美洲 / 166
        6.2.1 社会保护的区域挑战和工作重点 / 166
        6.2.2 社会保护的有效覆盖：监测美洲地区可持续发展目标指标 1.3.1 / 167
        6.2.3 社会保护支出（不含医疗卫生）的趋势 / 174
        6.2.4 区域展望 / 177
    6.3 阿拉伯国家 / 178
        6.3.1 社会保护的区域挑战和工作重点 / 178
        6.3.2 社会保护的有效覆盖：监测阿拉伯国家可持续发展目标指标 1.3.1 / 179
        6.3.3 社会保护支出（不含医疗卫生）的趋势 / 186
        6.3.4 区域展望 / 188
    6.4 亚太地区 / 189

6.4.1 社会保护的区域挑战和工作重点 / 189
6.4.2 社会保护的有效覆盖：监测亚太地区可持续发展目标指标1.3.1 / 192
6.4.3 社会保护支出（不含医疗卫生）的趋势 / 201
6.4.4 区域展望 / 203

6.5 欧洲和中亚 / 205
6.5.1 社会保护的区域挑战和工作重点 / 205
6.5.2 社会保护的有效覆盖：监测欧洲和中亚可持续发展目标指标1.3.1 / 207
6.5.3 社会保护支出（不含医疗卫生）的趋势 / 215
6.5.4 区域展望 / 218

7 监测社会保护的发展进程：全球展望 / 220
7.1 社会保护体系（含底线制度）的进展 / 221
7.1.1 在全球层面监测可持续发展目标指标1.3.1 / 221
7.1.2 建立社会保护统计知识库，监测可持续发展目标 / 226
7.2 向全民社会保护迈进并实现可持续发展目标 / 227
7.2.1 将社会保护覆盖面扩大至非正规经济部门中的群体，并促进其向正规经济部门转型 / 228
7.2.2 推动包括底线制度在内的包容性社会保障体系 / 230
7.2.3 确保充足的保障水平 / 231
7.2.4 应对人口结构变化 / 232
7.2.5 劳动和社会保护的未来 / 235
7.2.6 短期紧缩措施的挫折 / 237
7.2.7 即使最贫穷的国家也存在发展社会保护的财政空间 / 242
7.2.8 移民的社会保护 / 244
7.2.9 在危机和脆弱环境下建立社会保护体系 / 245
7.2.10 加强社会保护对环境方面的应对 / 247
7.3 全民社会保护全球伙伴关系 / 248

附件一 术语表 / 252
附件二 衡量社会保护的有效覆盖、法律覆盖和支出 / 257
附件三 国际劳工组织社会保障标准的最低要求：概览表 / 271
附件四 统计表 / 284

参考文献 / 610
国际统计和数据来源 / 634

中文版前言

《世界社会保障报告（2017—2019）》是国际劳工组织（ILO）组织编写的一部全面评估全球社会保障制度发展情况的报告。它采用生命周期方法，用各国提供的翔实数据，对全球社会保障制度的覆盖面、待遇和支出水平等进行了系统的描绘与分析，全面反映了各国在扩大社会保障覆盖面上所取得的最新进展、存在的问题和面临的主要挑战，同时督促各国直面人口老龄化、低经济增长、移民、冲突和环境问题以及不断涌现的新的就业形态，更加重视社会保障制度建设与发展，以便在新时代背景下继续促进各国人民社会保障权益长足发展。因此，这是一部最新的、全景式的全球社会保障报告。

中国的社会保障制度建设始于中华人民共和国成立后的20世纪50年代，近年来伴随经济体制改革与社会转型已进入全面而深刻的制度变革时期。经过多年的艰辛探索，与计划经济体制相适应的国家—单位保障制迈向了与市场经济体制相适应的国家—社会保障制。在这一转变过程中，以国家负责、单位包办、板块结构、单一层次、封闭运行为基本特征的传统社会保障体系已经被政府主导、责任分担、社会化、多层次化的新型社会保障体系所取代，实现了从少数人专利到全体人民共享、从城乡分割向城乡一体化、从免费型制度安排为主到缴费型制度安排为主、从待遇水平有限向待遇水平稳步提升的转变，社会保障已经成为中国全体人民共享国家发展成果的基本途径与制度保障。中国社会保障覆盖面的快速扩展和保障水平的稳步提升，为当今世界提供了一个社会保障发展与经济增长同步的案例，亦为全球社会保障的发展做出了非常重要的贡献。然而，在充分肯定中国社会保障改革与制度建设所取得的巨大成效的同时，还必须看到，新型社会保障体系还未真正成熟、定型，发展中的认识误区、制度安排中的缺陷和体制机制的欠完善，均在影响着这一制度的进一步发展。特别是中国社会保障面临的挑战不仅表现在人口众多、发展不平衡、经济增长进入中低速度的新常态等方面，还表现在人口老龄化之速度、规模和家庭保障功能的持续弱化，以及数字经济带来的新业态持续扩张等方面，这些挑战较其他国家更加显著，特别需要积极稳妥地应对。在中国社会保障制度变革从长期试验性改革状态走向成熟、定型发展的新时代的背景下，了解世界各国社会保障的发展进展，借鉴其他国家的经验，尤其显得必要。因此，本书的出版，对中国社会保障政策层面与学术研究而言，其重要性是不言而喻的。

感谢国际劳工组织将本书的中文翻译出版权独家授予中国社会保障学会并具体委托华颖博士组织实施，这使中国读者能够一睹全球社会保障发展现状，亦为中国社会保障的改革与发展提供了全方位的参照。

感谢中国社会科学院人口与劳动经济研究所的华颖博士高效率地主持完成了本书的翻译任务。在实施过程中，华颖组织了包括蔡泽昊博士、陶冶博士、杨无意博士生、胡文秀博士生、黄莎博士生在内的翻译小组并分别承担相应的初稿翻译任务。其中，第1章、第2章、第7章（含附件中对应的数据表，下同）译者为蔡泽昊；第3章译者为杨无意；第4章译者为陶冶；第5章译者为胡文秀；第6章译者为黄莎、杨无意。全书最后由华颖统一修订、校正并定稿。

感谢国际劳工组织北京局项目官员李青宜女士，她为本书的翻译与出版做了许多协调工作，在国际劳工组织与中国社会保障学会之间搭建了友好的桥梁。

作为全国社会保障及相关领域的专家学者联合体与社会保障学术共同体，中国社会保障学会的重要使命是助力中国社会保障改革与制度建设，并在不断增进国际交流中让世界了解中国社会保障的改革与发展。因此，中国社会保障学会与国际劳工组织的合作，既是构筑中国了解世界的社会保障专业桥梁，也是开辟世界了解中国社会保障的专业窗口。本书是双方继合作组织研究并撰写《全球社会保障与经济发展关系：回顾与展望》之后，又一项友好合作的重要成果，相信它的出版一定会给中国读者提供丰富的养分。

郑功成

中国社会保障学会会长

2019年6月18日

英文版前言

自国际劳工组织 1919 年创建以来，社会保护①（社会保障）权就是其职责的重要组成部分。从那时起，国际劳工组织一直支持其成员国基于国际公认的社会保障标准和良好实践，逐步扩大覆盖面并建设其社会保护制度。在 100 年以前，只有少数国家施行了社会保护制度；而现如今，几乎所有国家都实施了社会保护制度，并持续致力于扩大社会保护覆盖面、提高待遇水平。

在此期间，国际劳工组织制定并通过了一系列国际标准，建立了社会保障权的规范性框架。作为对国际人权文书的补充，现如今这个规范性框架包括 16 项最新的指导国家社会保障政策的社会保障标准。其中，最新通过的标准，即 2012 年的国际劳工组织《第 202 号建议书 关于国家社会保护底线的建议书》，反映了全球三方承诺，即保证以国家确定的社会保护底线的形式向所有人提供至少基本水平的社会保障，并确保逐渐扩大保护范围、提高保护水平。

这一建立社会保障体系的承诺，包括社会保护底线，也反映在《2030 年可持续发展议程》（以下简称《2030 年议程》）当中。最突出的是，可持续发展目标（SDGs）② 1.3 呼吁各国实施适合本国国情的全民社会保障制度，包括旨在减少和预防贫困的社会保护底线（最低标准）。此外，社会保障对于可持续发展的重要性反映在其他几个目标中，包括全民健康保障（可持续发展目标 3.8）、性别平等（可持续发展目标 5.4）、体面劳动和经济增长（可持续发展目标 8.5）以及更高程度的平等（可持续发展目标 10.4）。社会保护政策不仅保护人们在生命周期内免受各种冲击的影响，而且在提振国内需求和生产力、支持国民经济结构转型以及促进体面劳动方面发挥着关键作用。

鉴于到 2030 年要实现的宏伟目标，《世界社会保障报告（2017—2019）》采用生命周期方法，全面评估了全球社会保护体系的现状，包括社会保护的覆盖面、待遇和支出水平。本报告突出强调了各国在扩大社会保护覆盖面上所取得的进展和仍待弥合的缺口，并讨论了在实现社会保障权方面面临的主要挑战。基于全面的国际劳工组织世界社会保护数据库和国际劳工组织社会保障调查（向各国提交的行政管理调查），本报告提出了对监测可持续发展目标指标 1.3.1 的分类覆盖指标的首次估计。本报告提供了关于

---

① 译者注：就内容而言，社会保护与社会保障基本一致，本报告中亦互换使用。中国学术语境下，通常使用中国人更耳熟能详的社会保障概念。

② 世界各国领导人于 2015 年 9 月在联合国通过了一系列的可持续发展目标（SDGs）。

社会保障各个方面的广泛、深入的国家层面统计数据，因此可作为政策制定者和所有对社会保护感兴趣之人士的重要参考。

尽管社会保护是《2030年议程》的核心，但全球约有71%的人口没有或仅部分享有社会保护体系，社会保障权对这部分人群尚未成为现实。显然，各国需要加强措施来实现这一权利。

与此同时，世界正面临一些根本性的挑战，如人口变化、低经济增长、移民、冲突和环境问题。就业模式正在迅速变革，这伴随着不断涌现的新形式的就业、有限的工作和收入保障、充分社会保护的缺乏。包括中产阶级在内的人群的收入不安全感日益增加，加之体面劳动的不足，在许多国家导致了对社会正义认知的重大影响，并对隐性社会契约构成了挑战；而在另一些国家，财政整固政策已经威胁到在实现社会保障人权和其他人权方面取得的长期进展。

这些挑战可以而且必须加以应对。将社会保护覆盖面扩大到之前被其排除在外的人群并使社会保护制度适应新的工作和就业形式，对解决体面劳动不足、降低脆弱性和不安全而言至关重要。

在我们这个时代，社会保护的意义毋庸置疑。社会保护措施不仅支持社会保障权的实现，而且是经济和社会必需品。设计精良的社会保护体系有助于减少贫困和不平等，同时增强社会凝聚力和政治稳定性。在非洲、亚洲、拉丁美洲和加勒比地区，一些低收入和中等收入国家加强社会保护体系的大胆努力突显了社会保护对包容性经济增长的重要作用。这种建立社会保护体系（包括社会保护底线制度）的进展表明，我们的社会有能力为所有人提供至少基本水平的社会保障，并逐步扩大社会保障的覆盖范围和保障水平。

我希望这份报告能成为相关从业人士的宝贵工具，并作为政策制定者追求加强社会保护、促进社会正义和可持续发展的循证资源。

盖·莱德

Guy Ryder

国际劳工组织总干事

致 谢

本报告由国际劳工组织社会保障司和行业专家组成的编写小组完成，该小组由国际劳工组织社会保障司司长 Isabel Ortiz 和社会政策处处长 Christina Behrendt 监督和协调。国际劳工组织社会保障司的同事们为这份报告做出了特殊贡献（按字母顺序排列）：社会保护政策官员 James Canonge，数据和计量经济学前专家 Jeronim Capaldo，社会保护官员 Loveleen De，公共财政、精算和统计处处长 Fabio Durán Valverde，社会保护官员 Victoria Giroud-Castiella，亚洲社会保障专家 Aidi Hu，社会保护分析师 Kagisanyo Kelobang，社会保护政策和研究初级官员 Quynh Anh Nguyen，规划、伙伴关系和知识共享部主管 Karuna Pal，精算服务处处长 André Picard，卫生政策高级协调员 Xenia Scheil-Adlung，社会保障司副司长 André Schmitt，社会保障法律专家 Emmanuelle Saint Pierre-Guilbault，法律官员 Maya Stern Plaza，社会保护政策初级专家官员 Ippei Tsuruga，社会保护财务初级专家官员 Stefan Urban，社会保护官员 Clara van Panhuys 和社会保障专家 Veronika Wodsak。

国际劳工组织外地办公室（ILO field offices）的同事们也为这份报告做出了贡献（按字母顺序排列）：开罗，国际劳工组织北非体面工作组社会保障专家 Pascal Annycke；雅温得，国际劳工组织中非体面工作组社会保障专家 Dramane Batchabi；智利圣地亚哥，国际劳工组织拉丁美洲南椎体面工作组主任 Fabio Bertranou；佛得角，国际劳工组织社会保护技术官员 Joana Borges Henriques；达喀尔（办公室），国际劳工组织西非体面工作组原社会保障高级技术专家 Theopiste Butare；智利圣地亚哥，国际劳工组织拉丁美洲南部体面工作组社会保护和经济发展专家 Pablo Casalí；曼谷，国际劳工组织东亚和东南亚及太平洋体面工作组社会保护高级技术专家 Nuno Cunha；贝鲁特，国际劳工组织阿拉伯国家区域办事处 Hiba Dbaibo；比勒陀利亚，国际劳工组织东非和南部非洲体面工作组社会保障专家 Luis Frota；布达佩斯，国际劳工组织中东欧体面工作组社会保护高级专家 Kenichi Hirose；贝鲁特，国际劳工组织阿拉伯国家区域办事处社会保障高级专家 Ursula Kulke；北京，国际劳工组织中国和蒙古国家办事处国家项目官员 Qingyi Li；国际劳工组织肯尼亚办事处国家项目协调员 Hellen Magutu；卢萨卡，国际劳工组织驻赞比亚、马拉维和莫桑比克国家办事处国家项目官员 Patience Matandiko；达累斯萨拉姆，国际劳工组织驻坦桑尼亚联合共和国、肯尼亚、卢旺达和乌干达国家办事处国家项目官员 Dampu Ndenzako；卢萨卡，国际劳工组织驻赞比亚、马拉维和莫桑比克国家办事处首席技术顾问 Luca Pellerano；曼谷，国际劳工组织亚太区域办事处首席技顾问 Céline Peyron Bista；卢萨卡，国际劳工组织驻赞比亚、马拉维和莫桑比克国家办事处社会卫生保障专家 Marielle Phe Goursat；西班牙港，国际劳工组织西班牙港加勒比地区体面工作组，社会保护和职业安全与卫生专家 Ariel Pino；新德里，国际劳工组织南亚体面工作组社会保障高级专家 Markus Ruck；墨西哥，国际劳工组织驻墨西哥和古巴国家办事处社会保护和经济发展专家 Helmut Schwarzer；利马，国际劳工组织安第斯国家体面工作组社会保障专家 Sergio Velasco；国际劳工组织莫桑比克社会保护专家 Ruben Vicente Andres。

另外，国际劳工组织性别平等与多样性部门生育保障和工作家庭专家 Laura Addati 为第 2 章和关于生育保护的第 3.2 节做出了贡献。该部门残障问题高级专家 Stefan Trömel 和残障包容官员 Jürgen Menze 对关于残障福利的第 3.5 节做出了贡献。国际劳工组织全球工伤保险项目主管 Anne Drouin、工伤高级政策顾问 Hiroshi Yamabana 以及初级精算及政策分析师 Cristina Lloret 共同撰写了关于工伤保护的第 3.4 节。国际劳工组织国际劳工标准司前法律专家 Kroum Markov 为关于养老金的第 4 章做出了贡献。

数据收集和处理的大量工作，包括设计和开展国际劳工组织社会保障调查、收集和验证各国的数据以及将其汇编为国际劳工组织世界社会保护数据库的工作，由社会保障司司长 Isabel Ortiz 监督，由国际劳工组织社会保障司公共财政、精算和统计部主任 Fabio Durán Valverde 领导的小组编写。该小组成员如下（按照字母顺序排列）：精算与社会保护顾问 Sara Abdulrehim；社会保障精算师 Andrés Acuña Ulate；数据和计量经济学专家、现（任职于）国际劳工组织研究司 Jeronim Capaldo；社会保护技术官员 Luis Cotinguiba；社会保护官员（统计师）Valeria Nesterenko；以及实习生 Zhiming Yu，顾问 Vanessa Sampaio 和 Roshelle Wee Eng。这项工作是在与国际社会保障协会（ISSA）的密切合作中完成的，由以下人士监管：国际社会保障协会社会保障发展部主任 Dominique La Salle，卓越中心负责人 Raúl Ruggia Frick，项目经理和原技术官员 Shea McClanahan，《国际社会保障评论》的编辑和管理者 Roddy McKinnon。首席统计师/统计司司长 Rafael Diez de Medina 和国际劳工组织统计司数据和分析部主任 Stephen Kapsos 为区域和全球估计提供了支持，以使其与国际劳工组织监测的其他可持续发展目标相符。特别感谢联合国经济和社会事务司统计部可持续发展目标监测处处长 Yongyi Min 领导的团队以及为数据收集工作做出贡献的各国统计局。

本报告得到了国际劳工组织副总局长 Deborah Greenfield、国际劳工组织研究司司长 Sangheon Lee 和国际劳工组织总干事高级顾问 James Howard 的指导。除了上述所列举的人士以外，本报告还得益于国际劳工组织其他技术部门和外地办事处同事的建议，包括就业政策司司长 Azita Berar Awad；雇主活动司司长 Deborah France-Massin；工作条件和平等司司长 Manuela Tomei；雇主活动局副局长 Rafael Gijon；欧洲和中亚区域办事处副局长 Rie Vejs-Kjeldgaard；治理和三方机制司社会对话和三方机制处处长 Youcef Ghellab；工作条件与平等司，劳动移民部主任 Michelle Leighton；工作条件和平等司，包容性劳动力市场、劳动关系和工作条件部主任 Philippe Marcadent；工作条件

致 谢

与平等司,性别、平等与多样性部主任 Shauna Olney;工作条件和平等司,经济学家和劳动力市场专家 Mariya Aleksynska;工作条件和平等司技术官员 Kofi Amekudzi;研究司经济学家 Antonia Aseno;就业政策司技术官员 Zulum Avila;工作条件和平等司高级经济学家和劳动力市场专家 Janine Berg;工作条件和平等司,劳动力市场专家 Florence Bonnet;就业政策司,青年就业技能发展政策和项目部 Laura Brewer;研究司高级经济学家 Marva Corley-Coulibaly;工作条件和平等司技术官员 Rishab Dhir;研究司研究官员 Elizabeth Echeverria Manrique;研究司高级经济学家 Ekkehard Ernst;研究司的 Verónica Escudero;工作条件和平等司,性别平等研究和数据官员 Valeria Esquivel;研究司研究官员 Takhmina Karimova;工作条件和平等司,劳动移民专家 Samia Kazi Aoul;就业政策司技术官员 Vicky Leung;工作条件和平等司,残障包容官员 Jürgen Menze;雇主活动司高级关系专家 Henrik Møller;国际劳工组织欧洲和中亚区域办事处初级专业官员 David Mosler;开罗,国际劳工组织北非体面工作组,雇主活动高级专家 Eric Oechslin;工作条件和平等司,平等和无歧视高级专家 Martin Oelz;国际劳工组织中美洲、海地、巴拿马和多米尼加体面工作组,国家项目协调员 José Francisco Ortiz;研究司经济学家 Clemente Pignatti;研究司初级研究官员 Ira Postolachi;莫斯科,国际劳工组织东欧和中亚体面工作组高级专家 Mikhail Pouchkin;研究司高级技术专家兼组长 Catherine Saget;就业政策司管理和协调部主任 Dorothea Schmidt-Klau;研究司研究官员 Pelin Sekerler Richardi;莫斯科,国际劳工组织东欧和中亚体面工作组社会保护官员 Artiom Sici;国际劳工组织研究部高级经济学家 Steven Tobin;就业政策司高级经济学家 Mito Tsukamoto;雇主活动局,主管官员关系/TC(亚洲)Sanchir Tugschimeg;以及两位匿名同行评审的意见。

国际劳工组织社会保护部的计划、伙伴关系和知识共享部部长 Karuna Pal 和社会保护官员 Victoria Giroud-Castiella 共同协调本报告的编辑、翻译、制作、出版和传播。诚挚感谢:编辑 May Hofman;国际劳工组织文件和出版物制作、印刷和分发(PRODOC)小组;国际劳工组织图书馆 Richelle van Snellenberg、Susana Cardoso 和 Stéphane Givkovic;国际劳工组织通讯司 Martin Murphy、Adam Bowers、Chris Edgar、Jean-Luc Martinage 和 Edyta Radwillowicz;以及其他许多参与编写本报告的人士。

缩略语表

ABND	基于评估的全国性对话
ADB	亚洲开发银行
ASEAN	东南亚国家联盟
AU（C）	非洲联盟（委员会）
BCG	卡介苗
BPS	社会保障机构（乌拉圭）
BRICS	金砖国家（巴西、俄罗斯联邦、印度、中国、南非）
CARICOM	加勒比共同体
CBHI	社区健康保险
CCT	有条件的现金转移支付
CEACR	国际劳工组织公约与建议书实施专家委员会
CESCR	联合国经济、社会及文化权利委员会
CFA	缴费型家庭津贴
CMP	儿童津贴项目（蒙古）
CNPS	国家社会养老金中心（佛得角）
CRPD	联合国《残疾人权利公约》
CRC	联合国《儿童权利公约》
DB	待遇确定型/既定给付制
DC	缴费确定型/既定供款制
DPT	白喉疫苗
DRC	刚果（金）
EAC	东非共同体
ECLAC	联合国拉丁美洲和加勒比经济委员会
ECOWAS	西非国家经济共同体
EII	工伤保险
EOBI	雇员老年福利机构（巴基斯坦）
ESCAP	联合国亚洲及太平洋经济和社会委员会
ESCWA	联合国西亚经济社会委员会

ESSPROS	欧洲综合社会保护统计系统
ETI	就业税收激励
EU	欧洲联盟
FAO	联合国粮食及农业组织
FTE	全职人力工时
GCC	海湾合作委员会
GDP	国内生产总值
GHG	温室气体
GNI	国民总收入
IADB	美洲开发银行
ICESCR	1966年《经济、社会及文化权利国际公约》
ILO	国际劳工组织
IMF	国际货币基金组织
ISSA	国际社会保障协会
ITCILO	国际劳工组织国际培训中心
LAC	拉丁美洲和加勒比地区
LEAP	生计增能扶贫项目（加纳）
LTC	长期护理
MERCOSUR	南方共同市场
MGNREGS	圣雄甘地国家农村就业保障法案，2005年（印度）
MISSOC	欧盟委员会社会保护交互信息系统
MMR	孕产妇死亡率
NGO	非政府组织
NSIS	国家社会保险制度（孟加拉）
OAP	老年养老金
ODA	官方发展援助
ODI	海外发展研究所（英国）
OECD	经济合作与发展组织
OHCHR	联合国人权事务高级专员办事处
OOP	自费支付
OPT	巴勒斯坦被占领土
OPV	口服脊髓灰质炎疫苗
OVC	孤儿和脆弱儿童
PAYG	现收现付
PNBSF	国家家庭保障项目（塞内加尔）

PSSC	巴勒斯坦社会保障法人组织
PSNP	生产性安全网项目（埃塞俄比亚）
SAARC	南亚区域合作联盟
SADC	南部非洲发展共同体
SASSA	南非社会保障局
SDGs	可持续发展目标
SESSI	信德雇员社会保障机构（巴基斯坦）
SI	社会保险
SOCR	经合组织社会福利受益人数据库
SocSO	社会保障组织（马来西亚）
SPF-I	联合国社会保护底线倡议
SPI	社会保护指数
SPIAC-B	社会保护机构间合作委员会
SSA	美国社会保障总署
SSI	社会保障调查（国际劳工组织）
THE	卫生总费用
UAE	阿拉伯联合酋长国
UBI	普遍基本收入
UCA	普遍儿童津贴（阿根廷）
UDHR	1948年《世界人权宣言》
UHC	全民健康覆盖
UISA	失业个人储蓄账户
UN	联合国
UNDAF	联合国发展援助框架
UNDG	联合国发展集团
UNDOCO	联合国发展业务协调办公室
UNDP	联合国开发计划署
UNDRIP	2007年《联合国土著人民权利宣言》
UNFCCC	联合国气候变化框架公约
UNFPA	联合国人口基金会
UNHCR	联合国难民事务高级专员办事处
UNICEF	联合国儿童基金会
UNRISD	联合国社会发展研究所
UNSSC	联合国系统职员学院
UNWPP	联合国《世界人口展望》

USAID	美国国际开发署
VAT	增值税
WB	世界银行
WFP	世界粮食计划署
WHO	世界卫生组织

图索引

图1 可持续发展目标指标1.3.1：全球和区域社会保护的有效覆盖（按人口群体分列，估计值，%）

图1.1 1900年以前到2010年以后对社会保护项目进行全国性立法的国家占比，按政策领域分列

图1.2 可持续发展目标指标1.3.1：2015年至少被一项社会保护福利待遇有效覆盖的人口占总人口的百分比

图2.1 儿童和家庭福利制度一览（定期现金给付），按制度和给付类型划分，2015年或最近可用年份

图2.2 可持续发展目标指标1.3.1关于儿童和家庭的有效覆盖：各区域领取儿童和家庭津贴的儿童和家庭所占百分比，最近可用年份

图2.3 儿童社会保护的公共支出（不含医疗卫生）占GDP百分比，以及0~14岁儿童占总人口的百分比，最近可用年份

图3.1 劳动年龄人口的社会保护公共支出（不包括医疗卫生）占GDP百分比和劳动年龄人口（15~64岁）占总人口比重（%），最近可用年份

图3.2 劳动年龄人口的社会保护公共支出（不包括医疗卫生）占GDP百分比，按收入水平分列，最近可用年份

图3.3 可持续发展目标指标1.3.1对新生儿母亲的有效覆盖：领取生育福利津贴的生育女性所占百分比，按区域分列，2015年或最近可用年份

图3.4 各区域产前保健覆盖率，最近可用年份（占活产数的百分比）

图3.5 由熟练医务人员接生的出生数，最近可用年份（%）

图3.6 部分国家孕产妇保健服务获得的不平等，按财富的五分位数，最近可用年份（%）

图3.7 孕产妇死亡率（每10万例活产）和由熟练医务人员接生的活产数的百分比，2015年

图3.8 失业保护制度概览，按制度和待遇给付类型划分，2015年或最近可用年份

图3.9 失业福利的法律覆盖：按区域分列的被失业保护制度所覆盖的劳动者所占

百分比，最近可用年份

图 3.10　可持续发展目标指标 1.3.1 关于对失业者的有效覆盖：领取失业福利失业者所占百分比，最近可用年份

图 3.11　可持续发展目标指标 1.3.1 关于对失业者的有效覆盖：领取福利津贴（缴费或非缴费）的失业者所占百分比，最近可用年份

图 3.12　可持续发展目标指标 1.3.1 关于对失业者的有效覆盖：领取失业福利的失业者所占百分比和面临贫困风险的 16~64 岁失业者比例，部分欧洲国家，2015 年

图 3.13　工伤保护的有效覆盖：部分国家中活跃缴费者占劳动力的百分比，2015 年或最近可用年份

图 3.14　部分国家工伤保护制度对永久残障待遇给付的替代率，2015 年或最近可用年份（%）

图 3.15　部分国家工伤保护制度对暂时残障待遇给付的替代率，2015 年或最近可用年份（%）

图 3.16　残障福利津贴制度概览，按制度和给付类型划分，2015 年

图 3.17　可持续发展目标指标 1.3.1 关于重度残障者的有效覆盖：领取残障福利津贴的重度残障者的百分比，按区域分列，2015 年或最近可用年份

图 3.18　部分国家经残障相关费用调整后对已衡量贫困率的影响（%）

图 4.1　按项目和给付类型划分的养老金制度概览，2015 年或最近可用年份

图 4.2　养老金法律覆盖：劳动年龄人口（15~64 岁）中按现行法律被强制缴费型和非缴费型养老金覆盖的人口所占百分比，按区域和制度类型分列，最近可用年份

图 4.3　可持续发展目标指标 1.3.1 关于老年人的有效覆盖：法定可领取养老金年龄以上人口中领取养老金者所占百分比（按区域分列，最近可用年份）

图 4.4　养老金有效覆盖：养老金制度活跃缴费人口占劳动力和劳动年龄人口的百分比（按区域分列，最近可用年份）

图 4.5　可持续发展目标指标 1.3.1 关于老年人的有效覆盖：法定可领取养老金年龄以上人口中领取养老金者所占百分比的比较（2000 年和 2010—2016 年）

图 4.6　用于法定领取养老金年龄以上人口的养老金及其他福利待遇（不包括医疗）的社会保护公共支出（占 GDP 百分比），以及 65 岁及以上老年人口占总人口的比例（百分比），最近可用年份

图 4.7　用于法定领取养老金年龄以上人口的养老金及其他福利待遇（不包括医疗卫生）的社会保护公共支出（占 GDP 百分比），按照收入水平分列，最近可用年份

图 4.8　养老金有效覆盖：劳动力中向养老金制度缴费者所占百分比（按性别分列，最近可用年份）

图 4.9　可持续发展目标指标 1.3.1 关于老年人有效覆盖：法定可领取养老金年龄以上人口中领取养老金者所占百分比（按性别分列，最近可用年份）

图 4.10　欧洲部分国家公共养老金制度在退休时的平均替代率（%）（2013 年和 2060 年的预测值）

图 5.1　2015 年全球农村人口中未通过立法、从属关系或健康保险获得健康保障的人口所占百分比

图 5.2　2015 年按区域分列的农村和城市法律覆盖缺口（人口所占百分比）

图 5.3　全球农村和城市地区卫生人力短缺

图 5.4　由于卫生人力短缺导致农村和城市地区无法获取健康服务的人口（百分比）

图 5.5　2015 年柬埔寨农村和城市地区健康保障覆盖和获取医疗保健服务不足的情况

图 5.6　2015 年尼日利亚农村和城市地区健康保障覆盖和获取医疗保健服务不足的情况

图 5.7　2013 年世界 65 岁以上人口的区域分布（百分比）

图 5.8　2015 年按区域分列的长期护理已有劳动力和实现全覆盖的缺口

图 5.9　2015 年由于人力短缺造成 65 岁及以上人口无法获取长期护理的百分比

图 5.10　2014 年各收入水平国家由于卫生部门劳动力短缺导致无法获取医疗保健的情况（占总人口的百分比）

图 5.11　2016 年全球健康保障供应链的就业规模和构成

图 5.12　为实现全民健康覆盖，包括有偿和无偿的、卫生职业（HO）和非卫生职业人员（NHO）的当前和未来的就业潜力（单位：百万，包括公共和私营部门就业，2016 年或最近可用年份）

图 5.13　到 2030 年各区域为实现全民健康覆盖增加的潜在就业

图 6.1　可持续发展目标指标 1.3.1：非洲至少被一项社会保护福利待遇有效覆盖的人口所占百分比，2015 年或最近可用年份

图 6.2　可持续发展目标指标 1.3.1 关于儿童和家庭的有效覆盖：非洲获得儿童和家庭福利津贴的儿童和家庭比例，2015 年或最近可用年份

图 6.3　可持续发展目标指标 1.3.1 关于新生儿母亲的有效覆盖：非洲获得生育福利津贴的生育女性所占百分比，2015 年或最近可用年份

图 6.4　可持续发展目标指标 1.3.1 关于失业人员的有效覆盖：非洲获得失业福利津贴的失业人员所占百分比，最近可用年份

图 6.5　可持续发展目标指标 1.3.1 关于重度残障者的有效覆盖：非洲获得残障福利津贴的重度残障者所占百分比，2015 年或最近可用年份

图 6.6　可持续发展目标指标 1.3.1 关于老年人的有效覆盖：非洲获得老年养老金者占超过法定可领取养老金年龄人口的百分比，最近可用年份

图 6.7　可持续发展目标指标 1.3.1 关于脆弱人群的有效覆盖：非洲获得非缴费型福利津贴的脆弱人口所占百分比，2015 年或最近可用年份

图 6.8　非洲不含医疗卫生的社会保护公共支出（占 GDP 百分比），最近可用年份

图 6.9　非洲不含医疗卫生的社会保护支出构成（占 GDP 百分比），最近可用年份

图 6.10　可持续发展目标指标 1.3.1：美洲至少被一项社会保护福利待遇有效覆盖的人口所占百分比，2015 年或最近可用年份

图 6.11　可持续发展目标指标 1.3.1 关于儿童和家庭的有效覆盖：美洲获得儿童和家庭福利津贴的儿童和家庭比例，2015 年或最近可用年份

图 6.12　可持续发展目标指标 1.3.1 关于新生儿母亲的有效覆盖：美洲获得生育福利津贴的生育女性所占百分比，2015 年或最近可用年份

图 6.13　可持续发展目标指标 1.3.1 关于失业人员的有效覆盖：美洲获得失业福利津贴的失业人员所占百分比，最近可用年份

图 6.14　可持续发展目标指标 1.3.1 关于重度残障者的有效覆盖：美洲获得残障福利津贴的重度残障者所占百分比，2015 年或最近可用年份

图 6.15　可持续发展目标指标 1.3.1 关于老年人的有效覆盖：美洲获得老年养老金者占超过法定可领取养老金年龄人口的百分比，最近可用年份

图 6.16　可持续发展目标指标 1.3.1 关于脆弱人群的有效覆盖：美洲获得非缴费型福利津贴的脆弱人口所占百分比，2015 年或最近可用年份

图 6.17　美洲不含医疗卫生的社会保护公共支出（占 GDP 百分比），最近可用年份

图 6.18　美洲不含医疗卫生的社会保护支出构成（占 GDP 百分比），最近可用年份

图 6.19　老年养老金的有效覆盖：部分阿拉伯国家向养老金制度缴费的劳动力所占百分比，最近可用年份

图 6.20　可持续发展目标指标 1.3.1 关于老年人的有效覆盖：阿拉伯国家获得老年养老金者占超过法定可领取养老金年龄人口的百分比，最近可用年份

图 6.21　阿拉伯国家不含医疗卫生的社会保护公共支出（占 GDP 百分比），部分国家，最近可用年份

图 6.22　阿拉伯国家不含医疗卫生的社会保护支出构成（占 GDP 百分比），部分国家，最近可用年份

图 6.23　可持续发展目标指标 1.3.1：亚太地区至少被一项社会保护福利待遇有效覆盖的人口所占百分比，2015 年或最近可用年份

图 6.24　可持续发展目标指标 1.3.1 关于儿童和家庭的有效覆盖：亚太地区获得儿童和家庭福利津贴的儿童和家庭比例，2015 年或最近可用年份

图 6.25　可持续发展目标指标 1.3.1 关于新生儿母亲的有效覆盖：亚太地区获得生育福利津贴的生育女性所占百分比，2015 年或最近可用年份

图 6.26　可持续发展目标指标 1.3.1 关于失业人员的有效覆盖：亚太地区获得失业福利津贴的失业人员所占百分比，最近可用年份

图 6.27　可持续发展目标指标 1.3.1 关于重度残障者的有效覆盖：亚太地区获得残障福利津贴的重度残障者所占百分比，2015 年或最近可用年份

图 6.28　2001—2013 年中国养老金覆盖面的扩展

图 6.29　可持续发展目标指标 1.3.1 关于老年人的有效覆盖：亚太地区获得老年养老金者占超过法定可领取养老金年龄人口的百分比，最近可用年份

图 6.30　可持续发展目标指标 1.3.1 关于脆弱人群的有效覆盖：亚太地区获得非缴费型福利津贴的脆弱人口所占百分比，2015 年或最近可用年份

图 6.31　亚太地区不含医疗卫生的社会保护公共支出（占 GDP 百分比），最近可用年份

图 6.32　亚太地区不含医疗卫生的社会保护支出构成（占 GDP 百分比），最近可用年份

图 6.33　可持续发展目标指标 1.3.1：欧洲和中亚至少被一项社会保护福利待遇有效覆盖的人口所占百分比，2015 年或最近可用年份

图 6.34　可持续发展目标指标 1.3.1 关于儿童和家庭的有效覆盖：欧洲和中亚获得儿童和家庭福利津贴的儿童和家庭比例，2015 年或最近可用年份

图 6.35　可持续发展目标指标 1.3.1 关于新生儿母亲的有效覆盖：欧洲和中亚获得生育福利津贴的生育女性所占百分比，2015 年或最近可用年份

图 6.36　可持续发展目标指标 1.3.1 关于失业人员的有效覆盖：欧洲和中亚获得失业福利津贴的失业人员所占百分比，最近可用年份

图 6.37　可持续发展目标指标 1.3.1 关于重度残障者的有效覆盖：欧洲和中亚获得残障福利津贴的重度残障者所占百分比，2015 年或最近可用年份

图 6.38　可持续发展目标指标 1.3.1 关于老年人的有效覆盖：欧洲和中亚获得老年养老金者占超过法定可领取养老金年龄人口的百分比，最近可用年份

图 6.39　可持续发展目标指标 1.3.1 关于脆弱人群的有效覆盖：欧洲和中亚获得非缴费型福利津贴的脆弱人口所占百分比，2015 年或最近可用年份

图 6.40　欧洲和中亚不含医疗卫生的社会保护公共支出（占 GDP 百分比），最近可用年份

图 6.41　欧洲和中亚不含医疗卫生的社会保护支出构成（占 GDP 百分比），最近可用年份

图 7.1　可持续发展目标指标 1.3.1：社会保护的有效覆盖，按人口群体分列的全球和区域估计（百分比）

图 7.2　将社会保障向自雇佣者和微小企业劳动者扩面：采用单一税的登记企业数及参保人数（乌拉圭，2006—2013 年）

图 7.3　非缴费型养老金占国家贫困线（单人）之百分比（最近可用年份）

图 7.4　基于估计和预测的年龄组别人口分布（1950—2050 年）（百分比）

图 7.5　缩减公共支出占国内生产总值比重之国家的数量（2008—2020 年）

表索引

表 2.1　2014—2017 年新公布的儿童与家庭社会保护措施（节选）

表 4.1　指数化方法
表 4.2　养老金改革的政府公告（紧缩类），2010—2016 年
表 4.3　部分国家的养老金参数改革，2013—2017 年

表 5.1　2015 年部分国家农村和城市自付费用占卫生总费用的百分比
表 5.2　提供长期护理的常用组织和财务办法概览
表 5.3　加纳实现全民长期护理保障的缺口
表 5.4　2015 年部分国家 65 岁及以上人口中在长期护理（居家和机构护理）中需自费的人口占比
表 5.5　2014—2017 年部分国家宣布的健康保障措施

表 6.1　阿拉伯国家私营部门劳动者的社会保护制度
表 6.2　阿拉伯国家社会保护的概略结构
表 6.3　部分国家计算养老金和养老金最高数额的积累率
表 6.4　工伤保护的法律覆盖：部分国家工伤保护制度覆盖的劳动力所占百分比

表 7.1　2010—2015 年主要调整措施，按区域分列（数字表示国家数目）

表 AII.1　覆盖面的多个维度：问题和指标的例子
表 AII.2　用于衡量社会保护支出的不同定义间的比较
表 AII.3　区域分组
表 AII.4　收入分组
表 AII.5　回归分析中的区域分组
表 AII.6　每个指标的加权变量
表 AII.7　全球和区域总量所依据的数据范围（有报告数据的区域人口比例）

表 AIII.1　主要要求：国际劳工组织关于健康保护的社会保障标准

表 AIII.2　主要要求：国际劳工组织关于疾病津贴的社会保障标准

表 AIII.3　主要要求：国际劳工组织关于失业保护的社会保障标准

表 AIII.4　主要要求：国际劳工组织关于老年收入保障的社会保障标准

表 AIII.5　主要要求：国际劳工组织关于工伤保护的社会保障标准

表 AIII.6　主要要求：国际劳工组织关于家庭/儿童福利的社会保障标准

表 AIII.7　主要要求：国际劳工组织关于生育保护的社会保障标准

表 AIII.8　主要要求：国际劳工组织关于残障津贴的社会保障标准

表 AIII.9　主要要求：国际劳工组织关于遗属津贴的社会保障标准

表 B.1　国际劳工组织最新的社会保障公约在各国家和地区的批准情况

表 B.2　各国家和地区社会保障体系概览

表 B.3　社会保护的有效覆盖（可持续发展目标指标 1.3.1），最近可用年份

表 B.4　儿童和家庭福利：主要社会保障项目的关键特征和社会保护有效覆盖（有关儿童和育儿家庭的可持续发展目标指标 1.3.1）

表 B.5　生育：主要社会保障项目的关键特征和社会保护的有效覆盖（有关新生儿母亲的可持续发展目标指标 1.3.1）

表 B.6　失业的有效覆盖指标：实际领取福利的失业者，2000 年至最近可用年份（有关失业者的可持续发展目标指标 1.3.1）

表 B.7　工伤：主要社会保障项目的关键特征

表 B.8　残障福利：主要社会保障项目的关键特征和社会保护的有效覆盖（有关重度残障人士的可持续发展目标指标 1.3.1）

表 B.9　老年养老金：主要社会保障项目的关键特征

表 B.10　非缴费型养老金制度：主要特征和指标

表 B.11　老年有效覆盖：活跃的缴费者

表 B.12　老年有效覆盖：老年养老金领取者（有关老年人的可持续发展目标指标 1.3.1）

表 B.13　农村和城市地区的全民健康保障赤字（全球、区域和国家估计）

表 B.14　实现长期护理全覆盖的可持续发展目标方面的差距

表 B.15　全球估计：健康经济就业现状和到 2030 年实现全民健康覆盖的就业潜力

表 B.16　社会保护公共支出，1995 年至最近可用年份（占 GDP 百分比）

表 B.17　有保障的社会保护公共支出（占 GDP 百分比）

专栏索引

专栏 1.1　直接或间接涉及社会保护的可持续发展目标
专栏 1.2　国际劳工组织关于构建社会保护体系（含底线制度）的规范性框架

专栏 2.1　儿童和家庭福利的国际标准
专栏 2.2　蒙古的普惠型儿童福利津贴
专栏 2.3　通过制度组合实现儿童社会保护的全覆盖：以阿根廷为例
专栏 2.4　具有儿童敏感性的社会保护

专栏 3.1　与生育保护相关的国际标准
专栏 3.2　生育保护：集体筹资制度与雇主责任条款的对比
专栏 3.3　约旦、老挝、巴勒斯坦被占领土、卢旺达和南非通过社会保险扩大生育保护覆盖面
专栏 3.4　孟加拉、埃塞俄比亚、印度、秘鲁、多哥和坦桑尼亚通过非缴费型社会救助项目扩大生育保护覆盖面
专栏 3.5　陪产假和育儿假：促进父亲的参与
专栏 3.6　澳大利亚和蒙古通过缴费和税收资金的结合实现全覆盖
专栏 3.7　失业保护的国际标准
专栏 3.8　马来西亚的 1AZAM 项目：一项综合减贫策略
专栏 3.9　巴基斯坦通过贝娜齐尔收入支持项目（Benazir Income Support Programme）促进女性赋权
专栏 3.10　失业保护制度的主要类型
专栏 3.11　失业保护的近期动向：典型案例
专栏 3.12　失业求职者基本收入试验
专栏 3.13　佛得角、约旦、科威特、老挝、毛里求斯、摩洛哥、沙特阿拉伯、南非和越南扩大失业保护
专栏 3.14　越南的失业保护
专栏 3.15　有关工伤保护的国际标准
专栏 3.16　最近在孟加拉和巴基斯坦发生的一些工伤事故以及事故发生时向社会保障过渡的解决方案

专栏 3.17　收入保护的残障福利：相关国际标准
专栏 3.18　向普遍性迈进：阿根廷、埃塞俄比亚、加纳、印度尼西亚、吉尔吉斯斯坦、尼泊尔、南非、东帝汶和乌克兰扩大非缴费型残障福利津贴
专栏 3.19　社会保护及其对实现体面工作良性循环的贡献
专栏 3.20　被低估的贫困和残障生活的额外费用

专栏 4.1　养老金的国际标准
专栏 4.2　玻利维亚、博茨瓦纳、莱索托、纳米比亚、东帝汶和桑给巴尔（坦桑尼亚）的全民社会养老金
专栏 4.3　阿根廷、巴西、佛得角、中国、吉尔吉斯斯坦、马尔代夫、南非、泰国、特立尼达和多巴哥通过缴费型和非缴费型制度的组合为老年人提供普遍性社会保护
专栏 4.4　监测养老金待遇给付的充足性
专栏 4.5　隐性养老金债务
专栏 4.6　国际社会保障标准及社会保障体系的组织和筹资
专栏 4.7　匈牙利扭转养老金私有化

专栏 5.1　支持全民健康覆盖：国际劳工组织公约和建议书以及其他国际标准
专栏 5.2　关于农村和城市健康保障差距和不平等的国家视角：柬埔寨和尼日利亚
专栏 5.3　加纳老年人的长期护理保障
专栏 5.4　全民健康保障：中国、哥伦比亚、卢旺达和泰国

专栏 6.1　非洲致力于实现人人享有社会保护
专栏 6.2　非洲的人口红利及社会保护筹资
专栏 6.3　塞内加尔的家庭保障国家项目
专栏 6.4　纳米比亚脆弱儿童的新型社会福利金
专栏 6.5　卢旺达的新型缴费型生育福利
专栏 6.6　佛得角的新型失业制度
专栏 6.7　南非加强就业促进的新举措
专栏 6.8　坦桑尼亚的新型劳动者赔偿基金
专栏 6.9　桑给巴尔（坦桑尼亚）、肯尼亚和乌干达的新型普遍性养老金
专栏 6.10　佛得角非缴费型养老金制度
专栏 6.11　北部非洲："阿拉伯之春"后养老金对社会正义至关重要
专栏 6.12　巴勒斯坦被占领土（OPT）拓展社会保障的覆盖面
专栏 6.13　东盟致力于实现人人享有社会保护
专栏 6.14　亚洲的老龄化
专栏 6.15　中国的普遍性养老金

专栏 6.16　欧洲的社会模式受到短期调整改革的侵蚀

专栏 7.1　扩大社会保护覆盖面，促进向正规经济转型：乌拉圭的单一税（monotax）
专栏 7.2　将能源补贴用于社会保护体系的经验教训
专栏 7.3　从埃博拉病毒危机中恢复
专栏 7.4　针对可持续发展目标 1.3 的多利益相关方伙伴关系

执行摘要

社会保护（或称社会保障）是一项人权，是一整套旨在减少和预防整个生命周期中的贫困和脆弱性的政策和制度。社会保护包括儿童和家庭福利、生育保护、失业保护、工伤保护、疾病津贴、老年津贴、残障福利、遗属津贴以及健康保障。社会保护体系通过多种缴费型制度（社会保险）和非缴费型的税收筹资福利（包括社会救助）的组合来提供上述政策领域的保障待遇。

社会保护对实现可持续发展目标、促进社会公正并实现人人享有社会保障的人权而言至关重要。因此，社会保护政策是国家发展战略的重要组成部分，它旨在通过提高家庭收入、促进生产力和人类发展、扩大内需、促进经济结构转型和体面劳动来减少全生命周期中的贫困和脆弱性、支持包容性和可持续发展。

2015年联合国大会通过的可持续发展目标是各国的共同承诺，承诺为减少和预防贫困（可持续发展目标1.3）而"实施适合本国国情的全民社会保障制度和措施，包括最低标准（底线）"。这一对全民社会保障的承诺重申了各国政府以及工会和雇主组织代表在2012年通过的《第202号建议书　关于国家社会保护底线的建议书》中所提出的社会保障扩大覆盖面的全球性协定。

这份国际劳工组织旗舰报告全面概述了社会保护体系的最新发展趋势，包括社会保障最低标准。本报告采用生命周期方法，对目前面向儿童、劳动年龄的女性和男性以及老年人群的社会保护现状进行了分析。报告基于最新数据，提供了全球、区域和国家层面的关于社会保护覆盖面、待遇给付和社会保护公共支出的丰富广泛的数据。报告提出了社会保护有效覆盖面的新估计值，以全面监测包括底线制度在内的社会保护体系，从而为可持续发展目标指标1.3.1提供2015年的评估基准线。

要点

- 尽管世界许多地方在扩展社会保护方面取得了重大进展，但对于全球大多数人而言，社会保障作为人权尚未成为现实。全球仅有45%的人口被一项及以上社会保护政策有效覆盖，而其余的55%，即多达40亿人没有得到任何保护（见图1）。
- 国际劳工组织的估计数还表明，全球只有29%的人口享有全面的社会保障体系，其中包括从儿童和家庭福利到老年养老金等的各种福利。然而，绝大多数人，即占全球人口71%的52亿人，没有或仅有部分社会保护。
- 覆盖面缺口与社会保护方面的投入严重不足有关，特别是在非洲、亚洲和阿拉

执行摘要

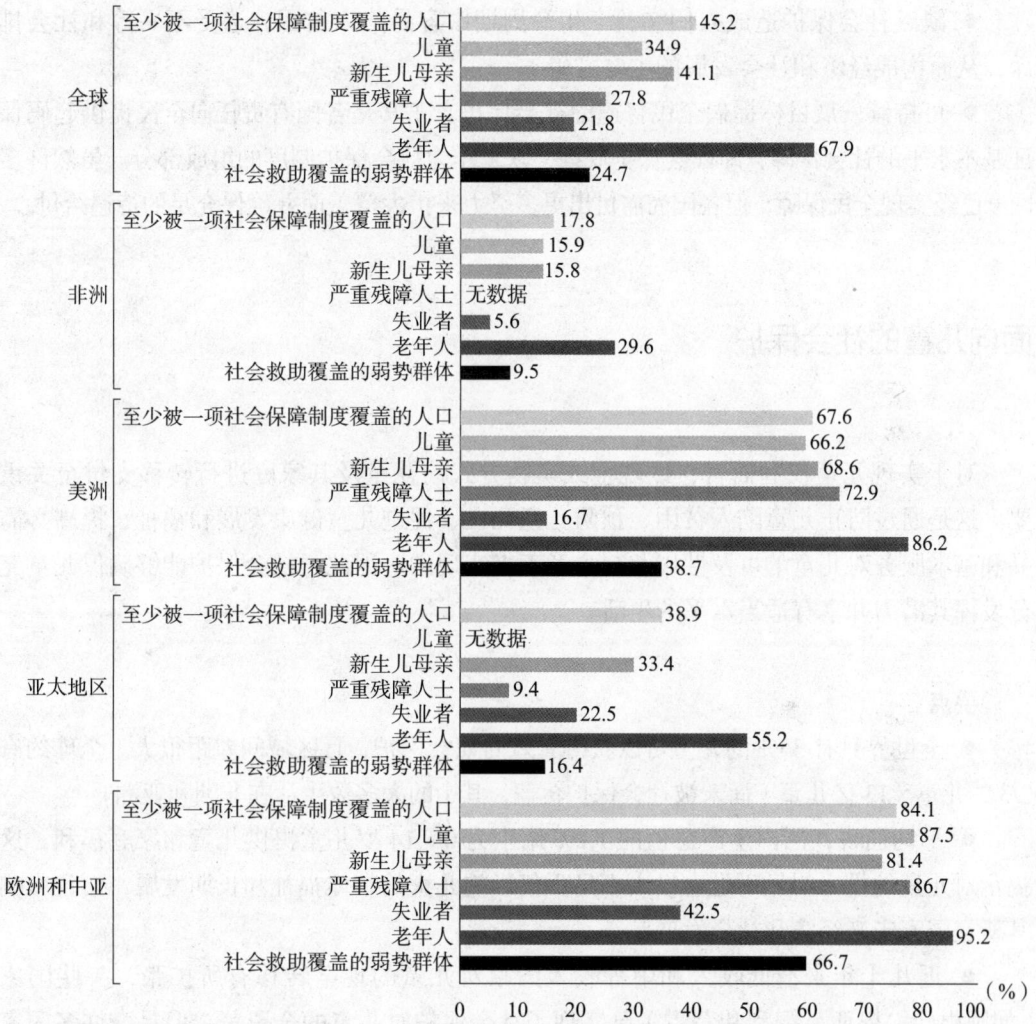

图1 可持续发展目标指标1.3.1：全球和区域社会保护的有效覆盖
（按人口群体分列，估计值，%）

注释：至少被一项社会保护福利待遇（有效覆盖）的人口指领取至少一项缴费型或非缴费型福利津贴者，或是至少一项社会保障制度的活跃缴费者占总人口的比例。

儿童指领取儿童和家庭福利津贴的儿童或家庭数量与全部儿童或育儿家庭总数之比。

新生儿母亲指领取生育福利津贴的女性与同年生育女性总数之比。

重度残障人士指领取残障福利津贴者与重度残障者人数之比。

失业者指失业津贴领取者与失业者人数之比。

老年人指法定退休年龄以上领取养老金者（包括缴费和非缴费型）与法定退休年龄以上人群的数量之比。

社会救助覆盖的弱势群体指社会救助受助者与弱势群体总人口数量之比。弱势群体的定义为全体儿童、成年人中未被缴费型津贴覆盖的、超过退休年龄人群中未领取缴费型津贴（养老金）的。

资料来源：国际劳工组织世界社会保护数据库，基于社会保障调查（SSI）；国际劳工组织数据库（ILOSTAT）；各国报告。

伯国家，其社会保护公共支出（不包括医疗卫生）占GDP的百分比普遍低于5%。
- 缺乏社会保护造成人们在整个生命周期中容易陷入贫困，遭受不平等和社会排斥，从而构成经济和社会发展的主要障碍。
- 可持续发展目标提倡全民普遍的社会保护。尤其是各国有责任向全民提供起码保证基本水平的社会保障，即社会保护底线，以之作为社会保护制度的组成部分。虽然许多国家已经实现全民保障，但各国尚需付出更多努力来扩大覆盖面并确保充足的待遇给付。

面向儿童的社会保护

对于实现儿童权利而言，以现金或实物方式向儿童及其家庭进行转移支付至关重要。这是通过防止儿童陷入贫困、预防儿童死亡、促进儿童健康发展和福祉、提高必需品和基本服务对儿童的可及性以及减少童工来实现的。因此，社会保护能够确保儿童充分发挥其潜力并享有适当水平的生活。

要点
- 全世界只有35%的儿童可以获得有效的社会保护，且区域间差距很大。全球约有2/3的儿童（13亿儿童）尚未被社会保护覆盖，其中的大多数生活在非洲和亚洲。
- 平均而言，国内生产总值的1.1%用于为0~14岁儿童提供儿童和家庭福利，这揭示对儿童的投入明显不足。投入不足不仅影响儿童的整体福祉和长期发展，而且影响其所在国家未来经济和社会发展。
- 近几十年来，低收入和中等收入国家对儿童的现金转移有所扩张，一些国家（如阿根廷、巴西、智利和蒙古）已实现了社会保护对儿童的全覆盖。但是，许多国家的覆盖面和保障水平仍然不足。
- 在财政整固政策出台后，一些国家削弱了对儿童的社会保护。这些国家的政策通常将儿童福利狭隘地瞄向贫困人口，致使许多其他弱势儿童得不到足够的保护。各国需要努力加强措施以充分满足儿童和家庭的需求，并按照可持续发展目标1.3的要求扩大覆盖面和提高待遇给付水平。

面向劳动年龄女性和男性的社会保护

社会保护在确保劳动年龄劳动者的收入安全方面发挥着关键作用，这是通过生育保护、失业保护、工伤保护和残障福利实现的。这些制度有助于平稳收入和总需求、增加人力资本、促进体面劳动和生产性就业。社会保护也有助于经济和劳动力市场的结构变革,并促进包容性和可持续性增长。

要点

- 劳动年龄人群的社会保护覆盖面仍然有限。尽管在支持女性生育方面有积极的发展效应,但只有41.1%的新生儿母亲获得生育津贴,仍有8 300万新生儿母亲得不到保障。
- 只有21.8%的失业劳动者获得失业津贴,1.52亿失业劳动者仍然无保障。
- 全球仅有少数劳动力能够获得有效的工伤保护。
- 国际劳工组织的最新数据表明,全球只有27.8%的重度残障人士获得残障津贴。
- 社会保障支出估计数显示,全球国内生产总值中仅有3.2%用于确保劳动年龄人群收入保障的公共社会保护,尽管这部分人群占全球人口的很大一部分。
- 乌克兰和乌拉圭在生育保护方面实现了有效的全覆盖,阿根廷、哥伦比亚、蒙古和南非等其他发展中国家也取得了重大进展。此外,巴西、智利和蒙古还实施了覆盖全民的残障津贴项目。但与此同时,许多国家仍然存在覆盖面和充足性方面的明显缺口。
- 作为财政整固或紧缩政策的一部分,一些国家正在减少对劳动年龄人群的保护,转而将保障对象收窄至贫困人群,以致许多人在最需要社会保护时却无法得到保护。
- 鉴于最近的劳动力市场和就业挑战,诸如持续的失业和就业不足、不稳定和非正规就业盛行以及越来越多工作中的贫穷者,社会保护体系(包括最低标准)是确保充足收入保障和体面劳动的重要政策,特别是在社会保护政策与就业、工资和税收政策良好协调的情况下。

面向老年群体的社会保护

面向老年群体的养老金是世界上最为普遍的社会保护形式,也是实现可持续发展目标1.3中的关键因素。

要点

- 世界范围内,退休年龄以上的人群中有68%领取养老金,这得益于许多中等收入和低收入国家扩大了非缴费和缴费型养老金的覆盖面。
- 一些国家实现了养老金全民覆盖,包括阿根廷、白俄罗斯、玻利维亚、博茨瓦纳、佛得角、中国、格鲁吉亚、吉尔吉斯斯坦、莱索托、马尔代夫、毛里求斯、蒙古、纳米比亚、塞舌尔、南非、斯威士兰、东帝汶、特立尼达和多巴哥、乌克兰、乌兹别克斯坦以及桑给巴尔(坦桑尼亚)。阿塞拜疆、亚美尼亚、巴西、智利、哈萨克斯坦、泰国和乌拉圭等国家接近养老金全民覆盖。
- 然而，保障水平往往很低，不足以帮助老年人摆脱贫困。充足的养老金水平在许多国家仍然是一个挑战。
- 面向老年人的养老金和其他福利支出占国内生产总值的均值为6.9%，同时各区域间差异很大。
- 许多国家的财政整固或紧缩压力持续危及养老金的长期充足性；在人口老龄化的背景下，必须保持可持续性与充足性之间的良好平衡。
- 一个明显的趋势是养老金私有化进程的逆转：由于私有化政策没有实现预期的结果，阿根廷、玻利维亚、匈牙利、哈萨克斯坦和波兰等国家正在回归基于团结的公共体系。

迈向全民健康保障

全民健康保障，即提供至少基本医疗保健（包括长期护理）的有效获取渠道，是实现可持续发展目标，特别是可持续发展目标3的关键。

要点
- 根据国际劳工组织的估计，健康权在世界许多地方尚未成为现实。特别是在农村地区，56%的人口缺乏健康保障，而这一比例在城市为22%。
- 据估计，全球需要1 000万名卫生（医务）工作者才能实现全民健康保障，并确保人类在包括埃博拉病毒等高度传染性疾病面前的安全。农村地区700万熟练卫生工作者的短缺以及人均医疗卫生支出的高赤字加剧了城乡间的不平等。确保优质服务获得的公平性和筹资团结互助性是健康保障扩大覆盖面的关键。
- 长期护理（LTC）是因身体或精神状况而导致自理能力有限的老年人最为需要的。目前，全世界超过48%的人口生活在没有任何老年长期护理保障的国家，而女性因之受到更大的影响。狭义的家计调查规定使得只有贫困老年人才有资格获得此项服务，因此全球老年人口的另外46.3%基本被排除在长期护理之外。全球只有5.6%的人口生活在根据国家立法规定向全民提供长期护理的国家。
- 由于人口老龄化，各国需要通过公共政策妥善解决长期护理问题。据估计，目前全球有5 700万无偿"自愿"劳动者正在填补长期护理劳动力的短缺，提供大量的护理服务；其中许多是不得不为家庭成员提供非正式照顾的女性。
- 护理服务可创造数百万计的就业岗位，并解决熟练护理人员短缺的问题，这一短缺数全球估计为1 360万人。各国需要着力改善医务和护理人员的工作条件，包括劳工权利和充足酬劳、将无酬劳动转变为体面工作并促进充分就业和包容性增长。

监测社会保护的发展进程：区域趋势

已观察到的社会保护覆盖面趋势（可持续发展目标指标 1.3.1）在各区域间甚至同一区域的不同国家之间差异甚大。

要点

- 非洲尽管在扩大社会保护覆盖面方面取得了重大进展，但只有 17.8% 的人口获得至少一项社会保护福利津贴，且各国之间差异很大。得益于扩大老年保障方面的进一步努力，目前非洲老年人口中有 29.6% 领取养老金。博茨瓦纳、佛得角、莱索托、毛里求斯和纳米比亚等国家已经达到或接近养老金的全覆盖。然而，在儿童、新生儿母亲、失业者、残障人士以及脆弱人群方面仍然存在显著的社保覆盖面缺口。因此，制定社会保护底线是非洲的当务之急。
- 在美洲，由于近几十年来社会保障体系的扩大，67.6% 的人口至少被一项社会保护福利津贴所有效覆盖。超过 2/3 的儿童、孕妇和新生儿母亲以及老年人都享有社会保护福利津贴，但在残障福利和失业保护待遇方面存在较大缺口。一些国家成功地实现了对儿童（阿根廷、巴西、智利），新生儿母亲（加拿大、乌拉圭），残障人士（巴西、智利、乌拉圭、美国）和老年人（阿根廷、玻利维亚、加拿大、特立尼达和多巴哥、美国）的全覆盖或几近全覆盖。但是，该区域的国家需要加大力度弥合覆盖面缺口，加强社会保护底线并增强待遇的充足性。
- 在阿拉伯国家（因缺乏数据只能对社会保护的有效覆盖进行部分评估）养老金的覆盖率有限，估计为 27.4%，并且由于活跃缴费者占总劳动力的比例较低（32.9%），所以预计覆盖率将持续走低。该区域取得的积极成就包括：巴勒斯坦被占领土为私营部门劳动者引入社会保险；巴林、科威特和沙特阿拉伯建立失业保险；约旦和伊拉克扩大生育保护的覆盖面。该区域的核心任务仍是将社会保护底线扩大到脆弱群体，特别是鉴于一些国家巨大的社会需求和高比例的非正规就业。
- 亚洲和太平洋地区尽管在加强社会保护体系和建立社会保护底线方面取得了重大进展，但只有 38.9% 的人口至少被一项社会保护福利津贴所有效覆盖。在儿童和家庭福利、生育保护、失业保护和残障福利方面仍然存在巨大的覆盖面缺口。但值得注意的是，一些国家已经实现了对儿童的社会保护全覆盖（澳大利亚、蒙古）；一些国家已经扩大了生育保护的覆盖面（孟加拉、印度、蒙古）；或引入了非缴费型养老金制度以实现对老年人的全覆盖（中国、蒙古、新西兰、东帝汶）。然而待遇的充足性仍然是个问题。
- 在欧洲和中亚，由于包括底线基础层次在内的相对全面和成熟的社会保护体系，该区域 84.1% 的人口可获得至少一项社会保护福利津贴。儿童和家庭福利、生育津贴、残障福利和老年养老金的区域覆盖率估计超过80%，有若干国家实现了全民覆盖。然而，生育和失业保护领域持续存在的覆盖面缺口仍引人担忧；考虑到人口结构变化和短期财政紧缩压力，养老金和其他社会保障待遇的充足性也不容乐观。

全球趋势和展望

展望2030年，作为可持续发展目标议程的一部分，世界各国政府已承诺努力在实施适合本国国情的全民社会保障制度和措施（包括最低标准）方面取得重大进展。

要点

- 2015年全球有近半的人口被至少一项社会保护福利待遇所覆盖（可持续发展目标1.3基准线），许多国家在加强其社会保护体系方面取得了长足进步，其中包括构筑社会保护底线以保证起码基本水平的全民社会保障。但是，全球仍需要付出更多努力以确保人人享有社会保护权利成为现实。
- 需要增加社会保护公共支出总额，以扩大社会保护覆盖面，特别是在非洲、亚洲和阿拉伯国家等社会保障投入严重不足的国家。
- 虽然扩大覆盖面是主要目标，但同时需要注意待遇给付的充足性。因为社会保护待遇水平往往偏低，不足以使人们摆脱贫困和不安全状态。
- 将社会保护覆盖面扩大到非正规经济从业者，并促进他们向正规经济转型，对于促进体面劳动和防止贫困至关重要。扩大覆盖面可以通过多种方式实现，最常见的是组合使用缴费型和非缴费型制度。
- 建立包容性社会保护体系还需要使其适应人口结构变化、劳动世界的变化，以及人口流动、脆弱的社会环境和自然环境的挑战。
- 短期紧缩或财政整固改革正在破坏为长期发展而付出的努力。这类改革往往设定节约成本的财务目标，从而忽视了对覆盖面和给付充足性带来的负面社会影响，进而危及可持续发展目标的实现进展。需要进一步努力，防止财政整固政策动摇已取得的重要进展。
- 即使最贫穷的国家也存在财政利用空间，可以通过多种渠道来为社会保护提供资源。各国必须积极探索所有可能的筹资方式，通过体面工作和社会保护推动可持续发展目标的实现和国家发展。
- 联合国各机构"一体行动"的共同努力，并通过与包括"全民社会保护全球伙伴关系（Global Partnership for Universal Social Protection）"在内有关国际、区域、亚区和国家机构及社会伙伴的协力，推动全民社会保护的实现。

1 导论

关键信息

- 社会保护（或称社会保障）是一项人权，是一整套旨在减少和预防整个生命周期中的贫困和脆弱性的政策和制度。社会保护包括儿童和家庭福利、生育保护、失业保护、工伤保护、疾病津贴、健康保障、老年津贴、残障福利和遗属津贴。社会保护体系通过多种缴费型制度（社会保险）和非缴费型的税收筹资福利（包括社会救助）的组合来提供上述政策领域的保障待遇。
- 各国领导者在 2015 年通过了可持续发展目标（SDGs）。其中，目标 1.3 承诺为减少和预防贫困而实施适合本国国情的全民社会保障制度和措施，包括最低标准。这一承诺重申了各国政府以及工会和雇主组织代表通过的《第 202 号建议书 关于国家社会保护底线的建议书》中所提出的社会保障扩大覆盖面的全球性协定。
- 社会保护是促进人类发展、政治稳定和包容性增长的国家战略关键要素。它确保人们享有收入保障、能够有效获得健康和其他社会服务并抓住经济机遇。这些政策通过提高家庭收入，在拉动内需、支持国民经济结构转型、促进体面工作、营造包容性发展和可持续发展环境方面发挥着关键作用。它们也为奉行可持续发展战略的企业创造了有利的环境。
- 尽管在过去几年里，社会保护方面取得了一些进展，但对于全球大多数人而言它还未充分实现。由于许多低收入和中等收入国家建立了社会保护体系并扩大覆盖面，迄今为止，全球仅有 45% 的人口被一项及以上社会保护政策所有效覆盖，但多数人（55%）仍未得到保护。目前仍然只有 29% 的全球人口享有全面的社会保障体系；而其余 71% 人口要么只享有部分社会保护项目，要么根本不受其覆盖。
- 当人们在生命周期中受到诸如疾病、生育、老年、贫穷或社会排斥等的冲击时，缺乏社会保护将使人们面对财务压力时倍显脆弱，因此，被排除在社会保护之外是无法接受的。此外，缺乏社会保护将伴随着深度而持久的贫困、不平等和经济不安全，从而构成经济和社会发展的主要障碍。
- 展望 2030 年，作为可持续发展目标议程的一部分，世界各国政府已同意在实施适合本国国情的全民社会保障制度和措施（包括最低标准）方面努力取得重大进展。各国有法律义务保护和促进人权，包括享有社会保护的权利。许多国家在加强其社会保护体系建设，以及建立适合本国国情的最低社会保护标准以保证全民享有至少基本水平的社会保障方面，取得了长足进步。在许多国家，借由广泛的全国性对话，这一进程一直是有效而包容的，使政府、社会伙伴和其他利益相关方得以联合起来，为扩大社会保护指明前进的道路。

■ 本报告提供了监测可持续发展目标 1.3 实现状况的最新数据。报告以国际劳工组织的世界社会保护数据库（World Social Protection Database）为基础，该数据库深入提供了社会保护体系各方面在国家层面的统计数据和关键指标。

1.1　不让任何一个人掉队：《2030 年可持续发展议程》中的社会保护

世界各国领导人于 2015 年 9 月在联合国通过了可持续发展目标（SDGs）。《2030 年可持续发展议程》对全球人口做出了强有力的承诺：到 2030 年，世界各国将在可持续发展和社会、经济和环境公正方面取得重大进展（UN，2017a；UNRISD，2016）。然而，有关实现可持续发展目标进展的首份全球报告显示，要实现这些目标还有很长的路要走，特别是对那些可能掉队的国家而言（UN，2017b，2017c）。

社会保护对实现可持续发展目标、促进社会公正并实现人人享有社会保障的国民权利而言至关重要。[①]通过对社会和经济可持续发展的贡献分析，社会保护直接或间接地反映在 17 个可持续发展目标中的至少 5 个（见专栏 1.1）。社会保护通过促进向更加绿色的经济和社会发展的"公正转型"（just transition），也助力于环境保护方面。因此，社会保护在加快实现可持续发展目标方面发挥了关键作用（Kaltenborn，2015；UN，2017c；UNRISD，2016）。

社会保护（或称社会保障）被定义为一整套旨在减少和预防整个生命周期中的贫困和脆弱性的政策和制度。社会保护包括九个主要领域：儿童和家庭福利、生育保护、失业保护、工伤保护、疾病津贴、健康保障、老年津贴、残障福利和遗属津贴。社会保护体系通过多种缴费型制度（社会保险）和非缴费型的税收筹资福利（包括社会救助）的组合来提供上述政策领域的保障待遇。

社会保护体系不仅在减贫方面至关重要，在预防人们在生命周期中陷入贫困方面亦是如此（Bastagli et al., 2016；Chronic Poverty Advisory Network，2014）。社会保护在所有旨在不让任何一个人掉队（可持续发展目标 1.3）的政策框架内都是关键要素。目标 1.3 特别强调的是，全球承诺建立社会保护最低标准，并作为各国社会保护制度的基本

---

① 1948 年《世界人权宣言》（第 22 条和第 25 条）；1966 年《经济、社会和文化权利国际公约》（第 9 条和第 11 条）；以及《消除对妇女一切形式歧视公约》（第 11 条和第 14 条）；《儿童权利公约》（第 26 条和第 27 条）；《残疾人权利公约》（第 28 条）。参见 CESCR, 2008。

要素，以确保人人享有至少基本水平的社会保障，并将社会保护覆盖面扩大到尚被排除在外的群体。这种社会保护最低标准保证了人们在整个生命过程享有至少基本水平的收入保障，并能有效获得健康服务，从而对减少并预防贫困、脆弱性以及社会排斥而言至关重要，也符合国际劳工组织2012年的《第202号建议书 关于国家社会保护底线的建议书》的内容（UN，2014）。

社会保护体系也有助于提升健康政策的效果，特别是通过促进全民健康保障的实现，包括健康方面的筹资保障、确保人人享有优质的基本医疗服务以及安全、有效、优质和负担得起的基本药品及疫苗（可持续发展目标3.8）。投资在实现全民健康保障领域，对于实现包括减少健康领域的不平等（Deaton，2013）在内的可持续发展目标而言至关重要（WHO，2017）。

一般认为，社会保护有助于促进性别平等，尤其是在承认和重视无报酬照护和家务劳动方面（可持续发展目标5.4）。随着公共护理服务的提供扩大和基础设施的完善，社会保护体系可以在重新分配照护责任、承认并重视无酬工作方面发挥重要作用。社会保护包括一系列照护政策，既包括生育保障、陪产假、育儿假、幼儿保育和早期教育服务等，又包括老年照护（ILO，2016a；UN Women，2015）。

社会保护对于促进体面劳动和包容性增长也是不可或缺的（可持续发展目标8.5）。社会保护是实现体面劳动的四大支柱之一，有助于促进就业，提高劳动生产率和对人力资本和技能的投资，亦可在重大经济危机期间稳定劳动力总需求（ILO，2014a）。全球面临着高失业率、不充分就业和非正规就业的困境，社会保护体系也随之调整适应，以确保包括处于不稳定和非正规就业群体在内的人们享有收入保障，并能便利获得健康、教育和体面就业（ILO，2017a，2016b，2013a）。由此可见，社会保护还可以对生产率、地方经济发展和包容性增长（Alderman and Yemtsov，2013；Davis et al.，2016；Lee and Torm，2015）以及劳动力总需求（Atkinson，1999）产生积极影响，从而支持包容性经济增长和社会进步。

专栏1.1 直接或间接涉及社会保护的可持续发展目标

目标1.3——实施适合本国国情的全民社会保护制度及措施，包括最低标准，到2030年在较大程度上覆盖穷人和弱势群体。

目标3.8——实现全民健康保障，包括对相关财务风险的保护，人人享有优质的基本保健服务，人人获得安全、有效、优质和负担得起的基本药品和疫苗。

目标5.4——认可和尊重无偿护理和家务，各国可视本国情况提供公共服务、基础设施和社会保护政策，在家庭内部提倡责任共担。

目标8.5——到2030年,所有男女,包括青年和残障人士实现充分和生产性就业,有体面工作,并做到同工同酬(社会保护是实现体面劳动的四大支柱之一)。

目标10.4——采取政策,特别是财政、薪资和社会保障政策,逐步实现更大的平等。

社会保护政策也是遏制和减少不平等——包括收入不平等(可持续发展目标10.4)——的政策的重要组成部分。社会保护体系与税收政策同为收入再分配的渠道,同时在应对非收入不平等方面也发挥重要作用,如减少获得健康服务和教育的不平等。最近的研究表明,社会保护对于减少亚洲(ESCAP,2015)和拉丁美洲(López-Calva and Lustig,2010;Ocampo and Gómez-Arteaga,2016)的不平等并促进包容性增长(IMF,2014a;Ostry,Berg and Tsangarides,2014)起到了重要的作用。

此外,社会保护有助于其他若干可持续发展目标的实现,如通过实现粮食安全和改善营养状况(可持续发展目标2)来消除饥饿,提高优质教育(可持续发展目标4)、清洁的水和卫生设施(可持续发展目标6)以及负担得起的清洁能源(可持续发展目标7)的可及性。通过促进对人的投资、生产性就业和经济结构变革,社会保护体系也有助于建造具备抵御灾害能力的基础设施,促进具有包容性的可持续工业化,推动创新(可持续发展目标9)。通过为居民提供收入保障和社会服务(可持续发展目标11,特别是目标11.1和目标11.5),社会保护体系还有助于使城市和人类住区更包容、安全,有抵御灾害能力,可持续使用;通过允许人们提前计划并避免对环境有害的行为,社会保护体系有助于确保更可持续的消费和生产模式(可持续发展目标12);通过向受气候问题影响的家庭提供收入支持,或通过逐步淘汰特定行业的"绿色政策",社会保护体系有助于促进应对气候变化的行动的实施(可持续发展目标13,特别是目标13.3);通过提供补偿性收入保障措施来减少对海洋和土地资源的开采(可持续发展目标14和目标15),社会保护体系有助于保护环境资源。社会保护体系也是促进和平、包容社会的政策的关键要素,特别是通过推动发展有效、负责和透明的机构来管理与治理社会保护制度(可持续发展目标16,特别是目标16.6),以及通过向失业劳动者、青年提供基本收入保障和获得就业机会和培训的便利来实现这一作用。与加强执行手段,重振可持续发展全球伙伴关系(可持续发展目标17)相关的许多指标通过以下方式已得到提升:发展社会保护体系及其最低标准,并利用来自外部合作伙伴、南南合作和三角合作①的技术和财政支持以共享并适应创新;发展多利益相关方伙伴关系;发展国家能力以编制关于社

---

① 译者注:所谓三角合作,可参考联合国粮食及农业组织的定义——大致上指两个或两个以上欠发达国家再加上一个多边组织、传统援助伙伴或新兴经济体通过提供技术或资金所促成的南南合作。http://www.fao.org/partnerships/container/news-article/zh/c/432946/.

保护覆盖面的统计数据。

尽管世界许多地区在扩大社会保护覆盖面上取得了重大进展，但建立包括社会保护最低标准在内的社会保护体系建设进展仍然缓慢。如果要实现《2030年议程》，各国和全球都需要加强努力，充分发挥社会保护体系在促进社会经济发展、更具包容性的社会、更有效的人力资本与技能投资中的关键作用（ILO，2014a），并着力推动转型变革（UNRISD，2016）。

1.2 构建社会保护体系的进展

近二三十年开启了长达一个世纪的社会保护体系发展史中的最新篇章。这二三十年间，中低收入国家建立社会保护体系的重要性日益受到关注。自20世纪初以来，社会保护体系已取得了重大进展：从一些先驱国家的早期实践开始，到如今社会保护体系以惊人的速度发展。目前，大多数国家都制定了以全国性立法为基础的社会保护制度，涵盖所有或大多数社会保护政策领域，然而在某些情况下这些制度仅涵盖少数人口。尽管取得了可喜的进展，但亚洲和非洲部分地区仍然存在较大差距。

制定国家立法框架并扩大法律覆盖面，是发展以人权为基础的社会保护体系的重要内容（CESCR，2008；OHCHR，2012a）。然而，法律覆盖面的扩大本身既不能确保人口的有效覆盖，也不能确保待遇质量和水平的改善。[①]事实上，由于实施和执法中的问题、政策协调的缺乏以及有效提供福利和服务的机构能力薄弱，有效覆盖面的扩大明显滞后于法律覆盖面。因此，必须同时监测法律覆盖和有效覆盖，本报告亦以可得数据所允许的程度为限，将此原则贯穿始终。

就所涉政策领域和人口覆盖面而言，建立社会保护制度通常遵循逐步实现的逻辑。各国往往按照各自国情和优先项，依次按项目建立制度体系。通常情况下，各国首先应对的是工伤，接着引入养老金与残障和遗属津贴，然后引入疾病、健康和生育领域的保障。儿童和家庭福利以及失业保障往往都是最后建立（见图1.1）。

在人口覆盖面方面，各国倾向于通过不同的机制，将收入水平高低两端的主要群体列为优先人群。一方面，缴费机制的引入（即社会保险）往往从公共和私营部门的雇员开始，尤其是那些处于稳定、全职雇佣关系的雇员，[②]并逐步展到其他的劳动者。然而，将覆盖面扩展到其他劳动者——特别那些相对不稳定的就业和自雇佣者——并非是

[①] 关于法律覆盖和有效覆盖的概念及其测度的更多细节，参见本报告附件二。
[②] 这种雇佣关系又称"标准雇佣关系"（standard employment relationships），具体定义为"全职的、无固定期限的雇佣关系，是从属和双边的雇佣关系的组成部分"（ILO，2016b）。与此相反的是非标准形态的就业，包括固定期限合同和其他形式的临时工作、临时派遣工作（temporary agency work）以及其他牵涉多方的合同安排、变相的雇佣关系、依附性强的自雇佣以及非全日制工作（ILO，2015a）。

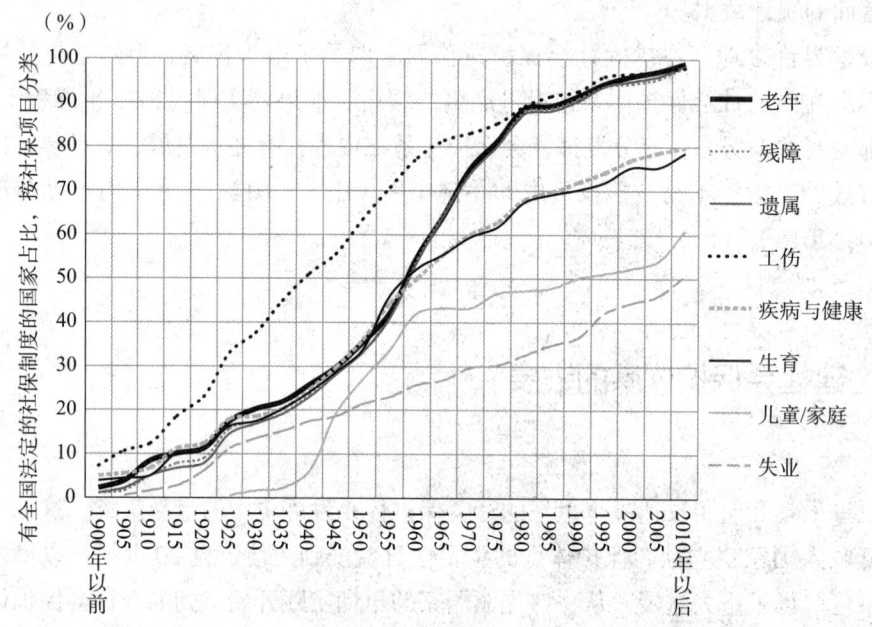

图1.1 1900年以前到2010年以后对社会保护项目进行全国性立法的国家占比,按政策领域分列

注释:1952年《社会保障(最低标准)公约》(第102号)所定义的医疗服务、疾病津贴、失业津贴、老年津贴、工伤保护、儿童和家庭福利、生育保护、残障福利和遗属津贴领域被纳入考量范围。

资料来源:国际劳工组织世界社会保护数据库;国际社会保障协会/美国社会保障总署(ISSA/SSA)的《全球社会保障项目》。

链接:http://www.social-protection.org/gimi/gess/RessourceDownload.action?ressource.ressourceId=54617.

自然而然的,因为这要求相应机制适应这些群体的需求和状况,对那些收入较低和不规律就业的、缴费能力有限的劳动者而言尤其如此。

另一方面,各国着力于以社会救助的形式建立非缴费型(主要是税收筹资型)机制,以满足贫困人口的需求。在很多情况下,这些机制针对的是生活极端贫困和最脆弱的人群,但往往又把目标群体中的很大一部分排除在外(Barrientos, 2013; Brown, Ravallion and Van de Walle, 2016; Kidd, Gelders and Bailey-Athias, 2017)。这些针对穷人的项目通常是短期的,以有限地理区域内的试点项目形式出现,缺乏稳定的法律和筹资基础,这削弱了这些项目向最需要的人提供可预测的、透明的待遇给付能力,并导致明显的覆盖面缺口。不过,这些项目在改善受益者的处境方面发挥着重要作用。许多政府认识到将社会保障制度置于健全的国家立法框架中的重要性,这样才能明晰个人的权利和义务、提高保障待遇的可预测性和充足性、加强机构能力、增强透明度和严格问责机制、采取防范腐败的措施并建立更稳定和常态化的筹资基础。

当社会保护的扩面从收入水平高低两端起步时,那些中间收入的人群则往往缺乏保护,在许多发展中国家这些人群包括大量在非正规经济部门中工作的人,有时还包括新兴中产阶级（Schlogl and Sumner，2014）。缺乏对"缺失的中间层（missing middle）"的保护会使其陷入贫困并阻碍其向上流动，从而构成经济和社会发展的重大障碍。因此，通过适当的机制将覆盖面扩大到全民是关键的优先事项。

如今人们普遍认识到，社会保护政策通过确保人们享有收入保障、有效获得医疗健康服务和其他社会服务，让人们有能力利用经济机遇，促进经济和社会的长期和短期发展。社会保护政策在扩大内需、支撑国民经济结构转型、促进体面工作、促进包容性和可持续增长方面发挥着关键作用。社会保障体系对经济稳定和生产率的贡献早已在高收入国家得到公认，但其促进经济和社会发展方面的作用却曾被长期低估，然而如今已被完全认可。因此，重要国际和多边组织的战略框架都反映了一个新的全球共识，即连贯而有效的社会保护体系至关重要（例如：FAO，2017；ILO，2012a；OECD，2009a；UNICEF，2012a；WHO，2010；World Bank，2012）。这一共识旨在建立与其他社会和经济政策密切协调的、包容和可持续的社会保护制度。

如果缺乏强有力的社会保护政策，可持续和公平的增长就无从实现。这些社会保护政策通过国家界定的社会保护最低标准，保证全体有需要的国民至少能享有基本水平的社会保障，并逐步扩大社会保障的覆盖范围和待遇水平。国际劳工组织2012年通过了《第202号建议书 关于国家社会保护底线的建议书》，这是向实现社会保障作为人权迈出的重要一步（UN，2017a），因为它承认了社会保障的三重角色：普遍人权、经济必需品和社会必需品。[①]该建议书反映了国际劳工组织的二维扩展战略，该战略为其187个成员国的社会保障发展提供了明确指导：

● 通过确保不低于基本水平的收入保障和基本医疗服务来实现全民覆盖（国家社会保护最低标准：横向维度）。

● 逐步确保在国际劳工组织社会保障标准的指导下，扩大保障范围、提高保障水平（纵向维度）。

国际劳工组织关于社会保护的规范性框架（见专栏1.2）结合其他国际标准，共同指导着各国社会保护体系（包括最低标准）的发展和持续演进。

近年来，许多国家大幅扩大社会保护覆盖面，加强了社会保护体系建设并建立了有效的社会保护最低标准。许多国家通过结合非缴费和缴费型制度和项目，在不同领域实现了全民或接近全民覆盖。例如，已有20多个国家实现普遍或接近全民覆盖的养老金制度，提供不低于基本水平的保障。这些国家包括玻利维亚、博茨瓦纳、巴西、佛得角、中国、格鲁吉亚、科索沃、莱索托、马尔代夫、蒙古、纳米比亚、尼泊尔、南非、泰国、东帝汶、特立尼达和多巴哥、乌克兰及坦桑尼亚。在儿童福利和生育保护方面，

---

① 联合国关于社会保护与人权的联合网络平台就这一主题提供了有用的资源，参见 http://www.socialprotection-humanrights.org。

阿根廷和蒙古将社会保险和社会救助结合起来，实现了全民覆盖。①在巴西、佛得角、中国、加纳、印度、墨西哥、莫桑比克、南非和泰国等多个国家，社会保护的逐步扩面对人们福祉的积极影响已经得到充分证明。这与经济、劳动力市场和就业政策一道，促进了经济和社会发展以及包容性增长。

然而，为应对财政压力和全球金融危机后的缓慢复苏，一些政府试图通过缩减覆盖面或保障水平来减少公共支出。许多国家的这种财政整固措施②减缓了包括社会保障权在内的国民权利实现（Ortiz et al., 2015；OHCHR, 2013），并且限制了社会保护体系促进社会经济复苏的能力。实现可持续发展目标，特别是与社会保护相关的目标，需要国家各利益相关方的共同努力，而社会对话则应该在确保实现可行和可持续的进展方面发挥关键作用。各方的有效参与有助于增强透明度和问责制、分享信息和知识并交换意见，因而是确保社会保护制度实现善治的先决条件之一。这种有效参与也与《2030年议程》呼应，特别是可持续发展目标16和目标17。

专栏1.2　国际劳工组织关于构建社会保护体系（含底线制度）的规范性框架

自1919年成立以来，在制定国际社会保护体系规范性框架方面，国际劳工组织发挥了重要作用。该框架旨在为世界各国建立、发展和运营维护社会保障体系提供指引，在这方面已成为世界领先的重要参考。③该框架在国际劳工组织的授权下，由国际劳工组织全体成员国的政府、雇主和劳动者三方代表们讨论并通过，由若干独特的公约和建议书组成：基于世界各国增强和扩面社会保护体系的良好实践和创新方式，这些公约和建议书确定的标准是各国自己制定的。与此同时，这些公约和建议书也基于这样一种理念：并不存在某种完美的社会保障模式；相反，应当由各个国家和社会确定各自最佳的保障方式，为人们提供所需的保护。也就是说，这些建议书和公约的具体应用，可因循各种方案和实现路径达成，包括对以下各种保障方式的灵活组合：缴费和非缴费型制度、一般制度和与职业相关的制度、强制性和自愿性保险以及其他有着不同管理方式的福利——这都是为了确保一国的整体保护水平能够最大程度地满足其本国人民的需求。

国际劳工组织关于社会保障的规范性框架由8项最新公约和建议书组成，为联合

---

① 更多信息可参见全民社会保护全球伙伴关系（Global Partnership for Universal Social Protection）的网站。该全球伙伴关系聚集了世界银行、国际劳工组织、非洲联盟、欧盟委员会、联合国粮农组织、国际助老会（HelpAge International）、美洲开发银行、经合组织、救助儿童会（Save the Children）、联合国开发计划署国际政策中心（UNDP-IPC）、联合国儿童基金会等组织，比利时、芬兰、法国和德国也参与合作。参见 http://www.social-protection.org/gimi/gess/NewYork.action?id=34#。

② 本报告所称财政整固，是指旨在减少政府赤字和债务累积的各类调整措施。财政整固政策也常被称为紧缩政策。

③ 在最近出版的概要中，收录了国际劳工组织最新的社会保障和其他相关标准以及联合国人权文书（ILO，2017b）。

国"国际人权文书"中关于社会保障的权利提供了必要补充和具体政策形式。最著名的当属1952年的《第102号公约 社会保障（最低标准）公约》，以及2012年的《第202号建议书 关于国家社会保护底线的建议书》。①

由来已久的《第102号公约》将九种社会保障方面的典型风险事件（医疗卫生、疾病、失业、年老、工伤、家庭责任、生育、残障和遗属）汇集成一份具有法律约束力的综合性文书。

近期《第202号建议书》的政策指引提出，通过逐步建立和营运维护一个全面综合的社会保障体系，缩小社会保障差距，实现全民覆盖。它呼吁各国重视并制定实施社会保护底线，以期实现不低于最低保障水平的全民覆盖；而后逐步确保更高水平的保护。国家社会保护底线应包括基本社会保障项目，确保人们能有效获得基本的健康保障和收入保障，使人们能够在整个生命周期中过上有尊严的生活。这些项目至少应包括：

● 获得基本健康保障的权利，包括孕产期健康服务。
● 儿童基本收入保障。
● 为那些无法赚取足够收入的、处于劳动年龄段的人口提供基本收入保障，特别是当他们处于疾病、失业、生育和残障状态时。
● 老年人基本收入保障。

作为对现有标准的补充，《第202号建议书》对整个生命周期中的社会保护提出了一种综合而连贯统一的方式，强调通过国家规定的社会保护底线来实现普遍保护原则，就给付水平和覆盖面而言反映了一种渐进实现的承诺。由此可见，它的目的在于确保全体社会成员终其一生享有不低于基本水平的社会保障，确保人们的健康和尊严。贫困、脆弱性和社会排斥被确定为重点关注领域，而尽快减少贫困的目标亦相当明确。该建议书呼吁，建立由国家主导的、符合国情的制度体系，根据人口需求进行评估，并使所有利益相关方都能有效参与。它创新性地将指标监测作为政策指导的载体，以期在加强保护和改善国家社会保障体系运行绩效方面，帮助各国评估上述进展。

根据国际劳工组织的职责，在《国际劳工组织关于争取公平全球化的社会正义宣言》（2008年）的框架下，遵循国际劳工（特别是社会保障）标准方面的政策指导，国际劳工组织促进关于建设和维护社会保障体系（含社会保护底线）方面的有效社会对话。这一过程通常通过"基于评估的全国性对话"（Assessment-Based National Dialogue, ABND）得以落实。

---

① 到目前为止，已有55个国家批准了《第102号公约》，近期加入的国家包括阿根廷（2016年）、巴西（2009年）、乍得（2015年）、多米尼加（2016年）、洪都拉斯（2012年）、约旦（2014年）、罗马尼亚（2009年）、圣文森特和格林纳丁斯（2015年）、乌克兰（2016年）和乌拉圭（2010年），并为所有187个国际劳工组织成员国提供指导。国际劳工组织的建议书并非供成员国批准之用，只是政策和立法参考。

尽管当前社会保护扩面取得了重大进展，但世界绝大多数人口尚未实现享有社会保障的基本人权。本报告中的国际劳工组织的估计数显示，全球仅有45%的人口被一项及以上社会保护政策所有效覆盖，且各区域之间差异很大（见图1.2）。尽管在扩大社保覆盖面方面取得了可观的进展，但55%的全球人口仍未得到任何保护。

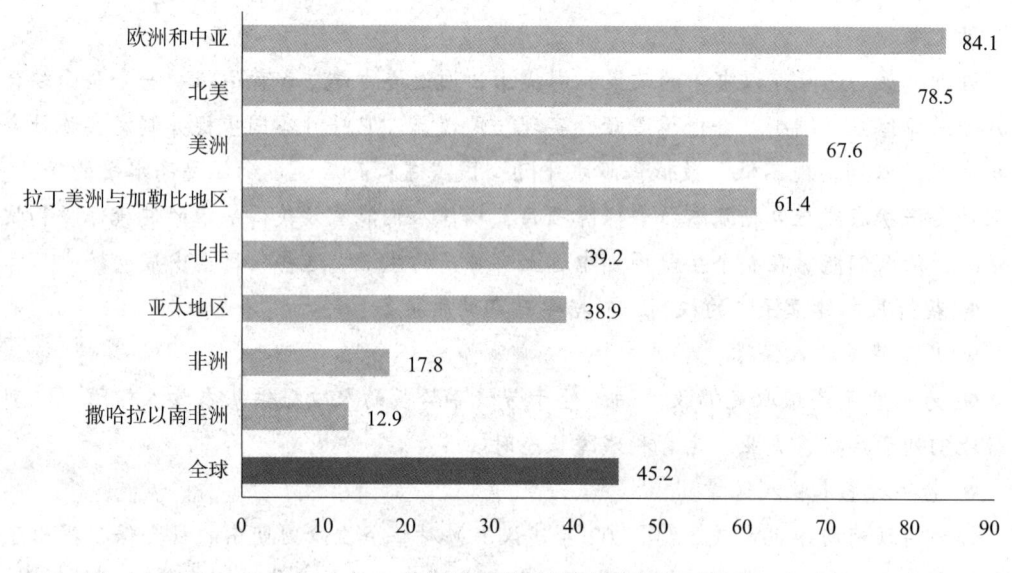

至少被一项社会保护福利待遇覆盖的人口（%）

图1.2　可持续发展目标指标1.3.1：2015年至少被一项社会保护福利
待遇有效覆盖的人口占总人口的百分比

注释：覆盖指缴费型制度的保障人数以及缴费型和非缴费型制度待遇领取者的人数之和占总人口的百分比。区域和全球测算数据经人数加权。可持续发展目标指标1.3.1不包括健康保障。其他区域的数据不足以支持区域性估算。另参见附件二。

资料来源：国际劳工组织世界社会保护数据库，基于社会保障调查（SSI）；国际劳工组织数据库（ILOSTAT）；国别资源。另参见附件四表B.3。

链接：http://www.social-protection.org/gimi/gess/RessourceDownload.action?ressource.ressouceId=54618.

能够享有全面社会保护制度者占全球人口的比例则更为有限。最新数据显示，2015年仅有29%的劳动适龄人口及其家庭享有全面的社保制度。这意味着全球几乎四分之三（即71%）的人口无法享有全面的社会保护。尽管也有一些重大进展，但许多没有得到充分保护的人们仍生活在贫困之中，这涉及全球人口的10.7%即7.67亿人（World Bank，2016a）。①对许多人而言，这种保护的缺失往往即是缺乏体面就业和导致工作中贫困的原因，又是其结果。"工作中贫困"影响了29.4%的全球劳动力，在2016年达到

---

① 该测算基于人均1.9美元的（购买力平价，PPP）贫困线。

7.83亿人（ILO，2017a），①而这其中的许多人在非正规经济部门中工作。②

1.3 监测可持续发展目标中的社会保护：国际劳工组织世界社会保护数据库

在国际劳工组织的世界社会保护数据库中，有关社会保障（或社会保护）制度各方面的深度国别统计数据可为决策者、国际组织和研究人员等提供关键信息，其中包括联合国对可持续发展目标的监测（UN，2017b，2017c）。本报告正是以该数据库为基础。

国际劳工组织世界社会保护数据库中的大部分数据都是通过国际劳工组织的社会保障调查（SSI）收集的，这是一项定期提交给政府的行政调查（administrative survey），辅之以现有的国际数据。2016年版的社会保障调查（SSI）更新了调查问卷，以更好地反映最新的可持续发展目标。社会保障调查（SSI）的问题和操作手册可在网上查阅（ILO，2016c）。③国际劳工组织的社会保障调查构成了全球社会保护数据的主要来源。

自20世纪40年代以来，国际劳工组织世界社会保护数据库以各种形式发布了这些数据。在来自社会保障调查（SSI）的数据之外，还尽可能地以一致的口径补充了其他一些国际和区域数据，特别是来自国际社会保障协会（ISSA）的《全球社会保障观察》和《全球社会保障项目》（ISSA社会保障国别概况）④的数据，这是计算法律覆盖率数据的主要信息来源。其他数据来源还包括（按字母顺序排列）：亚洲开发银行（ADB）的"社会保护指数"（SPI）；联合国拉丁美洲和加勒比地区经济委员会（ECLAC）以及其他区域委员会；欧盟委员会统计局（Eurostat）的数据，如欧洲统一社会保护统计系统（Eurostat European System of Integrated Social Protection Statistics，ESPROSS）和欧盟委员会社会保护交互信息系统（European Commission Mutual Information System on Social Protection，MISSOC）；经合组织社会支出（OECD SOCX）的数据；世界银行养老金数据以及《社会保护地图册：韧性和公平指标》（ASPIRE）的数据；世界卫生组织（WHO）

---

① 该测算基于人均3.1美元的（购买力平价，PPP）贫困线。
② 非正规经济指那些在法律或实践中未被正式制度安排所覆盖或未被充分覆盖的劳动者和经济单位所从事的一系列经济活动。在非正规经济部门中工作的劳动者，往往未被社会保护充分覆盖，或没有社会保护；事实上，缺乏社会保护有时会被作为判定是否属于非正规就业的标准。与此同时，正如2015年《第204号建议书 关于从非正规到正规经济的转型的建议书》所指出的，将社会保护覆盖范围扩大到非正规经济中的劳动者，有助于部分地解决使劳动者陷于非正规经济中的风险（如缺乏健康保障的风险），并支持他们向正规经济就业转型（ILO，2013a，2017b）。
③ 参见 http://www.social-protection.org/gimi/gess/ShowTheme.action?id=10。
④ 可在以下地址获得：https://www.issa.int/country-profiles［31 May 2017］，另参见SSA（美国社会保障总署）和ISSA（国际保障协会）的文献（2015；2016；2017a；2017b）。

的《全球卫生观察》和国家卫生账户数据。①

国际劳工组织世界社会保护数据库还借鉴了各国的官方报告和其他资料中与社会保护相关的数据,主要是基于行政数据以及全国家庭收入与支出调查、劳动力调查以及人口和健康调查等一系列调查来源。

《世界社会保护报告》自首版出版以来,②一直被视为用于监测世界社会保护状况的利器。作为有关社会保护的大规模统计数据资源,本报告在统计附件(附件四)③中随附一系列详细表格,其他更多内容可参见专门网站。④本报告还旨在助力于国家和国际层面⑤以确保提供高质量的社会保障数据为目标的共同努力,尤其是以此支持国际劳工组织成员国监测和审查其社会保护最低标准与社会保障体系,从而更有效地满足其国民的社会保护需求(UN,2017c)。

1.4 本报告的目标和结构

鉴于到2030年要实现的重大进展,本报告评估了世界各国确定的社会保护体系(包括最低标准)的现状。报告评估了全世界的社会保护覆盖面,强调了加强社会保护方面的进展,指出了仍存在的覆盖缺口,并讨论了在实现人人享有社会保障权的进程中面临的主要挑战。因此,社会保护制度权利框架的重要性贯穿整个报告。

在监测与社会保护相关的可持续发展目标方面,本报告还提供了基准线,特别是可持续发展目标中的指标1.3.1。本报告与前一版(ILO,2014a)类似,遵循《第202号建议书》中规定的方法,并基于生命周期按顺序编排第2章至第4章,健康保障则在第5章单独论述。⑥第2章重点关注儿童的社会保护,特别是儿童和家庭福利,也论及现金转移和照护服务之间的重要互补性。第3章阐述了劳动年龄人口的收入保障制度和项目,并进一步聚焦于生育保护(第3.2节)、失业保护(第3.3节)、工伤保护(第3.4

---

① 在参考文献结尾处可找到文献信息。

② 本系列的第一本出版报告为《世界社会保障报告》(ILO,2010a)。后续出版物则以《世界社会保护报告》(ILO,2014a)为题,以反映世界许多地区和国际层面对社会保护问题的更大兴趣。

③ 本报告的统计附件(附件四)包含两套表格:表A.1至表A.12提供人口、经济和社会的关键指标,可在网上获得;表B.1至表B.17则更具体地涉及社会保护,包含在本版报告中。所有材料均可在此网页查阅:http://www.social-protection.org/gimi/gess/ShowTheme.action?id=3985。

④ http://www.social-protection.org/gimi/gess/ShowTheme.action?id=4457。

⑤ 在"社会保护跨机构协调委员会"(SPIAC-B)的运作框架下,各方正在进行努力,以期强化国际机构在社会保护统计领域的合作,并开发面向国内各主体的指导材料(Bonnet and Tessier,2013;ILO et al.,2013)。这项工作旨在延续国际社会早些时候的努力,在社会保障统计领域形成一套达成共识的核心指标,正如1957年"国际劳工统计工作者大会"上通过的关于社会保障统计发展的《决议》中所规定的那样,该决议至今仍为国家层面的社会保障统计事业发展提供相关指导。

⑥ 这样一来,每一章都将以整合的方式分析社会保障横向和纵向维度的扩面(ILO,2012b)。

节)和残障福利(第3.5节)。第4章聚焦老年收入保障,特别是养老金。[①]第5章阐述了全民健康保障对实现可持续发展目标的重要作用,特别聚焦于城乡不平等、长期护理以及实现全民健康保障可带来的大量潜在就业机会。第6章展望世界各地的最新趋势和发展。第7章以全球层面社会保护的监测情况收篇,评估了将社会保护扩展到所有人以实现可持续发展目标所面临的挑战和机遇。

本报告附件包括报告中所用关键术语的术语表(附件一)、对衡量方法的描述(附件二)、关于国际劳工组织社会保障标准的最低要求的概览表(附件三)和统计表(附件四)。

[①] 一般的社会救助将不在单章节专门论述,而是将贯穿于整份报告。

2 面向儿童的社会保护

关键信息

- 社会保护体系，特别是社会保护最低标准，在以下方面发挥重要作用：消解儿童贫困、提升儿童健康状况与整体福祉；预防儿童死亡，提高诸如营养膳食、健康、教育、照顾服务等各类儿童必需品与服务的可及性；减少童工现象。上述功能确保儿童得以充分实现其潜能，摆脱贫困与脆弱的恶性循环。此外，社会保护在实现儿童获得社会保障和适当水平生活的权利方面，也扮演着关键角色。

- 对许多儿童而言，上述需要并未得到满足。据估计，全球范围内每年有590万名未满五岁的儿童死亡，其中大部分的死因并非不可避免。接近一半的死因可归结为营养不良，超过1.5亿未满五岁儿童发育迟缓。童年时期就陷入的贫困状态，可能会持续一生；即使是短期的食物匮乏，也可能影响儿童的长期发展。测算数据显示，全球9亿极端贫困人口中近一半是儿童。

- 可持续发展目标指标1.3.1中关于有效覆盖面的数据显示，全球有35%的儿童获得社会保护待遇给付，区域差异巨大：尽管欧洲与中亚地区已有87%的儿童从社会保护中受益，66%的美洲地区儿童受益，但在亚洲和非洲分别仅有28%和16%的儿童获得社会保护给付。

- 一个积极的趋势是，面向儿童的现金转移支付制度正在扩张。包括阿根廷、巴斯、智利和蒙古等在内国家，其社会保护正朝着普遍覆盖的方向大步迈进。但也有许多国家的儿童社会保护项目面临覆盖面有限、给付水平不足、碎片化和机构能力弱的问题。

- 139个国家的0~14岁儿童社会保护支出数据表明，儿童福利支出平均为GDP的1.1%；这方面同样存在较大的区域差异，从北非与阿拉伯国家的0.1%到欧洲的2.5%不等。

- 尽管取得了重要进展，但许多采取财政紧缩政策的国家正在减少津贴，往往将儿童社会保护待遇给付范围缩小到贫困儿童，排斥了脆弱的儿童群体获得社会保护的正当权利。必须采取措施，使短期财政政策调整不致破坏儿童保护方面取得的进展。

2.1 通过社会保护满足儿童需要,实现与儿童相关的可持续发展目标

尽管过去数十年取得了显著进展,但许多家庭和特别是儿童仍苦于贫困、社会排斥以及必需品及相关服务的匮乏。得不到足够的营养、教育和健康环境对儿童危害尤甚,这将对儿童的身心发展与健全造成不可逆转的伤害。

贫困是多维度的,各种匮乏往往也相互作用陷入恶性循环:健康状况不佳、营养不良、压力、低教育程度、暴力、虐待、忽视、照顾不足、住房、卫生、饮用水或学习机会不足,童工、繁重而无报酬的照护、家务劳动等,上述现象往往相互重叠(UN)。即使儿童的生活水平高于一定的货币标准,他们也可能面临多种匮乏状况——用货币手段测量贫困并不能完全反映这一复杂情境。

《2030年议程》通过若干可持续发展目标解决儿童权利与需要问题,其中包括贫困(SDG1)、饥饿(SDG2)、健康(SDG3)、教育(SDG4)、性别平等(SDG5)、体面工作(SDG8)、减少不平等(SDG10)、可持续的城市(SDG11)以及和平包容的社会(SDG16)(UNICEF,2016a)。

儿童社会保护对减少和预防儿童贫困至关重要,且有助于实现可持续发展目标1.2和目标1.3,尤其是对于确保全体国民享有至少基本水平的保护而言,这种保护是适合各国国情的社会保障最低标准的一部分。世界范围内的赤贫人口中,儿童的数量过多:在中低收入国家中,尽管18岁以下儿童占总人口的34%,但他们在日均生活费低于1.9美元的人口中所占比例却为46%(UNICEF,2016a)。与其他同龄人相比,在贫困环境成长的儿童受生活所限,其实现全部潜能的机会更少。非洲是受影响最大的区域:据测算,如现有趋势继续发展,10个生活赤贫的儿童将有9个生活在撒哈拉沙漠以南非洲(同前引)。如今,已有超过2/3的非洲儿童遭受两种及以上的基本生活需要匮乏(de Milliano and Plavgo,2014)。据估计,全球范围内每年有590万名未满五岁的儿童死亡,其中大部分的死因并非不可避免,[①]近半的死因可归结为营养不良。尽管也取得一些相关进展,但营养不良问题仍然影响着数百万儿童:超过1.5亿未满五岁儿童发育迟缓,正以一种非常不利的条件开始他们的人生(UNICEF,WHO and World Bank Group,2017)。2012年的测算数据表明,全球9亿赤贫人口中近一半是儿童(UNICEF,2016b)。贫困和脆弱性也构成了营养不足和食物不安全(可持续发展目标2.1和目标2.2)的部分原因。特别是在儿童生命的前1 000天里(从其母亲受孕到儿童两岁时),营养不良将对儿童身心发展与健康造成不可逆转的灾难性影响。在这方面,消瘦和发育

[①] 参见2015年联合国儿童基金会出版的《儿童死亡率估算》(Child Mortality Estimates)。文献电子版参见www.data.unicef.org/topic/child-survival/under-five-mortality。

迟缓显然是主要问题之一。①

然而，在高收入国家也存在儿童贫困问题。以欧盟为例，面临贫困风险的儿童和成年人口分别为21.1%和16.3%（UNICEF，2016b）。全球金融危机与经济危机爆发以来，受低就业率和财政紧缩政策的综合影响（Cantillon et al.，2017；ILO，2014a；Ortiz and Cummins，2012），许多欧洲国家的儿童贫困现象有所增加，包括比利时、保加利亚、捷克、爱沙尼亚、法国、希腊、匈牙利、卢森堡、马耳他、葡萄牙、罗马尼亚、斯洛伐克、斯洛文尼亚、西班牙和瑞典（UNICEF，2017）。儿童面临的脆弱性、贫困和风险与成年人不同。在儿童早期发展阶段尤其如此，此期间匮乏的影响最为严重——他们没有自力更生的手段，完全依赖于其照顾者。儿童对成年人的依赖，使得他们面对暴力或其他形式的虐待、剥削时更加脆弱——包括童工、拐卖、童婚、未成年怀孕，以及其他诸如女性割礼等长期存在的辱虐行为。在长期存在的、忽略儿童权利与需求的法律与文化制度中成长的儿童，即使成为青少年之后也往往无力发声。

社会保护体系在促进性别平等、解决无薪照顾和家务劳动（可持续发展目标5.4）中的性别分工问题方面——这是机会和结果中性别不平等的根源之一——扮演着关键角色。女童从小就承担了大量的无薪家务劳动和照顾劳动（Munoz Boudet、Petesch and Turk，2012）。国际劳工组织在33个国家进行的调查显示，7~14岁年龄段的女童参与家务劳动的可能性远远超过男童，往往包括照顾年幼的弟妹或需要护理的成年家庭成员（ILO，2016a）。这一早期的性别劳动分工伴随着女性进入其成年生活，形成并固化了家务与照顾方面的不平等劳动分工（同前引）。品质良好、价格可负担的儿童保育服务，能将许多女童从照顾年幼弟妹的重担中解脱出来。实现儿童的社会保障权，实现儿童适度水平的生活、健康、教育和照顾，以及实现《2030年议程》，离不开一个将儿童的基本需要和要求置于优先地位的有利的政策框架。儿童与家庭福利的国际标准（见专栏2.1）是该政策框架的要件。

专栏2.1 儿童和家庭福利的国际标准

联合国人权法律框架包括一系列条款，阐明了儿童的各种权利，这些权利是儿童社会保护权的组成部分。这些权利包括：享有社会保障的权利，并酌情考虑儿童及负有抚养儿童义务的人的经济情况和环境；②有权享有足以促进其健康和福祉的生活水平；以及获得特殊照料与救助的权利。③

《联合国儿童权利公约》（CRC）规定："缔约国应确认每个儿童有权受益于社会

---

① 可持续发展目标2.2同时将体重超重和体重不足问题纳入考量。在41个OECD国家里，11~15岁儿童中平均有15.3%的儿童体重超重，肥胖已成为高收入国家的严重问题（UNICEF，2016a）。
② 1948年《世界人权宣言》（UDHR）第22条，1966年《经济社会国际权利公约》（ICESCR）第9条，《联合国儿童权利公约》（CRC）第26条。
③ 1948年《世界人权宣言》（UDHR）第25条第1款、第2款。

保障（包括社会保险），并应根据其国内法律采取必要措施充分实现这一权利"（第26条）。《经济社会权利国际公约》（ICESCR）进一步要求各国为家庭提供尽可能广泛的保护和救助，特别是对受抚养儿童的照顾和教育方面。①

国际劳工组织的社会保障标准补充了这一框架，指导各国有效落实构成部分儿童社会保护权的各种权利。1952年国际劳工组织《社会保障（最低标准）公约》（第102号）第七部分规定了用于抚养儿童的供家庭（或儿童）福利的最低标准，形式上包括定期现金给付，实物给付（食品、衣服、住房、假期或家务帮助）或二者兼而有之。因此，家庭福利的根本目标应该是确保儿童的福利及其家庭的经济稳定。

正如国际劳工组织公约和建议书实施专家委员会所规定的那样，这些标准要求：只要儿童正在接受全日制教育或职业培训，且没有得到国家立法确定的适当收入，那么家庭中的每个儿童以及所有的儿童都应当享有家庭福利。该福利的水平应该与抚养儿童的实际成本直接相关，并能覆盖该成本的很大一部分。无论通过何种方式都应提供最低水平的家庭津贴，高于最低水平的福利则可能需要经过家计调查。此外，应当将抚养儿童的费用变化或一般生活费用的变化纳入考量，以此调整所有福利给付（ILO，2011a）。

国际劳工组织《第202号建议书》进一步完善和扩展了旨在实现保护全覆盖的规范性框架。儿童收入保障是构成一国国家社会保护底线的基本社会保障之一，应确保儿童"获得营养、教育、照料和其他任何必要物品与服务"。虽然上述保障应由国家确定，但该建议书就保障的适度水平提供了明确的指导：收入保障的最低限度应能维持有尊严的生活，并应足以使人们有效获得一系列必需品和服务，如通过制定国家贫困线或其他类似标准的方式。为了促进社会保护的普惠性，《建议书》提出，对基本社会保障的承诺至少应当依国家法律法规适用于所有居民和儿童，并遵守现有国际义务，即《儿童权利公约》《经济社会文化权利国际公约》和其他有关文件的规定。《第202号建议书》是一种高度注重结果的方法，从而提供了广泛的政策工具来实现儿童的收入保障，包括儿童和家庭福利（本章重点）。

全球儿童的福祉状况值得引起警惕，而社会保护政策能立即救助贫困儿童及其家庭，从而是一种有力的政策工具。当家庭从事高风险、高收入的活动时，社会保护制度的有关规定能够提升父母获得收入的能力，从而触发良性循环。通过提供稳定、可预期的收入来源，社会保护给付使家庭在面临冲击时无需采取有害的应对策略，例如让儿童停止上学、削减食物支出或变卖生产性资产等。由于儿童最终依靠其养育家庭维持生存和发展，因此，可用于提升儿童收入保障和社会保护的政策及政策工具非常广泛。

---

① 《经济社会国际权利公约》（ICESCR）第10条第1款。

2.2 儿童与家庭社会保护制度的类型

在社会保护制度中，许多政策干预都能使儿童及其家庭获益。具体而言，这些保障儿童的政策设计包括：

- 普惠型或瞄准型、有条件或无条件的、缴费型的或非缴费型/税收筹资的儿童或家庭福利津贴。
- 校园供膳、疫苗接种、健康保障制度以及其他诸如免费校服或免费课本的实物给付。
- 免收一些服务的费用，如医疗保健或保育服务。
- 当父母或其他照顾者因受其抚养儿童相关的事宜向雇主请假时，可以获得社会保障给付（如照顾患儿或残障儿童的育儿假和其他育儿假期间的福利）。
- 保育服务、儿童早期教育以及国家法定最低就业年龄前的教育。
- 对育儿家庭的税收返还。

图2.1概括了全球面向家庭和儿童的各类定期福利津贴项目。在可获得资料的186个国家中，超过1/3的国家（69个国家）在全国性立法中没有任何儿童或家庭福利（尽管这些国家可能仍有一些尚未立法的社会救助项目或其他有利于提升儿童收入保障的项目）。在117个有儿童或家庭福利制度的国家中，有34个国家的法律规定仅适用于正规雇佣关系者，其中大部分为非洲国家。但是，那些最脆弱的儿童不太可能受惠于仅限于正规就业的制度。数量相当的另一部分国家（37个国家）只有非缴费型的、家计调查型福利。这类制度倾向于只覆盖一小部分人口，研究表明许多人被错误地排除在制度之外，往往无法覆盖那些最需要帮助的家庭（Kidd, Gelders and Bailey-Athias, 2017）。有14个国家结合了与就业状况关联的制度和基于家计调查的非缴费型制度。仅有32个国家（大部分在欧洲）提供普惠型的、非缴费型的儿童或家庭福利津贴制度。但是，可持续发展目标的实现，特别是关于贫困、饥饿的目标1和目标2，以及关于健康与教育的目标3和目标4能否实现，取决于有关制度和项目在多大程度上能够惠及贫困和脆弱家庭。

本章聚焦于全国性立法中的制度（见图2.1），因为这些政策项目通常在资金和制度框架方面更加稳定，将获得覆盖作为一项权利来保障，并赋予符合条件的个人和家庭法定权利。此外，许多国家还有各种尚未纳入全国性立法的方案（包括试点或临时计划），向贫困儿童提供社会救助（以现金或实物形式），这些方案通常仅限于某些区域或地区，由政府、捐助者、非政府组织或慈善组织提供。

图2.1主要聚焦于现金转移支付项目，尽管许多干预措施也包括实物给付，如学校供餐或社会服务等。学校供餐计划是最常见的实物福利，根据可得数据显示，在157个

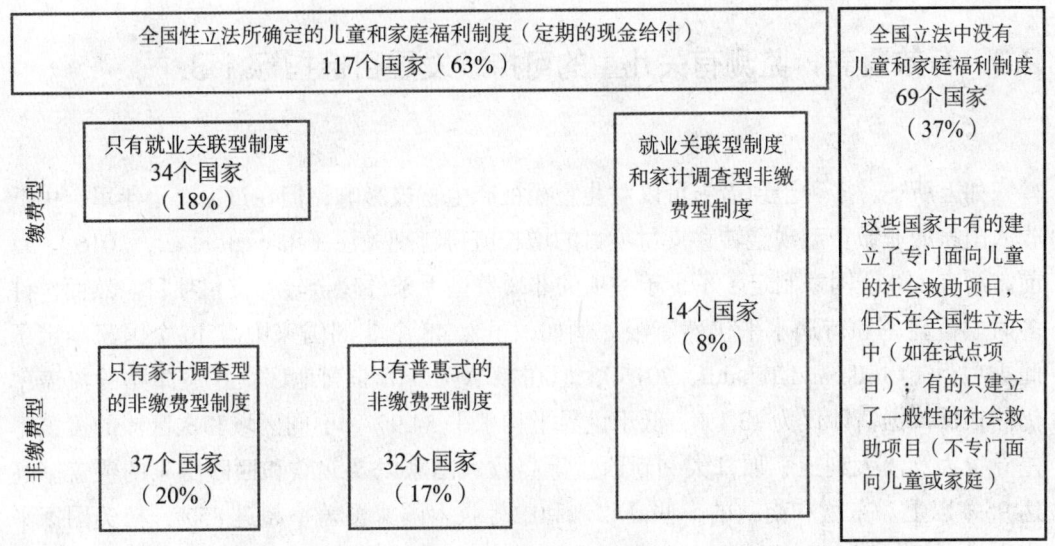

图 2.1 儿童和家庭福利制度一览（定期现金给付），按制度和给付类型划分，2015 年或最近可用年份

注释：就业关联的制度既包括劳资共同筹资的制度，也包括仅由雇主筹资的制度。一些与就业关联的制度也基于家计调查或富裕程度调查，所呈现的百分比以资料可得的国家数目为分母。

资料来源：国际劳工组织世界社会保护数据库；国际社会保障协会/美国社会保障总署《全球社会保障制度》；欧盟委员会社会保障信息交互系统。另参见附件四表 B.4。

链接：http://www.social-protection.org/gimi/gess/RessourceDownload.action?ressource.ressouceId=54621.

国家中有 131 个国家存在学校供餐计划（World Bank，2015）。据世界粮食计划署估计，每天至少有 3.68 亿名儿童在学校接受供餐（WFP，2013）。学校供餐计划可为若干可持续发展目标做出贡献，如改善营养（SDG2）、教育（SDG4）、性别平等（SDG5）状况，并通过购买当地食品为经济做出贡献（SDG8）（WFP，2017）。

社会保护现金给付和有效地获得服务两者间往往直接相关并相互促进，特别是在医疗保健、保育服务或教育服务等方面。这些服务对克服不平等问题并促进社会包容而言至关重要，特别是考虑到低收入家庭的儿童获得教育和医疗健康服务的可能性明显较低（ESCAP，2015）。其他服务也发挥着重要作用。以出生登记服务为例，其重要性不仅在于这一服务本身，更重要的原因在于它通常是实现其他权利、获得社会保护给付与服务的先决条件。对于青少年而言，能否获得生殖健康服务，是决定其能否把握未来生活机会的关键因素之一。

本章 2.5 部分将讨论现金给付与获得优质保育服务的互补性，这些服务的重要性在于促进女性从事高质量就业中的经济活动，从而有助于减少儿童贫困、促进儿童发展并减少童工现象。

2.3 有效覆盖：监测有关儿童的可持续发展目标指标 1.3.1

如上所述，多种干预措施可以对儿童福祉产生积极影响，但在过去二十年里，中低收入国家的非缴费型现金转移支付项目的增长值得特别关注（Bastagli et al., 2016）。目前，约有130个国家制定了不少于一项的非缴费型无条件现金转移支付项目。然而，许多时候覆盖率和待遇水平仍然有限。例如，虽然48个非洲国家中有40个国家制定了此类项目（Cirillo and Tebaldi, 2016），但在撒哈拉以南非洲地区，儿童津贴的覆盖率仍然很低，据估计仅为13.1%，低于世界平均水平34.9%。不同区域和次区域的覆盖率差异很大：澳大利亚、加拿大和新西兰等高收入国家以及北欧和西欧国家的覆盖率高达95%以上。东欧和南欧的一些高收入和中等收入国家覆盖率超过85%，拉美国家平均超过70%，而在中美洲这一数字仅为29%。亚洲的覆盖率从东亚的10.8%到中亚的43.9%不等。大洋洲平均覆盖率为65.5%，其中澳大利亚和新西兰的覆盖率高于99%，其余国家仅覆盖约14%的儿童。

在待遇水平、资格标准、注册程序和整体管理效率方面，制度设计也有很大差异。一个关键问题是项目应该设计为只瞄准贫困家庭，抑或以普惠为原则；普惠型福利对人口和贫困问题的影响大得多，因为瞄准型项目往往面临大量的错保和漏保问题（Kidd, Gelders and Bailey-Athias, 2017），这也是蒙古选择普惠型儿童福利的原因（见专栏2.2）。其他诸如阿根廷（见专栏2.3）、巴西和智利等国家，也将不同的制度项目结合起来，以实现全民覆盖。

专栏2.2 蒙古的普惠型儿童福利津贴

2005年，蒙古政府推出了"儿童津贴项目"（Child Money Programme, CMP），这是一个有条件的、瞄准贫困人口的现金转移项目，旨在减轻经济和社会转型下的贫困。资格条件包括社会行为、健康行为以及受教育等方面要求。实施过程中遭遇了贫困瞄准问题，即一些并不贫穷的群体也享受到福利，而一些贫穷者却遭到排斥（Hodges et al., 2007）。2006年7月，政府将该项目转变为普惠型制度，为所有18岁以下的儿童提供福利，同时实施针对新生儿的新福利措施，并增加了待遇给付水平。霍奇斯（Hodges）等人的一项研究（2007年）发现，如果发放的儿童津贴能提高同等金额的家庭实际支出，那么最初的瞄准型"儿童津贴项目"将贫困儿童人口减少了近4个百分点（从42.2%降至38.5%），并将儿童贫富差距降低了约2个百分点。普惠型的儿童津贴，尤其是2006年提高的津贴待遇水平，使得贫困儿童人数减少了10个百分点（降至27.4%），并将贫富差距减少了5.5个百分点（减至7.1%）。

在2010年社会福利制度改革后,"儿童津贴项目"中断了。2012年10月,该国新一届议会在通过"政府行动计划（2012—2016年）"后重新引入了"儿童津贴项目","政府行动计划（2012—2016年）"强调了政府的社会福利责任与承诺。这项福利具有普惠性质,向所有儿童提供,直到其年满18岁为止。2014年的"家庭社会经济调查（Household Socio-Economic Survey）"发现,"儿童津贴项目"将贫困发生率降低12%,贫富差距减少21%。因此,它极大地减少了货币贫困,如果只考虑儿童贫困则更是如此（ILO,2016d）。

2016年8月,新当选的政府宣布重新恢复"儿童津贴项目"的瞄准措施。其结果是,2016年11月只有60%的儿童领取津贴。随后,基于国际货币基金组织"扩展贷款"（Extended Fund Facility）的三年期贷款获批准通过,其所附加的财政整固条件就包括"强化社会安全网并优化其目标瞄准的举措"（IMF,2017a）。2017年7月财政指标有所改善,政府重新确立了"儿童津贴项目"的普惠特征,并将该项目纳入《社会福利法》。在这种剧烈变化的背景下,承认并加入1952年《社会保障（最低标准）公约》（第102号）,将为蒙古维持包括普惠型"儿童津贴项目"在内的社会保护制度提供保障。

资料来源：Global Partnership for Universal Social Protection,2016a。

专栏2.3 通过制度组合实现儿童社会保护的全覆盖：以阿根廷为例

阿根廷正在通过一系列措施组合实现儿童福利的普遍覆盖。除了为有子女的高收入劳动者提供已有的缴费型家庭津贴（CFA）和税收减免外,为应对全球金融危机的影响,2009年阿根廷实施了"普惠型儿童津贴"（UCA）,以期强化针对有子女家庭的几项非缴费型转移支付计划。

通过"普惠型儿童津贴",儿童福利得以延伸至失业劳动者、非正规就业劳动者、家政工和自雇佣者的家庭,他们得以参与为小型缴费者（monotributo）设计的、简化的税收和缴费支付制度。部分条件性的"普惠型儿童津贴"为18岁以下的儿童（如果残障,则取消年龄限制）提供福利,每个家庭不超过5名儿童,受益人需要满足一些条件,包括某些健康（如为5岁以下儿童接种疫苗等）和教育（入学）要求。

2014年,家庭福利制度的三个组成项目覆盖了84.6%的18岁以下儿童与青少年。尽管有53.3%的人口受益于"缴费型家庭津贴"和税收减免政策,但"普惠型儿童津贴"制度亦为这一群体中46.8%的人口提供了保障。这些福利支出共计占GDP的1.04%左右,而"普惠型儿童津贴"占GDP的0.5%。

就育儿家庭转移支付对赤贫和贫困的影响而言,一项评估认为,赤贫人口将减少约65%,整体贫困率将降低18%（Bertranou and Maurizio,2012）。据此研究,"普惠型儿童津贴"覆盖了70%的贫困儿童和青少年；缴费和非缴费型儿童福利合计大约使80%的儿童脱离贫困。

资料来源：Global Partnership for Universal Social Protection，2016a。

各区域领取儿童和家庭津贴的儿童和家庭情况见图2.2。

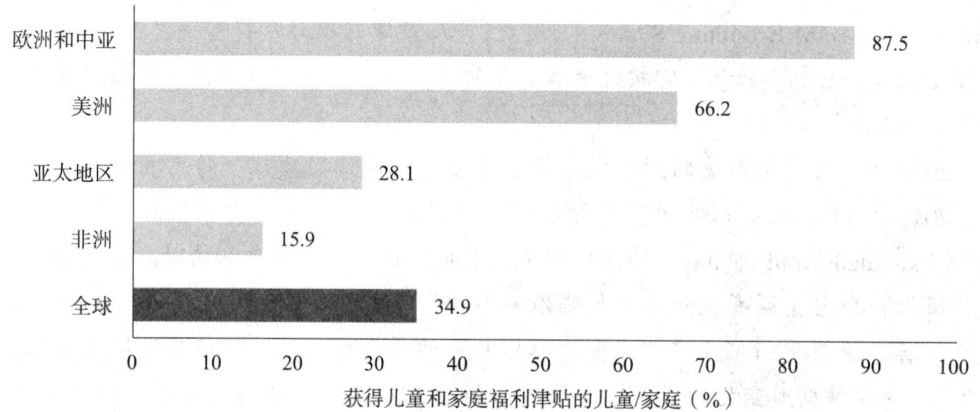

图2.2 可持续发展目标指标1.3.1关于儿童和家庭的有效覆盖：各区域领取儿童和
家庭津贴的儿童和家庭所占百分比，最近可用年份

注释：该百分比是"接受儿童福利的儿童或家庭"与"儿童或有儿童的家庭总数"之比（详见附件二）。区域和全球测算数据经儿童人数加权。其他区域的数据不足以进行区域估计。

资料来源：国际劳工组织世界社会保护数据库，基于社会保障调查（SSI）；国际劳工组织数据库（ILOSTAT）；国别资源。另参见附件四表B.3、表B.4。

链接：http://www.social-protection.org/gimi/gess/RessourceDownload.action?ressource.ressouceId=54623。

2.4 儿童社会保护支出

要确保适当水平的社会保护，需要为儿童和家庭分配足够的资源。然而，如图2.3所示，目前各国用于儿童社会保护的支出（不含医疗卫生）平均仅占GDP的1.1%，且各国家与区域的水平差别很大。虽然欧洲、中亚以及大洋洲用于儿童福利的支出超过GDP的2%，但在世界其他大部分地区，该支出比率仍远低于1%。非洲、阿拉伯国家以及南亚和东南亚的区域估算数据显示，尽管其儿童占总人口的比例更大，但儿童社会保护支出水平不足GDP的0.7%。考虑到撒哈拉以南非洲43%的人口是0~14岁的儿童，该区域的支出水平似乎特别低。

如前所述，儿童贫困和其他包括儿童死亡率、营养不足和营养不良等相关指标甚高，清晰地表明儿童社会保护的资源分配不充足。即使将除儿童和家庭福利之外的用于教育、医疗健康或其他社会保护项目的其他公共支出考虑在内，情况也是如此——尽管上述项目也有助于改善儿童生活状况。中低收入国家的儿童社会保护支出水平低，其中许多国家没有为儿童提供任何福利，这尤其令人担忧，因为这会危及其未来发展潜力。

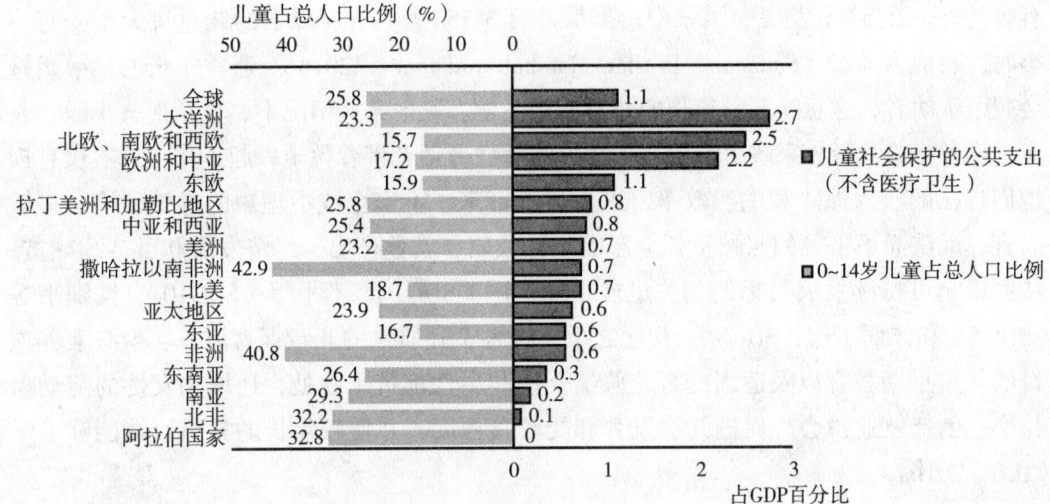

图 2.3 儿童社会保护的公共支出（不含医疗卫生）占 GDP 百分比，以及 0～14 岁儿童占总人口的百分比，最近可用年份

资料来源：国际劳工组织世界社会保护数据库，基于社会保障调查（SSI）。参见附件四表 B.17。

链接：http://www.social-protection.org/gimi/gess/RessourceDownload.action?ressource.ressouceId=54624。

如果不加大对儿童社会保护的资源投入，前述与儿童有关的可持续发展目标不太可能实现。

2.5 福利津贴和儿童保育服务的相互补充

男女双方都享有适当的育儿假福利（包括照顾那些患有疾病或残障儿童）、保育服务和儿童早期教育对于保障儿童的收入安全和福利至关重要。雇主所采取的措施同样发挥关键作用，以期促进育儿父母分担工作和家庭责任（ILO，2016a）。从促进女性的生产性经济活动的视角看，上述举措尤其重要，与此同时也促进男女之间无薪育儿工作的平等分配。为打破性别不平等的循环，这两方面都是必不可少的；而性别不平等使女性容易陷入非正规、低薪工作的陷阱，且在工作和年老时都没有任何社会保护（Alfers，2016；Moussi，2016）。另一个对儿童和女性福祉而言很重要的因素是生育保障（见第3.2 节）。目前，有 134 个国家将公共资源投入于儿童进入小学前的儿童保育服务。公司也意识到了提供育儿设施的好处：减少缺勤率、员工流动率和工伤事故，与此同时提高女性劳动者的日工作产出（ILO，2016a；UN，2016a）。

由于女性不得不将无薪育儿劳动与获取收入的需要相结合，这往往会使其陷入最脆弱形式的非标准就业和非正规工作。这对女性劳动者和未得到充分照顾的儿童而言都是有害的——在53个发展中国家中，据估计有3 550万名5岁以下的儿童每天至少有一小时没有成人监护（Samman, Presler-Marshall and Jones, 2016）。通常年长的兄弟姐妹会照顾年幼者，这意味着较年长的儿童无法上学。其他某些情况下，包括街头小贩、农业工作者、拾荒者、家政工或搬运工在内的女性劳动者带着孩子一起工作，这不仅有损她们自己的收入保障和生产效率，也为孩子带来了不安全或不理想的成长环境。一般而言，沉重而不平等的照顾责任会影响生计战略、就业产出、经济发展和可持续减贫，从而影响可持续发展目标的相关进展，如贫困（SDG1）、不平等（SDG10）、性别平等（SDG5）和体面工作（SDG8）。相比之下，投入于高质量的儿童保育服务、带有喂养项目的儿童早期教育以及适当的育儿假给女性和男性都带来益处，还增加女性的劳动参与率、创造就业机会、促进儿童发育和受教育程度，并使较年长的兄弟姐妹能够上学（ILO, 2016a）。

2.6 全民社会保护增进儿童和家庭福祉

扩大儿童社会保护的有效覆盖和法律覆盖是可喜的全球趋势。虽然普惠性一般是高收入国家的特征，但阿根廷、巴西、智利和蒙古等几个发展中国家也已经实现了普惠或近乎普惠的儿童社会保护，而且许多其他国家正在迅速扩大覆盖面，如玻利维亚、南非和乌拉圭等（见第6章）。每一年，各个区域都有政府宣布为儿童提供现金形式的社会保护（见表2.1）。尽管取得了这一重要进展，但一些正在实行财政整固政策的国家正在削减津贴，往往将儿童社会保护给付范围缩小到贫困儿童，而排斥了脆弱的儿童获得社会保护的合法权利。表2.1还列出了一些新公布的调整措施。各国需要作出努力，以确保短期财政政策调整不会损害儿童社会保护的进展。

许多短期调整改革的重点是削减非缴费型制度和项目的支出，如对儿童和家庭的福利津贴。其后果是欧洲的儿童贫困现象有所增加（Cantillon et al., 2017; UNICEF, 2017）；除非重新考虑这些措施，否则发展中国家的儿童可能也会变得更脆弱。不合理的紧缩措施或财政整固措施不仅威胁儿童的社会保障权（《儿童权利公约》第26条），而且威胁享有食物、健康、教育和其他基本商品和服务的权利（UN, 2011）。重要的是确保短期调整不会损害长期进展，还需考虑其他替代措施（Ortiz et al., 2015）和政策选项，以保障儿童的福祉。

由于儿童的福祉状况及其所在家庭的社会经济状况之间存在直接联系，所以社会保护机制——甚至包括那些并非明确针对儿童的社会保护机制，如养老金或来自公共工程项目的收入——都可以提升家庭的育儿能力以及获得基本服务的能力（ILO, 2013b）。社会保护的干预措施在许多方面都使儿童获益。不少研究发现，诸如家庭津贴、社会养老金、亲子与育儿假等福利（尤其是男女均可享受的假期）、学校供餐计划、保育制度和儿童早期教育等社会保障项目对减贫、儿童营养、学校出勤率、学习表现、健康状况和减少童工等都有积极影响（Bastagli et al., 2016; ILO, 2016a, 2013b）。现金转移支付还改善了服务尤其是医疗服务的获得。研究还表明，制度设计和制度安排的实施很重要。为了最大限度地发挥社会保护对儿童的影响，所有社会保护项目都应尊重《关于促进具有儿童敏感性的社会保护的联合声明》（Joint Statement on Advancing Child-sensitive Social Protection）中的原则，该声明由联合国各相关机构、双边捐助机构和国际非政府组织于2009年联合发布（见专栏2.4）。

某些全球趋势加剧了儿童的脆弱境况，有时甚至使以往的发展发生了倒退。诸如中东和北非以及其他受武装冲突影响的地区，即是如此。其他影响儿童福祉状况的因素包括气候变化、环境恶化、干旱或洪水等自然灾害，以及城镇化和移民，从而需要增加社会保护。

表2.1　2014—2017年新公布的儿童与家庭社会保护措施（节选）

国家	年份	措施（根据媒体报道）
社会保护的扩张		
斐济	2016	2016—2017财年预算中，增加了对儿童事务部的预算分配
加纳	2016	性别、儿童与社会保护部（MoGCSP）和美国国际开发署（USAID）签署了合作备忘录，后者将提供300万美元以改善加纳的儿童领养与抚养情况
印度	2017	作为"生育福利项目"的部分内容，在全国范围内扩展面向孕产妇和哺乳期女性的有条件的现金给付项目，在怀孕初期登记时、住院分娩时和分娩三个月后，分三期支付现金6 000卢比。分娩后领取福利时，需要为儿童履行登记手续，并接受BCG、OPV和DPT-1&2等疫苗接种
新西兰	2016	育儿家庭的福利津贴标准，每周将提高25新西兰元（税后）；提升"为家庭而工作"项目的给付水平；增加儿童保育救助（Childcare Assistance）
菲律宾	2016	世界银行为政府提供4.5亿美元贷款以支持4Ps项目（Pantawid Pamilyang Pilipino Program）
瑞士	2016	父母有权享受480天的带薪育儿假
紧缩或调整措施		
澳大利亚	2016	联邦议会批准了一项包含20项削减成本措施的综合法案，其中包括对婴幼儿津贴的削减
印度	2017	政府将生育福利项目仅限于一个孩子（而不是如之前在2017年1月宣布的那样可适用于两个孩子）
爱尔兰	2016	单亲家庭津贴的领取资格和收入门槛水平有所变化，使某些受助者领取的津贴遭到削减或终止
蒙古	2016	儿童津贴项目（CMP）重新启动的瞄准机制。其结果是，60%的儿童在2016年11月领取了津贴（详见专栏2.2），而其余40%的儿童则需推迟到2019年1月1日方可领取津贴

续表

国家	年份	措施（根据媒体报道）
紧缩或调整措施		
瑞典	2016	取消地方当局的儿童保育福利
乌克兰	2014	一直以来，乌克兰有为所有育儿家庭提供相对可观的儿童和分娩福利的传统，但随着财政紧缩措施的施行，三岁以下儿童的儿童福利现在只适用于低收入家庭，并且不再与最低生活保障相关
英国	2016	2016年《福利改革和工作法案》对抚养二孩或以上家庭的通用福利（Universal Credit）进行了限制，这意味着那些在2017年4月之后出生的孩子，其家庭在提出新的退税申请时，将不会得到额外的福利支持。此外，它还削减了通用福利中的家庭元素（每年545英镑），并削减了家庭住房福利（每周17.45英镑）

资料来源：国际劳工组织社会保护监测（ILO Social Protection Monitor）；Bradshaw and Hirose，2016。

链接：http://www.social-protection.org/gimi/gess/RessourceDownload.action? ressource.ressouceId=54783.

目前，近1.6亿名儿童生活在严重干旱或极度干旱地区，其中大部分在非洲和亚洲；超过5亿儿童生活在洪水发生率极高的地区，其中大部分在亚洲（UNICEF，2015a）。气候变化增加了诸如洪水、干旱、热浪等危机和其他极端天气现象的发生频率。儿童极易受这些危机事件影响，如气候变化导致的农作物歉收和家庭收入损失、供水系统故障以及水资源储备受污染等，这些危机还会导致虫媒疾病、食源性疾病与食品不安全事件的爆发。在两周岁以前，未加治疗的营养不足可能导致不可逆转的发育迟缓。小儿腹泻是5岁以下儿童的主要死亡原因。全球变暖还可能影响疾病的传播，如疟疾、霍乱、流行性脑脊髓膜炎、登革热或莱姆病（同前引）。温度升高也可能使疟疾等疾病进入以前未受"热带"疾病影响的地区。应当强化紧急救援行动、医疗卫生系统以及其他基础设施，以期能够应对上述紧急情况。

专栏2.4 具有儿童敏感性的社会保护

《关于促进具有儿童敏感性的社会保护的联合声明》（DfID et al., 2009）指出，具有儿童敏感性的社会保护计划制度设计、实施和评估应旨在避免对儿童的不利影响，减少或减轻那些直接影响儿童生活的社会与经济风险。

● 尽早干预处于危险中的儿童，以预防不可逆转的损失或伤害。

● 考虑儿童在整个生命周期中与年龄和性别有关的特定风险和脆弱性。

● 减轻冲击、排斥和贫困对家庭的影响，并承认育儿家庭需要支持，以此确保机会公平。

● 应当做出特别规定，以确保社会保护覆盖特别脆弱和被排斥的儿童，包括父母无法照顾的儿童，以及那些由于性别、残障、种族、艾滋病毒或艾滋病，以及其他因素而被家庭或社区所被边缘化的儿童。

● 考虑可能影响儿童受助的机制和家庭内因素,特别要关注家庭以及其他更宽泛的社会关系中男女之间的权力平衡。

● 在理解和设计社会保护制度与项目过程中,将儿童、照顾者和年轻人的意见及其表达纳入考量。

《联合声明》由英国国际发展部(DfID)、国际助老会(HelpAge International)、儿童希望之家(Hope & Homes for Children)、发展研究所(Institute of Development Studies)、国际劳工组织(ILO)、海外发展研究所(Overseas Development Institute)、英国救助儿童会(Save the Children UK)、联合国开发计划署(UNDP)、联合国儿童基金会(UNICEF)和世界银行联合发布。

资料来源：DfID et al., 2009; ILO, 2014a.

灾害来临时,将给贫困家庭造成最大打击,因为他们应对这些风险的能力更加有限。首当其冲被迫使用不洁水源和不安全的食物、忍饥挨饿或让孩子辍学的,往往是穷人。土著民和少数族裔家庭的儿童在各方面都面临着更大的贫困风险：他们上学的可能性较低,且土著民儿童中的童工及收入贫困的比例均过高(ILO, 2017c)。

就应对人道主义危机而言——无论是人为冲突还是自然灾害——国内或跨国迁徙是策略之一。过去几十年来,灾害数量和相关人口流离失所和移民持续增加。儿童往往特别受这种流离失所的影响,不仅因为前述问题导致的生理健康风险,也因为家庭成员在流离失所期间可能面临分离,且迁徙过程可能伴随危险。这不仅导致身体疾病,还造成诸如创伤后应激障碍(PTSD)等精神障碍。虽然目前还没有关于最近一次移民潮的数据,但对先前若干世代的研究表明,在欧洲各国移民家庭中长大的孩子,其处于收入贫困、暂停就学、辍学的风险一直较高,这也会对其进入劳动力市场产生负面影响(Bruckauf, Chzhen and Toczydlowska, 2016)。

3 面向劳动年龄女性和男性的社会保护

3.1 寻求收入保障

关键信息

- 社会保护在确保劳动年龄女性和男性的收入保障方面发挥着关键作用,是个体和家庭福祉的重要组成部分,对实现包括可持续发展目标 1.3 和可持续发展目标 8 关于体面工作和经济增长在内的可持续发展目标而言也至关重要。
- 尽管劳动力市场是工作生涯期间收入保障的主要来源,但社会保护在平滑收入和总需求、保护与提升人力资本和人的能力方面发挥着重要作用,从而有助于经济结构转变,促进了包容性增长。
- 通过确保在失业、工伤、残障、疾病、生育以及收入不足或有其他需求的情况下的收入安全,社会保护体系支持女性、男性及其家庭应对生活变故的财务后果,找到并维持体面的生产性就业,并促进医疗保健和其他服务的有效获得。
- 从全球范围来看,确保人们劳动年龄期间收入安全的社会保护公共支出(不含医疗卫生)占国内生产总值的 3.2%;分区域来看,水平相差甚大,从东南亚的 0.6% 到西欧的 6.6% 不等。
- 在世界范围内,仅有 21.8% 的失业劳动者可享受失业保障待遇,只有少数劳动力在工伤情况下得到保护。新的估计数还显示,只有 27.8% 的重度残障人士实际领取残障津贴,41.1% 的生育女性获得生育津贴,区域间差异甚大。
- 趋势表明在扩大对劳动年龄女性和男性的社会保护方面取得了进展情况,许多发展中国家实现了生育保障(乌克兰、乌拉圭)和残障福利(巴西、智利、蒙古和乌拉圭)的全民有效覆盖。
- 包括社会保护底线在内的社会保护体系,如果与就业、劳动力市场、工资和税收政策相协调配合,就能以最有效和可持续的方式运行。

3 面向劳动年龄女性和男性的社会保护

社会保护在确保劳动年龄男性和女性的收入安全方面发挥着关键作用,[①]是个体和家庭福祉的重要组成部分,对实现包括可持续发展目标 8 关于体面工作和经济包容性增长在内的可持续发展目标而言同样如此。

大多数劳动年龄人口在从事着经济活动,他们一般通过有偿劳动来谋生,无论是正规就业还是非正规就业,且无论这种活动是否可以被归为体面工作。[②]无论当前是否从事经济活动,劳动年龄人口都有特定社会保护需求。满足这些需求的政策不仅是实现其社会保障权利的关键,也是确保劳动力市场的高效运转以及更广泛的经济和社会发展的关键。需求通常分为三大类:

- 替代因失业、工伤、残障、疾病或生育而导致的暂时或永久性的收入损失的需求。
- 在收入不足以避免贫困和/或社会排斥的情况下,对收入支持或其他社会保护措施的需求。
- 在上述任何突发事件发生后,对支持恢复收入能力和促进劳动参与的需求。

大多数人在其劳动生涯中首先通过参与劳动力市场来寻求收入保障。收入保障强烈依赖于收入与其他劳动所得的水平、分配和稳定性,因此很大程度上受到若干领域政策选择及立法和执法的影响。与收入保障尤为相关的政策领域包括劳动力市场与就业政策、就业保护、工资(包括最低工资)和集体谈判、积极的劳动力市场政策,以及对有家庭与照顾责任的工作者的支持政策和促进就业中的两性平等的政策。这些领域的有效政策与法律框架是确保体面工作的关键。然而,近来的劳动力市场和就业趋势,诸如更高的失业率、就业不足,更加普遍的不稳定和非正规就业,以及实际工资的减少与工作中贫困的增加,加大了社会保护制度在确保劳动年龄人口收入保障方面的压力(ILO,2016b,2016e,2017a;Berg,2015a)。

有鉴于此,显然收入保障无法仅通过社会保护制度来实现。为减轻国家社会保护制度过重的负担并使它们能够更加高效地运行,社会保护政策需要与设计精良的(其他)政策相协调,来应对就业、劳动力市场和工资领域的这些挑战。

---

① 劳动年龄在此被宽泛地界定为大多数人从事或试图从事经济活动的年龄范围。该定义反映了 2012 年通过的《关于国家社会保护底线的建议书》(第 202 号建议书)的生命周期方法,并意识到在许多情况下,出于选择或是必需,女性和男性在老年时会持续从事经济活动(见第 4 章)。正如国家立法和实践所界定的那样,"劳动年龄"的上限和下限范围取决于各国情况,且通常取决于人们在教育上所花时间的长度和法定可领取养老金年龄。出于统计指标可比性的目的,本报告遵循国际惯例,使用 15~64 岁的年龄范围。但这并不意味着所有在此年龄范围内的个体都可以或应当符合"工作"或"活动"的具体概念。

② 体面工作是指在自由、公平、安全和有尊严的条件下,女性和男性所从事的生产性劳动。该定义由国际劳工组织界定并获得了国际社会的认可。体面工作包括生产性的并提供公平收入的工作机会;提供工作场所安全并为劳动者及其家庭提供社会保护;为个人发展提供更好前景,鼓励社会融合;给予人们自由以表达其关切、组织和参与影响其生活的决定;确保所有人机会平等与待遇平等。

这也是国际劳工组织《第202号建议书》中所采取的方法，即坚持国家社会保护底线至少应当保障"为无法获得足够收入的劳动年龄人口，尤其是在疾病、失业、生育及残障的情形下，提供至少是国家所划定的最低水平的基本收入保障"。在强调与其他政策领域的关联的同时，它亦强调在各国具体背景下实施最有效的福利和制度组合的国家责任。这些组合可能包括全民福利制度、社会保险制度、社会救助制度、负收入所得税制度、公共就业项目以及就业支持制度。大部分缴费型制度覆盖那些曾经从事经济活动，但由于以下情况而暂时或永久失去劳动收入的人（及其被供养人）：失业（失业待遇），疾病，因工伤事故或职业病所导致的长期重度残障或死亡（工伤待遇），与工作没有直接关系的情况（一般疾病、残障和遗属津贴）或怀孕，分娩以及家庭责任（生育福利、陪产福利或育儿福利、儿童或家庭福利）。

然而，这些类型的项目往往未覆盖那些从事经济活动但不是正规就业或是不充分正规就业者（及其被供养人）的情形和需求。这些人的就业收入极低，难以防止自身及其家庭陷入贫困（工作中贫困）；或者根本就没有收入，因失业或未充分就业的时间过长，以致不具备享受福利待遇的资格，即使从长期来看，亦没有结束这种局面的希望（ILO，2016b，2013a）。特别是对这些群体而言，非缴费项目和方案在缩小覆盖差距、确保基本的保护水平方面至关重要；然而在许多情形下，尤其是在中低收入国家，现有项目存在覆盖面有限，待遇水平不足，机构能力薄弱，筹资不充分、不稳定的问题。因此，这些国家中大多数劳动年龄人口缺少社会保护覆盖，而社会保护覆盖本可以保护劳动者和企业家脆弱的生计，并使他们能够以可持续的方式摆脱贫困与脆弱（Behrendt，2017；ILO，2011b）。

尽管本章将主要侧重于现金福利待遇，但应当提及的是，实物福利，尤其是医疗保健和其他社会服务，在确保劳动年龄人口的收入安全方面发挥着主要作用。在这方面，医疗保健供给的作用（详见第5章）尤为重要：可获得优质公共卫生服务或被可负担的（社会）医疗保险所覆盖的人，会比那些在需要时不得不自掏腰包支付高额医疗费用的人拥有更高的收入保障。其他具有货币价值的社会服务及相关实物福利的提供，包括教育和照护服务，也能显著减少人们的收入需求。诸如就业服务、技能开发项目、儿童保育设施以及长期护理等服务的提供，可能也会影响人们从事有偿工作的能力，对收入保障，尤其是女性的收入保障而言意义重大（Martinez Franzoni and Sánchez-Ancohea，2015）。

从世界范围来看，约有1/3的非医疗卫生类公共社会保护总支出，相当于GDP的3.2%，用于劳动年龄人口的福利待遇（见图3.1和图3.2）。[①]这些福利待遇包括生育福利、失业待遇、工伤待遇、残障福利和一般社会救助。在这个总体数值背后，各区域差异显著，从东南亚的0.6%、阿拉伯国家的0.7%，到北欧、南欧和西欧的6.6%。尽管在西欧，对劳动年龄人口的非医疗卫生类社会保护公共支出占整个非医疗

---

① 这也包括一般社会救助项目的支出，该项支出占全球GDP的0.8%（在拉美为2.7%）。

卫生类社会保护支出的近 1/3，但在拉美和中东，该支出约占此类支出的一半。在非洲，这种支出约占非医疗卫生类社会保护总支出的 1/4，这一更低的比重部分缘于其劳动年龄人口在总人口中占比更小，同时还与对劳动年龄人口社会保护项目发展的关注相对较弱有关。

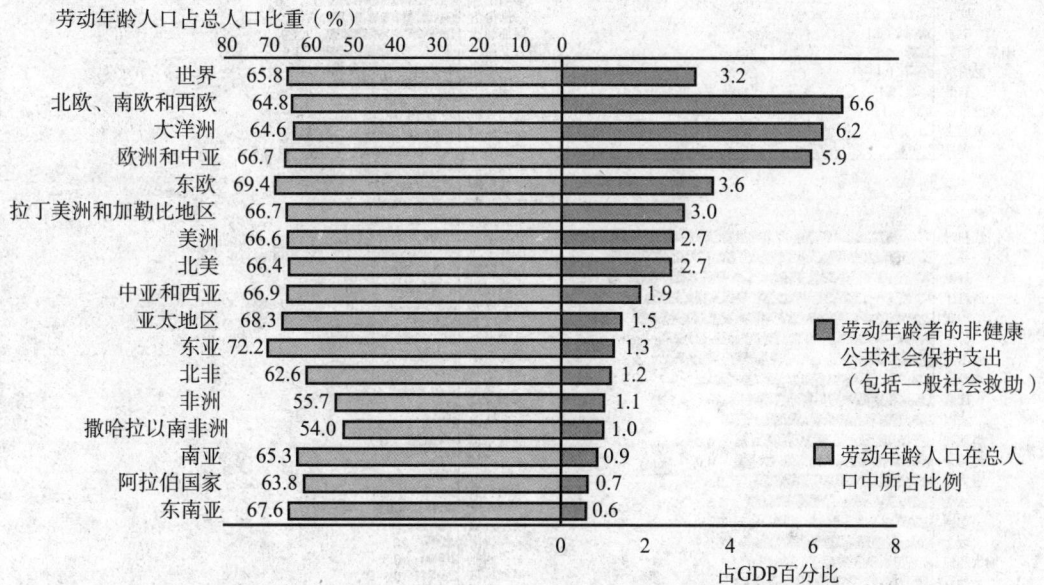

图 3.1 劳动年龄人口的社会保护公共支出（不包括医疗卫生）占 GDP 百分比和劳动年龄人口（15~64 岁）占总人口比重（%），最近可用年份

资料来源：国际劳工组织世界社会保护数据库，基于社会保障调查（SSI）。参见附件四表 B.17。
链接：http://www.social-protection.org/gimi/gess/RessourceDownload.action?ressource.ressourceId=54625.

本章余下部分会分为四节，分别涉及与劳动年龄人口最相关的社会保障领域，即：
- 生育保护（第 3.2 节）；
- 失业保护（第 3.3 节）；
- 工伤保护（第 3.4 节）；
- 残障福利（第 3.5 节）。

在上述每一章节中，均会讨论缴费型与非缴费型制度。这是考虑到全民覆盖往往通过不同类型制度的组合来实现，以使社会保护覆盖面扩大到那些无缴费能力或缴费能力很弱的人。第 5 章探讨健康与疾病津贴的可及性，这些福利待遇对劳动年龄期间的收入保障也有着重要意义。这些项目一起促进了包括（社会保护）底线在内的国家社会保护体系的构建。

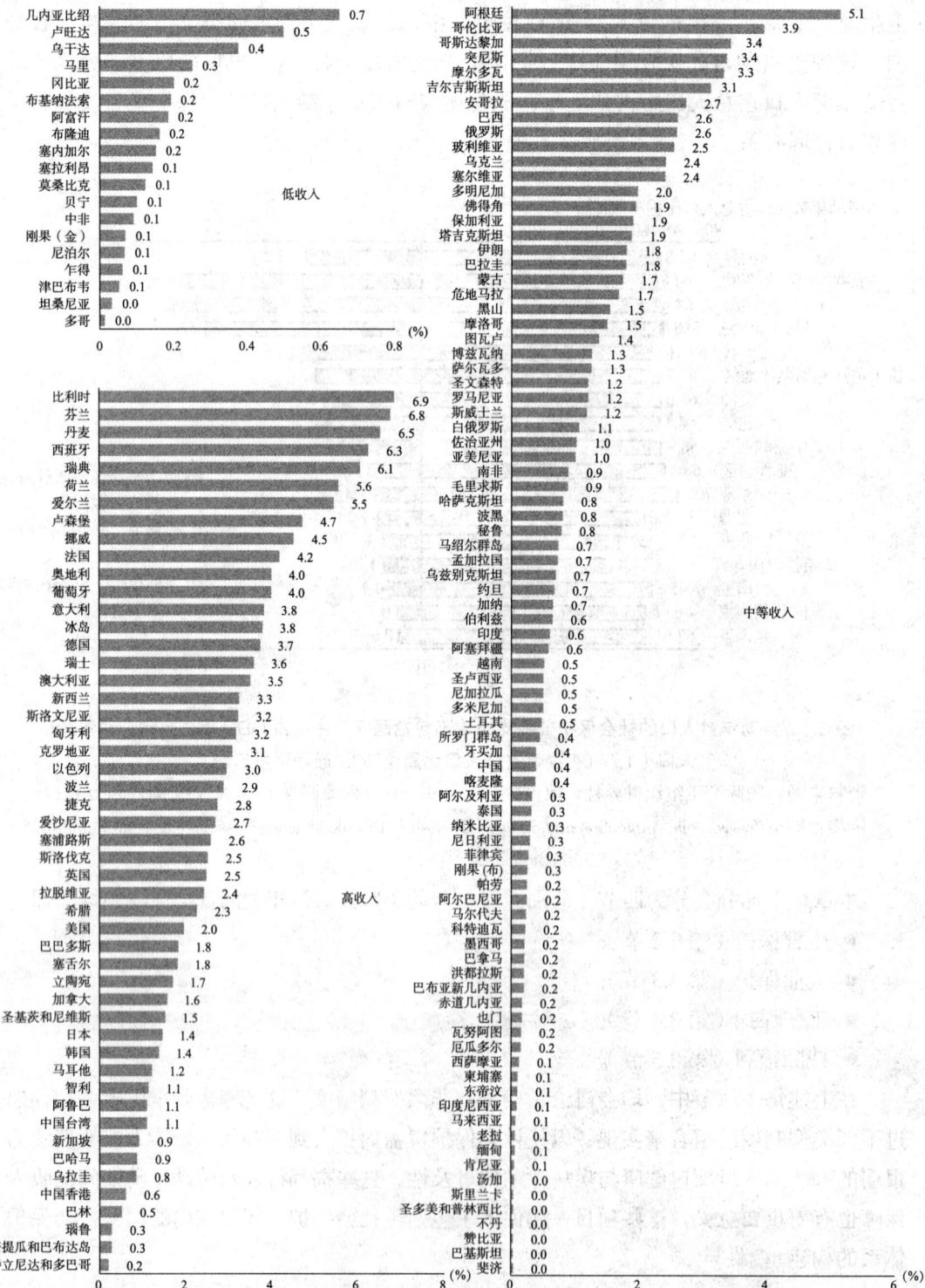

图 3.2 劳动年龄人口的社会保护公共支出（不包括医疗卫生）占 GDP 百分比，按收入水平分列，最近可用年份

资料来源：国际劳工组织世界社会保护数据库，基于社会保障调查（SSI）。参见附件四表 B.17。

链接：http://www.social-protection.org/gimi/gess/ResourceDownload.action?ressource.ressourceId=54626。

3.2 生育保护

关键信息

- 生育保护是《2030年发展议程》中所呼吁的变革性政策的关键组成部分,对实现包括目标1、2、3、4、5、8和10在内的多个可持续发展目标至关重要。
- 生育保护确保孕妇与新生儿母亲及其家庭的收入保障,也确保优质妇幼保健的可及性,亦促进就业与职业平等。
- 全球45%的就业女性依法得到强制生育福利津贴制度的覆盖,但各区域差异甚大。
- 对可持续发展目标指标1.3.1有效覆盖的新估计数显示,全球仅41.1%的新生儿母亲享受生育福利,而在非洲,这一数字仅为15.8%。这种在怀孕晚期和分娩后缺乏收入保障的情况,迫使许多女性,尤其是那些在非正规经济部门就业的女性,持续工作至孕期的最后阶段,并/或(在生产后)过早返回工作岗位,由此导致其自身及其子女面临重大的健康风险。
- 延长带薪产假规定和非缴费型生育福利津贴是提高孕妇与新生儿母亲收入保障和妇幼保健可及性的一个重要手段,尤其是对贫困女性而言。
- 乌克兰和乌拉圭已实现生育福利的全民有效覆盖,阿根廷、哥伦比亚、蒙古和南非等其他发展中国家也取得了实质性的进展。然而,在世界其他地区仍然存在显著的覆盖面和充足性差距。确保普遍可获得优质的孕产妇保健应是当务之急,特别是在非正规经济就业占比大的国家。
- 充足的生育保护以及带薪陪产假和育儿假,是对父母双方均负有作为养家者和照料者之责任的承认,并有助于实现照料责任更公平的分担,符合可持续发展目标中有关两性平等的目标。

3.2.1 生育保护和可持续发展目标

对于预防和减少贫困与脆弱,促进母子的健康、营养和福祉,实现工作中的性别平等,以及推动两性体面工作的政策而言,生育保护是一个重要组成部分。尽管取得了重大进展,尤其是通过联合国千年发展目标(目标4和目标5)引发的对孕产妇和儿童健康的关注,但据估计,2015年,每天有830多名女性由于怀孕或分娩时的并发症死亡(WHO,2017)。

鉴于女性面临的包括贫穷、不平等以及母亲与儿童健康服务可及性的现有重大差距和挑战，促进性别平等的社会保护承诺继续反映在2030年可持续发展目标中，尤其是在消除贫困（可持续发展目标1）、改善营养和结束饥饿（可持续发展目标2）、全民健康覆盖（可持续发展目标3）、确保教育的可及性（可持续发展目标4）、实现性别平等和女性赋权（可持续发展目标5）、促进经济包容性增长和体面工作（可持续发展目标8），以及减少不平等（可持续发展目标10）方面。从社会保护的角度来看，确保分娩前后关键时期的收入保障和孕产妇保健的可及性是至关重要的（ILO，2010b；2014c）。

完全或部分替代女性在怀孕晚期和产后期间的收入，或至少确保基本收入水平的生育福利津贴，对孕妇、新母亲及其家庭的福祉至关重要。在怀孕晚期和分娩后收入保障的缺乏，迫使许多女性，尤其是那些在非正规经济就业的女性，持续工作至怀孕期的最后阶段，并/或（在生育后）过早返回工作岗位，由此导致其自身及其子女遭受重大的健康风险。由于歧视、不安全的工作条件、通常较低和不稳定的收入、获得结社自由的机会有限以及在集体谈判过程中缺乏代表，非正规经济中的女性在收入不安全和疾病的风险前尤其脆弱（ILO，2016a）。

生育保护的另一个基本组成部分是孕产妇保健，即在怀孕与分娩期间及之后，有效获得充足的医疗保健和服务等，以确保母亲和儿童的健康。与一般医疗保健（见第5章）一样，有效的孕产妇保健的缺乏，不仅使女性和儿童的健康受到威胁，而且使家庭面临明显增加的贫困风险。

根据国际劳工组织的标准（见专栏3.1），生育保护不仅包括收入保障与获得医疗保健，还包括在分娩前后中断工作、休息与康复的权利。通过种种措施，它确保女性在怀孕期间及之后的工作权利得到保护。这些措施可以防范风险，保护女性免受不健康和不安全的工作条件与环境的影响，保障就业，防止歧视和解雇，并在考虑到包括哺乳在内的具体情况的条件下允许她们在产假后返回其工作岗位（ILO，2010b；2014a；2014b）。因此，从男女机会平等和待遇平等的角度来看，生育保护考虑到女性的特殊情况和需要，使她们能够成为社会生产成员的同时又能供养家庭（ILO，2014c，2016a）。充足的带薪陪产假和育儿假是生育保护政策的重要结果，并有助于更平等地分担家庭责任（ILO，2016a，2014b）。

专栏3.1 与生育保护相关的国际标准

生育保护长期以来被国际社会视为实现女性权利与两性平等的重要前提。女性的生育保护权利载于若干主要人权文书中。1948年，《世界人权宣言》特别申明，母亲和儿童有权得到特殊照顾与帮助，并享有社会保障。1966年，《经济、社会及文化权利国际公约》确立了母亲在分娩前后的合理时期所享有的特别保护权，包括带薪产假或有充足社会保障待遇的产假。1979年，《消除对妇女一切形式歧视公约》建议采取特别措施确保生育保护，宣告其为一项贯穿公约所有领域的基本权利。

国际劳工组织牵头制定了生育保护的国际标准，在其成立之年，就这一问题通过了第一个国际标准：1919年通过的《生育保护公约》（第3号公约）。自此，随着世界上大多数国家女性劳动力市场参与的稳步增加，若干更为进步的手段被采用。现有的国际劳工组织生育保护标准给国家决策与行动提供了详细的指导，使女性得以将生育的角色与生产的角色相结合。为此，该标准旨在确保女性受益于充足的产假、收入和健康保障措施，确保她们免受与生育相关的歧视，确保她们享有护理休息的权利，以及确保她们不需要从事有损其或其子女健康的工作。

为了保护在劳动力市场的女性，国际劳工组织生育保护标准特别要求通过基于团结和风险分担的项目提供现金给付，如强制性社会保险或公共基金，同时严格限定雇主所负有的直接福利成本的潜在责任。与此同时，相关标准旨在确保女性在怀孕与分娩期间及之后可获得充足的孕产妇保健和服务。

1952年通过的《社会保障最低标准公约》（第102号公约）第八部分设定了生育保护制度的人口覆盖和产假期间提供现金待遇给付的最低标准，以解决这一期间的收入中断的问题（见附件三，表AⅢ.7）。公约还规定，必须在生育的所有阶段免费提供医疗保健，以维持、恢复或改善受保护女性的健康和工作能力，并满足她们的个人需要。不仅参加了生育保障项目的女性可享受孕产妇保健，被这些项目所覆盖的男性的配偶也可享受，两类人群均无须支付任何费用。

2000年的《生育保护公约》（第183号公约）及其配套建议书（第191号建议书），是最新的国际劳工组织生育保护标准。它们在人口覆盖、健康保障、产假及因疾病或并发症而请假、现金福利待遇、就业保护与非歧视以及哺乳方面设置了更高、更全面的标准。

《第202号建议书》要求这些福利被作为基本社会保障的一部分来提供，这些基本社会保障构成了社会保护底线。这些福利包括获得基本医疗保健，以及那些由于生育及其他事务而无法挣得足够收入的活跃年龄人口的基本收入保障。而基本医疗保健则包括了孕产妇护理，囊括了一套必需的物品和服务。孕产医疗保健应符合可用性、可及性、可接受性和质量标准（CESCR，2000）；应当对最脆弱人群免费；准入条件不应给需要医疗保健的人造成困难或增加其贫困风险。现金福利待遇应该足以使女性及其子女有尊严地生活，摆脱贫困。应至少向所有居民提供生育福利待遇，旨在实现全民保护。在2015年通过的《关于从非正规经济向正规经济的转型建议书》（第204号建议书）中进一步强调了逐步向非正规经济中的所有劳动者提供生育保护。可使用各种项目来实现这种覆盖，包括全民保障、社会保险、社会救助与其他社会转移，以及提供现金或实物福利。

3.2.2 生育保护制度的类型

生育现金津贴是通过集体筹资机制（社会保险、普惠的福利待遇或者社会救助项目）提供的，并在可获得信息的 192 个国家中，141 个国家以社会保障立法为基础，通过集体筹资机制（社会保险、普惠的福利待遇或社会救助项目）提供生育现金津贴。社会保险制度构成了这些项目的绝大部分，在 138 个国家施行，其中 7 个国家还实施了社会救助制度。①约 50 个其他国家（其中大多数在非洲或亚洲）在劳动立法中规定了强制产假期，并规定雇主在此期间支付女性工资（或部分工资）的责任（见专栏 3.2）。3 个国家允许女性休无薪产假，但没有在法律中规定要给她们提供收入替代。②

专栏 3.2　生育保护：集体筹资制度与雇主责任条款的对比

生育福利津贴可以通过不同类型的项目提供：缴费型（如社会保险）、非缴费型、税收筹资型（如社会救助和普惠型项目）、雇主责任条款或是这些方法的组合。由保险缴费、税收或是两者共同出资的集体筹资的项目，是基于团结与风险共担的原则，因而确保生育成本与责任更公平地分担。此外，雇主责任条款强制雇主直接负担生育的经济成本，这往往造成双重负担（支付女性产假期间的工资和替代她们工作的成本），尽管雇主也许可以获得商业保险来履行这一责任。虽然有些雇员可能在这种规定下获得适当的补偿，但雇主可能会试图采取一些做法，剥夺女性应有的收入保障，以避免她们可能给小企业或在不稳定时期带来的相关费用和财务困难。在招聘与就业方面歧视育龄女性以及雇主不支付应有的补偿的情况，在缺乏生育保障集体筹资机制的情况下更为普遍明显。在雇主必须负担产假成本时，女性有压力过早恢复工作以致有损她们的健康或其子女的健康的情况更为普遍。

为保护女性在劳动力市场的处境，2000 年的《生育保护公约》（第 183 号公约）倾向于以强制性社会保险或公共筹资项目作为向女性提供其产假期间津贴的手段，将个体雇主的直接福利成本责任限制在有限的范围内。③当女性不符合享受生育福利津贴待遇的资格条件时，第 183 号公约要求在家计调查的基础上由社会救助基金提供充足的福利待遇。

集体筹资的生育津贴被证明是保障女性产假期间收入的更有效手段。近年来，数个国家从雇主责任条款转变为集体筹资的生育福利，该趋势表明了促进劳动力市场男女待遇平等的进步。

---

① 更多正在施行制度的详细特点，见附件四表 B.5。
② 美国没有国家层面的福利项目。根据 1993 年的《家庭与医疗休假法案》，一般规定为无薪产假，但在一定条件下计薪假（如休假、事假、医疗或病假带薪医疗假）可以用来覆盖女性依据本法所享受的部分或全部休假。在州一级可能提供现金给付。此外，雇主可以提供带薪产假作为职业福利。
③ 根据第 183 号公约第 6 条第 8 款："除下列情况外，未经雇主特别同意，不应由雇主单独负担女性雇员的任何货币福利的直接成本：(a) 在国际劳工大会通过该公约之日前，在成员国的国内法或惯例中规定了这一点；(b) 随后公约通过国家层面获得政府与雇主和雇员代表组织的同意。"

大多数生育福利津贴制度和雇主责任条款只适用于正规就业的女性，特别是那些符合缴费型制度资格条件的女性。这些标准经常将断续缴费或低缴费能力的劳动者置于不利地位，尤其是自雇佣者、非全日制劳动者及其他非标准就业中的劳动者。例如，在一些国家，社会保障缴费被设定为参考基准工资的一个固定比率（通常约为20%），通常高于自雇佣劳动者的平均收入。因此，在正规经济与非正规经济中，许多被视为不具备参加这些制度的资格或不符合这些条件的女性得不到任何支持。

一些非正规就业的女性能够从非缴费型福利中获益，如旨在改善孕妇、年轻母亲及其子女的营养与健康的现金转移项目。然而，这些福利待遇往往针对的是最脆弱的人群并伴随着严格的行为条件，且其运作往往基于在男性和女性间有偿工作、无酬家务劳动和照顾责任的传统分工（ILO，2016a，2016f）。

3.2.3 法律覆盖

世界范围内，绝大多数就业女性仍然在生育时遭受收入损失。45%的受雇女性从法律强制覆盖中获益，因而在其产假期间有权享受作为其收入替代的定期现金给付。根据2015年或最近可用年份数据，仅有42个国家基本实现全覆盖，即90%及以上就业女性享有获得强制性生育福利津贴的法律权利。在46个国家中，2/3以上但不足九成的就业女性享有生育保障的法律覆盖；在34个国家中，一成以上但不足1/3的就业女性享有生育保障的法律覆盖。与此同时，在10个大部分分布在撒哈拉以南非洲地区的国家，不到10%的就业女性依法被覆盖，但是，除非法律规定得到充分执行，否则这些女性可能难以获得她们本有权享有的福利待遇。①与此同时，在10个大部分分布在撒哈拉以南非洲的国家，10%及以下的就业女性依法被覆盖。但是，除非这些法律规定得到充分实施执行，女性可能难以获得她们本有权享有的福利待遇。

3.2.4 有效覆盖：监测有关新生儿母亲的可持续发展目标指标1.3.1

在生育福利有效覆盖方面，国际劳工组织对可持续发展目标指标1.3.1的新估计显示，仅有41.1%的新生儿母亲获得了缴费型或非缴费型的福利待遇，区域差异甚大。在欧洲和中亚，超过80%的生育女性获得了生育福利，而在非洲这一数值不到16%（见图3.3）。

不完全覆盖的原因在很大程度上与非正规就业的盛行以及缺少合适的机制来覆盖正规就业之外的女性有关。正如有效覆盖的一个额外指标显示，仅有少数受雇女性缴纳社会保险费或通过非缴费型福利津贴得到保护。

---

① 国际劳工组织世界社会保护数据库；国际社会保障协会／美国社会保障总署《全球社会保障项目》；欧洲委员会社会保护交互信息系统（MISSOC）。参见附件四表B.5。

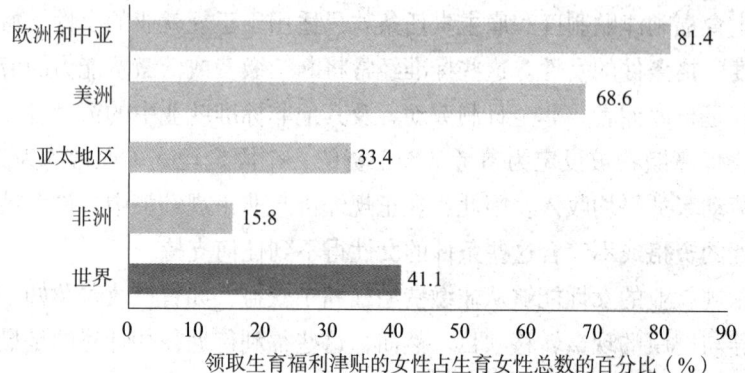

图 3.3　可持续发展目标指标 1.3.1 对新生儿母亲的有效覆盖：领取生育福利津贴的生育女性所占百分比，按区域分列，2015 年或最近可用年份

注释：被生育福利所覆盖的生育女性的比例是指领取生育福利津贴的女性与同一年生育女性的比率（基于年龄组生育率或按双胞和三胞胎的出生比例修正的活产数估计）。所得数据按生育女性人数加权后的区域和全球估计，其他区域的数据不足以进行区域估计。参见附件二。

资料来源：国际劳工组织世界社会保护数据库，基于社会保障调查（SSI）；国际劳工组织统计局，联合国世界人口展望；各国资料。参见附件四表 B.3 和表 B.5。

链接：http://www.social-protection.org/gimi/gess/RessourceDownload.action?ressource.ressourceId=54629.

生育福利全覆盖是高收入国家的一个特点。蒙古、乌克兰和乌拉圭也实现了生育福利的有效全覆盖，而包括阿根廷、哥伦比亚和南非在内的其他发展中国家则取得了显著的进展。在可获得数据的 123 个国家中，仅 22 个国家——大多数在欧洲——覆盖了 90% 以上的就业女性，接近有效全覆盖；25 个国家覆盖了 67%~89% 的女性，23 个国家覆盖了 34%~66% 的女性，18 个国家覆盖了 11% 至 33% 的女性，32 个国家覆盖了 10% 及以下的女性，还有 3 个国家的产假是无薪的，第 6 章会呈现国家与区域数据。

3.2.5　确保产假期间收入保障的生育福利之充足性

产假期间所提供的满足母亲及其子女需要的现金给付的充足性可以用持续时间与金额来衡量。为使女性可以在分娩后充分康复，191 个国家中的 110 个国家提供至少 14 周的带薪产假，满足第 183 号公约的标准；在这些国家中，37 个国家提供 18~26 周的产假，11 个国家提供超过 26 周的产假，62 个国家带薪产假的长度为 14~17 周，满足第 183 号公约规定标准。[①]有 49 个国家带薪产假的长度为 12~13 周，仍然满足第 102 号公约所设定的最低标准。有 30 个国家带现金给付的产假少于 12 周。

生育福利津贴的水平，按占女性以往收入的比例与带薪产假的最低周数计算，各国之间差异甚大。191 个国家中，有 73 个国家女性有权享受至少是其常规薪资 2/3 的带

---

① 国际劳工组织世界社会保护数据库；国际社会保障协会/美国社会保障总署《全球社会保障项目》；参见附件四表 B.5。

薪产假，最短期限为14周，满足第183号公约的基准。有26个国家女性有权享受至少18周的带全薪产假，满足第191号建议书所设定的最高标准。另有6个国家提供固定水平（如最低工资）的福利待遇。其余的大量国家（52个国家）的女性有权享受最短为12~13周的时间里领取低于其之前收入67%但不低于其之前收入45%的待遇水平，这未达到第183号公约的基准，但仍符合第102号公约的最低要求。在32个国家中，现金给付待遇水平低于之前薪酬的45%且/或带薪产假不到12周。

在2000年第183号公约通过之后，数个国家延长了法律规定的带薪产假长度。尽管尚未批准该公约，但中国、哥伦比亚和马耳他目前满足该公约所设的最低待遇水平要求，孟加拉、智利、印度、委内瑞拉和越南等数个国家则超越了最低标准。其他一些国家（包括芬兰和爱尔兰）增加了最低福利待遇水平和指数化机制。

3.2.6 孕产妇保健的获得

针对怀孕女性与新生儿母亲的免费（或者至少是可负担）的、适当且有效可及的产前与产后保健和服务，是生育保障的一个重要组成部分。可持续发展目标3.1和目标3.2中强调了减少孕产妇与儿童的死亡率，目标5.6也有相关内容。[①]孕产妇保健的获得与一般医疗保健的获得密切相关，后者在可持续发展目标3.8中被强调并在第5章进行探讨。

许多国家在减少孕产妇与儿童死亡率方面取得了显著的进步，但其他国家在这方面仍面临着重大挑战（WHO, 2017）。尽管取得了重大进展，但在世界许多地方，产前保健的有效获得还远没有普及（见图3.4）。根据最近可用数据，不到2/3的育龄女性分娩前在医疗机构接受了被建议的四次健康检查。

从世界范围来看，由于对医疗系统的更多投资、对孕产妇和儿童健康的更多政治关注，由熟练医务人员接生的比重有所增加（见图3.5）。但在非洲，一半以上的生产无法依靠必要水平的医疗服务，致使孕产妇与儿童死亡率水平仍然高得令人难以接受。

健康（医疗保健）覆盖是促进孕产妇保健的一个关键因素。当大部分人口可获得健康保障，产前护理的可及性高；但当大部分人群没被健康保障覆盖时，产前护理的可及性就更低（ILO, 2014a）。当医疗保健的有效可及并不普遍时，经济剥夺常常转化为健康剥夺（见第5章）。在获得孕产妇保健方面，城乡之间、富人与穷人之间存在显著的不平等（Nawal, Sekher and Goli, 2013）。例如，在尼泊尔和塞内加尔等国家，在拥有财富最多的1/5的女性中，80%以上的人分娩时由熟练医务人员接生，但在拥有财富最少的1/5的女性中，这样做的人不到1/3（见图3.6）。有着适当工作条件的熟练医务人员的缺乏，是这些覆盖面差距持续存在的关键原因。这种持续存在的不平等对孕产妇

[①] 相当比重的孕妇死亡与不安全堕胎有关。生殖健康和权利的获得是女性产后保健的一个重要组成部分，以保证间隔怀孕、总体降低生育率，从而减少贫困和保障工作中的性别平等。

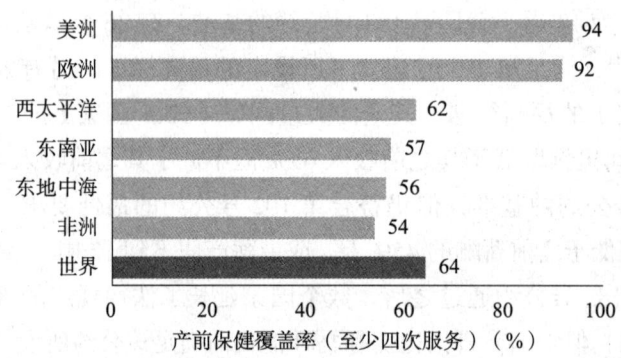

图 3.4　各区域产前保健覆盖率，最近可用年份（占活产数的百分比）

注释：对产前保健覆盖的界定是指特定时期段内有活产的 15 岁至 49 岁女性中，在怀孕期间至少接受过四次由熟练医务人员（医生、护士或助产士）提供的产前保健者所占的百分比。区域分类遵循世界卫生组织分类法。

资料来源：历年世界卫生组织《全球卫生观察》。

链接：http://www.social-protection.org/gimi/gess/RessourceDownload.action?ressource.ressourceId=54633.

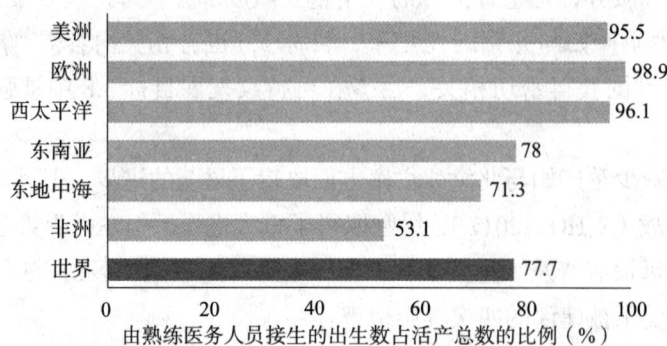

图 3.5　由熟练医务人员接生的出生数，最近可用年份（%）

注释：区域分类遵循世界卫生组织分类法。

资料来源：历年世界卫生组织《全球卫生观察》；各国资料。

链接：http://www.social-protection.org/gimi/gess/RessourceDownload.action?ressource.ressourceId=54634.

和儿童健康产生有害影响，对减贫、两性平等和女性的经济赋权往往造成长期的有害后果。

优质的孕产妇保健服务（使用由熟练助产士监督指导的分娩比例作为代理变量）的可及性与较低的孕产妇死亡率相关（见图 3.7）。此外，现有证据显示，收入保障也有助于促进孕妇、新母亲及其子女的福祉。生育福利津贴的覆盖水平更高的国家在孕产妇死亡率方面也往往取得更好的结果（ILO，2014a）。这些结果要求一种综合的生育保障方法，将孕产妇保健与收入保障相结合，并辅之以职业安全与健康措施，正如国际劳工组织生育保障标准所规定的那样。

3　面向劳动年龄女性和男性的社会保护

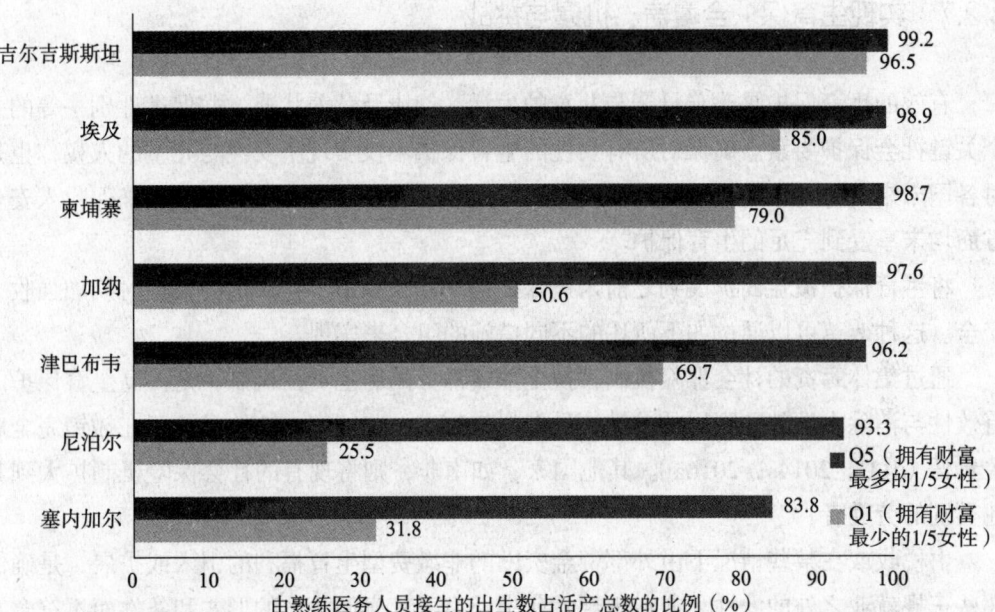

图3.6　部分国家孕产妇保健服务获得的不平等，按财富的五分位数，最近可用年份（%）
注释：图中数据按调查前2~3年中由熟练医务人员接生的出生数占同期活产总数的百分比计算。
资料来源：国际劳工组织根据世界卫生组织《全球卫生观察》计算。
链接：http://www.social-protection.org/gimi/gess/RessourceDownload.action?ressource.ressourceId=54635.

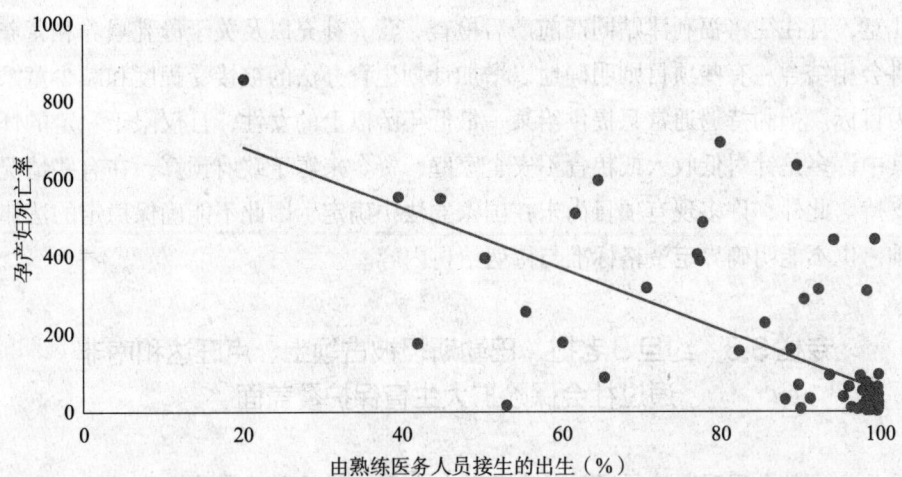

图3.7　孕产妇死亡率（每10万例活产）和由熟练医务人员接生的活产百分比，2015年
注释：83个国家的数据可用。
资料来源：基于世界卫生组织《全球卫生观察》数据。
链接：http://www.social-protection.org/gimi/gess/RessourceDownload.action?ressource.ressourceId=54636.

3.2.7 实现生育保护全覆盖：机遇与挑战

有效的生育保护是改善母亲与儿童的生活、健康及营养状况，并促进性别平等的一个关键社会保护要素。确保对所有女性的生育保护不仅实现了女性与儿童的人权，也是对各国未来人力资本的投资。然而，世界上太多女性在获得孕产妇保健与确保收入安全方面均未享受到充足的生育保护。

将生育保护覆盖面扩展到之前未被保护的女性，有助于在人生的关键时期加强收入安全。这种改革可以通过如下所述的不同措施的组合来实现。

通过集体筹资的社会保险机制替换全部或部分的雇主责任机制，是提高生育保护的有效性与消除女性就业阻碍的关键（见专栏3.3）。一些国家，如约旦，正在撤销完全雇主责任（ILO，2014a，2016a）。其他国家，如南非，则将现有的社会保险机制扩大到其他类别的劳动者。

由税收或在某些情况下由外部资金资助的非缴费型生育福利的引入或扩展，是确保那些正规就业之外的女性，或在正规就业中但由于其雇佣关系的形式和条件而不符合缴费型福利资格条件的女性之生育保护的一个重要手段（ILO，2014d；2016a）。非缴费福利通常不与产假形式的就业中断直接相关，而是追求更广泛的目标，即在怀孕末期与分娩后向孕妇和新母亲提供可预见的现金给付（见专栏3.4）。因此，在缺乏缴费型福利的情况下，它们是分娩前后收入保障的一个重要来源。许多项目着眼于改善从受孕到儿童生命初期的健康与营养状况。这些项目通常针对的是粮食不安全家庭中的孕妇和两岁及以下儿童，且往往将福利津贴同产前产后检查、营养补充以及关于母乳喂养和营养的信息宣讲会相结合。有些项目则明确地以增加计划生育办法的被接受程度和减少童婚的发生率为目标。福利待遇通常只提供给某一最低年龄以上的女性，且仅限于一定的怀孕次数。其中许多是针对低收入或粮食不安全家庭，资金来源于政府预算，在有些情况下有外部支持。此外，许多现有项目尚未在国家立法中确定，因此不能确保稳定的法律和财政基础，也不能明确界定资格标准与待遇给付内容。

专栏3.3 约旦、老挝、巴勒斯坦被占领土、卢旺达和南非通过社会保险扩大生育保护覆盖面

近年来，数个国家与地区通过社会保险扩大了生育福利的覆盖面：

● 从2011年起，约旦的社会保险制度对私营部门劳动者提供生育福利，通过雇主缴费进行筹资，缴费金额为应税收入的0.75%。该项目赋予参保女性享受全薪产假的权利，产假最长为10周。

● 2003年，南非的生育保护和失业保护扩大到家政人员与季节工。5年过后，有633 000名家政人员登记（参保），324 000人领取了福利待遇。

3 面向劳动年龄女性和男性的社会保护

- 卢旺达的《生育保障法》(2016) 将带薪产假延长为12周的全薪产假，其中的一半收入由一个新的生育保险项目提供，该保险项目由卢旺达社会保障理事会 (Rwanda Social Security Board) 进行管理，通过缴费进行筹资，缴费率为工资的0.6%，在雇主与雇员之间均摊（见专栏6.5）。
- 在巴勒斯坦被占领土，2016年所通过的《社会保障法》将推行一项包括生育保险在内的全面综合的社会保险体系。
- 在老挝，非正规劳动者可以在自愿的基础上根据2014年的《社会保障法》参保，但是到目前为止，有效覆盖率仍然有限。

资料来源：ILO，2014b，2016a，2016b；各国资料。

专栏3.4 孟加拉、埃塞俄比亚、印度、秘鲁、多哥和坦桑尼亚通过非缴费型社会救助项目扩大生育保护覆盖面

若干国家引入了针对孕妇与新母亲的现金转移项目。

- 在孟加拉，2008年颁布的《贫困哺乳母亲生育补贴项目》(Maternity Allowance Programme for Poor Lactating Mothers，MAP)，对农村地区20岁及以上贫困女性的初次或二次怀孕期间提供一次性援助，补贴金额为每月350孟加拉塔卡（BDT），约等于4.5美元，为期两年。2014—2015年，MAP项目覆盖了220 000名女性，费用占国内生产总值的0.01%。此外，2014—2015年，城市低收入哺乳母亲津贴覆盖了约100 000名女性，费用占国内生产总值的0.004 5%。
- 埃塞俄比亚的生产安全网项目 (Productive Safety Net Programme，PSNP) 给粮食不安全与贫困家庭的女性，无论其就业状态如何，在其怀孕六个月后与分娩后的头十个月里提供福利津贴，无须她们参加公共劳动。这可被视为带薪产假的一种形式。然而，在一些地方，有女性报告说，由于担心如果中断工作会失去享受福利的权利，因此她们在怀孕期间继续工作。
- 在印度，2010年在52个试点地区实行的IGMSY项目①，旨在改善女性及其子女的健康与营养状况。19岁及以上的怀孕与哺乳女性，无论其就业状态，均可在其头两次怀孕时获得生育津贴。符合以下具体条件的登记女性可获得相当于67.2美元的、分3期支付的现金转移：妇幼体检、纯母乳喂养、疫苗接种以及参加健康咨询。现金转移额相当于在最低工资条件下大约失业40天。
- 在秘鲁，2005年推出的有条件的现金转移项目JUNTOS，给生活极度贫困的孕妇、19岁以下的儿童及青少年提供现金转移。他们在一定条件下每两月获得200秘鲁新索尔（PEN）：孕妇必须参加产前检查，儿童必须参加体检和上学。2014年，

---

① 译者注：IGMSY项目，由印度女性和儿童发展部发起，旨在通过向孕妇与哺乳母亲提供改善健康和营养的现金激励，促进更好的发展环境。

JUNTOS 覆盖了 753 638 户家庭。

- 在多哥北部，脆弱儿童现金转移项目（Cash Transfer Programme for Vulnerable Children）每月给脆弱家庭提供无条件的福利津贴，以防治儿童营养不良。可享受该福利待遇的有孕妇（至少怀孕3个月）、24个月以内的儿童以及严重营养不良的近5岁以下儿童。鼓励待遇领取者参加营养培训课程，并确保其子女的教育和保健。
- 在坦桑尼亚，社会行动基金（the Social Action Fund, TASAF）每两月给孕妇提供相当于6美元的现金转移，条件是他们至少参加4次产前体检或是每两个月一次的健康与营养集会，并让其子女接受定期医疗常规检查。

资料来源：ILO, forthcoming a；ILO, 2016a, 基于 ILO, 2014a, 2014b, 2014c；Cirillo and Tebaldi, 2016；Fultz and Francis, 2013。

专栏3.5　陪产假和育儿假：促进父亲的参与

尽管生育保护与女性的生理角色直接相关，尤其是在分娩恢复和纯母乳喂养方面，但婴儿所需的大部分照护工作可以在父母之间进行分摊。父母双方在照护和与儿童互动方面都起着重要作用。父亲更多地参与到育儿中，不仅对儿童健康和亲子互动有积极的影响，而且还有助于促进家庭与工作中的性别平等。

因此，许多国家改革了其休假政策，通过实施或延长陪产假以及提供激励来增加男性育儿休假，以促使父亲更多地参与育儿。1994年，仅40个国家有法定陪产假规定，到2015年，在170个可得到数据的国家中，至少有94个提供了父亲休陪产假的权利。例如，缅甸和乌拉圭延长了由社会保险进行支付的陪产假。2013年，伊朗实施了时长为两周的强制陪产假。而包括玻利维亚、老挝、墨西哥、尼加拉瓜、巴拉圭及葡萄牙在内的其他国家则在近来实施或已延长了带薪陪产假。

资料来源：基于 ILO, 2016a。

尽管这种与营养有关的项目在某种程度上促进了收入安全，但在许多情况下，现金给付的水平与频率都不足以确保女性及其子女在整个关键时期免受经济与健康方面的困难。为确保最低水平的收入保障，需要考虑各种需求，如对食物、住房、医疗保健、交通、衣服、儿童保育和其他无偿护理工作的需求，以及女性在分娩前后的收入损失。有证据表明：只有现金转移高到不仅能覆盖食物需求，还能覆盖基本的非食物需求，才能实现食物安全与健康目标（Devereux, 2015）。换言之，如果针对贫困与粮食不安全女性的营养导向型现金转移项目旨在促进女性在怀孕前后的收入安全，现金转移水平必须高到足以覆盖基本非食物需求，并免除女性在怀孕时从事有偿与无偿工作或在分娩后过早返回工作的压力。

此外，现金转移项目应当在有偿工作和无偿家务劳动以及照料责任的划分方面，谨慎对待性别模式（ILO, 2016a）。通过将遵守有条件的现金转移项目要求的主要责任分配给女性，女性始终被视作对子女的健康和教育负责的唯一照料者（Fultz and Francis, 2013；Molyneux，2007）。因此，旨在改善分娩当期及之后儿童的健康与营养状况（理想的状况是依据第183号公约所定的产假时期）的有条件的现金转移，应当承认父母双方均有作为养家者和照护者的责任（见专栏3.5），并应包括实施模式和服务，如优质可负担的儿童保育服务，以及认识的提高。这种认识的提高挑战有偿工作与无偿照护的传统分工，并鼓励无偿照护得到充分承认，并在两性之间实现再分配（ILO，2016a）。最后，在评估水平通常很低的福利待遇时，（受益）条件不应引致额外的负担和成本，这会有限制女性权利的风险。如果交通费用或用于候诊的时间成本不能被现金转移所抵消，女性可能根本无法负担上述成本，从而放弃其福利待遇（Dasgupta, Sandhya and Mukherjee，2012）。这些考虑对于实现照护责任更平等地分担至关重要，也符合关于两性平等的可持续发展目标5.4。国际劳工组织的研究表明，在现金转移项目的框架内，大多数与性别有关的干预措施都侧重于打破贫困的代际循环，特别是对处境弱势的女童。但在通过就业或可持续生计促进女性经济赋权方面则较弱。它还强调了通过有针对性的行动增强女性的经济赋权所面临的挑战，这些有针对性的行动旨在减少女性的时间贫困并对男性与女性之间、家庭与国家之间的无偿照护责任进行再分配。墨西哥的进步/机会/繁荣项目（Progresa/Oportunidades/Prospera Programme）表明，与就业有关的服务与儿童保育和其他社会服务相结合，无论是作为项目的一部分，还是与儿童保育中心等其他措施联系在一起，都有可能增强该项目的积极效果，并增加女性的劳动力参与（Orozco Corona and Gammage，2017）。

专栏3.6 澳大利亚和蒙古通过缴费和税收资金的结合实现全覆盖

为了实现全覆盖，有些国家将缴费和税收资金相结合。

● 在澳大利亚，2011年出台的国家带薪育儿假制度（National Paid Parental Leave scheme）规定，符合条件的工作双亲（母亲和父亲），可按照国家最低工资水平享受18周政府供款的育儿假津贴。该制度需经过一个（相对宽松的）家计调查。加之也支付给非工作父母并需更严格的家计调查的"婴儿奖金（baby bonus）"，育儿假制度基本实现了全民覆盖。

● 在蒙古，正规雇员被强制性社会保险所覆盖并领取替代率为工资100%的待遇给付，持续时间为4个月。牧民、自雇佣者和非正规经济中的劳动者可以自愿参加这一制度，并在缴费12个月后按其所选择的参考工资的70%的替代率领取4个月的生育现金津贴。此外，所有孕妇和婴儿母亲均可享受社会福利制度下的生育福利津贴，不论其社会保险缴费、就业状态或国籍。这项相当于每月20美元（2015年）的福利待遇，从怀孕的第5个月起支付12个月。孕产妇保健是通过全民（税收供款的）保健制度来提供的。2017年6月通过的一项新法律（2018年1月1日生效），为那些因育儿原因而暂停工作的女性延长了福利待遇最长至生产后的3年。

资料来源：全民社会保护全球伙伴关系（Global Partnership for Universal Social Protection），2016a；ILO，2016a，2016b；各国资料。

在许多情况下，全民覆盖和充足待遇水平的生育保障会通过缴费型和非缴费型机制的组合得以实现（见专栏3.6）。在社会保护体系内有效地协调这些机制，对于确保女性劳动者在生育时至少有基本水平的收入保障，并促进她们获得妇幼保健而言是至关重要的。作为各国社会保障制度和综合照护政策体系的一部分，这些要素是为所有人建立社会保护、实现包括促进女性及其子女的健康与福祉、实现工作中的两性平等以及推进两性体面工作在内的更广泛的目标的关键。

3.3 失业保护

关键信息

- 失业保护制度给失业劳动者提供一定时段的收入支持，这是通过失业保险或救助、就业保障项目，辅之以最低收入保障项目得以实现的。该制度对保障失业与就业不足的劳动者及其家庭的收入安全很重要，因而有助于预防贫困、提供应对非正规化的保障措施以及支持经济的结构性变化。
- 世界范围内，仅有38.6%的劳动力在法律上被失业保护福利所覆盖，这在很大程度上是由于非正规就业比例高和失业保护制度的缺乏。
- 可持续发展目标指标1.3.1的有效覆盖率甚至更低：全球范围内仅有21.8%的失业劳动者事实上领取到失业福利待遇；且各区域差异甚大，有效覆盖率从欧洲和中亚的42.5%，到亚太地区的略高于22%，美洲的16.7%，再到非洲的仅5.6%不等。
- 在一些高收入国家提高失业保护的覆盖率和待遇水平的同时，其他一些国家缩减了保护措施，这往往是紧缩政策的结果。近年来，通过引入失业保险制度和扩大其范围，并将这些措施与就业促进措施以及其他劳动力市场政策相结合作为一揽子方案的组成部分，许多中低收入国家在加强其失业保护政策方面取得了进展。
- 在非正规就业规模较大的背景下，需要进一步的努力，出台将失业福利津贴与就业保障制度、（再）培训和/或创业支持相结合的创新措施。与就业政策有效的协调是失业福利充分发挥其效用的必要条件。

3.3.1 保障收入安全、支持经济结构调整和实现可持续发展目标

失业保护制度的主要目标是确保失业或工作缺乏情况下的收入安全；这可通过失业保险或救助、就业保障项目或其他公共就业项目和/或最低收入保障项目得到实现。此外，失业保护措施旨在通过就业促进方案、技能开发和创业支持措施促进重新就业和获得更体面的生产性就业。这一失业保护制度的双重目标是国际劳工组织1988年通过的《促进就业和失业保护公约》（第168号公约）（见专栏3.7）的核心。大多数项目提供就业服务或与就业服务相关，比如职位匹配、支持、咨询和建议，以及提高、更新和开发技能的设施（ILO，2014a；Peyron Bista and Carter，2017）。

通过为收入损失提供收入替代和缓冲收入损失，失业保护制度在防止个体一旦失业就会陷入贫困方面发挥着基础性作用（Carter，Bédard and Peyron Bista，2013），因而有助于加快在2030年之前实现可持续发展目标的进展。通过缓冲失业的影响，失业保险可以有效减少家庭的脆弱性。由于这种制度给失业劳动者提供临时性经济援助，它们还能在防止失业劳动者陷入非正规就业方面发挥重要作用（Florez and Perales，2016；ILO，2014a）。

专栏3.7 失业保护的国际标准

要落实载于各项国际人权文书中的社会保障权，就需要在失业时确保有效的社会保护。在1948年的《世界人权宣言》（Universal Declaration of Human Rights，UDHR）中，承认失业为被国家社会保障制度所覆盖的风险事件之一［第25（1）条］。不受歧视地享受和维持现金或实物福利，以及获得失业保护的权利，被视为1996年的《经济、社会及文化权利国际公约》（International Covenant on Economic，Social and Cultural Rights，ICESCR）（第9条）中所规定的社会保障权的组成部分（还可参见CESCR，2008，第2款和第16款）。

通过制定在失业期间收入中止时的福利津贴和服务标准，国际劳工组织公约和建议书采取了广泛的失业保护措施，从而为落实社会保障权提供了实际指导。这些措施的目标是双重的：确保个体在因失业而蒙受收入损失时享有收入保障，以及支持受益者找到生产性的和可自由选择的就业。

1952年的《社会保障最低标准公约》（第102号公约）要求向有能力、可工作，但却无法获得合适就业机会的人提供现金给付。它规定了必须满足的定性和定量基准，即至少：(1)要确保相当一部分人口的覆盖面；(2)确保现金给付的水平至少占受益者之前收入的一定比例，从而足以代替收入，或足以使受益者及其家庭享有体面的生活与健康标准（见附件三）；(3)确保现金给付的提供时期长到足以实现其目标。

1988年的《促进就业和失业保护公约》（第168号公约）提高和扩大了失业保护的

水平与范围。除完全失业外，该公约还覆盖了部分失业（工作小时数暂时减少）、工作的暂时停止以及正在寻找全日制工作之人群的非全日制工作。它还要求向某些类别人员提供社会福利，这些人从未或已不再被视作失业者或被失业保护制度所覆盖（例如新进入劳动力市场的人、此前曾是自雇佣的人等）。通过提倡将现金津贴与促进就业机会和就业援助的措施相结合（如就业服务、职业培训和指导），第168号公约进一步扩大了向失业者提供支持的范围，优先对弱势群体的支持。其配套的第176号建议书为评估求职者是否适合就业提供了指导，将失业者的年龄、他们在前一份职业中的服务时长、其所获得的经验、失业时长以及劳动力市场状况考虑在内。

作为国家社会保护底线的一部分，2012年通过的《第202号 关于国家社会保护底线的建议书》在界定和确保至少是国家规定的最低水平的基本收入保障方面指导着各国，给由于失业等原因而无法获得足够收入的所有劳动年龄人口提供这种基本收入保障。这种保障至少应该向所有居民提供，并可通过多种手段提供，包括普惠项目、社会保险、社会救助、负所得税和/或公共就业与就业支援项目。本着与第168号公约相似的精神，《第202号建议书》建议社会保护底线的设计与实施应结合预防、推广和积极主动的措施；通过劳动力市场政策和促进教育、职业培训、生产技能和就业能力的政策，推进生产性经济活动和正规就业；并且与其他增加正规就业、创造收入、教育、扫盲、职业培训、技能和就业能力的政策，减少不稳定的政策，以及促进安全工作、创业和体面工作的政策有机协调。

此外，将收入支持与积极的劳动力市场政策[①]联系起来的失业保护制度，也可以通过提高技能和能力来改善人力资本，从而提高终身收入潜力（ILO，2016g）。失业保护制度促进岗位匹配，这与更高的工资和更长的工作任期有关，其积极作用抵消了失业持续时间的少量增长（ILO，2016b；Tatsiramos，2014）。[②]雇主因而更可能找到拥有合适技能与能力的候选者，这有助于提高生产率（Acemoglu and Shimer，2000）。此外，通过使劳动者更容易接受终止雇佣关系，失业保护制度使得雇主可以灵活调整以适应技术变化（Peyron Bista and Carter，2017）。因此，失业保护对雇主和整体经济都有益，并且无论是从短期还是长期来讲，失业保护均有助于促进劳动参与，促进更高效和体面的工作以及防止和减少贫困，正如可持续发展目标1.3和目标8.5所提出的那样。

[①] 积极的劳动力市场政策通常包含不同类型的干预措施：（1）求职者与当前空缺职位匹配；（2）提高和调整求职者的技能；（3）提供就业补贴；（4）创造就业机会，通过公共部门就业或向私营部门工作提供补贴（ILO，2016g）。

[②] 例如，在巴西，就业服务增加了失业劳动者找到正规就业的可能性（Ramos，2002）。无独有偶，在墨西哥，就业服务帮助失业男性更快地找到待遇更佳、条件更好的工作（Flores Lima，2010）。最近对哥伦比亚的一项研究表明，公共就业服务提高了从事正规工作的可能性（Pignatti，2016）。

专栏 3.8　马来西亚的 1AZAM 项目：一项综合减贫策略

在马来西亚，消除贫困项目（Akhiri Zaman Miskin programme1，AZAM）旨在向低收入家庭赋权并减少贫困，这是政府在 2020 年前实现高收入经济体地位所做努力的一部分。

该项目提供现金转移给那些最需要的人；提供岗位安置、培训服务、创业支持服务；通过提供种子、设备和机器，协助建立小型农业企业；通过提供贷款、培训和咨询，支持小型服务型企业的建立，尤其是由女性企业家建立的；为低收入家庭提供保险服务和住房设施。到 2012 年，已有 63 147 户贫困家庭在 1AZAM 项目登记，有 3 100 名女性企业家接受了培训。

该项目采取低收入家庭经济和社会赋权的综合方案，与负责实施农村发展、城市公共交通和教育政策的部委以及非政府组织（NGOs）、社区和其他利益相关者密切合作。然而，要改进项目的管理与针对性，则需要进一步的努力。

资料来源：Peyron Bista and Carter，2017；各国资料。

通过支持劳动者在劳动力市场流动和重新学习技能，失业保障制度还支持经济结构向更高的生产率水平转型（Behrendt，2013；Berg and Salerno，2008；ILO，2011b），包括向更环保的可持续经济的公正转型（ILO，2016b）。失业保护可以促进人们生产能力的发展升级，因此可以避免技能退化和保护国家人力资本，进而提高宏观经济效益的有效工具。此外，在重大经济危机期间，比如 2008—2009 年的全球经济危机，收入支持不仅可以稳定个体收入，还可以稳定总体消费，从而有助于危机后经济的复苏（ILO，2014a）。

尽管在提供收入与就业支持方面失业保护至关重要，许多国家仍然缺乏有效的失业保护制度。许多现有的失业福利项目是缴费型的，更适合覆盖正规就业的劳动者。在非正规就业和脆弱性较高的国家，尤其是对于长期失业者、不充分就业者[①]、工作中的贫困者以及那些正规就业之外的劳动者而言，失业保险项目可能无法提供广泛的覆盖和充足的保护。在这种情况下，由国家预算供款的社会救助和积极劳动力市场项目可以发挥重要作用（Peyron Bista and Carter，2017）。这种政策包括就业保障项目和其他公共就业项目，以及将现金转移与支持技能开发、创造就业和创业机会相结合的项目（见专栏 3.8 和专栏 3.9）（ILO，2014a）。

一些措施有望扩大缴费型社会保险制度的覆盖面以覆盖更多劳动者，包括那些非

[①] 国际劳工组织所界定的就业不充分，指就业人员未达到 1964 年通过的《就业政策公约》（第 122 号公约）中的充分就业水平。就业不充分是指未实现如下目标：（1）工作尽可能富有成效；（2）劳动者可以自由选择就业，所有劳动者都有机会获取必要的技能以获得最适合他们的就业，并在就业中使用其所具备的这些技能和其他资质。

正规就业的劳动者（ILO，2016b，forthcoming b）。这些措施包括：调整待遇领取的资格条件；延长缴费期以允许劳动力市场活动中断；允许灵活缴费；对缴费进行补贴；以及简化行政流程。在有大量非正规就业劳动力的国家，以非缴费型制度和由一般性税收筹资的积极劳动力市场政策补充社会保险失业福利，对于缩小差距和确保在失业时至少有基本水平的收入保障而言至关重要（ILO，2016b）。非缴费型制度可防止失业保险待遇已用尽者等最脆弱人员陷入贫困，因而有可能逐渐减少不平等并促进经济财富的公平分配，正如可持续发展目标10.4。此外，加强失业保护制度同其他社会保障政策与就业服务之间的协调，以及改进服务递送机制，是贫穷与脆弱群体能得到保护的重要手段（Peyron Bista and Carter，2017）。

专栏3.9　巴基斯坦通过贝娜齐尔[①]收入支持项目（Benazir Income Support Programme）促进女性赋权

2008年，巴基斯坦政府实施贝娜齐尔收入支持项目，以缓解粮食危机和通货膨胀的不利影响。该项目的瞄准对象为贫困家庭，尤其是边远地区的贫困家庭。其目标是通过教育、职业培训和自雇佣，增强这些家庭的能力，提高他们的生活水平，并投资于长期人力资本形成，特别是女性的。

每月提供现金转移和一揽子综合服务：

● 为创业女性提供无息贷款（Waseela-e-Haq）。

● 给女性受益者或其指定的人提供为期一年的免费职业培训，旨在通过能力建设与职业开发提高其经济独立性（Waseela-e-Rozgar）。

● 在养家者死亡时提供现金支持的健康与人寿保健，覆盖住院费用、孕期保健、日间护理治疗和诊断检验，旨在提供医疗保健和减少边缘群体的经济负担（Waseela-e-Sehat）。

● 给5~12岁儿童提供的儿童津贴（Waseela-e-Taleem）。

通过使女性成为保险、职业培训和小额信贷等月度现金转移和其他福利的主要受众，贝娜齐尔收入支持项目旨在促进女性的社会与经济赋权。超过1 500万名女性通过该项目获得了国家身份证（a national identification card），其中包括经济困难地区约50万名女性。为鼓励受益人的金融包容性（financial inclusion）[②]，该项目还推出了贝娜齐尔借记卡和手机银行。

资料来源：亚洲开发银行（ADB），2009；Peyron Bista and Carter，2017；各国资料。

---

① 译者注：贝娜齐尔·布托（Benazir Bhutto），巴基斯坦前总理。

② 译者注：金融包容性是指向没有银行账户的人群提供能满足他们需要的金融产品，并让他们能够有效地使用这些产品。

失业保护的效果并不仅仅限于收入保护和促进就业。设计良好的失业保护项目与政策还可以促进性别平等和女性赋权。事实上，可持续发展目标5.4强调了社会保护在承认与重视无偿照料和家务劳动中所能发挥的作用，这种作用通过公共服务的提供、基础设施和社会保护政策得以实现。例如，在泰国和越南等国家，缴费型失业保险制度覆盖的女性劳动者比例高于男性劳动者比例，其中许多女性受雇于制造业。因此，发展中国家的失业保险制度有潜力促进性别平等。此外，设计良好的公共就业项目已证明对女性有显著影响（ILO, 2014d）。印度的圣雄甘地全国农村就业保障制度（Mahatma Gandhi National Rural Employment Guarantee Scheme）不仅提高了女性的劳动参与，而且在某些情况下，通过提供高于其他农村就业机会的工资，增强了女性在家庭内部的自主权（Ehmke, 2015）。其他项目可能包括扩大社区社会照料服务的投资，这些服务具有为女性创造就业机会的巨大潜力。如果设计合理，这种项目还可以提供儿童日托、托儿所等服务。然而，方案的设计必须打破性别不平等。例如，来自秘鲁的证据表明，尽管公共工程项目（Construyendo Perú）增加了女性就业的可能性，但却往往是以更低的工作质量为代价（Escudero and Mourelo, 2016）。在设计失业保护制度时，解决女性的特殊社会保护需要和诸如怀孕、生育等特定生活事件至关重要。[①]在此背景下，通过缴费型和非缴费型项目的组合，包括公共就业项目，将覆盖面扩大到女性，可以确保她们得到充分的保护，而提供高质量的公共服务和基础设施对提高女性的劳动力市场参与而言至关重要（ILO, 2016a）。然而，公共就业项目的设计需要避免对女性产生意想不到的负面影响，例如，进一步加剧女性的时间贫困和照顾责任分担的不平等（Holmes, Sadana and Rath, 2010）。

3.3.2 失业保护制度的类型

失业保护福利是通过不同类型的项目或其组合提供的（见图3.8和专栏3.10）。

目前，在可获得数据的203个国家中，不到一半（98个）国家有全国性法律确定的失业保护制度（见图3.8）。在它们中的92个国家里，失业保护福利通过定期福利津贴提供给符合规定资格条件的失业者。公共社会保险是目前最常用的提供这种定期收入替代的机制。在一些国家，缴费型机制以社会救助为补充。在其他国家或地区，如突尼斯和中国香港，最近出台了非缴费型失业福利制度。在没有国家立法确定失业福利制度的105个国家中，50个国家向被劳动法所覆盖的劳动者提供解雇费，这给一些劳动者提供了水平有限的保护。

---

① 鉴于大部分社会保护项目的正规性与缴费型特点，女性往往在获得充足的失业保护方面面临各种困难。首先，女性所从事的大部分工作是非正式和自雇佣职业，依据各国的具体情况，此类工作只有有限的失业保险或没有失业保险。其次，女性即使是正规就业时，由于缴费期的间断，女性的待遇水平往往更低。缴费期中断通常与其生育和照料子女、老年人的责任有关。最后，更广泛的公共政策的设计往往给女性造成双重负担，固化着性别陈规定型观念（ILO, 2017d）。

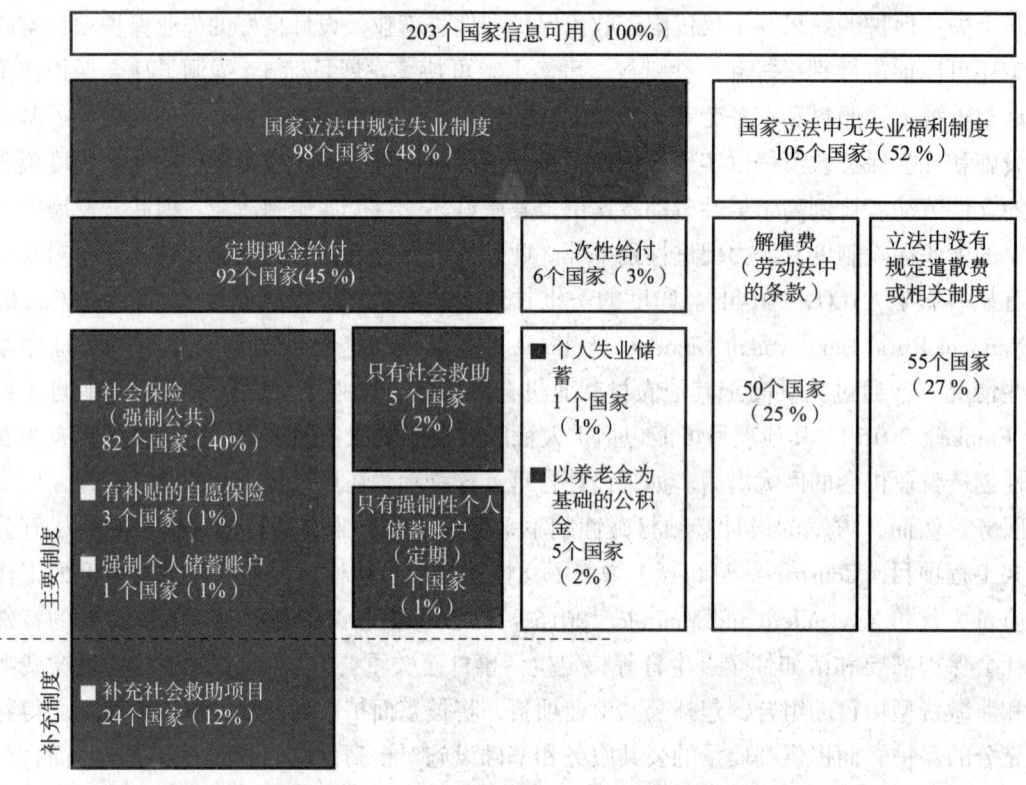

图 3.8　失业保护制度概览，按制度和待遇给付类型划分，2015 年或最近可用年份

注释：以上所示制度不是互斥的。在许多国家，失业保险与失业救助、解雇费及公共就业项目并存。有解雇费的国家没有在国家立法中规定失业津贴项目。此外，应当指出解雇费不包括裁员遣散费。份额以占国家总数的百分比表示（203 个国家 =100%）。

资料来源：国际劳工组织世界社会保护数据库；国际社会保障协会/美国社会保障总署《全球社会保障项目》；欧洲委员会社会保护交互信息系统（MISSOC）。参见附件四表 B.6。

链接：http://www.social-protection.org/gimi/gess/RessourceDownload.action?ressource.ressourceId=54637.

专栏 3.10　失业保护制度的主要类型

缴费型失业福利制度。最常用的形式是社会保险（失业保险），基于集体筹资与失业风险共担。福利待遇是对过去收入的部分替代，在一定的时期内以定期支付的形式提供。这种失业保险制度由雇主缴费筹资或在雇主与雇员之间进行分摊，或者在某些情况下与政府共同分担。它们通常覆盖可以定期缴费的正规就业劳动者。[①]在大多数制度中，领取失业福利的条件与非自愿失业相挂钩；然而，在一些国家（和某些劳动监察制度不发达的发展中国家），即使是无正当理由的自愿离职，失业劳动者也有权享受失业福

---

① 尽管在大多数国家，失业保险是强制的。但自愿性失业保险存在于几个斯堪的纳维亚国家。在这些国家，失业保险传统上由工会提供，辅之以非缴费型项目。

利。①福利待遇的性质与水平、给付时长以及求职方面的义务差异显著。

非缴费型失业福利制度。这些制度常常被称为失业救助，通常至少部分地通过一般性税收供款，待遇水平往往低于保险制度，提供给不符合缴费型福利领取资格（如由于缴费期较短）或失业保险待遇已用尽的人。

就业保障制度在某些方面与失业救助相似。这些制度给农村地区的贫困劳动者提供在公共部门就业的法定权利，是可用于增强工作中贫困者的收入安全和就业能力的政策选择之一。这类制度中规模最大、被研究最多的当属印度的圣雄甘地全国农村就业保障制度。埃塞俄比亚也实施了一个大型项目，生产性安全网项目（Productive Safety Nets Programme），尽管该项目并不提供法定收入保障，但其将公共建设同食物和福利津贴相结合。南非的扩大公共工程项目（Expanded Public Works Programme）旨在通过在四个领域（公共基础设施、环境、非国有和社会部门）给失业者提供临时工作来提供收入保障，从而也解决市场无法创造足够工作岗位的结构性问题。

这三种失业福利模式符合国际劳工组织有关社会保障和失业保护标准的原则，即规定应在集体基础上分担风险并相应地组织缴费。在这些制度下，失业保险制度在团结互助的风险分担方面以及作为自动稳定器在各国经济中发挥作用方面具有强大的优势。这些福利几乎在所有情况下都与促进迅速重返就业和/或提高技能的措施相结合，从而体现了第168号公约和第176号、第202号建议书的核心内容，即收入替代与就业促进相结合（见专栏3.7）。

有些国家使用的是不完全符合国际劳工组织标准原则的其他类型的规定。失业个人储蓄账户（Unemployment individual savings accounts, UISA，有时被误称为失业保险储蓄账户）被一些人视为缴费型失业保险制度的替代。它们要求个体，主要是正规就业的劳动者，在个人账户中积累储蓄，以便在失业情况下提供收入来源。然而，这种储蓄制度缺乏风险共担的关键设计要素；储蓄水平必须足够高才能补偿收入损失。因此，此类制度仅能为那些由于工作模式难以建立足够高储蓄的人提供有限的保护，例如，临时工和季节工、衰退经济部门的劳动者及年轻劳动者等。由于低收入人群失业率更高，失业个人储蓄账户的待遇和覆盖水平可能较低（OECD, 2010; Peyron Bista and Carter, 2017）。

在许多国家，解雇费是给正规就业的自愿或非自愿失业劳动者的唯一收入补偿形式。这种补偿是由雇主通过一次性给付来提供的。这种一次性给付与劳动者之前的工作任期成比例，因此是一种延期支付或强制劳动者储蓄的形式，而不是社会风险分担的形式。除了在经济困难时期给雇主造成沉重经济负担外，它在促进失业者重返就业方面，

---

① 非自愿失业不包括雇员无正当理由（正当理由如骚扰、被威胁）的自愿离职，或故意导致其自身被解雇的情况（ILO, 2010a）。

或对可能需要对企业进行结构调整的雇主而言，几乎没有什么帮助。①尽管解雇费可能导致更高的工作稳定性，因为雇主倾向于在经济衰退期减少裁员以避免这种支出，但它们也可能在经济扩张时期造成招募新员工的障碍，这反过来又导致寻找第一份工作的年轻人更长的失业期和困难（Carter, 2016; Nagler, 2013）。出于这一原因，基于社会保险原则的失业福利被视作比解雇费更有助于经济结构转型。

尽管大多数缴费型或非缴费型失业福利制度是在高收入国家实施，但近来越来越多的中等收入国家出台了此类制度，如佛得角、约旦、老挝和摩洛哥。据2015年或最近可用年份数据，按失业保障的制度类型划分，61个国家仅有法定社会保险制度，21个国家将法定社会保险与社会救助制度相结合，5个国家仅有社会救助制度，3个国家有受补贴的自愿性保险和社会救助，2个国家仅有法定个人储蓄账户制度，6个国家采取一次性补贴的方式，55个国家没有基于国家立法的制度或是仅支付解职金（50个国家）。②

3.3.3 法律覆盖

全球约38.6%的劳动者通过国家立法下的强制缴费型、非缴费型或就业保障制度被失业保护所覆盖（见图3.9）。另有0.9%的劳动者可能被缴费型自愿制度覆盖。据最近可用年份数据，56个国家中，超过2/3的劳动力受到失业保障的法律覆盖；17个国家中，1/3至2/3的劳动力受到失业保障的法律覆盖；2个国家中，不足1/3的劳动力得到失业保障的法律覆盖。此外，105个国家没有基于国家立法的失业保障。③法律覆盖率从撒哈拉以南非洲的4.2%、东南亚的约15.9%、东亚的24.8%、拉丁美洲和加勒比地区的33.8%、北非的38.4%和南亚④的39.7%，到阿拉伯国家的60.4%，中亚和西亚的77.6%，以及欧洲、大洋洲和北美的80%以上不等。

在一些区域，由于女性从事非全日制的、临时性的或非正规就业的比例较高，女性依法被覆盖的可能性更小（Bonnet, 2015; ILO, 2017d）。例如，在东亚，相较于总劳动力中24.8%的覆盖率，仅21%的女性劳动力被依法覆盖。而在北非，相较于总体劳动力中38.4%的覆盖率，仅29.3%的女性劳动力被依法覆盖。

---

① 因此，在负现金流的情况下，雇主提供的解雇费可以推迟甚至不执行。其实际支付不仅取决于雇主的财务状况，而且还取决于雇员的追索能力，而雇员追索能力由于冗长而昂贵的司法程序往往是有问题的（Kuddo, Robalino and Weber, 2015）。

② 国际劳工组织世界社会保护数据库；国际社会保障协会/美国社会保障总署《全球社会保障项目》；欧洲委员会社会保护交互信息系统（MISSOC）。另参见附件四，表B.6。

③ 立法中所规定的自愿覆盖往往因各种原因而不会成为实际覆盖。国际劳工组织世界社会保护数据库；国际社会保障协会/美国社会保障总署《全球社会保障项目》；国际劳工组织，各国立法文本和统计数据。

④ 这包括对印度就业保障项目的法律覆盖的估计，约为24.4%，这是基于对农村总体劳动力中工作或失业的成年人所占比重的估计。

3 面向劳动年龄女性和男性的社会保护

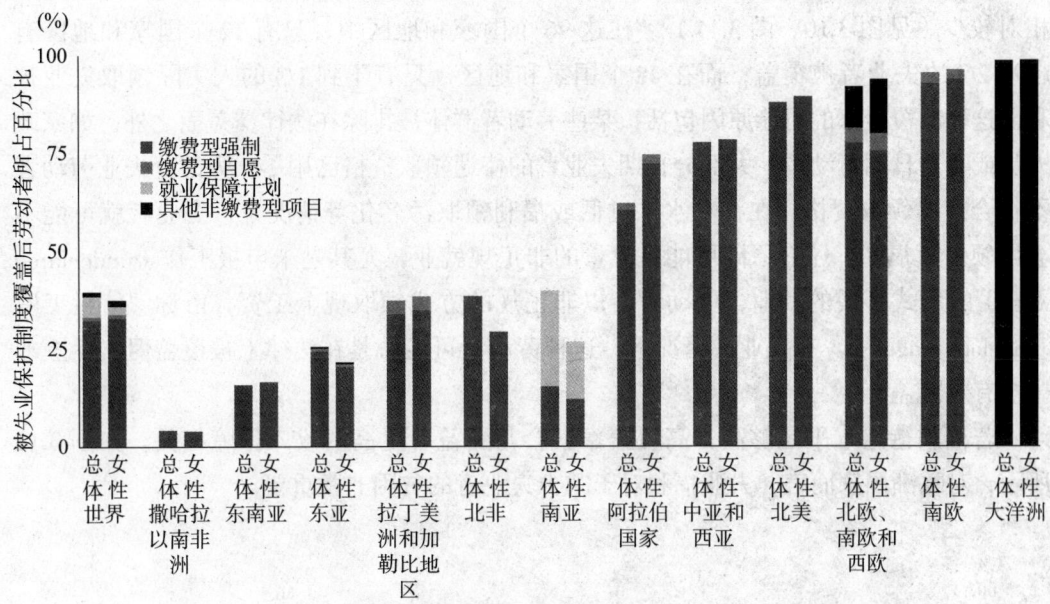

图3.9 失业福利的法律覆盖：按区域分列的被失业保护制度所覆盖的劳动者所占百分比，最近可用年份

注释：区域和全球估计经劳动力加权。

资料来源：国际劳工组织世界社会保护数据库；国际社会保障协会/美国社会保障总署《全球社会保障项目》。

链接：http://www.social-protection.org/gimi/gess/RessourceDownload.action?ressource.ressourceId=54640.

3.3.4 有效覆盖：监测有关失业的可持续发展目标指标1.3.1

对失业的有效覆盖是确保收入安全的关键。有效覆盖指标（可持续发展目标指标1.3.1）的计算方式是：在某一时点实际领取失业福利待遇的人数占失业者人数的比重。[1]

从世界范围来看，仅21.8%的失业者领取了失业福利，而剩下78.2%的失业者则没有收入支持。然而，这在不同区域和国家相差甚大（见图3.10）。在欧洲与中亚，42.5%的失业者领取到失业福利（包括非缴费型福利）；在亚太地区，这一数字为22.5%；美洲为16.7%；而非洲仅为5.6%。失业保护制度的缺乏，特别是在非正规就业比重较高的国家的制度缺乏，无疑是全球范围内覆盖率较低的主要原因，其他因素还包括较长的缴费期要求[2]和较短的最长给付期限。

在许多实施了失业福利制度的国家和地区，实际领取定期福利津贴的失业者人数仍

---

[1] 需要注意的是，有效覆盖与法律覆盖严格来说是不具有可比性的，因为它们所指的是不同的覆盖维度和不同的参照人群（分母）。法律覆盖指标指的是根据立法有资格享受失业福利的人在总体劳动力中所占的百分比。而有效覆盖指标则指的是领取失业福利的人在失业者中所占的百分比。

[2] 第102号公约和第168号公约均要求（作为领取待遇的条件的）缴费期限不应超过防止滥用的必要水平。各国通常规定了6个月或12个月的缴费期。蒙古的要求最高，规定了24个月的缴费期，且最后9个月必须不间断地缴费，从而将季节工或临时工排除在外（Carter, Bédard and Peyron Bista, 2013）。

相对较少（见图 3.10、图 3.11）。①在这 96 个国家和地区中，只有 12 个国家和地区有超过 2/3 的失业者被覆盖；而在 48 个国家和地区，只有不到 1/3 的人实际领取失业福利。这种低覆盖率的可能原因包括：某些劳动者群体被排除在法律覆盖面之外，如家政人员或非全日制劳动者；大部分长期失业者的待遇领取资格已用尽；大部分失业劳动者不符合待遇领取资格。在福利水平过低或福利领取污名化等情况下，失业者就可能不会申领失业福利。还有原因可能是大量的非正规就业，尤其是未申报工作（undeclared work）的形式开展的就业，劳动者会以非正规的方式领取现金工资，俗称"信封工资（envelope wages）"。在失业的情况下，这种劳动者可能就是在法律上被覆盖但实际上却未被有效覆盖。

若福利待遇水平足够高，高覆盖率就会与受益者更高的收入保障相关。如图 3.12 所示，对欧洲国家而言，失业福利对于减少失业者的贫困非常重要。

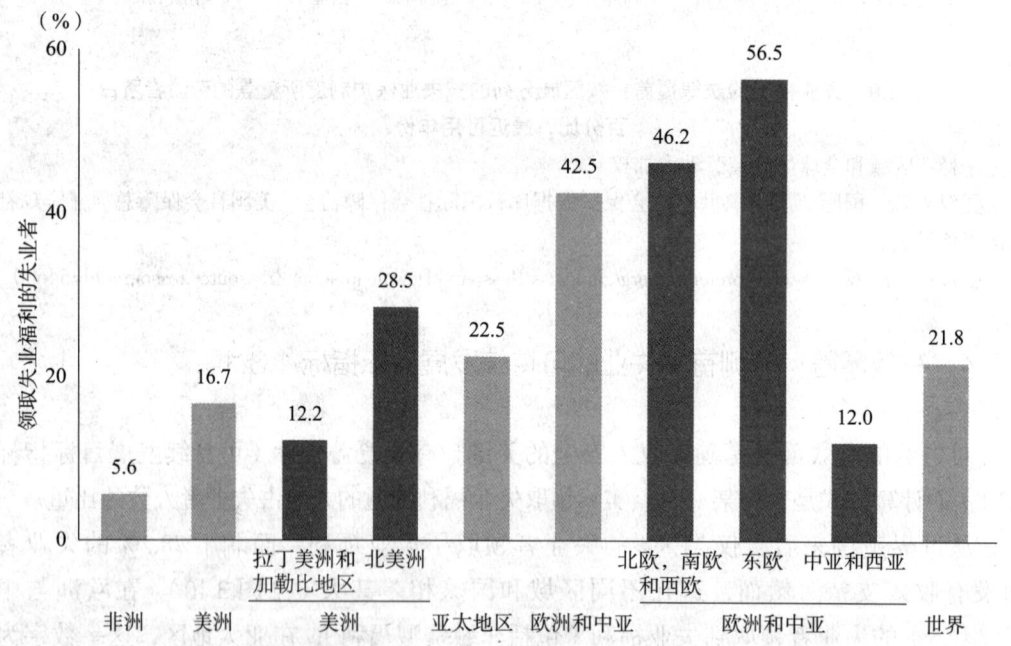

图 3.10 可持续发展目标指标 1.3.1 关于对失业者的有效覆盖：领取失业福利失业者所占百分比，最近可用年份

注释：领取失业福利的人数收集自国家社会保障失业制度。按失业人数加权的区域和全球估计。另参见附件二。

资料来源：国际劳工组织世界社会保护数据库；国际社会保障协会/美国社会保障总署《全球社会保障项目》；经合组织社会福利受益人数据库；国际劳工组织统计局；各国资料。参见附件四表 B.3 和表 B.6。

链接：http://www.social-protection.org/gimi/gess/RessourceDownload.action?ressource.ressourceId=54641.

---

① 一些未被失业福利制度覆盖的人可能会获得其他福利待遇，如一般社会救助津贴。

3 面向劳动年龄女性和男性的社会保护

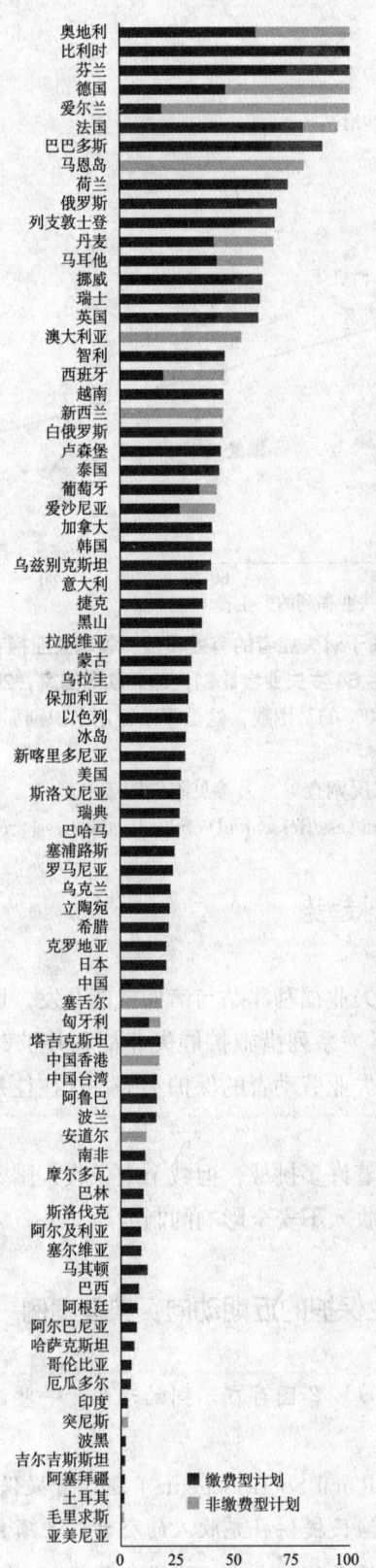

图 3.11 可持续发展目标指标 1.3.1 关于对失业者的有效覆盖：领取福利津贴（缴费或非缴费）的失业者所占百分比，最近可用年份

注释：数据来自 2012—2015 年。另参见附件二。

资料来源：国际劳工组织世界社会保护数据库；经合组织社会福利受益人数据库；国际劳工组织统计局；各个国家和地区资料。另参见附件四表 B.3 和表 B.6。

链接：http://www.social-protection.org/gimi/gess/RessourceDownload.action?ressource.ressourceId=54643.

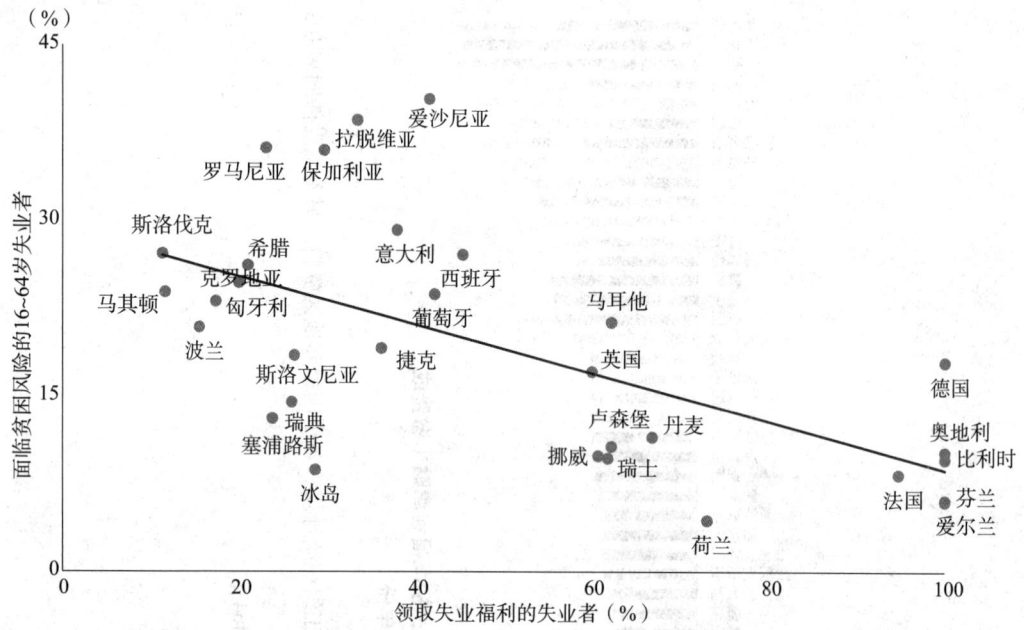

图 3.12 可持续发展目标指标 1.3.1 关于对失业者的有效覆盖：领取失业福利的失业者所占百分比和面临贫困风险的 16~64 岁失业者比例，部分欧洲国家，2015 年

注释：该计算依据等价中位家庭收入 40% 的贫困线，这低于欧盟用来识别那些有贫困风险的人的阈值（中位收入的 60%）。

资料来源：欧盟统计局的收入和生活状况调查等。另参见附件四表 B.6。

链接：http://www.social-protection.org/gimi/gess/RessourceDownload.action?ressource.ressourceId=54644。

3.3.5 扩大对无业者的支持：全球趋势

近年来，许多高收入国家通过将失业福利津贴与诸如技能开发、培训及其他积极劳动力市场政策等措施相结合，实施了一系列措施扩展失业福利并扩大失业福利制度的保护范围。而也有许多国家降低了对失业劳动者的保护水平，这往往是财政整固的结果（见专栏 3.11）。

尽管在实施失业保护制度中面临着许多挑战，但数个中低收入国家近来出台了保护失业与就业不足的劳动者免受贫困与收入不安全影响的制度。

专栏 3.11 失业保护的近期动向：典型案例

许多国家继续改革其失业保护制度。各国存在不同的动向：一些国家扩大了失业保护，而另一些国家则改革其制度。

爱尔兰计划为被农村社会制度（Rural Social Scheme）覆盖者提供 500 个额外岗位，这是一个为低收入农民和无法谋生的渔民提供补充收入的公共就业项目（2017 年）。

根据 2016 年英国的《福利改革与工作法案》（Welfare Reform and Work Act），自

2016年4月起，劳动年龄人口的福利将被冻结四年。

在雇主缴费的基础上，巴西计划出台一个针对无正当理由解雇的补偿基金，雇主缴费金额为家政人员月工资的3.2%。此外，将出台一项针对被非正当解雇的农村劳动者的失业保险。

资料来源：国际劳工组织社会保护监测（ILO Social Protection Monitor）；国际社会保障协会观察国概况（ISSA Observatory Country profiles），2017。

高收入国家巩固成就

数个高收入国家扩大了现有的或新的失业福利的覆盖面提高了待遇水平延长了持续时间。一些国家，如奥地利[①]，通过放宽失业制度资格期限扩大了覆盖面；另一些国家，如加拿大，则减少了失业福利的等待期。大多数国家将覆盖面扩大到之前被排除在外的劳动者，如德国和日本的非正规劳动者、希腊[②]和意大利的自雇佣者以及法国的年轻人。[③]其他国家，如丹麦[④]和意大利[⑤]则扩大了覆盖面以将那些原本被视作待遇已用尽的人涵盖在内，或通过允许受益者在短期或临时就业时保留其权利以提高待遇给付的慷慨度（如丹麦，葡萄牙和西班牙），或引入经济激励以增强就业能力和支持重返工作岗位（如法国[⑥]），或提高待遇水平或最高津贴额度（如法国、爱沙尼亚[⑦]和瑞典）。在经合组织国家，2001—2014年，失业不足12个月的失业者的失业福利中值净替代率提高了，但长期失业者却减少了（OECD，2017a）。在芬兰，一项试点测试了用基本收入代替基本失业福利的可能性（见专栏3.12）。

数个国家（如希腊和匈牙利）启动了公共就业项目。这些项目通过确保失业与就业不足劳动者的暂时可预测收入流，可以对基于生命周期的社会保护工具起到补充作用（OECD，2009b）。

为应对年轻人所面临的失业挑战，许多国家（如丹麦、爱尔兰、瑞典和英国）继续加强努力，为求职、培训与再培训提供支持，出台增强就业能力的举措。这些项目旨

[①] 在奥地利，儿童津贴的给付期被视作有权享有失业福利。
[②] 希腊是首批将失业福利覆盖面扩大到自雇佣劳动者的国家之一。失业津贴为每月360欧元，提供3~9个月。那些缴费满3年、失业前两年的年个人收入不超过20 000欧元或家庭年收入不超过30 000欧元者，有资格领取津贴（ISSA and SSA，2017b）。在其他国家，实施这类制度的主要障碍有对"活动"的适当定义、过于繁重的缴费负担和道德风险。
[③] 失业保护扩展到覆盖18~25岁的、之前被积极团结收入（Active Solidarity Income）排除在外的年轻人。
[④] 2015年丹麦的失业福利改革设想将失业福利的给付期从两年延长到最长三年，主要通过削减毕业生的福利来筹资（OECD，2016）。
[⑤] 意大利通过向常规失业福利享受期已结束的劳动者、有孩子的劳动者、接近退休年龄的劳动者提供经过家计调查的收入支持，扩大了覆盖面。
[⑥] 为支持重返就业，法国推出了活动津贴（prime d'activité）。这使失业者在失业福利津贴领取期内找到新工作时，可以保留其津贴。目标群体是短期或临时就业的老年人和低技能劳动者。
[⑦] 失业保险待遇给付的最高限额和最低水平，以及失业救助给付的替代率均略有提高。

在应对青年人失业,包括提高学徒制度、职业培训和学校工作间过渡方案的质量,提供职业引导与指导等咨询,以及支持工作经验的获得(如欧盟青年保障项目)。一些国家,如捷克、意大利、斯洛文尼亚和西班牙,则放宽了针对年轻人的失业福利资格条件或明确向他们开放这些项目。

专栏3.12 失业求职者基本收入试验

在芬兰,一项为期两年的基本收入试点对替换一些基本社会保障津贴的可能性进行评估。这些基本社会保障津贴包括基本失业津贴和疾病津贴,以及一些育儿津贴和康复津贴。每月向2 000名随机挑选的年龄在25~58岁的失业津贴领取者支付560欧元的基本收入,无须家计调查。

对照现行制度,试验结果将就基本收入在促进劳动力市场参与和简化行政管理方面的成效提供一些启示。

资料来源:基于芬兰社保署(KELA),2016。

公共就业项目和临时工资补贴(如法国、爱沙尼亚和拉脱维亚)也是从消极的劳动力市场政策转变为针对年轻人的积极的劳动力市场政策的重要手段。

虽然许多国家近年来扩大了失业保护的覆盖面、提高了待遇水平,但同样也有缩减失业保护的措施,这往往是紧缩政策的结果(见专栏3.13)。这些措施包括收紧失业福利待遇领取条件(比利时[①]、捷克、丹麦、爱沙尼亚[②]、希腊和匈牙利)、延长获得待遇资格的缴费期(法国)、更高的收入门槛水平(芬兰)、最长待遇给付期的缩短(芬兰[③]与荷兰[④])以及待遇水平的降低(芬兰、希腊、拉脱维亚和西班牙)。

许多国家存在这样一种趋势,即通过收紧求职者的条件和义务来强化收入支持与积极的劳动力市场政策之间的联系。在许多项目中,尤其是欧盟成员国中,在工作可得性方面对失业福利领取者的要求有所提高(European Commission,2015a)。一些国家,如比利时、芬兰和拉脱维亚,加强了求职要求和对失业福利领取者的监测。其他措施则包括收紧与待遇提供相关的条件,如强制性接受工作(如荷兰)、职业流动性(例如在比利时和拉脱维亚)和地域流动性(如加拿大、芬兰、拉脱维亚和新西兰)以及参与公共工程或培训(如意大利、斯洛伐克和英国)。数个国家则对拒绝工作机会或拒绝介入积

---

① 比利时通过调整年龄要求,收紧了对接近退休劳动者的特殊失业福利制度的资格要求,也收紧了青年失业者的失业津贴。

② 管委会成员不能获得福利。

③ 对那些失业前工作超过3年的人,芬兰政府决定将失业福利的最长给付期从500天缩短到400天,而对那些失业前工作不足3年的人,则缩短至300天。

④ 在荷兰,失业福利最长给付期限从38个月减少到24个月。失业福利的给付期限也随着缴费期的变化而缩短。

极劳动力市场干预措施的人实施或加强了惩戒（如英国）（European Commission, 2016; Langenbucher, 2015）。

尽管这些措施可能有助于劳动者更快地（重新）融入劳动力市场，但一些劳动者，尤其是那些就业时间短、就业史较不稳定的人，在失业福利待遇资格与实际领取方面可能面临挑战，因为失业福利的资格条件通常取决于之前的工作记录和/或缴费。因此，权利条件的收紧可能导致覆盖面的降低和稳定效应的减弱（Esser et al., 2013; Langenbucher, 2015）。类似地，虽然更严格的求职要求可以有效地将个体移出失业津贴领取者之列，但却不支持其获得稳定的或更好的工作（Petrongolo, 2009）。

发展中国家建立失业保护制度并扩大覆盖面

近年来，许多发展中国家显著扩大了失业福利制度或采取措施应对不充分就业。这些政策的目的不仅是向失业的或不充分就业的劳动者提供收入保障，还旨在防止他们陷入非正规就业。不同的项目包括各种类型的失业保险与救助以及就业保障制度，并提供不同水平的保护。在大多数项目中，现金津贴的给付与旨在促进失业劳动者（重新）融入劳动力市场的就业支持和培训措施相联系。

佛得角、约旦、科威特、老挝、毛里求斯、摩洛哥、沙特阿拉伯、南非和越南等多个国家实行了失业保护制度（见专栏3.13和专栏3.14）。印度尼西亚、马来西亚、阿曼、伊拉克库尔德斯坦地区、菲律宾和阿联酋等正在评估建立首个失业保险制度的可行性（Kulke and Alaraimi, 2017; Peyron Bista and Carter, 2017）。此外，一些国家扩大了其失业保险制度的覆盖面，将处于正规就业边缘的劳动者或之前曾被排除在外的劳动者囊括进来。例如，约旦采取措施将覆盖面扩大到自雇佣劳动者；而阿曼的自愿保险项目之前只对低收入者进行补贴，现在也覆盖自雇佣劳动者（Kulke and Alaraimi, 2017）。巴林是为数不多的将缴费期不足的年轻劳动者纳入失业保护福利范围的国家之一。

专栏3.13 佛得角、约旦、科威特、老挝、毛里求斯、摩洛哥、沙特阿拉伯、南非和越南扩大失业保护

近年来，9个国家出台了失业保护制度。

- 佛得角于2016年出台了缴费型失业福利制度。
- 2011年，约旦出台了求职者失业福利，针对那些失业期最长达3个月的求职者，条件是其提供求职证据。
- 科威特于2013年出台了失业保险制度，覆盖18~60岁的失业劳动者和不符合养老金领取资格的失业者。
- 老挝于2015年出台了失业保险制度。
- 毛里求斯在2009年实施社会保险制度，补充其社会救助制度。

- 摩洛哥在2014年出台了针对私营行业工薪劳动者和工、商、农业学徒以及渔业中特定类别劳动者的失业保险制度。
- 沙特阿拉伯于2014年实施了一项新的失业保险制度。
- 南非于2017年通过的《失业保险修正案》，预计将覆盖面扩大到其他类别的劳动者，如培训生与公务员。
- 越南于2009年开始实施就业保险制度，并于2013年对其进行改革（见专栏3.14）。

资料来源：国际社会保障协会观察国概况；国际劳工组织国家劳动、社会保障和相关人权立法数据库（ILO NATLEX）。

专栏3.14 越南的失业保护

越南在其2006年的《社会保险法》中推出了就业保险制度。2009年开始征收缴费，2010年首次支付福利待遇。

2013年，作为更大改革的一部分，失业保险条款被收入了《就业促进法》中。改革旨在扩大保险覆盖面、提高制度的效率、加强失业福利与积极劳动力市场政策之间的联系，尤其是重返工作项目和就业保留支持等积极劳动力市场政策。除就业咨询和六个月之内的职业培训外，新法律还提到了通过雇主提供的培训和再培训项目，以提高劳动者的资格和技能，从而维持其就业。该法还强化了就业服务中心的作用和其提供就业咨询与安置服务的能力。在此背景下，越南政府还加强了努力，将公共就业政策纳入该国的国家可持续减贫项目（national targeted programme for sustainable poverty reduction）。到2015年，1 020万劳动者——约占总劳动力的20%——被失业保险制度所覆盖。在申领失业保险津贴的527 576人中，有526 279人有权领取每月津贴；其中，57%为女性，24 378人接受过职业培训，473 791人接受过职业咨询服务。

资料来源：Peyron Bista and Carter，2017；来自河内劳动、残障和社会事务部就业局的采访数据，2016，以及其他国家资料。

在一些国家，尤其是拉美与加勒比地区国家，失业储蓄项目被视为缴费型失业保险制度的替代。在非正规就业程度高和对资格条件审查的行政能力薄弱的情况下，这些项目得到了推广，其目的是监测求职和培训项目的参与情况并限制道德风险（Robalino，Vodopivec and Bodor，2009）。然而，这些项目不太可能提供充足的保护，因为正是这部分有高失业风险的人群由于其工作模式而难以积累储蓄；其他劳动者则很快就用尽其权益，且该项目无法实现风险共担（Kuddo, Robalino and Weber, 2015；OECD, 2010；Peyron Bista and Carter, 2017）。通过税收补贴的团结养老金，智利模式部分地解决了许多劳动者无法积累足够储蓄的问题，这实际上是一种混合模式（Paes de Barros, Corseuil and Foguel, 2001；Holzmann and Vodopivec, 2012；ILO, 2014a）。然而，这种项目允许从养老金账户借款，可能严重降低老年收入安全。这种项目的另一个缺点是，它潜在地激励劳动者离职以从其储蓄中部分地取现，特别是在限制获得信贷的情况下，这可能会导致高员工更替率，增加雇主的成本（Kuddo, Robalino and Weber, 2015）。

在没有失业保险制度或其他法定收入支持项目的国家，解雇费被当作一种收入支持形式，在劳动者失业时向其提供一次性给付（Carter, Bédard and Peyron Bista, 2013; Kuddo, Robalino and Weber, 2015）。这些国家包括萨尔瓦多、格林纳达和危地马拉等。然而，如前所述，解雇费并不是一种能为失业劳动者提供充足保护的有效手段。因此，包括马来西亚在内的数个国家正在考虑改革其解雇费规定，实施有综合就业服务的失业保险制度（Kuddo, Robalino and Weber, 2015; Peyron Bista and Carter, 2017）。

一些国家扩大了给脆弱群体提供基本水平收入保障的社会救助制度。例如，柬埔寨、老挝、缅甸、泰国和越南关注其现金转移项目下涉及农业的大型非正规部门（Carter, 2016）。然而，虽然这些可能是填补现有差距的重要工具，但由于公共预算有限，它们提供的福利水平通常较低，如果没有缴费型社会保护制度的补充，则不太可能减少收入不平等（Berg, 2015a; Carter, 2016）。此外，这些项目，特别是那些有行为条件和复杂的瞄准程序的项目，可能会产生将最脆弱群体排除在外的意外效果（Berg, 2015b; Kidd, Gelders and Bailey-Athias, 2017）。

近年来，若干国家开始实施就业保障制度和公共工程项目。其初衷是向被排除在失业保险之外的失业劳动者提供临时就业和一定水平的收入保障，特别是自雇佣者和农村劳动者，在不景气的季节，许多人会失业或不充分就业。最受欢迎的项目之一是印度2005年出台的MGNREGS，该项目每年给每户农村家庭提供最长100天的法定保障就业权。柬埔寨、印度尼西亚、马拉维和坦桑尼亚等多个国家则利用公共就业项目为穷人至少在一段有限时间内提供一定程度的收入保障，尽管这通常不是基于法定权利。此外，这些项目中的许多措施往往是临时性的，而且与支持工作中穷人就业能力增强的措施没有充分联系（Peyron Bista and Carter, 2017）。

公共就业项目可以服务于若干发展目标（投资、就业和社会保护），但其缺乏明确定义的主要目标，这会限制其在提供充分的社会保护方面的效力（ILO, 2014a）。考虑到这些项目无法解决那些永久或暂时无法工作的人的问题，数个国家（包括埃塞俄比亚和南非）已采取审慎的措施，强调其项目中的社会保护目标，并将就业保障制度与无条件的转移支付相结合（McCord, 2012）。尽管这些项目可能给未被失业保险所覆盖的人员提供社会保护，但一旦项目结束，这些人员可能会面临不受保护的危险。诸如培训等补充措施可以有效地确保在这些项目结束后参与者重返无补贴就业岗位（ILO, 2016g）。只有在强调体面工作的情况下，包括水平充足的工资、综合技能的开发、充分考虑劳动者的职业安全与健康，同时也确保受益者能获得社会保障待遇和医疗保健，公共就业项目才能在长期内减少贫困，实现更大的公平性（ILO, 2014a）。

3.3.6 加强失业保护与积极劳动力市场和创造就业的宏观经济政策之间的关联

鉴于许多国家居高不下的失业率与脆弱就业以及工作中贫困,加强收入支持与积极劳动力市场政策之间的联系近来已成为全球趋势。这源于各国已认识到,当劳动力市场飞速变化或个体面临着(再)就业障碍时,仅提供收入支持可能无法改善个体的就业或社会状况(ILO,2017a;Martin,2014)。这些政策被视为可以有效激活和动员失业劳动者迅速找到合适的工作,其使失业劳动者(重新)融入劳动力市场的初衷已扩大到包括支持劳动者从一个行业过渡到另一个行业、维持劳动者在经济衰退期的收入以及补足脆弱群体的工资等方面。概言之,这些政策由一系列旨在匹配求职者、提升与调整他们的技能、刺激创造就业的措施的组合构成;这些措施包括直接的求职援助与职业指导、培训与技能开发、就业与工资补贴(ILO,2016g;Peyron Bista and Carter,2017)。

若干国家采取策略,给求职者和失业福利领取者提供培训、再培训、认证及岗位匹配(如荷兰[①]、葡萄牙、俄罗斯、沙特阿拉伯和越南),个性化的支持(如丹麦、拉脱维亚和英国),以及在满足求职和活动要求方面的支持(西班牙)。另一些国家,如爱沙尼亚,扩大了就业援助与就业咨询服务以支持劳动者继续就业。还有一些国家,如阿根廷、巴西、加拿大、丹麦、芬兰、法国、日本、韩国、俄罗斯、沙特阿拉伯、南非和美国,则利用就业补贴和提供信贷来激励雇主聘用失业劳动者和创造工作岗位。

这些措施除了在寻找更体面和高产的就业以及提高工作质量方面给个体以支持,还可以通过瞄准弱势群体而提升公平。这些脆弱群体因收入水平低、基本技能匮乏或歧视等而面临就业障碍(ILO,2016g)。在此背景下,这些项目直接针对特定群体,包括年长劳动者(奥地利[②]、立陶宛和新加坡),残障人士(德国、卢森堡和波兰),有年幼子女的父母(包括保加利亚、日本、马耳他、巴基斯坦和俄罗斯),女性(西班牙和波兰[③])以及长期失业者(塞浦路斯、保加利亚[④]、法国、爱尔兰、拉脱维亚、马耳他、葡萄牙、西班牙和斯洛伐克)。在许多地区(如拉美和加勒比地区),对积极劳动力市场政策的更多支持以及包括非缴费型制度在内的失业保护制度的扩张,在应对贫困与不平等以及改善就业结果方面发挥了重大作用(Escudero,2015;ILO,2016g;Martin,2014)。[⑤]

[①] 新出台的 Brug-WW 项目提供再培训措施,促进劳动者从萎缩经济部门向增长中经济部门的转型(European Commission,2015a)。

[②] 措施包括工资补贴和技能升级的再培训措施(European Commission,2015a)。

[③] 波兰自 2004 年起实施的新措施包括女性职业激活(vocational activation),如雇主雇佣因育儿或照料责任而中断就业的失业劳动者,则雇主可获得的激活津贴(European Commission,2015a)。

[④] 新近通过的针对长期失业者的培训与就业项目提供培训与就业创造措施。

[⑤] 在新兴和发展中经济体,积极的劳动力市场政策对贫困的效应更强,因为这些政策的减贫功能通常更多针对的是最脆弱的群体,而非像经合组织国家那样,严格针对失业者(ILO,2016g)。

积极的劳动力市场政策通常是加强积极与消极劳动力市场政策之间联系的一种努力，更广泛地说，也是提供综合就业和社会保护政策的一种努力（如阿根廷、巴西、德国、日本、韩国和越南，见专栏 3.14）。这些措施旨在将失业福利与其他社会救助福利的领取者纳入共同的激活政策框架内，并提高服务质量与扩大服务范围（ILO，2014a；Peyron Bista and Carter，2017）。例如，蒙古和芬兰①就通过单一窗口服务方案将社会保护与就业服务合并为"一站式服务（one-stop shop）"，从而将社会保护与就业服务的递送连接起来。

考虑到丧志劳动者可能不再到就业服务登记的情况，社保和就业服务联动能有效减少失业劳动者被长期排斥在劳动力市场之外（ILO，2014b）。尽管针对特定群体的措施可能有重要的再分配效应，但在诸如缺乏就业能力提升措施的情况下，有人担心它们可能会加剧污名化，并导致参与时的锁入效应（lock-in effects）（ILO，2016h）。

这些政策尽管旨在促进失业劳动者重返工作，却可能排除或歧视某些受益者群体，并限制待遇给付的有效获得。这是考虑到参与的要求也意味着更严格地控制福利提供和收紧资格条件。因此，必须审慎地设计与实施激活措施，以确保这些措施不会导致意想不到的效果（ILO，2014d）。

当就业机会不足、经济需求受限，尤其是在经济衰退时期，即使是激活政策也可能无法对创造就业产生预期影响。由于这个原因，需要有效的政策来确保在失业和不充分就业期间起码有基本水平的收入保障，加之有效的劳动力市场、就业与技能开发政策、促进就业的宏观经济政策，来恢复劳动力需求，使国家摆脱低增长和低就业的陷阱（Ocampo and Jomo，2007；Stiglitz，2009；ILO，2014c，2017b）。

3.4 工伤保护

关键信息

- 扩大工伤保护的覆盖面有助于实现可持续发展目标 1.3。由于制度执行不力或尚无制度，工伤保险（EII）的有效覆盖率在中低收入国家仍明显较低。
- 因此，中低收入国家的大部分劳动者在遭遇与工作相关的事故和职业病的情形下未能得到保护。在通过酌情处置方式（discretionary approaches）处理工伤案例的方面，有着各种各样的工作场所文化习俗。在社会保险原则的指导下，人们努力记录和处理此类做法。

---

① 芬兰为年轻劳动者建立了一站服务（European Commission，2016）。

- 由于工伤保险制度的缺位，36个国家在工伤情形下仍然依赖于直接雇主责任赔偿。这36个国家多数是在非洲和亚太地区。
- 越来越多的国家尝试遵循国际劳工组织第102号和第121号公约所载的社会保障原则，探索从雇主责任制度转向采取和实施工伤保险制度。预计这将提高有效覆盖率和保护水平，尤其是在职业风险更高的行业与中小企业中。
- 工伤福利、工作安全与健康的费用，包括工伤预防与康复，通常被纳入生产总成本中。
- 工作安全与健康可以从政策协同效应（policy synergies）中获益，政策协同被纳入了针对所有劳动者的工伤福利的框架中；应对向非正规经济中的劳动者提供工伤保护的挑战仍受到高度重视，如通过合作与联合中介机构的方式探索创新方案。
- 许多参与全球供应链的低收入国家，如服装业、纺织业和皮革业，都渴望有效地实施工伤保险制度；但考虑到其成本过高（约为工资的1%），这些国家故而仍犹豫不决。这揭示了全球供应链的竞争性环境。人们对社会保障成本的普遍接受性方面仍需努力。

3.4.1 在工伤情况下保护劳动者

工伤福利制度是许多国家社会保障的最古老分支，它能在出现工伤和职业病情况下提供现金和实物福利，是为了解决现代工作场所的一项关键挑战而设立的。雇主有责任确保其雇员的职业安全与健康，给劳动者提供公平、公正和有效的补偿，并在其死亡的情况下，将补偿提供给受其供养的遗属。这是为了补偿因工伤或职业病而造成的收入损失，并促使受伤劳动者获得必要的医疗保健，包括医疗、相关护理服务和物品、身体康复和职业康复服务。如果没有这些机制，补偿受工伤者或其遗属的希望就是和雇主对簿公堂。这种类型的法律诉讼往往漫长、昂贵并给受工伤劳动者造成很大压力，因而在给受工伤劳动者及其家庭或已故劳动者的其他被供养人提供补偿方面作用甚微。

因此，若干国家在早期出台了非对抗性制度（Non-adversarial schemes），旨在确保及时给受伤劳动者及其被供养人提供福利待遇，建立可预见的和可持续的筹资机制，以及高效管理基金。这种制度的第一代存在于"劳动者补偿制度"中，在此制度下，对劳动者及其遗属的补偿是雇主的法律责任。这种做法的基本原则是雇主必须为其员工提供安全健康的工作环境，如果不这样做，他们将对劳动者或其家庭成员所遭受的相应损失承担责任。鉴于履行这项义务的财政负担完全由雇主承担，这些制度通常要求雇主诉诸商业保险。然而，经验表明，即使法律规定了这一义务，这些制度的结果也往往不是最优的。提交保险索赔的需要，包括需要获得相关信息和经历严格的医疗评估，可能严重延误治疗和待遇给付的获得。此外，因为担心面临其他法律问题，雇主可能不愿意提出索赔。由于雇主可能不会继续其经营且私人保险公司不愿长期提供福利待遇，因此待遇往往是一次性给付的，即便是采用定期给付的形式，待遇给付也只会持续一定的时期，且不会被指数化。鉴于这些缺陷,许多国家将雇主责任条款代之以社会保险,而后者实际上扩展了无过错原则以在雇主间分摊工伤的成本。

工伤保护方法的这一转变反映在国际劳工组织早期所采用的标准中(见专栏3.15)。各项目在处理工伤方面的有效性取决于一套具体的原则:

1."无过错原则",即受伤劳动者或已故劳动者的遗属,无须证明雇主有过错就具备待遇领取资格。

2. 在雇主间集体分担责任。

3. 治理的中立性,即待遇领取权是建立在特定雇主和雇员的契约关系之外的。

在此框架内,大多数国家工伤条款的目的是满足伤残劳动者和因工伤或职业病而死亡的劳动者之被供养者的需要,供养主要通过以下方式:

● 对受伤劳动者提供合适的和相关的医疗和照护服务。

● 对被评估为暂时或永久、部分或完全残障的劳动者提供与收入相关的定期现金津贴。

● 向死亡劳动者的遗属,即寡妇鳏夫、子女及其他被供养亲属,提供与收入相关的定期现金津贴和丧葬补贴。

许多国家的工伤制度有一系列更广泛的目标,如伤残或患病劳动者的再就业以及在工作场所促进和维持体面的安全与健康水平。只有当工伤制度与劳动力市场政策、劳动监察政策以及职业安全与健康政策高度融合时,这些目标才能有效实现。

如何在永久性部分伤残的情况下提供充足的补偿,是工伤保护面临的最大挑战之一。侧重于身体机能丧失的方案,实质上倾向于补偿生理上的损失,并可能导致从经济视角来看的过度补偿或补偿不足,即便是在伤残程度并不仅仅是基于医疗因素进行评估的情况下。基于收入能力的(补偿)方案则倾向于将待遇水平和因工伤导致的经济损失相挂钩,这就对索赔管理提出了苛刻的管理要求,还需要辅之以完善的康复服务,以开发受伤劳动者的剩余能力。这进而要求雇主充分参与到康复项目中。

专栏3.15 有关工伤保护的国际标准

工伤保护权载于1948年的《世界人权宣言》(Universal Declaration of Human Rights, UDHR)和1966年的《经济、社会和文化权利国际公约》(International Covenant on Economic, Social and Cultural Rights, ICESCR)中。此项权利的实现要求普及安全与健康的工作条件;预防、治疗和控制职业病;以及提供充足的现金或实物福利,确保向工伤受害者及受其供养家属提供充足的医疗保健和收入保障。[1]

---

[1]《世界人权宣言》第25(1)条;《经济、社会和文化权利国际公约》第7(b)、12(b)和(c)。还可见《经济、社会和文化权利国际公约》《第19号一般性意见》(ICESCR, General Comment No.19),"社会保障权利"(第9条)第2段和第17段(CESCR, 2008)。

工伤保护历来是国际劳工组织通过的一系列公约和建议书的目标。根据第102号公约（第六部分），任何对健康造成负面影响的、因工伤事故或职业病而造成的状况，以及因之导致的暂时或永久地、完全或部分地丧失劳动能力，都必须被包括在工伤保护内。保护还包括当劳动者因工伤或职业病死亡时，受其供养遗属所遭受的损失。因此，失业保护必须包括医疗和相关护理，以维持、恢复或改善受伤者的健康状况和工作能力，满足个人需要。工伤保护也必须给受伤劳动者或其被供养养人（视情况而定）提供福利津贴，确保一定的待遇水平和定期给付，发挥收入替代或支持的功能。轻度伤残时，福利待遇可以在某些条件下一次性给付。

1964年通过的《工伤事故和职业病津贴公约》（第121号公约）及其配套的第121号建议书则设定了更高的标准，主要是在人口覆盖率和福利待遇水平方面（见附件三）。第121号公约还承认了采取综合办法改善工作条件、限制工伤的影响和促进残障人士重新融入劳动力市场与社会的重要性；基于此种目的，这一公约要求国家采取措施预防工伤、提供康复服务以及确保被迫离开原职的劳动者找到合适的再就业机会。

第202号建议书所采取的方法则有所不同，这反映了其侧重于通过收入安全保障来预防和减轻贫困、脆弱与社会排斥，而不是聚焦于特定的生活风险；因此，它承认无论出于何种原因或在何种程度，疾病和残障都是一个潜在的财务不安全来源，因为其妨碍了劳动年龄人口获得足够的收入。同样，第202号建议要求确保在生命周期中向所有有需要的人提供至少必要的医疗健康服务，而不论需要这种保健的残障或疾病根源是什么。基本收入保障和基本医疗保健可以通过各种方式得到确保，包括缴费型和非缴费型制度以及不同类型的福利，例如，残障和工伤福利以及其他形式的现金或实物福利。与工伤保护特别相关的是，建议书进一步呼吁将预防性的、促进性的和积极的措施与福利和社会服务相结合，并协调社会保护政策与体面工作框架内的促进工作安全等政策。

通过考虑雇主在防控工伤和职业病方面的过往表现，缴费分级制度（a rating system of contributions）被用来激励雇主预防此类工伤和职业病，以及促进受伤劳动者返回工作岗位。然而，这种做法通常仅在大中型企业可行。大中型企业才存在大量的就业，因而长期内事故率相对稳定。这种做法在高收入国家得到普遍应用。

在实施方面，衡量工伤制度有效性的另一重要标准是制度在确保受伤劳动者享有医疗保健、物品和服务，以及受伤劳动者与逝世劳动者能够及时得到福利津贴的遗属方面的能力。这解释了为何在医疗卫生制度不够发达的国家，如西非和中非，补偿健康福利（compensation health benefits）的覆盖率和公众认识度低的原因。福利待遇的及时给付需要有效的工伤与职业病报告制度，以及简洁高效的索赔程序。工伤和职业病的在线报告制度有助于促进福利待遇的可及性。

建立财务可持续的和管理高效的工伤制度是向确保受伤劳动者及受伤和已故劳动者家庭有效获得现金津贴与相关医疗保健服务目标迈进的一步。工伤福利防止这些人员陷入贫困，因此有助于实现可持续发展目标1，即"在全世界消除一切形式的贫困"。

3.4.2 工伤保护制度的类型

虽然有些国家保留了雇主责任模式的某些元素以确保未被社会保险制度强制覆盖的劳动者也能直接获得雇主的赔偿，但大部分国家采取了社会保险模式来为工伤和职业病提供补偿。在极少数国家，如荷兰，工伤被完全纳入了非工作相关伤残保障制度中。

据最近可用年份的资料，按照工伤保护的制度类型划分，8个国家有社会保险和普惠型无须家计调查的非缴费型制度；2个国家有社会保险和须经家计调查的非缴费型制度；120个国家有社会保险制度，其中9个国家将其与雇主责任制度相结合；1个国家有雇主责任制度和普惠型无须家计调查的非缴费型制度；40个国家有雇主责任制度，其中1个国家将其与社会救助制度相结合。[①] 可以看到，与雇主责任模式下的第一代工伤保护制度相比，社会保险的覆盖率在欧洲、中亚和阿拉伯国家较高，在美洲、非洲和亚太地区则较低。在非洲，仍有若干国家实施雇主责任条款，如博兹瓦纳、冈比亚、肯尼亚、马拉维、摩洛哥、塞拉利昂、南非、斯威士兰和乌干达。然而，这些国家中的一些正在努力推行工伤保护的社会保险机制。例如，马拉维政府正在努力以2000年的第7号《劳动者赔偿法案》取代1946年基于雇主责任制的《劳动者赔偿法案》，前者基于社会保险原则对劳动者赔偿基金的建立与管理作出了规定（ILO，2017e）。肯尼亚正在试图通过社会保险制度改革其直接雇主责任制度，包括建立一个补偿基金（ILO，forthcoming c）。

在亚太地区，仍有国家实施雇主责任制度，如孟加拉、文莱、尼泊尔和斯里兰卡。孟加拉的拉纳广场（Rana Plaza）建筑垮塌等工伤事故，揭示了没有实施公共工伤保险制度的灾难性后果。这是最令人关切的问题，因为近年来发生的重大事故经常影响到中小企业，当工作场所悲剧发生时，这些实施雇主责任制度的中小企业无法负担大量赔偿。在孟加拉，成衣和纺织品出口业被视为最需要快速变革以避免遭遇另一场拉纳广场悲剧的行业。与此同时，政府设立了一个由出口征税供款的中央基金，旨在酌情提供不同类型的福利和服务，包括在工伤情况下的一次性赔偿，但不是排他性的。它适用于从事出口导向型成衣业的工人，旨在在国家工伤保护和康复制度开始实施前提供有限的保护。对于非出口制衣厂和其他经济部门的劳动者而言，形势依然严峻；日常工伤事故常常催生贫困家庭。出口行业和国内生产商的边际利润有限，存在明显的竞争压力，它们希望保持低劳动力成本以增加孟加拉在国际上的出口份额。2015年6月1日，孟加拉政府通过了《国家社会保障战略》（National Social Security Strategy），其核心内容包括建立一个强制性的国家社会保险制度（National Social Insurance Scheme，NSIS），该制度遵

---

① 国际劳工组织世界社会保护数据库；国际社会保障协会/美国社会保障总署《全球社会保障项目》；欧洲委员会社会保护交互信息系统（MISSOC）。另参见附件四，表B.7。

循雇主和雇员共同向国家工伤保险基金缴费的原则。①

3.4.3 有效覆盖

尽管许多中低收入国家努力扩大工伤保险的覆盖面以覆盖更多劳动者,但工伤保险制度所登记的劳动者数量比依照法律规定应覆盖的人数少得多(见图3.13)。这有若干原因。例如,在印度尼西亚,所有雇员(除公共部门雇员,这些雇员有特殊制度覆盖)和自雇佣者都被社会保障制度的立法覆盖。然而,按登记劳动者总数除以劳动力总数来衡量的有效覆盖率约为15%。②导致这一低有效覆盖率的可能原因包括制度的低执行能力、雇主和雇员的低缴费能力、缺乏对社会保险的了解、待遇给付与需求之间的不匹配、过于复杂的行政程序等阻碍了参保。

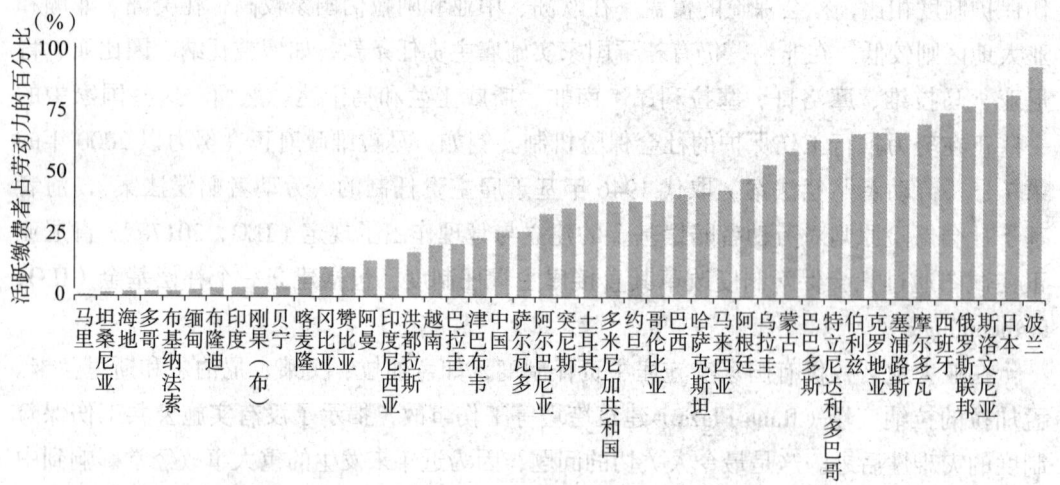

图3.13 工伤保护的有效覆盖:部分国家中活跃缴费者占劳动力的百分比,
2015年或最近可用年份

资料来源:国际劳工组织世界社会保护数据库,基于社会保障调查(SSI);国际劳工组织数据库(ILOSTAT);各国资料。

链接:http://www.social-protection.org/gimi/gess/ResourceDownload.action?ressource.ressourceId=54646.

一些国家正在努力扩大覆盖面。在印度,提供包括工伤福利在内的雇员国家保险制度(Employees' State Insurance Scheme)于2015年将覆盖面扩大到建筑业工人。③在柬埔寨,工伤保险制度已逐渐扩展到全国24个省,并且该制度在2018年将进一步扩展,其覆盖面将从目前的雇用8人及以上的企业和机构扩展到雇用1人及以上的企业

---

① 有关《国家社会保障战略》的更多信息,见孟加拉规划部网站:http://www.plancomm.gov.bd/nsss/。
② 该国际劳工组织的计算基于国家机构网站上报告的活跃成员数量。参见 http://www.bpjsketenagakerjaan.go.id/assets/uploads/tiny_mce/Annual%20Report/16012017_093528_IR%20BPJS%20Ketenagakerjaan%202015.pdf;ILOSTAT数据。
③ 更多信息,参见 http://esic.nic.in/backend/images/news_events_le/b8af03a1b9df24b73023deb675650274.pdf.

和机构。同时，该制度正在努力扩大覆盖面，以覆盖更多劳动者，包括建筑行业的劳动者。[1]

尽管大多数国家对工伤报告进行了测量或估计，但几乎没有统计测量来监测得到有效补偿的受伤劳动者的比例。鉴于可持续发展目标1.3呼吁对工伤劳动者的保护，这一些中等收入国家扩大了覆盖面。例如，马来西亚的社会保障组织（Social Security Organization，SocSO）正逐渐将其覆盖面扩展到接近半数的劳动者，2014年覆盖率估计为43.7%，2015年为44%。[2]许多发达国家达到了高水平的有效覆盖，例如西班牙2016年的有效覆盖率估计约为劳动力的76%。

3.4.4 待遇给付的充足性

对于永久残障劳动者的工伤福利待遇通常是以养恤金的形式提供，即按生活成本调整的定期给付。按待遇水平占伤残前收入的百分比计算的替代率差异甚大，如图3.14所示。暂时性伤残待遇同样如此，如图3.15所示，在待遇领取期限方面存在进一步差异。

社会保险的一些技术方面问题导致福利待遇的大幅减少。一个例子就是社会保险制度的可保收入的封顶线，这通常是限制用于缴费和待遇计算的收入以划定社会保险的适用范围。封顶线应当设置得足够高，以使待遇给付和缴费有意义。封顶线设置得不够高，或者因不经常甚至不与经济发展同步调整而造成封顶线的水平过低，会导致待遇给付和缴费微不足道，正如在巴基斯坦的信德省（Sindh）和赞比亚所观察到的情况。

3.4.5 最近的发展：扩大工伤保险

雇主责任制向遭遇职业伤害或职业病的劳动者提供最低的福利待遇和服务，这使得劳动者在工伤发生时处于脆弱地位，常常担心失去工作。工伤保险更符合国际劳工组织社会保障标准的总体意旨，如1952年的《社会保障（最低标准）公约》（第102号公约）和1964年的《工伤事故和职业病津贴公约》（第121号公约）及其配套建议书（第121号建议书）。在由单个雇主强制执行雇主责任模式的国家，往往难以依法有效覆盖所有雇员，并且许多受伤劳动者或身故劳动者的被供养人未能获得满足其需求的适当补偿。中小企业的劳动者是最易受工伤的，这是由于中小企业可用于预防工伤的资源更有限，以及频繁的人员流动导致一些雇主不愿投资于劳动力工伤预防的培训。

---

[1] 更多信息，参见http://www.nssf.gov.kh/default/wp-content/uploads/2016/10/2.-Social-protection-strategy-%E2%80%8B2014-2018-edited.pdf。

[2] 该国际劳工组织的计算基于社会保障组织（SocSO）网站报告的活跃雇员数数量，参见https://www.perkeso.gov.my/images/Laporan_Tahunan_2015.pdf；劳动力总数基于ILOSTAT数据。

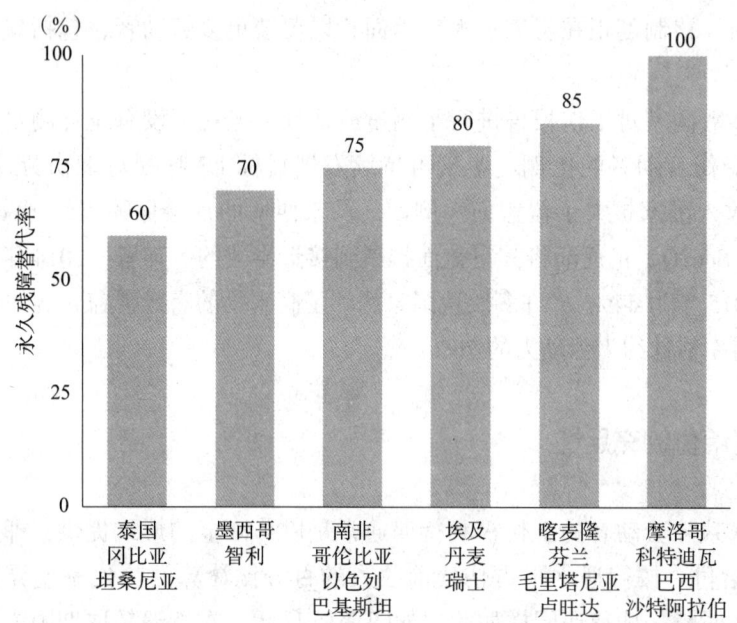

图 3.14　部分国家工伤保护制度对永久残障待遇给付的替代率，2015 年或最近可用年份（%）

资料来源：国际劳工组织世界社会保护数据库；国际社会保障协会 / 美国社会保障总署《全球社会保障项目》。

链接：http://www.social-protection.org/gimi/gess/RessourceDownload.action?ressource.ressourceId=54647.

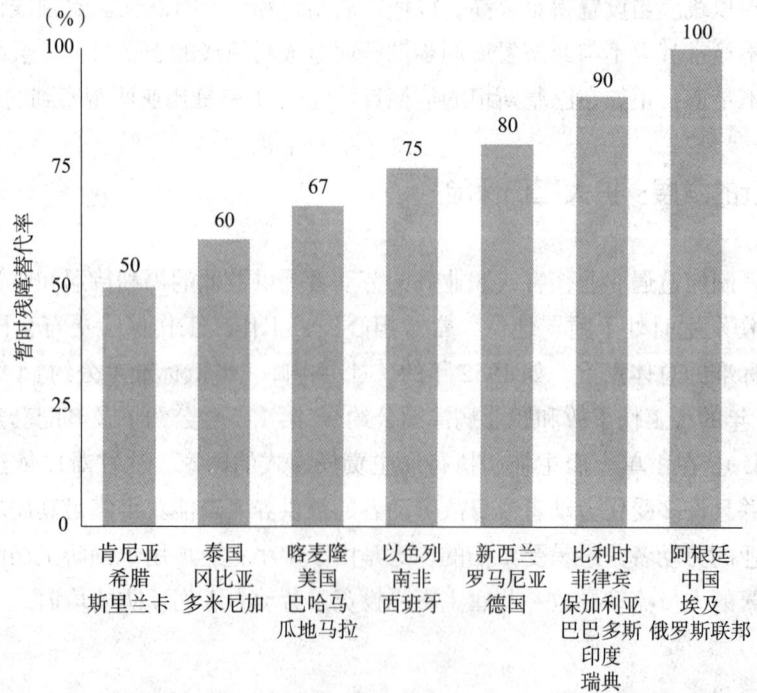

图 3.15　部分国家工伤保护制度对暂时残障待遇给付的替代率，2015 年或最近可用年份（%）

资料来源：国际劳工组织世界社会保护数据库；国际社会保障协会 / 美国社会保障总署《全球社会保障项目》。

链接：http://www.social-protection.org/gimi/gess/RessourceDownload.action?ressource.ressourceId=54648.

出于该原因，许多发展中国家迫切希望建立工伤保险制度。日本、马来西亚、韩国、菲律宾和泰国等国家在实施和逐渐扩大工伤保险覆盖面方面有着悠久的历史，而如缅甸和老挝等其他一些国家则在近来推出了工伤保险制度。若干国家在探索如何将覆盖面扩大到自雇佣者，尽管制定针对这些群体的特定替代方案通常具有挑战性。南亚一些国家，如印度和巴基斯坦，实施了省级工伤保险制度，但鉴于在劳动者登记方面的漏报或不遵守规定的雇佣惯行，覆盖面仍然有限。尼泊尔和斯里兰卡尽管努力出台工伤保险制度，但尚未实施；孟加拉和三方合作伙伴致力于建立一个国家工伤保护和康复制度。

近来发生的大型工业事故，如2013年4月发生在孟加拉的拉纳广场建筑垮塌事故，造成1 000余名工人丧生，约2 500名工人受伤；以及2012年发生在巴基斯坦卡拉奇（Karachi）的巴尔迪亚（Baldia）工厂大火，导致255名工人死亡，50多名工人受伤，表明许多劳动者在工伤事故中没有得到妥善覆盖保护（见专栏3.16）。尽管国际劳工组织促进了特别赔偿安排，以确保受伤劳动者的最低权益得到满足，但仍需通过建立适当的工伤保险制度或改进现有制度的设计与管理以有效施行法律覆盖，寻求长效解决方案。

在非洲，诸如埃塞俄比亚、马拉维和坦桑尼亚等国家近年来已出台或正在出台工伤保险制度，因为该制度被视为解决受工伤劳动者或已故劳动者被供养家属覆盖面与待遇水平不足的长期问题的对策（ILO，2015b）。国际劳工组织最近的一项研究调查了南非国家的做法，并指出了其内在缺陷和扩大工伤保护的紧迫性（Mpedi and Nyenti，2016）。这与采掘业、农业食品部门以及整个非洲尤为相关，因为其国家的蓬勃发展有赖于大型的建筑和基础设施工程，而这些领域的事故更为频繁和严重。

在发展中国家，尤其是非洲和亚洲国家，在诸如以下领域的能力建设需求日益增加：财务和机构治理、管理和信息系统、索赔处理、伤残评估、健康与相关护理及康复服务的管理，以及补偿、预防和劳动监察之间的相互联系等。行业雇主和劳动者意识到了将补偿与预防和合规监察政策相挂钩的重要性。

社会保险型模式工伤保护覆盖面的全球发展趋势令人鼓舞。这样的架构有助于促进权利和团结的原则，这些原则对于社会保护制度的长期可持续性而言必不可少。考虑过往表现的缴费分级制度（Experience rating systems for contributions）有利于激励雇主提供更好的预防和康复。然而，这需要精细的管理架构、合适的监察以及良好的数据管理。

在处理有很长潜伏期的职业病方面，可能会出现复杂的情况。确定工伤事故的发生时间可能不成问题，但确定职业病的发病可能更为困难。许多劳动者目前所处的工作环境，可能导致职业病长期潜伏并发展。这些问题在发展中国家可能更难管控，因为发展中国家的相关规定可能执行不力，如在防护服和其他防护措施等方面。

在实施了工伤保险和劳工赔偿制度的国家，在公平和一致的基础上管理这些制度很重要。医疗检查、诊断和评估必须严谨基于职业病国家清单执行。然而，这些清单可能并不总是同情索赔者，而往往反映一系列国家或当地特定的情况和观念。

在工伤时提供保护是社会保障的一个领域，有效的管理和公平对待劳动者在其中发挥着尤为关键的作用。管理者的职责可能非常广泛，并且和劳动监察员的职责紧密关联；劳动监察员负责检察工作场所安全以及有助于预防工作场所事故、职业伤害和职业病的一系列措施。一个由全面的职业安全和健康卫生措施、强有力的监察服务和执行措施、工伤事故发生时充足的津贴和医疗保健福利以及适当的康复服务所组成的综合体系，仍然是确保劳动者及其家属得到有效工伤风险防护的最佳途径。

流动劳工（Migrant workers）是易受歧视的群体。他们构成了所有区域非正规经济中的重要组成部分，并集中在低技能岗位，尤其是农业、建筑业、小型制造业、家政劳动和其他服务领域。这些活动往往是临时的、季节性的和零散的工作，经常是分包合同的，并且劳动监管和监察往往不充分。因此，由于立法的限制和执法的缺失，流动劳工可能被排除在社会保障覆盖面之外。一些国家的制度覆盖了流动劳工，但提供的福利待遇较低。工伤和短期福利待遇（如死亡津贴和疾病津贴）可能比长期福利待遇（如退休津贴或约满酬金（End-of-service gratuities））更容易扩大覆盖面，因为前者的领取资格取决于目前的缴费状态，而后者的缴费条件更难实现。覆盖流动劳动者需要适当的政策设计与大量的组织工作；这个问题通常很敏感，要求政府当局与劳动者以及广大民众进行有效的沟通。对流动劳动者权利的保护包括在社会保障覆盖面和权利方面的平等对待，以及通过双边或多边协定维护和携带社会保障权利（ILO，forthcoming）。

专栏 3.16　在孟加拉和巴基斯坦发生的一些工伤事故以及事故发生时向社会保障过渡的解决方案

拉纳广场灾难，萨瓦，孟加拉

2013年4月24日，孟加拉首都达卡的拉纳广场大楼垮塌，楼内有5家制衣厂，造成至少1 132人死亡，2 500多人受伤。仅仅5个月之前，至少112名工人在另一场事故中丧生，死因是被困在达卡市郊燃烧的塔兹琳（Tazreen）时装厂内而死亡。这些有记录以来最严重的工业事故，唤醒了世界关注孟加拉成衣制造业工人所遭受的恶劣劳动条件。数以百万计的人们，其中大多数是女孩与妇女，挣着世界上最低的工资，每天都工作在不安全的工作环境中，工伤事故导致的死亡以及职业病高发。大多数工厂不符合建筑与建造法规的标准，因此，因火灾和建筑物垮塌所导致的死亡事故频发。

自拉纳广场灾难以来，已发生了不下109起事故。其中，至少有35家是纺织厂事故，这些事故中有491名工人受伤，27名工人丧生。在运行良好的劳动监察制度与执行机制缺位的情况下，对绝大多数制衣业工人及其家庭而言，体面工作和尊严生活仍不可企及。

鉴于该行业危险的工作环境和高工伤风险，提供充足的福利待遇在补偿劳动者可能遭遇的收入损失以及确保其能获得所需医疗与相关护理方面至关重要。让失去养家者的家庭成员获得某种形式的经济补偿或支持，使其生活不至于陷于赤贫之中；一旦陷入赤贫，儿童和老年人均迫于生计而去工作，生活挣扎在温饱线上。目前，劳动法中规定了劳动者及其家属可获得的唯一经济保护形式，劳动法要求当雇主有责任时，需向受伤劳动者或遗属提供特殊支付。

最近一次对《劳动法》的修订中，要求雇主为自己投保以免责，但在塔兹琳工厂起火或拉纳广场建筑垮塌时，这种法定义务尚未生效。赔偿金额非常低，而且是一次性支付，无法给受益者提供中长期免于疾病和贫穷的充分保护。该制度还受到重大实际应用问题的困扰（如逃费、缺乏有力执行、缺乏有效追索权），导致法定权利很少得到实现。

尽管塔兹琳和拉纳广场事故的受害者及其遗属所遭受的损失惨重，但并未有来自适用劳动法规定的雇主责任支付的赔偿。少数全球买家和当地参与者在灾难发生的数月后自愿向受害者支付了一些款项。为更实质性地弥补这一状况，确保受伤工人与逝者家属在经济和医疗及相关护理方面得到有效补偿，全球和当地的利益相关者聚集在一起，商定了一个前所未有的协调框架。在国际劳工组织作为中立主席的情况下，通过了一项协议，提供一个与国际劳工组织标准相一致的单一赔偿方案，更具体地说，是与1964年的《工伤事故和职业病津贴公约》（第121号公约）相一致的方案。①

工伤发生时社会保障的过渡性解决方案

在近来若干悲剧如2016年和2017年的Tampoco和MultiFabs工厂大火，以及更早些时候的事故，如塔兹琳大火和拉纳广场灾难发生之后，当地政府与国内外的利益相关者，协同诸如全球产业联盟（IndustriAll Global Union）和净衣运动（Clean Clothes Campaign）等组织，在国际劳工组织与全球买家的支持下，大刀阔斧采取措施加强职业安全与健康、劳动监察服务、技能培训及长期康复服务。各方还采取行动，在孟加拉实施了全国工伤保险制度，该制度基于第121号公约的原则和各方对制度核心元素的共识。工伤保险制度的实施需要时间，最快也要2~3年。在工伤保险制度开始运转并且能征收费用和支付福利待遇之前，倘若发生另一起诸如拉纳广场垮塌或塔兹琳建筑大火的大型工业事故，制定合适的过渡性解决方案以高效地为受害者提供临时性的适当医疗保健和赔偿至关重要。

阿里工厂大火，巴尔迪亚镇（Baldia），信德省，巴基斯坦

2012年9月11日，在巴基斯坦卡拉奇巴尔迪亚镇阿里企业的一场工厂大火中，超过255名工人死亡，50多名工人受伤。尽管巴基斯坦的工伤保险赔偿立法总体符合第121号公约的许多原则，但对社会保障和劳动法律法规遵守不足，导致了低有效覆盖率。据报道，尽管阿里企业有称超过1 500名受雇工人，但仅235人在信德省雇员社会保障机构（Sindh Employees' Social Security Institution, SESSI）进行了有效登记。据报道，信德省雇员社会保障机构覆盖率很低，仅占依法本应当被覆盖的劳动者总数的5%~10%。此外，立法规定设置的最高可保收入仅等于非熟练工的最低工资，且缺乏有保障的指数化调整，导致工伤福利待遇不充足。对现有社会保障制度缺乏信心是阿里企业大火的受害者要求一次性给付赔偿而不要定期福利待遇的原因之一。

---

① 更多有关《拉纳广场协定》的信息，参见 http://www.ranaplaza-arrangement.org/。

根据第121号公约和其他相关的国际劳工标准如第102号公约（第六部分），巴基斯坦通过了与《拉纳广场协定》（Rana Plaza Arrangement）类似的协议，其中包括由国际合作伙伴出资填补资金缺口，以支付给受害者赔偿和服务。国际劳工组织开展磋商工作，就阿里企业受害者赔偿项目部分提出选择方案，以期建立监督和递送机制（如一个有明确的角色和责任以及清晰成员资格的监管委员会），准备就许多未决问题作出决定，如满足受害者的期待、采用信托基金模式并长期管理，在考虑到巴基斯坦的具体情况下现有机构［包括信德省社会保障机构（SESSI）与联邦雇员老年福利机构（Employees' Old-Age Benefits Institution，EOBI）等相关机构］和社会伙伴福利递送的能力等。

世界上许多地区非正规经济的盛行，导致不稳定和非正规就业更加普遍的趋势，不仅影响了人们当前的生活条件与工作环境，还阻碍了非正规经济中的家庭和经济单元提高其生产力、减少脆弱性以及找到脱贫之道。促进向正规就业过渡的连贯的国家战略需要认识到，非正规就业的成本对于企业、劳动者及社区而言都是很高的。确保对包括非正规劳动者在内的脆弱群体的工伤保护，将会极大地提高包括社会保护底线在内的社会保护体系对所有劳动者的工伤覆盖率，并将有助于实现可持续发展目标1.3。

3.5 残障福利[①]

关键信息

- 用以保护残障人士、促进其自立生活并获得体面工作的有效社会保护措施是实现可持续发展目标和人权的先决条件。
- 国际劳工组织对有效覆盖率的最新估计显示，世界范围内27.8%的重度残障人士获得了残障福利，但区域差异甚大：东欧几乎全民覆盖，而亚太地区的区域有效覆盖率仅为9.4%。
- 残障包容性的（Disability-inclusive）社会保护制度确保残障人士能有效纳入主流制度，同时结合满足残障者特定需求的残障福利和支持服务。
- 巴西、智利、蒙古和乌拉圭已经实现了残障人士社会保护的全覆盖；吉尔吉斯斯坦、尼泊尔和南非等其他发展中国家则在逐步扩大残障福利的覆盖面。与此同时，作为短期财政整固政策的一部分，一些国家则在削减基于权利的普惠型残障福利，将保障对象范围缩窄到贫困群体，这导致许多残障人士得不到社会保护。

[①] 本节主要侧重于一般残障福利，工伤保护（见上文第3.4节）也与一些残障人士有关。

- 残障福利的设计应使残障人士能够积极参与教育、就业和社会。这可以通过确保现金和实物给付覆盖与残障相关的费用并使残障人士能够实现参与带薪就业。
- 按残障状况分类的管理数据的收集对于有效监测社会保护体系是必要的，这有助于制定循证政策（Evidence-based policies）和实施可持续发展目标。

3.5.1 保护残障人士，确保其就业、收入安全和自立生活

对残障人士的社会保护是实现可持续发展目标的前提条件。可持续发展目标在数个目标与指标中都提及残障人士。在包括社会保护底线（可持续发展目标1.3）的社会保护体系和充分参与生产性就业和体面工作（可持续发展目标8.5）等方面，《2030年可持续发展议程》明确提到了残障人士。这使成员国不仅有责任确保残障人士获得有效的社会保护，而且有责任促进他们的经济赋权和积极参与劳动力市场。没有对残障人士的有效保护和促进措施，任何国家都无法实现可持续发展目标。

在其整个生命周期中，残障人士面临着多重风险。由于污名化、机构化的做法（institutionalization practices）或支持服务的缺乏，残障儿童面临着包括被主流教育排斥的高社会排斥风险，且经常面临着暴力侵害。① 这些排斥阻碍了残障儿童发展，还可能进一步加剧累积劣势，包括在教育、技能开发和他们之后从事技术性工作的能力方面。劳动年龄的残障人士面临着更高的失业、就业不足和非正规就业风险（OHCHR，2012b），这往往会限制其获得体面工作、稳定收入和自立生活的能力。对许多年长人士而言，残障是一个现实，因为残障的发生率随年龄的增长而增加，导致老年人尤其是55岁及以上老年人中残障的比重高（WHO and World Bank，2011）。这些风险导致残障人士往往面临着更高的贫困风险，尤其是在中低收入国家中（Banks and Polack，2014）。

专栏3.17 收入保护的残障福利：相关国际标准

国际人权法律框架多次明确提及了残障人士社会保护权利。1948年的《世界人权宣言》和1966年的《经济、社会及文化权利公约》均从总体上承认了这一权利，而联合国《残障人权利公约》则更为详细地阐述了这一权利。② 这几份文件承认残障人士有权为自己及其家庭提供适当的生活水准，包括充足的食物、衣服和住房，有权获得居住环境的持续改善、社会保障以及可达到的最高健康标准（the highest attainable standard of health）。更具体地说，依据《残障人士权利公约》，各国必须无歧视地维护和促进残障

---

① 最近的研究发现，残障人士遭遇暴力的频率是同龄人的四倍（Jones et al.，2012），且在中东欧，残障人士接受机构护理的概率是其同龄人的17倍（UNICEF，2012b）。一项全球估计也显示，残障儿童的小学完成率约比其他儿童低10%（UNICEF，2013）。这些发现表明，残障儿童在生理、社会和经济发展方面均处于极为弱势的地位。

② 《世界人权宣言》，第25（1）条；《经济、社会和文化权利国际公约》第9条、第11条和第12条；《残障人士权利公约》第25条和第28条。

人士社会保护权利的实现，平等提供适当的和可负担的服务与设施，以及其他与残障有关的援助；社会保护和减贫项目；与残障有关的费用救助；公共住房项目；退休福利与制度。该公约还规定了残障人士有权享受可达到的最高健康标准的权利，不因残障而受到歧视。为此，各国必须采取适当措施确保残障人士可获得具有性别意识的（Gender-sensitive）健康服务，包括与健康相关的康复服务。

相辅相成的是，国际劳工组织相继通过的标准设置了收入保护的基础性最低和更高标准，更高的收入保护标准应当给残障人士提供收入替代，替代其未残障时所挣收入或是其可以工作时所挣的收入。更具体地说，第102号公约（第九部分伤残福利），涉及完全残障的情况（非因工伤），完全残障导致个体无法从事任何有偿活动且这种情况可能是永久性的。在这些情况下，必须在一定条件下通过定期福利津贴提供保护。1967年通过的《残障、老年和遗属津贴公约》（第128号公约），在其第二部分涉及了同样的主题，但设置了更高的残障福利制度标准。其配套建议书，第131号建议书①通过将部分残障囊括在内（部分残障所获福利相对减少），并在残障评定标准中引入无能力从事有实质性收益的活动，扩大了在国家制度中应涵盖的风险事件的定义。第128号公约还要求提供康复服务，康复服务的设计要使残障人士可以恢复工作或从事适合其能力的另一项活动。

医疗保健，包括医疗康复，在第102号公约（第二部分）和1969年通过的《医疗和疾病津贴公约》（第130号公约）的条款中有单独涉及，这在第五章中有更详细的讨论。然而，如在国际劳工组织的规范框架中所提出的全面、连贯与整合的残障福利方案，则要求对残障人士的收入支持和医疗需求给予同等重视。因此，关于医疗保健的提供，包括医疗康复②，所设置的标准是高度相关的；这种保健应当"被给予，以维持、恢复或改善［他们的］健康……和［他们的］工作与满足［他们的］个人需要的能力"。③第102号公约还要求管理医疗保健的机构或政府部门与一般职业康复服务机构合作，"以期在合适的工作中重新安置残障人士"（第35条）。

第202号建议书还提出了一个整合的和全面的社会保护和残障福利策略，根据该方法，残障人士应当通过国家社会保护底线，享受和其他社会成员一样的基本收入保障和基本医疗保障。这些保障可以通过各种制度（缴费型和非缴费型）和福利（现金或实物）来提供，最有效和高效地满足残障人士的需求和情况，使他们能有尊严地生活。建议书中所载的一些原则与残障人士尤为相关，包括非歧视原则、性别平等原则和回应特殊需求原则，以及尊重社会保障所涵盖的人之权利与尊严的原则。

社会保护，特别是残障福利，在应对这些挑战中发挥着核心作用，尤其是在以下方

---

① 《残障、老年和遗属津贴建议书》，1967年通过（第131号建议书）。
② 第130号公约，第13（f）条。
③ 第102号公约第34（4）条和第130号公约第9条。

面：确保收入安全，促进就业，提高教育、医疗、公共交通等社会服务以及社会工作、儿童保育和辅助设备的提供等支持性服务获得的便捷性。通过回应与残障相关的及其他需求，辅之以国际社会保障标准，社会保护可以促进可持续发展目标的实现与联合国《残障人士权利公约》的实施。(UN, 2015a)(见专栏 3.17)①

这些目标可以通过各种途径实现，如社会保险和社会救助项目。事实上，大多数国家早已提供一些残障福利。然而，为了有效实现这些目标，残障福利项目应当嵌入全面综合的国家社会保护体系中，并确保对残障人士的无缝支持，包括社会保护和就业促进。

3.5.2 残障福利制度的类型

残障福利制度提供短期或长期的现金或实物援助，视受助者的需要和要求而定。许多国家提供一揽子现金和实物福利，如免费和改装的公共交通工具，免费获得其他公共服务，免费或有补贴的辅助设备。尽管这些实物福利具有潜在的促进收入安全的货币价值，但本章节主要关注于现金给付，福利津贴构成了残障福利的主体内容。

在可获得信息的 186 个国家中，绝大多数国家（170 个国家）都有以国家立法为基础的向残障人士提供定期福利津贴的制度，而其余国家要么仅提供一次性福利（13 个国家），要么没有法定的制度（3 个国家）（见图 3.16）。大多数国家（162 个国家）至少部分地通过社会保险制度提供福利，社会保险制度通常为正规经济中的劳动者提供与收入相关的残障福利，其目的是在完全或部分残障的情况下替代收入；67 个国家提供需要或无须家计调查的社会救助福利，59 个国家将缴费型和非缴费型制度相结合。在非缴费型制度中，家计调查型制度（41 个国家）比普惠型制度（29 个国家）更为常见，有三个国家将家计调查型制度与普惠型制度相结合。

这一总体概况令人担忧，即许多国家（103 个国家）仅通过缴费型制度提供残障福利。如果没有非缴费型制度来补充缴费型制度，正规经济之外的人口，包括儿童，即使可能有资格获得一般社会救助制度下的某些福利，也可能在满足其残障特定需要方面存在困难。此外，家计调查型残障福利的普及带来了另一个挑战，因为这可能会给残障人士构成严重的贫困陷阱，获得与残障相关的支持是以家计调查为条件的，而家计调查通常不考虑残障的特殊费用，且可能不鼓励参与就业（见专栏 3.20）。取消或放松对残障福利与残障支持的家计调查有助于消除不利影响，使残障人士可以更积极地参与就业和融入社会。

---

① 《联合国残疾人权利公约》有力地重申了残障人士的社会保护权利，并确立了将残障人士纳入与实现这项权利有关的所有努力的途径（第 28 条）。

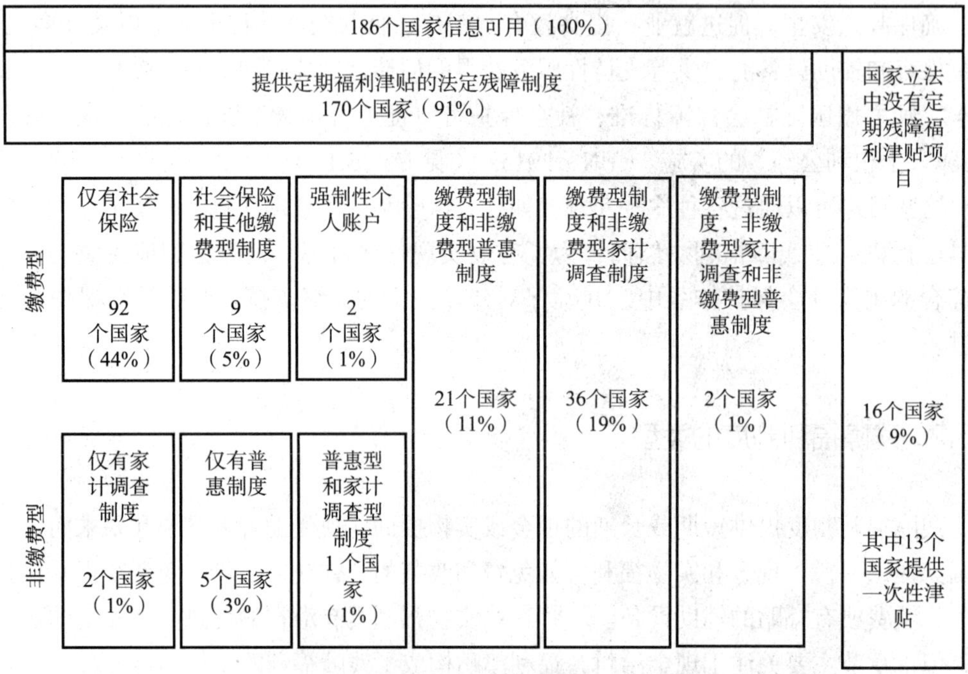

186个国家信息可用（100%）						
提供定期福利津贴的法定残障制度 170个国家（91%）						国家立法中没有定期残障福利津贴项目
缴费型	仅有社会保险 92个国家（44%）	社会保险和其他缴费型制度 9个国家（5%）	强制性个人账户 2个国家（1%）	缴费型制度和非缴费型普惠制度 21个国家（11%）	缴费型制度和非缴费型家计调查制度 36个国家（19%）	缴费型制度，非缴费型家计调查和非缴费型普惠制度 2个国家（1%）	16个国家（9%） 其中13个国家提供一次性津贴
非缴费型	仅有家计调查制度 2个国家（1%）	仅有普惠制度 5个国家（3%）	普惠型和家计调查型制度 1个国家（1%）

图 3.16　残障福利津贴制度概览，按制度和给付类型划分，2015 年

资料来源：国际劳工组织世界社会保护数据库；国际社会保障协会 / 美国社会保障总署《全球社会保障项目》；欧洲委员会社会保护交互信息系统（MISSOC）。另参见附件四表 B.8。

链接：http://www.social-protection.org/gimi/gess/RessourceDownload.action?ressource.ressourceId=54649。

3.5.3　有效覆盖：监测有关重度残障者的可持续发展目标指标 1.3.1

国际劳工组织关于有效覆盖率的最新估计显示，全世界有 27.8% 的重度残障人士[①]获得残障福利（见图 3.17）。虽然东欧地区基本实现了全覆盖，但对亚太地区的区域估计显示有效覆盖率仅为 9.4%。

3.5.4　实现对残障人士的普遍社会保护：近期发展与挑战

对残障人士的普遍社会保护在高收入国家很常见。在发展中国家中，巴西、智利、蒙古和乌拉圭已实现了全覆盖，吉尔吉斯斯坦、尼泊尔和南非等国则在逐渐扩大残障福利的覆盖面（见第 6 章的国家和区域数据）。虽然绝大部分国家在发展社会保护，但有一些国家则在削减基于权利的普惠型残障福利，此举是短期财政整固政策的一部分，将政策对象缩小到仅限于穷人，并使许多残障人士得不到支持。

近年来，一些低收入和中等收入国家引入或提高了非缴费型残障福利，或将重度残

---

① 尽管并无重度残障的统一定义，本报告中所呈现的覆盖估计值使用世界卫生组织所采取的定义（见附件二）。

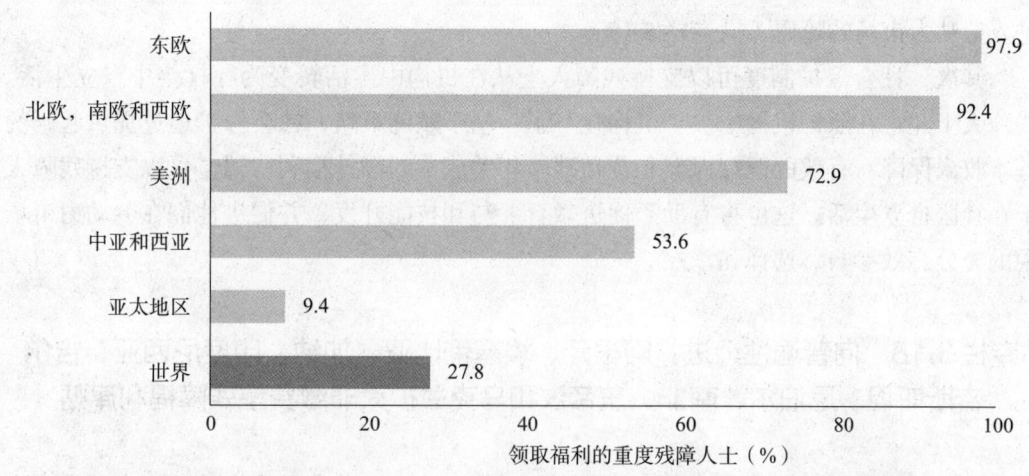

图3.17 可持续发展目标指标1.3.1关于重度残障者的有效覆盖：领取残障福利津贴的重度残障者的百分比，按区域分列，2015年或最近可用年份

注释：获得津贴的残障者的比例是指获得残障福利津贴者占重度残障者的比例。重度残障者的数量按残障发生率（世界卫生组织公布针对各国家组的数据）和每个国家人口的乘积计算。

其他区域的数据不足以进行区域估计。按人数加权的区域和全球估计。另参见附件二。

资料来源：国际劳工组织世界保护数据库；联合国世界人口展望；世界卫生组织；各国资料。另参见附件四表B.3和表B.8。

链接：http://www.social-protection.org/gimi/gess/RessourceDownload.action?ressource.ressourceId=54651.

障人群囊括为更广泛的现金转移项目的受益群体之一（见专栏3.18）。

与这些积极的发展背道而驰，一些正在进行财政整固的国家则削减了残障福利。例如，希腊政府取消了大量现有的社会福利，包括残障与家庭福利，以及社会保险项目下提供的最低养老金，而代之以一个仅针对最贫困人群的安全网。该安全网是一个瞄准目标单一的、提供相对低福利待遇的最低收入保障项目，导致大部分残障人士得不到支持。在其他欧洲国家，之前普惠的福利待遇中引入了家计调查手段，导致许多残障人士得不到支持。将残障福利的对象缩小到穷人，削弱了基于法定权利的普遍保护原则，这些原则在许多欧洲国家曾是社会契约的一部分。财政整固措施限制了一些欧洲国家残障人士获得社群生活、教育、初级保健和救助的机会（ILO，2014a）。

与此同时，残障包容（disability inclusion）在社会保护中的重要性已得到更多关注（UN，2015a）。着重关注于以下三个议题。

首先，在摆脱没有工作能力的路径（an incapacity-to-work approach）和使残障人士积极参与主流教育和就业方面，社会保护制度可以发挥重要作用。然而，在许多情况下，各国仅向那些被视为无法工作的人提供残障福利（通常需要受益者证明其无法谋生），却不提供使残障人士能够就业的必要支持。这种做法阻碍了残障人士就业。为了实现可持续发展目标8.5，即促进就业和体面工作，有必要采取更具变革性的方法，支持残障人士的生产性就业，并使其能够在社会中独立谋生。赋能的策略（enabling approach）是将残障人士视为有能力的经济参与者，承认他们的能力，并有助于消除其进入劳动力市场的障碍（见专栏 3.19）。①

其次，社会保护制度可以支持残障人士从在机构中生活转变为在社会中自立生活。残障人士经常在照护机构中被"机构化"了。基于赋能策略，社会保护通过提供起码的基本收入保障、有效的医疗保健和覆盖残障相关成本的额外福利待遇，可以支持残障人士在社区自立生活。这也将有助于促进教育参与和技能开发，并促进他们在劳动力市场中的充分有效参与、选择和掌控。

专栏 3.18 向普遍性迈进：阿根廷、埃塞俄比亚、加纳、印度尼西亚、吉尔吉斯斯坦、尼泊尔、南非、东帝汶和乌克兰扩大非缴费型残障福利津贴

普惠制度最近的发展主要是尼泊尔和南非的残障人士普惠制度。其他国家则在非缴费型残障福利津贴方面取得了显著的进展：要么将残障问题主流化而纳入更广泛的制度（埃塞俄比亚、加纳），要么为残障人士制定特定的制度（阿根廷、印度尼西亚、吉尔吉斯斯坦、南非）（Abu Alghaib，forthcoming）。

- 阿根廷在 1999—2016 年大幅提高了残障养恤金的有效覆盖率，使领取人数增加到原来的 5 倍，达至 150 万人。据估计，1997—2010 年，社会支出的扩张占 GDP 的比重由 0.03% 增长至 0.35%（Grosh，Bussolo and Freije，2014）。
- 2015 年，埃塞俄比亚扩大了其生产性安全网项目（Productive Safety Net Programme，PSNP），预计受益者将达 500 万人。该项目包括两部分：针对有劳动能力家庭（410 万）的公共工程，针对有无工作能力成员家庭（110 万人）的社会救助（World Bank，2014）。由于残障是后者的资格标准之一，许多残障人士家庭应当能从中受益。
- 加纳的生计赋权反贫困项目（Livelihood Empowerment against Poverty Programme）将残障状况列为代理家计调查（proxy means test）的标准之一。生计赋权反贫困项目部分惠及有无法工作的重度残障人士的家庭。截至 2014 年 6 月，该项目约覆盖了 8 000 个家庭（占有重度残障人士家庭总数的 11%）（Ghana Ministry of Gender, Children and Social Protection，2014；ILO，2015）。
- 印度尼西亚有一个残障特别制度（disability-specific scheme），为重度残障人士提供社会救助（ASODKB）。由于财政拮据，在扩大覆盖面方面的进展相对较慢。2011—2015 年，受益人数略有增加，从 20 000 人增加到 23 000 人（Adioetomo, Mont and Irwanto，2014；JICA，2015）。
- 在扩大普惠型（分类）残障福利项目，如月度社会福利（Monthly Social Benefit，MSB）方面，吉尔吉斯斯坦取得了快速的进展，在 167 000 名残障人士中，有 58 000 名受益者（ESCAP，2016；Kyrgyz Republic Ministry of Social Development，2014）。依据

---

① 残障福利通过提供福利待遇以支付与残障相关的费用，如辅助设备的费用、私人协助或额外交通费用，有助于促进经济赋权。这种对与残障有关的成本的覆盖，可以促进就业参与。

其年龄，残障人士获得不同的福利待遇包。

● 1996年，尼泊尔针对重度残障人士的普惠残障津贴与针对老年人和寡妇的普惠津贴一同出台，由地方发展部（Ministry of Local Development）负责管理。重度残障人士每月领取1 000尼泊尔卢比，而部分残障人士则每月领取300尼泊尔卢比（Global Partnership for Universal Social Protection，2016d）。

● 南非通过家计调查型福利项目的组合，大幅推进了对残障人士的全覆盖：提供了针对145 000名重度残障儿童的护理依赖补助金（Care Dependency Grants，CDG），针对110万名不能工作的处于劳动年龄的成年残障人士的残障补助金（Disability Grants，DG），以及上述两种残障福利待遇享有者中需要更高保护水平的166 000名儿童及成年人提供额外福利的援助补助金（Grants-in-Aid，GIA）（Global Partnership for Universal Social Protection，2016e；SASSA，2017）。

● 东帝汶的普惠型老年与残障养恤金项目每月向成年残障人士提供相当于30美元的给付，领取人数达7 313人（Global Partnership for Universal Social Protection，2016f）。

● 乌克兰的强制性社会保障制度向所有符合资格条件的公民提供老年、残障和遗属养老金，并给那些满足最低资格年限的人提供缴费型福利待遇，还为其他人提供社会救助（Global Partnership for Universal Social Protection，2016g）。

专栏3.19　社会保护及其对实现体面工作良性循环的贡献

通过改善残障人士的受教育机会，社会保护有助于创造良性循环，从而增加残障人士在今后获得生产性就业的机会。

在获得体面工作方面，教育对残障人士尤其重要。最近的研究表明了在中低收入国家，教育和就业能力、残障和教育、残障和失业之间存在关联（Banks and Polack，2014）。一项针对越南的研究发现，有残障的男性与女性的就业率分别比无残障人士低53%和43%（Mizunoya，Mitra and Yamasaki，2016）。对亚太地区和阿拉伯国家的地区调查也存在类似的趋势：残障人士的就业率往往低于全国平均水平（ESCAP，2016；ESCWA and League of Arab States，2014）。在尼泊尔，残障人士的受教育年限明显更短，但其教育投资的工资回报率却高于无残障者（Lamichhane and Sawada，2013）。一方面有限的教育与低就业能力相伴而生，另一方面则是教育的高回报率，这可能有助于各国在投资于改善残障人士受教育机会方面做出理性的决定。这些研究证据表明，全纳教育能够提高残障人士的收入能力，并最终提高国家的收入能力。残障人士的高劳动生产率将减少社会支出和医疗开支，并增加其照护者的工作机会。

残障儿童在获得基础教育方面常常面临障碍。一项在15个发展中国家进行的关于残障对入学率影响的全球研究发现，残障儿童与非残障儿童间的中学和小学的平均入学率差距均达30%；85%的小学适龄失学残障儿童从未上过学；尽管各国几乎实现了初等教育的普及，但普通教育政策并未增加残障儿童的入学机会（Mizunoya，Mitra and

Yamasaki, 2016)。类似地,另一个在乌干达的实证研究再次证明,免除学费的普惠型初等教育政策不足以提高残障儿童的入学率,并指出需要特定残障项目来为残障儿童提供社会保护福利待遇,鼓励家庭送他们上学(Lamichhane and Tsujimoto, 2017)。

投资于残障人群包容性社会保护制度最终有益于经济增长。将他们排除在劳动力市场和社会之外不仅是人权问题,而且是经济驱动力的重大损失。残障人士占全球人口的15%,其中7.85亿处于劳动年龄阶段(15岁及以上)(WHO and World Bank, 2011)。排除这些人口所导致的潜在经济损失估计为GDP的3%~7%(Buckup, 2009)。因此,投资于社会保障制度以支持这些残障人获得生产性就业可以极大地促进经济增长。换言之,一旦通过社会保护和其他政策领域的适当措施消除了残障人士获得教育和进入生产性劳动市场的经济与社会障碍,赋权和参与的潜在影响巨大且不可估量。

最后,通过在设计社会保护方案时将与残障有关的费用考虑在内,社会保护制度也有助于更好地认识与残障相关的费用(见专栏3.20)。最近的研究指出,在中低收入国家,不充足的福利待遇仅仅能满足最低生活水平,不足以让残障人士累积实现经济独立的社会和人力资本(Banks et al., 2017; Kuper et al., 2016; Palmer, 2013),研究还强调在制度和项目设计中考虑到这一点的重要性。然而,很少有国家有可以帮助政策制定者评估残障福利充足性的严谨估计。[1]此外,一项在越南进行的定性研究提出了残障成本估算的方法论问题(Palmer et al., 2015)。代理家计调查一刀切的资格标准和统一的福利待遇水平,未将与残障相关的费用考虑在内,实际上将残障人士置于不利境地(Kidd et al., forthcoming)。残障福利方案的设计应该考虑与残障相关的费用,如采用双轨制,即通过主流项目提供一般性福利,并通过专项残障项目提供额外支持。

此外,按残障状况分类的管理性数据[2]的收集,对于可持续发展目标的实施以及循证政策的制定是个关键问题(UN, 2016b; UNDP et al., 2016)。虽然一些国家有通过家户调查收集到的分类数据,但很少有可用以评估社会保护受益者残障状况的管理性数据。[3]这对于监测可持续发展目标指标1.3.1(扩大对残障人的社会保护)的进展尤为重要。分类管理数据的收集应该以具有国际可比性的方式进行,并建立在经常和定期收集的基础上。

---

[1] 对现有文献的系统综述表明,非常缺乏严格的量化数据以获得关于残障生活额外费用的全球比较佐证(Mitra et al., 2017)。

[2] 这些分类数据使各国能够根据残障的类型和严重程度监测可持续发展目标指标。

[3] 尽管各国可能没有行政数据,但仍可以通过将一系列与残障有关的问题纳入其调查问卷中来改进家户调查,例如,华盛顿小组残障问题短集(Washington Group Short Set of Disability Questions)(Washington Group, 2016),这将使各国能够收集一些有助于制定包容性政策的分类数据。

专栏 3.20 被低估的贫困和残障生活的额外费用

人们日益认识到,残障人士的货币贫困在很大程度上被低估了,因为被普遍接受的基于家庭收入或消费的贫困测量并不总是将与残障有关的费用考虑在内。

在柬埔寨,一项实证研究估计,残障人士平均每月负担40美元的额外费用,相当于家庭收入的17.1%(见图3.18)。如果将这些费用考虑在内,有残障成员的家庭的贫困率几乎将翻一番,达34.3%(Palmer, Williams and McPake, 2016)。在越南,与残障有关的花费据估计为家庭收入的11.5%,并会使贫困率提高4.7个百分点(Mont and Cuong, 2011);另一项对越南的估计则显示花费的占比为9%,贫困率上升3.7个百分点(Braithwaite and Mont, 2009)。在波斯尼亚和黑塞哥维那,与残障相关的费用占比估计为14%,这将使贫困率提高9.7个百分点(同前引)。

这些考虑对社会保护政策具有重要意义。如果不将与残障相关的费用考虑在内,针对贫困及其他的方案可能会低估残障人士的需求,并导致提供给有残障成员的贫困家庭的福利待遇不充分。

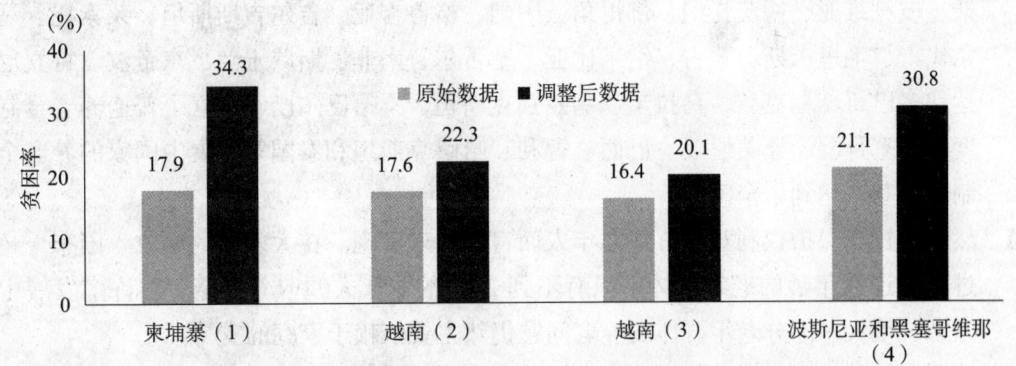

图 3.18 部分国家经残障相关费用调整后对已衡量贫困率的影响(%)

注释:该数字展示了包括残障人士在内的家庭贫困人口比率,以及将残障相关费用考虑在内的调整后的比率。

资料来源:(1)Palmer, Williams and McPake, 2016;(2)Mont and Cuong, 2011;(3)and(4)Braithwaite and Mont, 2009。

链接: http://www.social-protection.org/gimi/gess/RessourceDownload.action?ressource.ressourceId=54652。

4 面向老年群体的社会保护——通过养老金体系对抗贫困

关键信息

- 针对老年群体的养老金是世界上最为普遍的社会保护形式,也是可持续发展目标1.3 的重要元素。在全球范围内,超过法定退休年龄的老年群体中有 67.9% 老年人领取缴费型或非缴费型的养老金。
- 发展中国家扩大养老金制度覆盖面的工作已经取得了显著成效。阿根廷、白俄罗斯、玻利维亚、博茨瓦纳、佛得角、中国、格鲁吉亚、吉尔吉斯斯坦、莱索托、马尔代夫、毛里求斯、蒙古、纳米比亚、塞舌尔、南非、斯威士兰、东帝汶、特立尼达和多巴哥、乌克兰、乌拉圭、乌兹别克斯坦、桑给巴尔已经建立了普遍养老金制度。阿塞拜疆、亚美尼亚、巴西、智利、哈萨克斯坦和泰国等发展中国家的养老金制度也基本达到了全覆盖。
- 然而,社会保护权利对于许多老年人而言还并未实现。在大多数的低收入国家,超过法定退休年龄的老年群体中只有不到 20% 的老年人领取养老金。在许多发展中国家,很大一部分老年群体的养老问题仍然主要依赖于家庭的支持。
- 不同区域甚至同一区域的不同国家间养老金制度发展趋势差异巨大。有着全面、成熟社会保护体系的国家在面临着人口老龄化时,其最大挑战是在财务可持续性和养老金水平充足性之间维持平衡;而在另一端,即社会保护制度不完备、不成熟的国家则仍然在养老金制度扩面和筹资等方面费尽心力,这些国家面临与发展状况、高度的非正规性、低缴费能力、贫困和有限的财务空间等相关的结构性障碍。
- 发展中国家一个值得注意的趋势是非缴费型养老金的发展,包括全民社会养老金。这是一个非常积极的趋势,尤其是对于就业非正规性程度高、面临着缴费型养老金扩面困难的国家。有趋势表明,许多国家成功地引入了针对老年群体收入保障的普遍型底线制度。
- 到目前为止,基于社会团结、集体筹资的公共养老金制度是全球最为普遍的老年保护形式。过去一些国家曾实施的养老金私有化政策效果并不理想,具体而言,养老金制度覆盖面和待遇水平都没有提高,系统性风险转移给了个人,财政状况也恶化了。因此，一些国家扭转了私有化措施，回归了基于社会团结的公共养老金制度。
■ 最近的紧缩或财政整固趋势正在影响养老金制度的充足性和退休的一般条件。在一些国家，这些改革正在威胁着社会保障最低标准的实现并侵蚀着社会契约。各国在推行改革时应保持谨慎，确保养老金制度履行其为老年群体提供经济保障的使命。

4.1 可持续发展目标和老年收入保障

老年群体收入保障是现代社会寻求实现的关键福利目标（见专栏4.1）。大部分人在工作生涯内拥有良好的健康水平和生产能力，对国家发展和进步做出了贡献。因此，当他们步入老年时，理应让他们共享经济发展成果，不被社会所遗忘。

为了实现这一与社会保障人权紧密相关的目标，需要有可靠的机制来确保对老年人的脆弱性风险进行系统保护。虽然一些人可以通过个人的努力获得保护机制，如个人储蓄、房屋所有权或代际内家庭支持机制，但是世界上大多数人面临着即使处在劳动年龄阶段收入来源也不可靠的现实问题，在发展中国家尤其如此。特别是与许多国家经济发展的结构性问题有关的非正规经济的发展，直接导致全世界只有一小部分人口有能力在老年时期自给自足。因此，社会保护体系对老年群体起到了关键作用。

基于以上原因，公共养老金制度已经成为老年收入保障的基础。老年收入保障还取决于医疗保健、住房和长期护理等其他社会服务的可用性、可及性和成本。除了公共社会服务之外，实物福利还可能包括住房和能源补贴、家务助理和护理服务，以及居家护理。如果不向老年人提供他们能够负担得起的上述服务，即使是发达国家的老年群体及其家庭也可能陷入赤贫。在广泛享有优质公共服务的国家，老年群体贫困现象的发生明显较少。

《2030年议程》，尤其是可持续发展目标1.3，呼吁落实包括最低标准在内的全民社会保护体系，更加关注贫困和脆弱群体。为确保不让任何一个老年人掉队，政策制定者和决策者应考虑根据普遍性原则建立全面的社会保护体系。由国际劳工组织三方成员在2012年一致通过的第202号建议书呼吁将缴费型公共养老金制度与非缴费型养老金制度相结合，以为全民提供保障。尽管可持续发展目标1.3明确要求实施适合本国国情的全民社会保障制度和措施，包括为老年群体提供收入保障的底线性制度（最低标准），但必须明确，社会保护——特别是老年人的收入保障——有助于可持续发展目标1以外的其他各种目标的实现和问题的解决。老年群体收入保障也对可持续发展目标5（支持性别平等和女性赋权）和可持续发展目标10（有助于减少不平等）贡献卓著。此外，老年群体收入保障间接为许多其他可持续发展目标做出贡献，例如可持续发展目标11，老年收入保障有助于家庭和个人获得适度、安全和可负担得起的住房。因此，老年群体收入保障在全球社会实现可持续发展目标框架下确定的目标方面发挥着关键作用，并有助于实现消除一切形式的贫困的承诺，包括到2030年时消除极端贫穷、确保所有人都享有体面的生活水准。

专栏4.1 养老金的国际标准

主要的国际人权文书1948年《世界人权宣言》（UDHR）和相对笼统的1966年《经济、社会和文化权利国际公约》（ICESCR）[①]规定了老年人享有社会保障和适度生活水平以维持健康和福利的权利，包括享有医疗和必要的社会服务。这些权利的内容在国际劳工组织制定的标准的规范性文件中有进一步的规定，以向各国提供落实老年人从基本社会保障权到全面社会保障权利的具体指导。[②]

《社会保障最低标准公约》（第102号），《老年、伤残和遗属津贴公约》（第128号）及其随附的第131号建议书和《第202号建议书 关于国家社会保护底线的建议书》（2012年）提供了一个国际参考框架，规定了在老年时期确保收入维持、收入保障和健康照料所必需和足够的社会保障待遇给付的范围和水平。将覆盖面扩大到所有老年人是这些标准的基本目标，旨在实现第202号建议书所明确指出的普遍性的保护。

第102号和第128号公约、第131号建议书规定在满足一定年限的条件下为老年人支付一定水平的养老金，并为了保障养老金领取者的购买力定期调整养老金给付水平。更具体地说，第102号和第128号公约规定，通过与收入挂钩的缴费型养老金，为已达到养老金领取年龄的人提供收入保障（保证最低待遇水平或相当于个人过去收入规定比例的替代率，特别是针对那些收入较低的老年人）和/或是普遍性的或经过家计调查的定额非缴费型养老金。非缴费型养老金的最低待遇水平应达到典型的非技术工人平均收入的规定比例，但"养老金和其他待遇的总和……应足以使待遇领取者的家庭保持健康和体面"（第102号公约第67条a款）。

第202号建议书完成了这一框架，呼吁为所有老年人保障基本收入水平，优先安排那些有需要的人和现有安排未囊括的人。这种保障将能够防止未被缴费型养老金制度覆盖的老年人陷入贫困、脆弱和遭受社会排斥。这种保障对于以下养老金领取者也很重要：养老金待遇水平受到养老保险基金所遭受的经济损失影响的，养老金待遇未随生活成本的变化而定期调整的，或养老金待遇根本不足以为其获得足够的物品和服务、有尊严地生活的。因此，国际劳工组织的社会保障标准为建立、发展和维持全国性的养老金制度提供了一套全面的参考和框架。

老龄化社会面临的一个重要的社会政策挑战是确保所有老年人的适当收入水平，而不会使年轻一代的负担过大。鉴于社会保障制度在人口变化背景下面临的筹资和可持续

---

① UDHR，第22条和第25条第1款；ICESCR，第9条。
② 见 CESCR，2008。

性挑战，国家可以在预测资源和支出之间的长期平衡方面发挥重要作用，以保证各制度履行其对老年人的义务。国际劳工组织社会保障标准最近在第202号建议书中强烈重申了国家在这方面的总体和主要责任，该建议书无疑将在未来政府考虑人口变化等因素的前提下如何维持国家社会保障体系的可持续性方面发挥重要作用。

4.2 养老金制度的类型

纵观社会保障发展史，公共养老金制度是保障老年人群收入安全、对抗贫困和社会不平等的有效工具。

根据国际经验，养老金制度可以采取许多不同的组织方式。对养老金制度进行分类的目标是根据这些制度的基本操作原则进行的，并对其在实现社会保障目标方面的影响进行一般性的比较。从国际劳工组织的角度来看，所有有益于老年人群收入保障的养老金制度都是相关的、有意义的。然而，它们的相关度和意义是由其与国际劳工组织关于社会保障标准的匹配度来衡量的。

绝大多数国家（信息可获及的192个国家中的186个国家）至少有一项养老金制度，且通常是以不同类型缴费型和非缴费型制度相结合的形式提供定期的养老金现金给付（见图4.1）。余下的6个国家不提供定期性的待遇给付，其中有4个国家是通过公积金或类似项目提供一次性福利。

72个国家（信息可获及的国家中占39%）只有缴费型养老金制度；其中绝大多数是在社会保险制度之下运行，主要涵盖雇员和自雇佣人士。

在所考察的国家中，有12个国家仅提供非缴费型养老金制度，其中大部分提供全面覆盖的普惠型养老金制度。

缴费型和非缴费型制度结合是世界上最普遍的养老金体系模式：有102个国家同时提供这两种类型的养老金制度。非缴费型制度在这些国家中各不相同：有14个国家为所有超过一定年龄的老年人提供普遍性待遇给付；24个国家向没有任何其他养老金待遇的老年人提供经过养老金调查的待遇给付；64个国家向收入低于一定门槛水平的老年人提供经过家计调查的待遇给付。

4.3 法律覆盖

虽然在全球有扩大养老金制度法律覆盖面和有效覆盖面的趋势，但对于全世界大多数人而言，老年收入保障的权利并未实现，相当程度的不平等持续存在。全球有67.6%

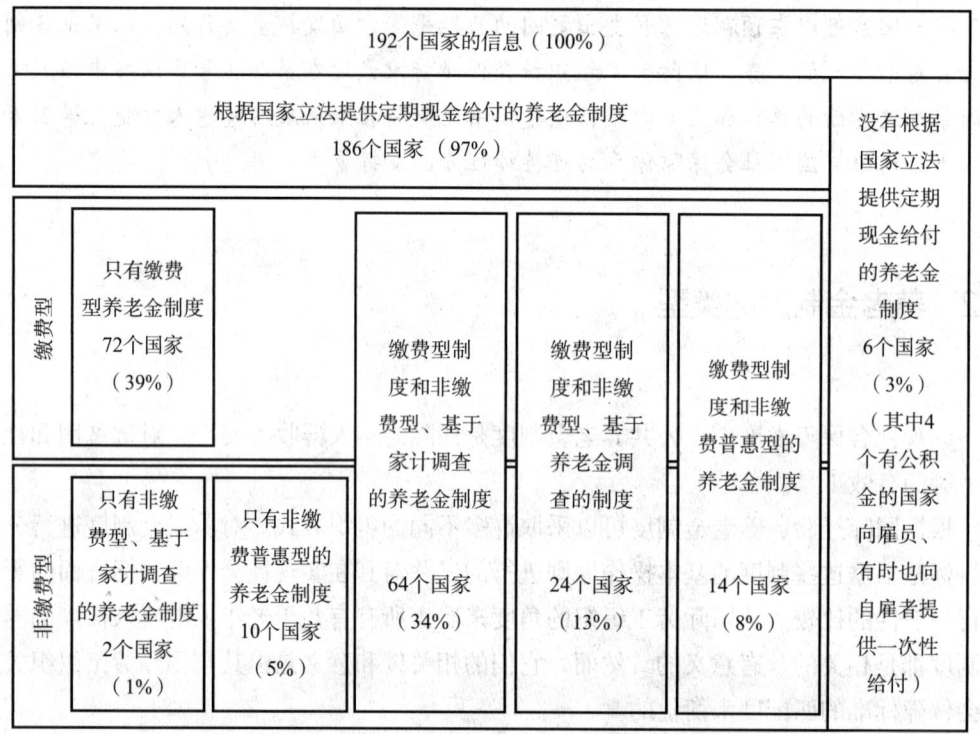

图 4.1 按项目和给付类型划分的养老金制度概览，2015 年或最近可用年份

资料来源：国际劳工组织世界社会保护数据库；国际社会保障协会/美国社会保障总署（ISSA/SSA）《全球社会保障项目》。另参见附件四表 B.9 和表 B.10。

链接：http://www.social-protection.org/gimi/gess/RessourceDownload.action?ressource.ressourceId=54653.

的劳动年龄人口依据现行法律被强制缴费型制度和非缴费型制度所覆盖，[①]如果这些法律得到适当实施和执行，他们则可能在达到规定年龄后获得养老金（见图 4.2）。除了强制缴费型和非缴费型制度之外，17.7% 的劳动年龄人口有自愿缴费的可能性，但多数情况下很少有人愿意这么做。

女性的养老金法律覆盖率略低于全体人口，大约为 64.1%，这主要反映了女性较低的劳动力市场参与率，以及她们在以下工作形式中的过高比例：自雇佣者或无酬家庭工作者（尤其是在农业部门），家政工或从事其他通常不被已有立法所覆盖职业或行业。例如，在阿拉伯国家，女性的法律覆盖率仅为 34.8%，而总人口覆盖率则为 45.9%。撒哈拉以南的非洲和北非的情况也类似，女性的法律覆盖率低于总人口。在这些区域，丈夫被缴费型养老金制度覆盖的女性有权享受遗属养老金待遇，在许多国家遗属养老金待遇往往成为她们唯一的收入来源。

---

① 老年人口法律覆盖率被定义为，劳动年龄人口（或者劳动力）中被以下制度所依法覆盖的人群所占百分比：该制度在其成员达到养老金待遇法定领取年龄或符合其他条件的年龄时，能够提供定期现金给付。通过使用现有的人口、就业和其他统计数据来量化国家立法中规定覆盖群体的规模，以估算所覆盖的人口。实际上，当法律未得到充分实施或执行时，有效覆盖率往往明显低于法律覆盖率。更多详细信息，请参阅附件一中的术语表以及附件二。

4 面向老年群体的社会保护——通过养老金体系对抗贫困

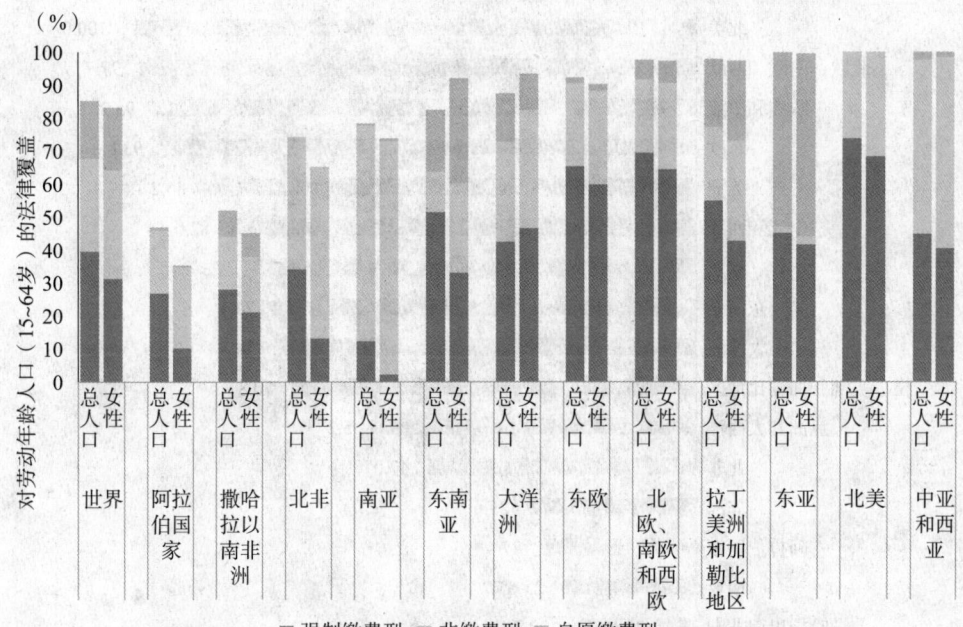

图4.2 养老金法律覆盖：劳动年龄人口（15~64岁）中按现行法律被强制缴费型和非缴费型养老金覆盖的人口所占百分比，按区域和制度类型分列，最近可用年份

注释：区域和全球估计经劳动年龄人口加权。

资料来源：国际劳工组织世界社会保护数据库；国际社会保障协会/美国社会保障署《全球社会保障项目》；国际劳工组织数据库（ILOSTAT），补充了国家统计数据，用于量化法律涵盖的群体。另参见附件四表B.9。

链接：http://www.social-protection.org/gimi/gess/RessourceDownload.action?ressource.ressourceId=54654。

4.4 有效覆盖：监测有关老年人的可持续发展目标指标1.3.1

法律覆盖是指现有法律框架为老年人口提供法律权利的程度，有效覆盖则是指法律规定的有效执行情况。图4.3所示的受益人覆盖率显示了法定可领取养老金年龄以上的老年人享受缴费型或非缴费型养老金待遇的百分比。这个百分比用于监测可持续发展目标指标1.3.1。

在世界范围内，近68%超过退休年龄的人领取了缴费型或是非缴费型养老金。[①] 因此，与其他社会保护功能相比，老年人的收入保护是最普遍的社会保护形式，且在近几年呈现明显发展态势。老年收入保障的区域差异非常显著：高收入国家的养老金覆盖率接近100%，而在撒哈拉以南的非洲地区，养老金覆盖率仅为22.7%，南亚则仅

---

① 根据可领取养老金年龄人口加权。

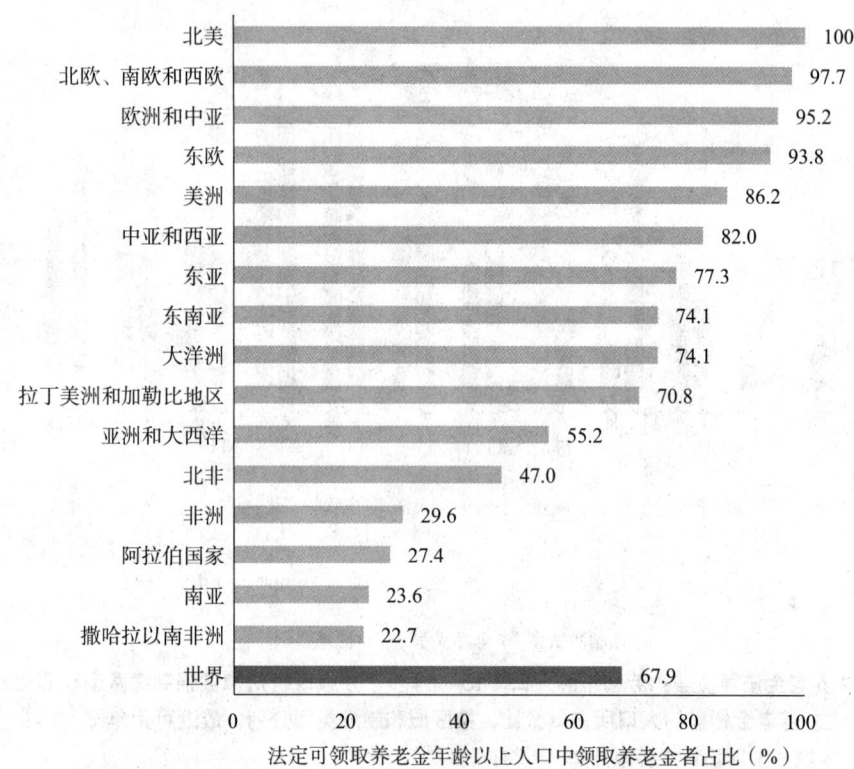

图4.3 可持续发展目标指标1.3.1 关于老年人的有效覆盖：法定可领取养老金年龄以上人口中领取养老金者所占百分比（按区域分列，最近可用年份）

注释：养老金领取者占老年人口的比例：法定可领取养老金年龄以上人口中领取养老金者与法定可领取养老金年龄以上人口数量之比。区域和全球估计经达到养老金年龄人口加权。另参见附件二。

资料来源：国际劳工组织世界社会保护数据库；国际劳工组织数据库（ILOSTAT）；经合组织社会福利受益人数据库（OECD SOCR）；国家统计数据。另参见附件四表B.11和表B.12。

链接：http://www.social-protection.org/gimi/gess/RessourceDownload.action?ressource.ressourceId=54655.

为23.6%。[①]

图4.4提供了两个额外的指标，用以了解现行法律规定的实施执行程度。聚焦缴费型养老金制度，"缴费者覆盖率"的两种变形为未来的养老金覆盖率提供了一些指标，即向现有缴费型养老金制度缴费的人群占从事经济活动的人口之比（缴费者/劳动力覆盖率），以及向现有缴费型养老金制度缴费的人群占劳动年龄人口的比例（缴费者/人口覆盖率）。

缴费者覆盖率显示了劳动年龄人口（或劳动力）的比例，这些人口将在未来基于当前的缴费水平获得缴费型养老金待遇。虽然这一指标并不反映非缴费型养老金的情况，但考虑到缴费型养老金待遇水平通常高于非缴费型养老金待遇，它仍然是养老金未来覆

---

① 由于许多国家的现有数据尚不支持对养老金领取者进行年龄细分，因此该指标计算的是：养老金领取者的总人数占法定可领取养老金年龄以上人口数的比例。

4 面向老年群体的社会保护——通过养老金体系对抗贫困

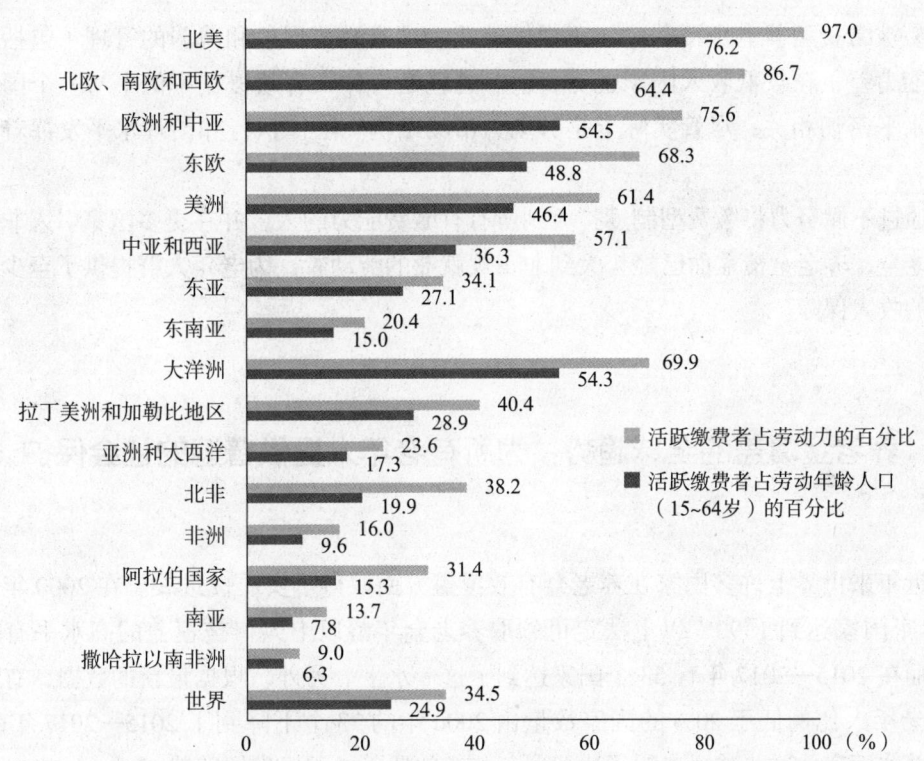

图4.4 养老金有效覆盖：养老金制度活跃缴费人口占劳动力和劳动年龄人口的百分比
（按区域分列，最近可用年份）

注释：分母的年龄范围是15~64岁；对于活跃缴费者，分子也尽量在这个年龄范围内。区域和全球估计经劳动年龄人口加权。

资料来源：国际劳工组织世界社会保护数据库；国际劳工组织数据库（ILOSTAT）；国家统计数据。另参见附件四表B.11和表B.12。

链接：http://www.social-protection.org/gimi/gess/RessourceDownload.action?ressource.ressourceId=54656.

盖水平的重要信号。在全球范围内，约有1/4的劳动年龄人口（24.9%）向养老金制度缴费，且呈现巨大的区域差异性，撒哈拉以南非洲地区这一指标为6.3%，而北美地区则高达76.2%。

将缴费者覆盖率视为占劳动力的百分比来看，全球34.5%的劳动力向养老金制度缴费，以期在退休时获得缴费型养老金。由于撒哈拉以南非洲地区的非正规就业比例很高，劳动力中只有9%为养老金制度缴费并获得缴费型养老金权益。在东南亚，约有1/5的劳动力（20.4%）缴费，而在南亚覆盖率则只有13.7%。缴费者覆盖率比例在阿拉伯国家（31.4%）、东亚（34.1%）、北非（38.2%）、拉丁美洲和加勒比地区（40.4%）、中亚和西亚（57.1%）和东欧（68.3%）稍高。覆盖率最高的区域是北美以及北欧、南欧和西欧，分别为97.0%和86.7%，其次是欧洲和中亚以及大洋洲，分别为75.6%和69.9%。

在较低收入国家，通常只有很小一部分是有正规雇佣合同的工薪收入者，他们相对容易被缴费型养老金覆盖。非正规性就业、逃避缴费现象和薄弱的管理（包括法律执行能力差）在较低收入国家也更普遍。这就是为什么有效覆盖率似乎与一个国家的收入水平密切相关，尽管实际上是劳动力市场结构、法律执行和治理水平发挥着关键作用。

通过不懈努力将缴费型制度扩大到所有有缴费能力的人，并在更多国家引入非缴费型养老金，养老金覆盖面已经扩大到非正规就业的劳动者，为老年人群提供了至少最低限度的收入保障。

4.5 养老金覆盖的全球趋势：为所有老年人提供普遍的社会保护

近年来世界上许多国家在养老金有效覆盖方面取得了实质性进展。在2000年，只有34个国家达到了90%以上法定可领取养老金年龄以上人口被覆盖的高水平有效覆盖，而在2015—2017年有53个国家达到了这一水平。另外，根据最新的数据，有养老金的老年人比例低于20%的国家数量由2000年的73个下降到了2015—2017年的51个。总体而言，这些数据表明了法律覆盖和有效覆盖的积极发展趋势。

2000年至2015—2017年，许多国家的养老金覆盖率明显增加，大量发展中国家实现了对所有老年人的全覆盖。阿尔及利亚、阿根廷、亚美尼亚、阿塞拜疆、白俄罗斯、玻利维亚、博茨瓦纳、巴西、佛得角、智利、中国、库克群岛、格鲁吉亚、圭亚那、哈萨克斯坦、基里巴斯、科索沃、吉尔吉斯斯坦、莱索托、马尔代夫、毛里求斯、蒙古、纳米比亚、尼泊尔、塞舌尔、南非、斯威士兰、泰国、东帝汶、特立尼达和多巴哥、乌克兰、乌拉圭、乌兹别克斯坦和桑给巴尔（坦桑尼亚）等建立了普遍型养老金制度。经验表明，可以通过为所有人提供税收筹资的非缴费型社会养老金制度（见专栏4.2），或者缴费型和非缴费型制度的组合来实现全覆盖（见专栏4.3）。

专栏4.2 玻利维亚、博茨瓦纳、莱索托、纳米比亚、东帝汶和桑给巴尔（坦桑尼亚）的全民社会养老金

玻利维亚、博茨瓦纳、莱索托、纳米比亚和桑给巴尔（坦桑尼亚）的经验表明，针对老年群体的普遍性、非缴费型社会养老金是可行的，可由低收入和中等收入国家的政府提供资金。

玻利维亚：尽管在南美洲人均GDP最低，但玻利维亚是养老金覆盖率最高的国家之一。2007年该国推出了名为（Renta Dignidad）的非缴费型养老金制度，实现了全民覆盖。Renta Dignidad覆盖了91%的60岁以上人口的，每名受益人的待遇水平为：无缴费型养老金者每月36美元左右，有缴费型养老金者每月29美元左右。该项目的成本

约占 GDP 的 1%，由碳氢化合物直接税和国有公司的股息提供资金。这使家庭层面的减贫率达到了 14%，并保障了受益人的收入和消费。在领取养老金的家庭中，童工减少了一半，入学率接近 100%。

博茨瓦纳：养老金制度据估计覆盖了所有 65 岁以上的公民。养老金是每月 30 美元的现金转移支付，稍高于粮食贫困线的 1/3。这个水平是适度且可持续的。养老金和其他社会保护项目，辅之以干旱应对和恢复措施，为整体减贫作出了重大贡献，使得博茨瓦纳的赤贫率从 2003 年的 23.4% 降至 2009—2010 年的 6.4%。

莱索托：由于超过 4% 的总人口在 70 岁以上，莱索托的老年人比例在撒哈拉以南非洲地区高于许多国家。所有 70 岁以上的公民都有权享受每月 550 莱索托·洛蒂的老年养老金，待遇水平相当于一个月 40 美元。这是莱索托最大数额的定期现金转移支付，覆盖了约 83 000 人。对符合条件的人口的覆盖率接近 100%，估计还有更多的人间接获益。老年养老金总成本约占 GDP 的 1.7%，由一般税收提供资金，这主要来自南部非洲关税同盟的收入。作为国家社会保障体系的一部分提供的补充服务和转移支付包括：政府保健中心和政府医院提供的补贴或免费的初级保健，艾滋病患者免费的抗逆转录病毒治疗药物以及地方政府为那些被认定为"贫困者"的人提供的现金补助。

纳米比亚：纳米比亚的基本社会补助金保证所有 60 岁以上的居民每月领取 1 100 纳米比亚元（大约 78 美元）的补助，受益人的待遇水平远高于贫困线。这些受益人往往与大家庭分享补助金，特别是支持孙子孙女的学业和福祉。虽然覆盖偏远地区人们存在一些困难，但总覆盖率估计超过 90%。

东帝汶：老年和残障人士养老金是针对所有东帝汶 60 岁以上的人和残障者的普遍性非缴费型制度。它覆盖了 86 974 名老年人，每月提供 30 美元，待遇水平略高于国家贫困线。2011 年的模拟估计，养老金使全国贫困率从 54% 下降到了 49%，老年贫困率从 55.1% 下降到 37.6%。随着缴费型社会保障制度的设立，估计部分目前的受益人会转向缴费型制度，从而降低非缴费型制度的预算压力。

桑给巴尔（坦桑尼亚）：2016 年 4 月，桑给巴尔（坦桑尼亚）成为东非第一个实施由政府全额资助的社会养老金的地区。普遍性养老金制度为所有 70 岁以上的居民提供每月 20 000 坦桑尼亚先令（9 美元）的养老金。在这一高贫困率和高比例非正规就业的国家，很少有人有资格获得缴费型养老金。虽然待遇水平不高且无法使老年人单凭其摆脱贫困，但这是扩大普遍性养老金的合理的第一步。2016 年 5 月，共有 21 750 人（即 86% 满足条件的人口）获得了普遍性养老金。

资料来源：Global Partnership for Universal Social Protection, 2016f, 2016h, 2016i, 2016j, 2016k, 2016l.

专栏 4.3　阿根廷、巴西、佛得角、中国、吉尔吉斯斯坦、马尔代夫、南非、泰国、特立尼达和多巴哥通过缴费型和非缴费型制度的组合为老年人提供普遍性社会保护

近几十年来，许多国家在扩大缴费型养老金制度覆盖面、建立非缴费型社会养老金以为所有老年人提供基本收入保障方面进步卓著。以下国家的经验表明，在较短的时间内扩大养老金覆盖面是可行的。

阿根廷：2003—2015 年，阿根廷的养老金覆盖率从 69% 上升到接近 100%。扩面部分是通过临时性的灵活措施（养老金延缓）来实现的。根据该措施，如果老年人的缴费年限没有达到领取养老金所规定的 30 年，那么他们可以加入一项计划从而在非常优惠的条件下补缴到 30 年，以具备领取养老金的资格。

巴西：养老金体系将缴费型、半缴费型和非缴费型制度结合起来，既覆盖了公共和私营部门的工作者，也囊括了小农场主和农村劳动者。非缴费型的社会救助补助金为 65 岁以上的老年人和残障者提供基于家计调查的保障。该制度几乎覆盖了所有老年人，80.2% 的年满 65 岁的人在 2014 年领取了养老金待遇。缴费型制度中，待遇水平与收入相关。小农场主、农村劳动者以及社会救济养老金领取者的待遇水平相当于最低工资。

佛得角：由于社会保障被提到了国家发展议程的高度，佛得角在 2006 年通过建立国家社会养老金中心（CNPS）并统一了既有的非缴费型养老金制度，采取了建立普遍性养老金体系的两个重要步骤。这个统一的体系为 60 岁以上老年人以及残障者（包括生活在贫困家庭中的残障儿童）提供基本收入保障。社会养老金制度有助于减少贫困，为佛得角建立更加全面的社会保障提供了重要支柱。目前，社会养老金制度与缴费型制度的组合在佛得角覆盖了 85.8% 超过养老金待遇领取年龄的人口，为他们提供约每月 65 美元的待遇给付（比贫困线水平高 20%）。养老金受益人还从共同保健基金（Mutual Health Fund）中获益，该基金资助人们从私人药店购买药品，并提供丧葬津贴。社会养老金制度的成本接近 GDP 的 0.4%，全部由国家一般预算提供资金，而共同保健基金则由受益人每月缴纳社会养老金现值的 2% 作为资金来源。

中国：2009 年以前，中国只存在两种老年收入保障制度：一种基于社会保险原则，针对城镇职工；另一种基于雇主责任制，针对公务员和其他类似身份的人。2008 年，这两种制度共覆盖了 2.5 亿人（包括养老金领取者），占中国 15 岁及以上人口的 23%。经过 2009 年、2011 年、2014 年和 2015 年的一系列改革，中国为未参加社会保险的农村和城镇人口建立了养老金制度，同时将公职人员的养老金制度与城镇职工的社会保险制度合并。2015 年，养老保险体系在中国已覆盖 8.5 亿人口，到 2017 年，中国已经实现全民覆盖。

吉尔吉斯斯坦：缴费型老年、残障和遗属养老金是吉尔吉斯斯坦最大的社会保障制

度。它涵盖了公共和私营部门的就业人员以及非正规经济就业人员和农业劳动者。此外，一项非缴费型月度社会福利津贴覆盖了其他老年人，自 2011 年以来，福利津贴定为 1 000 索姆。超过 90% 的 65 岁以上人口领取养老金待遇，这有利于减少老年贫困现象。

马尔代夫：通过 2009—2014 年的一系列改革，马尔代夫成功扩大了养老金覆盖面，建立了包括非缴费型基础养老金和缴费型养老金制度在内的两支柱体系。该体系覆盖公共部门的员工，并扩大到了私营部门就业人员（2011 年）和外派人员（2014 年）。老年公民津贴（Senior Citizen Allowance）为解决贫困和不平等问题提供了补充养老金。自改革以来，马尔代夫的养老金覆盖率逐渐提高，2017 年接近 100%。

南非：南非是第一个为没有社会保险的老年人提供社会养老金的非洲国家。老年人补助金（Older Person's Grant）是一项基于收入调查的制度，每月为年龄在 60~75 岁的人支付 1 500 兰特（112 美元）、为 75 岁以上者支付 1 520 兰特（114 美元）。该补助金每年约惠及 300 万老年人，在一些管辖区覆盖率达到了 100%。该补助金向南非公民、永久居民和具有合法身份的难民提供，据统计极大地有助于减少不平等：没有领取到补助金的老年人基尼系数为 0.77，领取到补助金的老年人基尼系数则下降到了 0.6。

泰国：养老金制度包括针对公共部门官员、私营部门就业人员和非正规就业者的数个缴费型制度，约覆盖 60 岁以上人口的 1/4。此外，非缴费型老年津贴为没有养老金的人提供了一定的保护。该津贴水平为 600~1 000 泰铢，相当于 18~30 美元，不到贫困线的一半。普遍性老年津贴是许多非正规就业者唯一的养老金制度。为了鼓励人们参保缴费型养老金制度，政府为自愿性社会保险制度提供了配套缴费。

特立尼达和多巴哥：由国家保险委员会管理的缴费型养老金制度和非缴费型老年人养老金制度（SCP）为该国老年人提供收入保障。SCP 每月可为 65 岁及以上的居民提供不超过 3 500 特立尼达和多巴哥元（合 520 美元）的补助，高于贫困线水平。2015 年，该制度总成本占 GDP 的 1.6%。2016 年 9 月，共有 90 800 名公民被 SCP 所覆盖，据估计缴费型养老金制度与 SCP 的组合能够覆盖全国所有的老年人。

资料来源：Global Partnership for Universal Social Protection, 2016m, 2016n, 2016o, 2016p, 2016q, 2016r.

一些国家和地区也成功地扩大了有效覆盖面，如孟加拉、白俄罗斯伯利兹、厄瓜多尔、韩国、印度、菲律宾和越南等。许多国家和地区主要通过建立和扩展为许多老年人提供基本保障的非缴费型养老金制度来提高覆盖率，而另一些国家和地区则将缴费型制度扩大到以前未被其他措施覆盖的老年人口。

图 4.5 表明，尽管在世界范围内养老金制度的扩面效果显著，但相较于上面提到的成功案例，并不是所有国家和地区都表现良好。例如，阿尔巴尼亚、阿塞拜疆和希腊等国在 2000 年以前养老金覆盖率接近 90% 或更高，在此后覆盖率却大幅度下降，降幅达 12~16 个百分点。

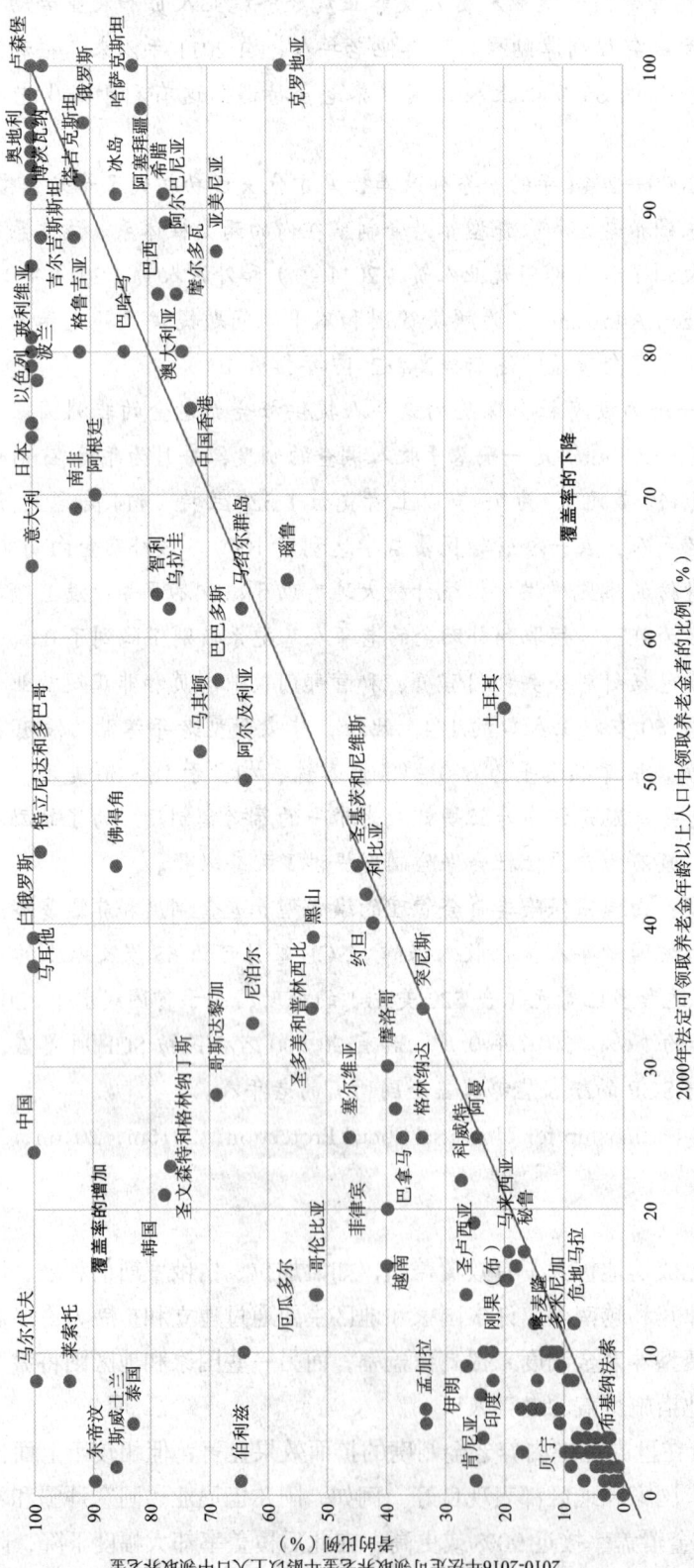

图 4.5 可持续发展目标指标 1.3.1 关于老年人的有效覆盖：法定可领取养老金年龄以上人口中领取养老金者所占百分比的比较（2000 年和 2010—2016 年）

资料来源：国际劳工组织世界社会保护数据库，基于社会保障调查；国际劳工组织数据库（ILOSTAT）；经合组织社会福利受益人数据库；各个国家和地区资料。另参见附件四表 B.12。

链接：http://www.social-protection.org/gimi/gess/RessourceDownload.action?ressource.ressourceId=54658.

4.6 老年人群社会保护支出

用于老年收入保障的支出水平是了解养老金制度发展水平的有效测度。国家公共养老金支出水平受多种因素影响，包括人口结构、有效覆盖、待遇充足性、相对GDP的规模，以及公共养老金、私人养老金和社会服务的政策组合的变化。全球范围内，用于老年人的养老金和其他不含医疗卫生支出的社会保障公共支出平均占GDP的6.9%（见图4.6）。①

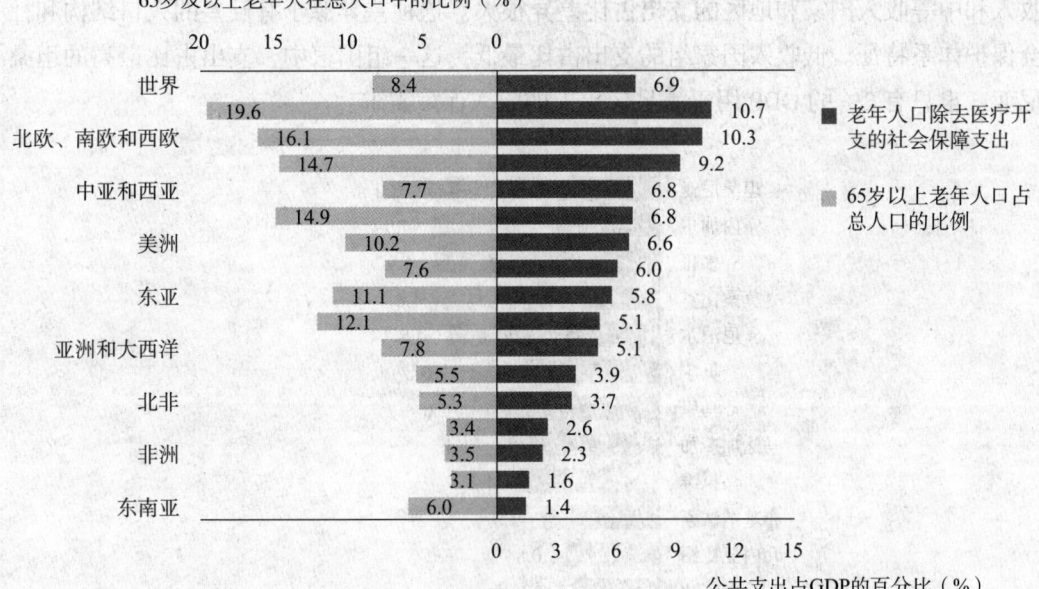

图4.6 用于法定领取养老金年龄以上人口的养老金及其他福利待遇（不包括医疗）的社会保护公共支出（占GDP百分比），以及65岁及以上老年人口占总人口的比例（百分比），最近可用年份

资料来源：国际劳工组织世界社会保护数据库，基于社会保障调查。另参见附件四表B.17。

链接：http://www.social-protection.org/gimi/gess/RessourceDownload.action?ressource.ressourceId=54659.

针对老年人口的不含医疗卫生的社会保障公共支出占GDP比例最高的地区是北欧、南欧和西欧，占比为10.7%。值得注意的是，这个区域的老年人口比例也是最高的，占总人口19.6%。中亚和西亚以及拉丁美洲和加勒比地区的平均支出比率相对较高，分别为6.8%和6.0%，而其老年人口比例相对较低，分别为7.7%和7.5%。有趣的是，北美

---

① 该数据不仅包括养老金，而且还尽可能包括为老年人提供的其他现金和实物给付，但不包括长期护理支出。长期护理支出在许多国家已经很高，而且由于人口结构变化，在未来将很可能进一步攀升。

地区这一比例与中亚和西亚相同，为6.8%，而老年人口的比例则几乎是中亚和西亚的两倍。另外，阿拉伯国家和撒哈拉以南非洲的老年人口比例相似，而阿拉伯国家的这一支出占GDP的比例则是撒哈拉以南非洲的两倍，这可能反映出后者的有效覆盖水平较低。东南亚的支出占GDP的比例与撒哈拉以南非洲相近，尽管前者老年人口比例几乎高出后者一倍。

图4.7提供了各个国家和地区用于老年收入保障的支出占GDP的比例。为了更有效地进行比较，将这些国家和地区按收入状况分组，即高、中、低收入。正如预期的那样，总体趋势是高收入国家老年收入保障支出占GDP的比例更高。在发达国家和地区，老年人口比例较高，以及养老金在充足性和有效覆盖（领取养老金的老年人比例）方面的成就是这些趋势的关键致因。具有较强社会福利背景的国家和地区也呈现出较高的社会保障支出的趋势。值得注意的是，法国、希腊和意大利的支出占GDP比例最高。高收入和中等收入国家和地区的支出占比差异很大。这种差异源于有反差的人口结构和社会保护体系特征。低收入国家组的支出占比最低，这一组国家中，支出占比最高的坦桑尼亚，也只有2%的GDP用于满足老年人的收入保障需求。

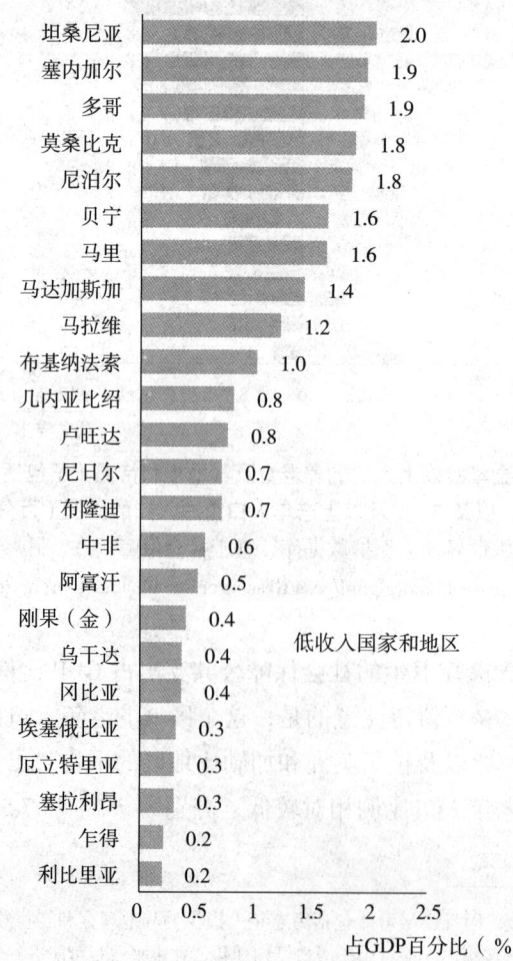

4 面向老年群体的社会保护——通过养老金体系对抗贫困

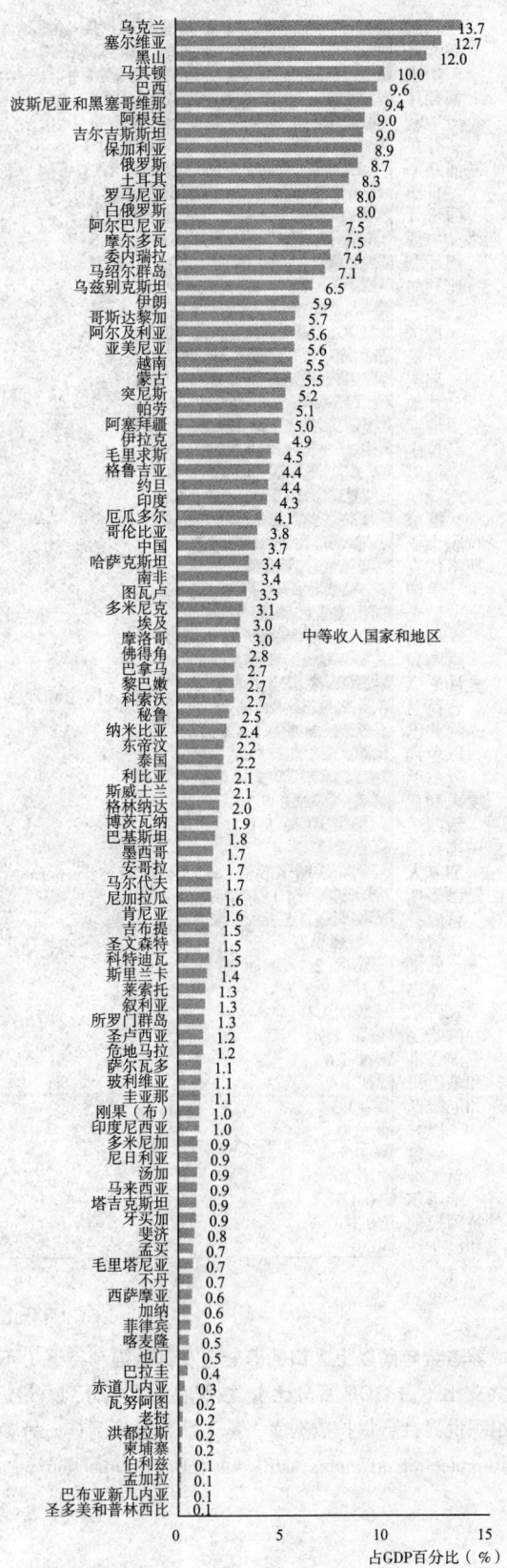

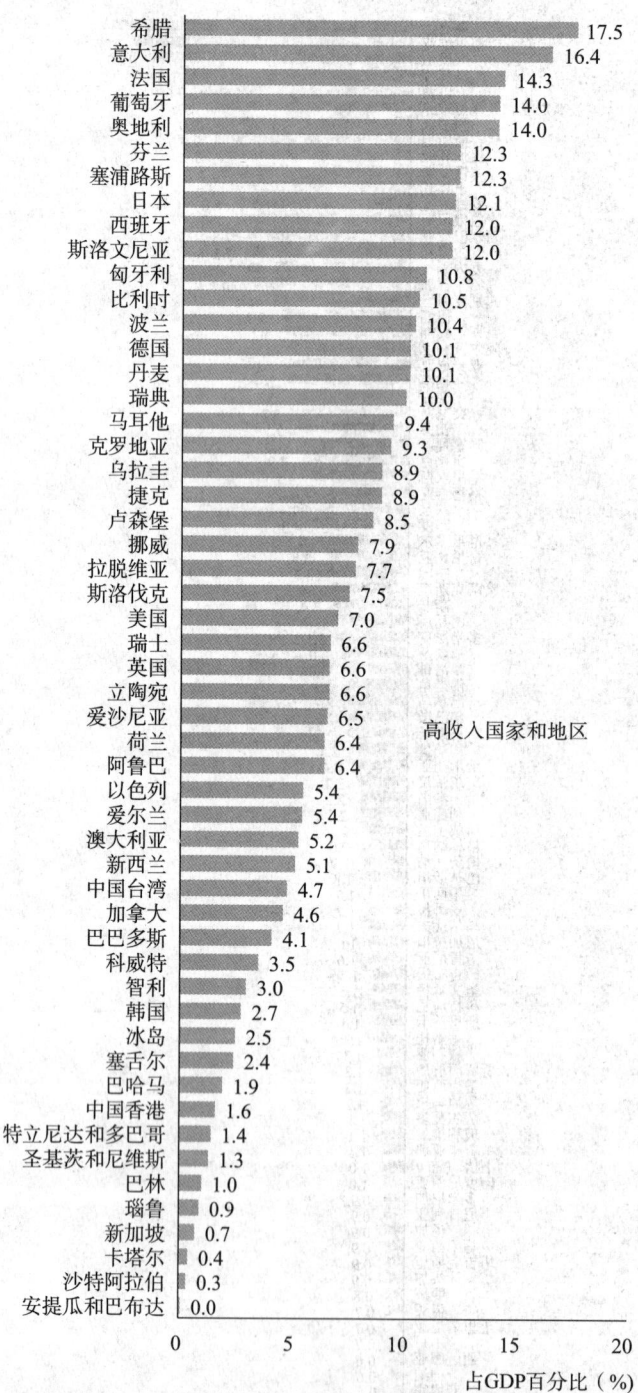

图 4.7 用于法定领取养老金年龄以上人口的养老金及其他福利待遇（不包括医疗卫生）的社会保护公共支出（占 GDP 百分比），按照收入水平分列，最近可用年份

资料来源：国际劳工组织世界社会保护数据库，基于社会保障调查。另参见附件四表 B.17。

链接：http://www.social-protection.org/gimi/gess/RessourceDownload.action?ressource.ressourceId=54660.

4.7 老年收入保障的不平等和长期性别差距

老年收入保障和养老金的获得与劳动力市场和就业方面的不平等密切相关。按性别分列的养老金覆盖率是这一节分析的重点，从覆盖率的差异中可以明显看出这种不平等（见图4.8和图4.9）。

众所周知，女性往往比男性面临更高的贫困风险，这一点同样也适用于老年女性。首先，女性寿命较长，导致年龄最大的老年人中得不到支持或者生计水平低的女性占多数（UNFPA and HelpAge International，2012；UNRISD，2010）。没有多少养老金制度能够平等地满足男女的需要：女性的缴费型养老金覆盖往往明显低于男性，女性所得到的养老金数额也往往较低（Razavi et al.，2012）。

有性别偏向的养老金制度设计（如女性较低的可领取养老金年龄，或者应用分性别的死亡率表计算后女性的养老金待遇低于与其缴费记录和退休年龄相当的男性）可能导致不平等。然而在很多情况下，劳动力市场上对女性的歧视，再加上养老金制度的设计不能补偿、有时甚至放大了劳动力市场条件的差异，是性别不平等更突出的驱动因素（Behrendt and Woodall，2015）。在这种情况下，许多女性难以获得与男性同等的养老金权利。女性的有薪就业历来少于男性，特别是在正规劳动力市场，这种情况在世界许多地方仍然如此（ILO，2012c）。同样，女性整体比男性挣得少（ILO，2014e），这降低了她们对养老金制度的缴费。由于女性往往承担了更多的家庭责任，她们更有可能缩短或中断她们的工作生涯，并由于其不稳定就业和非正规就业而面临更高的风险，这也影响了她们建立养老金权利的能力。除非采取有效的措施来补偿性别不平等，这些因素导致当养老金待遇以收入为基础计算时，女性养老金待遇较低。

非缴费型养老金可以在确保女性至少享有基本养老金方面发挥关键作用，但其给付水平往往较低，不足以完全满足女性的需要；非缴费型养老金也没能完全弥补缴费型养老金覆盖面以外的缺口。养老金制度建设方面需要更大的努力，还需要确保提高女性对缴费型养老金的参与度（ILO，2016a）。

还应该指出的是，在世界许多地方，女性在农村人口中占比较高。而在农村地区，即使是有报酬的工作，也可能相对低薪、非正规和不安全，这至少部分反映在了男性去往城市以图在更正规的劳动力市场中寻找薪酬更高的工作的趋势上。与此同时，非缴费型养老金在提供老年收入方面的重要性日益增加，特别是在低收入和中低收入国家，这显然有助于在一定程度上缩小男女之间的覆盖率差距。例如，在泰国，84.6%超过退休年龄的女性正在领取非缴费型养老金，但只有77.9%的男性领取非缴费型养老金（见图4.9）。同样，阿塞拜疆通过其普遍性社会保障制度为95%的女性公民提供养老金，包括缴费型劳动年金和社会津贴（转移支付）。

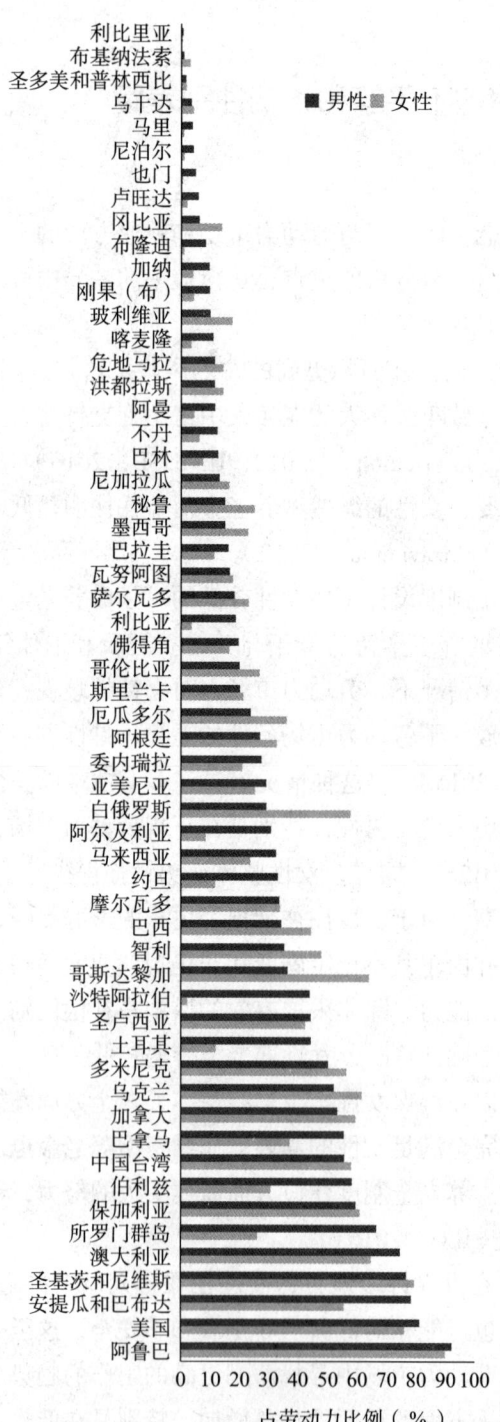

图 4.8 养老金有效覆盖：劳动力中向养老金制度缴费者所占百分比（按性别分列，最近可用年份）

资料来源：国际劳工组织世界社会保护数据库，基于社会保障调查。国际劳工组织数据库（ILOSTAT）；各个国家和地区来源。另参见附件四表 B.11。

链接：http://www.social-protection.org/gimi/gess/RessourceDownload.action?ressource.ressourceId=54661.

4 面向老年群体的社会保护——通过养老金体系对抗贫困

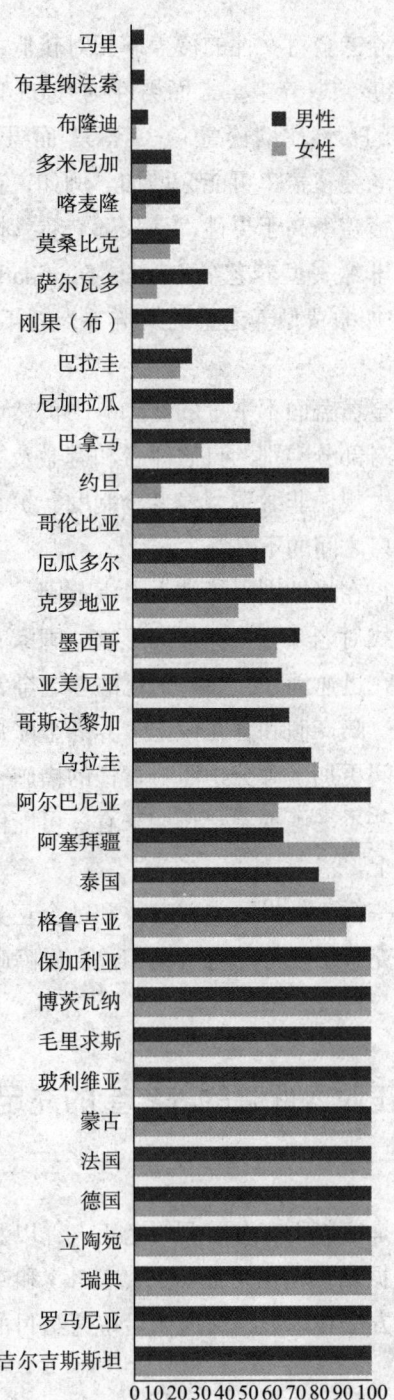

图 4.9 可持续发展目标指标 1.3.1 关于老年人有效覆盖：法定可领取养老金年龄以上人口中领取养老金者所占百分比（按性别分列，最近可用年份）

资料来源：国际劳工组织世界社会保护数据库，基于社会保障调查；经合组织社会福利受益人数数据库；国际劳工组织数据库（ILOSTAT）；各个国家和地区来源。另见附件四表 B.12。

链接：http://www.social-protection.org/gimi/gess/RessourceDownload.action?ressource.ressourceId=54662.

另外，在哥斯达黎加，养老金对女性的覆盖率相对较低，目前只有48.8%超过法定可领取养老金年龄的女性能够领取养老金，而男性则有65.4%。然而，图4.8中的数据也显示，向养老金制度缴费的女性比例较高（63.8%），而男性只占36.3%。根据这些数据可以推测，未来女性的养老金覆盖率可能会增加。例如，在哥伦比亚和厄瓜多尔，数据显示女性的缴费型养老金覆盖率高于男性，从长远来看女性的养老金覆盖率可能有所提高。在玻利维亚，只领取非缴费型养老金（Renta Dignidad），而非领取部分的缴费型养老金（Renta Dignidad）外加缴费型养老金的人群中，老年女性比例（83.3%）明显高于男性（66.3%）。

尽管如此，在解决养老金覆盖面不平等的新趋势中仍然可以看到更乐观的前景。各地正在努力扩大缴费型制度对部分类别的自雇佣者和有缴费能力的其他劳动者的有效覆盖面。此外，许多国家建立大规模非缴费型养老金制度，扩大了有效覆盖面，减少了男女之间、农村人口和城市人口之间的不平等。

公众对养老金的争论中正在将性别平等纳入考虑范围。一些国家实施了积极的政策措施，以减少差异化职业模式对老年收入保障的影响。国家养老金制度中普遍存在的最明显的歧视性因素和参数正在迅速消除，如差别化的养老金领取年龄。

其他措施包括将生育期、陪产假和育儿假记入养老金账户，以及更好地承认男女双方的照料工作。促进男女之间更加平等分担照料责任的措施，有助于更广泛地解决劳动力市场和社会保障方面的一些不平等现象，长期来看，可能体现在劳动力市场和养老金制度方面性别不平等的减少上。

与社会保障的其他方面一样，如果要本着有效和社会正义的精神，那么在促进性别公平待遇的问题上，必须以充分结合劳动力市场和社会保障政策制定的为基础。

4.8 为老年人提供真正收入保障的养老金的充足性

养老金制度的双重目标是覆盖所有有需要的老年人，以及为其提供适度货币水平的待遇给付。尽管有足够的数据来评估覆盖面（见专栏4.3和专栏4.4），但鉴于难以确定可在全球范围内应用的比较方法和基准，对退休后待遇给付的充足性进行比较评估具有挑战性（见专栏4.4）。①

---

① 经济合作组织与世界银行已经在合作，试图计算欧盟和OECD国家以外国家的替代率指标，特别是在不同国家养老金制度体系下，为收入水平和过去缴费水平不同的个人提供的替代率（Whitehouse，2012），但是，这些数据还没有列入现行养老金数据库中。国际助老会的全球老年观察指数（Global AgeWatch Index）着眼于老年人的总体收入状况，而不专门着眼于现有养老金体系提供的保障水平（HelpAge International，2015）。在全球老年观察指数中，老年人的收入保障水平由四个指标衡量：领取养老金待遇的老年人所占百分比、老年人相对贫困率、老年人的相对收入/消费状况（60岁以上人口的平均收入与其余人口平均收入之比）和人均国民总收入。

人们所认为的养老金的充足性程度在各国有所差异,特别是在个人和国家之间责任分配、向穷人和脆弱群体提供再分配和支持、代际团结等问题上的普遍态度差异。其他方面还包括退休年龄、应该保证的收入保障水平和保障对象、在养老金筹资中应该预期的代际团结程度。

养老金待遇给付的充足性不仅取决于现金给付的数量,还取决于医疗、食品、住宿等基本服务的成本。此外,对养老金待遇给付充足性的评估是动态的,因而会随着社会、文化、人口和经济条件的变化而变化。

专栏4.4 监测养老金待遇给付的充足性

目前全球的养老金待遇给付有不同的发展趋势:某些养老金制度提高了待遇水平,某些养老金待遇水平降低。值得注意的是,最近的财政整固趋势正在对许多国家的养老金待遇给付的充足性产生负面影响,损害了社会契约。

英国最近推出了一项旨在改善低收入者养老金充足性的公共养老金制度。改革将把两层福利结构(定额基本养老金和与收入有关的附加养老金)合并为定额基本养老金,带来更高的最低养老金待遇水平。参保者还可以通过其他自愿性养老金安排以获得额外的与收入相关的养老金补贴(credit)。

斯洛伐克公共养老金的退休金待遇引入了新的指数化公式,于2018年生效,仅由消费者物价指数决定,与全国平均收入的增长脱钩。阿塞拜疆、捷克、洪都拉斯和西班牙也对指数化公式进行了类似的调整,作为对其国家养老金制度进行更广泛改革的一部分。

白俄罗斯、中国、格鲁吉亚、爱尔兰、毛里求斯、纳米比亚、尼加拉瓜、巴拿马、菲律宾、葡萄牙、俄罗斯、塞舌尔、土耳其和津巴布韦等国都宣布上调国家养老金制度的待遇水平。

2014年,韩国推出了确定最低养老金待遇水平的新公式,使得最低养老金数额调整为过去近两倍的水平。亚美尼亚的国家社会养老金制度也在2014年和2015年实现了15%的养老金待遇水平增长。

西班牙引入可持续性调整因子,用以自动调整新的养老金待遇水平,以应对养老金领取者预期寿命的增加。这个调整因子将在2019年生效。之前芬兰的公共养老金制度也进行了类似的调整,预计到2060年该国的养老金待遇水平将下降21%(OECD,2015)。

在匈牙利,公共养老金制度的第13个月额外待遇支付将被有条件的指数化所取代。
资料来源:国际劳工组织社会保护监测(ILO Social Protection Monitor)。

4.8.1 防止养老金贬值：确保定期调整

对养老金充足性的一个重要考虑是保持其购买力和实际价值。一个好的养老金制度设计是在退休时建立初始收入替代水平，然后确保退休者终生维持这种收入水平。除非对养老金数额进行调整或将其指数化，否则养老金领取者的生活水平将降低。

一方面，第 102 号和第 128 号公约都要求在收入水平或生活费用水平发生重大变化之后对养老金待遇给付水平进行审查，第 131 号建议书更是明确规定应考虑一般收入水平或生活费用的变化而定期调整待遇水平。另一方面，第 202 号建议书要求通过建立在国家法律法规或实践基础之上的透明化程序，定期审查社会保障最低水平。养老金指数化的做法因国家和制度而异，如表 4.1 所示。

表 4.1 指数化方法

指数化方法	制度数量
物价指数化	44
工资指数化	27
综合物价 / 工资	21
定期，未指明的	24
临时性的	4
无信息	57
总计	177

注释："无信息"在大多数国家意味着"无指数化"。
资料来源：ILO, 2014a, 基于 ISSA/SSA 全球社会保障项目。
链接：http://www.social-protection.org/gimi/gess/RessourceDownload.action?ressource.ressourceId=54784.

虽然工资指数化的做法过去比较流行，但现在越来越多的养老金制度只根据生活成本调整。指数化方法的选择似乎是一个技术性的细节，但它可能对养老金水平和养老金支出产生重大影响。在工资增长速度快于物价水平增速的情况下，从工资指数化到物价指数化的转变大大降低了养老金支出，但也导致养老金领取者的生活水平与劳动人口的生活水平脱钩。一个典型的例子是斯洛伐克的国家养老金制度。最初该养老金待遇给付是以平均收入增长和物价上涨的综合指数计算。与更广泛的、以提高制度可持续性为目标的改革一致，指数化公式中的收入增长和通货膨胀率的权重从 2014 年的 40∶60 变为 2015 年的 30∶70，在 2016 年为 20∶80，随后在 2017 年为 10∶90。从 2018 年起，该指数将完全基于消费者物价指数（IMF，2017b）。

许多新建立的养老金制度提供临时性养老金增长。特别是在通货膨胀的环境下，这导致大多数养老金领取者最终获得减贫效果有限的名义养老金。图 4.10 显示了选定的

4 面向老年群体的社会保护——通过养老金体系对抗贫困

欧洲国家公共养老金制度在参保人退休时的平均替代率，预计数据显示了2060年的明显下降趋势。除非养老金根据实际工资的增长或与整体生活费用有关的其他措施调整，否则老年人的生活水平将会恶化，随后可能会陷入贫困。

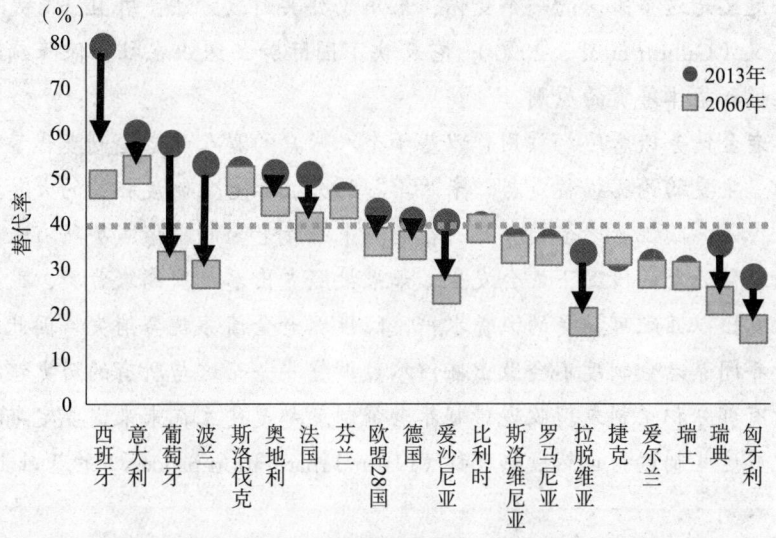

图4.10 欧洲部分国家公共养老金制度在退休时的平均替代率（%）
（2013年和2060年的预测值）

注释：第102号公约规定了缴费30年后提供替代率水平为40%的定期支付的养老金。
资料来源：European Commission，2015b：13.
链接：http://www.social-protection.org/gimi/gess/RessourceDownload.action?ressource.ressourceId=54663.

4.8.2 在财政整固和紧缩政策的背景下改革养老金体系

在财政压力下，许多国家（主要是高收入国家，还有一些中等收入国家）出台了一系列影响养老金制度充足性的调整措施。更确切地说，这些措施影响了养老金领取资格条件和延迟领取养老金。例如，加大对提前退休的处罚、提高法定退休年龄，以及根据预期寿命的增加将退休年龄指数化等。这些趋势有时与"隐性养老金债务"的担忧有关（见专栏4.5），对社会保障制度和社会契约的维持构成风险。

专栏4.5 隐性养老金债务

隐性养老金债务的概念是世界银行工作人员在20世纪90年代提出的，它是对私营保险部门一个常用概念的改编。养老金债务是在已经承诺养老金待遇给付但没有资金的情况下产生的负债。这个术语通常以两种不同的方式定义：（1）隐性社会保障养老金债务等于目前养老金领取者将来所有待遇的现值和当前被保险人的所有应计权利的现值，减去养老金制度初始储备金的金额；（2）隐性社会保障养老金债务等于现在和将来养老金领取者未来所有待遇的现值，减去养老金制度初始储备额，再减去现在和将来参保人在固定初始缴费率下所有预期未来缴费的现值。

第一个定义遵循严格的私营保险概念，并在世界银行出版的《避免老年危机》（World Bank，1994）中使用。

第二个定义是这个概念的一个变体，采用了公共财政方法，并且一直是国际劳工组织首选的定义（Gillion et al.，2000）；它反映了国际劳工组织在社会保障领域的几项公约中的团结性和集体筹资的原则。

隐性养老金债务概念已经被用作以基于个人账户的私人养老金制度代替公共养老金制度的理由。主要的论据据称是与"未改革"的公共养老金制度相关的大量养老金债务正在积累。但是，隐性养老金债务只有在所有未来养老金的现值减去所有未来社会保障税或缴费的现值为负的情况下才会发生。如果按照支出水平提高缴费率，或者通过参数改革来降低支出以匹配可接受的缴费水平，隐性养老金债务就会消失。因此，这个概念暗示着几十年间养老金制度不会做出任何参数调整——而这与所有的历史经验相悖。在实践中，所有部分积累制或现收现付制养老金制度都是建立在未来需要定期提高缴费率或税率以适应这些制度的自然成熟过程（Natural maturation process）的基础上（Cichon，2004）。

关于隐性养老金债务的讨论与筹资水平和模式有直接关系。私人养老金制度通常是完全积累，即他们必须有足够的资金履行其义务，以避免保险公司、职业养老金制度或职业养老金制度资助人终止或解散。如果这个条件得到满足，这个制度就是完全积累的。公共养老金制度得到社会承诺的支持，保证其流动性和理想状态下的无限期存在，并不需要相同水平的资金积累。社会保障制度中的资金水平是由除了养老金承诺的财务保障以外的其他因素决定的，大多数社会保障养老金制度实际上是部分积累制的。即使是最初设计为完全积累制，当通货膨胀降低储备价值时，这些制度往往会变成部分积累制（ILO，2001）。

为了确保养老金制度的可持续性，国际劳工组织支持引入结构性或参数改革，条件是这些措施符合社会保障国际标准中的原则和法律条件，包括在实施方面必要的渐进性，以防止突然影响老年人的生活条件。为此，国际劳工组织努力监测改革，并在社会对话背景下为各国设计和实施改革提供技术支持，遵守国际标准并确保国际劳工组织成员的参与。

根据国际劳工组织社会保护监测（ILO Social Protection Monitor）收集的数据，2010—2016年，世界各地政府共宣布了169项养老金制度的收缩措施，主要涉及缴费型养老金制度。其中103项改革涉及延迟养老金待遇给付。这些改革包括提高退休年龄（72项公告），消灭提前退休现象、出台或加重对提前退休的惩罚措施，出台或增加延迟退休奖励措施，以及13个旨在提高资格期限或收紧资格条件的改革措施（见表4.2）。

表 4.2 养老金改革的政府公告（紧缩类），2010—2016 年

措施类型	数量
提高退休年龄（72 项），出台或增加延迟退休奖励措施，消灭提前退休现象，出台或加重对提前退休的惩罚措施，延长缴费年限期，提高领取标准等	103
修改计算公式，取消或减少对福利的补贴，减少对缴费的补贴	25
引入或增加对待遇给付的征税，改革指数化方法，冻结养老金指数化，精简和收缩制度或福利	12
其他：提高缴费率（17 项公告），提高缴费上限，部分或全部取消制度、私有化或引入个人账户	29
总计	169

资料来源：国际劳工组织社会保护监测，2010-2016，参见 http://www.social-protection.org/gimi/gess/ShowWiki.action?id=3205。

链接：http://www.social-protection.org/gimi/gess/RessourceDownload.action?ressource.ressourceId=54785.

国际劳工组织的社会保护监测还记录了 37 个降低养老金充足性的政府改革公告。其中包括 25 项降低养老金待遇水平、修改计算公式、取消或减少待遇补贴或减少缴费补贴的公告。其他公告包括通过指数化方法的改革、冻结养老金指数化、引入或增加对待遇征税来降低养老金制度的充足性等 12 项改革措施。

旨在长期缩减养老金制度支出的全球改革图景主要由延迟待遇支付或缩短支付年限的措施主导。在很多情况下，这些措施与其他调整待遇水平的改革相结合。白俄罗斯、巴西、保加利亚、印度、印度尼西亚、意大利、日本、拉脱维亚、马来西亚、摩尔多瓦、摩洛哥、尼日利亚、挪威、卢旺达、塞内加尔、斯洛文尼亚、越南和赞比亚等国是最近一批宣布改革以调整退休年龄或资格要求的国家（见表 4.3）。

表 4.3 部分国家的养老金参数改革，2013—2017 年

国家（年份）	措施
白俄罗斯（2016）	退休年龄每年增加 6 个月，直到男性 63 岁、女性 58 岁
巴西（2015）	在 2017—2022 年，领取待遇的年龄要求由 85/95 岁（女性/男性）逐渐提高到 90/100 岁
保加利亚（2015）	到 2037 年，男性和女性的正常退休年龄逐渐提高到 65 岁。全额领取养老金的资格要求的工作年限每年增加 2 个月，直到 2027 年男性达到 40 年，女性 37 年
印度（2017）	卡纳塔卡（Karnataka）州私营部门退休年龄从 58 岁提高到 60 岁（除了 IT-BT 行业和雇员少于 50 人的企业）
印度尼西亚（2014）	公务员退休年龄从 56 岁提高到 58 岁
意大利（2015）	根据新的预期寿命，退休年龄增加 4 个月

续表

国家（年份）	措施
日本（2013）	法定退休年龄在1998年由55岁提高至60岁，现在将上升到61岁并按每3年增加1岁的速度逐渐增加。到2025年，法定退休年龄为65岁
拉脱维亚（2014）	自2014年起到2025年，退休年龄每年增加3个月，直到65岁。2025年领取养老金的最低缴费年限将为20年
马来西亚（2013）	私营部门退休年龄从55岁提高到60岁
摩尔多瓦（2016）	之前女性57岁、男性62岁的退休年龄逐渐提高，2028年达到63岁。取消矿工54岁提前退休的权利，使他们与其他行业的员工退休年龄一样
摩洛哥（2016）	在六年时间内，退休年龄将从60岁逐渐增加到63岁。应计养老金权利从每缴费一年的2.5%下降到2%。雇员和雇主的缴费率将在三年内逐步由10%提高到2019年的14%。待遇领取公式由基于职业生涯最后工资变为基于过去八年的平均工资计算
尼日利亚（2016）	国有高校学术职工和非学术职工的退休年龄由60岁提高到65岁
挪威（2015）	雇主终止其雇员劳动合同的年龄由70岁提高到72岁。预计还将有新的增长
卢旺达（2015）	2015年最低退休年龄从55岁提高到60岁
塞内加尔（2014）	私营部门退休年龄从55岁提高到60岁
斯洛文尼亚（2015）	法定退休年龄提高了，并引入延迟退休的经济激励
越南（2015）	2015年政府官员和武装部队成员的退休年龄提高到男性65岁，女性60岁
赞比亚（2015）	正常退休年龄提高到60岁，可选的提前退休和延迟退休年龄分别为55岁和65岁，而60岁是正常退休年龄

资料来源：国际劳工组织社会保护监测，2010—2016，参见 http://www.social-protection.org/gimi/gess/ShowWiki.action?id=3205。

链接：http://www.social-protection.org/gimi/gess/RessourceDownload.action?ressource.ressourceId=54786。

根据目前的趋势，预计由于养老金改革，越来越多的劳动者在老年时期将不得不求助于税收筹资的社会援助或最低收入保障项目。不幸的是，在实行改革之后，已经批准了国际劳工组织第102号公约和/或"欧洲社会保障准则（European Code of Social Security）"的国家中，一些国家养老金制度将不再符合在资格条件和充足性方面履行这些要求所需的条件。

对养老金体系进行改革的国家需要在可持续性目标和退休条件（包括充足性）之间找到适当的平衡，以实现养老金制度的目的。在发展中国家，贫困和非正规就业现象普遍存在，相当一部分老年和非熟练劳动者正从有社会保障的正规就业转向非正规就业或失业，这使他们很难符合法律对缴费型养老金的要求。特别是要使社会保障体系达到保障所有老年人的目的，必须谨慎对待最低缴费额、退休年龄和其他相关参数。在《2030

年议程》目标的背景下,养老金改革将对脆弱群体的影响因素考虑在内十分必要,从而确保被排除在缴费型养老金制度之外的老年人被底线性的社会保障制度所覆盖。

4.9 逆转养老金私有化

4.9.1 三十年来养老金私有化的教训

在20世纪90年代,许多国家对其养老金制度进行了结构性改革,将个人账户和私人管理模式从给付确定(DB)模式转向缴费确定(DC)模式。结构性改革需要建立私人管理和投资的、缴费确定型的养老金支柱,并将人们的储蓄投入资本市场。这些结构性改革转移了公共部门的责任和财政负担,改变了人们对老年保障的看法(Mesa-Lago,2014)。许多改革是由世界银行根据即将发生老龄化危机及其对养老金制度可持续性影响的论断进行设计和推动(World Bank,1994)。最深刻和最广泛的养老金改革发生在20世纪90年代的拉丁美洲、东欧和中亚,这些国家的养老金改革改变了筹资模式和国家责任。

1995年,国际劳工组织和国际社会保险协会(Beattie and McGillivray,1995)发表了第一份报告,对世界银行私有化战略进行了批判性评估,认为用强制性储蓄制度取代社会保险的战略会导致劳动者和养老金领取者的风险高得无法接受,会使老年保障成本更高,而且这一转变将给当代的劳动者带来沉重的负担。国际劳工组织和国际社会保障协会的这一评估结论认为,更有效、扰乱性更小的提供养老金的方法是集中力量采取措施纠正公共体系中的设计缺陷和不平等现象,即对公共养老金制度进行参数化改革而不是进行系统改革。专栏4.6提供了一个基于国际社会保障标准的观点,包括由国际劳工组织实施公约与建议书专家委员会(CEACR)制定的标准。

专栏4.6 国际社会保障标准及社会保障体系的组织和筹资

在20世纪90年代,有一股降低国家提供社会保障养老金责任的动力,使得国家增加私营机构作用并逐渐减少公共制度。这种提供和管理社会保障制度的新形式不一定会被认为直接违背国际社会保障标准所要求的国际公认原则的框架,因为这些原则性框架十分灵活,以便于考虑各种确保保障的方法,只要制度坚持某些被认为代表社会保障概念基石的核心原则即可,而非对任何制度进行预判。

国际社会保障标准为社会保障制度的组织和管理制定了一定的总体原则。因此,《1952年社会保障(最低标准)公约》(第102号)规定,国家必须承担适当提供福利和适当管理有关机构和服务的一般责任,社会保障制度应通过保险缴费、税收或两者兼而有之的方式集体筹资，使风险在社会成员之中分散。事实上，社会保障这个概念的一个重要组成部分就是通过集体承担待遇支付的经济负担来管理风险。其他原则包括现金给付的周期性；保证待遇水平并保持其实际价值的义务；在管理权未委托给受公共机关或政府部门监管的机构的情况下，保障对象的代表需要参与制度的管理或者与制度相关联；排除对于收入微薄的人而言负担过于繁重的解决方案；以及对雇员需承担的份额设置上限，以便使得至少半数社会保障制度的资金以更加社会化的一般性税收或雇主缴费的方式筹集。最近，在2012年由国际劳工大会通过的《第202号建议书 关于国家社会保护底线的建议书》中，这些原则得到了重申和加强。

无论养老金制度类型（公共的、私营的或是混合的），这些组织和管理的基本原则应该继续成为社会保障制度的基础，以按照第102号公约在一般公共利益和个人权利之间保持平衡。在实践中，经验表明，某些新养老金制度已被证实难以实现上述某些基本原则。例如，现金给付的周期性或保证待遇水平并保持其实际价值的义务，都不能通过私营的缴费确定型制度来保证。尽管国际标准所要求的保障水平不同，改革也有一定的局限性，尤其是那些导致社会保障私有化的改革，上面提到的核心原则是防止社会倒退的保证。

应该记住，养老金制度的设计是一系列选择的结果。其中，尤其表现在作为整个养老金制度特征的两个方面：（1）养老金计发的基础是否应该与保障一定生活水平的待遇水平相关（所谓的给付确定型，DB）或直接与缴费水平相关（所谓的缴费确定型，DC）；（2）财务系统是否应该以每年需要支付的待遇为依据（所谓的现收现付制，PAYG）或基于储备资金的资产预付款（从较高的缴费率开始）（所谓的完全积累制或部分积累制）。从技术的角度来看，每一种选择都有其优缺点。许多方案试图通过所谓的"多支柱"或"多层次"，将DB制或DC制，PAYG或基金积累等的元素按一定比例组合起来的方法来使优点最大化、缺点最小化。近年来，DC制养老金制度日益受到青睐，常常伴随着基于个人账户的完全积累制。这样的方案（如果是单一层次的话）为参保者带来了高风险，从远期来看，他们的养老金极易受到与投资波动相关的风险的影响——正如最近在全球金融危机中明显看到的那样。

因此，国际劳工组织的监督机构认为DC制往往不符合第102号公约的要求。鉴于各种可能性，有必要仔细分析每个国家养老金制度整体的充足性和风险。近几十年来，许多改革试图通过建立以养老金个人账户为基础的私营完全积累制来重建公共的现收现付型制度，导致先前通过再分配机制所保证的社会团结性下降。此后，国际劳工组织的监督机构就有关违反国际劳工组织社会保障标准的一系列问题与有关政府进行了密切对话。他们特别指出，以私人养老金个人储蓄资本化为基础的养老金制度，无视社会保障团结性的本质、风险分担和集体筹资的基本原则，也无视以参保人代表参与为特点的透明、负责和民主的养老金管理原则。实施公约与建议书专家委员会（CEACR）在2009年指出，这些原则是国际劳工组织社会保障标准和技术援助的基础，为社会保障制度的财务可行性和可持续发展提供了适当的保障；如果忽视了这些原则，同时取消国家保障,将使私营制度的成员面临更大的财务风险。

然而,近年来在国际金融危机之后的事态发展使得这些基本原则通过对繁荣的世界经济新的共识形成得以重申,即社会保障和良好治理成为一个整体,以及通过加强法治来促进政府更大程度的参与。在这个新的发展模式中,可持续发展的先决条件是重塑金融体系的监管框架、加强公共监督、巩固基于团结的社会保障体系。值得注意的是,经济危机的一个主要教训是,如果这些制度是集体筹资并由国家全面管理的,尤其是采取现收现付制筹资,则其所受直接影响很小。相比之下,完全由私人筹资的、将个人储蓄投资于价值相对波动的产品的制度,则遭受了严重的损失。许多私人养老金制度未能提供体面的养老金,这尤其是因为金融危机期间的损失。私人养老金的失败促使许多政府进行了第二轮重大改革,允许雇员转回到现收现付型制度当中,并重新建立或加强社会团结和收入再分配机制。因此,国家参与的一定程度强化和基于集体筹资原则的社会团结机制的重建,有可能作为国家社会保障体系的重要组成部分。除了加强社会保障管理和监督之外,公共养老金制度更加容易遵守国际劳工组织社会保障文件中规定的治理原则,正如在高收入国家完善的社会保障体系中所看到的那样。

资料来源:ILO,2011a.

在1981—2002年,少数国家(24个[①])进行了养老金改革,采用了设有个人账户的替代、混合或平行的模式(Mesa-Lago,2014)。由于私有化制度在满足对其表现的预期方面遇到困难,一些国家已经以不同的方式逐渐逆转了以往的改革,而另一些国家则正在就进行重新改革展开讨论。至少有六个国家——阿根廷(2008年)、玻利维亚(2011年)、捷克(2014年)、匈牙利(2011年)、哈萨克斯坦(2013年)和波兰(2011—2014年)——进行了重新改革,加强了或返回公共和团结养老金制度。爱沙尼亚(2009年)、拉脱维亚(2009年)、立陶宛(2009年)和斯洛伐克(2012年)等其他国家通过降低个人账户缴费率并将资金重新投向公共养老金制度从而大幅度减小个人账户计划的规模(Kay,2014)。2008年,智利采取了改革措施,力图通过一个新的税收筹资的公共团结养老金,旨在改善社会风险与个人努力之间的平衡。在萨尔瓦多,正在就重新改革1998年通过的私有化制度进行讨论。

多年来,关于社会保障养老金私有化辩论的核心议题是覆盖面扩大、行政管理费用、投资回报、待遇给付充足性、财政效应和治理。曾经有人预期覆盖率和待遇水平将提高、养老金管理将改善、不平等将减少、资本市场将通过新资金来源有所发展从而支持新的投资和经济增长。然而,以下几点展示了过去三十年私有化改革的实际情况。

---

① 拉丁美洲13个国家:智利(1981年)、秘鲁(1993年)、阿根廷和哥伦比亚(1994年)、乌拉圭(1996年)、玻利维亚和墨西哥(1997年)、萨尔瓦多(1998年)、尼加拉瓜(2000年)、哥斯达黎加和厄瓜多尔(2001年)、多米尼加(2003年)和巴拿马(2008年);东欧和中亚11国:匈牙利(1998年)、波兰(1999年)、拉脱维亚和哈萨克斯坦(2001年)、保加利亚、克罗地亚和爱沙尼亚(2002年)、立陶宛(2004年)、斯洛伐克(2005年)、北马其顿(2006年)和罗马尼亚(2008年)。

低覆盖率。证据表明，个人账户的引入既不增加覆盖率，也不增加合规率（Bertranou, Calvo and Bertranou, 2009）。在大多数引入个人账户的国家，覆盖率和待遇水平停滞或下降。在引入私有化制度后，阿根廷1992—2004年养老金覆盖率下降了10%，而玻利维亚的养老金覆盖率没有变化，停滞在12%。同样，匈牙利、哈萨克斯坦和波兰的覆盖率也未能达到高预期，与改革前水平相比停滞不前甚至略有下降。9个国家加权平均的养老金覆盖率从改革前的38%下降到了2002年（改革后）的27%（Mesa-Lago, 2004）。①

高管理费用。在大多数国家下，养老金管理成本上升，远高于旧的公共养老金体系的既有水平。有大量的文件记录表明个人账户制度管理的高费率源自高昂的管理费用和用于为遗属和残障保险筹资的高额保费。直接后果是缴费者的净回报率显著下降，影响了投资回报的净值，而管理公司的利润却非常高。私人养老金制度的这种不可预见的管理费用上涨，给养老金的待遇水平和受欢迎程度带来了很大的压力。在萨尔瓦多，改革前公共养老金体系的管理成本（占劳动者工资的百分比）为0.5%，但在私有化之后，2003年管理成本上升到2.98%。墨西哥和阿根廷的管理成本最高，分别增加到缴费的38%和32%。2003年11个拉美国家养老金管理费的非加权平均值占缴费的比例为26%（Mesa-Lago, 2004）。即使在智利，行政管理费用占缴费的百分比水平也从1981年的2.44%上升到1984年的3.6%，而在改革22年后，2003年只下降到2.26%。在波兰，分销费用（distribution fee）水平在2004年以前一直没有受到监管，一些养老金基金经理收取费用高达缴费的10%。

较低的养老金待遇水平和替代率。在私有化进程中，从给付确定型向缴费确定型转变对替代率有重大影响。金融市场波动的风险被留给了参保者，一旦金融市场崩溃的话，他们就有可能丧失所有储蓄，正如在全球金融危机中发生的那样。美洲开发银行（IADB）的一项研究强调，从1990—2000年，智利养老金制度的替代率下降，有一半的私人养老金制度参与者获得的最低养老金减少（Crabbe, 2005）。由于女性参保率低，女性的替代率尤其低；智利养老金体系总体表现疲弱，导致养老金不足（Borzutzky Hyde, 2016）。国际劳工组织2004年对阿根廷养老金制度进行的财务（精算）评估预计其替代率将下降约1/3。此外，有学者的结论是平均养老金数额有可能趋于最低水平（Cichon, 2004）；越来越多的人将不符合领取最低养老金的条件，因此改革后的养老金制度将无法实现作为老年收入保障的目标（Crabbe, 2005）。也有学者的结论是，即使在金融危机严重影响市场回报之前，东欧的私人养老金比相应的现收现付制的回报率更低、波动更大（Altiparmakov, 2014）。由于缺少对育儿和长期护理期的视同缴费年限，以及由于越来越多非典型、非标准就业（如自由职业者）和过早的工作终止造成的缴费

---

① 这9个国家包括阿根廷、玻利维亚、智利、哥伦比亚、哥斯达黎加、萨尔瓦多、墨西哥、秘鲁和乌拉圭。需要指出的是，不同出版物发布的关于养老金覆盖的绝对数值各不相同，但整体趋势一致，这说明改革期间和改革后的覆盖率明显下降。

年限中断，私人养老金的效果持续恶化（Ebbinghaus，2015）。总而言之，东欧和拉丁美洲的养老金私有化导致养老金替代率恶化，基于团结、再分配和充足性的社会契约的核心理念受到侵蚀。

高财政成本。 在大多数国家，无论是由于长期存在的财政赤字还是养老金负债，引入私人养老金制度的主要动力来源是公共养老金制度带来的财政压力。然而，证据显示，私有化改革未能改善财政和筹资状况，向个人账户转制的资金投入反而加剧了大多数国家已有的财政压力。从给付确定型向缴费确定型的转制成本在所有国家被大大低估，有时是因为根本没有进行过深入的分析，有时是因为计算是基于不存在的乐观假设。停止或大幅度减少对公共养老金制度的缴费导致了高于预期的转制成本，导致额外的财政压力和债务水平的上升。在玻利维亚，转制成本是最初预测的2.5倍。在改革30年之后，2010年智利的债务水平仍然为GDP的4.7%（Mesa-Lago，2014），而在阿根廷，到2000年，公共养老金制度的赤字占国内生产总值的3.3%，而GDP的约1.5%被用于私人养老金制度（Kay，2014）。在匈牙利，改革的转制成本使该国政府的财政负担从1998年GDP的0.3%上升到2010年的1.2%。波兰在1999—2012年，向第二支柱转制的累计成本估计是2012年GDP的14.4%，同时GDP的大约6.8%用于额外的公共债务。

缺乏社会对话。 国际劳工组织的一些规范性文书确定需要确保社会对话和被保障对象在社会保障管理机构中的代表性。中东欧和拉丁美洲养老金私有化的大多数结构性改革都是在有限的社会对话的情况下实施的，这在后来导致合法性问题（Mesa-Lago，2014）。在改革之前，大多数公共养老金实行某种形式的雇员、雇主和政府代表三方管理。尽管雇员是个人账户的所有者，私有化却排除了雇员在私人养老金制度中的这种参与（在智利最初有过这样的代表形式，但最终丧失了）。同样，在匈牙利，公共养老金制度的三方管理在改革后伊始得以延续，但后来也被废除了。在玻利维亚，最初的私有化是在劳动与卫生部以及工会的强烈反对下进行的，导致了人们的公开示威。在阿根廷，在回归公共养老金的讨论框架内，政府最初在2002—2003年度鼓励所有关键主体参加的重大辩论，但在2007年和2008年引入再改革措施时，行动迅速且未经任何磋商。阿根廷政府2008年10月底宣布将养老金制度重新国有化的项目，新的养老金法案在没有重大修正的情况下就通过了，并仅在一个月后就在国会两院获得批准（Hujo and Rulli，2014）。尽管得到了广泛的支持，但改革所涉及的主体，如养老基金（Administradoras de Fondos de Jubilaciones y Pensiones，AFJPs）和工会，没有时间作出反应，也没有正式参与这一过程的空间（同前引）。

4.9.2 重返公共养老金体系

私人养老金体系造成的财政压力是逆转养老金私有化的主要理由。养老金私有化逆转的浪潮恰逢2008年金融危机。这增加了已经在应对外部财政约束的国家的压力。另外，想加入欧元区的国家必须应对马斯特里赫特条约中关于债务和财政赤字的标准。由于预期目标未能达到以及财政挑战,许多国家采取各种方式扭转在20世纪90年代采取的政策措施。阿根廷在2008年12月全球金融危机期间终止了参保者和养老金领取者的个人账户,并将所有资金转入新设立的阿根廷综合养老金体系(SIPA)下的现收现付型制度。匈牙利正式将私人养老金资产国有化,并在2011年取消了第二支柱的私人计划,重新回到了1998年以前的强制性现收现付制公共养老金体系(见专栏4.7)。2013年,哈萨克斯坦政府将已有的10个私人养老基金与国营现收现付基金合并,形成由哈萨克斯坦国家银行控制的统一积累制养老基金(Unified Accumulation Pension Fund)。2014年,波兰政府将私人基金持有的政府债券转移至公共社会保险(ZUS)系统,使私人养老基金管理人的投资组合大部分由股票组成,从而大大减少了私营管理的份额。2016年,捷克完成了养老金制度的全面逆转,终止了其个人储蓄账户体系(Adascalitei and Domonkos, 2015)。如前所述,在爱沙尼亚(2009年)、拉脱维亚(2009年)、立陶宛(2009年)和斯洛伐克(2012年)等其他国家,下调了私人养老金制度的缴费率,资金重新投入到给付确定型的公共养老金制度中(Kay, 2014)。

专栏4.7 匈牙利扭转养老金私有化

匈牙利的养老金制度之前历来是以俾斯麦公共养老金模式为基础的。20世纪90年代初期,它由一个现收现付型制度,一个反贫困层次和一个自愿性私人养老金层次组成。虽然匈牙利政府在20世纪90年代早期制定了一个总体的参数化改革方案,但国际货币基金组织和世界银行推行的养老金私有化在20世纪90年代中期已经成为主流,因此匈牙利在1997年采取了阿根廷的"混合"模式。系统改革伴随着参数改革,到2009年,男性和女性的退休年龄逐渐提高到了62岁。

匈牙利本土的以及国际性的银行和保险公司(包括AXA、ING、AEGON、Allianz和Erste)于1998年进入了匈牙利的私人养老金市场。最初,6%的雇员缴费进入第二支柱的私营养老基金中,雇主缴纳的25%进入国家运营的养老基金。公共养老金制度仍占主导地位,私人养老金的缴费率则某种程度上随着政治周期的变化而有所变化。未来的养老金领取者计划将从现收现付型制度中获得75%的养老金,从个人私人账户中获得25%的养老金。

大约在21世纪中期,养老金私有化预期产生的积极影响并没有实现这一事实已经清晰。无论从匈牙利的金融市场、就业率还是经济产出方面看,都没有产生实质性的积极影响。与此同时,从完全的现收现付型制度转变为混合型制度的成本从1998年匈牙利GDP的0.3%上升到了2010年的1.2%,导致从国际货币基金组织的额外借款和债务总额的增加。私人养老金制度的实际收益率甚至连保守的预期都没有达到,原因是超过10%的高昂的管理成本。

相互交织的内外经济和政治因素促成了匈牙利养老金私有化的逆转,在2011年,匈牙利全面实施了养老金再国有化。逆转背后的驱动因素是全球经济危机期间国内生产总值和收入急剧下降,新一届保守派政府(Fidesz 或匈牙利公民联盟)打算利用私人养老金的资产来偿还国际货币基金组织 2008 年提供的紧急贷款。政府首先将私人养老金缴费重新导向国家,为期 14 个月,后来又设置了不利的条件,使私人养老金制度对参保者非常没有吸引力。因此,到 2011 年,97% 的参保者选择仅参加公共养老金制度。积累的资产被转移到新设立的养老金改革和赤字减少基金(Fund for Pension Reform and the Decrease of the Deficit)之中。

菲德兹(Fidesz)内阁在极短的时间内实施了改革议程,在这一过程中并没有与反对党、工会和私人养老金进行磋商。作为改革的一部分,政府取消了提前退休政策,并将残障福利津贴从养老金制度中分离。

到 2012 年,匈牙利已经回到了 1998 年以前的强制性养老金制度。匈牙利的养老金制度尽管试图纠正私有化进程的缺陷,但仍存在重大的设计缺陷。对养老金制度可持续性和充足性的担忧仍然没有得到解决,需要在未来几年采取行动。

资料来源:Mesa-Lago, 2014; Kay, 2014; Hirose, 2011.

4.10 确保老年人群的收入保障:持续的挑战

《2030 年议程》呼吁实现对穷人和脆弱群体的广泛覆盖,呼吁建设全面和普遍的社会保障体系。

在扩大对老年人的法律覆盖面和有效覆盖面方面,全球正在取得巨大进步。然而,这一趋势表现出显著的差异性,大部分发展中国家仍有许多老年人未被制度所覆盖。在具体的区域和国家,扩大对老年人覆盖面的主要障碍包括:缺乏政治意愿,而政治意愿对于支持发展运作良好的养老金制度是不可或缺的;缺乏为养老金制度提供资金的财政空间,以及未能在长期内优先对老年人社会保障的支出;高度的非正规性,特别是在中低收入和低收入国家;以及在缴费者和受益者之间建立信任所面临的挑战。

在所有发展中国家,积极趋势是非缴费型养老金制度的迅速发展。然而,这些养老金制度的目标人群往往过窄,使许多人无法得到保障。这些国家面临的挑战之一就是要把它们的体系转换成普遍型制度,以确保所有老年人的收入保障底线,确保不让任何一个人掉队。

许多发展中国家(包括那些处于人口转型期的国家)已经能够扩大其缴费型养老金制度的覆盖面。例如,在拉丁美洲地区,过去十年养老金的发展包括税收筹资的社会养老金制度的扩面和既有的缴费型制度的扩张,后者与一系列正规化政策相关联。这些国家面临的主要挑战是巩固劳动力市场政策,以使社会保险覆盖面正规化和扩大化,同时保障已经分配给非缴费型和部分缴费型制度的财政空间。

大部分发展中国家的重点是扩大养老金制度的覆盖面,而高收入和中高收入国家的讨论则侧重于养老金充足性和财务可持续性问题,以及如何维护这些制度。随着人口结构的老龄化和养老金制度的成熟,大多数发达国家面临的主要挑战是在养老金充足性和可持续性之间保持平衡。近年来的趋势主要是通过实行以节约成本为财政目标的改革,包括提高退休年龄、调整养老金计发公式、降低整体待遇水平以及拓展养老收入保障的资金来源。财政整固政策主导着社会保障体系的相关讨论,使得社会契约和社会保障体系建立的原则遭遇风险。

20世纪90年代东欧、中欧和拉丁美洲的养老金私有化曾许下了众多承诺,包括更高的收益水平、覆盖面的扩大和财政成本的降低。然而,私有化制度未能达到预期、普遍表现不佳,往往导致覆盖面收缩和待遇充足性下降,因此,21世纪初对养老金私有化的逆转重新引入或加强了基于给付确定型的、以社会团结和再分配为元素的公共制度。

值得强调的是,尽管世界各地的养老金体系面临各种挑战,但老年人的收入保障取得了很大的进展,特别是在覆盖面扩大方面。

为了符合可持续发展目标,各国必须加倍努力扩大养老金制度覆盖面,包括建设覆盖最脆弱老年人的社会保护底线,同时在提高待遇充足性方面取得进展。

5 迈向全民健康覆盖

关键信息

- 全民健康覆盖（UHC），即提供至少基本的医疗保健，包括长期护理（LTC）保障（除了健康服务，还涵盖专业的社会护理）的有效获取渠道，是实现可持续发展目标，尤其是可持续发展目标3的关键。但是，全球存在巨大差距。其后果是，数百万人，包括大多数生活在农村地区的人和老年人，没有任何保障，也无法获得所需的优质护理。
- 城乡差距惊人。全球范围内，56%的农村人口缺乏健康保障，而这一比例在城市为22%。缺乏健康保障者中的许多为土著民和患有艾滋病等严重疾病的人。这些严重的不公平现象由于卫生人力（health workforce）的短缺而变得更加严峻：相较于缺乏300万卫生工作者（health workers）的城市地区，农村地区缺少超过700万可以提供优质医疗保健的熟练卫生工作者。此外，农村地区人均医疗卫生支出赤字是城市地区的两倍。因此，居住地在很大程度上决定了人们的生死。例如，农村孕产妇死亡率是城市的2.5倍。全球范围内，非洲农村地区的人口最缺乏健康保障和必需的医疗保健。
- 当前，世界上的大多数国家没有给老年人提供长期护理保障，这些得不到长期护理保障的群体不仅基数庞大且人数还在稳步增长，因此我们需要付出巨大努力加以应对。全世界超过48%的人口生活在没有任何老年长期护理保障的国家，而女性则因之受到过大的影响。另外，由于狭义的家计调查规定使得只有年龄达到65周岁的贫困老年人才有资格获得长期护理服务，因此全球老年人口的46.3%基本上被排除在长期护理之外。只有5.6%的全球人口生活在依据国家立法规定向全民提供长期护理保障的国家。
- 在公共和私营部门工作的许多卫生和护理人员缺乏体面的工作条件。他们的工作条件通常都不尊重人权，包括不尊重劳工权利、没有实行有效的社会保障、不注重职业安全和通过社会对话的参与过程。
- 实现可持续发展目标需要扩大健康保障的覆盖面，而这则需要确保优质护理获取的公平性和筹资的团结性，同时也需要为卫生工作者提供体面的工作条件并将伴随退出劳动力市场的无酬劳动转变为有偿工作。

- 由于缺乏足够数量的专业护理人员，据估计目前全球有 5700 万无偿"自愿"劳动者正在提供大量的长期护理服务。其中绝大多数是放弃了自己的工作、收入和社会保护为家庭成员提供非正式护理的女性。填补全球长期护理劳动力短缺（估计需要 1360 万全职、正式的长期护理人员）不仅有助于提供急需的优质服务，而且有助于将无酬劳动转变为体面工作。

- 目前的缺口提供了相当大的就业潜力。通过扩大健康保障覆盖面和解决健康和长期护理领域的劳动力短缺问题来实现可持续发展的目标，将有助于在创造数百万新的体面工作的基础上实现充分就业。实际上，在国家更广泛的健康经济活动中，用来创造 1 个卫生职业（health occupation）机会（如一位医生或一位护士）的每项投入，都有潜力创造 2.3 个非卫生职业（non-health occupation）[①]，例如在制药行业或那些提供管理、维护或洗衣服务的行业。这样可以促进可持续发展目标 8 中的包容性经济增长的实现。

5.1 关于健康保障的国际劳工组织公约和其他国际标准：实现可持续发展目标的有利框架

无论是直接的还是间接的健康保障，对于实现大多数可持续发展目标（SDGs）至关重要。一个提供健康保障法律覆盖、有充足的公共资金和大量的享有良好工作条件并能提供优质服务的卫生工作者的有利框架，具有降低死亡率并提高国民健康状况的潜力（WHO，2017）。因此，它有助于实现经济的包容性增长，其基础是提高生产率，并为全世界目前所需的卫生工作者创造体面工作，以期实现全民健康覆盖（UHC）。

然而，为了能够到 2030 年实现可持续发展目标，我们还需要更加努力，并且要实施以"可持续的具有恢复力的道路"（UN，2015b）为基础的新的健康保障政策。鉴于紧密相连的社会、健康和经济目标，需要实行跨部门合作的战略；这些体现在可持续发展目标 1 中明确指出的消除贫困和可持续发展目标 3 中全民健康覆盖、促进经济包容性增长和人人获得体面工作（可持续发展目标 8）、实现性别平等和女性赋权（可持续发展目标 5）、减少不平等（可持续发展目标 10）以及建立正义和强有力的机构（可持续发展目标 16）。促进政策也需要考虑到不断发展变化的环境，例如人口老龄化、经济发

[①] 译者注：non-health occupation 此处译为非卫生职业。根据国际劳工组织制定的国际标准职业分类（ISCO），卫生职业涵盖卫生专业人员和卫生助理人员。卫生专业人员包括医生、护士、助产专业人员及其他专业人员如牙医和药剂师等；卫生助理专业人员包括医疗和药品技师、护理和助产助理专业人员，以及牙医助理、理疗技师、配镜师。下文出现的 workers in non-health occupation，即非卫生职业/专业/技术人员。为方便理解，全文一律采用"非卫生职业人员"表达。非卫生职业人员为在卫生部门内和卫生部门外工作（含自雇佣者）的正式和非正式有偿劳动者（详见表 B.15 注释部分）。

展对健康保障筹资的消极影响、劳动力短缺以及移民模式导致的获取必需护理的不公平和障碍。

可持续发展目标支持性政策框架，包括为实现目标提供的规范指导，在国际劳工组织公约和建议书以及其他国际标准中均可体现（见专栏5.1）。与健康有关的可持续发展目标最相关的是国际劳工组织聚焦以下领域的公约和建议书：《社会保障最低标准公约》（第102号公约）、《国家社会保护底线建议书》（第202号建议书）、1994年《医疗护理建议书》（第69号建议书）和1969年《医疗和疾病津贴公约》（第130号公约）（ILO，2017b）。其他的国际劳工组织公约，例如，1977年《护理人员公约》（第149号公约），也起到很重要的作用。连同《世界人权宣言》（UDHR），这些国际文书旨在实现基于确保所有有需要者都能够获得至少基本的医疗保健、预防和孕妇保健护理的全民健康覆盖。服务的获取应该是无障碍的，无论是财务、文化、歧视还是与年龄相关的，都应符合可获取性、可接受性和质量诸项标准。此外，相关的国际劳工组织公约和建议书强调了将健康保障纳入更广泛的社会保障制度和体系中的必要性，例如，为所有有需要的人提供收入支持有助于消除疾病和贫困之间的联系。此外，政策战略应与社会和经济政策保持一致，同时促进正规就业中的生产性经济活动。它们应该与相关政策相协调，如促进正规就业、创造收入、教育、扫盲、职业培训、技能和就业能力培训等方面的政策，这样可以减少不稳定性和促进体面工作。

使用国际劳工组织公约和建议书的框架，迈进实现可持续发展目标的进展包括扩大基于人权而非慈善的健康保障的覆盖面和可及性。国家立法是实现健康公平可及的支柱，它应确保公平的筹资方式、待遇给付的充足性、性别平等、非歧视和社会包容。相关立法的实施需要大量享有体面工作条件且能够提供优质护理的熟练卫生工作者。

专栏5.1 支持全民健康覆盖：国际劳工组织公约和建议书以及其他国际标准

1948年《世界人权宣言》和1966年《经济、社会、文化权利国际公约》（ICESCR）规定：

● 享有"可达到的最高身心标准的"[《经济、社会、文化权利国际公约》，第12(1)条]和"为维持他本人和家属的健康和福利所需的生活标准，包括……医疗保健"[《世界人权宣言》，第25(1)条]的权利。

● 享有"社会保障，包括社会保险"（《经济、社会、文化权利国际公约》第9条），"在遭遇……疾病、残障……或在其他不能控制的情况下丧失谋生能力时"[《世界人权宣言》，第25(1)条）的权利]。

● 享有"创造保证人人在患病时能得到医疗照顾的条件"的权利[《经济、社会、文化权利国际公约》第12(2d)条]。

1944年国际劳工组织《医疗护理建议书》（第69号建议书）强调"医疗护理服务

应涵盖社区所有成员,无论他们是否从事有收益的工作"(第8段),并为医疗护理的供给和递送提出了全面的指导方针,尤其是医疗护理服务的基本特征和所覆盖人员的权利,以及医疗护理的范围、组织、质量、筹资和管理。

1952年《社会保障(最低标准)公约》(第102号公约)指出"在需要进行预防性或治疗性医疗时"(第7条),在"病态",即疾病状态(第8条)和生育情况(第8条)下,需要提供医疗护理。医疗护理福利应包括:

- 全科医生诊治,包括上门诊疗。
- 针对住院病人和门诊病人的院内专科护理,以及在医院外可获得的这种专科护理。
- 由医生或其他合格执业者开具的基本药物的供应。
- 必要时住院。
- 由执业医师或合格的助产士进行产前、分娩和产后的护理以及必要时住院治疗。

1969年《医疗和疾病津贴公约》(第130号公约)及其随附的建议书(第134号建议书),概述了一套比第102号公约更先进的医疗护理标准,将津贴方案扩展到包括牙科保健、医疗康复(假肢)、眼镜在内的医疗辅助设备,以及针对康复期病人的服务。第130号公约还规定已正式批准该公约的成员国应该增加受保障的人数,扩大医疗护理提供的范围并延长疾病津贴的期限。

2012年《关于国家社会保护底线的建议书》(第202号建议书)规定,应该建立国家社会保护底线。该底线包括众多基本保障,以至少确保所有有需要的人在整个生命周期内,都能获得基本医疗保健和包括疾病津贴在内的基本收入保障(第4段和第5段)。根据该建议书:

- 应贯彻国家法律规定的享有福利的普遍性原则(第3段)。
- 所有居民和儿童(第6段)都应有权"享有由国家规定、构成包括生育保健在内的,符合可获取性、可及性、可接受性和质量诸项标准的基本医疗保健的整套物品和服务[第5(a)段],同时免于以下风险,即"由于享有基本医疗保健时的相关财务问题而导致困难和增加贫困风险"(第8(a)段)。
- 成员国应建立社会保护底线,从而"建立全面社会保障制度",该制度体系应涵盖"1952年《社会保障(最低标准)公约》(第102号公约)所规定的津贴水平和范围或国际劳工组织其他社会保障公约和建议书中规定的更高标准的津贴水平和范围"(第17段)。

5.2 健康保障的不足

尽管过去几年对包括艾滋病毒/艾滋病项目在内的健康保障领域进行了大量的投

人,以及努力扩大各个收入水平国家的健康保障覆盖面(见专栏5.2),但是,在实现可持续发展目标方面仍存在巨大的差距,尤其是可持续发展目标3中提到的全民健康覆盖。对全世界许多人而言,公平地获取医疗保健尚未实现。由于缺乏高效而有效的健康保障和遭遇前所未有的卫生人力短缺问题,一些国家的大多数人口无法获取护理服务,也不能够很好地处理健康保障危机,例如,近期非洲的埃博拉疫情。此外,缺乏对健康保障领域的投入导致劳动者(尤其是卫生工作者)体面就业存在障碍,也错失了包容性增长的目标(可持续发展目标8)。

通过关注特定人群(尤其是农村人口和老年人),可以说明与全民健康覆盖相关的实现可持续发展目标方面的差距,特别是在覆盖面和必需服务可及性方面的不公。这些群体包括诸如土著民和艾滋病患者这样尤为脆弱的群体。

不幸的是,关于健康保障和特定人群服务可及的全球、区域和国家的数据非常稀缺,即使存在这样的数据,它们几乎也不具备国际可比性。在此背景下,国际劳工组织开发了能够凸显不公平现象的专门数据库,例如,农村和城市人口(见附件四,表B.13)以及老年人未满足的长期护理需求(见附件四,表B.14)。他们以第202号建议书为基础来评估健康保障覆盖面和医疗保健可及性的关键维度(Scheil-Adlung and Bonnet, 2011):法律覆盖面、经济可承受性——特别是自费支付(OOP)方面、基于大量熟练的卫生工作者提供优质服务条件下的服务可获取性以及财务保障。

此外,关于可持续发展目标8中提到的体面工作和经济包容性增长目标,通过全球供应链可以估算为实现全民健康覆盖而投入的潜在就业。这里的供应链,特指公共和私营部门提供医疗保健产品和服务所需开展的国家内部和跨国所有活动(见附件四,表B.15)。这包括通过研发、生产、分销及交付的多个阶段供给原材料(如用于药品的原材料)并将其转化为最终产品。

5.2.1 实现全民健康覆盖的可持续性发展目标方面的城乡差距:全球和区域的评估

对于所有人群,包括农村人口,享有健康保障的权利是公平获取医疗保健的关键。然而我们发现,就全球来看,农村地区覆盖面缺口是城市地区的2.5倍(见图5.1):全球农村地区,56%的人口没有健康保障的法律覆盖,而城市地区,这一比例为22%。通常来说,包括诸如土著民和艾滋病患者这样脆弱的群体尤为缺乏保障。

在非洲和亚洲有大量农村人口被排除在健康保障的法律覆盖之外(见图5.2)。在非洲,超过80%的农村人口和超过60%的城市人口被排除在健康保障之外。在亚洲,56%的农村人口和24%的城市人口没有健康保障的法律覆盖。因此,尽管非洲没有法律覆盖的人口比例最高,但城市和农村人口间的不平等差距最大的是亚洲。就所有区域来看,相比城市人口,农村人口在健康保障法律覆盖方面遭遇严重的不公平。

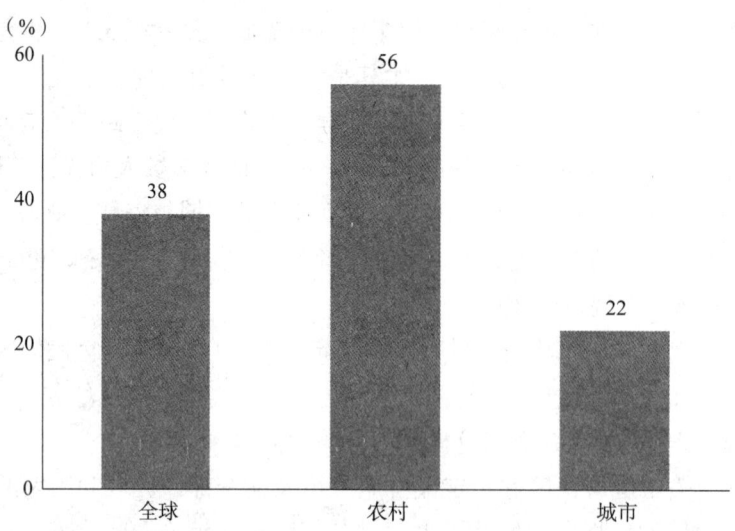

图 5.1 2015 年全球农村人口中未通过立法、从属关系或健康保险获得健康保障的人口所占百分比

资料来源：Scheil-Adlung，2015a。

链接：http://www.social-protection.org/gimi/gess/RessourceDownload.action?ressource.ressourceId=54664.

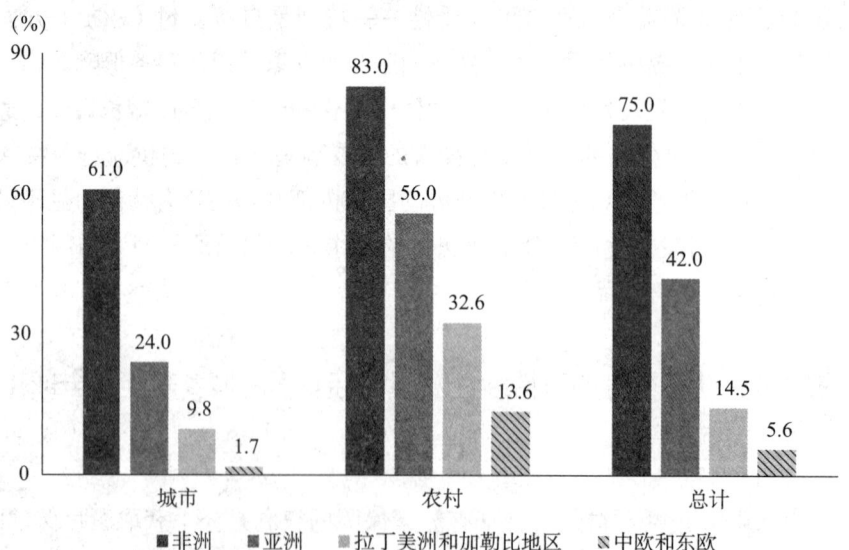

图 5.2 2015 年按区域分列的农村和城市法律覆盖缺口（人口所占百分比）

资料来源：Scheil-Adlung，2015a。

链接：http://www.social-protection.org/gimi/gess/RessourceDownload.action?ressource.ressourceId=54665.

造成农村和城市可持续性发展目标差距的原因之一是两地卫生人力短缺的不平衡，这导致与城市人口相比，农村人口在健康服务可及性方面遭遇严重的不公平。事实上，全球农村地区缺少 700 万卫生工作者，而城市则是 300 万（见图 5.3）。

因此，由于卫生工作者短缺，世界上超过一半以上的农村人口无法有效获取医疗保健(见图 5.4)。这种现象在非洲尤为严重,非洲有 77% 的农村人口和 50% 的城市人口无法获取必需的服务。

图 5.3　全球农村和城市地区卫生人力短缺

资料来源：Scheil-Adlung，2015a.

链接：http://www.social-protection.org/gimi/gess/RessourceDownload.action?ressource.ressourceId=54666.

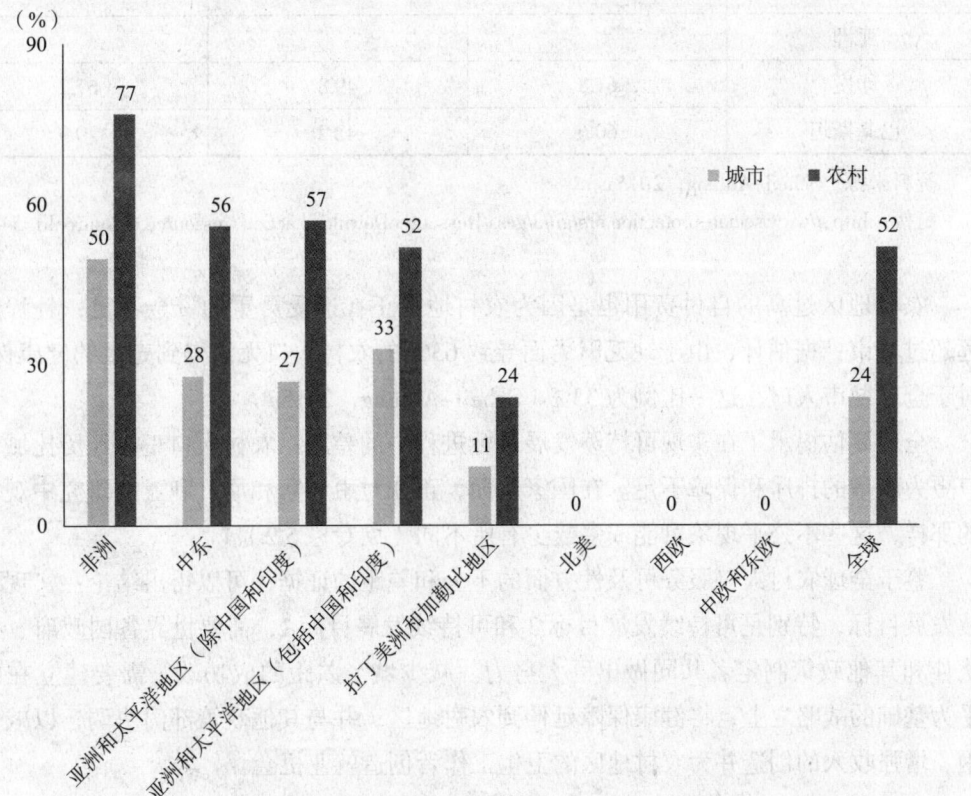

图 5.4　由于卫生人力短缺导致农村和城市地区无法获取健康服务的人口（百分比）

资料来源：Scheil-Adlung，2015a.

链接：http://www.social-protection.org/gimi/gess/RessourceDownload.action?ressource.ressourceId=54667.

农村人口在获取医疗保健方面遭遇的多重排斥反映在他们需要承担大量的自付费用上，特别是在中低收入国家。据统计，2015 年，17 个国家农村人口自付费用占卫生总费用之比低于 9%，个人自付费用较低；农村人口自付费用占卫生总费用之比处于 10%～19%、20%～29%、30%～39%、40%～49% 的国家数量分别为 39 个、22 个、13 个、10 个；17 个国家农村人口自付费用占卫生总费用之比超过 50%，个人自付费用过高。[①]在非洲和亚洲的农村地区，自付费用超过卫生总费用（THE）的一半，例如，在乍得，农村地区自付费用占卫生总费用的 80.4%，而城市这一比例为 45.2%；在巴基斯坦的农村和城市，这一比例分别是 70.9% 和 42.2%（见表 5.1）。

表 5.1 2015 年部分国家农村和城市自付费用占卫生总费用的百分比

区域/国家	自付费用占卫生总费用的百分比		
	合计	城市	农村
非洲			
乍得	72.7	45.2	80.4
尼日尔	60.5	40.6	64.7
亚洲			
印度	61.8	49.8	67.2
巴基斯坦	60.6	42.2	70.9

资料来源：Scheil-Adlung, 2015a.

链接：http://www.social-protection.org/gimi/gess/RessourceDownload.action?ressource.ressourceId=54787.

农村地区过高的自付费用也是因为农村地区正在遭受严重的资金不足，且程度远远超过城市：据估计，由于缺乏财力而导致 63% 的农村人口无法得到充足的健康保障，对于全球城市人口，这一比例为 33%（Scheil-Adlung, 2015a）。

全球评估揭示了在实现可持续发展目标进程中的差距：农村人口正在经历比城市人口更为严重的排斥和保障不足。在国家层面，正如对柬埔寨和尼日利亚的研究中观察到的那样，这些不公平现象可能或多或少有所不同（见专栏 5.2）。

鉴于全球农村人口服务可及性方面的不公和差距的证据，可以得出结论：实现可持续发展目标，特别是可持续发展目标 3 和可持续发展目标 1，需要世界各国政府、社会伙伴和其他政策制定者共同做出巨大努力。减少城乡差距的成功政策需要建立在以公平为基础的战略之上，将健康保障延伸到农村地区，并与其他政策部门协调，以减轻贫困、增强收入的创造并为农村地区的卫生工作者创造就业机会。

---

① Scheil-Adlung, 2015a.

专栏 5.2　关于农村和城市健康保障差距和不平等的国家视角：柬埔寨和尼日利亚

柬埔寨通过以地区为基础的系统提供初级卫生保健，在服务质量和卫生筹资方面存在持续的挑战。这种情况在约占总人口 80% 的农村人口中尤为明显。

在过去的二三十年里，柬埔寨政府一直试图处理这些问题，比如通过旨在调控卫生服务费用水平的《1996 卫生筹资宪章》。

但是，政府认为实际上只有小部分公共的卫生经费能达到服务提供的水平，仍然导致高比例的自付费用和私营部门的进一步扩张。对公共卫生服务的成本和质量的担忧导致私人卫生部门的增长以及必要医疗卫生服务的低利用率。政府已经尝试解决这些长期问题，包括建立"健康权益基金"，其中一些已取得成功，但这些尝试通常只在地区层面开展。

因此，可以观察到从使用的所有指标：法律覆盖缺口估计、卫生专业人员短缺造成的覆盖面差距、财政赤字、自付费用和每万例活产中的孕产妇死亡率（MMR）方面，覆盖面和服务可及的所有维度都存在严重缺口。柬埔寨的农村人口比城市人口更为引人担忧（见图 5.5）。最引人注目的发现是在自付费用占卫生总费用的比例方面存在巨大的城乡差距，这反映了相较城市，公共卫生资金更难流向农村地区医疗服务机构。

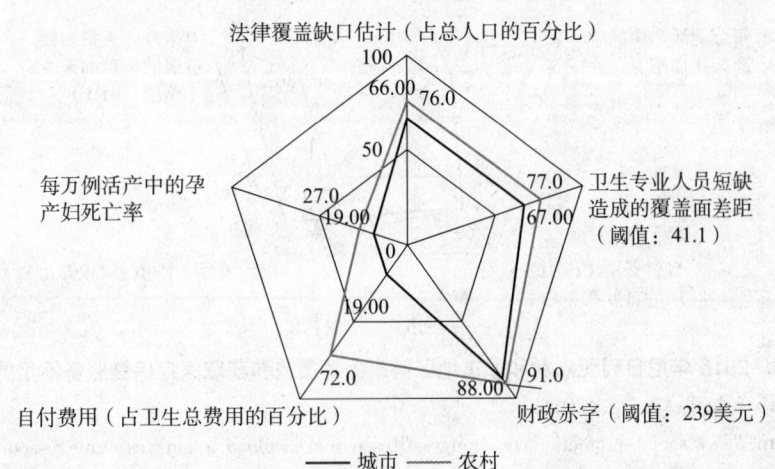

图 5.5　2015 年柬埔寨农村和城市地区健康保障覆盖和获取医疗保健服务不足的情况
资料来源：Scheil-Adlung，2015a.
链接：http://www.social-protection.org/gimi/gess/RessourceDownload.action?ressource.ressourceId=54669.

与许多其他非洲国家一样，尼日利亚正在经历快速城镇化进程，目前约有一半人口居住在城市地区。持续三十年的政治不稳定和经济危机导致医疗卫生系统的恶化，以及国家健康指标表现不佳。

甚至相较于撒哈拉以南非洲其他国家，尼日利亚用于医疗卫生的公共支出很低，医疗卫生部门的治理也很薄弱，结果导致大型私营部门得到发展，大部分医疗卫生服务由私营部门提供。与其他非洲国家相比，虽然卫生人力资源的供给相对充足，但规划和管理方面较差（Kombe et al., 2009），导致现有卫生人员的分布相当不合理。

这种情况反映在国际劳工组织健康可及指标的国家评估中（见图5.6）。他们揭示了：

- 极窄的法律覆盖面。
- 与其他撒哈拉以南非洲国家相比，卫生人力严重赤字。
- 非常高的财政赤字。
- 高比例的自付费用。
- 高比例的孕产妇死亡率。

我们观察到，五个指标中有三个，尼日利亚的农村状况比城市更糟糕。而剩下的两个指标，城乡之间几乎没有差异。法律覆盖面无差异，这是因为几乎没有任何尼日利亚公民享有法律覆盖，不管他们生活在城市还是乡村。自付费用无差异可能表明城市和农村地区的公共医疗卫生系统均不足，从而导致城乡居民都依赖私人提供者。

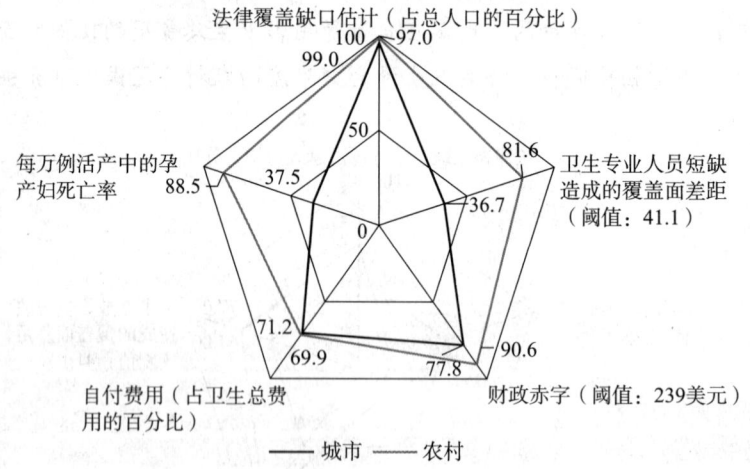

图5.6　2015年尼日利亚农村和城市地区健康保障覆盖和获取医疗保健服务不足的情况
资料来源：Scheil-Adlung, 2015a.
链接：http://www.social-protection.org/gimi/gess/RessourceDownload.action?ressource.ressourceId=54670.

5.2.2　全球和区域的长期护理覆盖情况

关于可持续发展目标差距的另一个关注领域是长期护理（LTC）。老年人由于身体或精神状况导致自我照顾能力有限，从而是长期护理的主要需求者。长期护理包括协助日常生活活动、药物管理和基本健康服务。尽管全球人口老龄化，老年人的长期护理需求是健康和社会服务中不断增长的一部分却在很大程度上被发展中国家和发达国家的政治家们所忽视。即使在提供长期护理的地方，在相关社会保障权利、优质服务的可获取性和可负担性，以及公共筹资等方面几乎很难符合核心要求。这反映在关注老年人长期护理需求的社会保障制度和体系的严重缺失。而提供相关服务的少数几个国家经常将它们与收入调查和社会救助方法结合起来，从而忽略了大部分难以负担和无法获得相关服务的人（即使是那些经济状况好的人）。这导致女性家庭成员往往被迫离开劳动力市场为其亲属提供护理。

忽视急需的长期护理的原因之一是由无酬劳的女性家庭成员提供"免费"护理看似满足了长期护理服务的可获取性。然而，这是一种错觉：家庭照料需要巨大的成本，包括护理人员放弃的收入，以及随后由于在护理期间缺乏社会保障而导致的相关贫困风险，例如，疾病、事故或老年保障。此外，长期护理的提供不仅需要同情关爱，还要求熟练的护理人员提供优质服务，以及相关支出保障。

与健康保障的财务和组织方法类似，长期护理保障可以通过税收或缴费或同时使用两种方式筹集资金，可以像德国那样基于社会保险制度或像瑞典那样基于国家的相关制度。表5.2是关于提供长期护理的常用组织和财务方法的概述。

表5.2 提供长期护理的常用组织和财务办法概览

组织特征	筹资	筹资机制	典型国家
专门的长期护理方案或制度	基于缴费（社会保险）	● 通过社会保险共担风险 ● 共同支付	德国 日本
社会救助	税收筹资	● 税收 ● 共同支付	瑞典
混合型制度 （健康和社会救助制度）	税收筹资 基于缴费（社会保险）	● 混合方式（税收和社会保险） ● 共同支付	英国 法国 南非

资料来源：Scheil-Adlung, 2015b.
链接：http://www.social-protection.org/gimi/gess/RessourceDownload.action?ressource.ressourceId=54803.

在全球范围内，大部分长期护理需求预期出现在老年人（65岁以上）比例较高的国家和区域。目前，全球老年人占比最高的是亚洲和太平洋地区（53%），其后依次是欧洲（23%）、美洲（17%）和非洲（7%）（见图5.7）。

获得法律覆盖，即获得国家立法规定的长期护理权利，对世界上大多数老年人而言依旧只是一个梦想。在所有区域的部分选定国家中，为实现可持续发展目标，覆盖缺口最高达到100%。这些国家主要包括：非洲的阿尔及利亚、加纳和尼日利亚；美洲的阿根廷、巴西和加拿大；亚洲和太平洋地区的印度和泰国；欧洲的斯洛伐克和土耳其。极少数国家（主要是欧洲国家）提供全民覆盖的长期护理，包括比利时、丹麦、德国以及亚洲的日本。据统计，2015年长期护理的法律覆盖缺口为0的国家为9个，存在巨大

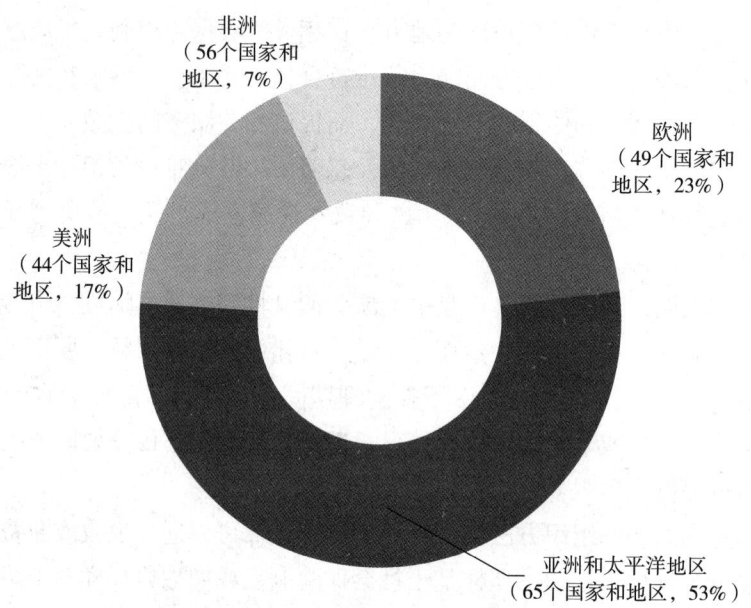

图 5.7 2013 年世界 65 岁以上人口的区域分布（百分比）

资料来源：世界银行的世界发展指标。

链接：http://www.social-protection.org/gimi/gess/RessourceDownload.action?ressource.ressourceId=54671.

缺口（须经家计调查）的国家有 14 个，其他国家无可用信息。[①]

因此，全球 48% 的人口没有任何社会长期护理保障，另有 46.3% 的老年人口基本上被排除在外。而且，在提供保障的情况下，通常狭隘的家计调查和严格的资格规定也阻碍了所需服务的有效获取（Scheil-Adlung，2015b）。

然而，由于熟练的长期护理人员的短缺，对于那些享有保障且负担得起长期护理的人们而言，长期护理的可获取性也非常有限。在全球范围内，只有极少数正规就业的长期护理人员可以为有需要的人提供护理。目前大约有 1 190 万护理人员，但是分布很不平衡：非洲只有 10 万人，亚洲和太平洋地区有 450 万人，美洲有 340 万人，欧洲有 390 万人。最近的估算表明，这些数量还无法满足所有需求。事实上，如果以每百位 65 岁及以上的老年人使用 4.2 个正规就业的全职人力工时（FTE）护理人员的相对阈值来算，长期护理人员缺口数量高达 1 360 万人，超过了现有护理人员的数量（见图 5.8）。

因此，由于所需可提供服务的熟练的护理人员数量严重不足，导致全球有一半以上的老年人无法获得长期护理。老年人无法获取长期护理的比例，非洲最高（92.3%），美洲最低（14.7%）（见图 5.9）。

[①] Scheil-Adlung，2015b.

5 迈向全民健康覆盖

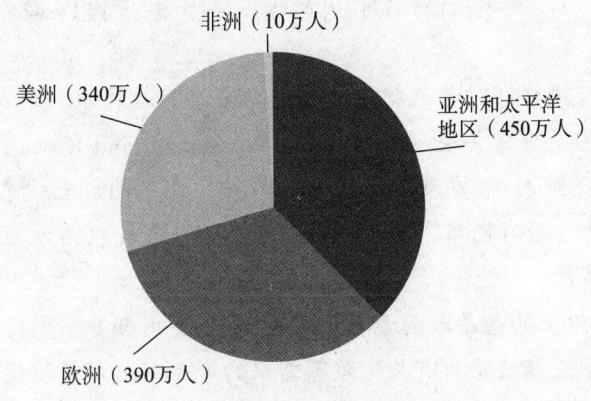

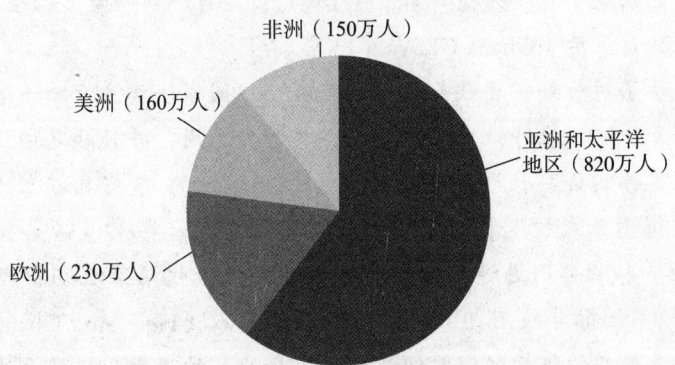

图 5.8　2015 年按区域分列的长期护理已有劳动力和实现全覆盖的缺口

资料来源：Scheil-Adlung, 2015b.

链接：http://www.social-protection.org/gimi/gess/RessourceDownload.action?ressource.ressourceId=54673.

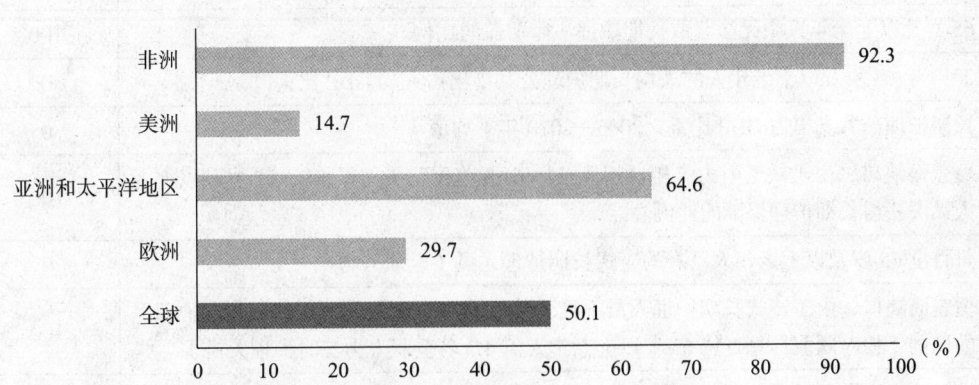

图 5.9　2015 年由于人力短缺造成 65 岁及以上人口无法获取长期护理的百分比

资料来源：Scheil-Adlung, 2015b.

链接：http://www.social-protection.org/gimi/gess/RessourceDownload.action?ressource.ressourceId=54674.

专栏 5.3　加纳老年人的长期护理保障

在加纳，已经观察到对长期护理有着巨大需求。超过 40% 的年龄在 75 岁及以上的老年人表示，他们至少需要某种支持（He, Muenchrat and Kowal, 2012）。这是基于这样一个事实，即年龄在 70 岁及以上的老年人中，有 88.1% 至少患有一种功能性残障，63.4% 在身体活动方面有困难，35.8% 在日常生活中自我照顾方面有问题，而 74.3% 有认知困难。

由于 65 岁及以上的老年人数量将会在未来 35 年内翻番，因此对长期护理的需求也将增加，即使大家庭继续将为有长期照顾需求的老年家庭成员提供帮助视为责任，传统的家庭成员支持的照护方法也将不再够用。例如，当年轻人迁移到城市或国外，家庭支持系统日益受到现代化和全球化进程的影响。因此，家庭纽带关系已经弱化，尤其在城市地区，大家庭已经逐步转变为核心家庭（Tawiah, 2011）。如今，已经有 10% 的 65 岁及以上的老年人独自生活（Ghana GSS, 2013）。

这些数据显示了对长期护理服务的迫切需求，但国家法律没有赋予老年人获得此类服务的权利（见表 5.3）。此外，目前还没有公共资金可用，并且缺乏由正式长期护理人员提供优质护理服务的公共长期护理系统。因此，100% 的 65 岁及以上的人口无法获得保障，也无法获得由正式护理员提供的优质护理服务，需要 37 436 名长期护理人员才能弥合需求差距。私营部门通过向少数负担得起的人提供居家长期护理服务来填补这一真空（同前引）。国际非政府组织"帮助加纳老年人（Help Age Ghana）"，可以向老年人提供作为慈善服务的机构护理，但该国大部分地区的老年人仍然无法获取机构护理（同前引）。

表 5.3　加纳实现全民长期护理保障的缺口

65 岁及以上老年人长期护理保障和长期护理的可及性	数值
65 岁及以上老年人中无法获取长期护理法律覆盖的比例	100
2013 年 65 岁及以上老年人的人均长期护理公共支出占人均 GDP 比重	0
长期护理公共支出占 GDP 比重，2006—2010 年平均值	0
覆盖面缺口，由于缺乏财力（相对阈值：1 461.8 美元购买力平价），65 岁及以上老年人无法获得长期护理保障的比例	100
每百位 65 岁及以上老年人已有的正式长期护理人员（全职人力工时）	0
覆盖面缺口，由于正式长期护理人员不足，65 岁及以上老年人无法获得长期护理保障的比例（相对阈值：每百位 65 岁及以上老年人需 4.2 名全职人力工时护理人员）	100
填补缺口所需的正式长期护理人员数量	37 436

资料来源：国际劳工组织根据 2013 年加纳统计服务局和联合国人口展望数据估算。

链接：http://www.social-protection.org/gimi/gess/RessourceDownload.action?ressource.ressourceId=54788.

在专栏 5.3 中，以加纳为例说明了国家层面的情况。

鉴于世界范围内严重缺乏熟练的长期护理人员，估算有 5 700 万无偿的"自愿"劳动者正在填补这一缺口，并提供所需的护理服务。通常这些人是向家庭成员提供长期护理的女性，并且为了提供护理服务而已经退出了正规劳动力市场（Scheil-Adlung，2016）。

由于覆盖率低且待遇水平不足以支付实际费用，因此，几乎所有提供不同程度长期护理保障的国家都存在个人自费支付。事实上，在这种国家，需自费支付的老年人口比例预计非常高。例如，在比利时，这一比例高达 86.5%（见表 5.4），这通常会显著降低家庭收入（Scheil-Adlung，2015b）。

表 5.4　2015 年部分国家 65 岁及以上人口中在长期护理（居家和机构护理）中需自费的人口占比

国家	65 岁及以上人口中在长期护理中需自费的人口占比（%）
奥地利	65.6
比利时	86.5
法国	75.3
德国	56.3
意大利	73.7
荷兰	80.2
西班牙	66.0
瑞典	83.4

资料来源：Scheil-Adlung，2015b。

链接：http://www.social-protection.org/gimi/gess/RessourceDownload.action?ressource.ressourceId=54789。

5.3　对全民健康覆盖投入的就业潜力

如果没有足够数量的从事体面工作的劳动者提供医疗保健，就不可能实现可持续发展目标和全民健康覆盖。不仅包括医生和护士，还包括其他职业人员，如行政管理人员或医疗设施维护人员。在改善有需要者的健康状况方面，这些劳动者也有助于提高生产力，从而促进经济增长。

目前，世界正在经历卫生人力资源的空前短缺，这不仅导致数百万人的健康状况无法得以改善，而且由于生产力降低和就业机会减少导致经济增长放缓。当前这些短缺很大一部分由无酬劳的"护理人员"（通常是女性）填补，她们向年老的家庭成员和其他人提供护理。

将现在由家庭女性承担的护理工作转变为正规工作，可为实现更好的健康产出创造数百万个就业机会和促进经济增长提供机会。国家内部和跨国生产商品和服务所需的工作岗位是国家健康经济和全球健康保障供应链的一部分。"全球健康保障供应链"是指生产和提供用于健康目标（如全民健康覆盖）的产品和服务所需的（跨）国家和（跨）经济部门的各种经济活动，通过研发、生产、分销和交付多个阶段将医药原材料转化为最终产品。

如果将这些工作与体面的薪资、社会保障和工作权利结合起来，那么它们将会为健康保障覆盖存在缺口和拥有非正规劳动力市场的国家带来可观的回报。此外，通过释放由于缺乏熟练护理人员而从劳动力市场撤出、为家庭成员提供护理的女性劳动者的经济潜力，将有望带来巨大的投资收益。因此，对健康保障的投入可被视为国内可持续的就业来源，从而创造经济的包容性增长。

目前，卫生人力资源短缺导致低收入国家总人口中 84% 的人口得不到医疗保健。在中低收入水平的国家，这种短缺导致总人口中一半以上无法获得医疗保健（见图 5.10）。

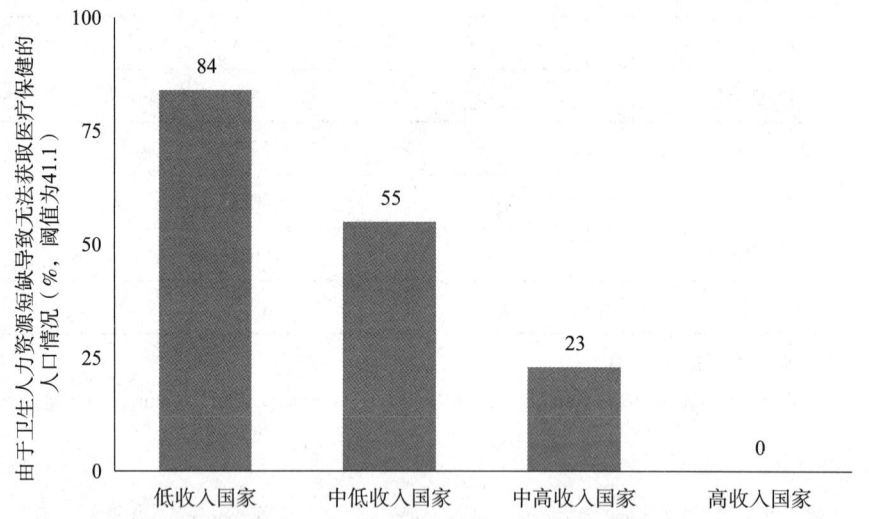

图 5.10　2014 年各收入水平国家由于卫生部门劳动力短缺导致无法获取医疗保健的情况（占总人口的百分比）

注释：根据国际劳工组织的卫生人力赤字指标计算，参考阈值：每万人需 41.1 名卫生工作者。关于方法细节，请参见国际劳工组织（ILO，2014a）。

资料来源：Scheil-Adlung, Behrendt and Wong, 2015.

链接：http://www.social-protection.org/gimi/gess/RessourceDownload.action?ressource.ressourceId=54675.

劳动力缺口不仅包括卫生职业人员，还包括非卫生职业人员（workers in non-health occupations），如信息技术人员、行政管理人员和清洁人员，以及提供正式或非正式护理的大量无偿劳动者。这些群体共同构成健康经济的劳动力，并且横跨卫生部门以外的许多经济部门，如制药业和服务业。

全球健康保障供应链中目前的人数约为 2.34 亿，其中约 1 亿人在亚洲和太平洋地区，约 6 200 万人在欧洲和中亚地区，约 4 400 万人在美洲，约 1 400 万人在非洲。相较于卫生职业人员（占供应链中所有劳动者的30%），非卫生职业人员（所占比例为46%）数量更多。此外，24%的是无偿"自愿"的非卫生职业人员（见图5.11）。

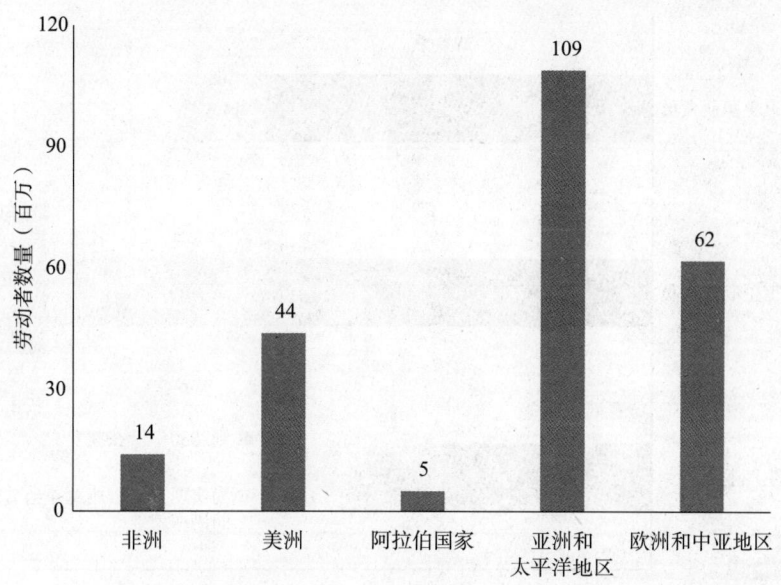

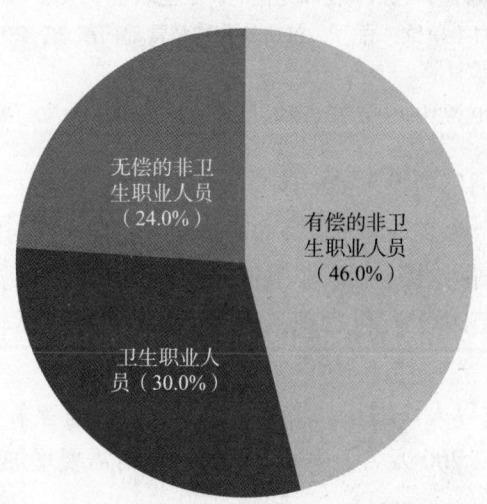

图 5.11　2016年全球健康保障供应链的就业规模和构成
资料来源：Scheil-Adlung，2016.
链接：http://www.social-protection.org/gimi/gess/RessourceDownload.action?ressource.ressourceId=54676.

由于目前的劳动者数量不足而难以实现全民健康覆盖，因此必须做出重大努力来填补所观察到的巨大差距和短缺。这就需要投入发展所需的劳动力并在正规经济中提供足够数量体面的就业机会。

根据每人对应的劳动者中值来计算，目前全球大于需要5 000万有偿劳动力来填补缺口和满足全民健康覆盖需求（见图5.12）。①全球大约缺少1 830万名卫生职业人员和3 170万名非卫生职业人员。

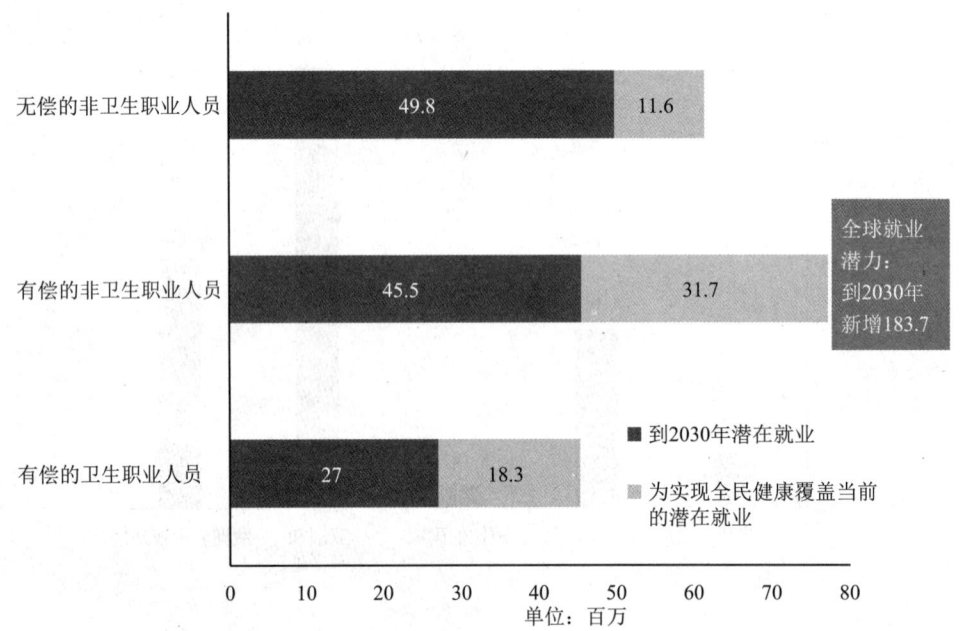

图5.12 为实现全民健康覆盖，包括有偿和无偿的、卫生职业（HO）和非卫生职业人员（NHO）的当前和未来的就业潜力（单位：百万，包括公共和私营部门就业，2016年或最近可用年份）
资料来源：国际劳工组织计算。
链接：http://www.social-protection.org/gimi/gess/RessourceDownload.action?ressource.ressourceId=54677.

对1名医生或护士的每项投入都应该为2.3名非卫生职业人员提供就业机会，以确保实现健康目标。因此，为实现健康保障而进行的就业投入仅与医生和护士相关的这一通常的假设站不住脚。事实上，刺激非卫生职业人员（通常工资较低）的就业更为重要，他们通常在卫生部门内外提供管理、清洁、维护设施、运输、零售和批发方面的服务。

到2030年，随着世界人口增长，将需要增加各类劳动者来实现全民健康覆盖：在全球范围内，需要增加2 700万名卫生职业人员，同时需要增加4 550万名非卫生职业人员。

在全球健康经济的公共和私营部门中，有偿的卫生职业人员和非卫生职业人员当前和未来的潜在就业总计为1.223亿个就业机会。此外，现有无偿"自愿"的劳动者放弃了自己的工作和收入、减少自己的工作时间或提前退休，以便为家庭成员提供护理。将现有无偿"自愿"劳动者的工作转变为正式有偿工作是很重要的，这可以填补目前劳动力的短缺。因此，全球潜在就业约为1.83亿名劳动者。

---

① 关于方法的更多细节可参见Scheil-Adlung，2016。

但是，短缺的劳动力及其就业机会在全世界的分布并不平衡：尤其受影响的是非洲、亚洲及太平洋地区低收入和中低收入国家。需要在亚洲（4 300 万人）和非洲（3 200 万人）创造大多数的就业机会（见图5.13）。

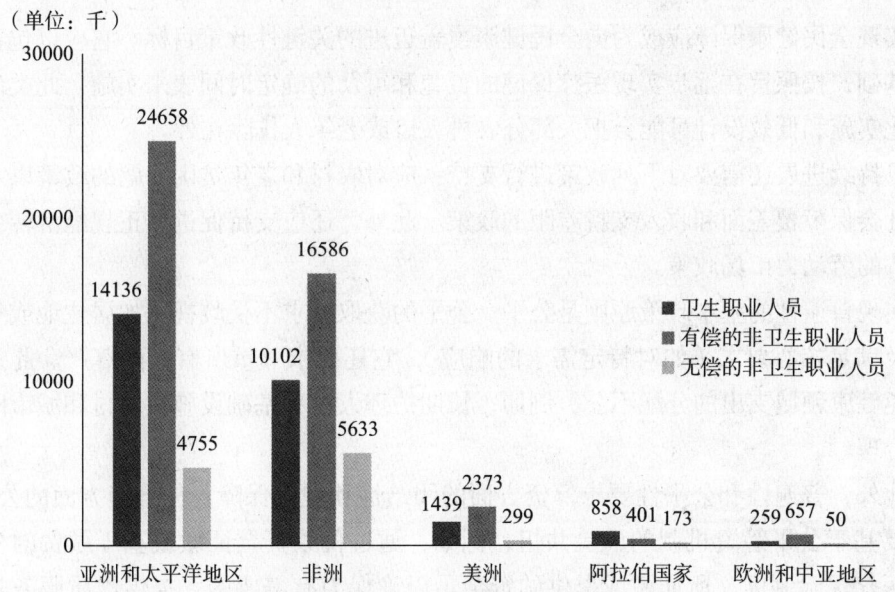

图5.13　到2030年各区域为实现全民健康覆盖增加的潜在就业

资料来源：国际劳工组织计算。

链接：http://www.social-protection.org/gimi/gess/RessourceDownload.action?ressource.ressourceId=54678.

在此背景下，我们可以得出结论：投入于健康保障进行不仅可以实现更好的健康产出，还可以在国家健康经济及为实现全民健康覆盖生产和提供所需产品和服务的全球健康保障供应链中创造数百万个就业机会。如果把所创造的工作与体面的薪资、社会保障和工作权利相结合，那么它们将会为健康保障覆盖不足和拥有非正规劳动力市场的国家带来可观回报。此外，通过释放由于缺乏熟练护理人员而从劳动力市场撤出、为家庭成员提供护理的女性劳动者的经济潜力，将有望带来巨大的投资收益。因此，对健康保障的投入可被视为国内可持续的就业来源，从而创造经济的包容性增长。

5.4　实现全民健康覆盖的政策优先项

为实现与健康和贫困相关的可持续发展目标，以及关于体面工作和经济包容性增长的可持续发展目标8而制定的政策若要成功，则需要将相关发展重点转向健康保障（包括长期护理）的包容性立法和实施，以及旨在为所有提供医疗保健的劳动者（无论是有偿的还是无偿的，卫生职业人员还是非卫生职业人员）提供体面工作条件的劳动力市场政策的制定和落实方面。应特别关注以下几个方面。

5.4.1 扩大社会保护覆盖面，提高健康和长期护理服务的可及性，提供全民保障

实现全民健康保障应成为向全民健康覆盖迈进的关键性政策目标。它应以包容性立法为基础，按照旨在逐步实现医疗保健的覆盖和可及的确定时间表来实施。此类法律的碎片化实施和低效设计可能会把大部分农村人口或老年人排除在外。

可持续进展还需要对下列政策进行支持：应对农村和老年贫困问题的政策以及旨在缩小社会保障覆盖面和收入支持差距的政策。此外，还应支持促进非正规经济转变为正规经济的劳动力市场政策。

实现普遍性的基本政策原则是公平。公平的获取要求不受歧视（如居住地或年龄要求）及满足核心要求（如对特定需求的响应），它还要求尊重所有人的尊严。此外，需要避免健康领域支出的分配不公，例如，长期护理人员和基础设施在农村和城市间的分布不合理。

此外，普遍性和公平性要求筹资方面的团结性和健康保障责任分担方面的公平性。这需要基于公平筹资机制的风险共担，例如，通过税收资金征缴或基于缴费的社会或国家医疗保险制度。所征缴或提供的资金足以确保为有需要的人提供优质服务是很重要的。

再者，应该通过提供足够的待遇给付、减免或限制自费支付使人们负担得起服务，从而免除人们由于自费负担造成经济困难而增加贫困的风险。因此，应谨慎考虑获取医疗保健的经济后果，以避免出现获取服务的障碍和由此造成的不公。

最后，政策需要确保持续创造收入或提供收入支持，以解决最糟糕的与健康及长期护理相关的贫困问题。这需要提供社会保护福利待遇，包括带薪病假、养老金、失业保障制度以及诸如社会救助项目的其他收入支持。为了确保公平地获取必需的服务，这种收入支持是必要的。

5.4.2 为足够数量的卫生人员和长期护理人员创造体面工作

为了实现可持续发展目标，提高所需服务的可及性及增加熟练的卫生人员和长期护理人员的数量是很重要的。这些人员最好均匀地分布一国内和国家之间，以确保全民健康覆盖和持续的经济增长。

这需要考虑国家和全球的健康劳动力市场动态，尤其需要关注人才保留率低的地区和岗位，如农村地区。为了满足（未来）需求并确保农村地区医疗保健的可及性，培训、雇用、支付合理薪酬和激励数量足够、技术精湛、能够为所有需要的人提供优质医疗保健的农村地区卫生人员至关重要。然而，相关政策往往依赖移民和招募其他国家的卫生人员，鉴于需要填补的缺口巨大，这并不被认为是最好的选择。力求培训和雇用更

多卫生人员的、聚焦于发展各国卫生人力的政策，才更具备发展前景。

应该向农村地区的卫生人员提供体面工作，包括可以体现其艰辛的充足薪资，工作条件通常更恶劣的农村地区工作应提供激励措施。这可以通过优先投入基础设施建设、提供设备和物资用于那些相对条件不完善的地区和领域来解决。因此需要对工作场所进行投入，以便卫生人员在具备充足设备和物质条件下提供优质服务。

应该将创造就业机会与实现国家健康目标（比如全民健康覆盖）联系起来。这涉及对人口（以及老年人）所需卫生人员数量的阈值估计，这种阈值可以作为提供充足服务的参考。就全球来看，医疗保健的合理阈值估算为每千人需要 4.1 名全职有偿卫生人员，每百位 65 岁及以上的老年人需要 4.2 名长期护理人员（Scheil-Adlung，2015a，2015b）。就业机会的提供应包括向卫生人员提供足够的技能培训机会。

然而，创造就业机会的相关政策和投资不应局限于实现更多的就业机会，还要考虑为卫生职业人员和非卫生职业人员创造体面工作条件。体面工作条件包括合理的薪资，并且拥有社交自由、同工同酬、不受歧视、社会保障和社会对话等工作权利。

5.4.3 应停止以下做法：以家庭成员的无偿劳动填补长期护理劳动力缺口、低技能或无技能的社区健康志愿者

转变由于正规部门体面就业存在的劳动力缺口而导致的无偿的、非正规的卫生和长期护理劳动大量存在这一局面至关重要。这涉及无法提供优质医疗保健的技能不熟练的社区健康志愿者，以及那些放弃工作向家庭成员和他人提供长期护理的人。

这样的政策将使更多的女性劳动者回归到正规劳动力市场，促进经济的包容性增长。同时，这也可以为目前提供非正式护理的劳动者创造满意的生活条件，亦可预防贫困、促进性别平等。使这种护理工作正规化最有效的途径是创造可以提供合理薪资的体面工作以及开发旨在提供优质护理服务的技能。

不过，那些决定向家庭成员和他人提供非正式护理的劳动者也需要得到支持。鉴于人口老龄化，这两种角色的结合对许多非正式护理人员而言是一个挑战，他们必须平衡护理和有偿工作，这类人导致他们的工作和家庭间的冲突程度高于没有护理义务的人。将有偿工作与家庭护理相结合的需求意味着这类人需要某种支持机制，如向卫生职业人员提供的从现金到实物的津贴，以及休假和社会保障的权利。

5.5 全民健康覆盖：近期趋势

可持续发展目标 3 要求所有国家努力实现全民健康覆盖。对全民健康覆盖近期趋势的分析表明，许多国家都为实现这一目标而努力，包括通过旨在更好地提供优质健

康和长期护理服务的健康保障政策、通过立法及加大投入来扩大健康保障的覆盖面和可及性。

这涉及全球各区域的国家,包括乍得、多哥等为扩大国民的健康覆盖而进行投入的低收入国家。然而,由于全面实施改革需要时间,统计数据往往在几年后反映结果。一些国家已经在实现全民健康覆盖这一目标上取得了显著成果,包括中国、哥伦比亚、卢旺达和泰国(见专栏5.4)。

专栏5.4 全民健康保障:中国、哥伦比亚、卢旺达和泰国

近年来,许多国家都朝着全民健康覆盖的方向发展,例如,中国、哥伦比亚、卢旺达和泰国。它们的医疗卫生系统以公共卫生服务、正规经济部门劳动者的缴费型制度和非正规经济部门劳动者的部分缴费型制度为基础,从而促进社会团结和包容。

在中国,医疗保险覆盖的人数在2003—2013年增长了10倍,当前参保人数占总人口的比例超过96.9%。医疗保险主要通过以下面向三类人群的制度提供[①]:城镇职工、城镇居民和农村居民。第一项制度提供了全面的保险待遇给付,涵盖了可保费用的81%。而后两种则属于自愿医保范畴,覆盖了近一半的可保费用并成功惠及了近11亿人。作为对贫困家庭的一项基本规则,政府承担贫困家庭部分或者全部的自付医疗费用。贫困家庭的自付医疗费用比例已经从2001年的60%降低到2013年的34%,这一指标还在进一步改善。

哥伦比亚是拉丁美洲近年来在扩大健康保障中取得进展的国家之一。该国卫生系统以普遍性原则为基础,该原则要求所有公民要么参加针对有缴费能力者的制度,要么参加针对低收入者的补贴制度。这两种制度的成员都有权享有同等的福利。这有助于实现较高的健康保障覆盖率并降低自付费用。社会医疗保险参保率已经从1993年的25%增长到2014年的96%。自付费用比例在2011年已经降低到全国卫生总费用的15.9%,由熟练卫生工作者接生的新生儿存活率达到99.2%。

卢旺达在国家和社区层面上,为发展医疗卫生体系做出了重大努力,使绝大多数人获得可负担的医疗保健。2011年,96%的国民已被各类健康保险制度所覆盖,其中91%是参加社区健康保险制度(CBHI)。卢旺达健康保险的扩面是通过分散而强大的医疗卫生设施和卫生工作者的政治承诺,以及对集体行动和互助的文化要素的使用实现的。社区健康保险制度对贫困和脆弱群体的缴费进行补贴,这有助于扩大覆盖面,如若不然这部分人群则被排除在外。这些举措极大地改善了卢旺达的健康水平:人们的预期寿命增加,新生儿和孕产妇的死亡率下降。卢旺达的经验表明,低收入国家也是可以取得进展的,即使其大多数国民生活在农村且从事非正规经济活动。

---

① 译者注:针对城镇居民和农村居民的保险制度已整合为统一的城乡居民基本医疗保险制度。

泰国在2001年实施了全民健康保险制度（UCS），整合了几个健康保险制度从而覆盖了大量先前未被保障的人群，尤其那些非正规经济部门的从业者。该制度的目标是"让所有泰国公民根据自身需求平等地享有优质的医疗保健服务，无论其社会经济地位如何"。该目标基于普遍性原则：针对所有人设立，而不仅仅是贫困、脆弱和弱势人群。作为一项税收筹资制度，接受服务时是免费的。待遇给付是全面的，包含了一般的医疗和康复服务、成本高昂的医疗和紧急护理。作为一项普惠性制度，它通过确定年度预算并设置向服务提供者支付的封顶线以控制成本并确保财务可持续性。该制度促进了医疗卫生基础设施的建设并提高了健康服务的可及性。

资料来源：国际劳工组织（ILO, 2014f, 2016h, 2016i, 2016j）。

与此同时，世界各地也有一些挫折，其中不乏高收入国家。一些新事态通常被认为是与财政整固及一般的紧缩政策紧密相关。然而，这些措施需要根据因此导致的健康欠佳对整体经济的负面效应进行评估，尤其是生产力下降方面，其造成的损失可能会比这些政策节省的支出更多。鉴于全球人口老龄化，未来将面临更多健康和长期护理服务方面的挑战，这将需要比目前更多的支出。因此，政策制定者需要考虑短期的财政调整是否会破坏健康领域的长期投入。

此外，紧缩政策也会给人们带来严重的负面影响，可能会迫使人们因为过高的自付费用、疾病期间缺乏收入，以及不断恶化的健康状况而陷入贫困。

最常见的收缩健康保障范围（见表5.5）的措施包括：

- 缩小健康服务包范围，从而对健康产生负面影响并在以后的时间点上导致更高的医疗卫生支出。
- 限制法律覆盖面，导致健康服务获取方面的排斥和不公。

表5.5 2014—2017年部分国家宣布的健康保障措施

国家	国家收入水平	年份	措施（根据媒体发布）	预期影响	紧缩/扩张	社会保护措施的类型
澳大利亚	高	2016	政府决定为低收入家庭的儿童保留牙科医保制度，但每两年一次的牙科护理津贴由1 000澳元降至700澳元	提高社会项目效率	紧缩	缩减健康服务保障范围
柬埔寨	低	2014	全民医保制度纳入2015—2025年国家社会保障战略	增强社会项目可持续性	扩张	扩大覆盖面
乍得	低	2014	世界银行2 100万美元的项目，旨在保护母亲和儿童的健康和福祉	减贫	扩张	提高社会项目可及性
中国	中高	2015	政府将扩大大病医疗保险范围	扩大覆盖面	扩张	扩大覆盖面

续表

国家	国家收入水平	年份	措施（根据媒体发布）	预期影响	紧缩/扩张	社会保护措施的类型
刚果（金）	低	2015	设立全民健康保险基金（Camu）	扩大覆盖面	扩张	扩大覆盖面
加纳	中低	2016	穷人被纳入国民健康保险制度	提高充足性、可负担性、适用性	扩张	扩大覆盖面
希腊	高	2014	健康检查不再纳入保障范围	公共支出的精简	紧缩	缩减健康服务保障范围
印度尼西亚	中低	2015	新的健康保险制度	提高社会项目效率	扩张	扩大健康服务保障范围
利比里亚	低	2016	开发计划署和性别、儿童与社会保障部（MoGCSP）启动了社会安全网现金转移（SCT）项目	扩大覆盖面	扩张	扩大健康服务保障范围
尼日利亚	中低	2015	引入移动健康保险项目	提高社会项目效率	扩张	提高社会项目可及性
秘鲁	中高	2014	通过卫生部，儿童可进行体检	扩大覆盖面	扩张	扩大覆盖面
菲律宾	中低	2014	为年满60岁的公民提供自动的健康保险	提高充足性、可负担性、适用性	扩张	扩大健康服务保障范围
塞内加尔	中低	2014	全民健康保障	扩大覆盖面	扩张	扩大覆盖面
南非	中高	2015	国民健康保险	扩大覆盖面	扩张	扩大覆盖面
多哥	低	2015	将更广泛的社会群体纳入国家健康保险机构（Inam）	扩大覆盖面	扩张	扩大覆盖面
美国	高	2017	废除奥巴马医改	收缩覆盖面	紧缩	缩减覆盖面
委内瑞拉	中高	2015	2016年起新政府支持的医疗卫生系统	扩大覆盖面	扩张	扩大覆盖面
越南	中低	2015	胡志明市健康保险扩面	扩大覆盖面	扩张	扩大覆盖面

资料来源：国际劳工组织，2017年社会保护监测。

链接：http://www.social-protection.org/gimi/gess/RessourceDownload.action?ressource.ressourceId=54790.

在这些背景下，很难实现诸如提高制度效率和公共支出精简这样的预期目标和预期影响。事实上，由于个人和国家层面缺乏足够的优质医疗护理，可能会产生额外的费用。此外，这些措施可能会影响健康保障制度和体系的弹性和长期稳定性，从而导致社会、经济和财政状况长期恶化。

尽管由于人口老龄化及其他原因导致全球健康需求不断增加，但是相关保障往往存在不公平，有些地方甚至没有保障。这一状况因劳动力的极度缺乏而越发严重。在许多国家，获取所需服务的主要障碍源于公共资金的不足和较高的自付费用。在此背景下，必须尽一切努力将健康保障和长期护理（尤其是针对老年人的）置于全球和国家政策和发展议程的优先项。

这需要财政改革，以产生基于公共资金的足够财政空间并需要降低自付费用。筹资应该基于诸如税收或者收入相关的缴费方式这样的大型风险池，以确保风险共担和可持续性。以可接受的标准提供的优质服务和待遇给付应当是"可负担的"。此外，还需要发展足够数量的卫生和长期护理人员。

在此背景下，应考虑到以下因素带来的投资回报，如经常被遗忘的"银发经济"、正规劳动者的就业增长、相关部门的就业率增加以及对 GDP 的贡献。

最后，将健康和长期护理战略纳入更广泛的社会保障底线战略至关重要，以确保为所有有需要的人提供财务保护，同时也要确保相协调的社会和经济政策能够释放投资回报的充分潜力且有助于为全民建立高效的长期护理制度。

6 监测社会保护的发展进程：区域趋势

关键信息

- 本章介绍了社会保护的区域趋势，并为可持续发展目标指标 1.3.1 提供了区域和国家层面的可持续发展目标基准。

- 在非洲，尽管在扩展社会保护覆盖面方面取得了显著进展，但仅有 17.8% 的人口受到至少一种社会保护福利津贴的覆盖（可持续发展目标指标 1.3.1）。区域内部差异巨大，南非覆盖率达 48%，一些西非国家的覆盖率还不足 10%。养老金方面取得了重大进展，目前覆盖非洲 29.6% 的老年人，且在博茨瓦纳、佛得角、莱索托、毛里求斯、纳米比亚、塞舌尔、南非、斯威士兰和桑给巴尔（坦桑尼亚）达到或接近全覆盖。另外，非洲仅有 15.9% 的儿童获得儿童或家庭福利，在生育保护、失业保护和残障福利方面仍存在着较大的覆盖缺口。尽管加大了对非缴费型福利津贴的投入力度，但非洲只有 9.5% 的脆弱人口获得这些津贴。因此，制定社会保护底线是非洲的当务之急。

- 在美洲，全面社会保障制度多年来逐步发展，其成果是 67.6% 的人口受到至少一种社会保护福利津贴的覆盖（可持续发展目标指标 1.3.1），为减少多国的不平等起到了促进作用。当前，儿童或家庭福利津贴覆盖约 2/3（66.2%）的儿童，生育福利津贴覆盖 68.6% 的新生儿母亲，残障福利津贴覆盖 59.4% 的重度残障人士，70.8% 的老年人领取养老金。失业保护却相对滞后，仅有 16.7% 的失业者获得失业津贴。值得注意的是，一些国家已实现了对儿童的社会保护全覆盖（阿根廷、巴西、智利）、对新生儿母亲的全覆盖（加拿大、乌拉圭）、对残障人士的全覆盖（巴西、智利、乌拉圭、美国）和老年养老金的全覆盖（阿根廷、玻利维亚、加拿大、特立尼达和多巴哥、美国）。虽然已经取得了重大进展，但加强社会保护体系，包括弥合覆盖面缺口、筑牢社会保护底线以及增强待遇给付的充足性，仍是该区域工作的重中之重。

- 在阿拉伯国家，因数据有限，只能对可持续发展目标指标 1.3.1 进行部分评估。与社会保护的其他制度领域相比，老年养老金的覆盖相对发展较好，但该区域也只有 1/4 以上（27.4%）的老年人获得养老金。该区域现仅有不足 1/3（32.9%）的劳动力向一项养老制度缴费，因此有限的养老金覆盖面可能还会持续到未来几代养老金领取者。该区域取得的积极成就包括：巴勒斯坦被占领土为私营部门劳动者引入社会保险；巴林、科威特和沙特阿拉伯建立失业保险；约旦和伊拉克扩大生育保护的覆盖面。然而，鉴于一些国家正规部门的有限规模与巨大的社会需求，将社会保护底线扩展到脆弱群体是一项十分关键的优先工作。此外，该区域还继续面临着多重巨大挑战，包括地区冲突带来的不良影响。

- 在亚太地区，近年来社会保护的覆盖扩面大幅提速，促进了社会保护体系的增强和社会保护底线的建设。尽管如此，该区域迄今仅有38.9%的人口受到至少一种社会保护福利津贴的覆盖。除在澳大利亚和蒙古实现了全覆盖，儿童和家庭福利尚存巨大的覆盖面缺口。生育福利的扩面取得了进展，但只有1/3（33.4%）的新生儿母亲获得生育福利津贴。同样，在失业津贴方面，尽管近期越南等国进行了政策改革，该区域仅有22.5%的失业者获得失业津贴。仅有极少数重度残障者（9.4%）获得残障福利津贴，表明需要更加关注残障这一领域。在老年养老金制度建设方面取得了重大进展，特别是通过引入非缴费型和部分缴费型制度，使中国、日本、马尔代夫、蒙古、新西兰和东帝汶实现了全覆盖。尽管待遇给付的充足性仍令人担忧，目前该区域大部分老年人（55.2%）享有养老金。

- 在欧洲和中亚，社会保护体系（包括底线层次）传统上发展良好；相较于其他区域，可持续发展目标指标1.3.1下的社会保护覆盖面的扩大卓有成效，达到了较高水平。超过4/5（84.1%）的人口受到至少一种社会保护福利津贴的覆盖，有几个国家实现了全覆盖。儿童和家庭福利平均覆盖87.5%的儿童，其中有20多个国家实现了全覆盖。绝大多数新生儿母亲（81.4%）获得生育福利津贴，不过中亚和西亚仍存在巨大的覆盖缺口。相较而言，失业津贴的覆盖率相当低：仅有42.5%的失业者获得失业金。而残障津贴（覆盖86.7%的重度残障者）和老年养老金（覆盖95.2%的老年人）的覆盖水平相对高很多，这反映了不单是高收入国家和欧盟成员国，还包括白俄罗斯、格鲁吉亚、吉尔吉斯斯坦、乌克兰和乌兹别克斯坦等国，长期以来对实现普遍社会保护的承诺。尽管如此，在人口结构变化和短期紧缩财政的压力下，当务之急仍是确保养老金和其他社会保护待遇给付的充足性。

6.1 非洲

6.1.1 社会保护的区域挑战和工作重点

在非洲，缺乏社会保护和充足医疗保健的人口比例最大，人们的需求也最大。1981—2005年，撒哈拉以南非洲所经历的社会发展不甚乐观，新增赤贫人口达1.761亿（Adesina，2010）。

过去二十年，非洲经济增长强劲，年均增速达4.5%。决策者开始重新审视社会保护体系。非洲的社保制度异质程度高、总体覆盖水平低。所有非洲国家都有法定的社会保障制度，但覆盖面非常有限，仅限正规经济中的劳动者。

普遍性的非缴费型养老制度在多国成功推行，尤其是在博茨瓦纳、莱索托、纳米比亚、塞舌尔、斯威士兰、桑给巴尔（坦桑尼亚）。其他众国，如阿尔及利亚、佛得角、毛里求斯、南非，通过组合引入缴费和非缴费型项目实现了全覆盖。这些全民性的制度是"土生土长"的，即由富有创新力的非洲各国政府所创立。此外，许多国家近几十年也实行了现金转移支付，这往往有捐赠者的大力支持（Makandawir, 2015; Deacon, 2013）。一些国家在现金转移支付方面采用了全生命周期的策略，关注不同类型的脆弱群体，而不仅仅是聚焦赤贫人群。例如，通过对艾滋病孤儿和脆弱儿童（OVC）及老年人家庭实行社会转移支付，以尽量减少艾滋病病毒的影响。又如，近期为粮食不安全（food-insecure）的家庭提供现金转移支付。当前，人们日益关注的是，确保有足够的社会和照顾服务（营养、产前及产后照顾、康复服务）作为现金给付的补充。总体而言，社会保护已成为国家发展战略的重要组成部分，非洲各国在明确了该区域的主要需求后（见专栏6.1），正在推进社会保护的扩面。

专栏6.1 非洲致力于实现人人享有社会保护

《2015年关于通过体面工作实现可持续发展从而改变非洲的亚的斯亚贝巴宣言》将"根据2012年社会保护底线建议书（202号）通过建立和维持国家社会保护底线从而扩展社会保护"纳入非洲范围内的政策重点。自此，人人享有社会保障的权利写入大多数非洲国家宪法。

《2063年议程：我们想要的非洲》（以下简称《2063年议程》）勾勒了非洲未来50年实现社会经济转型的非盟战略（AU）框架。《2063年议程》追求的最终目标是"所有公民能够获得高标准、有质量的生活和福祉安康"。其途径是将可负担的社会保障和人人享有保护作为工作重点；其具体目标是为劳动年龄人口增加收入和提供体面就业岗位，确保公民的健康和营养水平，能担负得起并持续获得高质量的基本生活必需品等。

第24次非盟峰会通过了《就业、减贫和包容性发展的非洲宣言》标志着社会保护在非盟最高政治层作为重点优先工作得以确认。关于就业、减贫和包容性发展的第一个五年重点工作计划涵盖六个重点优先领域，其中之一就是有关社会保护的，并通过目标和指标的对标与《2063年议程》和《2030年议程》相挂钩。非盟支持各国在2017年前将重点项目纳入亚区及国家发展计划中。

非盟执行理事会要求非盟委员会就公民的社会保护和社会保障权制定一份非盟议定书，将其纳入具有法定约束力的非洲人权和公民权宪章，并为《2063年议程》制定一个社会议程。

此外，可持续发展目标中关于社会保护的指标1.3，在一些非洲国家具体落实可持续发展目标的过程中被确定为优先指标，这方面尤为突出的是佛得角、喀麦隆、刚果（金）以及圣多美和普林西比。

资料来源：AU, 2015a, 2015b; Pino and Badini Confalonieri, 2014.

然而，在几十年的相对稳定增长后，过去几年间非洲的平均增长率大幅下滑。尽管在社会保护的扩面上已取得进展，但经济低迷有可能限制各国政府对社会保护体系提供更多国内资金的能力。即便该区域有人口红利带来的窗口机遇期（见专栏6.2），非洲仍面临一轮财政紧缩，可能阻碍社会保护体系的进一步发展，尽管诸多国家正在扩展缴费和非缴费型制度的覆盖面。

专栏6.2　非洲的人口红利及社会保护筹资

非洲是一片年轻的大陆，其人口年龄中值为19岁，在撒哈拉以南非洲，这一数值甚至更低（18.4岁）。人口红利是推动经济增长的利好因素，也可为社会保护提供资金来源。在非洲南部，劳动年龄的成人相对于其他年龄组在未来几十年将呈现增长态势，而老龄人口比例将会适度增长，青年人数量也会相对下降。不断增长的劳动年龄人口为增加产量提供了机遇，而整体抚养比的降低意味着人口对社会保护筹资的压力减小。总支出占GDP比例固定，但人均支出水平得以提高，可惠及更多尚未覆盖的群体，并可提高待遇的全面性和充足性。

然而，为从人口红利中获益，各国需要提高其现有劳动参与率（特别是年轻人），降低其高比例的非正规就业、失业及不充分就业。有证据表明，现金转移支付对生产有积极影响，对劳动力供给没有消极影响，但总体而言，对劳动年龄人口的现有支持措施是不够的。同样，渐进推动经济的正规化、加强对非正规劳动者的保护、逐步扩展税/费基等政策很大程度上也是不足的。

资料来源：Davis et al., 2016; UNDP, 2016; World Bank, 2016b; 联合国人口统计.

在这一背景下，非洲国家通常共同面临如下社会保护工作重点：

● 将社会保护扩展到非正规经济劳动者是非洲各国需要着手处理的最紧迫问题之一。大多数人在非正规经济中工作谋生，而多数现有的缴费型社会保护制度仅覆盖公共部门和正规私营部门的劳动者（及其家庭成员），这些人仅仅占总人口的15%。

● 需加快发展社会救助制度帮助那些不能工作者、儿童、新生儿母亲、残障人士、老年人、失业者、穷人、粮食不安全者，以满足那些未享有社会保险的群体之需求。尽管社会救助项目在政策/法律和实践层面都取得了积极进展，但只有加蓬、毛里求斯、塞舌尔和南非等少数国家有着大规模国内筹资的非缴费型制度，为人们提供基本的收入保障。

● 能力和机构因素束缚了非洲社会保护的有效性。这些因素包括缺乏协调、基于权利的法制框架缺失、资金约束、增加捐赠者拉动型项目的前景渺茫等。在这方面，随着社会转移支付项目规模迅速扩大，但其机构仍然偏弱、难以融入全面综合社会保护体系之中，因此加强机构和能力的必要性（可持续发展目标16）日益成为非洲的重要关切。社会救助项目通常没有法律框架、基于权利的制度和管理机制的支撑，如允许受益人表达其抱怨和申诉。

● 脆弱国家的社会保护：现实中，约40%的非洲国家归类为脆弱国家，其能力和机构约束进一步加剧，在社保制度筹资和管理、改善其大量人口的生活条件上面临着持续挑战。缺乏协调一体化的规定和运作使得实行过程出现碎片化，政策一致性受阻。

● 社会保护及对气候冲击的适应力：非洲在气候的冲击下变得日益脆弱。社会保护体系在应对气候冲击方面存在的促进恢复力的潜在作用凸显。该区域一些国家在发展社会保护体系时融入了应对冲击的特征，如允许现金转移支付在应对危机时横向和纵向扩展覆盖面，将恢复性生计支持融入社会保护项目，并提高社会支持与应急体系间的协调性。

● 移民劳工的社会保护是非洲一个重要的新兴政策领域。移民增加了劳动者及其家庭成员的脆弱性，他们在异国工作或回归故土时通常没有任何形式的社会保护覆盖。获得社会救助的资格通常限于公民或永久居民，且社会保险权的可携带性及其待遇给付水平仍然极其有限。[①]

6.1.2 社会保护的有效覆盖：监测非洲的可持续发展目标指标1.3.1

为在2030年前实现社会保护全覆盖，非洲将要跨越的距离在世界各洲中是最远的。非洲大部分居民未获得社会保护，包括社会保护底线（见图6.1）；有效覆盖面——将缴费和非缴费型制度加总——也不过达总人口的18%。非洲社保制度的分散性显著，即便是领跑的南非，也仍然仅达全覆盖设定指标的一半。

社会救助项目通常仅覆盖小部分人口（甚至只是穷人或赤贫人口的一小部分），多数情况下针对的是只有有限或没有劳动能力的家庭或个人（如老年人、重度残障人士，

---

① 2016年5月，南部非洲发展共同体（SADC）的就业和劳动部部长们通过了关于《应计社保待遇在本区域内可携带性》的框架（《南部非洲发展共同体社会保障待遇可携带性政策框架》）。可携带性问题对采矿业尤为重要：采矿是共同体区域内雇用移民劳工最多的部门（49.5%），也是该亚区内劳工迁移历史最悠久的部门，可追溯到20世纪50年代。大多数的移民劳工仍不在覆盖范围内，因为他们是家政工、跨境商贩等非正规劳动者（Deacon, 2015）。在东非共同体（EAC），内罗毕的一项协调社会保障待遇的理事会指令草案（社会保障多边协议）已呈交共同体高级特别行动小组（HLTF）供通过，强调应把该文本视为一项规定（可直接应用）而非一项指令。通过并实施该指令/规定的现实障碍在于，肯尼亚和乌干达没有社会保障基金。2011年这两个国家都设立了公积金，近期的公积金转换可能有助于待遇的更好整合和可携带性。

较小范围内还包括儿童）。社会救助制度对参加经济活动人口覆盖的有限性妨碍了其对经济增长和生产力的潜在积极效果，这在该区域家庭层面和地方经济层面都有大量的文件记载（Davis et al.，2016）。此外，社保制度提供的待遇给付水平非常低，无法确保最低收入支持。

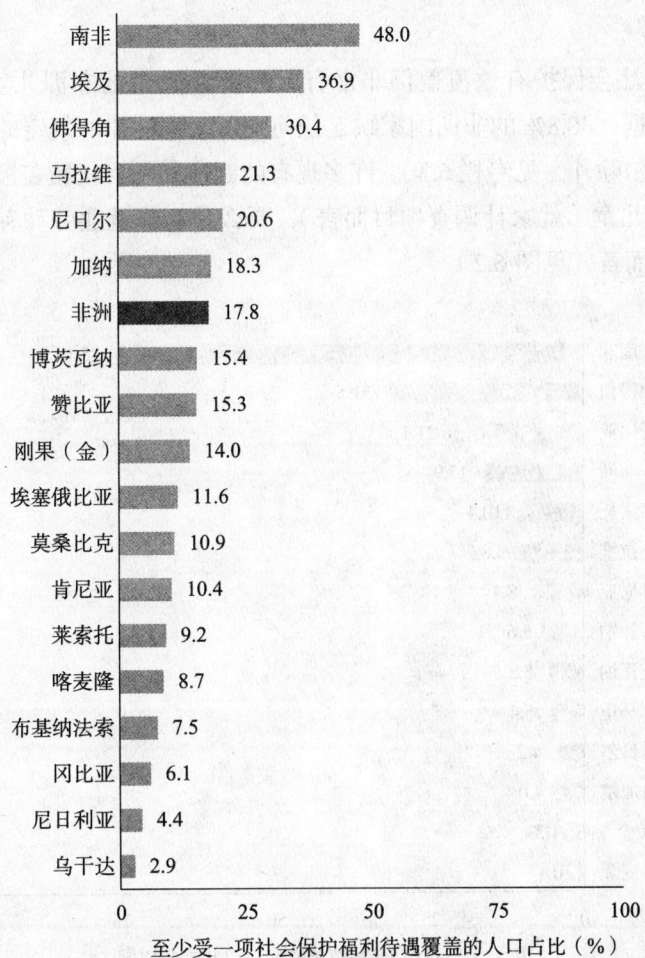

图 6.1 可持续发展目标指标 1.3.1：非洲至少被一项社会保护福利待遇有效覆盖的人口所占百分比，2015 年或最近可用年份

注释：社会保护的有效覆盖是以社会保险制度的活跃缴费者或待遇领取者（缴费型或非缴费型）的人口数量来衡量。健康保障并未包括在可持续发展目标指标 1.3.1 范围内。另参见附件二。

资料来源：国际劳工组织世界社会保护数据库，基于社会保障调查（SSI）；国际劳工组织统计局；各国来源。另参见附件四表 B.3。

链接：http://www.social-protection.org/gimi/gess/RessourceDownload.action?ressource.ressourceId=54679.

在缴费型制度方面，如前所述，只有小部分工作人口——那些正规受雇群体——可获得正式的养老、工伤、生育和医疗等社会保障制度。非正规经济中的劳动者依赖于通常成本高昂、缺乏效率的个人应对策略，因而在困难时期面临着陷入贫困和赤贫的风险。在一些国家（如肯尼亚、塞内加尔、南非、坦桑尼亚、赞比亚等），政府和社保机构正在努力解决非正规经济中社会保护不足的问题（Goursat and Pellerano，2016）。社会保护机构的碎片化以及社保管理和立法的僵化通常构成制约性因素。

儿童和家庭福利

针对儿童的社会保护有效覆盖仍非常有限：仅有16%的非洲儿童获得儿童津贴。根据可获得的数据，40.8%的非洲国家缺乏任何一种国家法律所规定的儿童或家庭津贴项目（但塞内加尔除外，见专栏6.3）。许多现有的制度和项目仅覆盖极少数儿童——要么是贫困或脆弱儿童（就家计调查项目而言），要么是正规就业劳动者的子女（就大多数就业相关制度而言，见图6.2）。

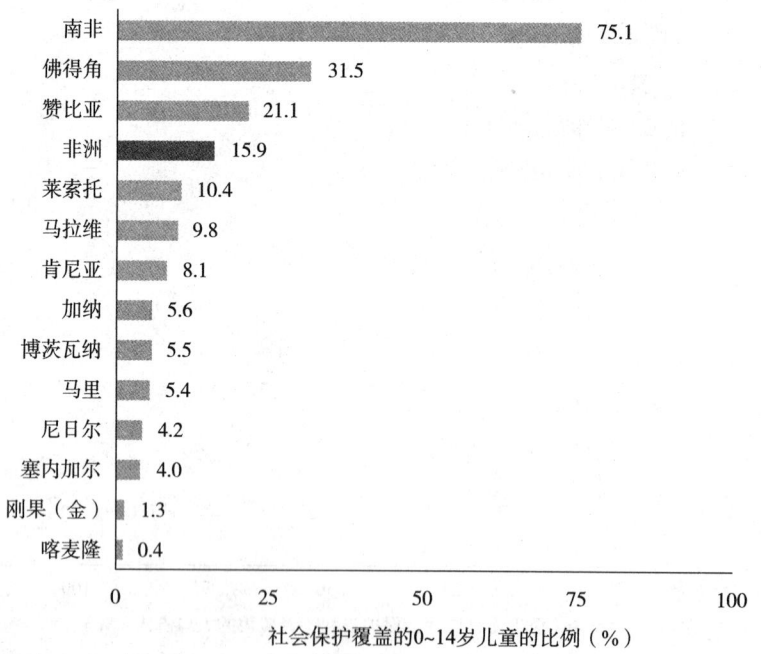

图6.2 可持续发展目标指标1.3.1关于儿童和家庭的有效覆盖：非洲获得儿童和家庭福利津贴的儿童和家庭比例，2015年或最近可用年份

注释：社会保护津贴所覆盖儿童的比例：获得儿童福利津贴的儿童/家庭数量与儿童/育儿家庭总数之比。另参见附件二。

资料来源：国际劳工组织世界社会保护数据库，基于社会保障调查（SSI）；国际劳工组织数据库（ILOSTAT）；联合国世界人口展望；各国来源。另参见附件四表B.3和表B.4。

链接：http://www.social-protection.org/gimi/gess/RessourceDownload.action?ressource.ressourceId=54680.

少数国家引入了儿童补助（如加纳）或表达了要这样做的意愿（莱索托、莫桑比克）。儿童补助以一种婴儿补助金的形式，提升社会保护对儿童贫困和早期人力资本发展的积极影响。实施这类项目和扩面所取得的进展是有限的，部分原因在于项目的干预对象是贫困或极其贫困的家庭（如马拉维、纳米比亚，见专栏6.4），另一部分原因在于决策者对于向新生儿父母提供转移支付的项目一直持怀疑态度（尽管赞比亚等国有证据表明，这类项目效应显著）。这些正在推进的制度中，没有一个可与南非的儿童津贴所追求的目标和所达到的覆盖面媲美（这一模式近期也为纳米比亚所采用）。

专栏6.3 塞内加尔的家庭保障国家项目

国家家庭保障项目（PNBSF）是塞内加尔国家元首在社会保护领域的愿景之一。这一项目基于公平和社会正义，重建团结并重新分配资源，通过各种形式的社会救助，帮助最脆弱群体减轻贫困的风险和冲击。

PNBSF的目标是通过整合性社会保护，抵御家庭脆弱性和社会排斥，促进这些家庭获得社会转移支付，尤其是加强其教育、生产和技术能力。

PNBSF的实施模式有：
- 每年提供10万西非法郎的家庭保障补助金，加强脆弱家庭的生计、教育及生产能力。
- 在国家、区域及社区层面建立协商机制，负责社会需求，造福脆弱家庭。
- 加强参与项目执行的行动者之能力，改善脆弱家庭获得社会服务的机会。
- 建立监测和评估机制，支持获得家庭保障补助金的家庭。

经过2013年试点阶段，该项目现已扩展到全国，覆盖约300万人。

资料来源：国际劳工组织，基于各国来源。

专栏6.4 纳米比亚脆弱儿童的新型社会福利金

2015年8月，纳米比亚实施了一项新制度：脆弱儿童补助金。目前，这笔补助金给予父母没有收入来源或父母收入低于1 000纳米比亚元的儿童，符合条件的儿童可领取到18岁。该制度意在逐步实现补助金的全覆盖。该福利规定尚未最终确定，但有128 744名儿童将很快从中受益。截至2017年3月，从补助金制度中受益的孤儿和脆弱儿童总数已达285 431名。受益的儿童每人每月可获得250纳米比亚元。

资料来源：国际劳工组织，基于各国来源。

生育保护

在非洲，多数生育女性无法获得生育福利津贴。大部分可获得数据的国家仅覆盖不到20%的生育女性（见图6.3）。具体而言，带薪生育保护的相关规定将大量正规和非正规就业女性都排除在外，带来收入不稳定、产妇及围产儿发病和死亡、儿童发育负面影响等相关风险。筹资机制（雇主责任）增加了女性的劳动成本，导致劳动力市场对女性的歧视行为。

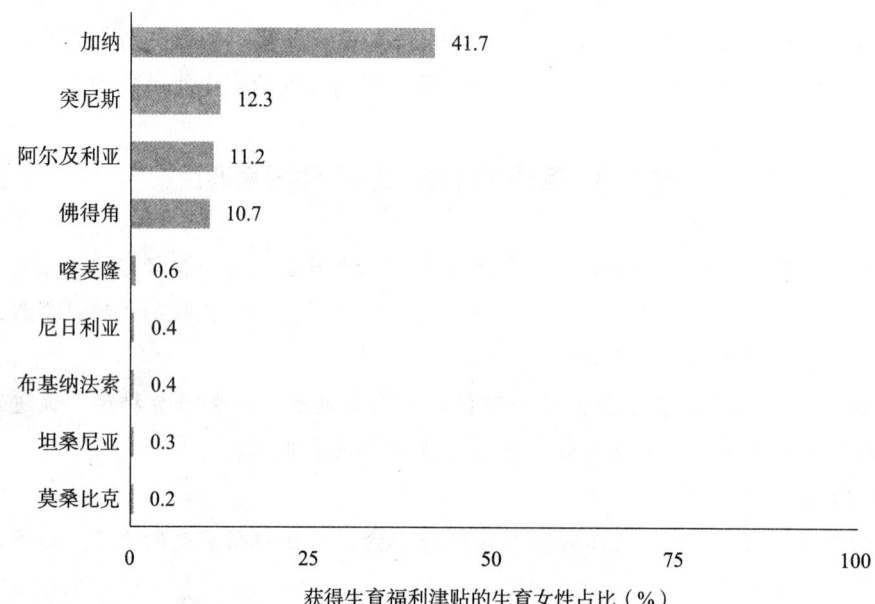

图 6.3　可持续发展目标指标 1.3.1 关于新生儿母亲的有效覆盖：非洲获得生育福利津贴的生育女性所占百分比，2015 年或最近可用年份

注释：生育津贴覆盖生育女性的比例是指领取生育福利津贴的女性与同年生育女性（基于年龄组生育率或按双胞胎和三胞胎的出生比例修正的活产数的估算）的比率。另参见附件二。

资料来源：国际劳工组织世界社会保护数据库，基于社会保障调查（SSI）；国际劳工组织数据库（ILOSTAT）；联合国世界人口展望；各国来源。另参见附件四表 B.3 和表 B.5。

链接：http://www.social-protection.org/gimi/gess/RessourceDownload.action?ressource.ressourceId=54681.

一些非洲国家近期努力将生育福利待遇从雇主责任转变为社会保险覆盖的形式（见专栏 6.5），这一举措备受欢迎。雇主责任对中小企业造成了不必要、不可预见的沉重负担，也对劳动力市场上某些类型的劳动者带来了负面影响，比如倘若生育保护直接由雇主承担缴费责任，则会增加雇用女性的隐性成本。正因为如此，有些国家已经或正在考虑向社会保险模式转变。在赞比亚，人们正在讨论从雇主责任转向社会保险模式的生育保护。

专栏 6.5　卢旺达的新型缴费型生育福利

卢旺达社会保障局（RSSB）推出了产假福利保险制度，以补偿因怀孕、分娩及随后照顾新生儿而离开就业岗位的所有女性雇员。根据 2016 年第 003 号法律的规定，母亲们将不再面临这样的艰难抉择：是休假 12 周、失去 80% 的收入长达 6 周，还是像之前一样，在休假 6 周后就回到工作岗位上以维持收入。该制度引入了 12 周的全额带薪假期，在此期间，新生儿母亲每月获得的补偿额相当于其产假前最后一次工资的水平。

根据该法，卢旺达社会保障局所管理的该项制度，每月缴费额为职工工资总额的0.6%，雇主（无论公共还是私营部门）和雇员的缴费率均为0.3%。这是一项新的社会保障制度，该制度的设立源于卢旺达政府对女职工的部分承诺，即允许女职工身体康复、照顾新生儿，并避免生育成为女职工对国家发展做贡献的障碍。

资料来源：ILO，2015d，2016j.

大多数新生儿母亲都需要社会救助形式的广泛支持。这是一种相当具有成本效益的福利，因而对决策者具有吸引力。

失业保护

对劳动年龄人口的有效覆盖面较低。据估计，该区域获得失业津贴的失业人口比例仅为5.6%（见图6.4），这主要是因非正规就业比例高以及缺乏失业保护制度所致。法律覆盖率也非常低，仅有8.4%的劳动力受到法定制度的覆盖（其中0.5个百分点的劳动力被非缴费型制度覆盖），并且区域内部差异明显：南非有27%的劳动力受到失业保护的覆盖，而撒哈拉以南非洲地区仅有3.6%劳动力享有失业保护。

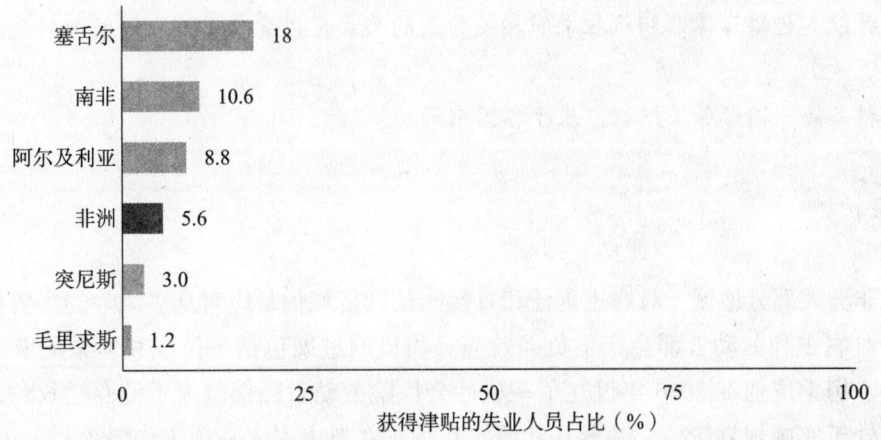

图6.4 可持续发展目标指标1.3.1关于失业人员的有效覆盖：非洲获得失业福利津贴的失业人员所占百分比，最近可用年份

注释：获得津贴的失业人员比例是指失业福利津贴获得者占失业人员总数的比例。另参见附件二。

资料来源：国际劳工组织世界社会保护数据库，基于社会保障调查（SSI）；国际劳工组织数据库（ILOSTAT）；各国来源。另参见附件四表B.3和表B.6。

链接：http://www.social-protection.org/gimi/gess/RessourceDownload.action?ressource.ressourceId=54682.

对于"工作中穷人"的非缴费型社会保护覆盖在许多国家委派给公共工程项目、赋权制度和投入补贴制度以及其他生计和支持干预措施。后者一般资金不足、覆盖面极低。尽管也有一些正面的经验，当公共工程项目与常规的现金转移支付项目更为紧密地结合，并对技能转移和高质量资产进行足够投入时，公共工程干预措施的成本效益在一些情况下遭到了质疑（如在马拉维）。然而，公共工程项目仍然备受质疑，人们质疑这些手段是否能以成本高效的方式为大量人口提供基本的社会保护底线。佛得角的缴费型制度（见专栏6.6）等新举措的设立旨在解决失业保护的问题，而南非就业税收激励制度（见专栏6.7）则尝试促进就业并支持企业。

专栏6.6　佛得角的新型失业制度

2016年，佛得角的失业率已高达15%，对此，政府同年推出了新的失业津贴。新制度要求雇主额外缴纳劳动者工资的1.5%，劳动者则缴纳其工资的0.5%。

资料来源：国际劳工组织，基于各国来源。

专栏6.7　南非加强就业促进的新举措

南非自2014年1月1日起开始实行就业税收激励政策（ETI）。该政策的目的是促进年轻求职者的就业。雇主可以为所有符合条件的员工申请24个月的奖励。此外，政府还与劳动中心制定了一项积极的劳动力市场项目，包括改进求职和劳动力匹配的中介服务，并以支付培训津贴和承担求职相关费用的形式提供资金支持，以增加对失业人员的安置。

资料来源：国际劳工组织，基于各国来源。

工伤保护

在非洲大部分地区，对雇主责任和直接赔偿的依赖仍是应对众多风险的主要保护形式，这对雇主和劳动者都会产生负面效应。积极的进展包括马拉维和坦桑尼亚所取得的成效。坦桑尼亚在2016年设立了一项社会保险劳动者赔偿制度（见专栏6.8），而马拉维正处于实施规划阶段。莱索托和博茨瓦纳正在考虑引入一项工伤保护制度（Mpedi and Nyenti，2016）。

专栏6.8　坦桑尼亚的新型劳动者赔偿基金

新型劳动者赔偿基金（WCF）于2015—2016年设立，旨在为200多万正规部门的劳动者提供工伤保险。其所涵盖的福利待遇包括医疗援助、对临时和永久性残障的补偿、康复服务、持续照护补助、丧葬补助及对已故雇员家属的补偿。根据2008年《劳动者赔偿法》规定，设立该新型劳动者赔偿基金，该基金在自2015年7月1日起的2015—2016纳税年度中对公共和私营雇主都适用。自2015年起，所有雇主都要向新型劳动者赔偿基金缴费。私营部门雇主的缴费额为每名雇员工资的1%,而公共部门雇主必须按月缴纳雇员工资的0.5%。该福利待遇自2016年起开始发放。

资料来源:国际劳工组织,基于各国来源。

残障福利

残障人士的社会保护有效覆盖率相对较低。虽然由于数据限制而无法计算区域估值,但可获得的国家数据显示,除南非外,只有少数重度残障者获得社会保护待遇给付(见图6.5)。

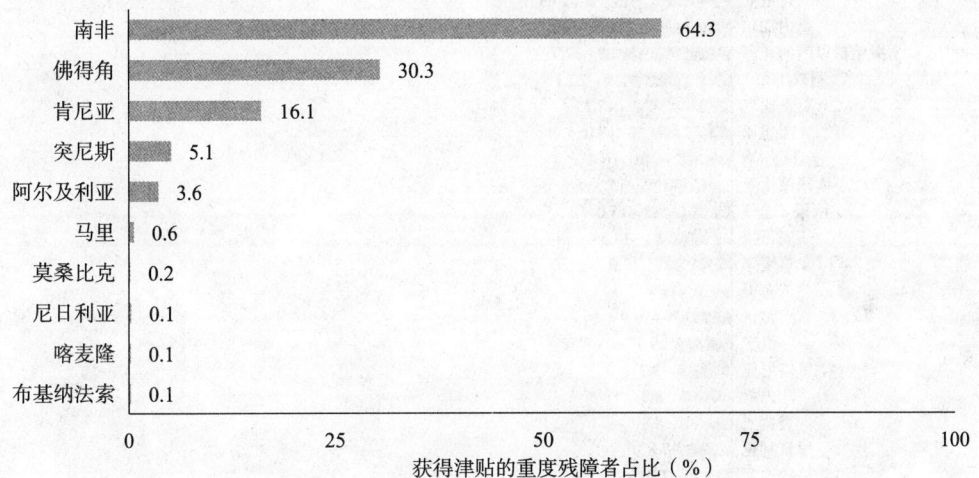

图 6.5 可持续发展目标指标 1.3.1 关于重度残障者的有效覆盖:非洲获得残障福利津贴的重度残障者所占百分比,2015 年或最近可用年份

注释:获得津贴的重度残障者的比例是指获得残障福利津贴者占重度残障者的比例。重度残障者的数量按残障发生率(世界卫生组织公布针对各国家组的数据)和每个国家人口的乘积计算。另参见附件二。

资料来源:国际劳工组织世界社会保护数据库,基于社会保障调查(SSI);国际劳工组织数据库(ILOSTAT);联合国世界人口展望;世界卫生组织;各国来源。另参见附件四表B.3和表B.8。

链接:http://www.social-protection.org/gimi/gess/RessourceDownload.action?ressource.ressourceId=54683.

老年养老金

与非洲其他人群相比,老年人的社保覆盖率最高,接近30%(见图6.6)。博茨瓦纳、毛里求斯、纳米比亚、塞舌尔等一些国家几乎为所有老年人提供了普遍性的养老金。此外,社会救助制度的对象群体通常也包括老年人。大多数国家在对老年人进行社会转移支付时采用了不同形式的家计调查,而一些国家正在引入普遍性社会养老金制度(见专栏6.9)。佛得角(见专栏6.10)等国通过缴费型和非缴费型的养老金制度相结合实现了近乎全覆盖。其他国家(如莫桑比克和赞比亚)正在通过轻型富裕程度调查(light

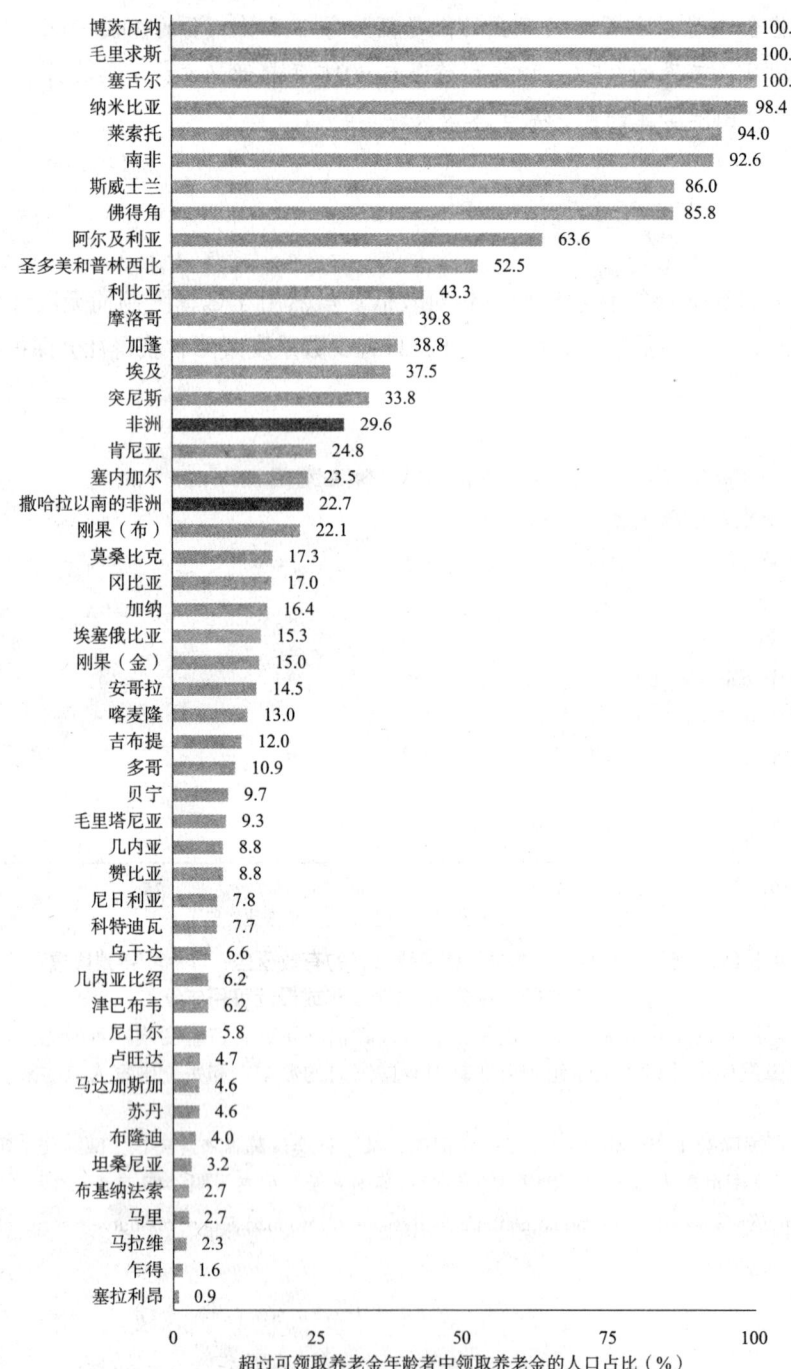

图 6.6 可持续发展目标指标 1.3.1 关于老年人的有效覆盖：非洲获得老年养老金者占超过法定可领取养老金年龄人口的百分比，最近可用年份

注释：养老金领取者占老年人口的比例：法定可领取养老金年龄以上人口中领取养老金者与法定可领取养老金年龄以上人口数量之比。另参见附件二。

资料来源：国际劳工组织世界社会保护数据库，基于社会保障调查（SSI）；国际劳工组织数据库（ILOSTAT）；各国来源。另参见附件四表 B.3 和表 B.12。

链接：http://www.social-protection.org/gimi/gess/RessourceDownload.action?ressource.ressourceId=54684.

affluence-testing)的形式逐步松动其瞄准方式以实现准全覆盖。在非洲北部地区,"阿拉伯之春"后已将扩展社会保护列入议程(见专栏6.11)。

专栏6.9 桑给巴尔(坦桑尼亚)、肯尼亚和乌干达的新型普遍性养老金

桑给巴尔(坦桑尼亚)在2016年实施了一项普遍性养老金制度(ZUPS),为该国老年人提供收入保障。普遍性养老金覆盖所有70岁以上的桑给巴尔居民,前提是他们在18岁至退休年龄期间在桑给巴尔至少居住了十年。随着时间的推移,政府计划逐步将这一年龄条件降低到60岁的法定退休年龄。作为一个完全普遍性养老金的受益者,桑给巴尔社会保障基金(ZSSF—社会保险)的养老金领取者可累积领取上述两种养老金及任何其他来源的收入。然而,桑给巴尔的大多数劳动人口一直从事非正规就业,无法从其社会保障基金中领取待遇。2016年4月,该制度首次向21 263名老年人发放了待遇,每位受益者每月领取2万坦桑尼亚先令(9.2美元)的养老金。

肯尼亚内阁财政部长亨利·罗迪克(Henry Rotich)在2017年3月30日的预算演讲中宣布,2018年1月起将在该国推行普遍性养老金。年满70岁的老年人将每月领取养老金,该措施将与覆盖65岁以上贫困和脆弱老年人的已有制度一并运行。年满70岁的老年人将有权通过国家管理的全国医院保险基金获得医疗保险,该制度已于2017年7月5日正式启动。

在乌干达,老年公民补助金是一项覆盖所有年满65岁的老年人的普遍性养老金[在更脆弱的卡拉莫宗(Karamojong)地区,年龄限制则降至60岁]。该项目最初在15个区进行试点。另外,脆弱家庭补助金也发放给缺乏劳动能力的贫困及脆弱家庭。根据该项目,每月发放给符合条件的老年人25 000乌干达先令,在试点阶段共有12.3万名老年人(65岁以上)从中受益。在试点成功实施后,政府于2015年8月宣布在未来五年内分阶段在全国推广到另外40个区。在2015—2016财年,已有20个新区新实施了该项目,计划将以每年增加5个区的速度,至2019—2020财年实现全覆盖。

博茨瓦纳、莱索托、毛里求斯和纳米比亚已经提供普遍性养老金,其他国家也正在计划实现其非缴费型养老金的普遍性。在坦桑尼亚大陆,内阁已经开始就引入这一制度进行讨论。在南非,社会保障综合性改革的提议旨在取消现有的家计调查,替之以普及老年补助金。

资料来源:Global Partnership for Universal Social Protection,2016i,2016j,2016k,2016l,2016n,2016o。

专栏6.10 佛得角非缴费型养老金制度

除现有的缴费型养老金制度,2006年,佛得角在合并了两项非缴费型养老金的基础上,为年满60岁的老年人以及残障者引入了一项家计调查社会养老金制度。其管理职责已转交给国家社会养老金中心（CNPS）。受益人每月可领取 5 000 佛得角埃斯库多（约合 50 美元），该金额高出贫困线 20%。领取社会养老金的资格要求是：年满 60 岁的老年人、必须居住在佛得角、收入低于官方国家贫困线并且不得从任何其他社会保障制度中领取待遇。

社会养老金的成本约占 GDP 的 0.4%，完全由公共资金提供，目标人口的覆盖率超过 90%（2.3 万名待遇领取者）。

在社会养老金制度下还设立了一个互助保险基金，用于补贴从私人药店购买药品，每人每年最高限额为 2 500 佛得角埃斯库多（约合 25 美元）。该基金的资金来自待遇领取者的缴费，每名养老金领取者每月总计缴纳 100 佛得角埃斯库多。若基金持有者死亡，还会为其提供 7 000 佛得角埃斯库多（约合 70 美元）的丧葬补助金。

资料来源：Global Partnership for Universal Social Protection，2016n.

专栏 6.11　北部非洲："阿拉伯之春"后养老金对社会正义至关重要

"阿拉伯之春"引发了对许多北部非洲国家对强调经济增长、将迫切的社会需求置于次要地位的质疑。现今，人们将社会政策日益视为实现社会正义的主要工具，其重点是实现充分就业、普遍性的社会保护及人人享有社会服务。扩展社会保护已列入后"阿拉伯之春"时代所有政府的议程。

养老金是国家社会保护体系中最重要的一部分，北部非洲地区的政府一直在研究对其的改革举措，既解决因该地区经济放缓导致的短期现金流问题，又实现长期的可持续性。

埃及：拟议的系统性养老金改革主张从待遇确定型转变为缴费确定型制度，导致该国 2011 年爆发多场骚乱。在取消了这一系统性改革提议后，埃及政府在国际劳工组织的支持下，一直在考虑进行参数化改革，既可以提高其公共养老金制度的可持续性，又能按照国际社会保障标准改进其制度设计。在世界银行提供贷款作为部分资金来源的基础上，加之能源补贴改革所积攒的储蓄，埃及推出了名为 Karama（阿拉伯语"尊严"）的家计调查养老金，该养老金适用于 65 岁以上的贫困埃及人。社会救助项目一直以来只以最贫穷的人为对象，但在 2017 年通过全国对话已开始扩展社会保护底线。尽管埃及取得了一些进展，但距离实现普遍性的社会保护，仍然任重道远。尤其是需要通过有保障的、普遍性的基本养老金保护所有老年人，并需要确保覆盖其他脆弱群体。

突尼斯：社会保护和养老金是突尼斯新社会契约（2013 年）的四大支柱之一，2014 年突尼斯宪法承认人人有权享有社会保护。突尼斯社会保险养老金似乎采取了参数化改革的方向，从而保持了制度原有的性质。自 2016 年以来，养老金制度的财务可持续性已成为一个特别紧迫的问题：由于财政赤字及国际货币基金组织的项目，突尼斯面临着进行调整的重重压力，以应对养老金体系的短期财务失衡问题。在国际劳工组织对该国提供援助的背景下，当前社会对话进程与社会保障改革的相关性值得关注。

在缴费方面，博茨瓦纳、肯尼亚、纳米比亚、乌干达、南非和斯威士兰在公积金的转化和社会保障养老基金的建立方面面临持续挑战。一些国家（如赞比亚）已规划了养老金改革，以期解决资金长期可持续性的问题并逐步增加养老金待遇水平，但却长期未付诸实施。

社会救助

大多数非洲国家通过社会保险所提供的覆盖非常有限，这使很大比例的人口需要通过非缴费型津贴来覆盖，其中主要是社会救助（Cirillo and Tebaldi, 2016; UNDP, 2016）。图6.7中估算数据显示，非洲地区被视为脆弱群体（此处定义为儿童、未受缴

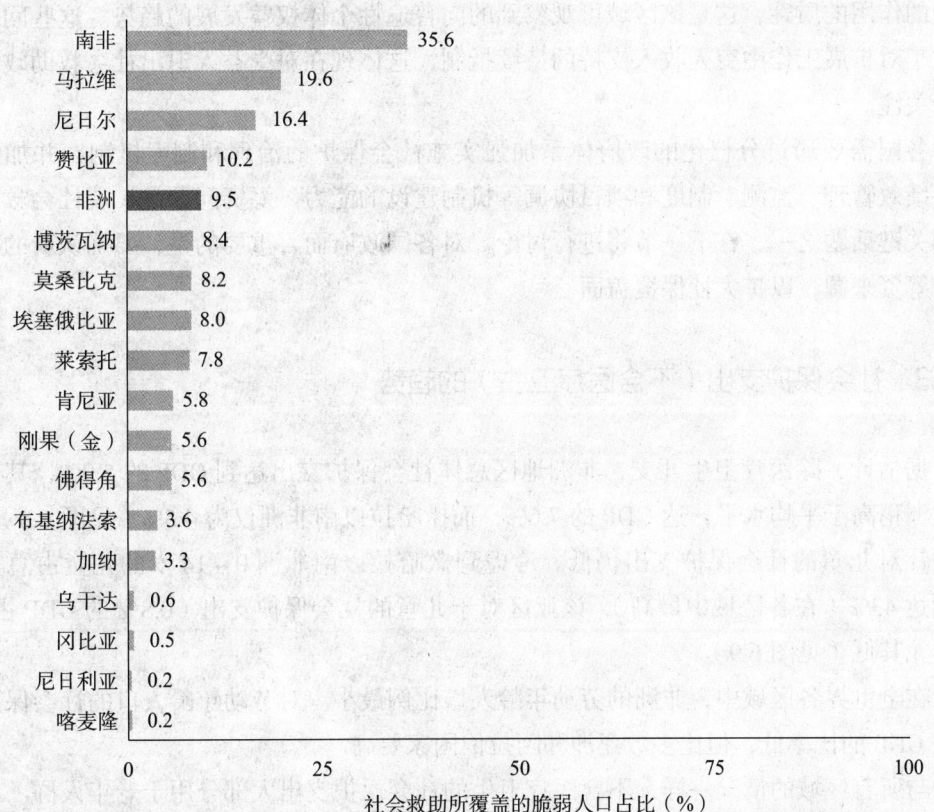

图6.7 可持续发展目标指标1.3.1关于脆弱人群的有效覆盖：非洲获得非缴费型福利津贴的脆弱人口所占百分比，2015年或最近可用年份

注释：脆弱人口数量的估算包括：（a）所有儿童；（b）未向社会保险制度缴费或未获得缴费型津贴的劳动年龄人口；（c）未获得缴费型津贴（养老金）的超过可领取养老金年龄的人口。社会救助的定义是以一般性税收等为资金来源的各种形式的非缴费型现金转移（而非社会保险）。另参见附件二。

资料来源：国际劳工组织世界社会保护数据库，基于社会保障调查（SSI）；国际劳工组织数据库（ILOSTAT）；联合国世界人口展望；各国来源。另参见附件四表B.3。

链接：http://www.social-protection.org/gimi/gess/RessourceDownload.action?ressource.ressourceId=54685.

费型制度覆盖的成人，以及达到退休年龄未领取缴费型津贴者）的人口中只有不足 1/10（9.5%）领取非缴费型津贴。南非通过实施社会补助制度，覆盖面相对广些，有 1/3 的人口享有社会补助金。马拉维、尼日尔和赞比亚也有超过 10% 的人口获得社会救助。

将社会保护底线扩展至脆弱群体对非洲是一项紧迫的重点工作。如前所述，大量现金转移支付项目已在该区域设立。在一些国家，这些项目正逐渐从试点干预措施（外部资金支持，并在某些情况下已实施）过渡到完全内嵌入国家社会政策的文书中。这对社会救助制度化造成了一系列常见的挑战。在政策层面，关键问题出在现金转移支付相较于社会政策制度其他部分的作用方面（如互补性及与服务干预措施、应急和社会保险机制的关联）。

在设计瞄准方法上也出现了一系列的问题（Brown, Ravaillion and Van De Walle, 2016；Kidd, Gelders and Bailey-Athias, 2017），这导致了对社会救助在更广泛的社会契约中的作用的质疑，这是该区域可观察到的向普遍性个体权益发展的趋势。这些问题也导致了对扩展工作中穷人收入支持的持续抵制，这体现在对受益人退出社会救助政策的重新关注。

各国需要通过分权化的政府体系加强实施社会保护的治理和制度机制，并加强问责、绩效管理、监测、制度和项目协调等机制建设的能力。筹资问题是扩展社会救助规模的关键话题之一，在下一节将进行讨论。对各国政府而言重要的是，要确认新的社会保护筹资来源，以扩大社保覆盖面。

6.1.3 社会保护支出（不含医疗卫生）的趋势

据估计，除医疗卫生开支，非洲地区总体社会保护支出达到 GDP 的 5.9%，其中北部非洲稍高于平均水平，达 GDP 的 7.6%，而撒哈拉以南非洲仅为 4.5%（见图 6.8）。

针对儿童的社会保护支出仍低。考虑到撒哈拉以南非洲 0～14 岁的儿童占总人口比例达 43%（在各区域中最高），该亚区对于儿童的社会保护支出（0.8% 的 GDP 占比）显得尤其低（见图 6.9）。

在全世界各区域中，非洲的劳动年龄人口比例最小。对劳动年龄人口的社会保护支出占 GDP 的比率低，但比多数亚洲和阿拉伯国家要高。

与所有区域的情况一样，不含医疗卫生的社会保护支出大部分用于老年人群。尽管非洲的老年人口比例在所有区域中最低（3.8%），但非洲用于这一群体上的支出最为集中（65.6%）。超过 60% 的非医疗卫生社会保护支出用于老年津贴，约占 GDP 的 1.3%（由于老年人占总人口比例为 3.8%，比世界其他区域都要低，因此 1.3% 的 GDP 百分占比也是所有区域中最低的）。

非洲经济增长近年来的"幸运"期已结束，许多国家财政更为紧缩。在当前经济低迷的情况下，一些国家正在调整其支出。取消补贴、削减开支或设置工资上限（包括在社会部门工作的公务员），成为整个撒哈拉以南非洲正在考虑的主要调整措施，随之而

6 监测社会保护的发展进程：区域趋势

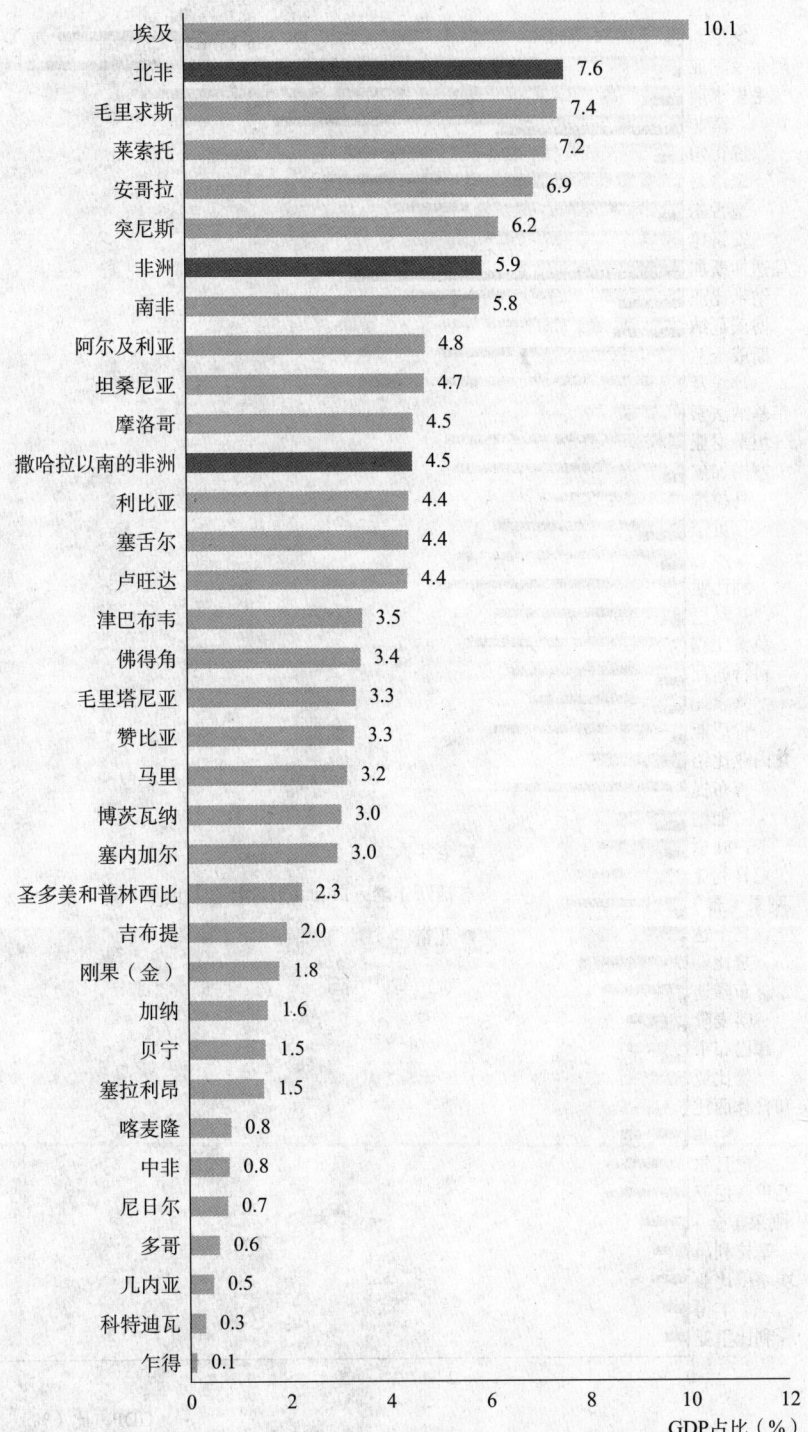

图 6.8 非洲不含医疗卫生的社会保护公共支出（占 GDP 百分比），最近可用年份

注释：社会保护总支出以其占 GDP 百分比估算，社会保护总支出不含医疗卫生相关的公共支出。

资料来源：国际劳工组织世界社会保护数据库，基于社会保障调查（SSI）。另参见附件四表 B.16 和表 B.17。

链接：http://www.social-protection.org/gimi/gess/RessourceDownload.action?ressource.ressourceId=54686。

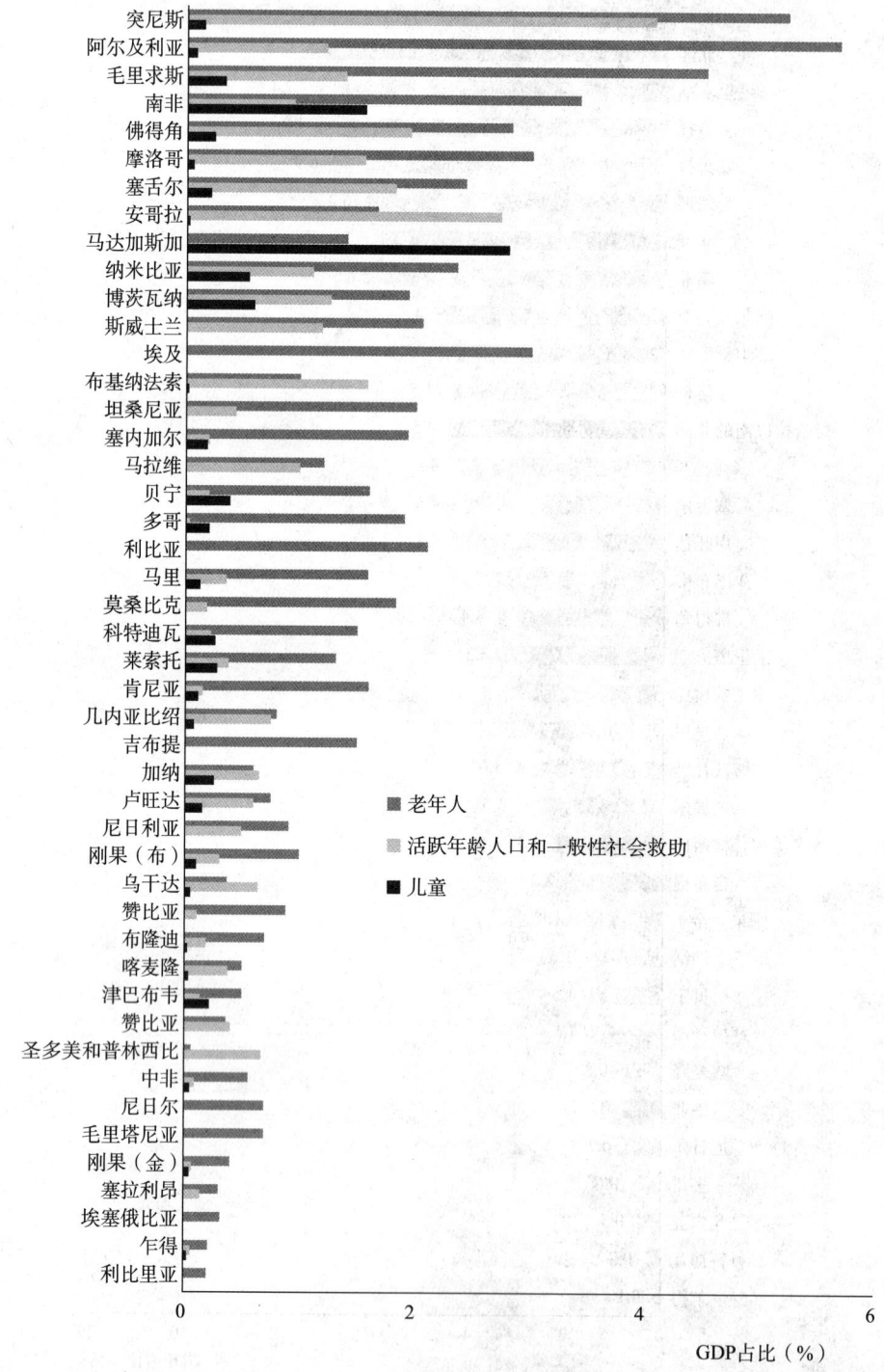

图 6.9 非洲不含医疗卫生的社会保护支出构成（占 GDP 百分比），最近可用年份

注释：不含医疗卫生的社会保护公共支出以占 GDP 百分比估算。

资料来源：国际劳工组织世界社会保护数据库，基于社会保障调查（SSI）。另参见附件四表 B.17。

链接：http://www.social-protection.org/gimi/gess/ResourceDownload.action?ressource.ressourceId=54687.

来的是社会保护待遇的瞄准（通常缩减覆盖）和养老金改革。第 7 章将进行相关讨论。

取消补贴实际上在所有非洲国家都非常流行，从安哥拉到赞比亚都是如此。这原本可以成为社会保护扩面的资金来源。然而，取消所有人口都能受益的普遍性补贴通常伴随着由现金转移支付编织的安全网仅瞄准于最为贫困的人口，不足以实现可持续发展目标。例如，埃及、肯尼亚、莫桑比克、突尼斯逐步撤销了针对所有居民的能源补贴。只有最穷的人才能获得瞄准对象特别狭窄的安全网的补贴，大多数人尽管收入非常低，也无法获得补贴，遭受着收入损失，因此变得更为脆弱。很多食品补贴在食物价格非常高的时候过早取消。正因为如此，取消补贴在许多国家引发了抗议和骚乱（Ortiz et al., 2015）。取消补贴带来的成本积累应该用来社保扩面，建设人人享有的社会保护体系，包括社会保护底线，正如可持续发展目标中所达成的共识。

从与国际货币基金组织的多次探讨中有所反映的是，在财政压力下，该区域有超过 10 个国家的政府正在考虑进行养老金改革。这些国家包括科特迪瓦、肯尼亚、毛里求斯、摩洛哥、坦桑尼亚、突尼斯、赞比亚等。但短期的财政压力不应成为取得进展以实现《2030 年议程》的障碍。即便是最穷的国家也还是有拓展社会保护财政空间的选择（Ortiz, Cummins and Karunanethy, 2017）。各国必须通过对话考虑不同筹资选项的可行性，对话应以阐明财政政策的最理想解决方案以及对工作岗位和收入安全的需求为宜。

6.1.4 区域展望

大多数非洲国家将社会保护列为其发展战略的优先项。因此，国家层面的社会保护政策和计划在几乎大多数非洲国家获得通过或正在制定中。未来数年非洲国家将致力于以下重点工作：

● 将社会保护扩展至非正规经济中的劳动者，以实现非正规经济正规化，并改善非正规就业劳动者的劳动条件。

● 为那些不能工作者、儿童、新生儿母亲、残障人士、老年人、"工作中的穷人"、失业穷人、粮食不安全者制定社会救助制度。

● 实施健康保障全覆盖。

● 重新审视国家层面的社会保护政策（如肯尼亚的 2030 年新社会保护投资计划），通过非缴费型和缴费型制度的组合实现全覆盖。确定全新战略，扩展社会保护财政空间，并确保社会保护体系（包括底线）有充足的资金支持。

● 加强社会保护法律框架，完善监管框架。

● 加强能力和机构建设，特别是脆弱国家的能力和机构建设，包括增强社会保护制度之间的协调性。

● 改善来自非洲的移民劳动者对社会保障的可及性，包括增强待遇的可携带性。

● 增强对气候和其他冲击的适应力，将对恢复性生计支持融入社会保护项目，增强社会保护和应急制度之间的协调性。

6.2 美洲

6.2.1 社会保护的区域挑战和工作重点

自20世纪之初以来，拉丁美洲和加勒比地区的社会保障体系以碎片化和分层的方式逐步演变，出现了覆盖面差距以及待遇给付范围和水平不平等的问题。经济上的结构性制约因素和非正规就业的高发率意味着，在许多国家，社会保护的表现无疑令人不甚满意。然而，过去十几年在社会政策和社会保护相对落后地域进行的改革和进展富有成果，这一现象很大程度上与该区域的劳动力市场所经历的积极变化有关，也与社会保护方面引入的创新有关（ECLAC，2016）。其成果是，在过去十几年，贫困的发生率大幅下降，其降速甚至超过世界其他区域（Ocampo and Gómez-Arteaga，2016）。

由于缴费型制度的扩展，拉丁美洲和加勒比地区国家的社会保护取得了长足进展，这与就业形势回暖有关，也是税收所支持的非缴费型社会保护制度扩展的结果。缴费型和非缴费型项目的覆盖指标都取得了进展。社会保护和劳动力市场的优异表现对于减贫极其关键。然而，由于各区域在待遇的充足性、有效覆盖面、社会保障的公共支出和社会保障制度的表现方面存在异质性，巨大的差距仍持续存在。拓展财政空间以扩大覆盖方面也存在制约性因素。

碎片化、分层性、项目之间和部门之间缺乏连贯和协调等相关问题也仍然存在。一些群体和部门，如小微企业劳动者、自雇劳动者、农村和家政工等不受社会保护覆盖，抑或是有效覆盖面非常低。将社保覆盖延展至某些"难以触及"的人群，对于减少性别、种族或民族间差距至关重要。由于存在多种约束因素，对农村人口的有效覆盖是美洲地区面临的主要挑战（ILO，2016l）。

在扩大社会保护（包括医疗卫生）方面，美洲地区覆盖面的增长与可持续发展的目标一致。但是该区域在制度结构、保障水平、覆盖程度、社会保护公共支出和表现等方面存在着巨大的差异性。其结果是，基于不同国家和亚区的具体情况，区域面临的挑战十分多样化。在那些发展水平更低的国家，其挑战主要与建立或扩展社会保护底线、开拓社会保护的财政空间、加强社会保护机制有关。中等发展水平国家的主要目标在于夯实社会保护底线，在正规化政策背景下将社会保障扩展至难以覆盖的群体，并且加强机制间的协调一致性（Bertranou，Casalí and Schwarzer，2014）。此外，美洲更为发达国家的主要挑战在于经济可持续性、保持覆盖面和筹资水平、深化正规性政策，从而不断扩展缴费型制度的覆盖面并提升社会保护支出的质量。

6.2.2 社会保护的有效覆盖：监测美洲地区可持续发展目标指标 1.3.1

在美洲，至少被一项社会保护有效覆盖的人口比例为 67% 左右，超过世界平均水平 22 个百分点，不过却低于欧洲和中亚的覆盖水平。尽管近来在全面综合的社会保护体系建设方面做了大量工作，实现全覆盖仍存在着诸多挑战。①

北美、拉丁美洲和加勒比地区（LAC）的覆盖水平存在明显差异（见图 6.10）。以加拿大和美国为代表的北美发达经济体覆盖率往往更高，这是基于其更高的经济发展和社会投资水平。加拿大就是一个鲜活的例子，但美国却有 1/4 的人口尚未获得任何现金形式的社会保护。与北美相比，许多拉丁美洲和加勒比国家仍然有巨大的覆盖面缺口，平均有 40% 的人口未受覆盖。拉丁美洲和加勒比各国之间覆盖面存在的差异性更为明显。乌拉圭的积极案例表明，处于经济发展低阶段的国家也可实现更高的覆盖率，而玻利维亚和哥伦比亚等国仍有 60% 的人口尚未受到保护。

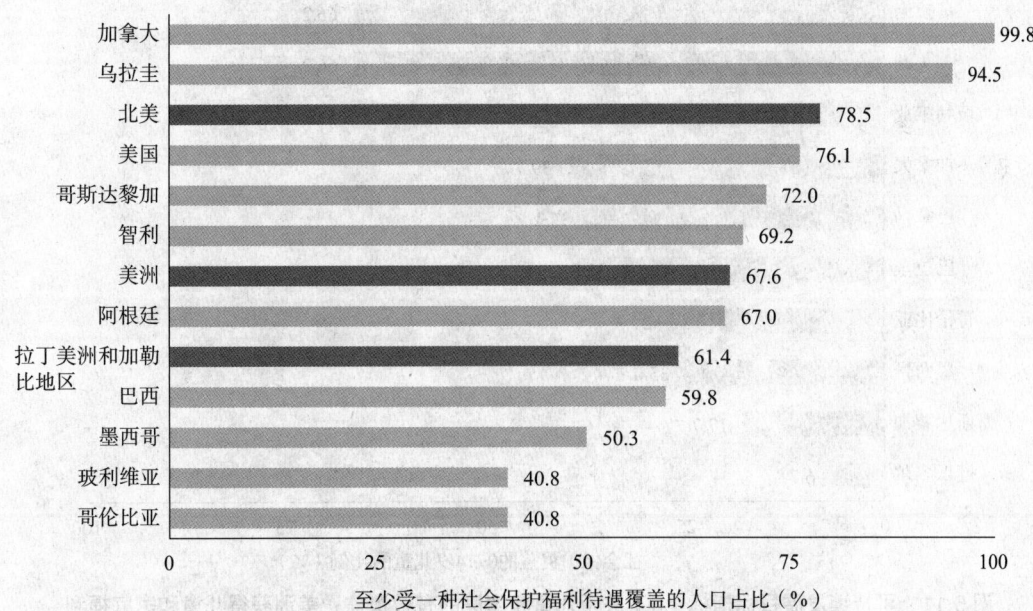

图 6.10　可持续发展目标指标 1.3.1：美洲至少被一项社会保护福利待遇有效覆盖的人口所占百分比，2015 年或最近可用年份

注释：社会保护的有效覆盖是以社会保险制度的活跃缴费者或待遇领取者（缴费型或非缴费型）的人口数量来衡量。健康保障未包括在可持续发展目标指标 1.3.1 范围内。另参见附件二。

资料来源：国际劳工组织世界社会保护数据库，基于社会保障调查（SSI）；国际劳工组织数据库（ILOSTAT）；各国来源。另参见附件四表 B.3。

链接：http://www.social-protection.org/gimi/gess/RessourceDownload.action?ressource.ressourceId=54688.

---

① 由于可获得的数据有限（除了养老金有效覆盖的程度），无法对美洲地区进行全面具体的统计分析。

儿童和家庭福利

在美洲大部分国家,为儿童提供社会保护仍是一项挑战(见图6.11)。超过1/3的0~14岁儿童未受覆盖。一些拉丁美洲和加勒比国家加大了实现全覆盖的力度。例如,阿根廷约85%的儿童可实际获得儿童津贴。在其他一些国家,儿童津贴是通过进行家计调查的非缴费型制度来提供的。例如,哥斯达黎加和厄瓜多尔的覆盖水平更低,分别只有17.7%和6.7%。只有巴西和智利的有效覆盖率超过了90%,两个国家都打出了缴费型和非缴费型家计调查的制度组合拳。在北美地区,只有加拿大的数据可获得,其覆盖面是有限的,覆盖的0~14岁儿童估计不足40%。

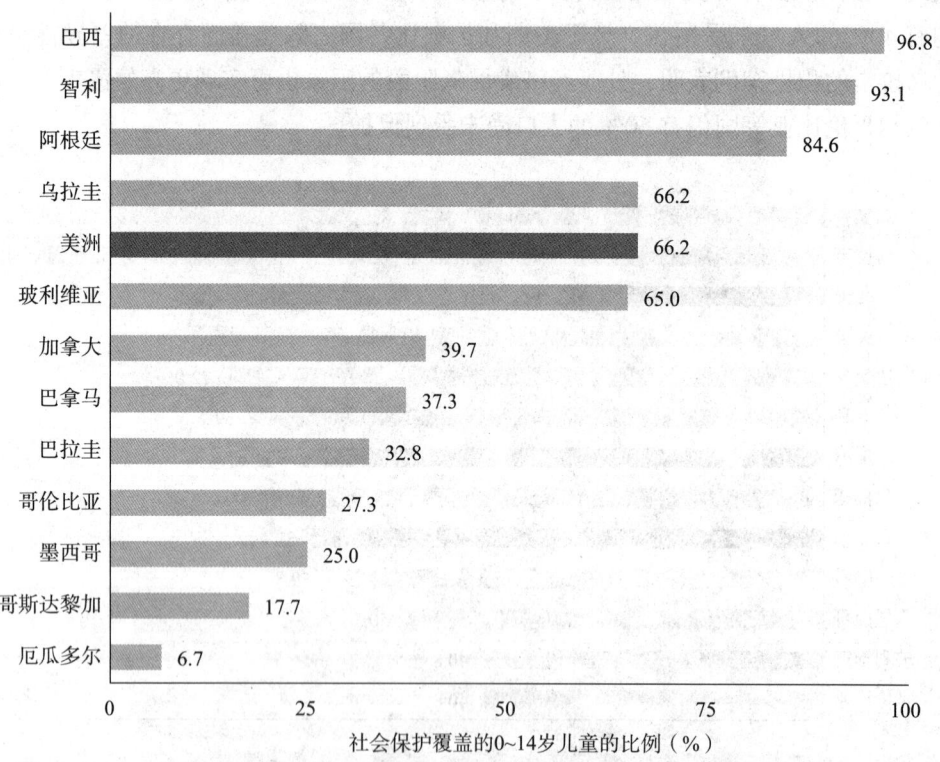

图6.11 可持续发展目标指标1.3.1关于儿童和家庭的有效覆盖:美洲获得儿童和家庭福利津贴的儿童和家庭比例,2015年或最近可用年份

注释:社会保护津贴所覆盖儿童的比例:获得儿童福利津贴的儿童/家庭数量与儿童/育儿家庭总数之比。另参见附件二。

资料来源:国际劳工组织世界社会保护数据库,基于社会保障调查(SSI);国际劳工组织数据库(ILOSTAT);联合国世界人口展望;各国来源。另参见附件四表B.3和表B.4。

链接:http://www.social-protection.org/gimi/gess/RessourceDownload.action?ressource.ressourceId=54689。

生育保护

本区域生育福利津贴的有效覆盖率高于41%的世界平均水平。据估计,有68.6%

的就业女性获得生育津贴（见图6.12）。但各国之间差异巨大，许多国家在实现全覆盖上依然面临挑战。仅有加拿大和乌拉圭实现了对就业女性100%的有效覆盖，而玻利维亚获得生育津贴的就业女性约为50%。另外，危地马拉和巴拉圭的社会排斥率特别高，超过85%的就业女性未获得生育福利津贴。

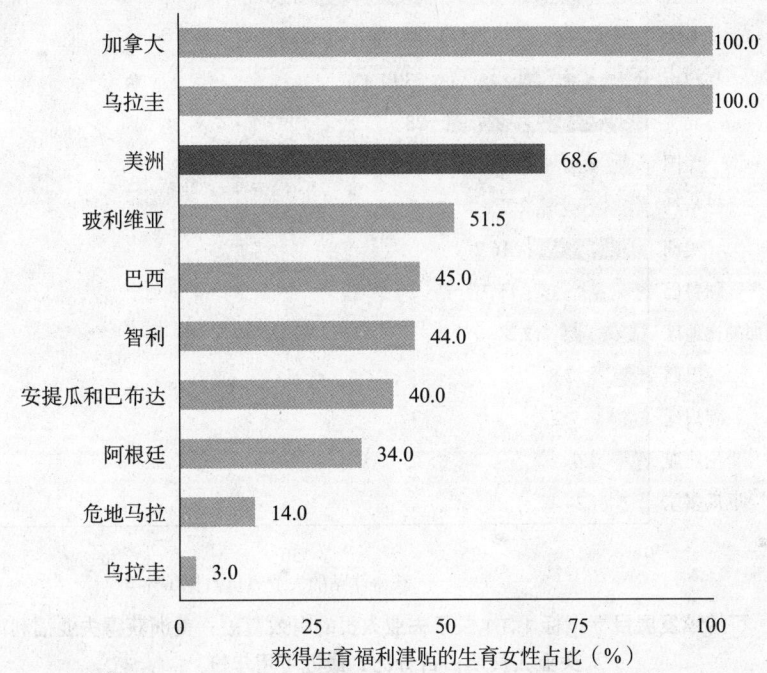

图6.12 可持续发展目标指标1.3.1关于新生儿母亲的有效覆盖：美洲获得生育福利津贴的生育女性所占百分比，2015年或最近可用年份

注释：生育津贴覆盖生育女性的比例：领取生育福利津贴的女性与同年生育女性（基于年龄组生育率或按双胞胎和三胞胎的出生比例修正的活产数的估算）的比率。另参见附件二。

资料来源：国际劳工组织世界社会保护数据库，基于社会保障调查（SSI）；国际劳工组织数据库（ILOSTAT）；联合国人口展望；各国来源。另参见附件四表B.3和表B.5。

链接：http://www.social-protection.org/gimi/gess/RessourceDownload.action?ressource.ressourceId=54690.

失业保护

与其他风险事故相比，美洲地区劳动年龄人口中处于失业并获得失业津贴者的比例相当低。在大部分所考察的国家中，不足45%的失业者实际上获得失业津贴（见图6.13）。唯一表现优异的是巴巴多斯，有88%的失业人员获得了强制性社会保护制度提供的津贴。反观北美洲，只有28.5%的失业者获得失业津贴，加拿大的覆盖率估计为40%，美国为28%。这一情况表明，高收入国家的失业津贴覆盖率不一定高。在拉丁美洲和加勒比地区，失业保护制度所覆盖的失业人口比例甚至更小（12.2%）。智利、哥斯达黎加等一些拉美和加勒比地区国家实施的基于个人账户的失业储蓄制度，通常无法确保失业津贴的定期发放。目前仍有55%的受雇劳动者在出现失业时无法受到防止收入损失的保护,因此实现全覆盖还需努力。在哥伦比亚和厄瓜多尔,只有极少数(不足5%)的失业劳动者获得失业津贴。

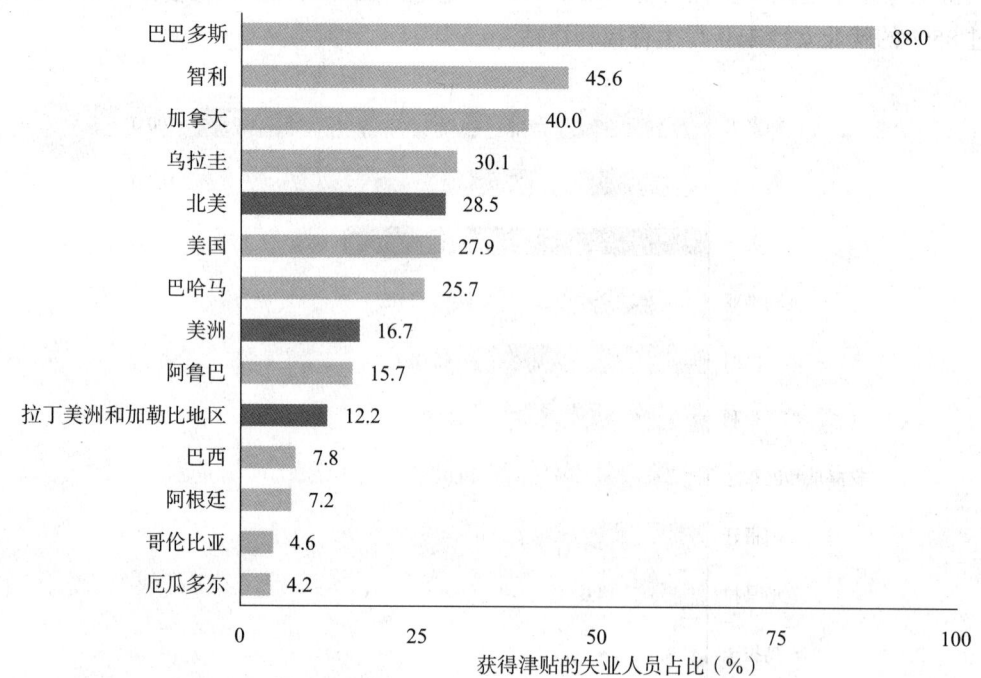

图6.13 可持续发展目标指标1.3.1关于失业人员的有效覆盖:美洲获得失业福利津贴的失业人员所占百分比,最近可用年份

注释:获得津贴的失业人员比例是指失业福利津贴获得者占失业人员总数的比例。另参见附件二。

资料来源:国际劳工组织世界社会保护数据库,基于社会保障调查(SSI);国际劳工组织数据库(ILOSTAT);各国来源。另参见附件四表B.3和表B.6。

链接:http://www.social-protection.org/gimi/gess/RessourceDownload.action?ressource.ressourceId=54691.

出现这种情况的部分原因可能在于,现实中大多数失业保护制度仅局限于有稳定薪资的劳动者,因此在非正规就业劳动者占比高的国家,其有效覆盖率就比较低。而其他国家,如厄瓜多尔的低覆盖率原因可能在于失业保护是通过一次性支付而非定期的现金给付来提供的。

残障津贴

对重度残障人士的社会保护覆盖在美洲亚区之间及内部情况不一(见图6.14)。北美在亚区中独占鳌头,覆盖面达96.7%,其中以美国为领头羊,实现了全覆盖。反观加拿大,只有约2/3的重度残障人士获得残障津贴。在拉丁美洲和加勒比地区,大多数国家都有法定的残障制度,但覆盖面却参差不齐,覆盖率最高的巴西和最低的玻利维亚之间就相差了九十几个百分点。在巴西、智利等国,超过90%(一些国家甚至100%)的重度残障人士实际上获得了残障津贴，而在玻利维亚、危地马拉和秘鲁等国，重度残障人士获得残障津贴的比例不到5%。

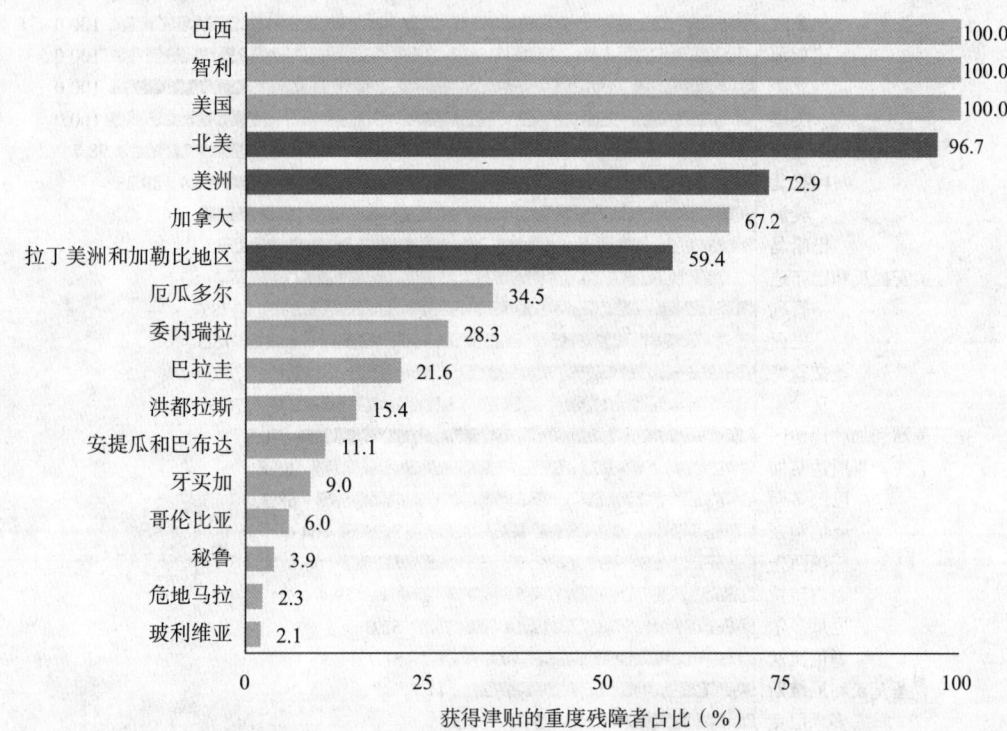

图6.14 可持续发展目标指标1.3.1关于重度残障者的有效覆盖：美洲获得残障福利津贴的重度残障者所占百分比，2015年或最近可用年份

注释：获得津贴的重度残障者的比例是指获得残障福利津贴者占重度残障者的比例。重度残障者的数量按残障发生率（世界卫生组织公布针对各国家组的数据）和每个国家人口的乘积计算。另参见附件二。

资料来源：国际劳工组织世界社会保护数据库，基于社会保障调查（SSI）；国际劳工组织数据库（ILOSTAT）；联合国世界人口展望；世界卫生组织数据库；各国来源。另参见附件四表B.3和表B.8。

链接：http://www.social-protection.org/gimi/gess/RessourceDownload.action?ressource.ressourceId=54692.

老年养老金

按年龄组分类，老年人是美洲社保覆盖面最广的群体。几乎所有国家都有国家立法所规定的养老金制度。美洲（覆盖目标群体的86%）与全球领先的欧洲和中亚地区（覆盖目标群体的95%）在老年人有效覆盖方面的差异仅为9个百分点，而两者在失业等意外风险方面保护覆盖的差距却达25个百分点左右。如图6.15所示，在北美洲，所有超过有资格领取养老金年龄的老年人都领取福利津贴。加拿大和美国在养老金方面都实现了全覆盖。在拉美和加勒比地区，约71%的老年人获得养老金，略微高于67%的世界平均水平，但该亚区内部持续存在显著的不平等。阿鲁巴、玻利维亚和圭亚那覆盖

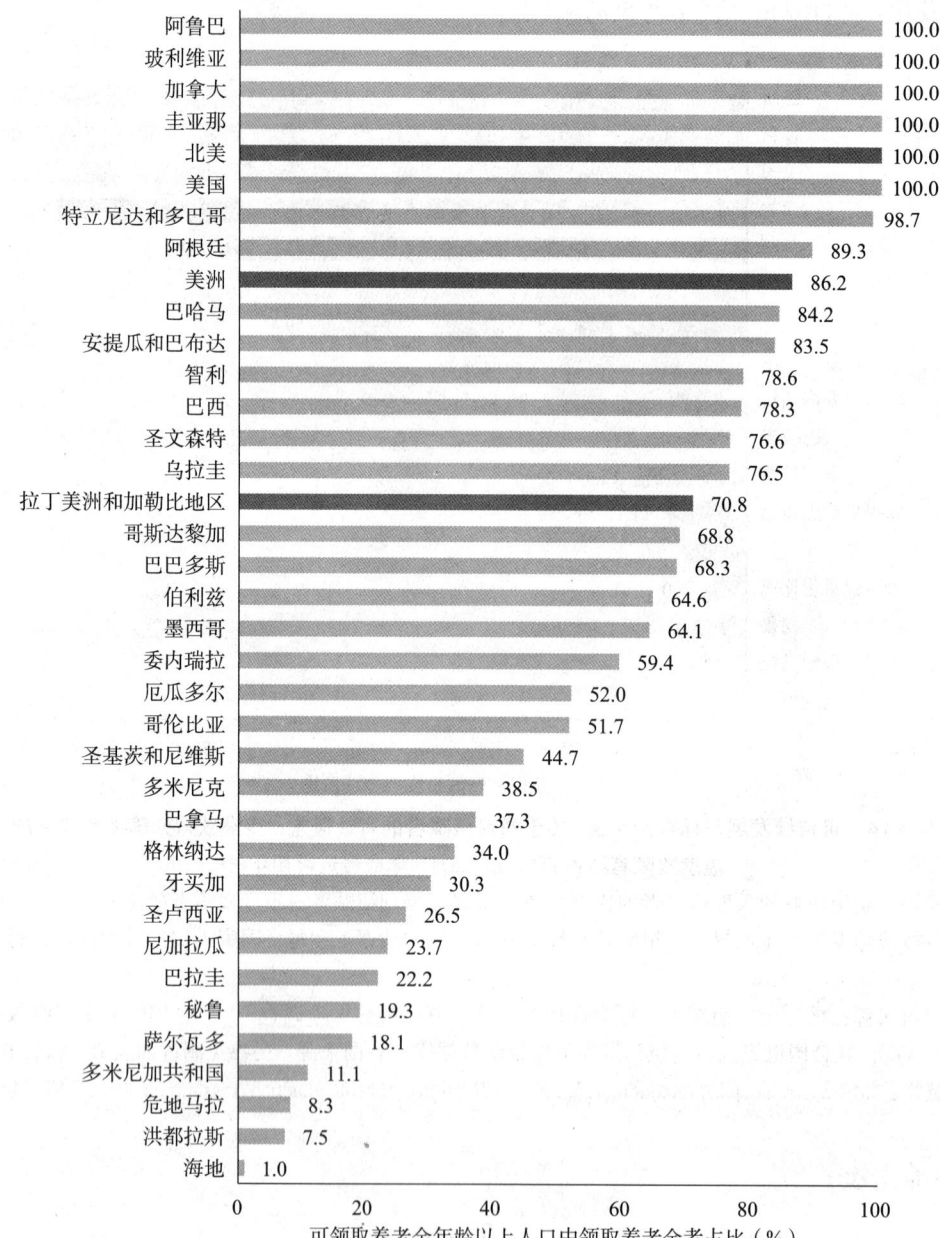

图 6.15 可持续发展目标指标 1.3.1 关于老年人的有效覆盖：美洲获得老年养老金者占超过法定可领取养老金年龄人口的百分比，最近可用年份

注释：养老金领取者占老年人口的比例：法定可领取养老金年龄以上人口中领取养老金者与法定可领取养老金年龄以上人口数量之比。另参见附件二。

资料来源：国际劳工组织世界社会保护数据库，基于社会保障调查（SSI）；国际劳工组织数据库（ILOSTAT）；各国来源。另参见附件四表 B.3 和表 B.12。

链接：http://www.social-protection.org/gimi/gess/RessourceDownload.action?ressource.ressourceId=54693.

率达100%，为老年人提供定期的现金给付。在该亚区的23个国家，至少有50%的老年人实际领取养老金，从而在年老时获得一定程度的收入保障。然而，与北美洲相比，拉丁美洲和加勒比地区的养老金制度仍相对处于发展的早期阶段。例如，在尼加拉瓜，有23.7%的老年人获得养老金；在秘鲁，领取养老金的老年人比例不足1/5（19.3%）；在海地，只有1/100的老年人领取老年金。

社会救助

脆弱人口的覆盖数据与整体人口的略有不同（见图6.16）。北美与拉丁美洲和加勒比地区在2030年前实现全覆盖还有很长的路要走。而在为脆弱人群提供社会保护方面，

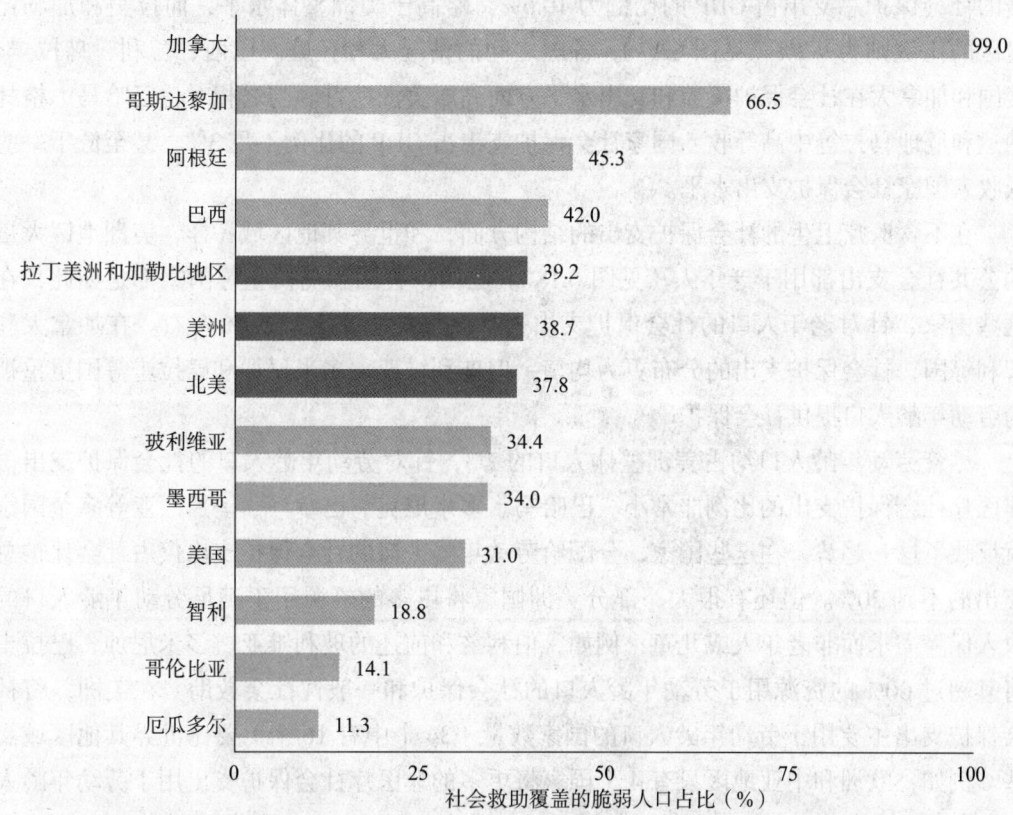

图6.16 可持续发展目标指标1.3.1关于脆弱人群的有效覆盖：美洲获得非缴费型福利津贴的脆弱人口所占百分比，2015年或最近可用年份

注释：脆弱人口数量的估算包括：（a）所有儿童；（b）未向社会保险制度缴费或未获得缴费型津贴的劳动年龄人口；（c）未获得缴费型津贴（养老金）的超过可领取养老金年龄的人口。社会救助的定义是以一般性税收等为资金来源的各种形式的非缴费型现金转移（而非社会保险）。另参见附件二。

资料来源：国际劳工组织世界社会保护数据库，基于社会保障调查（SSI）；国际劳工组织数据库（ILOSTAT）；联合国世界人口展望；各国来源。另参见附件四表B.3。

链接：http://www.social-protection.org/gimi/gess/RessourceDownload.action?ressource.ressourceId=54694。

本区域大部分国家面临着巨大挑战。换言之，社会保护所覆盖的脆弱人口比例甚至低于社会保护所覆盖的整体人口比例。尽管北美在社会保护覆盖整体人口比例上高于拉丁美洲和加勒比地区，但前者在脆弱人口覆盖比例上甚至低于后者。例如，美国脆弱人口的覆盖率（31%）显著低于整体受益人口（76%）。同样，在拉丁美洲和加勒比地区，整体受益人口中（61%）平均有39%的脆弱人口享有社会保护体系。在智利、哥伦比亚和厄瓜多尔，获得社会保护的脆弱人口不足20%。加拿大是美洲地区唯一的表现优异者：几乎所有的脆弱人口都在社会保护的覆盖面内。

6.2.3 社会保护支出（不含医疗卫生）的趋势

除医疗卫生支出，美洲地区的社会保护总支出水平约占GDP的10.4%。其中，北美的社会保护总支出占GDP的比例为10.6%，略高于美洲整体水平，而拉美和加勒比地区的比例则为9.7%（见图6.17）。各国之间的情况大相径庭。巴西、智利、乌拉圭、美国和加拿大在社会保护覆盖和支出水平方面高居美洲榜首。与之相对，巴哈马、格林纳达和危地马拉等中高等收入国家社会保护支出占GDP的比例不足3%，甚至低于一些低收入国家社会保护支出水平。

在不含医疗卫生的社会保护支出的结构方面，和世界其他区域一样，美洲地区大量的公共社会支出都用于老年人（见图6.18）。巴西、美国和乌拉圭等国家都是如此，在这些国家，针对老年人口的社会保护支出占社会保护总支出的50%左右。在加拿大和智利等国，社会保护支出的分布更为均衡，但玻利维亚、多米尼加和巴拉圭等国更重视为劳动年龄人口提供社会保护。

尽管劳动年龄人口约占美洲整体人口的2/3，针对劳动年龄人口的社会保护支出占非医疗社会保护支出的比例非常小。巴哈马、多米尼克、巴拿马、圣卢西亚等多个国家就反映了这一趋势。在这些国家，分配给劳动年龄人口的社会保护支出仅占社会保护总支出的不到20%。但还有很大一部分美洲国家将更多的资源用于满足劳动年龄人口的收入保障需求而非老年人或儿童；例如，伯利兹和前述的玻利维亚、多米尼加、巴拉圭将其超过60%的资源用于劳动年龄人口的社会保护和一般性社会救助。在美洲，将社会保护支出主要用于劳动年龄人口的国家数量（34个中有16个）要比世界其他区域高些。例如，欧洲和中亚地区只有4个国家将更多的非医疗社会保护支出用于劳动年龄人口而非老年人。

与世界其他区域一样，美洲只有很小部分的非医疗卫生公共支出是针对儿童的社会保护。儿童的社会保护公共支出占GDP比例最高的国家是智利，为1.7%，其次是阿根廷，为1.5%，但在圣卢西亚仅为GDP的0.1%，在多米尼加仅为GDP的0.02%。古巴、格林纳达、委内瑞拉等国的国家立法中既没有规定儿童社会保护项目，也没有将资源用于针对儿童的更广泛的社会救助项目。

6 监测社会保护的发展进程：区域趋势

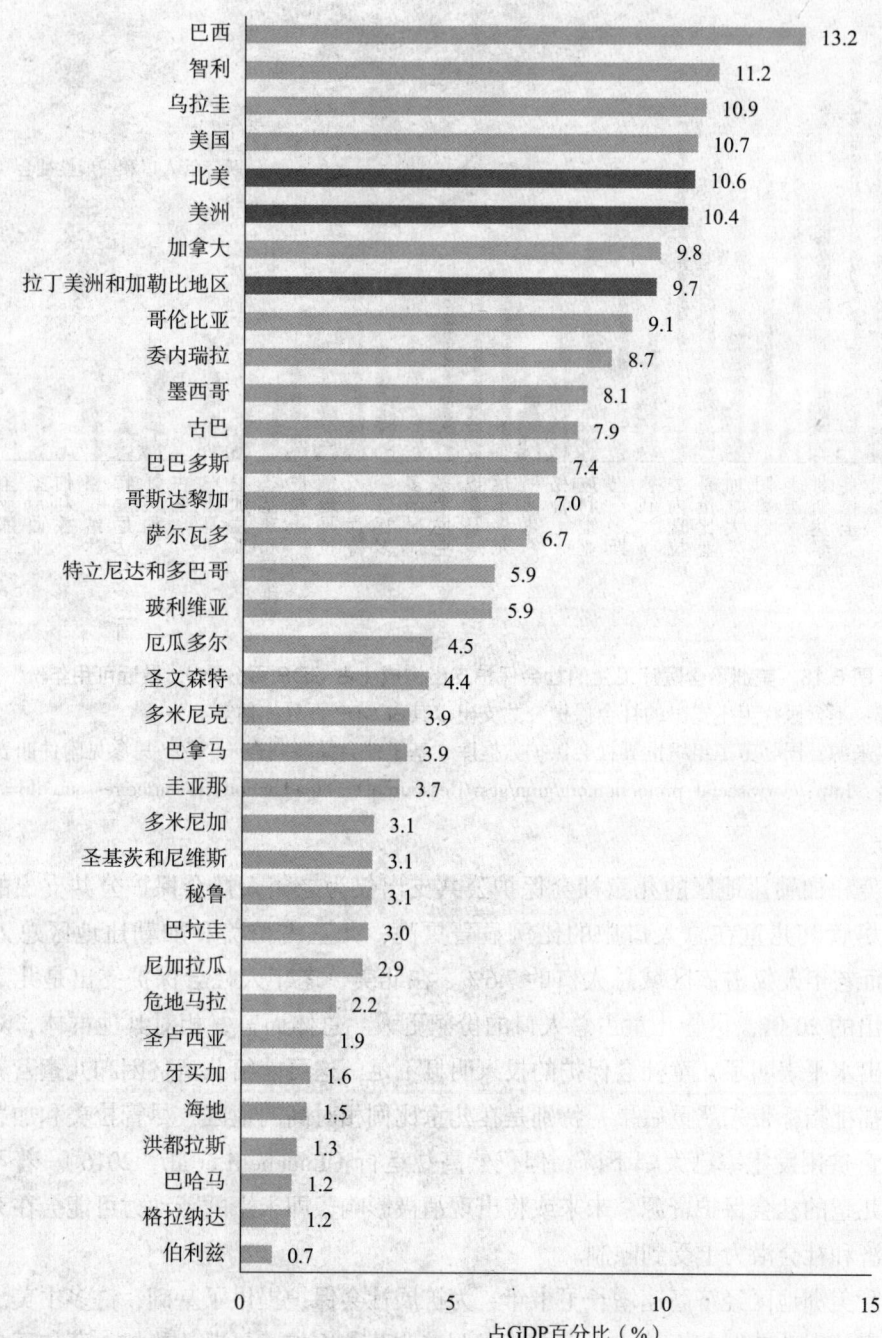

图6.17 美洲不含医疗卫生的社会保护公共支出（占GDP百分比），最近可用年份
注释：社会保护总支出为不含医疗卫生相关的公共支出，以其占GDP百分比估算。
资料来源：国际劳工组织世界社会保护数据库，基于社会保障调查（SSI）。另参见附件四表B.16和表B.17。
链接：http://www.social-protection.org/gimi/gess/RessourceDownload.action?ressource.ressourceId=54695.

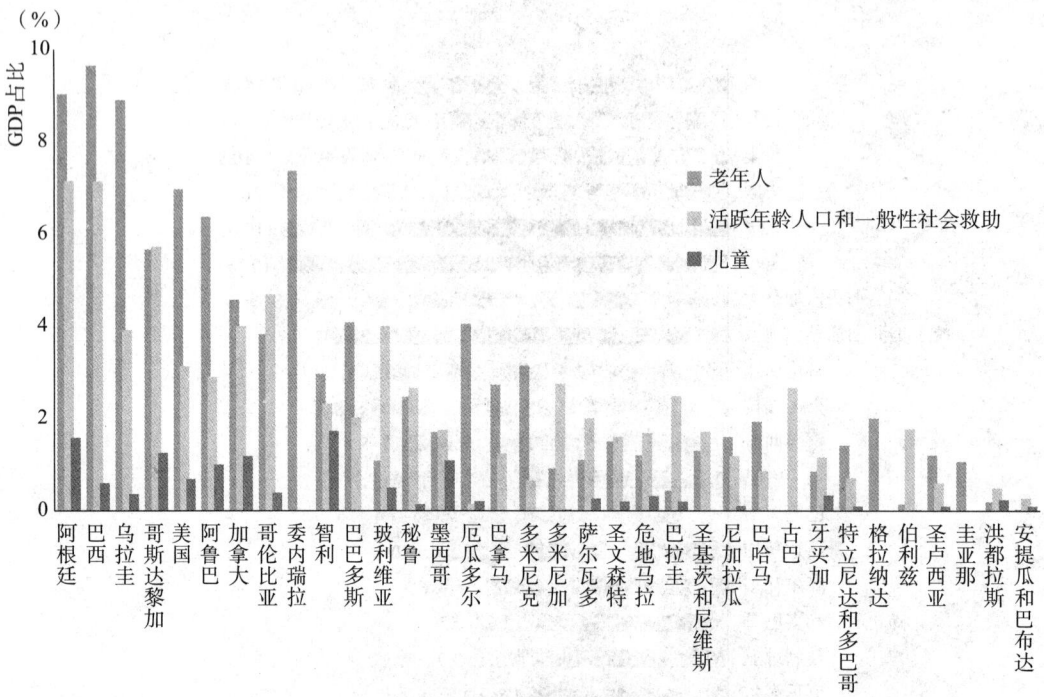

图6.18 美洲不含医疗卫生的社会保护支出构成（占GDP百分比），最近可用年份

注释：不含医疗卫生支出的社会保护公共支出以其占GDP百分比估算。

资料来源：国际劳工组织世界社会保护数据库，基于社会保障调查（SSI）。另参见附件四表B.17。

链接：http://www.social-protection.org/gimi/gess/RessourceDownload.action?ressource.ressourceId=54696.

拉美和加勒比地区的儿童社会保护公共支出仅为老年人社会保护公共支出的1/10左右，尽管其儿童在总人口中的比例显著更高：儿童占拉美和加勒比地区总人口的25%，而老年人仅占该区域总人口的7.6%。在北美，老年人社会保护支出是儿童社会保护支出的20倍，尽管儿童占总人口的份额更大。总体而言，相对其他群体，对儿童的低支出水平表明了儿童社会保护的投入明显不足。这可能给儿童贫困和儿童营养水平等儿童福祉指标带来严重后果，特别是在儿童比例相对高的地区。尽管拉美和加勒比地区的儿童贫困发生率已大幅下降，但仍然高位运行（Lucchetti et al., 2016）。若不增加分配给儿童的社会保护资源，未来或将出现消极影响，即未来的劳动力可能会在充分实现其经济和社会潜力上受到限制。

尽管美洲地区经济高速增长了十年，为扩展社会保护提供了基础，许多中美洲和加勒比国家的财政状况却不佳，一直在考虑调整改革。例如，哥斯达黎加、萨尔瓦多、格林纳达、圭亚那、牙买加、尼加拉瓜、圣文森特、格林纳丁斯正在讨论进行养老金改革。补贴改革涉及美洲地区的8个国家，包括玻利维亚、萨尔瓦多、圭亚那、巴拉圭、尼加拉瓜和苏里南。减少的补贴可以成为扩展社会保护覆盖面的资金来源（第7章介绍相关讨论）。限制公共部门的工资，包括在社会部门工作的公务员工资，为伯利兹、哥斯达黎加、萨尔瓦多、格林纳达、牙买加、墨西哥、苏里南等国又一常用的短期紧缩措施（Ortiz et al., 2015）。2016年，巴西新政府选择对公共支出进行20年的冻结，预计这将会带来消极的社会影响，并影响在实现人权方面所取得的进展。①

重要的是，要确保这些短期调整不会危及实现可持续发展目标的进展。政府缩减支出在调整期是不可避免的，但即便是在最穷的国家，还是有拓展社会保护财政空间的替代选项。实际上，扩展财政空间和创造社会投资资源方面还有很多可选项，这些都得到了联合国和国际金融机构的支持（Ortiz, Cummins and Karunanethy, 2017）。各国必须通过社会对话斟酌不同筹资渠道的可行性。社会对话应以能阐明财政政策的最理想解决方案以及对工作岗位和收入安全的需求为宜。

6.2.4 区域展望

在过去几年，美洲地区社会保护体系的特征和范畴发生了重要的变化。得益于劳动力市场积极发展的影响，伴随社会保护财政空间的扩大，作为缴费型制度的有效补充，几乎所有国家都拓展了其非缴费型项目以扩大覆盖面。由于劳动制度的进步，许多国家已将其法律覆盖面扩展至新的劳动者群体，改善了工资就业和正规化的相关指标。这些表现关键得益于劳动管理、劳动监察和社保费用征缴的创新。然而，很多区域持续存在覆盖面、管理和筹资方面的差距。

为实现可持续发展目标，美洲地区在社会保护方面取得的良好进展必须持续下去，这就要求做好以下重点工作：

● 提高就业的正规化水平，确保实现充足保护和有效覆盖的双重效果，将社会保险制度扩展到难以覆盖的人群，如农业劳动者、自雇者、家政工、移民劳工等。

● 通过弥合在获得现金转移支付和提高保护充足性方面的差距，扩展针对儿童和其他脆弱群体社会保护的有效覆盖。

● 制定并实施能增加财政空间、改善财政政策分配效果的策略，以支撑社会保护体系的健全完善。

● 扩展失业保护制度的法律覆盖和有效覆盖。

● 确保人们能有效获得医疗保健服务，降低医疗保障制度的碎片化，包括权利的碎片化。

● 在不影响充足性的同时，确保缴费型养老制度的可持续性，并通过混合型制度（缴费和非缴费）扩大对老年人保护的覆盖面。

● 减少福利项目的碎片化和内部分割性，加强社会保护政策之间及与其他社会政策的协调性。

● 实施能使社会保护政策适应科技、人口和气候变化的有效机制。

---

① 联合国赤贫和人权问题特别报告员菲利普·奥尔斯顿（Philip Alston）在2016年12月9日警告称，巴西长达20年的公共支出上限将侵犯人权（OHCHR, 2016）。

6.3 阿拉伯国家

6.3.1 社会保护的区域挑战和工作重点

虽然对社会保护的需求受到广泛承认，但获得社会保障的基本人权对世界大多数人口而言仍未实现，包括阿拉伯国家。

尽管大多数阿拉伯国家在过去几十年间已设立社会保障项目和机构，但由于大多数社会保险制度仅适用于公共和私营部门拥有正规合同的劳动者，社会保障的有效覆盖水平仍然较低，而其他类型的劳动者，包括以新形式就业的劳动者则不在覆盖范围内。非正规性就业多、女性劳动力参与率低、失业率高，造成了较低的社会保护有效覆盖率，对于女性尤为如此（在多数国家不超过10%）。

所有阿拉伯国家都提供商品（特别是石油、食品等商品）补贴和一些有针对性的现金转移项目，但这些措施在减少贫困和脆弱性方面的有效性有限。大多数现金转移和安全网项目并非基于权利，其内容范畴少、分布碎片化、覆盖面和待遇水平有限，这通常意味着较高的管理成本。资源的分散化导致受益人只能获得少量的转移支付，一些困难家庭却因不满足具体的资格要求被排除在外（ESCWA，2014）。扎卡特基金①、慈善组织、信仰团体在提供阿拉伯地区的社会保护方面发挥着重要作用。尽管获得的信息有限，据估计，宗教组织花费的数千万美元惠及人数达几千人（Jawad，2014）。非政府组织主要通过学校和医院建构的网络，为一些特殊地方的某些类型受益者提供家计调查型的福利，并为困难家庭提供现金和实物的转移支付。在难民危机中，这些非政府组织作为主要人权援助提供者，其重要性不断攀升。

2008年全球经济和金融危机传达的信息是，社会保护承担着向脆弱群体提供收入保障和出现危机或经济政策失效时保持社会凝聚力的双重重要作用。这种讯息在"阿拉伯之春"后在本区域得到强化。社会保护对于实现阿拉伯国家的可持续发展并防止食品、燃料和金融冲击的负面影响功不可没（ILO，2014a）。大多数阿拉伯国家，包括那些明显未受暴动影响的国家，自2010年来引入或增加了其社会保护措施。然而，大多数举措的初衷在于确保冲突国家的社会稳定和复苏战略，但仍不足以解决结构性问题，仍难以加强社会保护体系。

难民危机，政局动荡（如伊拉克、叙利亚、也门），财政整固措施，腐败和缺乏透明（Ottaway，2016）正在损害社会保障扩面的努力。

此外，鉴于现行的社会保护管理基础薄弱，区域内的冲突和与之相关的难民危机对

---

① 扎卡特（Zakat）是穆斯林的宗教义务。财富超过一定水平的穆斯林捐赠其财富的2.5%。

许多阿拉伯国家的社会保护体系造成了负面影响（Jawad，2015）。例如，黎巴嫩收留了超过100万名难民，是世界上难民人均集中度最高的国家（Renda，2017）。黎巴嫩生活在贫困线以下的人数自2011年以来已增长了66%，世界银行估算2011—2014年有17万黎巴嫩人陷入贫困。另外，据估计，约有35万居住在黎巴嫩的叙利亚难民无法满足自身最低生存需求，还有另外35万黎巴嫩人每日生活费不足1美元（Kukrety，2016）。

由于制度的结构性缺陷和政局动荡加剧，阿拉伯国家社会保护的覆盖率很低，迫切需要发展国家社会保护底线，为所有贫困人口提供最低收入保障。

社会保护被明确提及为实现可持续发展目标1、3、5、8、10的重要工具。在阿拉伯国家，实现这些目标的一大前提就是建立多个利益相关方之间有效且高效的伙伴关系：政府、雇主组织、劳工组织（包括非正规经济中的劳工组织）、公民社会。然而，实现可持续发展目标的一大挑战是该区域的自由度有限，特别是结社自由、言论自由和和平集会的自由。此外，为有效监测可持续发展目标，大多数指标都需要全国层面的数据。鉴于多数阿拉伯国家缺乏标准化的数据搜集方法，这方面将会存在挑战。这也许是为什么该区域只有约旦和卡塔尔两个国家在2017年7月的高层可持续发展政治论坛上作了可持续发展目标国家自愿审查报告（Voluntary National Review Report，VNR）。① 大多数阿拉伯国家贫困数据缺乏限制了对实现可持续发展目标的监测，此外，可获得的数据也不一定与其他来源的数据一致。因此，在实现可持续发展目标方面，政治意愿是重要的缺位因素。

由于近期的冲突和随之而来的人道主义危机，该区域也正面临着前所未有数量的被迫流离失所人员。仅是叙利亚内战就导致了数百万人沦为难民，其中有150万在邻国约旦和黎巴嫩登记注册（UNHCR，2017a）。同时，伊拉克和也门的冲突也使两国数百万人背井离乡，而也门又接收了超过25万名逃离非洲之角的难民（UNHCR，2017b，2017c）。

大多数情况下，那些在国外寻求避难的人们没有资格参加接收国的社会保护项目。阿拉伯地区流离失所人群的福利反而常常成为人道主义活跃人士的责任。不过随着该区域的众多危机绵延不绝，人们也正在寻找其他一些方法来解决这些人的长期需求，包括老年收入保障。国际劳工组织与联合国难民署（UNHCR）等合作伙伴一同，正在探索让一些长期待在接收国的难民能获得某些全国社会保护项目的途径，譬如医疗保险和基本服务，并给予国际社会提供的预算支持。

6.3.2 社会保护的有效覆盖：监测阿拉伯国家可持续发展目标指标1.3.1

各国社会保障体系概览

只有约旦等少数阿拉伯国家制定了连贯一致的国家社会保护政策。在大多数国家，

---

① 参见 https://sustainabledevelopment.un.org/vnrs/。

社会保护仍然碎片化，主要依赖公共就业、为少数正规就业人员提供社会保险、为没有正规雇佣合同人员提供补贴和安全网项目等一系列政策工具（见表6.1和表6.2）。此外，在阿拉伯地区的多数国家，社会保险津贴的范围仅限于老年、残障和遗属养老金以及工伤津贴，而只有巴林、约旦、科威特和沙特阿拉伯设立了失业保险项目。此外，大多数国家没有生育保险项目，女性产假期间工资的支付责任则由雇主承担。有资格获得疾病福利津贴或家庭津贴的情况甚至更为少见。大多数阿拉伯国家也缺乏有效的健康保障机制，其后果是，灾难性医疗支出仍然是造成脆弱和贫困的关键因素。

表6.1 阿拉伯国家私营部门劳动者的社会保护制度

	巴林	伊拉克	约旦	科威特	黎巴嫩	巴勒斯坦被占领土	阿曼	卡塔尔	沙特阿拉伯	叙利亚	阿联酋	也门
老年	SI	SI	SI	SI	OI	SI	SI	SI	SI	SI	SI	SI
失能/残障	SI	SI	SI	OI	SI	SI	SI	SI	SI	SI	SI	SI
遗属	SI	SI	SI	SI	—	SI	SI	SI	SI	SI	SI	SI
工伤	SI	SI	SI	SI	SI	SI	SI	SI	SI	SI	SI	SI
疾病	—	—	—	OI	—	—	—	—	—	—	—	—
医疗	—	—	—	SI	—	—	—	—	—	—	—	—
生育	—	SI	SI	SI	—	—	—	—	—	—	—	—
失业	SI	—	SI	SI	—	—	—	—	SI	—	—	—
家庭	—	SI	—	—	SI	—	—	—	—	—	—	—
社会救助	SN	SN	SN	SN	SN	SN	SN	SN	SN	SN	SN	SN

注释：SI=社会保险，OI=其他保险安排（公积金等），SSA=法定社会救助（基于权利的），SN=安全网项目（不是基于权利的）。

资料来源：国际社会保障协会/美国社会保障总署（ISSA/SSA）的《全球社会保障项目》。

链接：http://www.social-protection.org/gimi/gess/RessourceDownload.action?ressource.ressourceId=54791.

表6.2 阿拉伯国家社会保护的概略结构

国家立法中规定的社会保护 失业、家庭、生育、健康、疾病、工伤、失能、老年、遗属和就业福利	国家立法中无社会保护				
公共部门雇员	私营部门雇员（正规）	私营部门雇员（非正规）	儿童	自雇佣和非正规经济	劳动年龄未就业者	老年人

注释：左侧没有阴影的格子表示阿拉伯国家政策的关注点。

链接：http://www.social-protection.org/gimi/gess/RessourceDownload.action?ressource.ressourceId=54792.

该区域许多国家提供某种类型的以税收为资金来源的社会救助项目,但这些项目并不是基于权利的,因此福利提供是自由裁量的,而不是基于清晰的权利和资格。这些社会救助项目存在的另一个问题就是筹资。资金的提供通常是临时决定的,造成机构和受益群体高度的不稳定性。最后一点是,大多数非海湾阿拉伯国家合作委员会(海合法)成员国(non-GCC)采取的紧缩措施迫使其政府缩减社会补贴。但从缩减补贴中所节省的资金却没有用于加强社会保护,因此这些举措进一步加剧了脆弱与贫困。

老年、残障和遗属津贴

阿拉伯地区所有国家大多数项目的设立可回溯到20世纪六七十年代,现今每个国家至少有一项强制性社会保险制度,为人们在年老、残障或死亡时提供收入保障(见表6.3),这些制度通常仅限于公共部门员工(如公务员、教师、法官、军事和安全人员)和在正规私营部门签订常规合同的劳动者。黎巴嫩是该区域唯一没有为私营部门劳动者设立养老金制度的国家。巴勒斯坦被占领土(OPT)在2016年通过了首部针对私营部门劳动者的老年、残障和遗属养老金立法(见专栏6.12),并正在建立一个独立的社会保障机构以实施这项新型养老金制度。

表6.3 部分国家计算养老金和养老金最高数额的积累率 (%)

	巴林	伊拉克	科威特	约旦	阿曼	卡塔尔	沙特阿拉伯	叙利亚	也门
养老金积累率	2	2.5	2.5	2(缴费15年后)	3	5	2.5	2.5	上月工资 × 缴费数/420
最高养老金金额	80	—	—	95	80	100	100	100	100

资料来源:国际社会保障协会/美国社会保障总署(ISSA/SSA)的《全球社会保障项目》。
链接:http://www.social-protection.org/gimi/gess/RessourceDownload.action?ressource.ressourceId=54793.

与世界其他区域相比,阿拉伯地区可领取养老金的法定年龄较为年轻,大约在60岁左右,女性可领取养老金的法定年龄通常更低。阿拉伯国家提前退休的年龄也大大低于世界平均水平:在许多国家,劳动者早则可45岁退休,只要满足至少20年的缴费年限要求。

这些制度中的大多数是由劳动者和雇主共同缴费的社会保险,雇主缴纳占雇员工资固定比例的保险费,在某些情况下,国家预算也会提供额外支持。在伊拉克,缴费率为劳动者月收入的14%;而在叙利亚,缴费率高达21.1%。

根据公民和国家之间达成的隐性社会契约,考虑到大量年轻缴费者和少量养老金领取者的现实,阿拉伯地区的养老金制度提供相当宽松的退休条件和优渥的福利水平。老年、残障和遗属养老金的替代率在各国之间由于积累率(accrual rates)的差异而不同

（例如，巴林每工作一年计2%，而卡塔尔则计5%）。最高水平的养老金可达之前工资的100%，如卡塔尔、沙特阿拉伯、叙利亚和也门（见表6.3）。同样，享受资格条件也相当宽松。然而随着时间的推移，无论是退休条件还是领取水平都是不可持续的，一些国家（如约旦）已经踏上了对其养老金制度的改革之路。

由于阿拉伯地区强制性养老金制度仅限于正规部门劳动者，因此通常无法覆盖许多类型的劳动者，如临时工、零散工、非正规劳动者、农业工、家政工、移民劳工和大批自雇者。只有巴林、约旦、沙特阿拉伯等少数国家允许自雇劳动者自愿参加法定养老金制度。海合会成员国的养老金覆盖面仅局限于其本国劳动者，因此在某个海合会国家工作的其他海合会国家的国民强制性受其母国社会保险法的覆盖。

阿拉伯地区养老金制度的不足还体现在其较低的法律覆盖率上，仅占劳动力人口的31.4%（见图6.19）。较低的覆盖率也反映了社会保护覆盖上存在巨大的性别差距，这点在阿拉伯地区的劳动力市场上显而易见，女性覆盖率通常仅占男性覆盖率的一半甚至更低。不断增长的非正规就业以及高企的青年失业率（青年失业率在全球各区域平均水平中最高，超过31%）也是养老金覆盖率较低的原因之一。年轻女性甚至处于更加不利

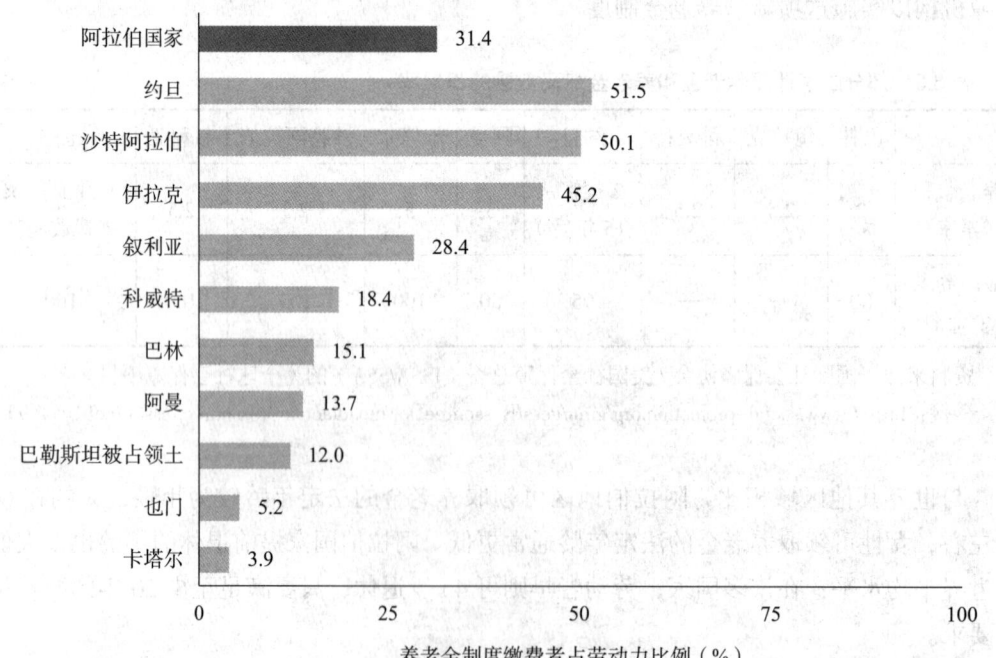

图6.19 老年养老金的有效覆盖：部分阿拉伯国家向养老金制度缴费的劳动力所占百分比，最近可用年份

注释：分母的年龄范围是15~64岁；对于活跃缴费者，分子也尽量在这个年龄范围内。统计结果按总人口加权计算。

资料来源：国际劳工组织世界社会保护数据库，基于社会保障调查（SSI）；国际劳工组织数据库（ILOSTAT）；各国来源。另参见附件四表B.11。

链接：http://www.social-protection.org/gimi/gess/ResourceDownload.action?resource.resourceId=54697.

的地位，因其劳动参与率仅为13.5%，而其失业率高达49%。①

约旦和沙特阿拉伯的劳动力养老金覆盖率最高，分别达52%和50%，而其他海合会国家由于外国劳工数量巨大因而覆盖率显著较低，这些外国劳工主要来自南亚和东南亚，无法享受工作地当地的社会保护，且在其工作许可过期后不得不离开工作国。海合会国家达到法定退休年龄后领取养老金人员的比例高于缴费者的比例（见图6.20）。由于移民劳工占海合会国家人口的大多数，因此弥合移民劳工养老金覆盖缺口仍是这些国家的一大挑战。养老金覆盖率在过去几年有所提升的一个国家是叙利亚，其社会保障在冲突时期作为提供收入保障的可靠来源得到国际社会的肯定。

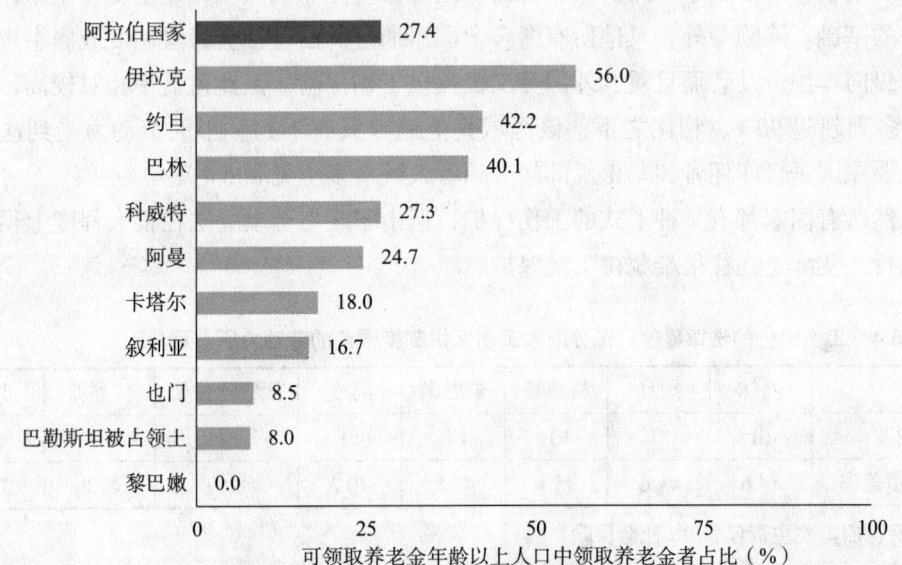

图6.20　可持续发展目标指标1.3.1关于老年人的有效覆盖：阿拉伯国家获得老年养老金者占超过法定可领取养老金年龄人口的百分比，最近可用年份

注释：养老金领取者占老年人口的比例：法定可领取养老金年龄以上人口中领取养老金者与法定可领取养老金年龄以上人口数量之比。参见附件二。

资料来源：国际劳工组织世界社会保护数据库，基于社会保障调查（SSI）；国际劳工组织数据库（ILOSTAT）；各国来源。参见附件四表B.3和表B.12。

链接：http://www.social-protection.org/gimi/gess/RessourceDownload.action?ressource.ressourceId=54698.

非缴费型或社会养老金在阿拉伯地区少见。现有的由政府或非政府组织提供的非缴费型老年福利津贴通常不是基于清晰的权利和资格的，而是随意酌情提供。由于缺乏协调性及有效的信息管理制度，一些人或享受双重覆盖，而另一些人或没有受到覆盖。此外，这些制度通常取决于政府预算，因此那些最需要救助的人往往得不到充足的保护。但伊拉克却是个醒目的例外。伊拉克在2014年为那些收入微薄且没有其他形式养老金的老年人建立了一项社会救助制度。该社会救助制度通过与社会保险相结合，促进了对

---

① 2016年11月国际劳工组织利用数量经济模型趋势估算。

领取某种形式养老金的老年人有效覆盖率的提升。别国的类似制度也通过补充或替代不平衡的社会保险资格权利，以减少养老金覆盖率方面的性别差距。然而也应注意到，社会救助项目的待遇水平大大低于社会保险制度。

工伤保护

该区域大多数国家都有社会保险制度，这些制度涵盖与工作有关的事故和职业病风险。雇主有责任向强制性工伤制度缴费，缴费率通常为劳动者月收入的1%～4%不等。科威特、黎巴嫩、卡塔尔、阿拉伯联合酋长国等一些国家仍然依赖雇主责任条款作为工伤保护的基础。除阿曼外，其他所有海合会国家通过其法定社会保险制度或雇主责任制度，不仅向本国劳动者而且对其外国劳工也提供工伤保险，因此覆盖率相对较高，少则80%，多则超过90%。相比之下，该区域其他地方只有不到一半的劳动力受到法定保障，主要原因是自雇佣者和非正规部门劳动者人数众多（见表6.4）。

虽然所有国家都有某种形式的工伤保护，但由于现有劳动立法在很大程度上得不到完全执行，实际上往往很难获得工伤保护。

表6.4 工伤保护的法律覆盖：部分国家工伤保护制度覆盖的劳动力所占百分比 （%）

	巴林	约旦	科威特	黎巴嫩	阿曼	沙特阿拉伯	叙利亚	也门
制度	SI	SI	EL	EL	SI	SI	SI	SI
强制覆盖率	84.6	44.6	95.1	47.8	40.2	89.9	47.8	37.7

注释：EL=雇主责任，SI=社会保险。
链接：http://www.social-protection.org/gimi/gess/RessourceDownload.action?ressource.ressourceId=54794。

失业保护

尽管阿拉伯国家在过去十年实现了经济的快速发展，该区域的总体失业率却为全球最高区域之一，超过10%，青年失业率甚至更高，超过31%。[①]这一挑战在全球金融危机和石油价格下跌后变得更为明显，加上暴乱带来的社会动荡，促使一些阿拉伯国家制定了一系列社会和经济政策，包括失业保险和救助福利，旨在失业和经济下行时为劳动者提供收入保障。巴林在2006年为非自愿性、仍在寻找工作的失业者建立了强制性失业保险制度，当时在阿拉伯地区开创了这一举措的先河，科威特和沙特阿拉伯分别在2013年和2014年随之跟上，阿曼和阿联酋正在为其私营部门劳动者建立此类制度。约旦在2010年引入了失业个人储蓄账户制度，但这一制度并非以社会团结和风险共担为原则。

---

① 2016年11月国际劳工组织利用趋势计量经济学模型估算。

少数现有的失业保险制度由雇主和雇员共同缴费，缴费率为雇员工资的1.5%~3%。多数情况下，失业金最长支付6个月，其水平为雇员失业前最后月工资的60%。享有失业金的资格条件不同，但无论怎样都要满足失业人员须已向制度缴费一段时间、在就业机构登记、有能力且愿意工作等条件。

一些国家的法律覆盖水平较高，但实际有效覆盖率却低很多。例如，巴林只有9.8%的失业者正领取失业保险金。很多情况下，自雇者、非国民和非长期居住者没有资格获得失业金，或在参保时受到限制。在一些国家，失业劳动者也因被迫辞职或政治原因丧失获得失业金的资格。

此外，阿拉伯地区的青年失业率，特别是年轻女性的失业率居高不下。这表明，经济增长不足以解决青年失业的挑战。在引入的一系列政策中，特别是海合会国家所引入的政策中，包括失业救助制度和技能发展政策，目的在于帮助首次求职者进入劳动力市场。但一些制度已陷入争议，因为一些获得失业金的求职者此后再也不工作（Jones and Williamson, 2013）。

生育保护

在阿拉伯国家，能获得生育福利津贴主要是公共部门劳动者。实际上所有阿拉伯国家的女性劳动参与率在过去二十几年都出现了显著增长。由于更有利的就业条件，女性往往倾向在公共部门就业。抛开公共部门与私营部门在工资、劳动时间、劳动强度等就业条件方面的差异不谈，两者在就业方面的一大差异就是公共部门给予女性相对慷慨的生育福利。

世界上大多数国家将生育保护纳入其社会保险制度，而中东大部分国家的劳动法将提供带薪生育假期规定为雇主的责任。然而，这种安排可能会对雇用女性劳动者产生负面的阻碍作用，因而造成低水平的女性劳动参与率——相较于全球平均56%的水平，阿拉伯地区的女性劳动参与率仅为26%。甚至在制定了法律或规定框架的国家，实际上生育津贴的有效可及性可能极为有限，特别在没有国家担保的情况下雇主责任制度造成对女性保护的障碍。

专栏6.12 巴勒斯坦被占领土（OPT）拓展社会保障的覆盖面

当前，在巴勒斯坦被占领土上居住着480万巴勒斯坦人，只有公共部门的劳动者（占劳动力的31%）从社会保护福利待遇中受益。但大多数私营部门的劳动者（占劳动力的53%）在年老、残障或死亡、工伤或生育的情况下，无法受到社会保护的有效覆盖。

在国际劳工组织的支持下，当前社会保障体系的框架由总理领导的三方全国社会保障委员会，在与工会组织和雇主组织、各部委代表、公民社会和学术界成员磋商后，于2013年制定。该框架将现行法律［公务员养老金制度（2005年7号《公共部门退休法》、2000年7号《劳动法》)、1952年国际劳工组织社会保障（最低标准）公约（第102号］，以及国际良好做法纳入考量，旨在以更有效的方式消除贫困和社会排斥，并在国际劳工组织精算估值的基础上确保可持续性。

2015年10月，三方全国社会保障委员会最终确定了《社会保障法》新草案，并于2015年11月将新草案提交部长理事会通过。2015年10月至2016年3月，部长理事会和巴勒斯坦被占领土主席对《社会保障法》新草案进行了修订，并于2016年3月通过了新草案。然而，这些修正案并未得到巴勒斯坦公民社会的充分支持，也不符合国际劳工组织的建议书。随后便成立了一个部长委员会，以研究新法修正案的效果，进行更广泛的磋商，并基于全国共识和国际劳工组织的技术支持提出备选条款。2016年9月26日，部长理事会批准了《社会保障法》修正案，这些修正案符合国际劳工组织的建议书、国际劳工标准和最佳实践，并于2016年9月29日由巴勒斯坦总统签署生效后成为法律。新制度将年老、残障、死亡、工伤以及生育津贴拓展到私营部门劳动者及其家属。其目标为于2018年覆盖82 646名劳动者，到2025年将覆盖人数增加到336 440名劳动者。

巴勒斯坦被占领土与国际劳工组织签署了一项执行协议，支持建立巴勒斯坦社会保障法人组织（PSSC）。2016年第19号新《社会保障法》指定巴勒斯坦社会保障法人组织负责管理巴勒斯坦被占领土的第一个全面综合的社会保障体系，该体系将所有私营部门劳动者及其家属覆盖在内。

社会保护是新通过的巴勒斯坦国家政策议程（2017—2022年）和即将出台的国际劳工组织巴勒斯坦被占领土体面工作项目（2017—2020年）的关键领域之一，其中规定将社会保护的覆盖面扩展至被占领领土上所有有需要的人作为工作重点之一。社会保护也是巴勒斯坦被占领土在联合国发展协议框架（UNDAF）确定的六个优先事项之一，旨在减轻占领对社会和经济的影响。事实证明，社会保护项目是发展中国家减少贫困和不平等、消除饥饿、支持包容性增长的关键。

资料来源：国际劳工组织阿拉伯国家地区办事处。

伊拉克、约旦等国和巴勒斯坦被占领土（见专栏6.12）已朝社会保险制度方向发展，其法定生育保险制度由雇主为男性、女性雇员缴费作为资金来源，实现了更加公平的风险分担，促进了生育成本的社会共济，生育成本从而不再由雇主个体直接承担。这一举措消除了私营部门雇用女性的部分障碍，因此提升了女性的就业机会，减少了公共和私营部门就业的双轨差异，促进了经济发展，增强了女性及其家庭的收入保障。在约旦，从雇主责任制度向生育保险制度的转变或已促成正规私营部门新增超过30%的育龄女性（ILO, 2015e）。

6.3.3 社会保护支出（不含医疗卫生）的趋势

最新数据表明，阿拉伯地区的国家平均将GDP的2.5%用于非医疗卫生的社会保护

（见图 6.21），但这一数据在区域内部差异巨大：叙利亚不含医疗卫生的社会保护支出占 GDP 的 0.4% 左右，而科威特为 GDP 的 9.2%。该区域社会保护支出较低，部分原因在于其长期发展模式重视完全优先发展经济而损害了再分配政策。阿拉伯国家保留了较大体量的公共部门，成为国家与人民之间社会契约的组成部分。

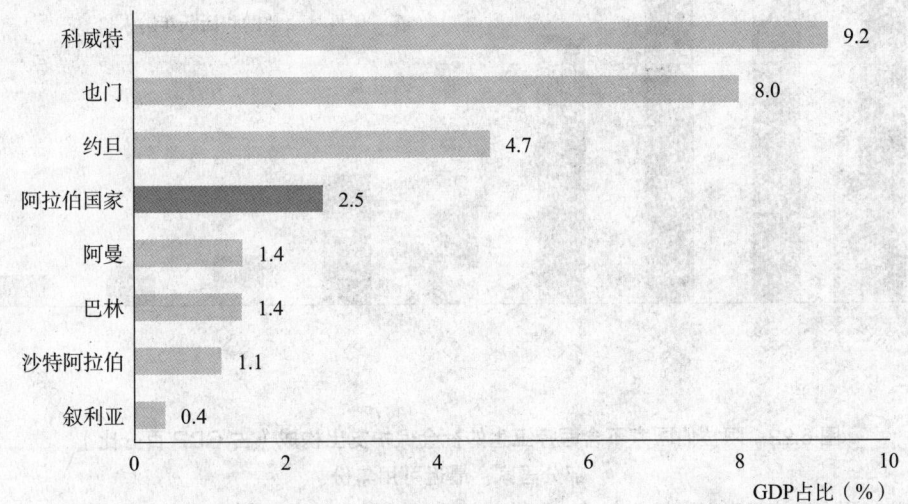

图 6.21　阿拉伯国家不含医疗卫生的社会保护公共支出（占 GDP 百分比），部分国家，最近可用年份

注释：社会保护总支出以其占 GDP 百分比估算，社会保护总支出不含医疗卫生相关的公共支出。
资料来源：国际劳工组织世界社会保护数据库，基于社会保障调查（SSI）。另参见附件四表 B.16 和表 B.17。
链接：http://www.social-protection.org/gimi/gess/RessourceDownload.action?ressource.ressourceId=54699.

区域内的动荡也影响了社会保障和医疗卫生公共支出。首当其冲的便是叙利亚，其社会保障和医疗卫生公共支出从 2000 年的 3.2% 下降到 2010 年的 1.9%。黎巴嫩也遭受地区动荡的影响，其支出占比从 1995 年的 3.2% 下降到 2015 年的 2.1%，并在叙利亚危机最为严重及难民大量流入的 2012 年骤减为 GDP 的 0.7%。阿曼的社会保障和医疗卫生支出略有所增长，其 GDP 占比从 1995 年的 3.7% 上升到 2013 年的 3.8%。

也门的社保支出出现了惊人增长，其社会保障和医疗卫生公共支出在 2000 年为 GDP 的 1.4%，到 2012 年则增长到 9.6%。巴林的社保支出略微有所上升：2015 年为 3.6%，预计将在 5 年内增长到 4%。约旦在过去 20 年社保支出占 GDP 的比例有所波动，当前有 8.9% 的 GDP 正用于社会保障和医疗卫生总体公共支出。科威特在社会保障公共支出占 GDP 的比例方面也历经波动，从 1995 年的 11.1% 在随后的 10 年降到 6.5%，又在 2011 年反弹至 11.4%。

然而，由于数据的有限性，还难以对阿拉伯国家的社会保护支出构成形成清晰的认识（见图 6.22）。

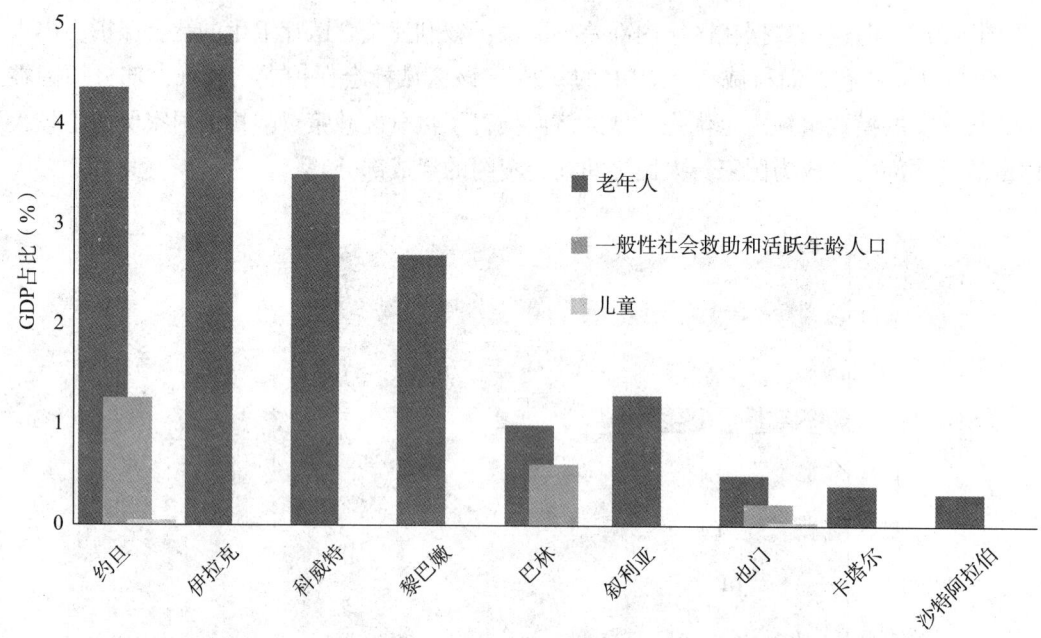

图 6.22 阿拉伯国家不含医疗卫生的社会保护支出构成（占 GDP 百分比），
部分国家，最近可用年份

注释：不含医疗卫生支出的社会保护公共支出以其占 GDP 百分比估算。
资料来源：国际劳工组织世界社会保护数据库，基于社会保障调查（SSI）。另参见附件四表 B.17。
链接：http://www.social-protection.org/gimi/gess/RessourceDownload.action?ressource.ressourceId=54700.

多数阿拉伯国家政府加大了社会保护干预的力度，作为对 2008 年金融和经济危机的第一反应。在"阿拉伯之春"爆发时，在国际金融组织的影响下，近期又采取了一系列以财政整固为主的应对措施，因而对过去十年所取得的一些进展构成了威胁，给社会保护的扩展带来了新的挑战。由于阿拉伯各国有改革能源、食品和其他补贴的压力，补贴改革成为阿拉伯地区主要调整措施。约旦、黎巴嫩和也门（在冲突之前）正在考虑削减能源补贴；约旦也有大量的食品补贴项目，这些项目是社会保护体系的重要组成部分，目前正在就其改革进行讨论。其他常见的调整措施包括工资削减、设置工资上限和劳动力市场改革。区域失业率高企，公共部门则往往能提供最多的就业岗位，因此降低工资额或将产生负面的社会影响（Ortiz et al., 2015）。

6.3.4 区域展望

阿拉伯国家的社会保护体系仍需战略性改革以拓展覆盖面。自 20 世纪 90 年代以来，该区域的经济改革使社会保护退居次位且作用有限，而将财政整固和预算考虑作为首要工作无法确保收入保障，也无法满足阿拉伯人的热望。需要有清晰和宏伟的愿景去克服普遍存在的社会保护不足。这一愿景应采用普遍但渐进的方式，必须为社会所接纳——最好是通过社会对话达成这一结果。将这一愿景转化为现实需要满足一些条件。

- 各国应采用基于权利的方式,聚焦全面社会保护体系的发展,包括实现人人享有社会保护底线,全面性扩展个人覆盖面和拓宽福利范畴,以确保福利足够实现体面尊严生活。
- 社会保护公共支出的总体水平需要大幅提高,通过例如对公共支出进行重新分配,或提升税收收入并/或提高社会保险缴费增加福利来源。历史表明,社会和政治选择以及政治意愿在决策中发挥着关键作用,经济发展水平相当的国家对社会保护的投资水平差别巨大的现实便佐证了这一点。
- 缴费型制度需要更好地适应劳动力市场的特点,特别是大量非标准形式就业和非正规就业劳动者。提高适应性需要创新的政策,也需要社会保障管理机构和劳动监察机构的共同努力,以改进法律执行和合规情况。
- 缴费型和非缴费型制度之间的协同合力需要通过制定创新政策的解决方法予以加强。
- 尽管政府在引入财政整固措施上面临的压力增大,改革需要在可持续性和待遇充足性之间确保良好的平衡。
- 社会保护体系的设计需要承认女性在劳动力市场上所面临的特殊挑战。制度设计应将这些挑战考虑在内,特别是针对那些非正规和脆弱就业的女性。
- 全国立法必须确保国民和移民劳动者享受同等待遇。为维护好移民劳工的社会保障权利,各国应制定双边和/或多边社会保障协议。
- 对于正处于危机之中的国家,人道主义和发展型应对措施需要加强对社会保护的投资,特别是加强对全国社会保护底线的投资,以减轻危机带来的恶劣影响、推动可持续发展、强化机构能力。特别要注意的是,在国际社会的支持下,需要找到可持续性解决方案,以确保被迫流离失所的人群能获得一定水平的收入保障和基本的社会服务。
- 在国家政策和法律框架取得进展的同时,还需改善制度的管理和行政管理水平并提供高质量服务,在基层亦是如此。

6.4 亚太地区

6.4.1 社会保护的区域挑战和工作重点

近几十年来,高水平的经济增长以及大幅度的贫困削减已成为亚太地区的亮点。尽管取得了这些进展,亚太地区仍有12亿人口生活在每天3.1美元(2011年购买力平价)的贫困线以下,各国内部及国家之间的不平等差距正在扩大,有1/10的劳动者生活在极端贫困之中(每天不足1.9美元)。该区域几十年来施行的发展模式将经济增长置于首位，是以再分配政策不足为代价的。这减少了社会支出的财政空间（Holliday，2000）。其后果是，很大一部分人口被剥夺了社会保护的权利。

1997年亚洲金融危机、2008—2009年全球危机及其后的衰退所带来的社会经济影响暴露了这一发展模式的局限性。亚洲国家发现，不充足且欠发展的社会保护体系将其人民置于过度脆弱的敞口中，会危及长远的人力资本投资。作为应对之策，社会保护在该区域的发展议程上势头大增，一些国家将社会保护视为其新的包容性增长模式的重要支柱，并采取了具体措施拓展社会保护，以实现人人享有社保的目标（见专栏6.13）。从国家提升就业能力、刺激经济发展的作用角度来看，社会保护和包容经济增长之间存在着正向关联，关于这一点的共识正在逐步显现（Koehler，2011；ESCAP，2015）。

专栏6.13 东盟致力于实现人人享有社会保护

2008—2009年的金融和经济危机凸显了社会保护在紧缩时期减少市场风险和维持经济社会稳定方面的作用。在2009—2012年，联合国、20国集团和第101届国际劳工大会等许多全球论坛都主张拓展社会保护，第101届国际劳工大会还通过了第202号建议书。

东南亚国家联盟（ASEAN）成员国亦是如此。在同一时期，作为东盟区域一体化进程的一部分，东盟主张通过全生命周期的方法改进社会保护并逐步实现全民覆盖。2013年，在文莱举行的第23届首脑会议期间，东盟10国领导人通过了《东盟加强社会保护宣言》，承诺要把社会保护底线作为实现增长与公平的重中之重。

为实现这一宣言，2015年，各成员国就区域实施框架和行动计划达成了一致意见。增强社会保护也是2016—2020年高级劳工官员会议工作计划的核心优先事项。目前，各成员国正在制定一个监测框架，使用相关可持续发展目标和指标，衡量社会保障拓面的进展情况。该工具将用于衡量成员国遵守2013年宣言的情况。

在此背景下，过去六年，东盟成员国通过东盟秘书处，在国际劳工组织的支持下，加强了彼此在社会保护方面的合作。特别是东盟请求国际劳工组织提供专业知识和标准参考，进行相关政策主题研究方面，如养老金制度当前和未来趋势、移民劳动者的社会保护、将覆盖面拓展至非正规经济劳动者的挑战、为社会保护提供资金支持、监测社会保护所取得的进展等。

资料来源：国际劳工组织亚太局；ILO and ADB，2014；Ong and Peyron Bista，2015，基于东盟秘书处发布的文件。

尽管存在着区域多样性，该区域的趋势总体是积极的，一些国家创建了新型制度或大规模拓展其现有制度的覆盖面。社会保护法律覆盖面的快速拓展，特别是对于自雇群体和非正规就业劳动者，加之有效引入针对这些劳动者及其家属的缴费型和非缴费型制度，已成为这一趋势的重要特征。

尽管存在全球衰退，亚太地区2017年预计增长5.5%，在2018年增长5.4%（IMF，2017c）。其长期挑战在于如何确保持续快速增长的同时，增大包容性、减少就业不稳定性、提高生产率、应对人口快速老龄化。就业随着临时工、非全日制工、劳务派遣工或合同工等非标准形式就业的增长变得越来越不稳定（ILO，2016m）。

非正规就业仍然保持高位，东南亚和大洋洲及南亚区域情况尤为如此，其非正规就业率在2015年分别达到54.1%和73.6%（ILO，2016n）。这些在非正规经济就业劳动者要么没有要么只获得非常有限的基本社会保障。在亚洲许多国家，社会保护待遇给付仅由那些向社会保险缴费的正规部门劳动者以及那些获得一定社会救助的贫困家庭所享有。很多家庭（俗称的"缺失的中间层"）既没有社会保险也没有社会救助的覆盖。这些"缺失的中间层"通常在非正规经济中工作，是迫切需要社会保护支持的脆弱群体（ADB，2013；Samson and Kenny，2016；Wening Handayani，2016）。

老龄化已成为该区域的一个主要问题（见专栏6.14）。不同于欧洲或北美发达国家的情况，大多数亚太国家在建立稳健的社会保护体系之前就已出现了老龄化，这给老龄人口的家庭成员带来了额外的压力，也对养老体系造成了额外的财政负担。一些国家的移民在减轻老龄化所带来的影响方面发挥了重要作用。

专栏6.14 亚洲的老龄化

生活水平的提高，包括营养水平、卫生条件、医疗保健和教育水平的改善，大大增加了该区域人群的预期寿命。在1960年以来的半个多世纪里，亚洲和太平洋地区的预期寿命增加了近30岁，几乎是欧洲同期预期寿命增幅的两倍。寿命延长无疑是积极的发展表现，但由于生育率没有相应同时增长，因而亚洲国家正在以史无前例的速度老化。OECD国家花了50~100年从年轻社会转型为老龄社会，而亚洲国家实现这一转变只花了20~25年（World Bank，2016c）。实际上，老龄化对日本和韩国等一些国家构成了重大挑战。日本已有1/4的人口是老年人，未来预计只会有增无减，还有更多人进入高龄老年人（90岁以上）的大军，而在这一群体中医疗保健支出增长最为急剧。越南也是快速老龄化的国家之一：1990年的预期寿命为70.4岁，2014年上升到75.6岁。其直接结果是，2008年达到领取养老金年龄的人口有890万，这一数字到2030年预计将达到2 100万。许多国家未富先老。甚至像孟加拉和老挝这些国家，即使当前正有蓬勃增长的年轻人口，将会在未来数年创造大量的人口红利，但也将无法对老龄化危机"免疫"。例如，到21世纪末，老挝的老年抚养比率预计将增长6倍（ILO，2015f）。

韩国的老年贫困率在OECD国家中已达最高水平，几乎是有着接近人均GDP水平的西班牙的10倍。在亚洲，非正规性是劳动力市场的重要标志，这已暴露了通过缴费型模式对社会保护筹资的局限性。因此，基于税收的筹资愈加流行，特别是在医疗保健领域。亚洲各国政府将受益于提高生产率并改善女性劳动参与率的积极劳动力市场政策、社会保护体系尤其是养老金和医疗保健的调整、新的长期护理保障的引入等方面，以应对其面临的新压力。

已在开展并行之有效的策略便是加强劳动力的流动性，尽管这一策略比较零星分散。在过去的二十几年，东盟内部的移民增长了近四倍（ILO and ADB, 2014）。通过利用区域移民所带来的益处——这提供了现成的劳动力供给和向社会保障缴费的能力——拥有老年人口的国家可以抵消老龄化对其社会保障体系造成的压力。同样，鉴于发展中国家也正在老龄化，移民本身将不会是万能的灵丹妙药。政策制定者因此需要在解决老龄化多面挑战的同时展现高度的创新性和灵活性。

资料来源：亚洲开发银行、国际劳工组织、经合组织及世界银行的数据。

女性的劳动参与率与男性相比较低，这反映了就业性别差异的持续存在（ILO, 2016n）。此外，女性更多从事脆弱形式的就业，特别是无薪的家庭工作，这占到亚太地区就业女性的近 1/5（ILO, 2016m）。

尽管一些国家在实现基本水平的收入保障及全民医保方面取得了一定进展，但决策者们仍面临不少严峻挑战，如弥合覆盖面的差距、改善社会保护制度的治理、为社会保护政策创造必要的财政空间等。

在正规部门就业的移民劳工受到现有国家社会保障体系的法律覆盖，但在行使其获得待遇的权利时或遇困难，特别是在领取养老金方面。大多数移民劳工在非正规部门从事低技能和低薪资工作，仍然被排除在工作地国家社保制度之外。一些国家（如印尼、菲律宾、斯里兰卡）已制定了覆盖其在海外工作国民的专门社保制度。

6.4.2　社会保护的有效覆盖：监测亚太地区可持续发展目标指标 1.3.1

亚太地区有 38.9% 的人口可有效获得至少一项社会保护（见图 6.23）。该区域最显著的特点之一就是当前社会保护覆盖状态的离散性。澳大利亚和印度作为覆盖率最高和最低的亚太国家，两者之间差异超过了 60 个百分点。该区域既包括仍处于早期阶段、正在建设其社会保护体系的国家，也包括已建立全面综合的社会保障体系、因而覆盖水平更高的国家（ILO, 2016n）。后一类型的国家包括澳大利亚、日本、韩国、新西兰，其至少享有一项社会保护的人口比例超过 65%。然而，这种情形并非发达经济体所独有，中国、蒙古、泰国和越南也建立起了"全面综合"①的社保制度，蒙古和中国享有至少一项社会保护的人口分别为 72% 和 63%。在这些国家中，一些国家因其建立全覆盖的社会项目的速度之快，或可成为全球借鉴参考的对象，如中国和泰国的全民养老保

---

① 根据国际劳工组织 1952 年通过的第 102 号《社会保障（最低标准）公约》，社会保障体系只有在包括以下 8 项功能后才能被界定为"全面综合"的：针对疾病、失业、老年、工伤、家庭 / 儿童、生育、失能 / 残障、遗属的情况提供津贴。

险和医疗保险，再如蒙古的普遍性儿童津贴。

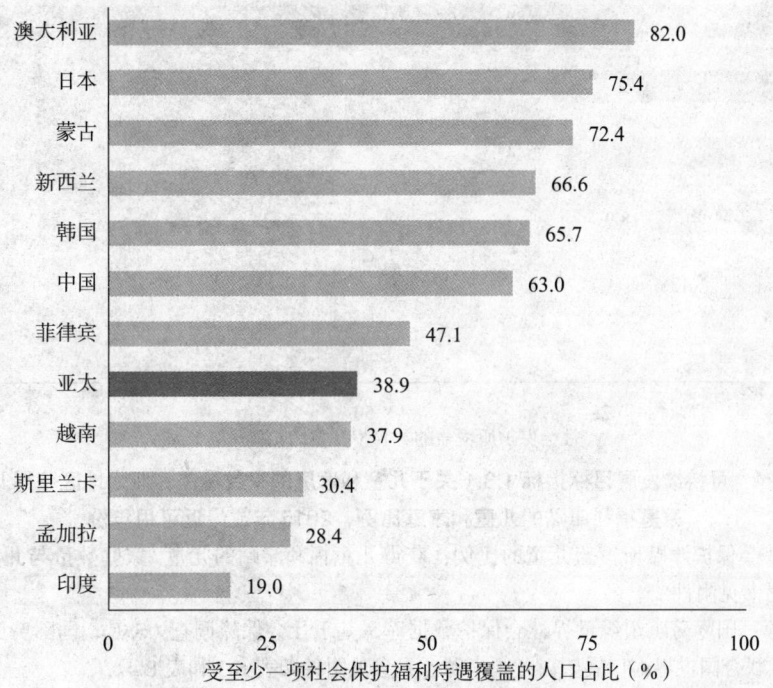

图6.23 可持续发展目标指标1.3.1：亚太地区至少被一项社会保护福利待遇有效覆盖的人口所占百分比，2015年或最近可用年份

注释：社会保护的有效覆盖是以积极向社会保险制度缴费或领取待遇（缴费型或非缴费型）的人口数量占总人口的百分比来测量。医疗保护并未包括在可持续发展目标指标1.3.1范围内。另参见附件二。

资料来源：国际劳工组织世界社会保护数据库，基于社会保障调查（SSI）；国际劳工组织数据库（ILOSTAT）；各国来源。另参见附件四表B.3。

链接：http://www.social-protection.org/gimi/gess/RessourceDownload.action?ressource.ressourceId=54701.

与之形成对比的另一些国家，如印度，迄今只有19%的人口享有至少一项社会保护，又或如孟加拉和斯里兰卡，其可获得至少一项社会保护的人口不足1/3。

儿童和家庭福利

该区域对儿童的社会保护覆盖面相对较低。然而，澳大利亚和蒙古等一些国家在提供普遍性儿童津贴方面成绩斐然（见图6.24）。①印尼、菲律宾、东帝汶等另一些国家已建立了以儿童家庭为瞄准对象的条件型现金转移支付项目，但其覆盖水平相对较低：菲律宾的覆盖率仅为13.6%。

---

① 澳大利亚为有16岁以下孩子的家庭提供儿童津贴，为16~19岁接受全日制教育的人群也提供儿童津贴；蒙古为0~17岁的所有儿童提供儿童津贴。

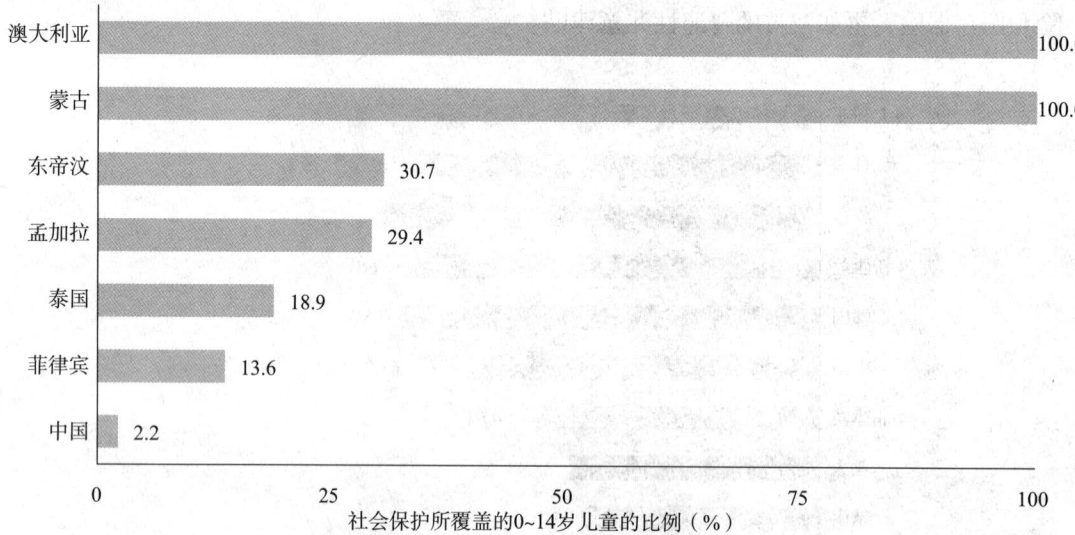

图 6.24 可持续发展目标指标 1.3.1 关于儿童和家庭的有效覆盖：亚太地区获得儿童和家庭福利津贴的儿童和家庭比例，2015 年或最近可用年份

注释：社会保护津贴所覆盖儿童的比例：获得儿童福利津贴的儿童／家庭数量与儿童／育儿家庭总数之比。另参见附件二。

资料来源：国际劳工组织世界社会保护数据库，基于社会保障调查（SSI）；国际劳工组织数据库（ILOSTAT）；联合国世界人口展望；各国来源。另参见附件四表 B.3 和表 B.4。

链接：http://www.social-protection.org/gimi/gess/RessourceDownload.action?ressource.ressourceId=54702.

泰国通过最近建立的儿童支持补助金项目将儿童津贴作为社会保险的组成部分。儿童支持补助金是一项非缴费型、针对 3 岁以下儿童家庭、以家计调查为基础的现金转移支付。在老挝、柬埔寨等国，针对儿童家庭的现金津贴虽对发展产生了积极的影响，但仍仅限于一些小规模的试点项目。一些亚太国家的法律并未规定任何形式的家庭或儿童津贴。财政整固的压力也使蒙古的普遍性儿童津贴备受质疑，但该国政府最近的决定仍是保持获得资格的普遍性（见专栏 2.2）。

生育保护

以母婴为对象的社会保护仍是一项挑战（见图 6.25）。平均而言，亚太国家仅有约 1/3 的生育女性获得生育福利津贴。更显著的是，一些生育率高的国家在 2030 年前面临巨大的差距要弥合。孟加拉和菲律宾的女性一生中会分娩两到三次，[①]但在特定年份年生育的女性中分别只有 21% 和 9% 获得了生育津贴。蒙古是唯一提供普遍性生育保护的亚太国家。缅甸和菲律宾两个国家的生育保护覆盖面都低于 10%。覆盖率处于低水平的国家，其生育保护通常只局限于正规经济从业劳动者。

[①] 世界银行，2015 年世界发展指标。

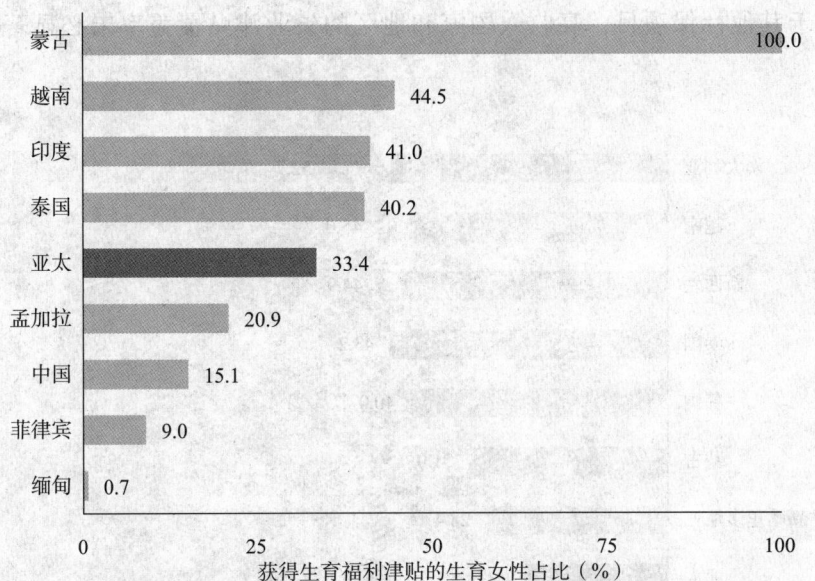

图6.25 可持续发展目标指标1.3.1关于新生儿母亲的有效覆盖：亚太地区获得生育福利津贴的生育女性所占百分比，2015年或最近可用年份

注释：生育津贴覆盖生育女性的比例是指领取生育福利津贴的女性与同年生育女性（基于年龄组生育率或按双胞胎和三胞胎的出生比例修正的活产数的估计）的比率。另参见附件二。

资料来源：国际劳工组织世界社会保护数据库，基于社会保障调查（SSI）；国际劳工组织数据库（ILOSTAT）；联合国世界人口展望；各国来源。另参见附件四表B.3和表B.5。

链接：http://www.social–protection.org/gimi/gess/RessourceDownload.action?ressource.ressourceId=54703.

一些国家通过怀孕和生育期间的现金转移支付将社会保护拓展到覆盖非正规部门中工作的女性。印度英迪拉·甘地生育津贴项目（Indira Gandhi Matritva Sahyog Yojana）和缅甸的母亲和儿童现金转移支付项目就是这样的例子。后一个项目是由缅甸政府于2017年设立，旨在逐步为所有怀孕女性和两岁以下的儿童提供现金转移支付。

在许多亚太国家，生育保护仍然是雇主的全责，即雇主为怀孕和生产相关的生育假和医疗成本提供资金来源。生育保护由雇主单方担责的现实做法会对所提供保护的可靠性和水平产生负面影响（ILO，2016n）。

对父亲提供的保护也正在扩展覆盖面。亚太地区提供了父亲保护的国家包括中国、日本、伊朗、韩国、缅甸和越南（见专栏3.5）。

失业支持

相较于其他社会保护类型，获得失业福利津贴的失业者比例仍然较低。这种情形之所以出现，部分原因在于亚太地区的许多国家和地区没有将设立失业津贴作为重点工作——其中许多国家和地区仍在雇佣关系终止时通过使用解雇费的方式将失业津贴作为一种雇主责任。文莱、印度尼西亚、巴基斯坦、新加坡和斯里兰卡都是这种情况。

不同于其他社保项目，高收入国家和地区的失业津贴覆盖率未必显著更高（见图6.26）。

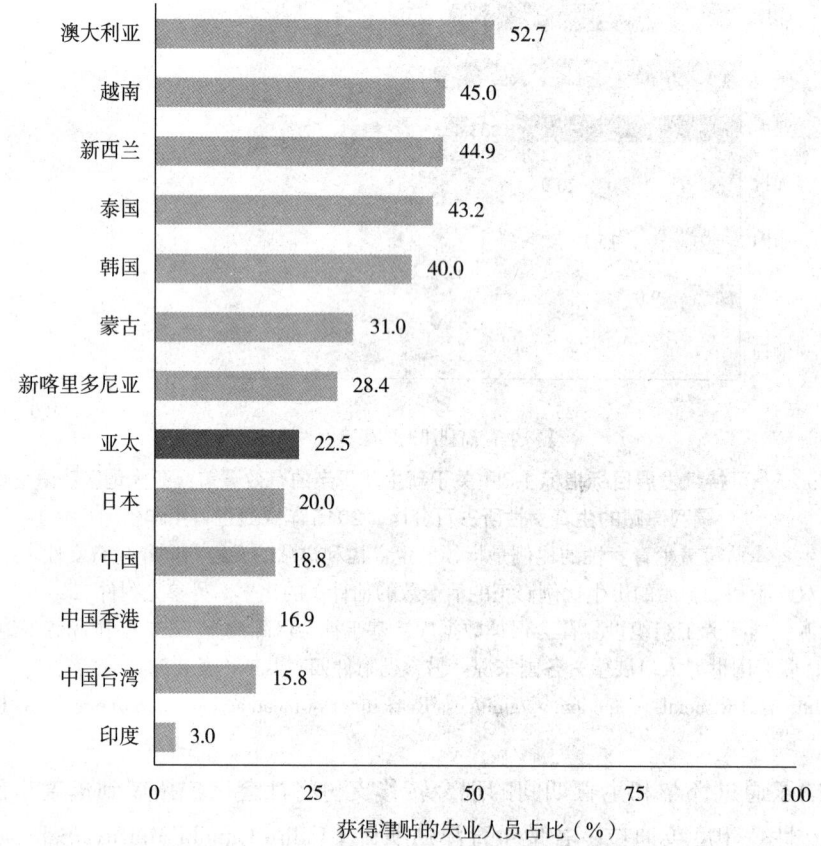

图6.26 可持续发展目标指标1.3.1关于失业人员的有效覆盖：亚太地区获得失业福利津贴的失业人员所占百分比，最近可用年份

注释：获得津贴的失业人员比例：失业福利津贴获得者占失业人员总数的比例。另参见附件二。

资料来源：国际劳工组织世界社会保护数据库，基于社会保障调查（SSI）；国际劳工组织数据库（ILOSTAT）；各国（地区）来源。另参见附件四表B.3和表B.6。

链接：http://www.social-protection.org/gimi/gess/RessourceDownload.action?ressource.ressourceId=54704.

失业福利津贴大多仅限于正规经济中的薪资劳动者，这对于非正规就业占主导地位的亚太地区而言，无疑会影响整体覆盖水平。一些国家，特别是南亚国家已选择建立最低就业保障制度。孟加拉、印度和尼泊尔就是如此，这些国家规定了最低就业天数的权利，特别是在农村地区。

尽管失业津贴是亚太地区社会保障中建立不太完善的领域之一，但失业保险制度正在快速建立发展，印度尼西亚、马来西亚、尼泊尔、菲律宾等国正在就此类制度的设计进行国家层面的社会对话（ILO，2016n）。

残障津贴

亚太地区残障津贴的有效覆盖迥然不同，对重度残障者的覆盖面在澳大利亚和蒙古达到了100%，在新西兰为80.3%，在日本是55.7%。然而，柬埔寨、印度、缅甸、菲律宾和越南只有不足1/10重度残障者受到残障保障覆盖（见图6.27）。

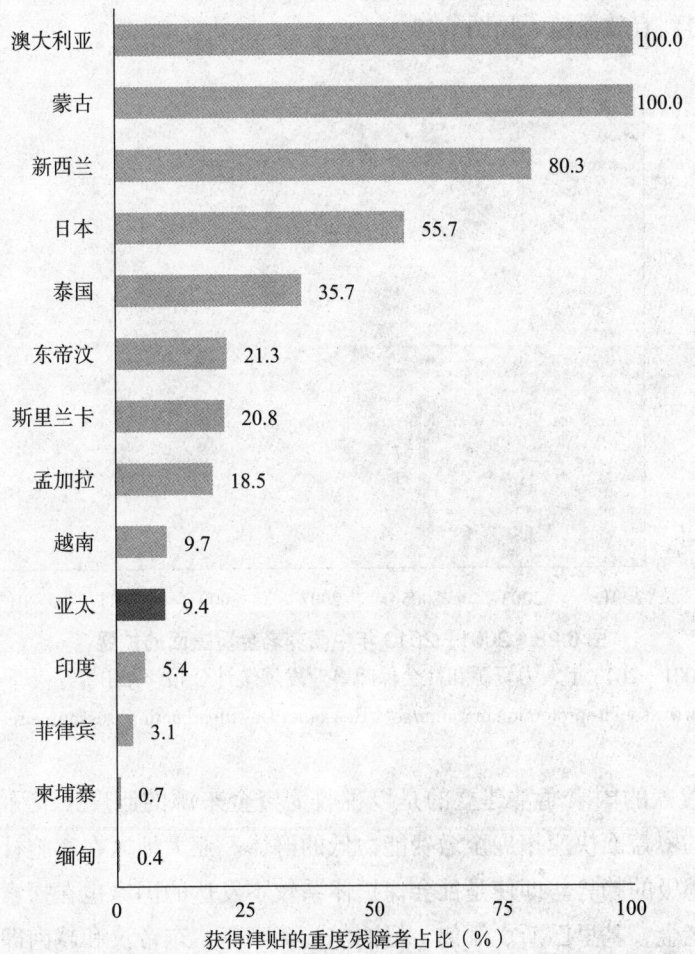

图 6.27 可持续发展目标指标 1.3.1 关于重度残障者的有效覆盖：亚太地区获得残障福利津贴的重度残障者所占百分比，2015 年或最近可用年份

注释：获得津贴的重度残障者的比例是指获得残障福利津贴者占重度残障者的比例。重度残障者的数量按残障发生率（世界卫生组织公布针对各国家组的数据）和每个国家人口的乘积计算。另参见附件二。

资料来源：国际劳工组织世界社会保护数据库，基于社会保障调查（SSI）；国际劳工组织数据库（ILOSTAT）；联合国世界人口展望；世界卫生组织；各国来源。另参见附件四表 B.3 和表 B.8。

链接：http://www.social-protection.org/gimi/gess/RessourceDownload.action?ressource.ressourceId=54705.

老年养老金

养老金是亚太地区覆盖面较高的社会保障项目，但高覆盖率的背后是各国存在的巨大差异。中国（见专栏6.15和图6.28）、日本、马尔代夫、蒙古、新西兰和东帝汶提供普惠型的养老金，澳大利亚、文莱、中国香港、韩国等国家和地区的养老金覆盖率逾70%并正在向全覆盖迈进。不丹、柬埔寨、老挝、巴基斯坦、瓦努阿图等国的老年人口中不足6%得到有效覆盖（见图6.29）。

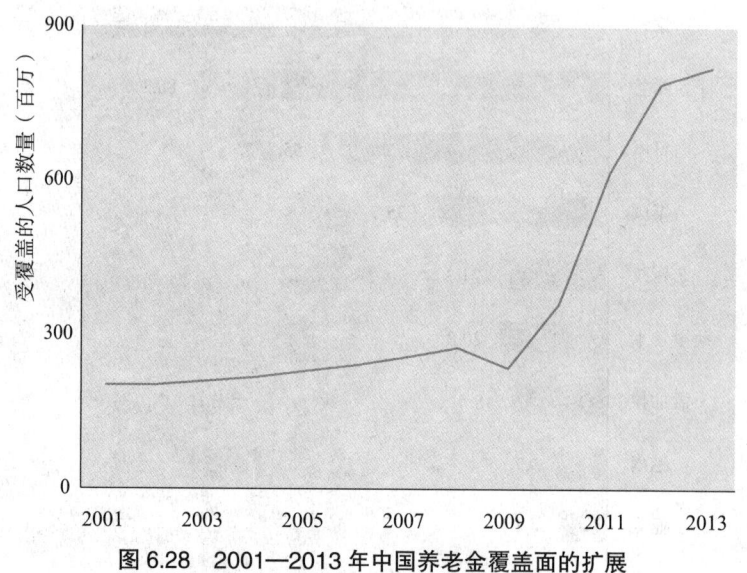

图6.28 2001—2013年中国养老金覆盖面的扩展

资料来源：2001—2013年人力资源和社会保障事业发展统计公报（ASB）。
链接：http://www.social-protection.org/gimi/gess/RessourceDownload.action?ressource.ressourceId=54706。

实现了广覆盖的国家通常建立的是以税收为资金来源的制度（或称社会养老金），以此将养老金的覆盖面快速拓展至缴费能力低的群体。亚太地区在实施社会养老金方面出现了渐进但积极的趋势。即使是社会保护体系较不发达的国家也在探索建立以税收为基础的全民养老金，基里巴斯、缅甸、尼泊尔、萨摩亚、东帝汶和越南即如此。这些国家有一些选择采取渐进办法，最开始将符合资格的年龄设置得更高些（在缅甸，符合资格的年龄为90岁，而尼泊尔符合资格的年龄为70岁），再计划逐步将覆盖面拓展到年龄更轻的老年群体。在越南，普遍性的社会养老金制度覆盖了所有80岁以上的老年人口，而对于60~79岁的老年人实施的是经家计调查的养老金制度。

还值得强调的是，一些国家采取了将缴费型和基于税收的方法合并为一个制度的方法，特别是在确保农村地区人口和非正规经济从业者的收入保障方面。

在缴费型制度方面，亚太地区也表现出了巨大的差异性。给付确定型制度整体上盛行，但在一小部分国家，养老制度的主要构成部分是一种在国家公积金下设立的缴费确

6 监测社会保护的发展进程：区域趋势

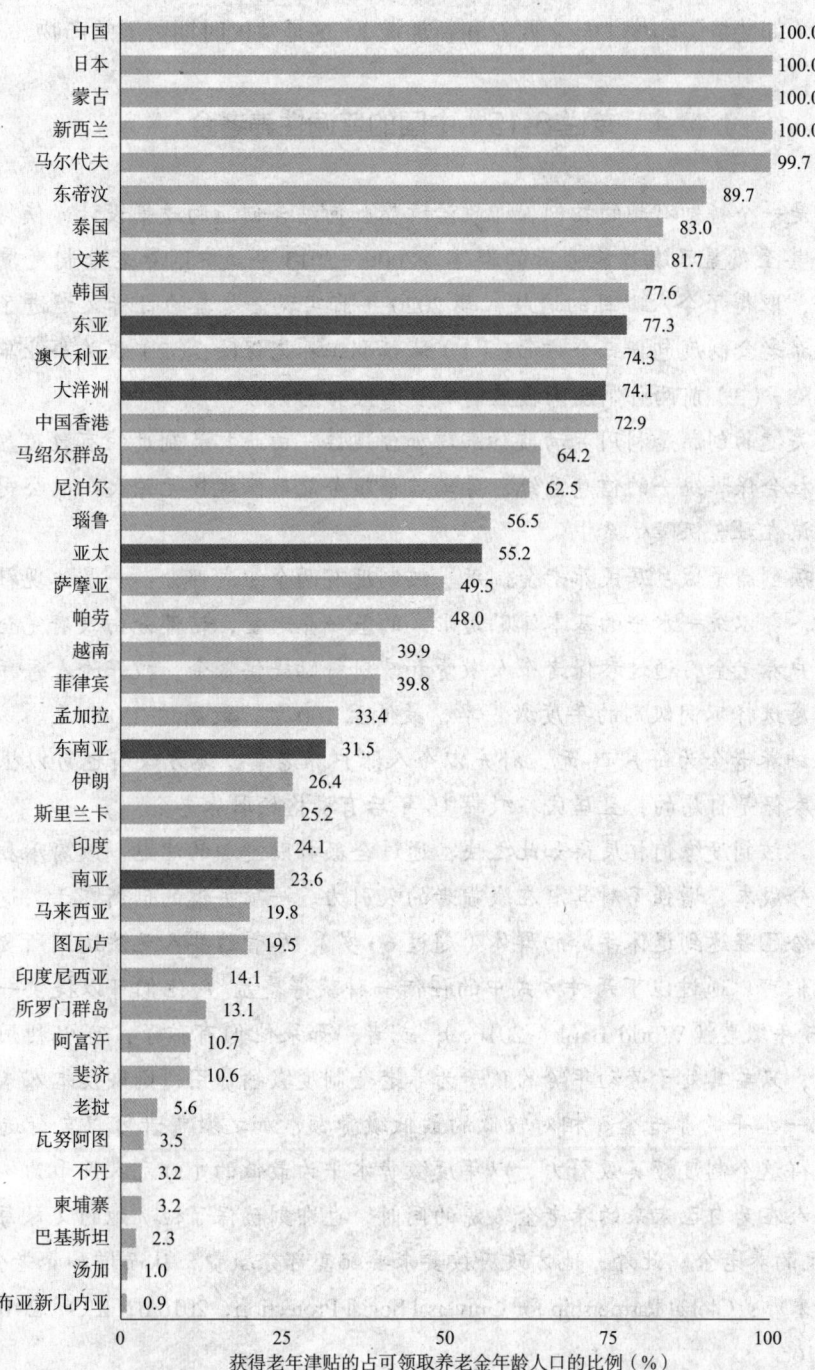

图 6.29 可持续发展目标指标 1.3.1 关于老年人的有效覆盖：亚太地区获得老年养老金者占超过法定可领取养老金年龄人口的百分比，最近可用年份

注释：养老金领取者占老年人口的比例是指法定可领取养老金年龄以上人口中领取养老金者与法定可领取养老金年龄以上人口数量之比。另参见附件二。

资料来源：国际劳工组织世界社会保护数据库，基于社会保障调查（SSI）；国际劳工组织数据库（ILOSTAT）；各国（地区）来源。另参见附件四表 B.3 和表 B.12。

链接：http://www.social-protection.org/gimi/gess/RessourceDownload.action?ressource.ressourceId=54707。

定型制度（如斐济、印度、马来西亚和新加坡），这是殖民时期留下的产物。

专栏6.15　中国的普遍性养老金

　　中国是一个特别有趣的案例，即政治意愿如何结合创新的政策设计，使得覆盖面急速扩张，甚至覆盖了缴费能力低的群体。2009—2013年，中国养老金制度覆盖人数增加了两倍，取得了令人瞩目的进展，朝2020年前实现全覆盖的目标又迈进了一步。目前，国家养老金制度包括三个方面：（1）城镇职工养老保险；（2）机关事业单位工作人员养老保险；（3）前两种制度未覆盖的城乡居民养老保险。

　　一项关键的创新是利用劳动监察来增加合规性，由此拓展制度的有效覆盖。根据劳动监察和社会保障统一的信息系统，劳动监察服务能确保规模无论大小的公司都将其工作人员登记在社会保障体系中。

　　另一项创新是城乡居民养老金制度。该制度有两个组成部分：一是体现社会团结的组成部分，即以统一水平的基本津贴为形式的基础养老金，这部分由政府完全出资；二是个人账户养老金，通过参保者个人缴费和政府补贴提供资金。被保险人每年向该账户缴费，自愿选择不同级别的年度缴费率，最低至100元，最高达2 000元。该制度实施之初，基础养老金为每月70元，补充以个人账户养老金，地方政府也可以根据税收情况补充。参保是自愿的，且居民在缴费15年后有资格领取养老金。

　　那么，该制度缘何拓展得如此之快？通过全额补贴定额的津贴，政府承担了待遇给付的大部分成本，增强了对其潜在缴费者的吸引力。一项关键的创新在于，这一定额津贴是提供给已经达到退休年龄的群体（超过60岁），尽管这些人无法达到所要求的缴费条件。他们可以通过以下两种方式中的任何一种获得覆盖①：他们可以提供一次性缴费以补足15年缴费（World Bank，2016c）；或者，如果他们有孩子，可以利用"家庭捆绑"政策，只要其处于劳动年龄的孩子为养老金制度缴纳费用，则即使本人未缴费也可以获得统一水平的养老金。相对较低的最低缴费额，加之缴费者可以自行选择缴费水平，都使得这个制度颇具吸引力。以年度缴费水平为最低的100元人民币为例，一个在职的成年人在为自己未来的养老金缴费的同时，也即刻确保了他/她的父母每月至少能领取70元的养老金。此外，地方政府按要求要配套部分缴费，从而增加养老金的水平。

　　资料来源：Global Partnership for Universal Social Protection，2016m；ILO，2016o；World Bank，2016c.

社会救助

　　鉴于亚洲许多国家社会保险的覆盖面相对有限，社会救助在保护那些不受缴费型机

---

① 译者注：此处对中国政策理解有偏差。该制度实施之时，已满60岁的城乡居民即可领取基础养老金。

制覆盖、并因之对社会风险较为脆弱的群体方面发挥着潜在的重要作用。然而，对于脆弱群体的社会救助覆盖水平在亚太地区是不均衡的（见图6.30）。澳大利亚社会救助津贴对脆弱群体的覆盖比例最大，为53%；其次为蒙古，达35.1%。孟加拉的覆盖面最低（4.3%）。其余的亚太国家和地区有超过2/3的脆弱人口无法获得任何形式的社会救助津贴。拓展社会保护底线的覆盖面是该区域的首要关键任务。

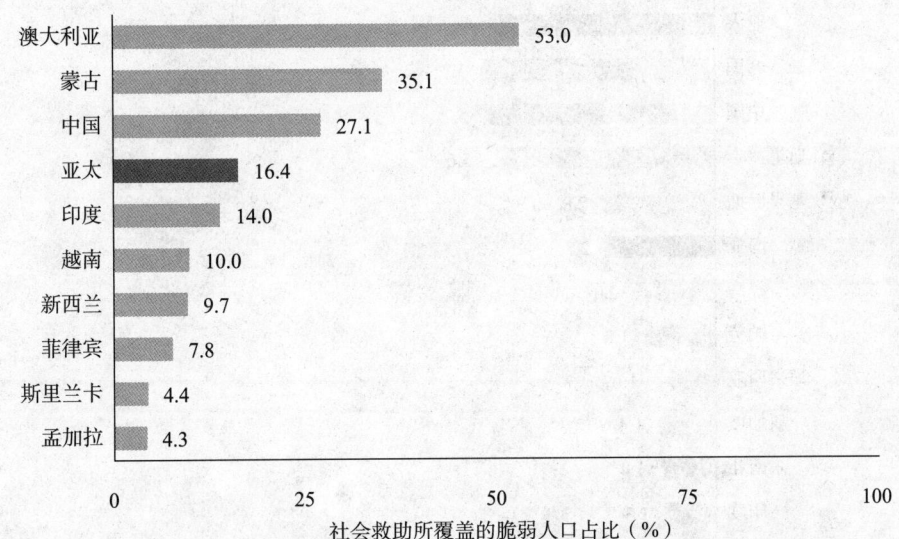

图6.30 可持续发展目标指标1.3.1关于脆弱人群的有效覆盖：亚太地区获得非缴费型福利津贴的脆弱人口所占百分比，2015年或最近可用年份

注释：脆弱人口数量的估算包括：(a)所有儿童；(b)未向社会保险制度缴费或未获得缴费型津贴的劳动年龄人口；(c)未获得缴费型津贴（养老金）的超过可领取养老金年龄的人口。社会救助的定义是以一般性税收等为资金来源的各种形式的非缴费型现金转移（而非社会保险）。另参见附件二。

资料来源：国际劳工组织世界社会保护数据库，基于社会保障调查（SSI）；国际劳工组织数据库（ILOSTAT）；联合国世界人口展望；各国来源。另参见附件四表B.3。

链接：http://www.social-protection.org/gimi/gess/RessourceDownload.action?ressource.ressourceId=54708.

6.4.3 社会保护支出（不含医疗卫生）的趋势

社会保护支出的水平表现大有不同：最高为日本，社会保护支出占其GDP的比重为15.2%；最低为不丹，占比为0.1%（见图6.31）。社保支出相对较高仅次于日本的是澳大利亚和新西兰，占比分别为12.4%和10.3%。与之相对比的是文莱（0.2%）、老挝（0.2%）等国。

尽管亚太地区社会保护的平均支出较低，仍只占GDP的7.4%，但近来该区域的总体趋势是积极的。确实，近几十年一些国家对社会保护的兴趣不断增长，其结果是公共投入增加，大多数国家加大了公共资源向社会保护分配的力度。例如，泰国2000年社会保护支出占GDP比例不足1%，但2015年已达到3.7%，在15年内增长为原来的

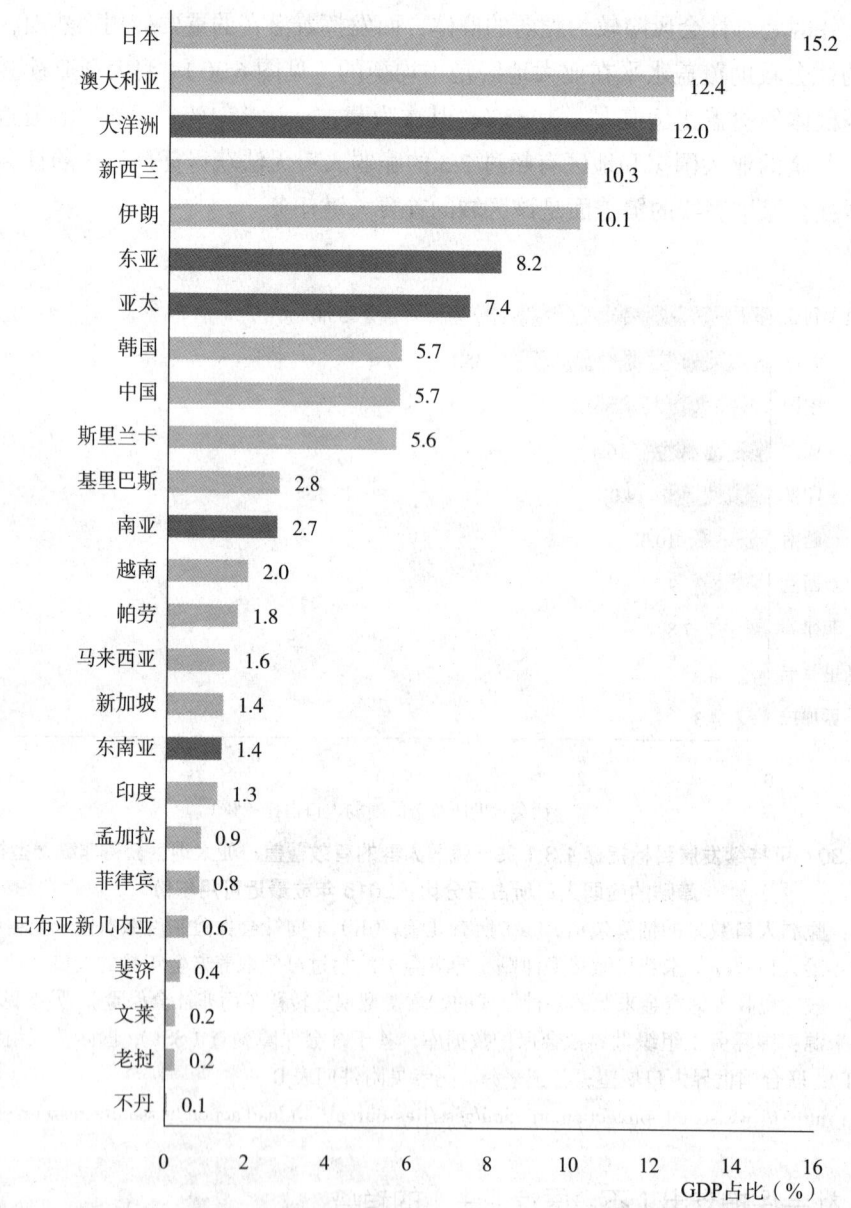

图 6.31 亚太地区不含医疗卫生的社会保护公共支出（占 GDP 百分比），最近可用年份

注释：社会保护总支出以其占 GDP 百分比估算，社会保护总支出不含医疗卫生相关的公共支出。

资料来源：国际劳工组织世界社会保护数据库，基于社会保障调查（SSI）。另参见附件四表 B.16 和表 B.17。

链接：http://www.social-protection.org/gimi/gess/RessourceDownload.action?ressource.ressourceId=54709.

3 倍多。其主要增长出现在 2000—2012 年，其间支出占 GDP 的比重达到 4.4% 的峰值。另一个出现了大幅积极增长趋势的例子是中国，在 20 年内其投入社会保护的公共支出占 GDP 的比例几乎翻了一番，从 1995 年的 3.2% 增长到 2015 年的 6.3%。两个国家在快速拓展社会保护的覆盖面方面都是全球榜样，特别是在医疗和养老领域都提供了近乎全民覆盖的保护。在过去20年对社会保护的公共支出增加超过一倍的国家有韩国、尼泊尔、菲律宾、新加坡和西萨摩亚。

而在文莱、印度尼西亚、老挝、巴基斯坦却出现了相反的趋势，这些国家社会保护支出占GDP的比例自2000年以来逐渐降低（ILO，2016n）。

尽管亚太地区近年来经济增长速度放慢，但总体还未出现削减社会保护公共支出的趋势。这很可能是因为这些国家中大部分起始支出水平都相对较低。

然而，除社会保障支出的其他社会支出在许多国家却遭到了削减。东亚和太平洋国家采取的系列紧缩措施主要包括削减社会补贴、降低或设置公共部门工资水平上限。斐济、印度尼西亚、马来西亚、缅甸、泰国和东帝汶等国正在考虑对补贴进行改革的事宜。能源补贴是改革的主要焦点，其他的改革举措还包括基里巴斯削减边远岛国农民粮食补贴以及菲律宾削减住房补贴。此外，还有13个国家正在考虑降低或设置公共部门工资上限，如公务员工资，包括社会部门的工作人员（如老挝、马来西亚、大多数太平洋群岛、东帝汶和越南）。进行了财政整固的国家采取了一整套标准调整措施之后（Ortiz et al.，2015），斐济、印度尼西亚、马绍尔群岛、密克罗尼西亚联邦、帕劳等国正在考虑对缴费型养老金的改革，马来西亚、蒙古和图瓦卢正面临收缩社会保护制度的压力。劳动力市场的改革也正在至少亚太地区五个国家的议程上：柬埔寨、中国、印度尼西亚、东帝汶和图瓦卢。

传统意义上，许多亚洲政府创造性地找到了新财政空间的来源以拓展社会保护的覆盖面和津贴水平。例如，泰国将军费支出重新分配给了全民医疗。蒙古通过对矿物出口征税作为全民儿童津贴的资金来源，印度尼西亚通过对能源补贴进行改革实现对社会保护覆盖面的拓展（ILO，2016p）。亚洲社会保护拓展的一大部分都有可能源自缴费，政府需要继续探索新的方式为社会救助筹集资金。亚太地区的许多国家都有很高的储蓄率和仍然低水平的税收，这些应该与其他方式一并作为探索拓展财政空间之道，如消除非法资金流动（Ortiz et al.，2015），作为发展社会对话进程的组成部分。

在社会保护支出构成方面，高水平的支出通常与老年人社会保护相关。中国、日本、缅甸、尼泊尔、帕劳、泰国和越南等国都是如此。在这些国家，对于老年人的支出达到社会保护总支出的近50%。

相较而言，澳大利亚、印度尼西亚、新加坡等国的公共支出则分布得更加均衡（见图6.32）。

6.4.4 区域展望

鉴于亚太地区现存的社会保护不足和主要挑战，显而易见，只有亚太地区加大拓展社会保护的力度，才有可能实现可持续发展目标所设定的目标，尤其是要关注以下的行动：

● 通过缴费型和非缴费型组合制度，将社会保护拓展到在非正规经济中工作的群

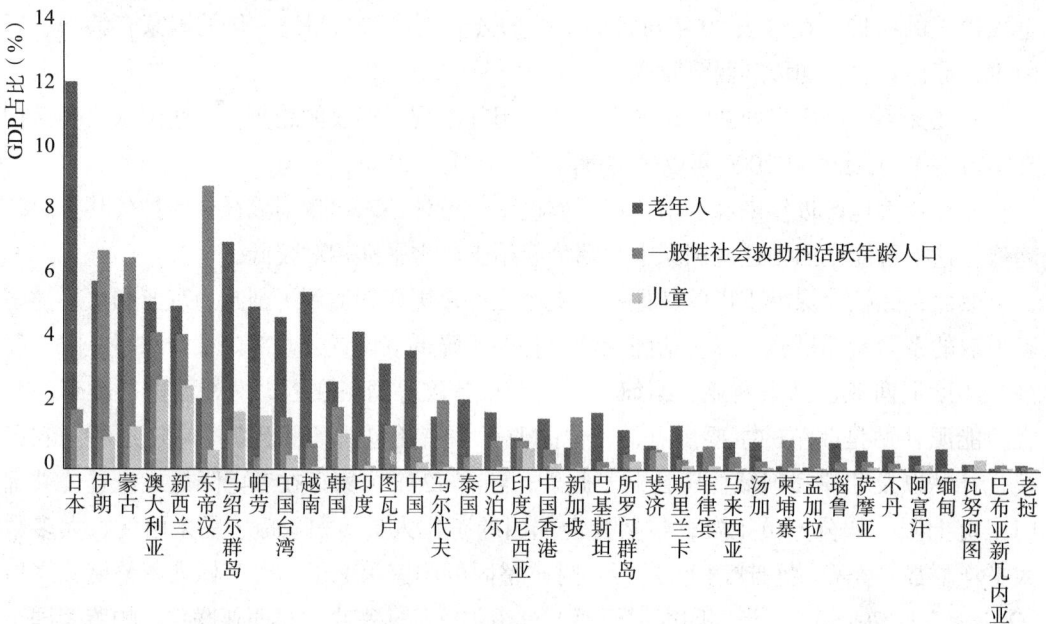

图 6.32 亚太地区不含医疗卫生的社会保护支出构成（占 GDP 百分比），最近可用年份
注释：不含医疗卫生支出的社会保护公共支出以其占 GDP 百分比估算。
资料来源：国际劳工组织世界社会保护数据库，基于社会保障调查（SSI）。另参见附件四表 B.17。
链接：http://www.social-protection.org/gimi/gess/RessourceDownload.action?ressource.ressourceId=54710.

体，以实现全民覆盖。

● 为儿童、新生儿母亲、残障人士、老年人等无法工作的人群以及穷人和失业者制定社会保护底线。

● 提高对社会保护公共支出的总体投入水平，以拓展社会保护的覆盖面。

● 加强对社会保护提供资金支持的税收体系，并探索拓展社会保护财政空间的创新方法。

● 亚洲在把拓展覆盖面作为主要目标的同时，也注重确保待遇给付水平的充足性。

● 在制定和实施缴费型制度时，使之与亚太地区劳动力市场的特点相适应，包括大量存在的非标准形式就业。

● 促进采取缴费型和税收资助制度相结合的创新性解决方案，将扩展覆盖面和确保福利充足性一并考量。

● 大量投资于社保制度的实施和管理，包括在分散的地方层面提供高质量的服务。

● 将社会保护作为国家发展战略的工作重点，加快实现可持续发展目标 1.3 和相关目的之进程。

● 未来应加强全球知识交流和南南合作，以确保各国能进一步从全球和区域经验的财富和多样化中获益。

6.5 欧洲和中亚

6.5.1 社会保护的区域挑战和工作重点

与其他区域相比，包括社会保护底线在内的社会保护体系，在该区域传统基础好，并实现了高水平覆盖。然而，社会保护支出水平、资金来源、福利充足性和社会伙伴的作用等方面却有巨大差异。一些国家，包括大多数欧盟成员国，已建立了成熟全面的社会保护体系，通常由健全的社会保险制度和以税收为资金来源的社会救助制度构成（European Commission，2017a）。然而，在一些国家，财政整固措施或将破坏已取得的进展。在该区域的其他地方，特别是在中亚，社会保护体系面临覆盖面有限、保障水平不足、预算约束和管理能力不够等挑战，因此无法帮助人们摆脱贫困和非正规就业（Gassmann，2011）。

总体而言，关于国家政策的讨论反映了该区域的社会保护体系在现实中越来越面临着覆盖面、保障水平和财政可持续性的挑战。变化的劳动世界和人口老龄化对社会保护体系的财务可持续性以及整体的可持续发展带来的压力增大。特别是非标准形式就业的扩散，包括短时工、临时合同和低薪工作，以及新的就业形式的涌现，对覆盖面和保障水平都构成了挑战，许多劳动者当前和未来都面临巨大的覆盖差距（ILO，2016b；Degryse，2016）。一代代年轻人受到人口变化和劳动力市场结构性变化带来的特别压力，包括就业形式的不断变化和向非标准形式就业的变迁，以及金融危机后全球衰退的持续影响。已实施的改革因而使年轻人陷入一种境地，即需要支付不断增高的缴费率，为不断增多的针对领取养老金者的支出提供资金支持，而这些年轻人可能比当前的养老金领取者获得更低的养老金（European Commission，2017a）。有必要应对好这些可能出现的结果，以确保代际公平并保持该区域的社会凝聚力。

许多国家保障水平不足是一个挑战，这使得相当一部分人甚至就业者都处于贫困之中（ILO，2017f）。例如，中东欧一些国家的儿童福利较低，因此对提高有儿童的家庭之收入保障作用有限（Bradshaw and Hirose，2016）。此外，尽管许多国家的养老金制度包括普遍性的社会养老金或最低养老金，但待遇水平通常低于贫困线，因此无法防止老年贫困（European Commission，2015c）。

最近的一些改革注重加强对那些以前被排除在制度外者的社会保护覆盖，如非全日制就业人员或自雇佣者（European Commission，2017b；ILO，2016b）。其他国家，特别是中亚地区的一些国家，自20世纪90年代向市场经济转型以来，一直在重建其社会保护体系，并不断适应当前的情况，努力消除覆盖面缺口，增强福利的充足性和可持续性（UNICEF，2015b）。此外，还需要进一步努力建立全面综合的社会保障体系。

该区域的一大讨论重点是老年养老金。许多国家已实现了对老年人的普遍性社会保护覆盖，而另一些国家则面临着可持续性和充足性的挑战。在财政整固的背景下，欧洲各国政府已经对其公共养老金制度进行了大幅修改，如延长领取全额养老金的缴费年限、延长法定退休年龄并实现男女同龄退休、降低福利水平等。欧盟成员国已将确保养老金制度财政长期可持续性的措施作为首要重点，但对于保障水平的重大担忧仍存在（European Commission, 2015c, 2015d）。例如，鉴于女性终生的平均缴费期限更短、缴费水平更低（部分是因为持续存在的性别工资差距）以及预期寿命更长，一大担忧就是未来女性养老金水平的充足性。同样，由于对公共养老制度的参数改革，许多欧洲国家的未来退休者获得的养老金水平将会更低（ILO, 2014a），减轻了国家在确保老年收入保障中的责任（见专栏6.16）。

专栏6.16　欧洲的社会模式受到短期调整改革的侵蚀

自2010年以来，财政整固或紧缩政策的重点是改革养老金和医疗权利，以避免"支出占GDP的比重增加"（IMF, 2010a, 第16页；IMF, 2010b）并控制其他支出的方式，减少国家长期提供资金的义务，尽管采用此类政策尚不成熟（ILO, 2014a）。虽然严格意义上尚没有单一的"欧洲社会模式"，但这一术语已被用来描述欧洲福利国家的集体经验。这些经验嵌入更广泛的社会契约中，为经济增长和社会进步做出了贡献，尤其是在第二次世界大战后。然而，近年来，欧洲社会模式正面临压力；这一模式被描述为无法负担、难以承受，最终降低竞争力、阻碍增长。但调整措施导致了贫困人口的增加，目前影响欧盟8 680万人，占欧盟总人口的17%以上，其中许多是儿童、妇女和残障人士。2015年，面临贫困或社会排斥风险的儿童人数已达2 230万，占16岁以下儿童的26.7%。如果财政整固持续下去，据估计，到2025年将会新增1 500万至2 500万人面临生活贫困的前景（Oxfam, 2013）。贫困和不平等增加不仅是严重的全球经济衰退和低就业率的结果，也是收窄普遍性政策、减少社会转移支付、限制优质公共服务可及性的具体政策决定的结果。人们长期接受的所有公民体面生活条件普遍可及的理念受到威胁，这一威胁源自更为狭隘地瞄准穷人的项目与更加强调中高收入群体个人储蓄之间的鸿沟。自危机以来，欧洲社会模式在第二次世界大战后大大减少了贫困并取得了繁荣的成就，已经受到短期调整改革的侵蚀。

许多欧洲人面临着实现并维持体面生活水平的重重困难，新的和非标准形式的非正规就业的出现，以及危机期间不稳定和非正规就业数量的增加，引发了关于加强欧洲社会维度必要性的争论，争论重点关注政府如何能够创造更多更好的工作岗位，为所有人提供充分的社会保护，同时确保公平和社会包容等核心问题。

在这样的背景下，国家和欧洲层面已经做出制定新框架和创新性制度等各种努力。其中一个例子是2017年启动的欧洲社会权利支柱（European Pillar of Social Rights）。然而，欧洲的政策协调仍通过《欧盟稳定与增长公约》、宏观经济失衡程序

（Macroeconomic Imbalance Procedure）和欧洲学期（European Semester）（2009年启动的督导任务）等机制，继续将对增长和结构性改革的关注放在首位，将社会政策置于一边，将欧洲人口的福利作为次重点。如果政府有足够资金时，可在国家层面实施社会政策和福利。

资料来源：基于European Commission，2017b；ILO，2014b；IMF，2010a，2010b；Vaughan-Whitehead，2014，2016；欧盟统计局的数据。

相反，一些东欧和中欧国家已经扭转了20世纪90年代已实施的养老金私有化改革，并将其养老金制度进行了全部或部分再国有化。为确保养老金制度的长期可持续性，近些年来采取了系列改革举措。重中之重在于缴费原则，待遇水平与实际缴纳费用的关联更加紧密，因此导致对福利充足水平的担忧（Hirose and Henteš，2016）。一些中亚国家已经开始引入私营养老金制度，例如，亚美尼亚在2014年引入了一个积累制养老金制度，该制度对于公共部门劳动者是强制性的，但对于私营部门的劳动者仍是自愿性的。

6.5.2 社会保护的有效覆盖：监测欧洲和中亚可持续发展目标指标1.3.1

与其他区域相比，欧洲和中亚地区社会保护（不含医疗卫生）的总体有效覆盖率相对较高，达到总人口的84.1%（见图6.33）。在该区域许多国家，特别是在北欧、南欧和西欧，已建立了全面的社会保护体系，在医保之外还至少提供一项全覆盖（或近乎全覆盖）的社会保护。例如，在法国、哈萨克斯坦和瑞典，全民都被至少一种社会保护制度所覆盖。在其他国家，社会保护的覆盖面并不完整，亚美尼亚、阿塞拜疆、格鲁吉亚就是这种情况，其不足一半的人口受到至少一项社会保护的覆盖。

儿童和家庭福利

该区域有许多国家都提供了全覆盖的儿童保障，所有0～14岁的儿童中平均有87.5%可有效获得社会保护津贴（见图6.34）。21个国家通过不同方式实现了全覆盖的社会保护，如奥地利、爱沙尼亚和芬兰的全民制度，比利时和俄罗斯的缴费型和非缴费型制度组合，哈萨克斯坦和波兰的非缴费型津贴。相反，亚美尼亚、吉尔吉斯斯坦和塔吉克斯坦儿童津贴的有效覆盖面要低得多。

生育保护

与其他区域相比，欧洲和中亚的生育福利津贴已实现了高水平的有效覆盖。生育保护是本区域有效覆盖水平相对较高的一种社会保护项目。平均而言，有81.4%的就业女性受到生育福利津贴制度的覆盖（见图6.35）。大多数国家，特别是欧盟成员国，为

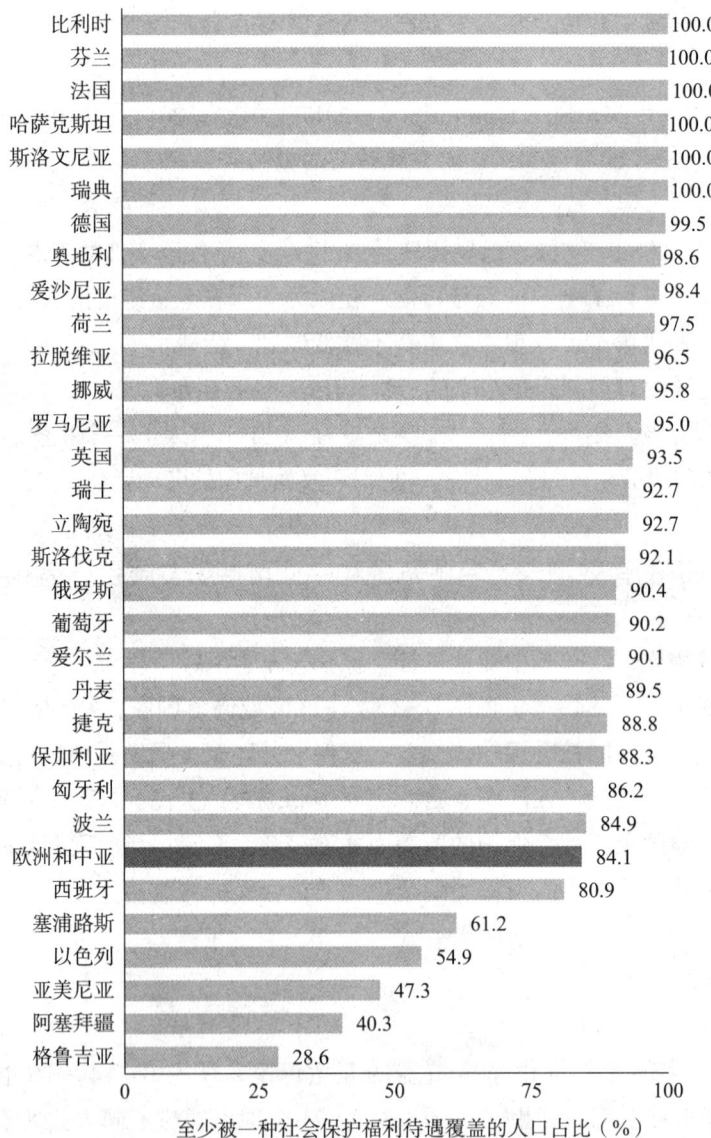

图 6.33 可持续发展目标指标 1.3.1：欧洲和中亚至少被一项社会保护福利待遇有效覆盖的人口所占百分比，2015 年或最近可用年份

注释：社会保护的有效覆盖是以社会保险制度的活跃缴费者或领取待遇者（缴费型或非缴费型）的人口数量占总人口的百分比来测量的。医疗保护并未包括在可持续发展目标指标 1.3.1 范围内。另参见附件二。

资料来源：国际劳工组织世界社会保护数据库，基于社会保障调查（SSI）；国际劳工组织数据库（ILOSTAT）；各国来源。另参见附件四表 B.3。

链接：http://www.social-protection.org/gimi/gess/RessourceDownload.action?ressource.ressourceId=54711.

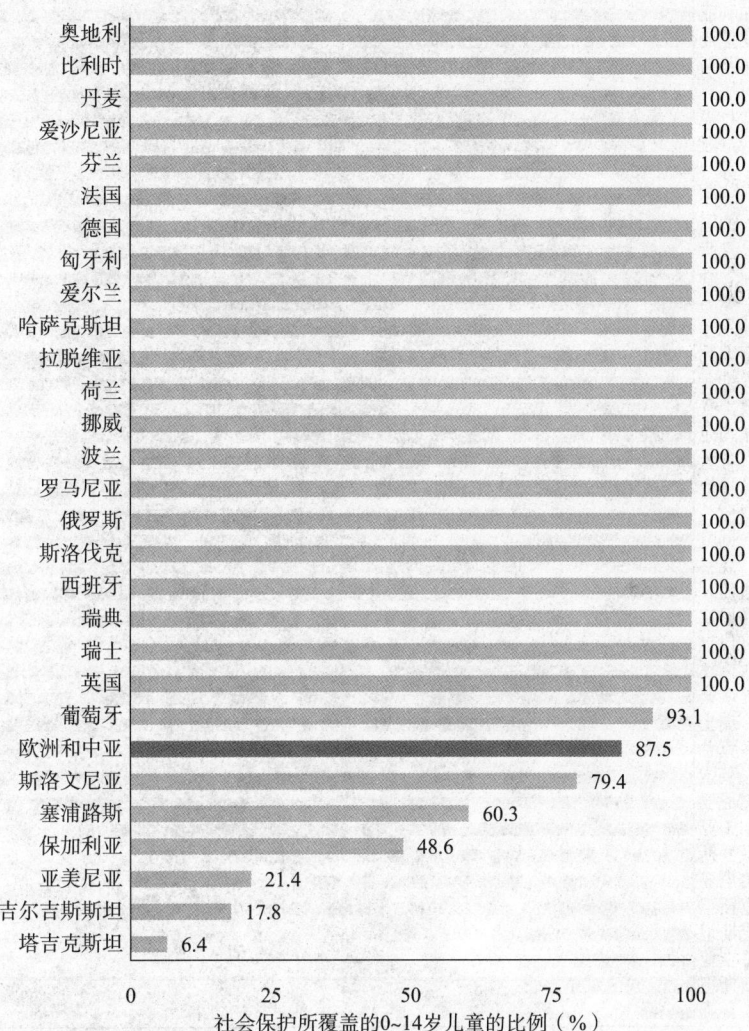

图 6.34 可持续发展目标指标 1.3.1 关于儿童和家庭的有效覆盖：欧洲和中亚获得儿童和家庭福利津贴的儿童和家庭比例，2015 年或最近可用年份

注释：社会保护津贴所覆盖儿童的比例是指获得儿童福利津贴的儿童/家庭数量与儿童/育儿家庭总数之比。医疗保护并未包括在可持续发展目标指标 1.3.1。另参见附件二。

资料来源：国际劳工组织世界社会保护数据库，基于社会保障调查（SSI）；国际劳工组织数据库（ILOSTAT）；联合国世界人口展望；各国来源。另参见附件四表 B.3 和表 B.4。

链接：http://www.social-protection.org/gimi/gess/RessourceDownload.action?ressource.ressourceId=54712.

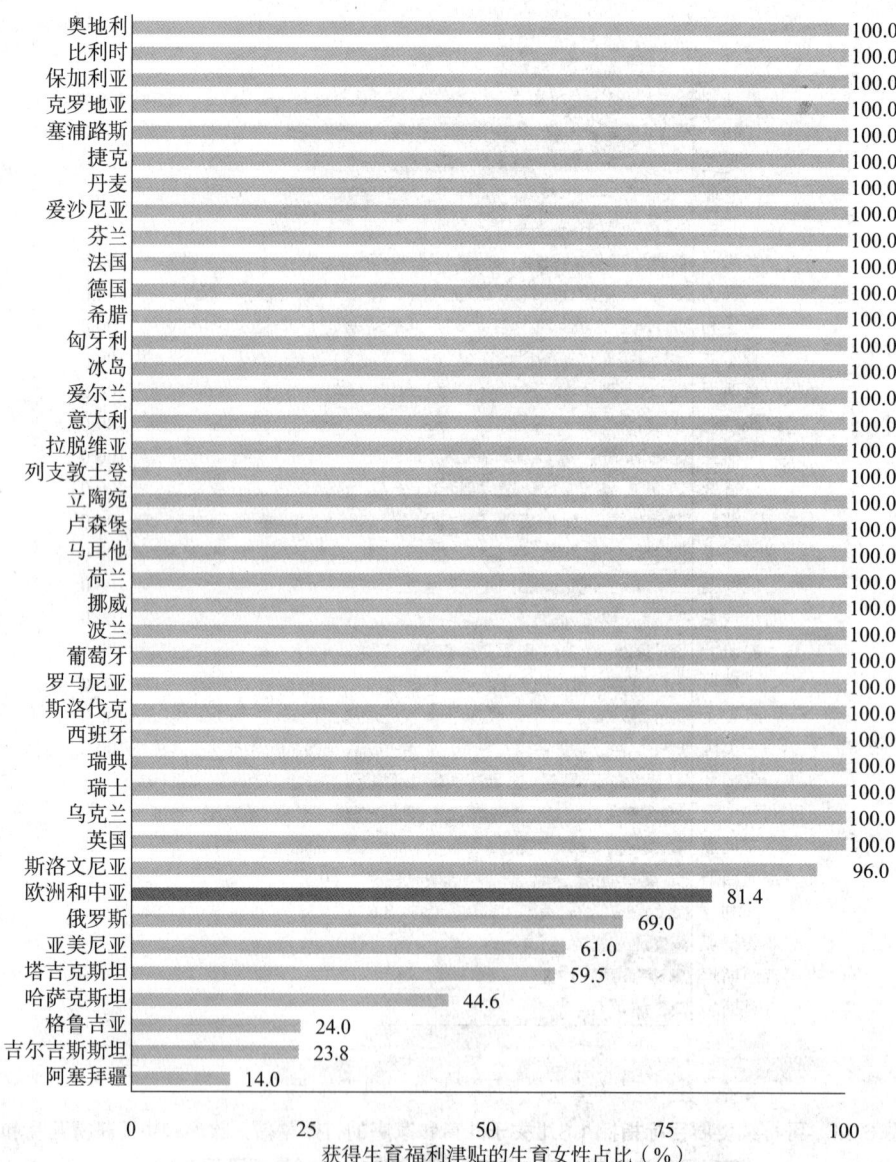

图 6.35 可持续发展目标指标 1.3.1 关于新生儿母亲的有效覆盖：欧洲和中亚获得生育福利津贴的生育女性所占百分比，2015 年或最近可用年份

注释：生育津贴覆盖生育女性的比例是指领取生育福利津贴的女性与同年生育女性（基于年龄组生育率或按双胞胎和三胞胎的出生比例修正的活产数的估算）的比率。另参见附件二。

资料来源：国际劳工组织世界社会保护数据库，基于社会保障调查（SSI）；国际劳工组织数据库（ILOSTAT）；联合国世界人口展望；各国来源。另参见附件四表 B.3 和表 B.5。

链接：http://www.social-protection.org/gimi/gess/RessourceDownload.action?ressource.ressourceId=54713.

所有生育期的就业女性提供了生育福利津贴。许多国家通过社会保险制度实现了全覆盖（如奥地利、比利时、塞浦路斯和冰岛），而其他一些国家（如克罗地亚、马耳他、葡萄牙和英国）通过社会救助制度有效补充社会保险。在中亚，生育保护仍为一大挑战。例如，在阿塞拜疆、格鲁吉亚和吉尔吉斯斯坦，尽管存在社会保险制度，但超过75%的就业女性无法获得生育津贴。

失业保护

平均而言，欧洲和中亚有42.5%的失业劳动者领取失业待遇给付（见图6.36），这一比例在东欧为56.5%，在北欧、南欧和西欧为46.2%，在中西亚仅为12%。覆盖比例较低可能有多种原因，包括一些国家长期的高失业率、另一些国家的高比例的非正规就业、现实中还有许多失业人员未在就业机构登记的情况等。在通过失业救助对社会保险构成有效补充的国家中，奥地利、德国和爱尔兰对失业劳动者的有效覆盖水平达到了100%，而其他国家的有效覆盖水平相对较低，包括比利时的80%、荷兰的73%、马耳他的62%和西班牙的45%。相反，该区域的其他部分，特别是中亚国家，只有极为少数的失业劳动者（平均为12%）实际获得失业给付。但是，失业劳动者仍有资格获得一般性社会救助津贴。

残障津贴

获得残障津贴的重度残障人士比例估计为86.7%（见图6.37）。对各亚区进行的比较表明，东欧的覆盖水平最高（近98%），其次是北欧、南欧和西欧，约为92%，最后是中西亚，只有略超过一半的目标人群获得残障津贴。大多数实现了全覆盖的国家是通过社会保险机制（如比利时、匈牙利、意大利），社会保险与非缴费普遍型津贴的组合（如阿塞拜疆、保加利亚、拉脱维亚），家计调查制度（如亚美尼亚、芬兰、爱尔兰）来提供残障福利津贴。格鲁吉亚等其他国家则单一依靠非缴费型津贴。在该区域的其他国家，特别是中西亚，只有一半重度残障人士实际领取了残障津贴。

老年养老金

欧洲和中亚老年养老金的覆盖面相对较宽。平均而言，有95.2%超过了养老金领取年龄的老年人获得养老金（见图6.38）。尽管整体趋势是积极的，但一些国家仍面临拓展养老金覆盖面的挑战，特别是中西亚，其养老金当前的平均有效覆盖率为82%。

所有老年人实际获得社会保障养老金的国家主要位于北欧、南欧和西欧，但东欧和中西亚在老年养老金全覆盖方面也有几个积极的例子（如捷克、吉尔吉斯斯坦、斯洛伐克）。这29个国家全覆盖的养老金有赖于不同类型的项目。例如，荷兰、波兰和罗马尼

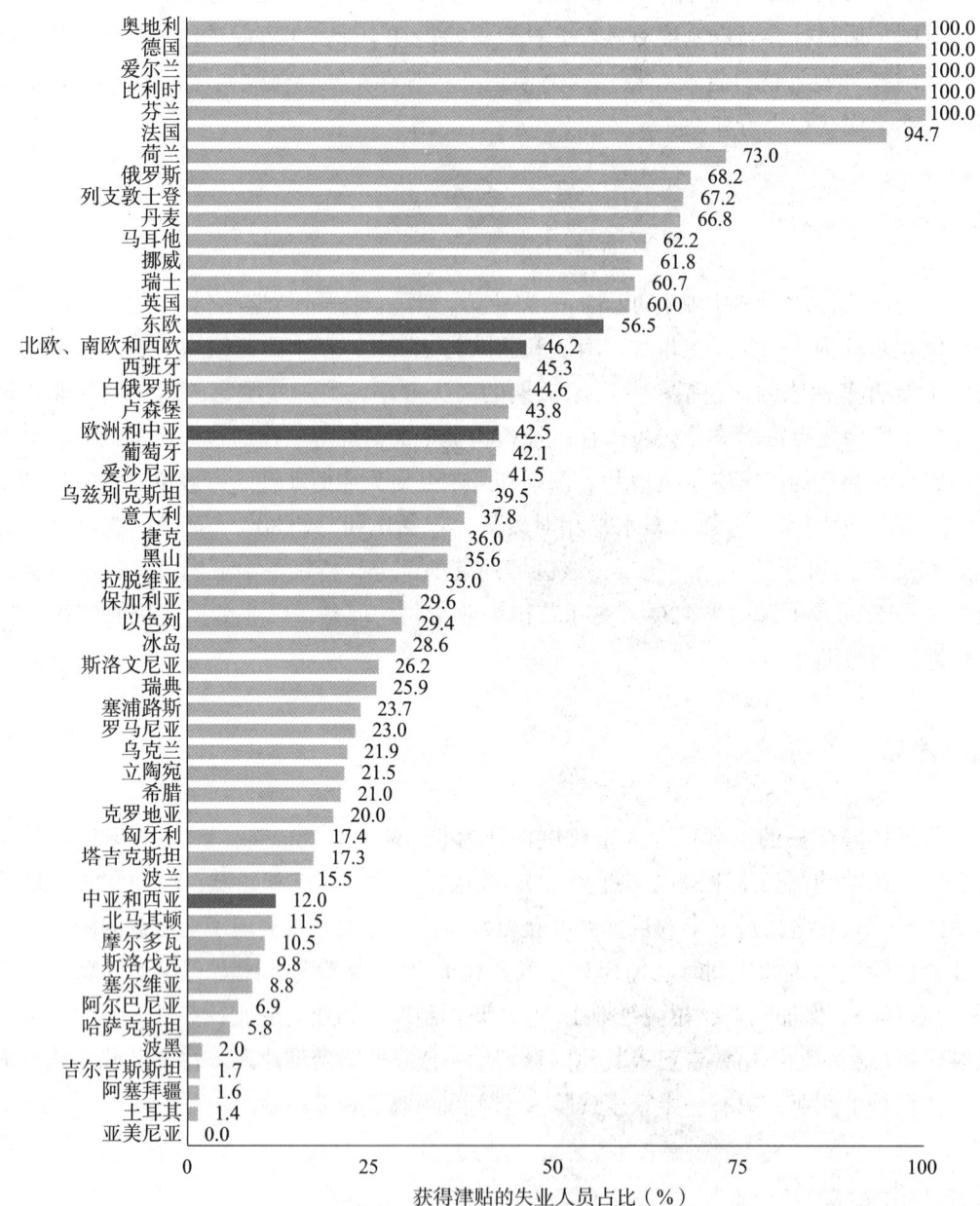

图 6.36 可持续发展目标指标 1.3.1 关于失业人员的有效覆盖：欧洲和中亚获得失业福利津贴的失业人员所占百分比，最近可用年份

注释：获得津贴的失业人员比例是指失业福利津贴获得者占失业人员总数的比例。另参见附件二。

资料来源：国际劳工组织世界社会保护数据库，基于社会保障调查（SSI）；经合组织社会福利受益人数据库；国际劳工组织数据库（ILOSTAT）；各国来源。另参见附件四表 B.3 和 B.6。

链接：http://www.social-protection.org/gimi/gess/RessourceDownload.action?ressource.ressourceId=54714.

6 监测社会保护的发展进程：区域趋势

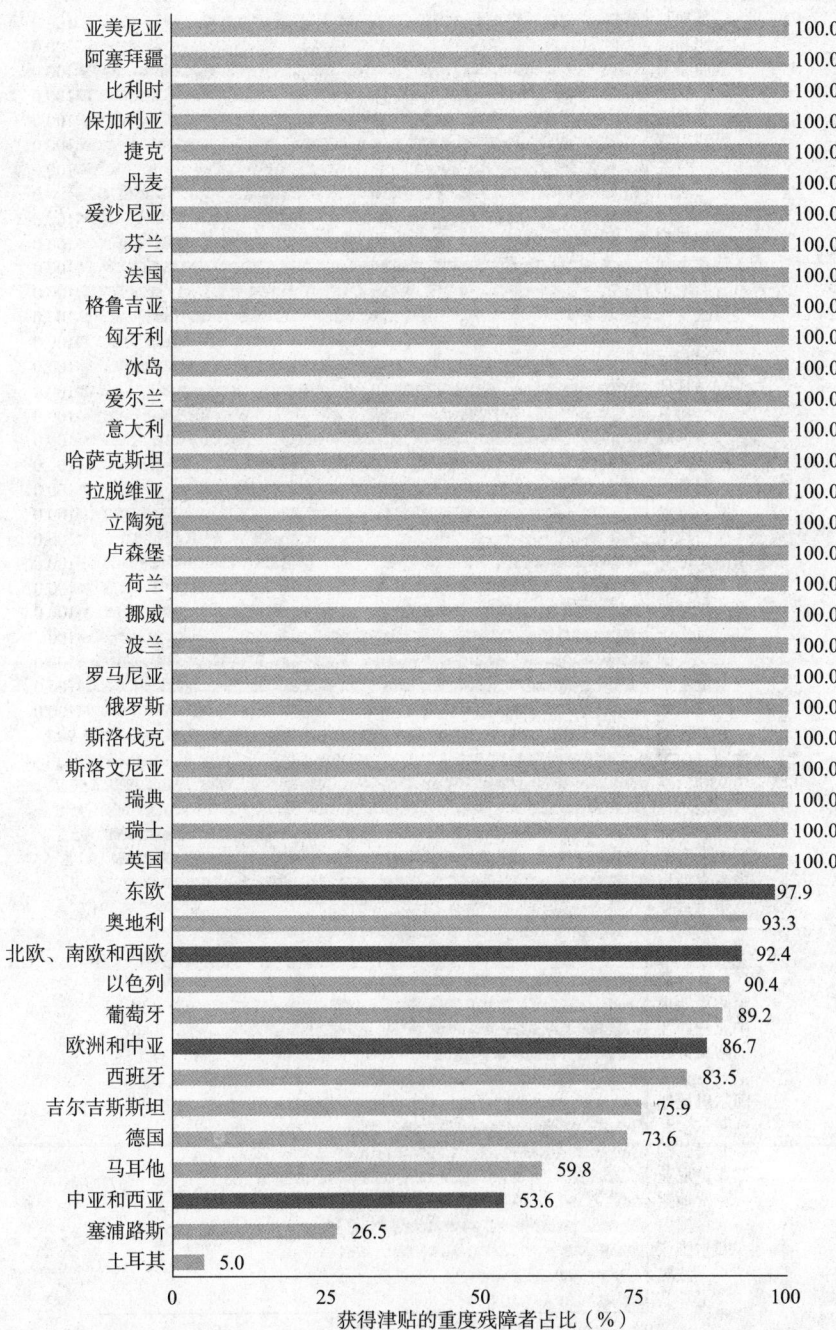

图 6.37 可持续发展目标指标 1.3.1 关于重度残障者的有效覆盖：欧洲和中亚获得残障福利津贴的重度残障者所占百分比，2015 年或最近可用年份

注释：获得津贴的重度残障者的比例是指获得残障福利津贴者占重度残障者的比例。重度残障者的数量按残障发生率（世界卫生组织公布针对各国家组的数据）和每个国家人口的乘积计算。另参见附件二。

资料来源：国际劳工组织世界社会保护数据库，基于社会保障调查（SSI）；经合组织社会福利受益人数据库；国际劳工组织数据库（ILOSTAT）；联合国世界人口展望；世界卫生组织；各国来源。另参见附件四表 B.3 和 B.8。

链接：http://www.social-protection.org/gimi/gess/RessourceDownload.action?ressource.ressourceId=54715。

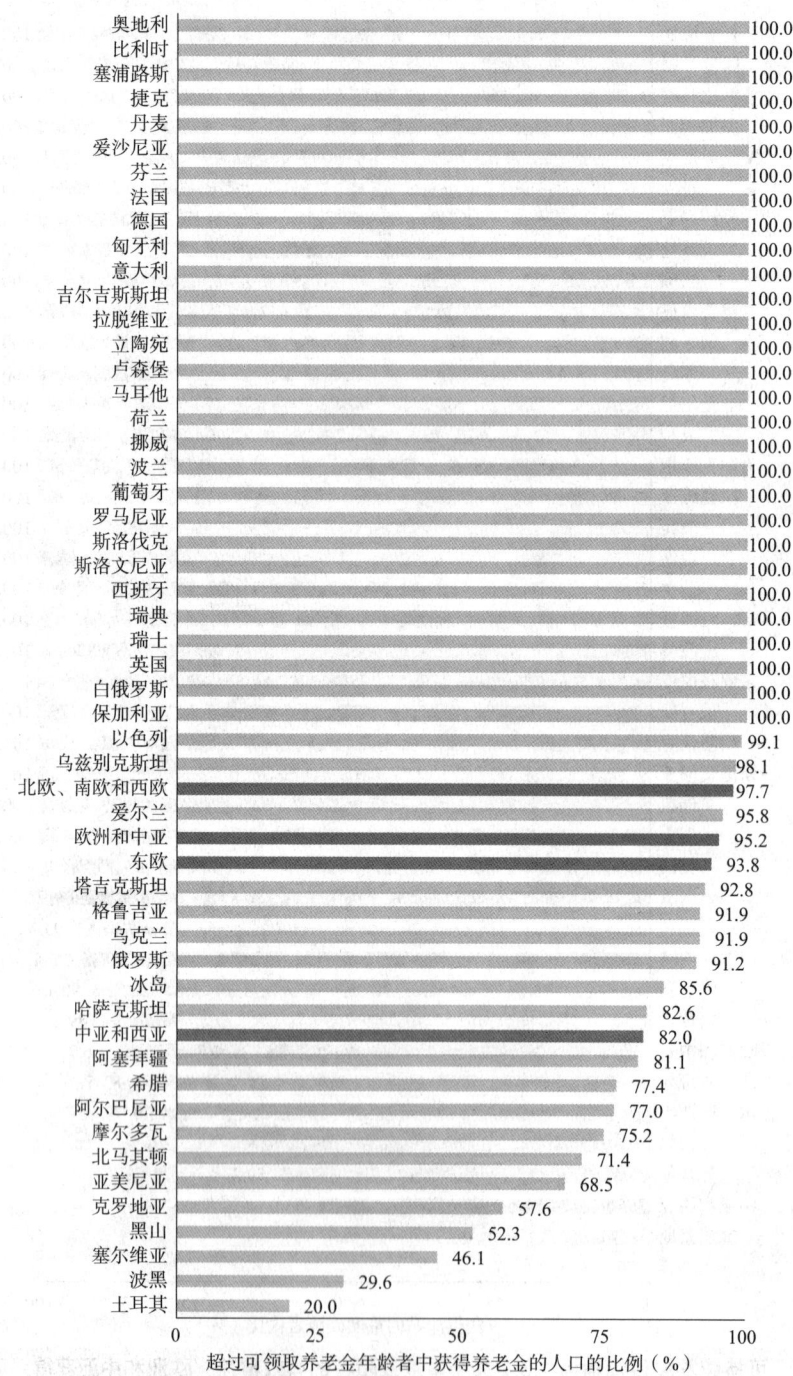

图 6.38 可持续发展目标指标 1.3.1 关于老年人的有效覆盖：欧洲和中亚获得老年养老金者占超过法定可领取养老金年龄人口的百分比，最近可用年份

注释：养老金领取者占老年人口的比例是指法定可领取养老金年龄以上人口中领取养老金者与法定可领取养老金年龄以上人口数量之比。另参见附件二。

资料来源：国际劳工组织世界社会保护数据库，基于社会保障调查（SSI）；经合组织社会福利受益人数据库；国际劳工组织数据库（ILOSTAT）；各国来源。另参见附件四表 B.3 和表 B.12。

链接：http://www.social-protection.org/gimi/gess/ResourceDownload.action?ressource.ressourceId=54716。

亚主要依靠缴费型养老金制度，而其他国家则是通过非缴费型制度对缴费型制度进行有效补充，其非缴费型制度或覆盖全部老年人（如丹麦），或仅覆盖一定收入水平之下的人群（如比利时、以色列和马耳他）。一些国家，特别是东南欧国家，在确保老年人养老金覆盖面上仍面临多重挑战。

社会救助

覆盖脆弱群体的社会救助在本区域内部情况不一。此处定义的脆弱群体是指所有儿童、缴费型制度未能覆盖的成人、达到退休年龄却未领取缴费型津贴（养老金）的老年人。比利时、芬兰、法国、哈萨克斯坦、斯洛文尼亚、瑞士等国已实现了对脆弱群体的全面覆盖，该区域的其他国家，如一些中西亚国家的覆盖率要低很多。平均而言，有1/3 的脆弱人口未受到任一项社会保护的覆盖（见图 6.39）。然而，本区域也出现了一些积极趋势，如吉尔吉斯斯坦和塔吉克斯坦逐步将社会救助津贴延伸到贫困家庭。

6.5.3 社会保护支出（不含医疗卫生）的趋势

该区域社会保护的整体支出（不含医疗相关的支出）平均高于其他区域，社会保护支出估计约占 GDP 的 16.5%（见图 6.40）。许多国家社会保护支出占 GDP 的比例有所提高，部分原因在于经济衰退和失业率高企（ILO，2017f）。在其他国家，作为财政整固措施的组成部分，社会保护支出占 GDP 的比例已大幅下降。

各国之间的差异巨大：芬兰和法国的社会保护总支出约为 GDP 的 23%，俄罗斯约为 11%，亚美尼亚为 5.1%，哈萨克斯坦为 3.9%。事实上，在比较各亚区时，北欧、南欧和西欧以 GDP 占比 17.7% 的支出水平遥遥领先，其次是东欧的 12.5%。形成对比的是，中西亚的支出水平（9.0%）相对较低。

在非医疗卫生的社会保护支出构成方面，部分受到人口结构的影响，大多数国家有很大一部分的支出用于老年人的收入保障（见图 6.41）。总体而言，欧洲的老年人比例为全球最高，但区域内部差异巨大。北欧、南欧和西欧的老年人占总体人口比例的19.6%，东欧为 14.6%，中西亚仅为 7.7%（见图 4.4）。相应地，区域内部用于老年人的社会保护支出占比差异幅度也很大。

用于劳动年龄人口的社会保护支出包括失业津贴、工伤津贴、残障津贴、生育津贴和一般性社会救助。尽管劳动年龄人口是总人口中数量最大的群体，但在一些国家（如阿尔巴尼亚、波黑、保加利亚、希腊、马耳他、乌克兰），对于劳动年龄人口的福利支出仅占总支出的很小一部分。相反，亚美尼亚、比利时、丹麦、芬兰等国社会保护支出在各年龄群体中的分布更加均衡。

用于儿童的社会保护支出在区域各国间差异巨大。英国儿童社保支出约为 GDP 的 3.8%，而其他国家对儿童和家庭福利的支出仅为英国支出水平的一小部分。据估算，

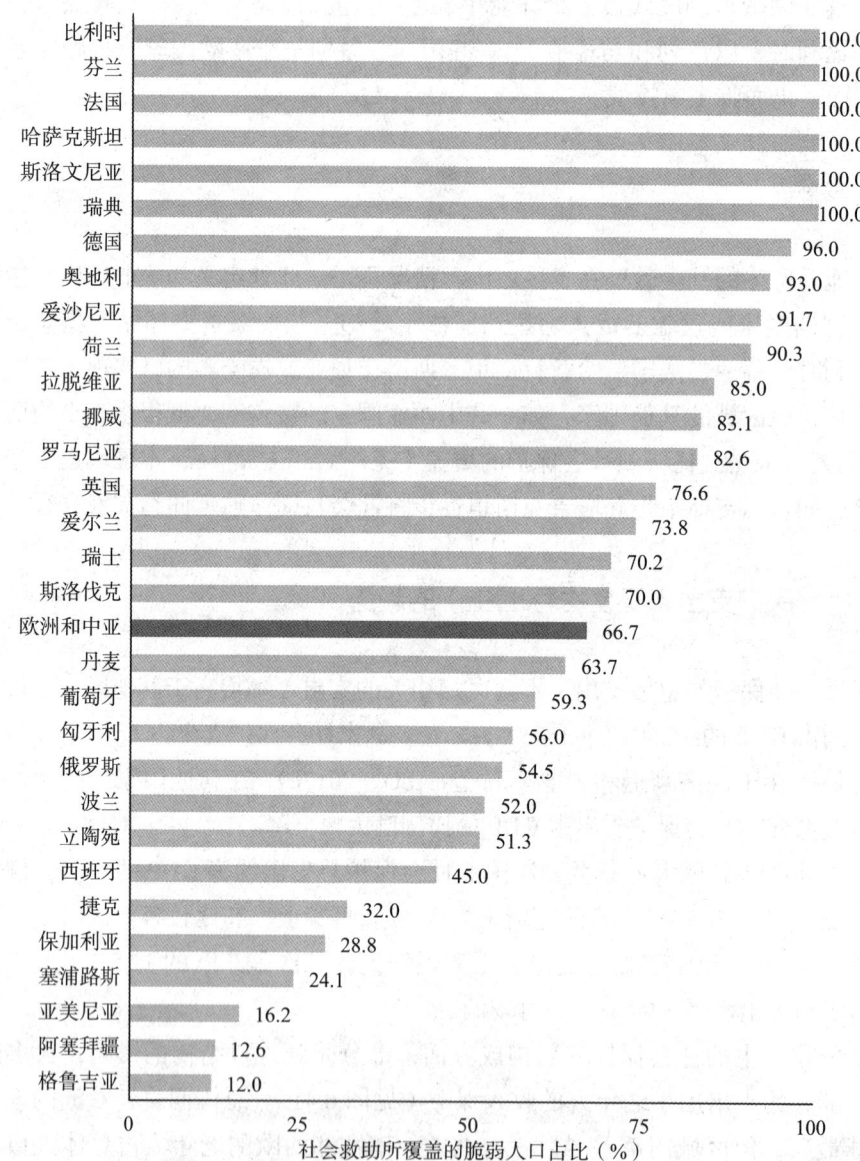

图6.39 可持续发展目标指标1.3.1关于脆弱人群的有效覆盖：欧洲和中亚获得非缴费型福利津贴的脆弱人口所占百分比，2015年或最近可用年份

注释：脆弱人口数量的估算包括：(a)所有儿童；(b)未向社会保险制度缴费或未获得缴费型津贴的劳动年龄人口；(c)未获得缴费型津贴（养老金）的超过可领取养老金年龄的人口。社会救助的定义是以一般性税收等为资金来源的各种形式的非缴费型现金转移（而非社会保险）。另参见附件二。

资料来源：国际劳工组织世界社会保护数据库，基于社会保障调查（SSI）；经合组织社会福利受益人数据库；国际劳工组织数据库（ILOSTAT）；联合国世界人口展望；各国来源。另参见附件四表B.3。

链接：http://www.social-protection.org/gimi/gess/ResourceDownload.action?ressource.ressourceId=54717。

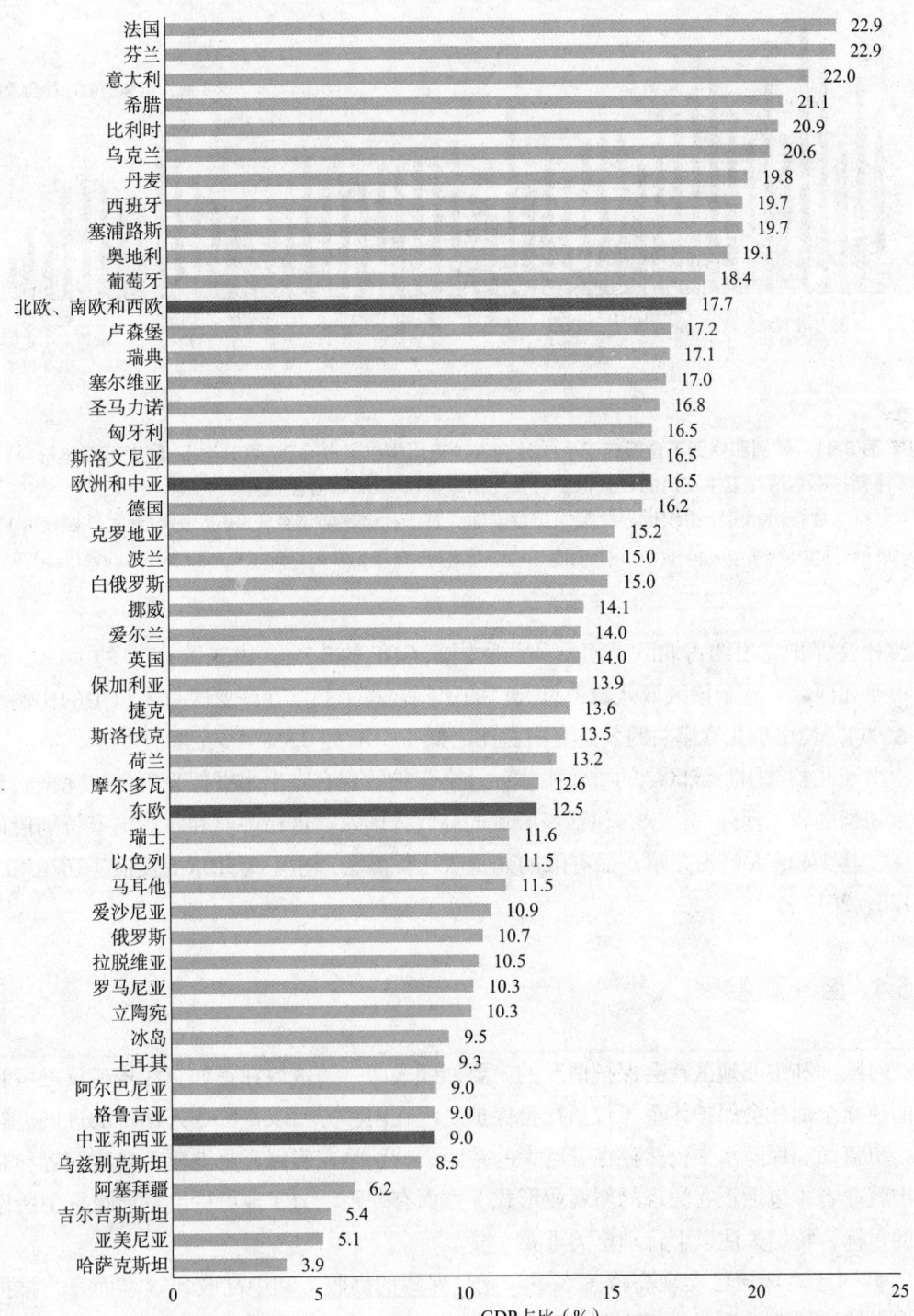

图 6.40 欧洲和中亚不含医疗卫生的社会保护公共支出（占 GDP 百分比），最近可用年份

注释：社会保护总支出以其占 GDP 百分比估算，社会保护总支出不含医疗卫生相关的公共支出。

资料来源：国际劳工组织世界社会保护数据库，基于社会保障调查（SSI）。另参见附件四表 B.16 和表 B.17。

链接：http://www.social-protection.org/gimi/gess/RessourceDownload.action?ressource.ressourceId=54718.

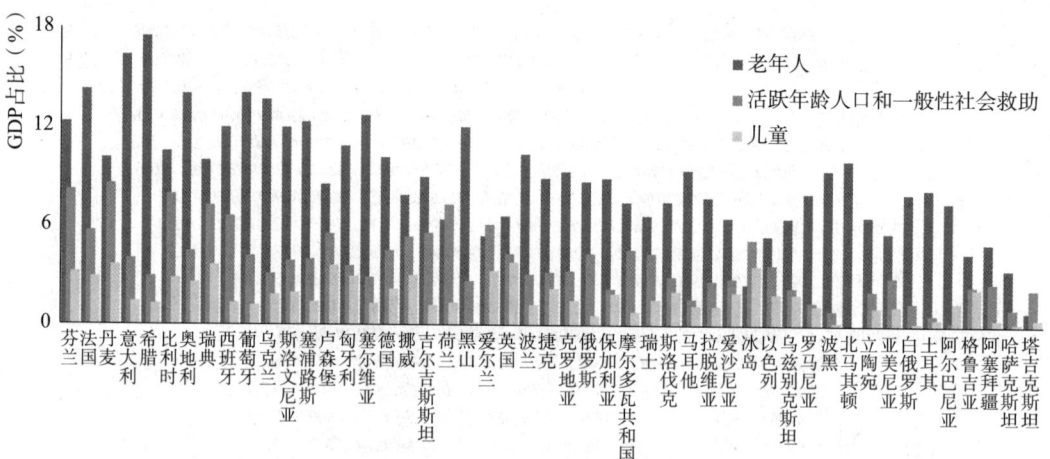

图 6.41 欧洲和中亚不含医疗卫生的社会保护支出构成（占 GDP 百分比），最近可用年份
注释：不含医疗卫生支出的社会保护公共支出以其占 GDP 百分比估算。
资料来源：国际劳工组织世界社会保护数据库，基于社会保障调查（SSI）。另参见附件四表 B.17。
链接：http://www.social-protection.org/gimi/gess/RessourceDownload.action?ressource.ressourceId=54795.

儿童社会保护支出约占北欧、南欧和西欧国家 GDP 的 2.5%，占东欧 GDP 的 1.1%。而在中亚和西亚，鉴于该区域儿童占总人口的比例之高（儿童在该亚区总人口中的比例高达 25%），其用于儿童津贴的公共支出占比之低（GDP 的 0.8%）令人惊诧。

由于儿童贫困是该区域的重大挑战，社会保护的现有支出水平似乎不足以完全满足儿童和家庭收入保障的需求，包括该区域的高收入国家。这在中亚和西亚国家特别值得担忧，其 1/4 的人口为儿童，而有限的儿童收入保障会严重阻碍儿童的发展（UNICEF，2015b，2017）。

6.5.4 区域展望

对欧洲和中亚地区社会保护情况的简要回顾表明，该区域在正如 202 号建议书所制定的建立全面社会保护体系（包括社会保护底线在内）方面取得了令人称赞的进展。然而，覆盖面和保障水平仍然存在着巨大的差距，特别是在确保充足地覆盖自雇佣者和非标准就业者（包括正在涌现的新就业形式）方面有差距。为实现可持续发展目标中所设定的目标，特别关注以下行动至关重要：

● 对于本区域已实现高覆盖水平和充足保障的高收入和中高收入国家而言，维护已取得的进展非常重要，要确保当前和未来的改革不会有损社会保护的覆盖面和保障水平的充足性，同时在有效结合缴费和征税作为资金来源的基础上确保可持续筹资。通过这种方式，可以应对保持待遇水平充足性和资金可持续性之间平衡的挑战。

● 对于那些仍然受困于有限覆盖面和低福利水平的国家而言，首要任务是将社会保护拓展至尚未受覆盖的人群，以实现全民覆盖并同时确保福利水平足以满足人们的需求。在一些国家，这需要加大打击非申报工作的力度，促进向正规经济的转型，并在结合缴费和一般性税收的基础上确保可持续融资模式。

● 为加快实现可持续发展目标 1.3 和相关目标的进程，加强对弥合覆盖面和津贴水平差距的关注至关重要。为实现《2030 议程》，阿塞拜疆、比利时、丹麦、爱沙尼亚、芬兰、法国、格鲁吉亚、德国、黑山、挪威、葡萄牙、斯洛文尼亚、瑞典、瑞士和土耳其等众多国家已将社会保护作为其国家自愿审查的重点。

● 本区域需要付出更多的努力，以确保社会保护体系足以覆盖所有就业形式的人群，特别是注重提高对自雇佣者和非标准形式（包括新的就业形式）就业劳动者的保护。需要创新解决办法，以确保社会保护机制能适应这些群体的特定性质和劳动力市场的动态变化。

7 监测社会保护的发展进程：全球展望

关键信息

- 可持续发展目标 1.3 要求各国实施包括最低标准在内的适合本国国情的全民社会保障制度和措施，以减少和预防贫困。尽管近年来取得了重大进展，但只有 29% 的全球人口能够享有从儿童福利到老年养老金等的、覆盖全政策领域的、全面综合的社会保障体系，而其余人口只享有部分保障或根本没有保障。

- 2015 年的数据显示，全球仅有 45.2% 的人口被至少一项社会保护福利待遇所有效覆盖（可持续发展目标 1.3），这意味着全球一半以上的人口实际上并不享有任何社会保护。儿童的社会保护覆盖率仍然不足：平均每三个孩子中只有一个（34.9%）被覆盖，这表明对儿童和家庭的投入严重不足。只有 41.1% 的新生儿母亲获得在这一关键时期为她们提供收入保障的生育津贴。失业劳动者的收入保障也面临挑战，大约 5 个失业劳动者中只有一个（21.8%）收到失业津贴。重度残障人士也存在巨大的覆盖面差距：全球只有 27.8% 的残障人士享有残障福利。全世界达到退休年龄的人中，养老金的有效覆盖率只有 67.6%。尽管在扩大社会保护覆盖面方面取得了重大进展，但许多人仍得不到保护；需要继续努力，以实现作为人权的社会保障，并实现多个可持续发展目标。

- 本报告呈现了监测可持续发展目标 1.3 的最新数据，并为可持续发展目标指标 1.3.1 提供 2015 年基准。该报告基于国际劳工组织的世界社会保护数据库和社会保障调查，这是国际劳工组织定期提交给各国的一项行政调查。为了监测实现可持续发展目标的进展，需要加强各国社会保护统计能力建设，包括在国家、区域和国际层面加大力度改进社会保护数据的定期收集、分析和传播各流程。

- 推进全民社会保护并实现可持续发展目标，需要在许多领域的努力。将社会保护覆盖面扩大到那些在非正规经济部门就业的人，并促进这些人向正规经济过渡，对解决体面工作不足问题并预防贫困与脆弱性而言至关重要。从更广泛的意义上说，促进包括底线在内的包容性社会保护体系的建设，是改善脆弱群体生活水平、实现可持续发展目标的先决条件。然而，这离不开福利给付对人们需求的满足。需要加大力度以确保社会保护全民覆盖，并确保充足的福利水平。这对于应对未来诸如人口结构变化、劳动世界变化、人口流动、脆弱的社会环境和自然环境的挑战而言至关重要，以确保社会保护体系能够很好地适应实现全民社会保障权利的要求。

- 尽管全球范围的社会保护扩面工作已取得了重大进展，但自2010年以来，一些国家已经实施了财政整固或紧缩政策。这些短期调整正在影响数项公共开支，其中包括社会保护支出。高收入国家亦如此，这些国家削减了一系列社会保护福利待遇，再加之持续的失业、较低的工资和较高的税收，导致目前欧盟贫困人口增加至8 600万人，占总人口的17%以上。家庭收入水平低迷导致国内消费下滑、需求下降、经济复苏放缓。财政整固并不局限于欧洲：从2018年开始，将有124个国家（含81个发展中国家）根据其国内生产总值调整支出，并在2020年之前在相应支出水平上下浮动。

- 长达十年的财政紧缩和预算削减并无必要，即使在最贫穷的国家，也存在财政空间。为社会保护筹集更多资源有其他可选项，具体而言，各国际金融机构和联合国的政策声明所支持的筹资方案共八种。各国必须积极探索所有可能的筹资途径，并通过就业和社会保护促进可持续发展目标与国家的发展。

- 目前，世界各国在推进全民社会保护方面团结一致。在联合国各级机构的共同努力下，通过与包括"全民社会保护全球伙伴关系"（Global Partnership for Universal Social Protection）在内的相关国际、区域、亚区和国家机构及社会伙伴的共同努力，加强包括底线在内的社会保护体系建设。

7.1 社会保护体系（含底线制度）的进展

7.1.1 在全球层面监测可持续发展目标指标 1.3.1

通过保证个人享有收入保障并有效获得医疗卫生服务，社会保护在实现可持续发展方面发挥关键作用。尽管近年来取得了重大进展，但世界上仍有许多人无法实现其作为基本人权的社会保障：只有29%的全球人口能够获得覆盖所有政策领域的、全面的社会保障体系，其余人口只被部分覆盖或不被覆盖。从总体数据上看，各区域差异很大。如果要实现《2030年议程》，就需要进一步努力建立包括底线在内的社会保护体系，以充分发挥社会保护在促进社会和经济发展中的关键作用。

基于本报告第1章至第6章的讨论，本部分将概述可持续发展目标指标1.3.1在全球层面的主要成果，并就联合国秘书长2017年关于社会发展目标进展状况的报告提供更多统计数据方面的细节（UN，2017c）。

全球仅45.2%的人口得以实际享有不少于一项社会保护（见图7.1），而超过一半的

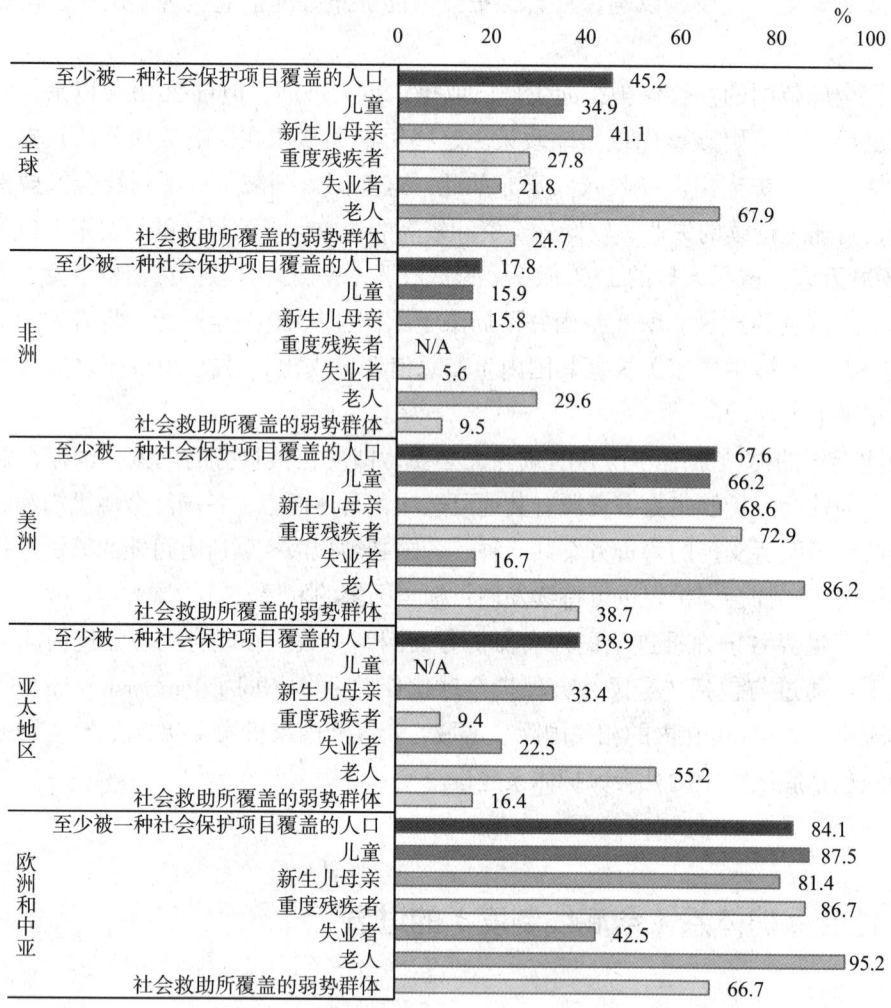

图 7.1 可持续发展目标指标 1.3.1：社会保护的有效覆盖，按人口群体分列的全球和区域估计（百分比）

注释：各类指标含义如下所示。至少被一项社会保护福利待遇（有效覆盖）的人口是领取至少一项缴费型或非缴费型福利津贴者，或是至少一项社会保障制度的活跃缴费者占总人口的比例。

儿童是领取儿童或家庭福利津贴的儿童或家庭数量与全部儿童或育儿家庭总数之比。

新生儿母亲是领取生育福利津贴的女性与同年生育女性总数之比。

重度残障人士是领取残障福利津贴者与重度残障者人数之比。

失业者是失业津贴领取者与失业者人数之比。

老年人是法定退休年龄以上领取养老金者（包括缴费和非缴费型）与法定退休年龄以上人群的数量之比。

社会救助覆盖的脆弱群体是社会救助受助者与脆弱群体总人口数量之比。脆弱群体的定义为全体儿童、成年人中未被缴费型津贴覆盖的、超过退休年龄人群中未领取缴费型津贴（养老金）的。

更多详细信息，另参见附件二。

资料来源：国际劳工组织世界社会保护数据库，基于国际劳工组织社会保障调查（SSI）；ILOSTAT；各国来源。另参见附件二和附件四表 B.3。

链接：http://www.social-protection.org/gimi/gess/RessourceDownload.action?ressource.ressourceId=54797.

人口得不到任何有效的保护。①各区域差异甚大：在欧洲和中亚的大部分国家以及加拿大和乌拉圭，超过90%的人口至少享有一项社会保护。相比之下，已有数据显示，除埃及和南非这两个明显例外国家外，在非洲的大部分国家中只有不到30%的人口得到保护。在美洲地区，至少享有一项社会保护的人口比例为67.6%，这反映了近年来社会保护扩面取得的重大进展。在亚太地区，38.9%的覆盖率背后是巨大的地区差异：已有数据显示，澳大利亚、中国、日本、韩国和新西兰等国家的覆盖率相对较高，而其他一些国家的覆盖率则有限。总体上看，这种覆盖率的巨大差异也反映了一种全球趋势，即较高水平的社会保护覆盖通常与国家的较高经济发展水平相关，但一些国家（如中国和乌拉圭）的经验也表明，无论发展水平如何，通过持续努力是有可能成功扩大覆盖率的。

要取得社会保护扩面的进展，需要足够的资源分配（参见下文第7.2.7节）。只有各国投入足够的资源，其社会保护体系才能为经济和社会发展、实现社会保障权利以及实现可持续发展目标做出积极贡献。对社会保护的投入不足——特别是在非洲、亚洲和阿拉伯国家的投入不足——是包容性增长和可持续发展的障碍之一。这些国家社会保护公共支出（不包括医疗卫生）占GDP的百分比普遍低于5%。

儿童和家庭福利

通过增强家庭收入保障、减少和预防贫困以及脆弱性、促进健康和其他社会服务的可获得性，社会保护给付在改善儿童的健康发展和福祉方面发挥至关重要的作用。然而，如第2章所述，对儿童的社会保护仍然是世界许多地区的重大挑战。全球覆盖率估算数据（见图7.1）显示，只有约1/3的儿童享有儿童或家庭福利，而2/3左右的儿童未被覆盖。

在欧洲和中亚，0~14岁儿童中有87.5%的儿童享有儿童或家庭福利，但区域差异甚大；虽然许多国家已经实现了有效的普遍覆盖，但在另一些国家里，所有0~14岁儿童中只有不到10%的群体享有儿童或家庭福利。美洲地区的测算数据显示，约2/3的儿童享有儿童或家庭福利——部分得益于现金转移支付制度的扩面，而福利水平往往不高。在阿拉伯国家，已有数据无法估算出区域指标。在非洲，儿童占总人口的43%，但所有0~14岁儿童仅有15.9%享有儿童或家庭福利津贴。类似地，在亚洲，尽管由于数据的限制无法估算区域指标，但除澳大利亚和蒙古外，为亚洲儿童提供社会保护仍面临挑战。在亚洲许多国家，0~14岁儿童中享有福利津贴的比例不高于30%。

世界范围内的扩面趋势甚为积极，许多政府宣布扩大儿童福利津贴覆盖面。然而，财政整固的压力迫使一些国家降低福利水平或限制覆盖面，对家庭造成负面影响。

---

① 关于可持续发展目标指标1.3.1的详细信息，参见附件二。

生育保障

怀孕和生育是母亲和儿童生命中的关键时期，往往还伴随显著的健康和收入风险。如第3章所述，生育保护对于化解母亲的这些风险至关重要，并为儿童的早期生活创造了良好开端。虽然孕产妇在享有健康护理服务方面取得了重大进展，但孕妇和新生儿母亲的收入保障方面则有所滞后。

全球绝大多数新生儿母亲（58.9%）仍然无法获得生育保障制度（与新生儿母亲相关的是可持续发展目标指标1.3.1）。在非洲，只有15.8%的新生儿母亲享有生育福利津贴，在这一生命中的关键时期得到不低于基本水平的收入保障。在亚洲和太平洋地区，有效覆盖率明显较高，但只有约1/3的就业女性享有生育津贴，而2/3的女性得不到保护。扩大覆盖面的挑战往往与较高比例的非正规就业相关，也与缺失适当的、保障非正规就业女性群体的生育保障机制有关。

欧洲和中亚地区（81.4%）以及美洲地区（68.6%）的有效覆盖率较高，部分原因在于这些区域的一些国家——特别是一些欧盟成员国——已经实现了全民覆盖，但其余国家在为所有生育女性提供全覆盖方面仍面临重大挑战。

无论是发展中国家还是发达国家，一段时间以来在通过社会保险扩大生育保护覆盖率方面都取得了进展。在生育保障方面雇主责任制的转变，对于消除女性就业不利因素而言至关重要。然而，为那些并不符合缴费型制度资格条件的、在非正规经济部门就业或处于非标准就业的女性提供生育保护也是非常重要的。在此背景下，亚洲、非洲和拉丁美洲的一些国家推出或扩大了非缴费型制度和项目。另一项挑战在于如何提高福利给付的充足性，包括孕产假期间的收入保障以及孕产妇保健服务。

失业保护

失业保护政策对确保劳动者在失业和寻找工作时的收入保障而言至关重要。它有助于减少和预防贫困，促进就业匹配度的提升，并支持经济的结构性变化（参见第3.3节）。然而，与应对其他风险事件相比，世界各地的失业保护的可得性仍非常有限。如第3章所述，全世界只有21.8%的失业劳动者获得失业待遇给付（针对失业者的是可持续发展目标指标1.3.1）。

各区域差异甚大。尽管欧洲和中亚地区已建立了成熟和全面的社会保障体系，但在上述区域的失业劳动者中，有效覆盖率维持在42.5%。低覆盖率的可能原因包括：失业保障待遇已用尽，或不符合待遇给付的申请要求。在其他区域——如亚太地区（22.5%）、美洲（16.7%）和非洲（5.6%）——有效覆盖率更低。上述区域的大多数国家仍缺乏有效的失业保障制度。即使在那些有失业保险制度的国家，由于非正规就业比例偏高，因此失业者领取失业津贴的比例仍然较低。

尽管全球存在巨大的覆盖面差距，但包括低收入和中等收入国家在内的一些国家，已经扩大了现有失业保障制度的覆盖面，或采取新失业保护措施，将之前被排除在外的群体纳入保障。有的国家还通过提供诸如技能发展、就业服务等就业促进措施，作为综合方案的一部分，并在已有失业津贴的基础上补充培训和其他劳动力市场政策，以此扩大保护范围。然而，上述部分扩面措施已经让位于财政整固措施，包括采取了更严格的失业保障待遇领取条件、较低的最长领取期限或较低的给付水平。

残障福利

残障福利是确保残障人士就业、收入保障和自立生活的关键所在（参见第3章）。尽管如此，全球只有约27.8%的重度残障人士获得残障津贴（关于残障福利的是可持续发展目标），各区域之间差异很大（见图7.1）。尽管在欧洲和中亚地区，有近87%的重度残障人士享有残障津贴，美洲地区亦约有73%的重度残障人士享有残障津贴，但在亚太地区这一比例仅为9.4%。非洲则无法得到可比的测算数据。

这一领域近期的发展成就包括：亚洲和非洲部分国家扩大了非缴费型残障津贴的覆盖面，要么通过将残障事业纳入主流，由更广泛的社会保护制度予以保障；要么为残障人士制定专门制度。尽管取得了上述进展，但一些国家的残障福利覆盖面受限于财政紧缩政策，使得许多残障者得不到保护。

养老金

养老金在确保老年收入保障、预防老年贫困和维持退休后收入水平方面，发挥着至关重要的作用（见第4章）。事实上，与儿童或劳动适龄人口相比，老年人（65岁及以上）是被社会保护覆盖最广的人群之一。如第4章所述，养老金的全球有效覆盖率为所有老年人的67.9%（有关老年人的是可持续发展目标指标1.3.1），部分原因在于许多国家加大了老年人保护的普惠力度。欧洲中亚和美洲领先全球，分别有95.2%和86.2%的老年人享有养老金。尽管欧洲和北美的几乎所有老年人都享有养老金，但许多国家——特别是那些处于财政紧缩压力下的国家——正努力在养老金的给付充足性与财务可持续性之间寻求平衡。

在亚太地区，许多国家，特别是中国，养老金覆盖面扩大使该区域一半以上超过退休年龄的人口都被覆盖。非洲也取得了显著的成就，但有效覆盖率仍仅为29.6%。这些国家在实施、扩大和筹资负担养老金制度方面，更多地面临结构性障碍的挑战，如高比例的非正规就业、低缴费能力和有限的财政调整空间。

近年来，发展中国家出现了一个积极趋势：实施非缴费型养老金——在那些非正规就业比例高的国家尤其如此，这些国家的缴费型养老保险项目扩面面临困难。然而，非缴费型养老金水平往往很低。

社会救助

近年来,作为缩小社会保护覆盖面缺口、确保所有人享有至少基本水平的保护的一种手段,非缴费型福利给付引起了较多关注。尽管通过缴费型制度扩面取得了重大进展,但很多人仍没有得到保护,这主要是由于非正规就业比例较高。因此,另外一个指标是脆弱人群的占比,脆弱人群是指全体儿童和那些无社会保险覆盖、领取包括社会救助在内的非缴费型福利给付的成人。全球测算数据表明,只有约 1/4(24.7%)的脆弱人口——儿童、没有向社会保险制度缴费的劳动年龄人口和老年人——可以享有非缴费型给付(关于脆弱群体的是可持续发展目标指标1.3.1)。在欧洲和中亚地区,66.7% 的脆弱群体获得非缴费型给付,而美洲、亚太地区和非洲地区的这一指标分别仅为 38.7%、16.4% 和 9.5%。

7.1.2 建立社会保护统计知识库,监测可持续发展目标

无论是监测包括底线在内的社会保护体系建设进展,还是监测可持续发展目标实现情况,都离不开各国对社会保护统计能力的系统性投资。这就需要在国家、区域和国际各层面作出更多努力,加强监测框架,定期收集、分析和传播相关数据与关键指标——包括按性别、年龄组和残障状况的分类数据——以期使上述数据能够提供有用的指导,供决策者和其他利益相关方参考。国际劳工组织《第202号建议书》涉及政府和社会伙伴对监测社会保护扩面情况的强烈承诺,其中包括通过参与机制推进扩面的承诺。

在建立社会保护体系(包括底线)和实现可持续发展目标1.3方面的进展,要求我们进一步重视加强监测能力建设,以期为决策者提供坚实的实证基础。

关于数据收集的共同的方法论以及一致的定义、概念和原则,是可靠的社会保障统计数据的基础,而这些数据是善治与妥善决策的重要先决条件之一。缺乏高质量的、最新的社会保护数据和统计资料,是大多数发展中国家面临的严重问题,也是界定并缩小社会保护差距的真正障碍。许多国家缺乏关于各类社会保障项目关键政策特征的标准信息,如覆盖人数、保障水平与成本、筹资来源、社会保护给付的频率与质量等。要解决这个问题,需要加倍努力。

数十年来,国际劳工组织一直支持各成员国收集、汇编和分析社会保护统计数据,包括通过国际劳工组织自20世纪40年代以来的"社会保障费用调查"(ILO Cost of Social Security Inquiry),这是一项定期提交给各国的行政调查,接受来自国际劳工统计学家会议的指导。[①]国际劳工组织在2015年修订了社会保障费用调查,以反映可持续

[①] 1957年通过的关于社会保障统计发展事业的《决议》,至今仍是关于社会保护统计的、得到国际公认的唯一综合框架(ICLS, 1957)。

发展目标；2016年版的社会保障调查问卷可在线查阅，社会保障调查手册也可以一并在线（ILO，2016c）查阅。①

国际劳工组织社会保障调查所获得的信息汇编在其"世界社会保护数据库"中，并加上其他来源的补充信息。②在全球层面，该数据库是社会保护的主要信息来源，以供收集、储存和传播全世界范围关于社会保护的综合性统计数据和指标。它包含以下信息：各国社会保护体系的构架；社会保护制度的成本、支出和收入；有关有效覆盖和法律覆盖的数据，包括社会保护给付的接受人数和给付金额。

但是，为了发展和维护指标体系，监测与社会保护相关的可持续发展目标，各级组织和机构都需要付出更大的努力。各国应高度重视统计和指标的编制工作，并为此付出更大的努力和更多资源。国际社会应该支持各国朝着这一方向努力，向发展中国家提供关于设计、执行和能力建设等方面的技术支持。监测实现可持续发展目标的进展，需要加大对各国社会保护统计能力的投资，包括在国家、区域和国际各层面进一步努力改进社会保护数据的定期收集、分析和传播。

7.2 向全民社会保护迈进并实现可持续发展目标

为了实现《2030年可持续发展议程》的目标，需要加大力度、加速推进社会保护的扩面进展，以之作为对人的投资；并确保提供的社会保护给付范围和给付水平能够充分满足人们的需求；还需要加大力度保障社会保护体系的制度化，保障其在法律和国家发展战略中的地位，保障其建立在稳定而可持续的筹资基础上，并保障其得到合理而高效的治理与营运。

以下各节具体阐述了社会保护政策亟待解决的一些特定挑战和机遇，这是加速实现《2030年议程》所需加以解决的。

---

① 可参见 http://www.social-protection.org/gimi/gess/ShowTheme.action?id=10。
② 国际劳工组织世界社会保护数据库通过来自"社会保障调查（SSI）"的资源对数据尽可能进行补充，还尽可能地以一致的口径补充了其他一些国际和区域数据，特别是来自国际社会保障协会（ISSA）的《全球社会保障观察》和《全球社会保障项目》（ISSA 社会保障国别概况）的数据，这是计算法律覆盖数据的主要信息来源。其他数据来源还包括（按英文字母顺序排列）：亚洲开发银行（ADB）的社会保护指数（SPI）；联合国拉丁美洲和加勒比地区经济委员会（ECLAC）以及其他区域委员会；欧盟委员会统计局（Eurostat）的数据，如欧洲统一社会保护统计系统（Eurostat European System of Integrated Social Protection Statistics，ESPROSS）；经合组织社会支出（OECD SOCX）的数据；世界银行养老金数据以及《社会保护地图册：韧性和公平指标》（ASPIRE）；世界卫生组织（WHO）的全球卫生观察和来自国家卫生账户的数据。

7.2.1 将社会保护覆盖面扩大至非正规经济部门中的群体,并促进其向正规经济部门转型

全球大约一半的劳动力都处于非正规就业状态,当中的绝大多数人远无法实现体面工作,包括缺乏社会保护。由于缺乏保护,劳动者及其家庭成员陷入了脆弱、贫穷和社会排斥的恶性循环。这不仅构成他们的个人福利和人权实现(特别是社会保障权)的巨大障碍,也构成国家经济和社会发展的拦路虎。

非正规经济部门中的劳动者往往没有通过缴费机制(社会保险和其他缴费型制度)获得社保覆盖。原因是多方面的,包括不在法律覆盖面内、遵缴能力或意愿低下、缴费能力有限、收入低而不稳定、复杂的行政程序等。与此同时,非正规经济部门中的劳动者往往被排除在专门针对收入能力有限的贫困个人或家庭的保障项目之外。这使得许多非正规就业者(其中许多是女性)缺乏有效覆盖,即成为所谓的"缺失的中间层"(ILO, forthcoming b; Ulrichs, 2016)。

让劳动者得到社会保护的覆盖,企业亦可能从以下几方面获益:社会保护使劳动者更好地享有医疗保健、降低缺勤率、提高员工留存率以及提升积极性,从而对劳动生产率和竞争力起到积极影响(Scheil-Adlung, 2014)。例如,最近对越南一项的研究发现,2006—2011 年那些社会保障覆盖率提高 10% 的企业,劳动者的人均收入增长 1.1%~2.6%,利润增长 1.3%~3.0% 不等(Lee and Torm, 2017)。

社会保险是企业统筹分摊财务风险的重要手段,尤其是工伤、生育和解雇风险。如果雇主可以依靠社会保险机制而不是独力为劳动者的补偿承担责任(即雇主责任),那么雇主就可以更好地规划和管理资金流动,并以更可预测的方式处理风险。有鉴于此,社会保险也为雇主提供了重要的福利,如生育福利、工伤保险和失业保险(Kuddo, Robalino and Weber, 2015)。因此,确保为劳动者提供全面的社会保护覆盖面,有助于提高劳动生产率和竞争力并提供更多的商业机会,对商业而言亦颇具合理性。

将社会保护覆盖面扩大到非正规经济部门中的劳动者,还将为整个社会带来许多好处,当扩面有助于促进从非正规经济部门向正规经济部门转型时尤其如此。将社会保险机制扩大到以前未覆盖的劳动者这一更大范围群体,有利于为社会保护体系更好地构建筹资体系,从而缓解社会救助这类通过税收筹资的项目的给付压力。社会保险机制向非正规就业人群扩面,能够更加公平地分担社会保护体系的筹资责任,这主要是通过在有能力缴费者中分担缴费与税收,并确保缴费与税收符合个人的缴费能力(ILO, 2013a; ISSA, 2016a)。从长期看,这种扩面还有助于确保社会保护体系的可持续性和充足性(ILO, 2014a)。

将社会保护覆盖面扩大到非正规经济中劳动者的成功政策范例主要可分为两种

类型[1]：

通过缴费型机制扩面。在许多国家，社会保护向较大群体的扩面主要是通过以就业为基础的社会保护机制（通常为社会保险）。这种方法倾向于把重点放在已经非常接近正规经济且具有一定缴费能力的，并因此相对容易被就业相关型社会保护机制所覆盖的特定劳动者群体上。许多时候，推进扩面的战略不仅包括立法上的改变，还包括通过便利化行政程序以及调整缴费率、福利待遇来消除行政障碍的措施。例如，将家政工纳入生育和失业保险（南非），基于职业或行业的互助基金（塞内加尔），通过单一税（monotax, monotributo）促进微型企业登记和税收/缴费收缴（阿根廷、乌拉圭，见专栏7.1），以及将自雇劳动者纳入社会保险制度（例如加纳、肯尼亚和坦桑尼亚）。[2]

通过非缴费型机制扩面（社会转移支付）。一些国家通过将非缴费型社会保护机制大规模地扩大到尚未被覆盖群体的方式扩面，这种扩面与上述群体的就业状况无关，并且主要通过税收、矿产资源收入或外部补助等政府收入进行筹资，或通过缴款和税收的组合筹资。这种做法可以概括为"独立于就业状态的社会保护扩面"，其基础是希望通过社会保护"投资于人"，帮助人们获得健康和社会服务，加强收入保障并使增强劳动者承担风险的能力，对人力资本和生产率施加积极影响，从而在中长期促进劳动就业的正规化。上述扩面实践的范例包括：巴西和墨西哥的儿童与家庭现金转移项目；莱索托、毛里求斯、纳米比亚、尼泊尔、南非和东帝汶的社会养老金项目；哥伦比亚、加纳、卢旺达和泰国通过纳税和缴费的筹资组合，扩大了医疗保障的覆盖面。

专栏 7.1 扩大社会保护覆盖面，促进向正规经济转型：乌拉圭的单一税（monotax）

单一税是乌拉圭的一种简化税费征收机制，面向小型缴费者。选择这一机制的微小企业的企业主及其雇员自动享有缴费型社会保障制度的给付（除失业保障外）。通过单一税的机制，乌拉圭社会保障经办机构（BPS）一次性收取税费款项，将收缴的税款转交给财政部门，而剩余部分则为向参保者及其家属提供社会保障给付筹资。单一税机制已被证明是将社会保障向自雇佣者——特别是女性——扩面，并使微小企业正规化的有效工具（见图7.2）。阿根廷、巴西和厄瓜多尔也制定了类似的机制。

---

[1] 这些方法均反映在国际劳工组织2012年《第202号建议书 关于国家社会保护底线的建议书》和2015年《第204号建议书 关于从非正规经济向正规经济转型的建议书》中。

[2] 但是，通过自愿机制对社会保险进行扩面的，很少能实现覆盖率的显著增长。更为有效的方式是适应拟扩面目标群体的具体特征和缴费能力，并相应精心设计强制性机制。

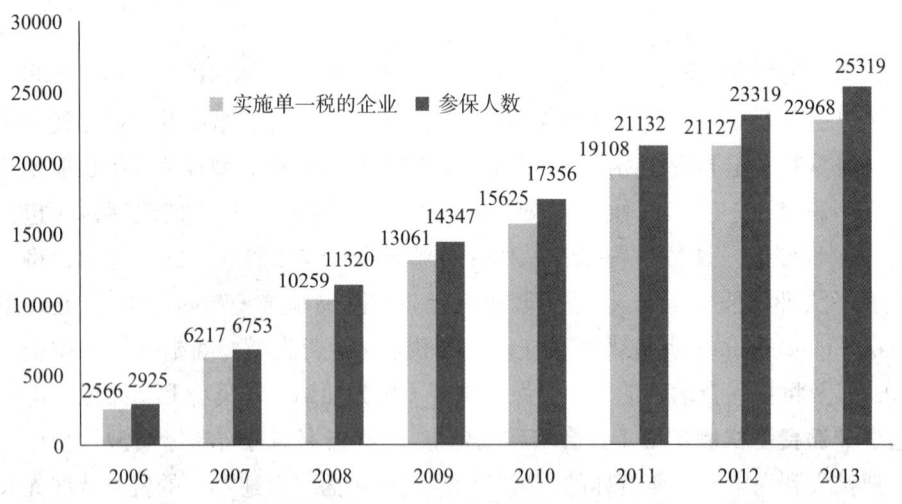

图 7.2 将社会保障向自雇佣者和微小企业劳动者扩面：采用单一税的登记企业数及参保人数（乌拉圭，2006—2013 年）

资料来源：ILO，2014g.

链接：http://www.social-protection.org/gimi/gess/RessourceDownload.action?ressource.ressourceId=54798.

7.2.2　推动包括底线制度在内的包容性社会保障体系

社会保护制度是可供政策制定者消解不平等问题、推动社会包容的关键政策工具之一。然而，现存的不平等、歧视和结构性劣势等特征亦时常反映在社会保护体系中。因此，我们必须更好地理解社会排斥背后的驱动因素，并通过社会保护体系的设计和实施，来减轻和克服边缘化、歧视和结构性劣势，并促进社会包容（Babajanian and Hagen-Zanker，2012）。只有在社会保护体系的设计、实施和监测中理解并应对这些社会排斥的驱动因素，才能充分发挥社会保护体系在解决不平等和促进社会包容方面的潜力，从而有助于实现可持续发展目标 1、5 和 10（UN，forthcoming）。

确保社会保障体系中的性别平等，是已取得重要进展的但仍有进步空间的一个方面。许多研究指出，社会保护制度可以以各种方式反映和复制经济和社会领域的性别不平等，并呼吁对这一问题给予更多的关注（Sabates-Wheeler and Kabeer，2003；Kabeer，2008；Jones and Holmes，2013）。例如，就缴费型制度而言，这种性别不平等表现为更短且往往是中断的职业生涯、性别工资差距、更高比例的非正规就业和无报酬工作，这些都导致女性的养老金覆盖率和待遇水平较低。尽管过于依赖护理服务的私人供给可能会对女性产生不利影响（详见第 4 章），一些国家通过更好地承认护理工作（Fultz，2011；ILO，2016a）并强化最低养老金保障解决了上述问题。在非缴费型制度中，对性别平等的关切主要集中在有条件的现金转移支付（CCT）项目对传统性别角色偏见的强化（Molyneux，2007）、保障水平低、资格标准和瞄准方法限制过于严格等问题（Fultz and Francis，2013；Plagerson and Ulriksen，2015；Orozco Corona and Gammage，2017）。

第 3 章有关残障人士社会保护的讨论表明，确保社会保护体系的包容性面临双重挑战：一方面，社会保护体系的每个组成部分都需要包容残障人士，而这需要识别、分析和消除有效获得社会保障的可能障碍；另一方面，残障人士的具体需求需要得到承认和解决，而这可能需要现金给付、实物给付和社会服务的协调结合，以期使残障者能够继续自立生活并充分参与教育、就业和社会生活。本着联合国2006年《残疾人权利公约》（CRPD）的精神，国际劳工组织《第202号建议书》中提出的指导性建议，是向确保残障者包容性社会保护迈出的重要一步（UN，2015a）。

同样，确保社会保护体系能够充分考虑并应对艾滋病，亦有助于艾滋病毒携带者、可能受艾滋病毒影响者和艾滋病毒感染者克服他们本将面临的政策障碍和社会障碍（UNAIDS，2017）。根据国际劳工组织2010年《关于艾滋病与劳动世界的建议书》（第200号）和前述《第202号建议书》，这需要将收入支持政策和相关保障措施有效结合起来，以期确保他们在必要时能有效获得医疗保健，能同时满足一般需求以及与艾滋病毒相关的特定需求。

确保将土著民女性、男性和儿童纳入社会保护体系至关重要，因为土著民们往往被排除在外，这可被部分地归咎于多种形式的边缘化、歧视和社会排斥现象。因此，社会保护体系不仅应该减轻贫困和脆弱性，还应该在尊重土著民的文化完整性和发展愿望的同时，帮助消除不平等和贫困的根源。这需要以更加有雄心壮志的方式去创新手段，使利益攸关的人士也能够参与其中。在这方面，发挥着基础性的作用的是承认并尊重土著民的集体和个人权利，包括其协商和参与权，以及确定自己优先发展事务的权利。这一方式能反映2007年《联合国土著人民权利宣言》（UNDRIP）以及1989年国际劳工组织《土著和部落人民公约》（第169号）、前述《第202号建议书》和其他社会保障标准所提供的指导意见。

近年来，在使社会保护体系更具包容性方面已取得重大进展，特别是通过社会保护底线确保不低于基本水平的社会保障。然而，需要作出更大的努力来确保社会保护体系得以促成变革，以期扭转那些深层次的歧视和不利条件，并实现人人享有社会保障的权利（UNRISD，2016）。

7.2.3 确保充足的保障水平

虽然在全球范围内许多地区都在社会保护扩面方面取得了重大进展，但确保待遇给付的充足性仍是未来几年的重大挑战。按照可持续发展目标1的要求，如果保障水平充足且满足人们的需求，社会保护体系将对预防和减少贫困产生重大影响。这首先涉及现金给付的水平是否充足，但其他诸如保障范围和内容、资格标准和保障水平的可预测性等方面也发挥重要作用。

社会保护给付是世界各地数以百万计的人们的重要生计来源之一，在预防和减轻贫困方面发挥关键的作用。为了确保社会保护体系能完全实现其既定目标，至关重要的是对其进行合理设计，而充足的保障水平是关键的设计要素。社会保护给付应当保证人们得以享有不低于基本水平的社会保障——即社会保护底线——以确保收入安全并有效享有医疗保健服务。定期调整保障水平以抵消生活成本的增加，也是社会保护体系设计中的重要因素之一。

贫困是多维度的，即个人福利不仅取决于收入水平，还取决于能否获得其他社会福利和公共服务——所有这些都共同构成了保护的底线。鉴于此，考虑福利的充足性应该同时包括让待遇领取者（即家庭或个人）获得充足的现金给付和诸如教育、住房、医疗卫生、长期护理、水和营养等的实物给付（European Commission，2015c）。

就社会保护项目的种类及各项目经由全社会接受的最低标准而言，每个社会各有不同、不一而足，取决于社会对如下事物的主流态度：国家和个人的责任分配模式、再分配制度安排（包括对穷人和脆弱群体的支持政策）以及代际团结。国际劳工组织《第202号建议书》列出了一系列基本原则，其中包括基于权利的路径，即由国内法规定权益，并强调给付的充足性和可预测性（ILO，2014a）。国际劳工组织《第102号公约》亦有类似的原则，规定了所有九个政策领域的最低标准，包括定期现金给付方面的最低标准。国际劳工组织公约和建议书还就其他具体领域提供指导，如国际劳工组织《第128号公约》和《第131号建议书》就老年人、残障者和遗属的养老金给付的充足性设定了标准，并包括在收入水平或生活费用发生重大变化后对标准的修订。本报告附件三总结了九大领域的最低要求（ILO，2017b）。

尽管社会保护在全球范围内取得进展，但充足的保障水平仍然是一项重大挑战。如图7.3所示，在亚美尼亚、伯利兹、玻利维亚、哥伦比亚、印度和土耳其等国，非缴费型养老金数额低于国家贫困线的50%。上述国家的老年人即使领取社会养老金也仍然贫穷。

社会保护体系所提供的保障水平如果不能充分满足最低生活标准，将威胁到《2030年议程》减贫目标的实现。因此，保障水平的充足性在实现社会保护可持续发展战略目标中，发挥着至关重要的作用。

7.2.4 应对人口结构变化

对社会保护体系而言，全球人口趋势在许多方面都呈现出富挑战性的情境（ILO，2013c）。上述趋势的特点可概括为如下复杂现象：虽然生育率持续下降，但未来几十年世界人口仍将继续增长。包括老年人在内的世界人口将集中在发展中国家：到2050年，全球3/4的老年人口将生活在发展中国家。包括农村人口在内的人口预期寿命将继续显著增长；由于女性比男性寿命长，且她们的预期寿命增长更快，这将使得老龄化进程愈加女性化。

在发展中国家，青年劳动年龄人口众多且将继续增长，这为社会保护的发展和筹资创造了机会窗口；在高收入国家，情况恰恰相反。在全球范围内，增长最快的年龄组将是80岁以上的人群，这个"高龄老年人"群体随之将在未来四十年内将翻两番。但与

7 监测社会保护的发展进程：全球展望

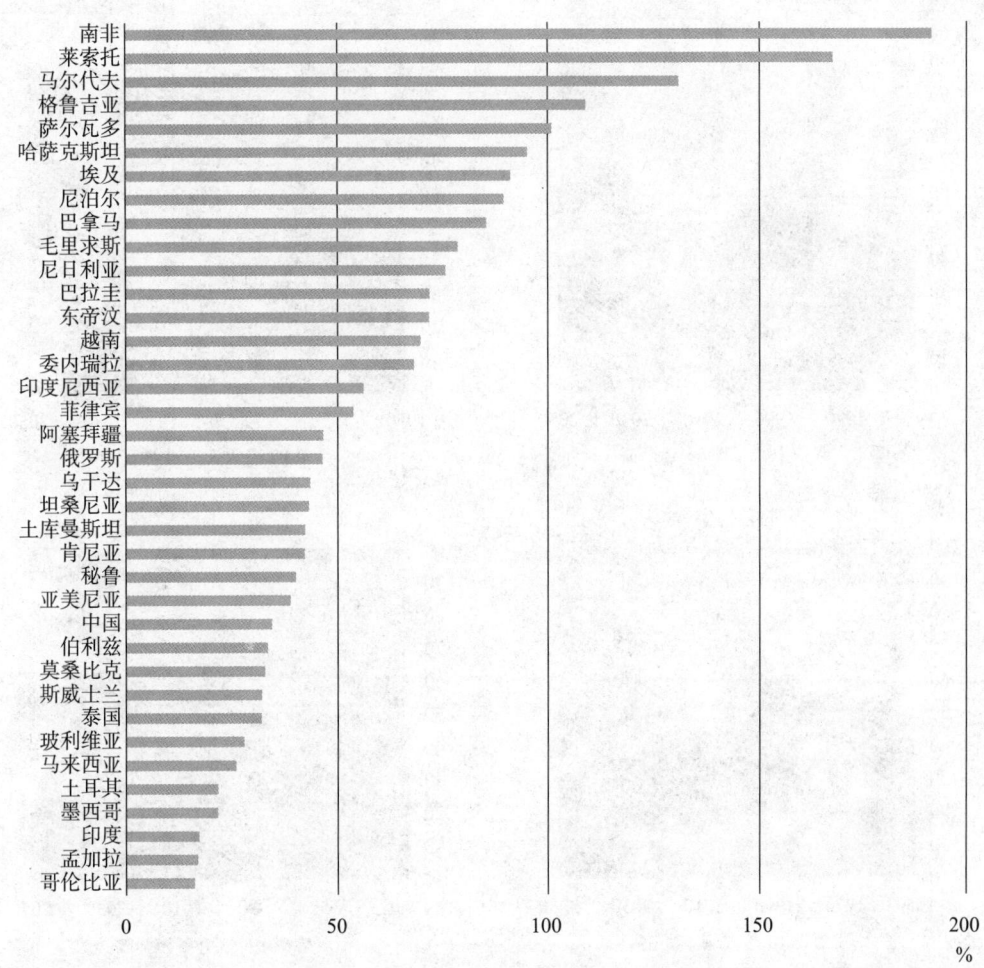

图7.3 非缴费型养老金占国家贫困线（单人）之百分比（最近可用年份）

资料来源：国际劳工组织世界社会保护数据库，基于社会保障调查（SSI）；国际助老会（HelpAge International）；各国来源。另参见附件二；附件四表B.10。

链接：http://www.social-protection.org/gimi/gess/RessourceDownload.action?ressource.ressourceId=54799.

此同时，儿童和青年仍然是一个较大的群体，需要对其进行必要的投资。

从全球来看，未来四十年人口抚养比总体将保持相对稳定：伴随全球老年人尤其是亚洲老年人的比例将增加，儿童人口比例将下降，如图7.4所示。但是，隐藏在这些平均指标之下的是一些非常重要的区域差异。据预计，非洲的人口抚养比将下降，因为老年人比例的增加将会被儿童人口比例下降和劳动年龄人口比例增加所抵消。同样，在阿拉伯国家，人口抚养比将下降，因为儿童人口比例将下降，而劳动年龄人口的比例将略有上升，从而抵消了老年人口的增长比例。亚太地区的人口特征相当多样化，人口抚养比将保持不变，因为老年人口比例的增加将被儿童人口比例的下降所抵消，而劳动年龄人口比例据预计将略有下降。同样地，尽管美洲老年人口比例的上升比儿童人口比例的下降更剧烈，但美洲人口抚养比将随之大致保持稳定，而经济活跃人口比例将略有下

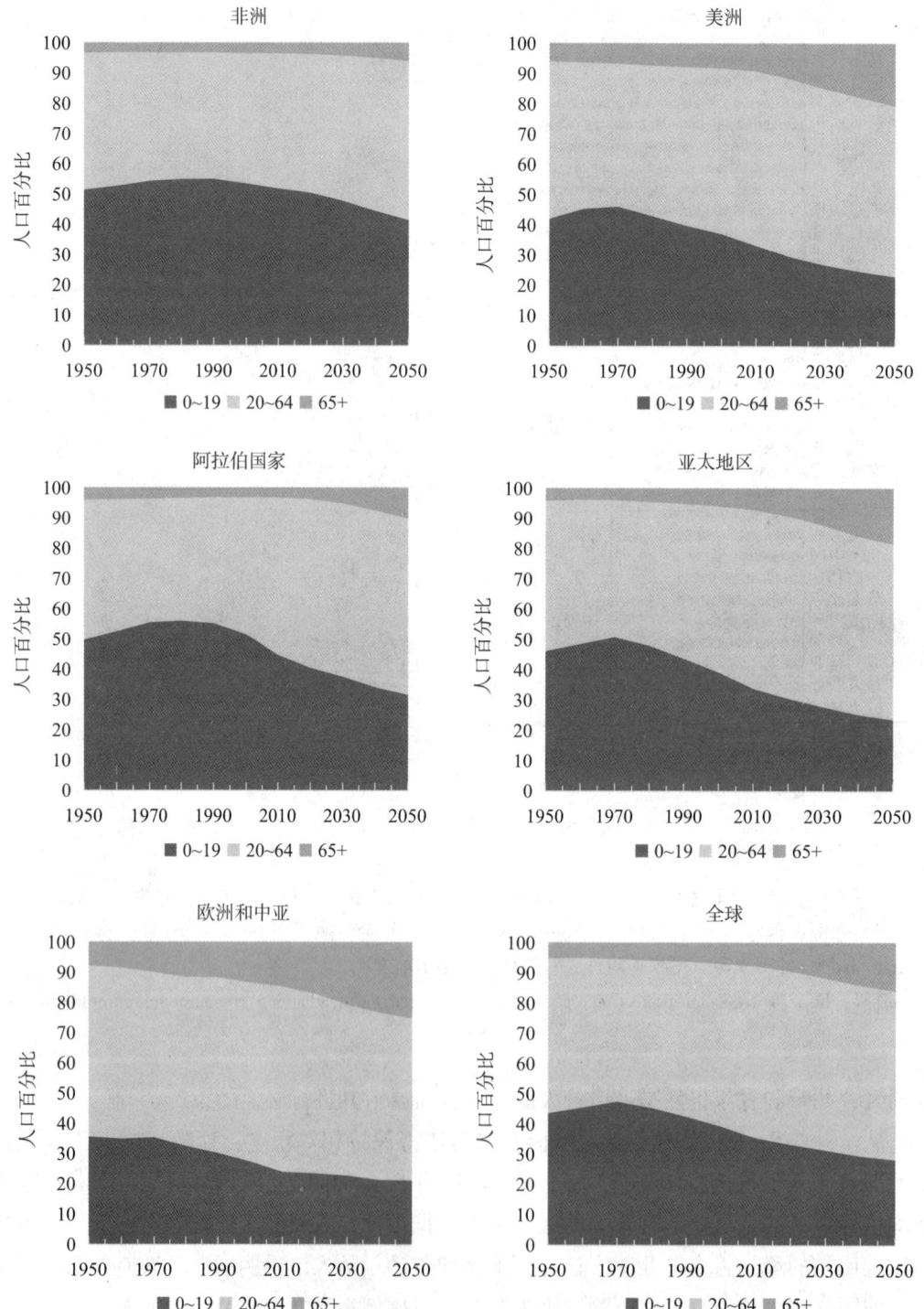

图7.4 基于估计和预测的年龄组别人口分布（1950—2050年）（百分比）

注释：1989年《联合国儿童权利公约》将"儿童"定义为18岁以下的人。将0～19岁年龄组人口用作代理变量，是出于数据可及性考虑。

资料来源：国际劳工组织根据联合国《世界人口展望2017》计算而得。

链接：http://www.social-protection.org/gimi/gess/RessourceDownload.action?ressource.ressourceId=54800。

降。欧洲和中亚的人口变化趋势差异很大,预计人口抚养比将有所上升,这是因为尽管儿童人口比例将略有下降,但老年人人数的增加将与劳动年龄人口比例的下降相伴而行。这些巨大的区域差异表明我们应当避免一概而论,特别是经常用于仓促加速养老金改革的、关于"老龄化危机"的论点。

了解人口趋势对贯彻《2030年议程》而言至关重要,尤其是关于消除贫困的可持续发展目标1。进行减贫工作,尤其需要解决儿童和老年人的贫困问题。各国必须制定适合其具体人口背景的政策,而不是聚焦于削减社会福利的改革。

7.2.5 劳动和社会保护的未来

劳动世界正在发生重大变化。数字化和自动化促生了新的就业形式,如数字平台工作,在一些国家还带来了随时待命或其他形式的临时和非全日制就业增加,以及依赖性自雇就业、临时介绍所工作等——通常被称为非标准就业(ILO,2016b,2016q;ISSA,2016b;Degryse,2016)[1]。尽管这种形式的就业能为企业带来更多的灵活性,但对于劳动者而言,这些工作通常意味着较低且不稳定的劳动所得、高度无保障的收入、不适当或不受规制的工作条件,以及没有或极度有限的社会保障权利(ILO,2016b,2017f;Matsaganis et al.,2016)。这些新的就业形式不局限于高收入国家;在许多中等收入国家,例如中国、印度、马来西亚或泰国,处于新就业形式下、不受保护的劳动者阶层规模现在正与日俱增,与从事诸如自给自足温饱型农业这类传统工作的大量劳动者并存。

劳动和雇佣关系的改变以及劳动力市场制度的削弱,使世界许多地区的不平等和不安全状况日益严重(Berg,2015b),并削弱了许多隐性社会契约(ILO,2016b,2016r)。越来越多的"不稳定无产者"现象[2],要求人们更多关注就业、工资和社会保护政策,以确保经济增长的成果得以更公平地分享(ILO,2016)。在此背景下,社会保护及其减少和预防贫困并解决不平等问题的潜力,仍一如既往地重要(可持续发展目标1.3、目标5.4和目标10.4)。

关于社会保护体系如何适应劳动不断变化的性质,以及如何弥合社会保护差距的许多政策选项,目前正在被讨论。例如,一些政府已经采取措施,将社会保护覆盖面扩大到某些非工薪和脆弱的劳动者,包括那些有多个雇主的劳动者(Hill,2015),或者非正规劳动者以及自雇佣者(ILO,2016b;European Commission,2017b)。通过以下办法可以将更多非标准就业劳动者纳入社会保护覆盖面:降低关于最低工作时间、工作收入或

---

[1] 其定义参见第一章里的注释。
[2] 译者注:原文为 precarization,由 precarious(岌岌可危)和 proletariat(无产阶级)的合成词 "precariat" 变形而来。2011年出版 *The Precariat: The New Dangerous Class* 一书的作者盖伊·斯坦丁(Guy Standing)认为,"不稳定无产者"的特征包括工作的不稳定、收入的不稳定和缺乏对基于工作的认同感。

就业期限的门槛;在享受资格所需缴费方面和中断缴费方面增加灵活性;增强权益在不同社会保障制度间和不同就业状况之间的可携带性,以确保那些在不同工作岗位之间转换的人员能继续受到保护(ILO,2016b)。

此外,再次引发的政策讨论是关于全民基本收入(UBI)制度,将其作为在人们面临就业不确定的情况下改善收入保障的一种方式。正如这一制度的支持者所指出的那样,无论一个人的就业、年龄和性别如何,全民基本收入制度都能保证每个人享有最低标准的生活,并给予人们自由和空间过上他们想要的生活。支持者还认为,全民基本收入制度可能有助于减轻贫困,同时降低现有社会保护体系的管理复杂性和成本。贴有全民基本收入标签的各种设计方案正在被讨论,各方案在目标、预期保障水平、筹资机制和其他制度设计方面存在很大差异。全民基本收入制度的反对者则对其经济、政治和社会可行性提出异议,并质疑其解决贫困与不平等的结构性原因的能力,还担心这可能产生劳动参与的负面激励。此外,有人认为,全民基本收入制度——尤其是新自由主义或自由主义式的、旨在废除福利国家的设计方案——可能会加剧贫困和不平等,并削弱集体谈判等劳动力市场制度。

发达国家和发展中国家已经开始或正在设计一些基本收入的实验。目前最先进的试点项目位于芬兰,它为2 000名被选定的求职者提供了部分基本收入(见专栏3.12)。其他制度实践包括印度、肯尼亚和乌干达的小型试点项目。尽管如此,迄今为止还没有任何一个国家启动完全成熟的全民基本收入制度,或将其作为支柱性的、充分保证全国性社会保护底线的收入支持政策。经合组织近期的估算结果(OECD,2017b)发现,以当前社会支出水平发放基本收入,其人均保障水平很可能将低于贫困线,因此对减贫的影响有限。关于全民基本收入制度的覆盖面、保障水平的充足性、制度可负担性、筹资方式以及其他相关给付和服务的配套适应性问题,都需要进一步探索,以期使基本收入制度得以实现其预期政策目的。

关于全民基本收入制度的这场充满活力的政策讨论,引起了许多人的共鸣,他们担心世界上大多数人口的经济和社会不安全性增加,社会保护覆盖面的不平等和差距日益扩大。事实上,为每个社会成员提供不低于最低水平的收入保障,对实现人类尊严至关重要。关于全民基本收入制度的政策讨论再度兴起,则重申这一必要性和重要性。全民基本收入制度带来的积极影响反映了社会保障的一些基本原则:为所有人提供不低于基本水平的收入保障,以保护和促进人类尊严,让人们有充分的空间参与有意义的体面工作,并照顾他们的家庭成员(ILO,2012a;Behrendt et al.,forthcoming)。

上述原则也是国际劳工组织《第202号建议书》所定义的社会保护底线的核心。因此,联合国极端贫困与人权问题特别报告员指出,全民基本收入制度与社会保护底线概念并不相悖(UN,2017d)。全国统一规定的社会保护底线,保证了人们整个生命周期中享有不低于基本水平的收入保障,有利于在生活中保持尊严。一些政府可能将决定通过全民基本收入制度实现其社会保护底线中的收入保障部分;有的政府则可能更愿意通过其他方式提供此类保障,如全民福利制度、社会保险制度、社会救助制度、负所得税制度、公共就业或就业支持制度，以现金或实物形式提供。应当指出的是，国际劳工组织《第202号建议书》之内容并不局限于基本水平的收入保障，它强调有效获得医疗保健和其他社会服务，也强调根据国际劳工组织第102号公约和其他国际劳工组织社会保障标准，实现更高水平社会保护的必要性。虽然全民基本收入制度可能有助于缩小覆盖面方面的差距，但它在筹资机制、经济和政治可行性方面也将带来重大挑战。但是，许多政府已经为某些人群实施了全民福利制度。例如，由税收筹资的全民养老金和全民儿童家庭福利制度，实质上构成了面向老年人和儿童的基本收入制度。已经实施此类制度的国家，在弥补社会保障覆盖面缺口方面成效显著，并以可控的成本保证人们享有不低于基本水平的收入保障。

全面覆盖也可以通过缴费和税收筹资的各类福利制度的组合来实现。在更广泛的社会保护体系内，加强税收筹资的要素，有助于缩小覆盖面差距，并确保人们享有不低于基本水平的保护。但是，为了充分满足人们的社会保障需求，正如国际劳工组织第202号建议书所述，缴费型制度将继续发挥关键作用，以确保让尽可能多的人获得范围更广、水平更高的保护。在缴费型和非缴费型制度的结合下，建立一个有着强有力社会保护底线的全面综合型社会保障体系至关重要。各国需要继续努力，使社会保护机制能在筹资和保障水平两方面都以风险分散和公平原则为基础，继续服务于社会团结。鉴于此，考虑不同机制的组合，合理通过税收和缴费机制筹资，以期保证充足的保护水平和覆盖面是必不可少的（ILO，2016b）。

7.2.6 短期紧缩措施的挫折

在全球金融危机初期，社会保护在危机第一阶段（2008—2009年）的扩张性政策回应中发挥了强有力的作用，当时有137个国家（占世界总数的73%）增加了公共支出，四十多个中高收入国家宣布了总计2.4万亿美元的财政刺激计划，其中约1/4投资于反周期的社会保护措施。

然而，到2010年，尽管脆弱群体迫切需要公共支持，但过早的预算削减变得愈加普遍，这开启了危机的第二阶段（见图7.5）。2016年，全球开始出现严重的支出紧缩冲击，预计至少将持续到2020年。2018年，124个国家（含81个发展中国家）将调整其财政支出占国内生产总值的比例，预计这一水平将在2020年略有增加。这一短期调整过程预计将影响超过60亿人，即接近80%的全球人口。此外，世界上有30%的国家正在经历过度的财政紧缩，包括将公共开支削减至低于金融危机前的水平，如安哥拉、厄立特里亚、伊拉克、苏丹和也门等高度需要发展的国家（Ortiz, Cummins and Karunanethy, 2017）。

这些短期调整影响一些公共支出，其中包括社会保护支出。许多人质疑当前这种财政整固政策趋势的时机、范围和规模是否有利于社会经济复苏。对于那些已经削减了一系列社会保护给付的高收入国家而言，这一论点得到充分支持。这些措施加之持续的失

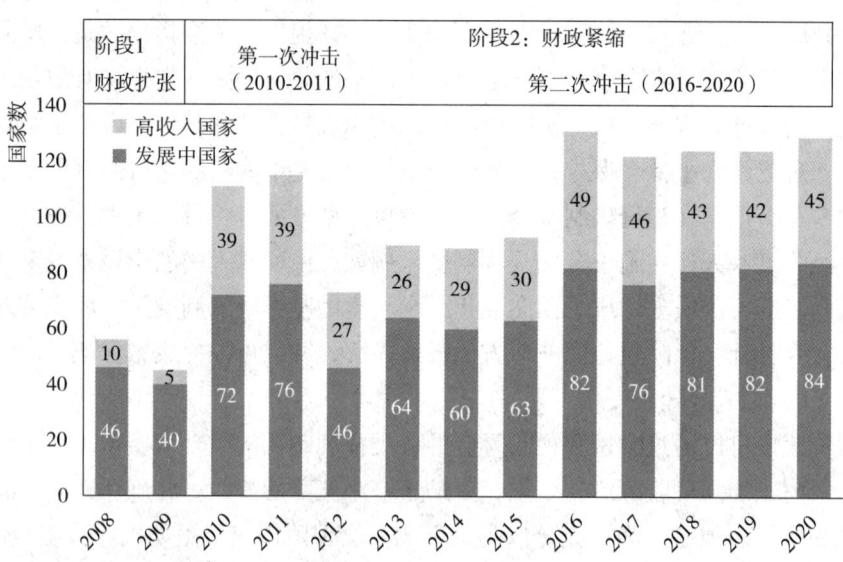

图 7.5 缩减公共支出占国内生产总值比重之国家的数量（2008—2020 年）

资料来源：Ortiz et al. 基于国际货币基金组织《2015 年世界经济展望》。

链接：http://www.social-protection.org/gimi/gess/RessourceDownload.action?ressource.ressourceId=54801.

业、较低的工资和较高的税收，导致了贫困人口的增加，影响了欧盟的 8 600 万人口，[①] 占总人口的 17% 以上，其中许多是儿童、女性和残障者。2007—2014 年，欧洲生活贫困和社会排斥中的儿童人数增加了 46.7 万人（Cantillon et al., 2017；Eurostat, 2017）。国际劳工组织估计，至少 14 个欧洲国家中未来的养老金领取者所能领取到的养老金将降低（ILO, 2014a）。若干国家的法院认定，前述预算削减违宪。这些短期调整改革削弱了自第二次世界大战后欧洲社会模式所取得的大幅度减少贫困、促进繁荣和社会凝聚力的成就。此外，家庭收入水平下降导致国内消费和需求下降，使经济复苏放缓。[②]

财政整固政策并不只局限于欧洲；许多发展中国家也在考虑表 7.1 中列出的调整措施，包括以下内容：

● 减少补贴。总体而言，包括 97 个发展中国家和 35 个高收入国家在内的、共计 132 个国家的政府正在减少财政补贴，其中主要是燃料补贴，还包括电力、粮食和农业补贴。这一政策在中东和北非以及撒哈拉以南非洲地区尤为普遍。当来自财政的基本补贴撤销时，食品和运输价格上涨，从而使许多家庭无法负担。这种净福利损失，在许多国家引起抗议和骚乱。[③] 较高的能源价格也将减缓经济活动，从而引起失业。这就是为

[①] Eurostat, 2017；"面临贫困风险"的阈值设定在经社会转移支付调整后，国民可支配收入等价中位数（national median equivalised disposable income）的 60%。

[②] 相关分析和讨论参见（ILO, 2014a）。

[③] 近年来，许多国家爆发了针对食品价格的抗议，包括阿尔及利亚、孟加拉、布基纳法索、埃及、印度、伊拉克、约旦、摩洛哥、莫桑比克、尼日利亚、塞内加尔、叙利亚、突尼斯、乌干达和也门等国（Ortiz et al., 2015）。专栏 7.2 介绍了取消能源补贴而引发的骚乱和抗议。一个重要教训在于，在取消食物和其他补贴之前，需要仔细分析取消补贴对社会的负面影响，以避免产生进一步贫穷或危害人类长期发展。

什么取消财政补贴往往与旨在补偿穷人的社会安全网项目的发展相伴而行。然而，仅针对赤贫人群是不够的，因为它不能补偿脆弱的低收入和中等收入家庭。虽然减少补贴是获得财政运作空间的良机，但更重要的是，经由减少补贴而节约产生的大量资金，应当用于发展全面综合的、含底线在内的社会保护体系，以支持实现各可持续发展目标（见专栏 7.2）。

表 7.1　2010—2015 年主要调整措施，按区域分列（数字表示国家数目）

区域分组/收入分组	减少补贴	降低工资或设置工资上限	社会保护给付的精简与瞄准	改革养老金	劳动力市场改革	医疗卫生体制改革	增加消费税	私有化改革
东亚和大洋洲	15	18	10	6	9	2	18	8
东欧/中亚和西亚	14	17	18	18	12	9	14	11
拉丁美洲和加勒比地区	14	14	13	17	11	2	18	3
中东和北非	10	8	7	5	6	3	9	2
南亚	6	7	5	2	3	0	7	3
撒哈拉以南非洲	38	32	15	12	8	6	27	13
发展中国家	97	96	68	60	49	22	93	40
高收入国家	35	34	39	45	40	34	45	15
所有国家	132	130	107	105	89	56	138	55

资料来源：（Ortiz et al., 2015），基于国际货币基金组织对 616 个国家的国别分析报告。
链接：http://www.social-protection.org/gimi/gess/RessourceDownload.action?ressource.ressourceId=54802。

- 降低工资或设置工资上限。由于教师、医疗卫生人员、社会工作者和地方公务员的工资等经常性支出往往构成一国财政预算的最大组成部分，据估计，包括 96 个发展中国家和 34 个高收入国家在内的、共计 130 个国家的政府正在考虑降低上述群体的工资或设置工资上限，且往往将其作为行政部门改革的一部分。这种政策立场可转化为减薪或工资实际价值降低、拖欠工资、停止招聘以及减少雇佣，上述所有措施都可能对向公众提供的公共服务产生不利影响（Cornia, Jolly and Stewart, 1987；Chai, Ortiz and Sire, 2010）。
- 社会保护给付的精简与瞄准。总体而言，包括 68 个发展中国家和 39 个高收入国家在内的、共计 107 个国家的政府正在考虑通过修订待遇领取资格标准，将精简其在福利方面的开支，并将福利针对最贫穷群体。正如本报告各章节所述，这往往也伴随着社会保护覆盖面收缩。将目标缩小到穷人，可能面临将大量脆弱群体和低收入家庭排斥在外的风险。在大多数发展中国家，瞄准穷人的策略增加了"中间阶层"，这一阶层的大多数人收入非常低，是刚刚超过官方贫困线的脆弱群体（Cummins et al., 2013）。在短期内通过收窄瞄准目标降低社会保护规模以期节约成本并不可取，我们有充分的理由认为，在发生经济危机时应当扩大社会保护规模，并建立面向所有人的社会保护体系。

专栏7.2 将能源补贴用于社会保护体系的经验教训

自2010年以来，减少能源补贴已成为132个国家政府考虑的共同政策。减少燃料补贴通常伴随着旨在补偿穷人的基本安全网的发展，安哥拉、加纳和印度尼西亚即是如此。但是，当燃料补贴被取消时，食品和交通运输价格将上涨，许多家庭无法负担得起；较高的能源价格往往也会减缓经济活动，从而导致失业。喀麦隆、智利、印度、印度尼西亚、吉尔吉斯斯坦、墨西哥、莫桑比克、尼加拉瓜、尼日尔、尼日利亚、秘鲁、苏丹和乌干达等许多国家突然取消能源补贴，随之而来的价格上涨引发了抗议和暴力骚乱。必须考虑几个重要的政策含义：

政策施行时机。虽然补贴可以在一夜之间取消，但社会保护制度和项目的发展与建立需要很长时间，特别是在那些机构能力有限的国家。因此，一旦补贴被撤回，人口将不受保护的风险很高，使许多家庭难以负担食品、能源和交通成本。

只瞄准穷人，将会使其他脆弱家庭被排除在外。在大多数发展中国家，"中间阶层"的收入很低，容易受到物价上涨的影响，这意味着取消补贴、只允许安全网瞄准穷人的政策，可能会"惩罚"中间阶层和低收入群体。

对节省出的财政支出的分配问题。减少能源补贴使得大量财政支出得以节省，应该使各国能够建立全面的社会保护体系：燃料补贴的规模很大，但补偿性的安全网无论从范围还是成本上看往往很有限。例如，在加纳，2013年取消的燃料补贴费用超过10亿美元，而瞄准型社会保护（LEAP项目）每年仅需花费约2 000万美元，这只占所节约财政总支出的一小部分。国际货币基金组织关于安哥拉的国家报告中所载的政策讨论，聚焦于减少使所有安哥拉人受益的燃料补贴，取而代之的是实行"一项保障目标明确的、有条件的现金转移（CCT）制度，以保障不幸者，补贴金额为贫困线的50%，每年的费用约占国内生产总值的0.5%，是当前燃料补贴支出水平的1/8"（IMF，2014b），这本可成为一个在安哥拉建立急需的全民社会保护体系的机会。

补贴改革非常复杂，需要在全国范围的政策对话框架内，对其社会影响进行适当的评估和讨论，以便理解其净福利效应，并在补贴缩减或取消之前就改革内容达成一致。

减少能源补贴是发展全民社会保护体系（包括社会保护底线）和实现其他可持续发展目标的良机。燃料补贴通常规模很大，节省下的开支能使政府得以建立全面、综合的全民社会保护体系，而不仅仅是瞄准穷人。

资料来源：ILO，2016p；IMF，2014b；Ortiz et al.，2015.

- 养老金改革。包括60个发展中国家和45个高收入国家在内的、共计105个国家的政府正在讨论其养老金制度的变革，如降低雇主缴费率、增加最低缴费期限、提高退休年龄和降低保障水平，有时还需要对缴费型社会养老保险进行结构性改革。因此，如本报告第4章和其他章节所述，未来的养老金领取者的收益预期将降低。

● 劳动力市场改革。劳动力市场改革正在由包括49个发展中国家和40个高收入国家在内的、共计89个国家的政府进行讨论。相关改革通常包括修改最低工资标准、将薪资调整限制在生活费用基准、分散和削弱集体谈判、放松对裁员的限制并灵活对待就业保护程序（ILO，2012d）。劳动力市场改革的最初目的应当是在经济衰退期间提高国家竞争力并支持实体企业，并旨在部分弥补金融部门的不良表现。然而，现有证据表明，这些劳动力市场改革中的许多措施将无法为体面就业创造机会；相反，在经济萎缩的情况下，它们很可能会导致劳动力市场出现越来越多的"不稳定无产者"（precarization），压低国内收入并最终阻碍旨在恢复经济的努力。女性工作者受到这种措施的打击尤为严重（van der Hoeven，2010；Ghosh，2013；Berg，2015a；Jaumotte and Osorio Buitron，2015）。

● 医疗卫生体制改革。总体而言，包括22个发展中国家和34个高收入国家在内的、共计56个国家的政府正在讨论对其医疗卫生系统进行改革，如第5章所述，改革通过增加收费和共同支付比例，以及在公立医疗卫生机构引入节约成本措施等方式进行。由于医疗卫生服务的质量和可及性降低，健康状况亦愈加不如人意（Karanikolos et al.，2013；Kentikelenis，2017）。

● 增加消费税及私有化改革。许多政府也在考虑财政收入方面的措施，例如近来相当常见的增加消费税或增值税的改革，以及私有化改革，这将影响包括基本产品在内的消费，也影响包括贫困人口在内的所有家庭消费，从而是一种政策上的倒退。

联合国相关机构指出，财政紧缩或财政整固措施将对社会和经济产生负面影响（UN，2012；ILO，2014a；UNCTAD，2011，2016，2017）。大多数发达经济体实施的工资约束和财政紧缩政策，降低了全球总需求，也对发展中国家产生了负面影响。一项运用了"联合国全球政策模型（UN Global Policy Model）"进行的预测表明，目前普遍的公共支出削减将对全球GDP造成负面影响，据估计到2020年全球GDP将降低5.5%，并导致数百万个就业岗位的损失（Ortiz et al.，2015）。

这些短期调整措施的人道成本（human cost）极高，事实上不利于实现可持续发展目标，从而必将受到更多质疑。设计不当的财政整固措施不仅威胁到作为人权的社会保障，而且还威胁到享有食物、医疗卫生、教育和其他基本产品与基本服务的权利（UN，2011；OHCHR，2012a；Ortiz and Cummins，2012；UN Woman，2015）。财政整固政策因循着节约成本的逻辑，因此在寻求财政平衡和偿还债务时，其对女性、儿童、老年人、失业者、移民和残障者施加的负面社会影响则被视为附带损失（CESR，2012；Seguino，2009）。联合国人权事务高级专员（UN High Commissioner for Human Rights）告诫称，"财政紧缩措施危及包括养老金在内的社会保护制度，从而将极大地影响人们享有社会保障和适足生活水准的权利"（OHCHR，2013），这对脆弱群体和边缘群体而言尤其如此。人权高专办还指出，各国有保护人权的义务，并且有义务确保满足人民享有不低于基本水平的一切经济、社会和文化的权利，包括享有社会保障的权利（OHCHR，2013）。

本报告不同章节介绍了从养老金到医疗卫生等各领域的改革措施，可用于替代前述短期财政紧缩政策。为期10年的调整和预算削减并不必要。如图7.5所示，2012—2015年，许多国家都弱化了其财政紧缩的政策立场。多数中等收入国家正大力发展其社会保护体系，这成为关于社会经济发展的富有影响力的经验。此外，如本章下一节关于财政空间的部分所述，包括最穷的国家在内的绝大多数国家，都有为社会保护筹资的能力。政策制定者应该考虑各种各样的替代方案以扩大财政空间，并为社会保护创造资源，而非进行短期的财政紧缩、削减预算。

7.2.7 即使最贫穷的国家也存在发展社会保护的财政空间

当今世界，经济复苏缓慢、各国财政整固和经济增长缓慢，创造财政空间之需求从未如此强烈。自2011年以来，筹资机制一直是国际劳工组织三方协商的核心。国际货币基金组织总裁一再呼吁，积极探索所有能有效支持增长和发展的措施，将财政空间物尽其用。[①]鉴于社会保护对人类发展和可持续发展目标的重要性，各国政府确应探索扩大财政空间之道，穷尽一切可能手段，通过就业和社会保护促进可持续发展目标的实现和国家发展。

即使在最贫穷的国家，也有多种方式扩大财政空间、创造更多社会保护资源。具体而言，国际金融机构和联合国的政策声明支持的筹资方案共有八种。在国际劳工组织、联合国儿童基金会和联合国妇女署的一篇合著文章中（Ortiz, Cummins and Karunanethy, 2017）充分描述了这些方案，介绍了几十年来世界各地政府采用这些筹资方案的若干例子。这八种扩大财政空间的方案包括：

一是重新分配公共支出。这是最正统的方法，包括通过公共支出审查、社会支出预算和其他类型的预算分析，评估正在进行的预算拨款；用具有较大社会经济影响的公共投资取代那些高成本、低影响力的公共投资；消除低效率公共支出；解决公共支出中的腐败问题。例如，哥斯达黎加和泰国已将军费重新分配到全民医疗卫生项目中；加纳、印度尼西亚和许多其他发展中国家减少或取消了燃料补贴，并利用这些资金发展多个社会保护项目（Duran-Valverde and Pacheco，2012；ILO，2016p）。

二是增加税收。显然，这是产生资源的基本渠道，既可以通过调整不同类型的税率实现，例如对消费、企业利润、金融活动、财产、进出口税和自然资源税等的征税；也可以通过加强税收征管渠道的效率和整体税收遵缴率实现。分析税收和转移支付对社

---

① 例如，参见《金融时报》2011年8月15日的报道《勿让财政刹车延缓全球复苏》；国际货币基金组织2016年2月17日的新闻稿《国际货币基金组织总裁克里斯蒂娜·拉加德呼吁（采取）大胆、广泛且更迅速的政策行动》。

会保护的影响亦有益（Bastagli，2016）。许多国家正在为社会保护筹资而增税：玻利维亚、蒙古和赞比亚正在从采矿税和汽油税中，为全民养老金、儿童福利和其他项目筹措资金（ILO，2016）；加纳、利比里亚和马尔代夫已对旅游业征税，以支持各类社会项目；加蓬利用移动通信增值税收入，为其全民医疗卫生体系提供资金；阿尔及利亚、毛里求斯和巴拿马等国家通过对烟草征收高额税收，为社会保障补充财政收入；巴西对金融交易实施临时性征税，以扩大社会保护覆盖面（ILO，2016t）。其他国家也发行彩票，以来补贴社会保障支出（如中国的福利彩票，以及西班牙用于帮助盲人融入社会的ONCE彩票）。

三是扩大社会保障覆盖面和缴费收入。这是社会保险的传统筹资方式（Cichon et al.，2004）。提高覆盖面以及随之而来的缴费收入，是为社会保护筹资的可靠途径，从而为其他社会支出释放财政空间。社会保护待遇给付与基于就业的缴费相关联，也将鼓励非正规经济部门的正规化：乌拉圭的单一税制改革即是一个典型的成功范例（ILO，2014g）。阿根廷、巴西、突尼斯和许多其他国家的实践，表明了同时扩大覆盖面和缴费的可能性。

四是通过游说行动争取资金技术转移与援助。这需要与各捐助国政府或国际组织进行接触，以增加"南北"或"南南"转移。尽管比传统的正式发展援助（ODA）从规模上看要小得多，但双边（如来自中国）和区域性南南转移，也可用于支持社会投资，这种方式值得关注。在2015年联合国"第三届发展筹资问题国际会议"上，世界各国政府在《亚的斯亚贝巴行动议程》中就解决这一问题大致达成一致，同意通过"新型社会契约"来应对这一挑战，即提供"财务可持续的、适合本国国情的全民社会保障体系和措施，包括最低标准"（UN，2015e，p.6）。各成员国还承诺"为这些努力提供强有力的国际支持"，并探索"相应的筹资模式以调动更多资源"（同前引）。

五是消除非法资金活动。据估计，每年从发展中国家非法逃逸的大量资金、资源规模，是正式发展援助（ODA）规模的10倍以上。迄今为止，尽管取得的进展甚微，但政策制定者应更加重视打击洗钱、贿赂、逃税、虚定交易价格及其他金融犯罪，这些行为不仅非法，还剥夺了政府需为社会保护和可持续发展目标筹措的财政收入。

六是利用财政储备和央行外汇储备。主要包括提取财政储备及其他储存在诸如主权基金等特别基金中的国家资产，利用中央银行的剩余外汇储备，用于国内和区域发展。智利、挪威和委内瑞拉等国正在利用财政储备进行社会投资，挪威的"政府养老金全球基金（Government Pension Fund Global）"可能是最著名的例子。

七是债务管理：借款或重构现有债务。对债务可持续性进行认真评估之后，积极探索国内国际包括优惠贷款在内的低成本借款方案。例如，哥伦比亚于2017年成为首个推出社会影响债券（Social Impact Bond）的发展中国家，南非发行市政债券为基本公共服务和城市基础设施筹资，以解决种族隔离政权结束后的筹资失衡问题。对于债务危机严重的国家而言，如果债务的合法性值得怀疑，或者由于恶化对脆弱群体的剥夺将面临高昂的机会成本，那么重组现有债务则是可行而合理的选择。近年来，有60多个国家成功地重新就债务进行谈判，超过 20 个国家（如厄瓜多尔和冰岛）逋欠或抵销了公共债务，而将本用于偿本付息的资金定向投入于社会保护项目（ILO，2016u）。

八是采纳更加宽松的宏观经济框架。这需要一国在不危及宏观经济稳定的前提下，允许更高的预算赤字以及更高的通货膨胀水平。相当数量的发展中国家在全球经济衰退期间，利用赤字开支和更宽松的宏观经济框架，满足经济低增长时期的迫切需求，并支持社会经济复苏。

每个国家都是独一无二的，所有的政策方案都应该对诸如潜在风险及其权衡等进行仔细研判，并在全国性政策对话框架中予以充分考虑。包含政府、雇主和劳动者在内的国内三方协商机制，以及民间社会、学术界、联合国机构和其他机构进行的政策讨论，是产生政治意愿的基础，以此充分利用一国所有可能的财政空间，采用关于包容性增长与社会保护的公共政策最优组合。全国性社会对话通常在联合国主导的"基于评估的全国性对话"（以其简称 ABND 而闻名）框架下开展，全国性社会对话应以阐明宏观经济和财政政策的最优解决方案、阐明社会保护和投入于可持续发展目标的必要性为宜。

7.2.8 移民的社会保护

在过去的几十年里，移民活动一直在增长和多样化。迁出国和目的地国之间的界限正在变得模糊；"南南"移民规模大幅增加，尽管高收入国家中的移民数量仍然最高（ILO，2015g）。国际劳工组织估计，在全球约 2.44 亿移民中（UN，2015c），移民劳动者数为 1.503 亿。

人们在迁移时面临的主要挑战之一是获得包括健康保障在内的社会保护。限制性的立法和行政法规，可能会使移民获得社会保护的机会受限，这往往是由于各国之间缺乏确保权利和待遇给付可携带性的协调机制所致。此外，由于语言障碍或其他现实障碍，他们享有社会保护的法律途径并不总能转化为有效获取途径。在迁入国非正规经济部门中工作的劳动者，正如他们在原籍国时一样，并不受到法律承认或受到法律保护，更有可能遭受恶劣的工作条件、剥削、歧视以及代表性不足，这些因素往往加剧其贫困、使其成为非常规移民并缺乏社会保护。据估计，女性占移民总量的 44.3%（ILO，2015g），她们面临诸如家政工作等领域的特殊风险。

体面工作机会不足以及经济困难是移民的主要驱动因素。因此，加强包括社会保护底线在内的社会保护体系，不仅能减少脆弱性和社会排斥，更有助于经济和社会发展，还能解决移民问题的一个根本性原因。体面工作（包括社会保护），以及有序、安全和负责任的移民活动——它们对可持续发展的作用和影响已得到广泛认可，并反映在可持续发展目标 8.8 和 10.7 中。

国际劳工组织一项针对 120 个国家的调研发现，有 70 个国家（58%）的法律规定，除医疗卫生外，所有缴费型社会保障项目给予移民平等待遇；有 73 个国家规定，在获得医疗卫生服务方面给予平等待遇；在工伤保险方面给予平等待遇的有 105 个国家。

在120个国家中，26个国家没有任何双边协议，43个国家没有任何多边协定。在签有双边协议的国家中，只有8个国家达成的协议超过20项（van Panhuys, Kazi-Aoul and Binette, 2017）。①

认识到移民面临的特殊不利条件，国际劳工组织的多项公约和建议书基于以下基本原则，为保护移民劳动者的社会保障权提供一个国际法律框架：平等对待，在国外亦能维持既得权利并获得待遇给付（或称"可携带性"），由适用的法律确定相关事务，在获得权利的过程中维持权利不受损（或称"累计计算"），行政协助。公约和建议书还呼吁扩大社会保护，缔结双边/多边协议。近期世界时局的发展，明确了强调移民社会保护的重要性，再次呼吁了加强社会保护可及性与可携带性。②

显然，确保移民享有社会保护还任重道远。政策方案包括：（1）批准并实施国际劳工组织的公约和建议书；（2）缔结社会保障协议（双边/多边）条约，以确保社会保护的待遇平等和可携带性，③或者将社会保护扩展到自雇佣者和家政工等群体；（3）将社会保障条款纳入劳动合同；④（4）加强包括全民社会保护底线在内的国家社会保障体系，将移民及其家属纳入保障范围；（5）其他单边措施，包括提供平等待遇、为海外劳工提供待遇给付、享有自愿或强制性参与国家社会保险制度的权利、为在国外工作的国民设立福利基金，以及支持劳动雇佣正规化或规范化的措施；（6）旨在解决现实障碍的补充性措施，如宣传活动、社会和法律服务、移民前简报和有关语言的学习材料。

制定和实施政策离不开区域内和跨区域的对话、三方协商、加强机构能力，以及更好的数据和信息技术。虽然向前推进可能并不容易，但这样的政策最终将会实现全体国民和移民都能有效享有社会保护。

7.2.9 在危机和脆弱环境下建立社会保护体系

截至2018年，世界上绝大多数极端贫困人口和约30%的儿童生活在环境相对脆弱的国家。全球越来越多的国家或区域正在经历这种情况，这对扩大甚至仅仅是维持社会保护权利构成重大挑战。正如人们在西非埃博拉病毒危机期间所经历的那样，即使是一次冲击也能抵消掉多年来取得的进展（见专栏7.3）。

脆弱性的状况突出表明，需要在紧急救济干预措施和支持可持续社会保护制度发展

---

① 该描绘仅限于法律覆盖，而不表明协议或条款是否得到有效执行。此外，双边协议往往只侧重若干项目（尤其是养老金）。

② 例如，国际劳工大会关于公平有效的劳务移民治理的决议（ILO, 2017g），《难民和移民问题纽约宣言》（2016）以及《亚的斯亚贝巴行动议程》（UN, 2015e）都建议政府应当扩大税基并促使其多元化。对移民征缴社会保障税费能够实现这一目的，同时还能强化社会保障体系的财务可持续性并分散风险（Hagen-Zanker, Mosler Vidal and Sturge, 2017）。

③ 1983年《第167号维护社会保障权利建议书》为相关社会保障协议提供了模板。

④ 1949年《第86号关于移徙就业的建议书》提供了相关劳动协议的模板。

的长期努力之间加强协调。包括社会保护底线在内的全面综合的社会保护体系，可作为国家灾害应对战略的一部分，也是一种供各国在受到冲击之后提供保护的有效应对机制。①与联合国系统内的人道主义伙伴机构一道，国际劳工组织通过一个工作框架开展合作，旨在支持危机与脆弱环境中的社会保护体系建设工作，以期克服和防止进一步的危机。框架的运作如下：

- 在危机发生后，灵活运用已有的社会保护体系进行救助。在已经建立社会保护体系的国家，已有的制度和项目可用于向受危机影响的人口发放现金和实物救助；通过现有系统引入的外部支持，也可用于新技术的学习与机构能力的升级。
- 支持政府逐步将其可持续的全民社会保护体系朝制度化发展。危机发生后，立即进行的救助工作可能会导致不同项目被若干国际捐助者资助；而通过更好的协调，可以为一个可持续的、国有的并最终由政府运营的社会保护体系奠定基础。
- 调整现有社会保护体系，提升其快速而充分地应对未来冲击的能力与复原力。在经常遭受自然灾害和其他危机的国家，制定和使用应急计划，能够对危机事件做出迅速而充分的反应，从而可以减少延误，并提高本国主动应对的效率。这包括为那些受影响最大的群体提供额外补充保障的能力，或者有效将覆盖面扩大到新受益者的能力。
- 将社会保护或社会服务扩面，覆盖那些被迫流离失所的群体。许多危机和脆弱性环境的不幸特点之一是，人们将被迫流离失所；在2015年，超过6500万人要么沦为难民，在国外寻求庇护，要么在国内流离失所。若干机构和非政府组织定期发起回应行动，努力向流离失所者提供人道主义援助。这虽然解决了他们最迫切的需求，但是当与其他形式的支持措施结合在一起时，这些援助也可能产生更具可持续性的解决方案。在长期危机中，世界上许多难民处于流亡状态的时间越来越长，这引发了一场关于是否需要采取长期政策加以应对的辩论，例如，以技能培训、参与部分国家社会保护项目等形式的支持性措施，对应急服务加以补充。

专栏7.3 从埃博拉病毒危机中恢复

2014—2016年埃博拉病毒在西非的爆发，不仅表明西非地区医疗卫生体制的能力羸弱与投入不足，还表明识别并快速抵御传染病的全球监视系统亦同样存在上述问题。加速埃博拉病毒传播的若干因素包括：国民医疗卫生体制的能力羸弱；国民享有的基本服务不充分，包括水、卫生、医疗健康服务和社会保护等；进行某些不安全的传统仪式；过度集权的治理模式以及低效的问责体制；国际援助行动的滞后。在西非，最初的健康卫生危机迅速升级为人道主义危机、社会和安全危机。为响应联合国秘书长以及几内亚、利比亚和塞拉利昂政府的呼吁，由包括国际劳工组织在内的多个机构成立了

---

① 在这方面，社会保护的重要作用也反映在2017年新近通过的国际劳工组织《第205号 关于面向和平与复原力的就业和体面工作建议书》。

一个特别工作组以协助受埃博拉病毒影响地区的恢复,并与包括西非国家经济共同体（ECOWAS）和非盟在内的一系列伙伴机构进行协商。该特别工作组协助制定和执行短期中期和长期的恢复重建方案,与此同时医疗紧急援助则持续解决传染病问题。2016年3月,世界卫生组织宣布医疗卫生紧急状态已终止,据估算,共有28 652例埃博拉病毒感染,死亡人数11 325人。几内亚、利比亚和塞拉利昂在全国埃博拉恢复战略中形成了发展伙伴,在发展伙伴的支持下,西非继续努力建立公共医疗卫生体系,包括增强各国未来快速应对可能的健康危机事件的能力与复原力。

资料来源：UN，2015d.

7.2.10 加强社会保护对环境方面的应对

升高的气温和海平面、干旱、洪水以及其他气候变化影响,都可能对个人生计和国家经济构成重大威胁。无论它们是周期性还是孤立性事件,保护人们免受上述与气候相关的天气事件影响,是发达国家和发展中国家都要关注的重大问题。

包括减少温室气体（GHG）排放在内的气候变化缓解措施,可以创造新的"绿色"经济部门。国际劳工组织估计,到2030年,通过减少碳排放、提高能源和资源使用效率,可创造1 500万到6 000万个新的工作岗位。但是,有些群体的生计主要依靠不太环保的做法,而他们需要包括社会保护在内的相应支持,这是因为逐步淘汰污染或其他不可持续的产业,实属各国作出的艰难选择。为了确保向绿色经济和社会"公正转型"（just transition）,有必要采取措施重新培养劳动者技能,并保护那些因此失去工作或其他谋生手段的人。在2015年12月《联合国气候变化框架公约》（UNFCCC）通过的《巴黎气候协议》中亦多次提及"公正转型"的必要性。国际劳工组织通过三方协商机制制定了一套准则,以确保实现更具可持续性的结构转型亦符合社会公平的要求（ILO，2015h）。

社会保护在应对气候变化方面有两重作用。首先,社会保护可以用来帮助一些有需要的群体,他们面临着愈加险恶的、与气候相关的困境。诸如现金或实物形式的转移支付、就业保障制度等社会保护给付,可以帮助受极端气候事件影响的家庭,或那些遭受与气候变化相关的缓慢环境退化影响的家庭。许多国家正在调整现有保障项目或设计新的项目,为面临风险的家庭提供响应气候变化的社会保护。例如,在菲律宾,在2013年台风海燕登陆后,政府利用预先建立的就业保障制度,为贫困家庭提供赚取收入的机会。在国际劳工组织和地方政府的支持下,上述制度的参与者被纳入国家运营的健康与工伤的社会保护制度（ILO and AFD，2016a）。在埃塞俄比亚,生产性安全网项目（PSNP）为长期贫困者提供定期现金转移支付,但也增加了与天气指数挂钩的额外补助;当特定地区的降水量低于预设值时,额外补贴机制将启动,以帮助居民应对经常性干旱（ILO and AFD，2016b）。在美国,2005年卡特里娜飓风袭击后,对已经参加了食品安全网项目的受灾居民提高了待遇给付上限。新的参保也更加便利,所需的身份、工资等证明文件方面的要求亦有所降低——这是正式启动的应急预案所预先确定的,旨在最大限度地利用该项目在危机反应中的作用。上述案例表明,在危机事件发生前预先建立一些社会保护措施作为基础,将有助于加快灾后救助工作,并且与在受到冲击之后再进行设计和实施相比,更具有成本优势。

社会保护应对气候变化第二个方面作用是,它可作为一种用来保护个人和家庭的政策工具,使其免受政府主动摈弃污染行为与污染行业过程中伴随的负面影响。例如,许多国家已作出减少温室气体(GHG)排放的承诺,向联合国气候变化框架公约缔约方第21次会议(COP 21)提交了"国家自主贡献"(INDCs)。采取更清洁的能源政策,如取消化石燃料补贴、保护森林或关闭碳密集型产业,是各国所采取的部分政策行动。

尽管一些有利于气候的政策将有效减少温室气体排放,但如果劳动者等相关群体的生计依赖于不利于环境可持续发展的行业,这些政策也将不可避免地对上述群体带来负面影响。当他们失去工作或谋生活动遇到新的限制,或者因其基本的化石燃料需求面临更高的价格时,包括失业津贴、现金和实物转移支付在内的社会保护措施可帮助他们。这些有利于气候的改革与社会保护措施相结合以抵消负面社会影响也是切实可行的,因为政策制定者要确保改革的成功实施,往往离不开个人和社区的遵从。

许多国家已经将有利气候的改革与社会保护措施结合起来,以抵消可能出现的负面社会或经济后果。例如,中国已经关闭了许多伐木作业,并制定了土地使用限制措施,将黄河和长江流域的大片土地退耕还林;与此同时,也为更多受影响的劳动者提供失业津贴和就业服务,并为居民制订现金转移计划,以减少他们扩大农业用地的行为并促进生态保护(ILO and ADF,2016c)。在巴西,"保护绿色"(Bolsa Verde)项目针对的是生活在动植物保护区内的极端贫困家庭,为其提供额外现金补助,并将该项目的额外收入补贴与支持可持续企业培训以及森林保护活动联系起来(ILO and ADF,2016d;Schwarzer,van Panhuys and Diekmann,2016)。

7.3 全民社会保护全球伙伴关系

建立包括社会保护底线在内的社会保护体系,这一目标只能通过国家和国际层面的共同努力来实现,包括通过联合国机构的共同努力,以及与相关国际、区域、亚区、国家机构和社会伙伴的共同努力来实现。

在国家层面,自2009年以来成立的多利益相关方小组,通过关于社会保护的国家对话,促进国家社会保护战略的制定以及社会保护底线的实际设计和实施。各方代表来自各部委(劳工、医疗卫生、社会福利、财政金融、地方经济发展等),工会和雇主组织,民间组织,私营部门,联合国系统,各开发银行和其他发展伙伴。"联合国社会保护底线倡议"(SPF-I)由联合国最高管理机构——联合国行政首长理事会——于2009

年创立;①此后,联合国各国家工作小组一直共同努力,在非洲、亚洲、东欧和拉丁美洲的许多国家开展基于评估的全国性对话(ABND),以此设计和实施包括底线在内的社会保护体系。联合国发展集团(UNDG)发布了若干准则,并由发展集团主席和国际劳工组织总干事在2014年向所有国家小组发出呼吁;②此外,还制作了相关指南和其他相关材料,以协助联合国国家工作小组建立社会保护体系和底线。③

2012年,来自世界各国的政府、雇主和劳动者通过了《第202号建议书 关于国家社会保护底线的建议书》。各方致力于推动社会保护体系,从而创建了"全球社会保护底线商业网络"以及"劳动者社会保护、自由和正义倡议"。此外,由民间社会团体建立的"全球社会保护底线联盟"亦不遗余力地宣传和倡导《第202号建议书》,该联盟现已有80多个非政府组织成员,推广和宣传可持续发展目标1.3。

同样在2012年,G20国家领导人授权创立"社会保护跨机构合作委员会"(SPIAC-B)。它由国际组织和双边捐助者的代表组成,由国际劳工组织和世界银行联席担任主席。自2015年可持续发展目标获联合国大会批准以来,与社会保护相关的各可持续发展目标亦得到联合国成员国的全力支持。

2015年,采纳了可持续发展目标的世界各国承诺,为全民实施适合具体国情的、包括底线在内的社会保护体系,以期减少和预防贫困。非洲联盟、东南亚国家联盟、金砖国家、加勒比共同体、南方共同市场、南亚区域合作联盟和南部非洲发展共同体等区域组织也在推动社会保护体系(包括社会保护底线)的扩面。

国际劳工组织、世界银行与其他伙伴一起发起了一项关于全民社会保护的倡议,以支持可持续发展目标1.3。其成果是,2016年9月21日在纽约第71届联合国大会期间,"全民社会保护全球伙伴关系"得以启动;所发布的23个国别案例,证明了全民社会保护即使在发展中国家也是可行的(见专栏7.4)。

专栏7.4 针对可持续发展目标1.3的多利益相关方伙伴关系

全球伙伴关系根据每个合作伙伴的比较优势,汇集了反映不同利益相关者的各种网络,以期为实现可持续发展目标1.3做出贡献。这些网络包括:

● 社会保护跨机构合作委员会(Social Protection Inter-Agency Cooperation Board, SPIAC-B),这是一个由国际组织和双边捐助者的代表组成的轻量级机构间协调机制。它由国际劳工组织和世界银行联合主持,旨在加强全球政策的一致性和社会保护问题的宣传,以及协调协调国家需求驱动的国际合作,并制定了一些机构间社会保护政策工具(ISPAs)。

---

① http://archive.undg.org/wp-content/uploads/2015/04/SPF-I_2015.pdf.
② http://www.social-protection.org/gimi/gess/RessourcePDF.action?ressource.ressouceId=44138.
③ http://un.social-protection.org.

● 联合国"一体行动"框架与社会保护底线。这是联合国发展集团（UNDG）和国际劳工组织的一个重要优先事项。它通过联合国"一体行动"（One UN）这一框架下的、各成员国参与的各社会保护底线小组，寻求对联合国机构和发展伙伴的集体支持，以便在联合国发展协议框架（UNDAFs）以及可持续发展目标实施计划的指引下，通过基础广泛的国家政策对话机制，设计和实施社会保护体系（包括底线）。自2009年以来，在阿拉伯国家、亚洲及太平洋和欧洲及中亚地区设立了由联合国发展集团（UNDG）主持运作的区域专题工作组，以加强合作、促进政策工具、方法和共同立场的形成（ILO and UNDG，2016），并促进关于社会保护底线的联合国相关机构内部活动。在全球层面，社会保护"一体行动"（Deliver as One）是联合国发展集团的典范（UNDG and ILO，2014）。联合国发展业务协调办公室（UNDOCO）和联合国社会保障底线联合基金（UN Joint Fund on Social Protection Floors）将通过联合规划，支持"一体行动"。

● 民间组织。80个民间社会组织领导下的"全球社会保护底线联盟（Global Coalition for Social Protection Floors）"以支持社会保护权的享有为己任，支持社会保护向非正规经济部门的劳动者以及其他脆弱群体扩面；该联盟开展了重要的宣传与呼吁工作，并制作了"社会保护底线指数"（FES，2016）。

● 劳动者团体。由各工会领导的"劳动者社会保护、自由和正义倡议（Social Protection, Freedom and Justice for Workers Initiative）"，在建立社会保护体系和改革社会保障的背景下，动员各工会组织捍卫劳动者的权利。

● 雇主团体。"全球社会保护底线商业网络（Global Business Network for Social Protection Floors）"，是一个供私营部门企业交流和参与的平台。它促进社会保护在商业、行业间的实践，即通过社会保护培育劳动者的生产力、吸引和留住人才并改善企业形象，以期促进企业的竞争力。

● 学术团体。即与大学和研究机构的伙伴关系。特别值得一提的是国际劳工组织国际培训中心（ITCILO）和位于意大利都灵的联合国系统职员学院（UNSSC）。该培训中心每年举办"社会保障学院"（Academy on Social Security），提供有关社会保护体系（包括底线）的治理、筹资、改革和推广的行政培训课程。针对《2030年议程》中的可持续发展，国际劳工组织国际培训中心和联合国系统职员学院正在联合研发一门关于社会保护的课程。

● 全民社会保护全球伙伴关系，是在国际劳工组织和世界银行的共同领导下，于2016年第71届联合国大会期间在纽约启动的。截至2017年，它汇集了大约15个国际组织和其他发展事业方面的伙伴。

资料来源：http://www.ilo.org/newyork/issue-at-work/social-protection/social-protection-inter-agency-cooperation-board/lang--en/index.htm；http://un.social-protection.org；http://www.socialprotectionfloorscoalition.org；http://www.social-protection.org/gimi/gess/ShowProject.action?id=3048；http://www.social-protection.org/

gimi/gess/ShowProject.action? id=3030; http://www.itcilo.org/en/areas-of-expertise/social-protection/academy-on-social-security; http://www.social-protection.org/gimi/gess/NewYork.action? id=34。

大量的国际努力促成了"全民社会保护全球伙伴关系"。出于各自特定的动机，这些利益相关方都支持可持续发展目标 1.3：政府支持社会保护，是出于减贫、促进经济发展和政治稳定等方面的原因；工会组织和民间社会支持社会保护，是因为社会保护是一项人权，有助于社会公正；雇主组织和私营部门企业支持社会保护，是因为它有助于提高劳动者的生产力和企业的竞争力；发展伙伴和开发银行支持社会保护，是因为它是公平、包容和可持续发展的驱动力。联合国系统将促进社会保护的"一体行动"作为各国切实取得发展成果的最有效方式。在这些利益相关方的共同努力下，有望取得显著成果。

事实上，数以百万计的人无法获得社会保护的现实，与民主价值观和社会正义相抵触，损害了各方促进发展的努力，并且给政府带来高昂的政治成本。"全民社会保护全球伙伴关系"表明，国际社会有决心纠正这一问题并深化合作。凭借可持续发展目标，为民众提供充足社会保护的必要紧迫性已在全世界深深扎根。能否让它成为现实，则取决于我们。

附件一　术语表

本术语表聚焦于指导国际劳工组织社会保障或社会保护分析工作的基本概念、定义和方法。[①]它并不意在主张任何通用的定义,而是旨在简单地阐明本报告和国际劳工组织所使用的术语和概念。

现金转移项目(cash transfer programme)。向个人或家庭提供现金给付的非缴费型制度或项目,通常由税收、其他政府收入、外部资助或贷款等筹资。现金转移项目[②]可能需要经过家计调查,也可能不需要。

向家庭提供现金补助、但以其满足特定行为要求为条件的现金转移项目被称为有条件的现金转移项目(CCTs)。例如,这可能意味着受益人必须保证他们的孩子按时上学,或者使用基本的预防性营养与医疗保健服务。

缴费型制度(contributory scheme)。被保障者的缴费直接决定着其待遇给付(既得权利)的制度。缴费型社会保障制度最常见的形式是法定社会保险制度,通常覆盖正规工资就业的劳动者,在一些国家还包括自雇佣者。在社会保险缺失时,其他常见的提供一定程度保护的缴费型制度类型包括国家公积金。国家公积金通常在风险事件(典型的如年老、残障或死亡)发生时支付给受益人一笔一次性给付。面向领薪资就业者的社会保险制度通常由雇员和雇主支付共同缴费(但在通常情况下,工伤制度由雇主全额缴费)。缴费型制度可以完全由缴费筹资,但往往由税收或其他来源的资金进行补充:包括通过补贴来弥补赤字,或用一般性补贴完全取代缴费,或通过对特定缴费者或受益人群体进行补贴(如由于照顾孩子、学业、服兵役或失业而无法缴费的,收入水平太低无法全额缴费的,由于过去缴费水平太低而待遇低于一定水平的群体)。

就业保障制度(employment guarantee scheme)。公共就业项目为贫困家庭提供了每年有一定数量保障的工作日,一般来说这些工作的工资水平相对较低(如果设定了合理的最低工资水平,通常即为这一水平)。

家计调查型制度(means-tested scheme)。家计调查型制度是基于需求证明提供福利、针对家计低于一定门槛水平的个人或家庭的制度,通常被称为社会救助制度。家计调查被用于评估个人或家庭的自有资源(收入和/或资产)是否低于一定门槛水平,以

[①] 该术语表主要借鉴了本报告第一版和第二版提供的定义、概念和方法(ILO,2010a;ILO,2014a)。

[②] 严格说来,这个术语包括所有现金形式的社会转移支付,包括完全或部分缴费型转移支付,但它通常被理解为仅限于非缴费型的转移支付。

确定申请人是否有资格获得待遇给付,并且评估其如果有资格,向其提供的待遇应为何水平。一些国家采用代理家计调查:即资格的确定并不通过实际评估收入或资产,而是基于被认为是更容易观察到的其他家庭特征(代理指标)。家计调查型制度还包括权利和义务条件,如工作要求、进行体检或(儿童)入学。一些家计调查型制度还包括实际收入转移本身之外采取的其他干预手段。

非缴费型制度(non-contributory schemes)。非缴费型制度,包括非家计调查型制度和家计型调查制度,通常不需要受益者或其雇主直接缴费作为获得相关待遇给付的条件。这个术语涵盖范围广泛的制度,包括对所有居民的普惠型制度(如国民健康服务),对范围广泛的某类人群的分类制度(如一定年龄以下的儿童或超过一定年龄的老年人)和家计调查型制度(如社会救助制度)。非缴费型制度的资金通常来源于税收或其他财政收入,在某些情况下来源于外部资助或贷款。

公共就业项目(public employment programme)。向无法找到工作的特定类型人群提供就业机会的政府项目。公共就业项目包括就业保障制度、"工作换现金"和"工作换食物"项目(见专栏3.10)。

社会救助制度/项目(social assistance scheme/programme)。向脆弱群体,尤其是贫困家庭提供待遇给付的制度。大部分社会救助制度基于家计调查。

社会保险制度(social insurance scheme)。通过保险机制提供保障的缴费型社会保障制度。这类制度基于:(1)先前的缴费,即在保险事件发生前的缴费;(2)风险分担或"共担(pooling)";(3)担保的概念。被保险人支付(或为他们支付)的缴费被汇集在一起,所得资金用于偿付这部分人群由于相关(明确界定的)风险事件或其他风险事件而承担的费用。与商业保险不同,社会保险的风险分摊是基于团结的原则而不是单个计算的风险溢价。

很多缴费型社会保障制度被描述并呈现为"保险"制度(通常是"社会保险制度"),尽管它们事实上是混合性质的。享受待遇给付的权利中有一些非缴费元素,这使得待遇给付的分配更加公平,特别是对那些收入水平低、职业生涯短暂或中断的人群。这些非缴费型元素有各种形式,由其他缴费者(制度内的再分配)或由国家筹资。

社会保护(social protection)。社会保护(或称社会保障)是一项人权,是一整套旨在减少和预防整个生命周期中的贫困、脆弱性和社会排斥的政策和项目。社会保护包括九大领域:儿童和家庭福利、生育保障、失业保护、工伤保护、疾病津贴、健康保障(医疗)、老年福利、残障/伤残福利和遗属津贴。社会保护体系通过多种缴费型制度(社会保险)和非缴费型的税收筹资福利(包括社会救助)的组合来提供上述政策领域的保障待遇给付。

作为一项人权,社会保护(社会保障)体现在《世界人权宣言》(1948年)、《经济、社会及文化权利国际公约》(1966年)和其他主要的联合国人权文书之中。国家有法律义务保护和促进人权,包括社会保护(社会保障)权,确保人们能够不受歧视地实现自己的权利。国家的总体责任包括根据明确和透明的资格标准和权利确保提供应有的待遇给付，并对机构和服务进行适当的管理。在待遇给付和服务不是由公共机构直接提供的情况下，法律框架的有效实施对福利津贴和服务的提供尤为重要（CESCR，2008）。

"社会保护"是指代"社会保障"的通行术语，这两个词通常可以互换使用。需指出的是，有时"社会保护"比"社会保障"含义更广泛，前者包括家庭成员之间或当地社区成员之间的保护；在某些情况下，它（社会保护）也被用在狭义的意义上，被认为只包括针对最贫穷、最脆弱或被排斥的社会成员的措施。国际劳工组织和联合国各机构在与组成机构的对话和提供相关建议时同时使用这两个术语。

社会保护底线（social protection floor）。国际劳工组织第202号建议书指出，成员国应该建立和维持国家社会保护底线，作为全国统一的基本社会保障标准以防止或减轻贫困、脆弱性和社会排斥（ILO，2012a）。这些保障应至少确保所有有需要者在整个生命周期中至少获得基本医疗保健和基本收入保障。这些（保障措施）共同确保国家层面确定为必需品的基本商品和服务的有效获取。更具体地说，国家社会保护底线应至少包括如下在国家层面规定的四大社会保障担保：

（a）获得基本医疗保健，包括孕产期保健；

（b）儿童基本收入保障；

（c）不能获得足够收入的劳动年龄人群的基本收入保障，特别是在生病、失业、生育和残障的情况下；

（d）老年人的基本收入保障[①]。

如国家法律法规中所规定的，这些保证应提供给所有居民和儿童，并遵守现有的国际义务。

第202号建议书还规定，应当通过法律确立基本的社会保障。国家法律法规应规定实施这些保障的待遇给付范围、资格条件和水平，并规定有效和可获得的投诉和申诉程序。

社会保障底线在许多方面与现有的"核心义务"概念相对应，以确保至少实现人权条约所体现的最低限度的基本权利（UN，2014；OHCHR，2013）。

社会保护项目/制度（或社会保障项目/制度）（social protection programme/scheme (or social security programme/scheme)）。向有资格的受益人提供社会保障的不同规则框架。这些规则明确项目的地理和人群范围（目标群体），资格条件，待遇给付类型，待遇给付金额（现金转移支付），周期性和其他待遇给付的特点，以及筹资（缴费、一般性税收、其他来源），项目的治理和管理。

"项目"可能指的是范围广泛的多个项目，而"制度"通常是一个意义更具体的项目，以国家立法为依据，具有至少一定程度的"正式性"。

一项项目/制度可以由一个或多个社会保障机构支持，这些机构管理待遇给付的提供及其筹资。一般来说，每项社会保护项目可以制定单独的收入和支出账户。通常情

[①] 第202号建议书，第5段。

下，社会保障项目提供应对单一风险或需要、覆盖一个特定受益者群体的保护。然而，一个机构往往管理一个以上福利项目。

社会保障（social security）。社会保障的基本权利是在《世界人权宣言》（1948 年）和其他国际法律文书中提出的。这里采用的社会保障概念覆盖所有以现金或实物形式提供待遇给付的措施，以确保如下以及其他情形发生时提供保护：

- 因疾病、残障、生育、工伤、失业、年老或家庭成员死亡导致的工作性收入缺失（或收入不足）；
- 缺乏（负担得起）的医疗保健；
- 家庭支持不足，尤其是对儿童和被供养的成年人；
- 普遍性贫困和社会排斥。

因此，社会保障具有两个主要（功能性）的维度，即"收入保障"和"医疗护理的可及性"，这反映在《费城宣言》（1944 年）中，并构成了国际劳工组织公约的组成部分："社会保障措施为所有有需求者提供基本收入保护和全面的医疗护理"［第三条（f）款］。[1]第 202 号建议书提出，在生命周期中能够至少获得基本医疗护理和基本收入保障，应确保为国家确定的社会保护底线的一部分，而国家社会保障体系应逐步实现与国际劳工组织第 102 号公约和其他文书相一致的高水平保障。

提供社会保障本质上是一种公共责任，通常由公共机构提供，通过缴费或税收或两者同时进行筹资。然而，社会保障的递送可以并往往授权给私人机构。此外，许多私营机构（具有保险、自助、立足社区或互助的特性）可以部分承担通常由社会保障所扮演的角色，如企业年金的运作，可补充并可能在很大程度上替代公共社会保障制度的元素。社会保障资格条件或者取决于在规定的期限内支付社会保障缴费（缴费型制度，最常见的结构为社会保险），或者取决于一种有时被描述为"居住+"的要求，即为还符合一定其他标准的该国所有居民提供待遇给付（非缴费型制度）。年龄、健康状况、劳动力市场参与、收入水平或其他社会经济地位的指标和/或一定的行为要求可作为获取待遇给付的资格条件。

社会保障与其他社会安排的区别主要体现在两个方面。一方面，在没有任何互惠义务的情况下向受益人提供待遇给付（因此，它不代表工作或提供其他服务的报酬）。另一方面，它不是基于被保护人和提供保障者之间的个体协议（如人寿保险合同），协议适用于更广泛的人群，因此具有集体性的特征。

根据适用条件的类别，在非家计调查型制度（即领取待遇给付的资格条件与受益

---

[1] 这两个主要维度也在国际劳工组织 1944 年的《收入保障建议书》（第 67 号）和 1944 年的《医疗护理建议书》（第 69 号）中得到确认，是"社会保障的基本元素"。这些建议书设想如下几点：第一，"收入保障制度应将因工作能力缺失（包括年老）、无法获得有偿工作、养家者的死亡造成的收入损失恢复到合理收入水平，以缓解需求和防止贫困（第 67 号建议书指导原则第 1 段）"；第二，"医疗护理服务应该满足个人对由医疗人员和相关专业人员所提供的护理的需求"，并且"医疗护理服务应覆盖所有社区成员"（第 69 号建议书第 1 段和第 8 段）。第 202 号建议书也在应构成国家社会保护底线一部分的基本社会保护中体现了这两个元素（更多细节见专栏 1.2）。

及其家庭的收入或财富的总水平无关）和家计调查型制度（待遇给付只提供给那些收入或财富低于规定水平的人或家庭）之间也有区别。一类特殊的"有条件的"制度包括：除满足其他条件之外，要求受益人（和/或其亲属或家庭）参加规定的公共项目（如指定的健康或教育项目）。

社会保障体系/社会保护体系（social security system/social protection system）。一个国家的全部社会保障/社会保护制度和项目，后一术语的使用往往比前者更广泛。

一个国家所有的社会保障制度和机构在其目标、功能和筹资上必然是相互关联与互补的，从而形成一个国家的社会保障体系。出于效果的考虑，体系内必须保持紧密协调，而且必须——不仅仅为了协调和规划的目的——将所有制度的收入和支出账户编入国家的一个社会保障预算中，以使得组成社会保障体系的各项制度的未来支出和筹资能够以整合的方式加以规划。

社会转移支付（social transfer）。所有的社会保障待遇给付都包括以现金或实物形式提供的转移支付，即表现为一种收入、商品或服务（如医疗保健服务）的转移支付。这种转移支付可能从劳动年龄人口到老年人、从健康者到患病者或者从富人到穷人等。领取者从一个特定的社会保障制度中获得这种转移支付，或因为他们向该制度缴费（缴费型制度），或因为他们是居民（针对所有居民的普惠型制度），或因为他们满足特定的年龄标准（分类性制度），或特定的资源条件（社会救助制度），或因为他们同时满足这些条件中的几个。此外，某些制度（就业保障制度、公共就业项目）要求受益人完成特定任务或采取特定行为（有条件的现金转移支付项目）。在任何国家，不同类型的几项制度通常同时存在，并可能为不同群体的相似风险事件提供待遇给付。

瞄准型制度/项目（targeted scheme/programme）。见社会救助制度。

普惠型制度/分类型制度（universal scheme/categorical scheme）。严格地说，普惠型制度在居住情况的单一条件下提供待遇给付。然而，这个术语也经常被用来描述在没有家计调查或代理家计调查的情况下为某些宽泛类别的人口提供待遇给付的分类型制度。这种制度最常见的形式是向一定年龄以上的老年人、所有残障人士或低于特定年龄的儿童进行收入转移支付。一些分类型制度也针对具有特定结构的家庭（如单亲家庭）或职业团体（如农村劳动者）。大多数分类型制度都是由公共资源筹资的。

附件二　衡量社会保护的有效覆盖、法律覆盖和支出

社会保护覆盖

可持续发展目标指标 1.3.1 中对有效覆盖的衡量

基于通过 2016 年社会保障调查问卷和其他数据来源汇编的数据（详细内容见本附件末），本报告为监测可持续发展目标指标 1.3.1 提供了一个全面的数据集。在可持续发展目标监测框架内，该数据集提交给联合国统计司（UNSD）。特别是在可持续发展目标 1（在全世界消除一切形式的贫困）背景下，国际劳工组织负责制定可持续发展目标指标 1.3.1："按性别分列的社会保护底线/体系覆盖的人口比例，区分儿童、失业者、老年人、残障人士、孕妇、新生儿、工伤受害者、穷人和脆弱群体"。

指标反映了被社会保护体系（包括社会保护底线）有效覆盖的人口比例（"有效覆盖"的定义和其衡量标准见下文）。它涵盖了社会保护的主要组成部分，包括：儿童和生育福利，对无工作者、残障人士、工伤受害者、老年人、穷人和脆弱群体的支持。[①] 目的是在整个生命周期中的所有主要风险事件发生时至少提供基本水平的保护，正如国际劳工组织 2012 年《第 202 号建议书　关于国家社会保护底线的建议书》中的规定。

计算结果包括单独的指标，以区分对儿童、失业人员、老年人和残障人士、孕妇、新生儿母亲、工伤时受保护的劳动者以及穷人和脆弱者的有效覆盖。对于每种情况，覆盖率表示为相应人口群体的受保护比例。

指标如下：

a. 至少在一个领域受保护的人口比例：在至少一项风险事件中接受现金给付（缴费型或者非缴费型给付）或向至少一项社会保障制度活跃缴费的总人口的比例。

b. 享有社会保护津贴的儿童比例：接受儿童或家庭福利津贴的儿童（家庭）占儿童（育儿家庭）总数的比例。

c. 享有生育保障的孕产妇比例：获得生育津贴的女性与同一年内分娩女性之比（根据发表在联合国《世界人口展望》上的特定年龄生育率或根据经双胞胎和三胞胎分娩比例校正后的活产数估算）。

d. 获得津贴的残障人士比例：领取残障福利津贴的人与重度残障人士之比。后者的

---

① 健康被包含在其他可持续发展目标指标中。

计算方式是残障率（世界卫生组织针对各国家组别公布的）和每个国家人口的乘积。

e. 领取津贴的失业人员比例：领取失业福利津贴的人与失业人数之间的比率。

f. 工伤时受保护的劳动者比例：受工伤保险保护的劳动者与总就业人数或总劳动力的比率。

g. 领取养老金的老年人比例：达到法定退休年龄以上的领取养老金人员与达到法定退休年龄以上人员之比（包括缴费型或者非缴费型）。

h. 领取福利的脆弱群体的比例：社会救助对象与脆弱群体总数之比。后者的计算方法是从总人口中减去所有正在向社会保险制度缴费或领取缴费型福利的劳动年龄人口，再减去以及所有退休年龄以上领取缴费型福利的人口。

总覆盖指标

此报告使用了两种综合衡量覆盖面的方法，但因方法上的原因，两种方法均排除了健康领域（有关健康保障覆盖的测量，见下文）。

根据享有全面社会保障覆盖，即在与第 102 号公约相一致的所有八个领域（疾病、失业、老年、工伤、儿童/家庭津贴、生育、残障、遗属）中被依法覆盖的劳动年龄人口数量来估算享有全面社会保障的人口比例。

如上所述，至少在一个领域受保护的人口比例［可持续发展目标指标 1.3.1（a）］反映了至少一个领域的人口有效覆盖，即至少在一个领域领取缴费型或者非缴费型福利，或至少向一项社会保障制度活跃缴费的人口比例。

衡量社会保护覆盖：概念和标准

常规考量

衡量社会保护覆盖是一项复杂的任务。为了进行全面评估，需要考虑几个维度。事实上，很少有国家可以获得完整评估社会保障覆盖所需的全面的统计数据，不过，许多国家可以获取部分信息。很多国家已经认识到有必要对社会保障覆盖进行更好的定期监测，并正在加紧努力改进数据收集和分析。

社会保护覆盖是一个多维度的概念，至少包含以下三个维度：

- 范围（scope）。范围是根据该国人口可享受的社会保障领域（子项目）的范围（数量）和类型来衡量的。劳动力市场中不同状况的人群可能享受不同的覆盖范围，在评估范围时必须考虑这一因素。
- 程度。程度通常是指在每个特定领域被社会保障措施覆盖的人员在总人口或目标群体（由性别、年龄或劳动力市场状况定义的）中所占的百分比。
- 水平。水平是指社会保障具体子项目的保障充分性。它可通过所提供的现金给付的水平来衡量，其中对待遇给付水平的衡量可以是绝对值，也可以是相对于从前的收入、平均收入、贫困线等选定基准值的相对值。质量的衡量标准通常是相对的,可以是客观或者主观的。例如,根据与期望相符程度衡量的受益人的满意度。

在衡量覆盖时,对上述三个维度中的法律覆盖[1]和有效覆盖进行了区分,以反映不同的覆盖维度。表 AⅡ.1 总结了这些不同的维度。

表 AⅡ.1 覆盖面的多个维度:问题和指标的例子

覆盖维度	法律覆盖	有效覆盖
范围	哪些社会保障领域在立法中有规定 对于特定人群:根据国家立法,哪些社会保障领域覆盖了该群体	哪些社会保障领域措施得到落实 对于特定人群:哪些社会保障领域有效地覆盖了该群体(待遇给付实际上是可获得的)
程度	对于特定的社会保障领域(子项目):根据立法,覆盖了哪类人群?根据立法,覆盖的人群或劳动力的百分比是多少	对于特定的社会保障领域(子项目):哪类人群在需要时实际上可获取待遇给付(当前或未来) "受益人覆盖率":对于特定的社会保障领域,受风险事件影响的人中,获得待遇给付或服务的人口所占百分比是多少(例如,领取养老金的老年人比例;领取失业津贴的失业人员比例) "缴费者覆盖率":对于特定的社会保障领域,向该制度缴费或以其他方式参加该制度,并因此在需要时可获取待遇给付的人口所占百分比是多少(例如,向一项养老金制度缴费的劳动年龄人口或劳动力比例)?引申开来,"受保护人覆盖率"包括通过一项普惠型制度或基于家计调查的制度而在未来有权利获得非缴费型待遇给付的人群(假设立法不变,且这一人群符合资格条件)
水平	对于特定的社会保障领域:根据立法,提供哪种水平的保护?对于现金给付:根据立法,规定的数额或替代率是多少	对于特定的社会保障领域:实际提供哪种水平的保护(例如,对于现金给付、平均待遇给付水平占中位收入、最低工资或贫困线的比例)

资料来源:国际劳工组织(ILO,2010a)。

法律覆盖

对法律覆盖范围的估计通常是测量社会保障政策领域(子项目)的数量。根据现有立法,这些社会保障子项目覆盖某类人口或其特定群体。国际劳工组织第 102 号公约所涵盖的九个子项目清单可用作指导。

对法律覆盖程度的估计使用的是被立法中特定社会保障领域的法定制度所覆盖人群的信息,以及对国家层面相关人员数量进行量化的可用统计信息。如果现有法律规定某

---

[1] 法律覆盖(legal coverage)有时候也被称为法定覆盖(statutory coverage),这是考虑到相关规定可能植根于法律以外的法定条款中。

一类人群已被社会保险强制覆盖,或在某些情况下该群体有权利享受特定的非缴费型福利(例如达到65周岁,可领取国家养老金;收入低于规定水平,可获得收入支持),那么该群体可被认为是在特定社会保障领域(如老年、失业保障以及生育保障)被依法覆盖。一个特定社会保障子项目的法律覆盖率是被依法覆盖的人员的估计数与总人口数、或相关年龄段的劳动力数量、或领取薪资的雇员总数或就业总人数(包括雇员和自雇佣者)之间的比例(分母视情况而定)。例如,第102号公约允许公约批准国通过社会保险、普惠的或基于家计调查的福利或两者相结合来实现社会保障覆盖。此外,它还为覆盖程度的最低要求制定了如下替代方案:(a)规定类别的雇员,其在全体雇员中的占比不少于50%;或(b)规定类别的经济活动人口,其在全体居民中的占比不少于20%;或(c)在风险事件发生时收入不超过规定限额的所有居民。

社会保障特定子项目的法律覆盖水平通常通过待遇给付比率或替代率来衡量(对于现金给付)。该比率或替代率针对特定类别的受益人,使用立法规定的待遇给付公式或数额计算而得。例如,第102号公约为其九个子项目中的七个(见下文附件三中的表格)制定了现金给付的最低替代率。它规定该最低替代率应适用于已界定的符合资格条件的"标准"受益人,并至少确保对那些收入不超过一定的规定水平的人适用。

有效覆盖

对有效覆盖的衡量应反映法律条款在现实中的执行情况。由于不遵守法律、执法问题或实际政策与法律文本的偏差,有效覆盖通常与法律覆盖不一致(并且往往更低)。为了实现完整的覆盖评估,需要同时使用法律覆盖和有效覆盖的衡量措施。

对一个国家或地区有效覆盖的衡量揭示了有相关立法且被实际执行的社会保障领域(子项目)的数量,即在所有这些领域被法律覆盖的人口是否大多数也被有效覆盖(以有效覆盖程度来衡量,见下文)。

在衡量有效覆盖程度时,必须区分按受保护人衡量的覆盖面和按实际受益人衡量的覆盖面。受保护人是那些有待遇给付保证但目前不一定获得给付的人,如向社会保险活跃缴费从而可在特定风险事件中可以获得有保障给付的人群。

就受保护人而言,缴费者覆盖率反映了在缴费型制度的情况下,当现在或将来被所涵盖的风险事件影响时,得到保护的人员的数量:即在特定社会保障领域向社会保险直接或间接缴费,并因此有可能在需要时获取待遇给付的就业人口(或劳动年龄人口或劳动力)的比例。一个例子是向养老金制度缴费的就业人员比例。假定法律不变的情况下,受保护人覆盖率包括那些有权获得非缴费型福利的人。

就实际受益人而言,受益人覆盖率反映了受特定风险事件影响(如年老、失业等)且从适当的社会保护待遇给付(如养老金、失业津贴等)中实际受益的人口比例。这一比率反映了实际领取福利的人数,例如,超过法定退休年龄的所有居民中领取养老金的受益者人数、所有失业或收入低于贫困线人群中获取某种形式收入支持的受益者人数。

衡量有效覆盖水平可确定受益人实际获得的待遇给付水平(通常与特定基准数量有关)。例如,支付的失业津贴或养老金相较于平均收入、最低工资或贫困线的水平。在缴费型养老金制度中，有效覆盖水平也可能与未来待遇给付水平相关。

评估覆盖和覆盖差距时，需要区分通过以下不同方式实现的覆盖：（1）缴费型社会保险；（2）覆盖全体居民的普惠型制度①（或特定类别中的全体居民）；（3）可能覆盖所有通过收入和/或资产调查的人群的家计调查型制度。对于社会保险而言，应着眼于这些制度事实上的参保者和缴费者数量，这部分人群（有时包括其家属）在社会保险保障范围内的风险事件发生时可以得到保障。遭遇特定的风险事件时，这些人属于"受保护"类别。如果全体居民或全体特定类别（如年龄）的居民在遭遇特定风险事件时，在法律上和实践中有权获取某些待遇给付或免费的社会服务，那么受保护人的概念可能也适用于普遍性或分类性项目的保障对象。然而，在待遇给付是基于家计调查、代理家计调查或是有条件的现金转移的情形下，很难确定谁实际上得到有效保护。

上述覆盖程度和水平的衡量方法特定地适用于某些社会保障领域（子项目），有时甚至只适用具体的制度或制度类型，它们并不试图提供衡量社会保障覆盖的通用标准。对于实现有意义的分析以及保证其与政策制定的相关性而言，确保按领域划分的覆盖指标的特异性至关重要。

表 AⅡ.2 用于衡量社会保护支出的不同定义间的比较

资料来源	定义	功能/覆盖的领域
国际货币基金组织（IMF）https://www.imf.org/external/pubs/ft/gfs/manual/pdf/ch6ann.pdf	**社会保护支出** 政府在社会保护方面的支出包括向个人和家庭提供的服务和转移支出，以及基于集体所提供的服务的支出。个人服务和转移支付的支出被分配给7101类（疾病和残障）至7107类（社会排斥）；集体服务的支出归于7108类（社会保护研发）和7109类（不再另做分类的社会保护）。集体性的社会保护服务涉及政府政策的制定和管理等事项；制定和执行用以提供社会保护的立法和标准；并将研究和实验开发应用于社会保障事务和服务 **医疗卫生支出** 政府卫生支出包括用于向个人提供的服务以及基于集体所提供的服务的支出。个人服务的支出归类为7071类（医疗产品、器具和设备）至7074类（公共卫生服务）；集体服务的支出归于7075类（卫生研发）和7076类（不再另做分类的卫生）	疾病、残障、老年、遗属、家庭和儿童、失业、住房、社会排斥（社会救助）、社会保护研究、社会保护的一般行政管理支出 健康

---

① 这种制度也被称为分类性制度。

续表

资料来源	定义	功能/覆盖的领域
欧盟统计局（Eurostat） http://ec.europa.eu/eurostat/statistics-explained/index.php/Social_protection_statistics#Social_protection_expenditure	**社会保护支出** 社会保护支出包括社会福利给付、行政费用（即从制度中支取的制度管理和行政费用）和其他支出（含社会保护制度的杂项支出，主要是财产收入的支付）	疾病/医疗保健福利（包括带薪病假、医疗保健和药品）、残障、老年、遗属、家庭和儿童、失业、住房、社会排斥（社会救助）
经济合作与发展组织（OECD） https://data.oecd.org/social-exp/social-spending.htm http://www.oecd-ilibrary.org/docserver/download/8116131ec024.pdf?expires=1498227122&id=id&accname=guest&checksum=E4E4424EE4BF484D-11B64470A6735091	**社会保护支出** 社会支出包括现金给付、直接提供实物和服务以及有社会目的的税收减免。福利给付可能针对低收入家庭、老年人、残障人士、病人、失业者或年轻人。被认定为"社会的"项目，必须涉及家庭之间的资源再分配或强制性参保。当由政府（即中央、州和地方政府，包括社会保障基金）控制相关资金流动时，社会福利给付被归类为是公共的。不经由政府提供的所有社会福利给付则是私人的。家庭之间的私人转移不被认为是"社会的"，因此此处不包括 **医疗卫生支出** 医疗卫生支出衡量的是医疗卫生产品和服务的最终消费。这包括公共和私营来源在医疗服务和产品、公共卫生和预防性项目以及和行政方面的支出，但不包括资本形成（投资）的支出	老年、遗属、与丧失工作能力有关的待遇给付、家庭、积极的劳动力市场方案、失业、住房和其他社会政策领域 健康
联合国拉丁美洲和加勒比地区经济委员会（ECLAC） http://estadisticas.cepal.org/cepalstat/WEB_CEPALSTAT/MetodosClasificaciones.asp?idioma=i	**社会保护支出** 联合国拉丁美洲和加勒比地区经济委员会使用欧盟统计局/经合组织的定义 参见"GDP 最终支出的分类"，可见 http://www.oecd.org/std/prices-ppp/37985038.pdf. **医疗卫生支出** 参见上文的国际货币基金组织（IMF）的定义	老年人、残障人士、遭受工伤和职业病的人、遗属、失业者、穷困者、家庭和儿童、无家可归者、低收入者、土著民、移民、难民、酗酒和药物滥用者等 健康
政府支出观察（GSW） http://www.governmentspendingwatch.org/research-analysis/social-protection	**社会保护支出** 所有促进穷人经济发展、促进包容性和就业密集型增长的政府支出都有助于实现这一目标。然而，GSW 的数据关注的是在减贫和就业促进方面最有效的直接政府干预，即"社会保护"支出	社会安全网、社会基金、社会福利救助/服务、劳动力市场干预和社会保险项目（包括养老金）。不包括政府所提供的可归类为教育、健康、营养或 WASH（水、环境卫生和个人卫生）的社会服务

续表

资料来源	定义	功能/覆盖的领域
亚洲开发银行（ADB） https://www.adb.org/sites/default/files/publication/204091/ki2016.pdf	**社会保护支出** 政府以现金或实物的形式向病患、完全或部分残障人士、遗属或失业人员等提供福利的支出 **医疗卫生支出** 政府提供医疗产品、用具及设备、门诊服务、医院服务及公共卫生服务等支出	疾病、残障、老年、遗属、失业等 健康
世界卫生组织（WHO） http://apps.who.int/gho/data/node.wrapper.imr?x-id=1	**医疗卫生支出** 一般政府医疗卫生支出（GGHE）：由政府（如卫生部、其他部委、半官方组织或社会保障机构）以现金或实物形式支付的医疗卫生费用总和（未重复计算政府向社会保障转移支付和预算外资金）。这包括以上组织的所有支出，无论来源如何，因此也包含经过这些组织的捐助资金。它包括给家庭用来抵消医疗保健费用的转移支付、用于为健康服务和商品提供资金的预算外资金、经常性支出和资本支出	健康

健康覆盖

本报告中提供的聚焦于农村/城市和长期护理覆盖的健康保障数据非常稀缺，即使有的话，几乎不具备可比性。为数不多的数据库能提供关于覆盖面的关键维度和医疗保健可及性的概览，其中一个数据库即是由国际劳工组织（2014a）开发的。我们使用的这些数据包括5个指标，这5个指标反映了优质健康服务的可负担性、可用性和财务保障，并辅之以基于孕产妇死亡率的健康产出信息。为了分解全球数据，已经开发出新的方法来评估农村/城市和长期护理（LTC）覆盖的差距和缺口。为了确保数据可进行跨国比较，采用的方法并不只针对特定国家。

用农业部门提供的国内生产总值百分比估算农村人口的法律覆盖率，由其他部门提供的国内生产总值可以估算城市人口的法律覆盖率。在国家法律覆盖率达到人口99%以上或低于1%的国家，城乡差距被假定是相同的。鉴于观察到的高度相关性，可以基于熟练助产人员（SBA）来估算农村地区卫生人员缺口、财政赤字以及孕产妇死亡率。在那些赤字为零的国家，假定农村或城市无赤字。农村人口的自付费用（OOP）是基于世界银行家庭支出数据进行估算的。由于数据库偏向低收入和中等收入国家，因此假定高收入国家的城乡差异是相同的。所有评估的估计都是基于人口加权并参考了来自联合国《世界人口展望》、世界银行（世界发展指标数据库、全球消费数据库），以及世界卫生组织全球卫生观察站数据储存库的数据。

有关长期护理的覆盖和可及性的数据开发,我们利用现有的国际数据库和来自国际组织的有关报告,包括来自经合组织、世界卫生组织、世界银行和国际劳工组织等相关方面的可比较信息。此外,还使用了其他知名的数据库并进行了包括立法、长期护理政策和服务提供及现金给付等方面的文献检索。在综合了收集的资料后,联系了部分国家的国际专家、学者、作者、政府代表和政策制定者进行质量把控。

关于所采用方法的进一步的细节可参见附件四表 B.13 以及国际劳工组织的相关出版物(Scheil-Adlung, 2015a, 2015b)。

社会保护支出

社会保护支出的数据是根据世界各地不同标准进行收集的。在欧盟范围内,使用的是欧洲综合社会保护统计系统(ESSPROS),而世界其他地区的可比数据则是基于国际货币基金组织的政府财政统计(GFS),或是根据新版 2014 年 GFS 标准,或是旧版 2001 年 GFS 或 1986 年 GFS 标准。

本报告中的支出数据从多种来源获取(见表 AⅡ.2 和本附件末"数据来源"部分)。

全球和区域估计

有效覆盖和法律覆盖指标的区域计算结果是根据区域内各国或地区经相关人群加权的平均数得出。有效覆盖基于各国或地区提供的行政数据[国际劳工组织社会保障调查(SSI)]估算而得。对于覆盖面不足的可持续发展目标区域,则采取了估算方式。区域和全球估计是在与国际劳工组织统计司的合作下编制完成(见下文的方法细节)。

支出指标的区域结果是根据区域内各国或地区经国内生产总值加权后的平均数得出。所使用的 GDP 数据是根据世界银行以美元计算的当前 GDP。

区域和收入分组

表 AⅡ.3 和表 AⅡ.4 列出了所使用的区域和收入分组。

表 AⅡ.3 区域分组

区域	亚区(粗分)	国家或地区
非洲	非洲北部	阿尔及利亚、埃及、利比亚、摩洛哥、苏丹、突尼斯、西撒哈拉
	撒哈拉以南非洲	安哥拉、贝宁、博茨瓦纳、布基纳法索、布隆迪、佛得角、喀麦隆、中非、乍得、科摩罗、刚果(布)、刚果(金)、科特迪瓦、吉布提、赤道几内亚、厄立特里亚、埃塞俄比亚、加蓬、冈比亚、加纳、几内亚、几内亚比绍、肯尼亚、莱索托、利比里亚、马达加斯加、马拉维、马里、

附件二 衡量社会保护的有效覆盖、法律覆盖和支出

续表

区域	亚区（粗分）	国家或地区
非洲	撒哈拉以南非洲	毛里塔尼亚、毛里求斯、马约特岛、莫桑比克、纳米比亚、尼日尔、尼日利亚、留尼汪岛、卢旺达、圣赫勒拿、圣多美和普林西比、塞内加尔、塞舌尔、塞拉利昂、索马里、南非、南苏丹、苏丹、斯威士兰、坦桑尼亚、多哥、乌干达、赞比亚、津巴布韦
美洲	拉丁美洲和加勒比地区	安圭拉、安提瓜和巴布达、阿根廷、阿鲁巴、巴哈马、巴巴多斯、伯利兹、玻利维亚、巴西、英属维尔京群岛、开曼群岛、智利、哥伦比亚、哥斯达黎加、古巴、库拉索岛、多米尼加、多米尼加、厄瓜多尔、萨尔瓦多、福克兰群岛（马尔维纳斯）、法属圭亚那、格林纳达、瓜德罗普岛、危地马拉、圭亚那、海地、洪都拉斯、牙买加、马提尼克岛、墨西哥、蒙特塞拉特、荷属安的列斯群岛、尼加拉瓜、巴拿马、巴拉圭、秘鲁、波多黎各、圣基茨和尼维斯、圣卢西亚、圣马丁（法国）、圣文森特和格林纳丁斯、圣马丁岛（荷兰王国）、苏里南、特立尼达和多巴哥、特克斯和凯科斯群岛、美属维尔京群岛、乌拉圭、委内瑞拉
	北美	百慕大、加拿大、格陵兰、圣皮埃尔和密克隆、美国
阿拉伯国家	阿拉伯国家	巴林、伊拉克、约旦、科威特、黎巴嫩、巴勒斯坦被占领土、阿曼、卡塔尔、沙特阿拉伯、叙利亚、阿联酋、也门
亚洲和太平洋地区	东亚	中国、中国香港、日本、朝鲜、韩国、中国澳门、蒙古、中国台湾
	东南亚	文莱、柬埔寨、印度尼西亚、老挝、马来西亚、缅甸、菲律宾、新加坡、泰国、东帝汶、越南
	南亚	阿富汗、孟加拉、不丹、印度、伊朗、马尔代夫、尼泊尔、巴基斯坦、斯里兰卡
	大洋洲	美属萨摩亚、澳大利亚、库克群岛、斐济、法属波利尼西亚、关岛、基里巴斯、马绍尔群岛、密克罗尼西亚、瑙鲁、新喀里多尼亚、新西兰、纽埃、诺福克岛、北马里亚纳群岛、帕劳、巴布亚新几内亚、萨摩亚、所罗门群岛、托克劳、汤加、图瓦卢、瓦努阿图、瓦利斯和富图纳群岛
欧洲和中亚地区	北欧、南欧和西欧	阿尔巴尼亚、安道尔、奥地利、比利时、波黑、海峡群岛、克罗地亚、丹麦、爱沙尼亚、法罗群岛、芬兰、法国、德国、直布罗陀、希腊、根西岛、冰岛、爱尔兰、马恩岛、意大利、泽西岛、科索沃、拉脱维亚、列支敦士登、立陶宛、卢森堡、北马其顿、马耳他、摩纳哥、黑山、荷兰、挪威、葡萄牙、圣马力诺、塞尔维亚、斯洛文尼亚、西班牙、瑞典、瑞士、英国
欧洲和中亚地区	东欧	白俄罗斯、保加利亚、捷克、匈牙利、摩尔多瓦、波兰、罗马尼亚、俄罗斯、斯洛伐克、乌克兰
	中亚和西亚	亚美尼亚、阿塞拜疆、塞浦路斯、格鲁吉亚、以色列、哈萨克斯坦、吉尔吉斯斯坦、塔吉克斯坦、土耳其、土库曼斯坦、乌兹别克斯坦

注释：由于缺少信息或数据不可靠，数据并不总是包括一个区域的所有国家和地区。

表 AII.4　收入分组

收入分组	国家或地区
高收入	安道尔、澳大利亚、奥地利、安提瓜和巴布达、阿鲁巴岛、巴林、巴哈马、巴巴多斯、比利时、百慕大、英属维尔京群岛、文莱、加拿大、开曼群岛、海峡群岛、智利、库拉索岛、塞浦路斯、捷克、丹麦、爱沙尼亚、法罗群岛、福克兰群岛（马尔维纳斯群岛）、芬兰、法国、法属圭亚那、法属波利尼西亚、德国、直布罗陀、希腊、格陵兰岛、关岛、根西岛、中国香港、匈牙利、冰岛、爱尔兰、马恩岛、以色列、意大利、日本、泽西岛、韩国、科威特、拉脱维亚、列支敦士登、立陶宛、卢森堡、中国澳门、马耳他、马提尼克岛、摩纳哥、荷兰、荷属安的列斯群岛、新喀里多尼亚、新西兰、纽埃、诺福克岛、北马里亚纳群岛、挪威、阿曼、帕劳群岛、波兰、葡萄牙、波多黎各、卡塔尔、留尼汪岛、圣基茨和尼维斯、圣马丁（法国）、圣皮埃尔和密克隆群岛、圣马力诺、沙特阿拉伯、塞舌尔、新加坡、圣马丁岛（荷兰）、斯洛伐克、斯洛文尼亚、西班牙、瑞典、瑞士、中国台湾、特立尼达和多巴哥、特克斯和凯科斯群岛、阿联酋、英国、美国、美属维尔京群岛、乌拉圭、瓦利斯群岛和富图纳群岛
中高收入	阿尔巴尼亚、阿尔及利亚、安圭拉岛、美属萨摩亚、阿根廷、阿塞拜疆、白俄罗斯、伯利兹、波黑、巴西、博茨瓦纳、保加利亚、中国、哥伦比亚、库克群岛、哥斯达黎加、克罗地亚、古巴、多米尼克、多米尼加、厄瓜多尔、赤道几内亚、斐济、加蓬、格林纳达、瓜德罗普岛、圭亚那、伊朗、伊拉克、牙买加、哈萨克斯坦、黎巴嫩、利比亚、兆马其顿、马来西亚、马尔代夫、马绍尔群岛、毛里求斯、墨西哥、黑山、蒙特塞拉特、纳米比亚、瑙鲁、巴拿马、巴拉圭、秘鲁、罗马尼亚、俄罗斯、圣卢西亚、圣文森特和格林纳丁斯、萨摩亚、塞尔维亚、南非、苏里南、泰国、汤加、土耳其、土库曼斯坦、图瓦卢、委内瑞拉
中低收入	亚美尼亚、安哥拉、孟加拉、不丹、玻利维亚、佛得角、柬埔寨、喀麦隆、刚果（布）、科特迪瓦、吉布提、埃及、萨尔瓦多、密克罗尼西亚（联邦）、格鲁吉亚、加纳、危地马拉、洪都拉斯、印度、印度尼西亚、约旦、肯尼亚、基里巴斯、科索沃、吉尔吉斯斯坦、老挝、莱索托、毛里塔尼亚、马约特岛、摩尔多瓦、蒙古、摩洛哥、缅甸、尼加拉瓜、尼日利亚、巴勒斯坦被占领土、巴基斯坦、巴布亚新几内亚、菲律宾、圣赫勒拿、圣多美和普林西比、所罗门群岛、斯里兰卡、苏丹、斯威士兰、叙利亚、塔吉克斯坦、东帝汶、突尼斯、乌克兰、乌兹别克斯坦、瓦努阿图、越南、西撒哈拉、也门、赞比亚
低收入	阿富汗、贝宁、布基纳法索、布隆迪、中非、乍得、科摩罗、刚果（金）、厄立特里亚、埃塞俄比亚、冈比亚、几内亚、几内亚比绍、海地、朝鲜、利比里亚、马达加斯加、马拉维、马里、莫桑比克、尼泊尔、尼日尔、卢旺达、塞内加尔、塞拉利昂、索马里、南苏丹、坦桑尼亚、多哥、乌干达、津巴布韦

注释：由于缺少信息或数据不可靠，数据并不总是包括一个区域的所有国家和地区。

全球和区域社会保护指标总量估计：方法描述

本报告呈现的全球和区域估计基于计量经济模型，该模型可对国家报告数据不可用的国家的缺失数据进行推算。模型的输出是对 169 个国家和地区的七项社会保护指标的一整套单年估计。国家层面的数据（据报告和推算的）经汇总后得到社会保护指标进行全球和区域估计。

数据范围

通过国际劳工组织社会保障调查（SSI）收集了模型中所用的输入数据。全球和区域估计中的每个变量中涉及的国家和地区数量如下：社会保护总体覆盖（至少一种风险事件）：72个国家和地区；老年人：138个国家和地区；重度残障人士：71个国家和地区；新生儿母亲：66个国家和地区；儿童：60个国家和地区；失业人员：75个国家和地区；脆弱人口：65个国家和地区。

表AⅡ.7提供了针对各指标的全球和区域人口比例的详细信息，所用数据通过社会保障调查（SSI）报告给国际劳工组织。输入数据年份从2012—2016年。

对计量经济模型的描述

生成区域和全球总量的每个社会保护指标都运行单独的模型。7项指标中的6项（总覆盖、重度残障人士、新生儿母亲、儿童、失业和脆弱人群）使用了普通最小二乘法（OLS），以地理位置和收入水平作为解释变量。具体地说，每个模型中的因变量是特定社会保护制度中所覆盖的人口比例（i），自变量是与收入分组相互作用的区域分组，如等式（1）所示：

$$社会保护指标\ i = \alpha_i + \beta_i (区域 \times 收入分组) + \varepsilon_i \tag{1}$$

收入组对应于根据世界发展指标（WDI）数据库、按购买力平价（PPP）计算的人均GDP的四分位数。表AⅡ.5列出了回归分析中使用的10个区域分组，这些分组与可持续发展目标全球与区域监测中使用的区域分组一致。

表 AⅡ.5　回归分析中的区域分组*

高加索和中亚	大洋洲
发达区域	东南亚
东亚	南亚
拉丁美洲和加勒比地区	撒哈拉以南非洲
非洲北部	西亚

*本报告中使用的区域分组是根据国际劳工组织的分类（表AⅡ.3），与可持续发展目标监测中的区域分组不同。

因为老年覆盖指标明显高于其他指标，因此采用据报告的老年覆盖数据的简单区域平均值来推算无数据国家相应的值。在少数情况下，普通最小二乘法估计超出范围（<0%或>100%覆盖面），此时用简单区域平均值替代。

计算全球和区域总量的方法

对于每一个社会保护指标，只有当通过社会保障调查（SSI）报告的数据对应于特定区域人口的40%以上时，才能生成区域和全球总量。在满足这一阈值的条件下，通过所依据的国家层面估计值（据报告或估算的）的加权平均可以获得区域和全球总量。表 AⅡ.6 列出了每个指标的权重。

表 AⅡ.6　每个指标的加权变量

指标	加权变量	加权变量的资料来源
总覆盖	总人口	联合国《世界人口展望》，2015 年修订版
老年人	65 岁及以上人口	联合国《世界人口展望》，2015 年修订版
重度残障人士	总人口	联合国《世界人口展望》，2015 年修订版
新生儿母亲	15～49 周岁的女性人口	联合国《世界人口展望》，2015 年修订版
儿童	0～14 周岁的人口	联合国《世界人口展望》，2015 年修订版
失业者	总失业人口	国际劳工组织《趋势经济计量模型》，2016 年 11 月
脆弱群体	总人口	联合国《世界人口展望》，2015 年修订版

表 AⅡ.7　全球和区域总量所依据的数据范围（有报告数据的区域人口比例）

区域	据报告数据的覆盖						
	总估计值	重度残障者	脆弱群体	老年人	新生儿母亲	儿童	失业者
世界	0.76	0.51	0.72	0.95	0.66	0.41	0.63
非洲	0.65	0.17	0.57	0.74	0.41	0.45	0.50
美洲	0.86	0.72	0.80	0.88	0.41	0.56	0.81
阿拉伯国家	0.00	0.02	0.00	0.36	0.00	0.00	0.00
亚洲和太平洋地区	0.81	0.50	0.76	0.99	0.77	0.33	0.52
欧洲和中亚	0.69	0.85	0.68	0.96	0.81	0.63	0.94
宽泛的亚区							
非洲北部	0.42	0.23	0.00	0.32	0.60	0.00	0.00
撒哈拉以南非洲	0.71	0.15	0.71	0.91	0.36	0.53	0.66
拉丁美洲和加勒比地区	0.78	0.56	0.69	0.75	0.56	0.75	0.73
北美	1.00	1.00	1.00	1.00	0.10	0.09	1.00
阿拉伯国家	0.00	0.02	0.00	0.36	0.00	0.00	0.00
东亚	1.00	0.11	0.88	0.99	0.90	0.91	1.00
东南亚和太平洋地区	0.33	0.54	0.33	0.98	0.37	0.21	0.18
南亚	0.82	0.82	0.82	1.00	0.82	0.09	0.00
北欧、南欧和西欧	0.80	0.93	0.80	1.00	0.96	0.81	0.99
东欧	0.80	0.80	0.80	1.00	0.95	0.78	1.00
中亚和西亚	0.25	0.75	0.21	0.47	0.28	0.23	0.71

续表

区域	据报告数据的覆盖						
	总估计值	重度残障者	脆弱群体	老年人	新生儿母亲	儿童	失业者
细分的亚区							
非洲北部	0.42	0.23	0.00	0.32	0.60	0.00	0.00
非洲中部	0.66	0.15	0.66	0.87	0.16	0.66	0.00
非洲东部	0.68	0.08	0.68	0.93	0.22	0.22	0.77
非洲南部	0.94	0.87	0.94	1.00	0.07	0.93	0.94
非洲西部	0.71	0.10	0.71	0.86	0.65	0.75	0.51
加勒比地区	0.28	0.07	0.00	0.10	0.00	0.00	0.02
美洲中部	0.76	0.14	0.76	0.18	0.09	0.75	0.00
南美	0.83	0.77	0.72	1.00	0.81	0.83	0.93
北美	1.00	1.00	1.00	1.00	0.10	0.09	1.00
阿拉伯国家	0.00	0.02	0.00	0.36	0.00	0.00	0.00
东亚	1.00	0.11	0.88	0.99	0.90	0.91	1.00
东南亚	0.31	0.52	0.31	0.98	0.39	0.20	0.12
太平洋岛屿	0.74	0.74	0.74	0.99	0.00	0.50	0.81
南亚	0.82	0.82	0.82	1.00	0.82	0.09	0.00
北欧	1.00	1.00	1.00	1.00	1.00	0.97	1.00
南欧	0.39	0.80	0.39	1.00	0.90	0.40	0.98
西欧	1.00	1.00	1.00	1.00	1.00	1.00	1.00
东欧	0.80	0.80	0.80	1.00	0.95	0.78	1.00
中亚	0.26	0.35	0.26	0.93	0.46	0.49	0.44
西亚	0.25	1.00	0.17	0.29	0.17	0.03	0.87

数据来源

本报告以世界劳工组织的社会保护数据库为基础,该数据库提供了有关社会保障或社会保护体系的各方面的深入的国家层面统计数据,包括面向政策制定者、国际组织官员和研究人员的关键指标,也包括联合国对可持续发展目标的监测(UN,2017b)。

国际劳工组织世界社会保护数据库中的大部分数据是通过国际劳工组织社会保障调查(SSI)收集的,国际劳工组织定期收集各国劳工部、社会保障部、福利部、社会发展部、财政部和其他部门的行政数据。2016年版社会保障调查是对早期调查问卷的更新,以更好地反映新通过的可持续发展目标。社会保障调查问卷和手册可在线获取

（ILO，2016c）。

为了衡量法律覆盖面，主要数据来源是国际社会保障协会（ISSA）/美国社会保障署（SSA）的《全球社会保障项目（Social Security Programs Throughout the World）》，同时结合使用了国际劳工组织数据库（ILOstat）中的劳动力数据。

其他来源数据包括：

- 关于有效覆盖指标：现有的全球社会保护统计数据，包括欧盟统计局（Eurostat）、世界银行的养老金和社会保护抵御力和公平指标（ASPIRE）数据库、联合国儿童基金会（UNICEF）、联合国妇女署（UN Women）、助老会（HelpAge）、经济合作与发展组织（OECD）和国际社会保障协会（ISSA）。

- 关于法律覆盖指标：国际助老会（HelpAge International）和欧盟委员会社会保护交互信息系统（MISSOC）。

- 关于健康覆盖：世界卫生组织，全球卫生观察站的数据储存库；联合国，《世界人口展望》，2015年修订版；世界银行，世界发展指标和全球消费数据库。

- 关于支出指标：所使用的GDP数据是根据世界银行以美元计算的当前GDP；国际货币基金组织（IMF）、欧盟统计局（Eurostat）、经济合作与发展组织（OECD）、联合国拉丁美洲和加勒比地区经济委员会（ECLAC）、亚洲开发银行（ADB）、政府支出观察（GSW）、世界卫生组织（WHO）及财政部或经济部等国家来源的支出数据。

- 关于人口和劳动力市场指标：国际劳工组织数据库（ILOstat）；联合国《世界人口展望》，2015年修订版。用于这些指标的定义可从以下来源获取：关于工作、就业和劳动利用不充分统计的决议，2013年10月，第19届国际劳工统计学家会议（ICLS）。可见http://www.ilo.ch/global/statistics-and-databases/meetings-and-events/international-conference-of-labour-statisticians/19/lang--en/index.htm.

- 国际劳工组织的世界社会保护数据库还借鉴了国家官方报告和其他来源。这些来源通常很大程度上基于行政数据；涉及社会保护的一系列来源广泛的调查数据，包括全国家庭收入和支出调查、劳动力调查以及人口和健康调查等。

当上述来源的最新数据时无法获取，则使用《世界社会保护报告》上一版本中的数据。

附件三 国际劳工组织社会保障标准的最低要求：概览表

全球已公认国际劳工组织的社会保障标准是设计基于权利、健全和可持续的社会保护制度和体系的关键参考。这些标准还对国际人权文书（特别是1948年《世界人权宣言》和1966年《经济、社会、文化权利国际公约》）所规定的社会保障权利相关内容给出了含义和定义，成为了实现这一权利和有效实施基于权利的社会保护的基本工具。

作为社会保护领域的国际劳工组织政策和技术建议指导，国际劳工组织的社会保障标准可作为政府的主要工具。政府与雇主雇员磋商、设法起草和实施社会保障法、建立行政和财务治理框架，以及制定社会保护政策。具体说来，这些标准可作为以下几方面的主要参考：

- 制定国家社会保障扩展战略；
- 发展和维护全面综合的国家社会保障体系；
- 社会保障制度的设计和参数调整；
- 建立和实施有效的追索、执行和合规机制；
- 社会保障的良好治理和行政、财务结构的改善；
- 履行国际和区域义务，实施国家社会保护战略和行动计划；
- 努力实现可持续发展目标，特别是目标1、3、5、8、10和16。

国际劳工组织规范性的社会保障框架由八项最新的公约和九项建议书构成。[1]其中最重要的是1952年《社会保障（最低标准）公约》（第102号公约）和2012年《关于

---

[1] 1952年《收入保障建议书》（第67号建议书）、1944年国际劳工组织《医疗护理建议书》（第69号建议书）、1952年《社会保障（最低标准）公约》（第102号公约）、1962年《社会保障同等待遇公约》（第118号公约）、1964年《工伤事故和职业病津贴公约》（第121号公约）和1964年《工伤事故津贴建议书》（第121号建议书）、1967年《残障、老年和遗属津贴公约》（第128号公约）和1967年《残障、老年和遗属津贴建议书》（第131号建议书）、1969年《医疗和疾病津贴公约》（第130号公约）和1969年《医疗和疾病津贴建议书》（第134号建议书）、1982年《维护社会保障权利公约》（第157号公约）和1983年《维护社会保障权利建议书》（第167号建议书）、1988年《促进就业和失业保护公约》（第168号公约）和1988年《促进就业和失业保护建议书》（第176号建议书）、2000年《生育保护公约》（第183号公约）和2000年《生育保护建议书》（第191号建议书）以及2012年《关于国家社会保护底线的建议书》（第202号建议书）。这些文书载于汇编《建立社会保护体系：国际标准和人权文书》（Geneva, ILO, 2017）。

国家社会保护底线的建议书》（第 202 号建议书）。[①]其他公约和建议书针对不同的社会保障子项目制定了更高的标准，或者阐明了移民劳工的社会保障权利。

国际劳工组织标准设定了定性和定量基准。这些标准共同确定了当人生风险出现或发生状况时社会保障制度提供的社会保护最低标准，涉及：

- 风险事件的定义（必须覆盖什么？）
- 受保护人（必须覆盖谁？）
- 福利（待遇给付）类型和水平（应该提供什么？）
- 待遇给付期限和等候期（待遇给付期限应该是多长？）
- 资格条件，包括符合资格的期限（获取待遇给付的资格条件是什么？）

此外，国际劳工组织标准还制定了关于社会保障的集体组织、筹资及管理的通用规则，以及对国家体系进行良好治理的原则。这些包括：

- 国家提供应有的待遇给付并合理管理社会保障体系的一般责任；
- 团结、集体筹资和风险共担；
- 社会保障制度的参与式管理；
- 对既定待遇给付的保障；
- 调整养老金水平以维持受益人的购买力；
- 投诉和上诉的权利。

表 AⅢ.1～表 AⅢ.9 提供了国际劳工组织标准中一些关键要求的概览。

[①] 到目前为止，已有 55 个国家或地区批准了第 102 号公约，最近批准该公约的国家有阿根廷（2016 年）、乍得（2015 年）、多米尼加（2016 年）、洪都拉斯（2012 年）、约旦（2014 年）、圣文森特和格林纳丁斯（2015 年）、多哥（2013 年）、乌克兰（2016 年）及乌拉圭（2010 年）。国际劳工组织的建议书无须批准。

附件三 国际劳工组织社会保障标准的最低要求：概览表⊙

表 AⅢ.1 主要要求：国际劳工组织关于健康保障的社会保障标准

	第 102 号公约：最低标准	第 130 号公约[a] 和第 134 号建议书[b]：较高标准	第 202 号建议书：基本保护
必须覆盖什么？	不论其起因的任何疾病、怀孕、分娩及其后果	对治疗和预防性质的医疗服务的需要	任何需要医疗保健的情形，包括生育
必须覆盖谁？	至少： ● 全体雇员中的 50% 及他们的妻子和孩子；或 ● 规定类别的经济活动人口（在全体居民中的构成不低于 20% 以及他们的妻子和孩子）；或 ● 全体居民中的 50%	第 130 号公约：包括学徒在内的全体雇员，以及他们的妻子和孩子；或 ● 规定的类别的经济活动人口（至少占经济活动总人口的 75% 以及妻子和儿童）；或 ● 至少占全体居民的 75% 的居民 第 134 号建议书：此外，临时工和季节工工作的雇主为雇员、全部经济活动人口及其家属，全部经济活动人口及其家庭成员、在雇主家中生活并为雇主工作的家庭成员、全体居民	至少所有居民和儿童，遵守该国或该地区现有的国际义务
待遇给付应该提供什么？	在患病的情况下：全科医生诊治、医院的专家诊治、供应必需的药物、必要时住院 在怀孕、分娩及其产生后果的情况下：由医务人员和合格的助产士进行产前、分娩和产后的护理以及必要时的住院	第 130 号公约：医疗应包括：全科医生和他们从事劳动和照料个人需要的能力，人的健康以及使他们从事劳动和照料个人需要的能力，恢复或改善受保护人的健康以及使他们从事劳动和照料个人需要的能力，至少包括：全科医生的诊治、医院的专家诊治，必要时住院，相关的服务和津贴，提供必需的药物，牙科治疗和医疗康复 第 134 号建议书：还提供医疗辅助器具（如眼镜）和病后康复服务	至少构成基本医疗保健的商品和服务，包括孕产妇护理，符合可及性、获取性、可接受性和质量标准；针对最脆弱人员实行免费的产前和产后医疗护理；尽快向尽可能多的人员提供更高水平的保护
待遇给付期限应该是多长？	只要患病起怀孕、分娩及其产生后果持续。每例疾病津贴期限可为 26 周。当受益人因确认取疾病津贴而需要延长护理或接受治疗时，疾病而领取疾病津贴或补贴津贴不得中止	第 130 号公约：整个风险事件期间 如果受益人不再属于各类受保护人中的一类时，那么期限可能限制为 26 周，除非他/她已因需要延长护理而接受医疗护理，或者只要他/她被支付了疾病现金补贴 第 134 号建议书：整个风险事件期间	只要健康状况要求

	第102号公约：最低标准	第130号公约ᵃ和第134号建议书ᵇ：较高标准	第202号建议书：基本保护
获取待遇给付的资格条件是什么？	为防止滥用津贴，可以规定必要的适格期限条件	第130号公约：为防止滥用津贴，可以规定必要的适格期限条件。第134号建议书：享受医疗福利的权利不得受到适格期限的限制	有医疗保健需求的人员，不应由于获取基本医疗保健的财务后果而面临困难 取消基本医疗保健的财务风险和贫困风险的增加 应在国家层面进行界定并由法律加以规定，满足特殊需求，社会包容的原则以及确保人民权利和尊严

ᵃ 1969年《医疗和疾病津贴公约》。ᵇ 1959年《医疗和疾病津贴建议书》。

表 AIII.2 主要要求：国际劳工组织关于疾病津贴的社会保障标准

	第102号公约：最低标准	第130号公约和第134号建议书：较高标准	第202号建议书：基本保护
必须覆盖什么？	因疾病造成不能工作并导致收入中断	第130号公约：因疾病造成不能工作并导致收入中断。第134号建议书：也包括因康复、治疗性或预防性医疗，康复或隔离因照顾供养家庭成员而缺勤导致的收入损失	针对那些因疾病而无法获得足够收入的人，至少提供基本的收入保障
必须覆盖谁？	至少： • 全体雇员中的50%；或 • 规定类别的经济活动人口（在全体居民中的构成不低于20%）；或 • 收入低于规定水平的全体居民	第130号公约： • 包括学徒在内的全体人口（至少占经济活动总人口的75%）；或 • 规定类别的经济活动人口；或 • 收入低于规定水平的全体居民 第134号建议书：范围扩大到临时工、在雇主家中生活并为雇主工作的雇主家庭成员、全部经济活动人口、全体居民	至少所有活跃年龄的居民，遵守该国现有的国际义务

续表

	第102号公约：最低标准	第130号公约和第134号建议书：较高标准	第202号建议书：基本保护
待遇给付应该提供什么？	定期支付；至少是参照工资标准的45%	第130号公约：定期支付；如果受益人死亡，丧葬费用补贴的60%；第134号建议书：津贴应是参照工资标准的66.66%	以现金或实物的福利，其水平至少确保基本的收入保障，以便有效获取必要物品和服务；预防或缓解贫困、脆弱性和社会排斥；并允许有尊严的生活
待遇给付期限应该是多长？	只要仍然因疾病无法从事有报酬的工作；在领取津贴之前最长3天的等待期；每例疾病津贴期限可为26周	第130号公约：只要仍然因疾病无法从事有报酬的工作；在领取津贴之前最长3天的等待期；每例疾病津贴期限可为52周；第134号建议书：整个疾病期间或者其他风险事件情形下，应发放津贴	
获取待遇给付的资格条件是什么？	为防止滥用津贴，可以规定必要的适格期限条件	第130号公约：为防止滥用津贴，可以规定必要的适格期限条件	应在国家层面进行界定并由法律加以规定，贯彻不歧视、满足特殊需求、社会包容的原则以及确保人民权利和尊严

表 AIII.3 主要要求：国际劳工组织关于失业保护的社会保障标准

	第102号公约：最低标准	第168号公约[a]和第176号建议书[b]：较高标准	第202号建议书：基本保护
必须覆盖什么？	由于没有能力中断的有能力工作的人而收入中断的有能力工作的人	第168号公约：有能力工作，可以工作并目在寻找工作的情况下不能得到适宜的工作的人，因暂时中止工作造成的部分因失业造成收入损失，以反寻找全日制工作中止或减少，以反寻找全日制工作的非全日制劳动者；第176号建议书：为评估潜在就业的适宜性提供指导	对那些因失业而无法获得足够收入的人，至少提供基本的收入保障

· 275 ·

续表

	第102号公约：最低标准	第168号公约[a] 和第176号建议书[b]：较高标准	第202号建议书：基本保护
必须覆盖谁?	至少： ● 全体雇员中的50%；或 ● 收入低于规定水平的全体居民	第168号公约：不少于全体雇员的85%，包括公务人员和学徒工、收入低于规定水平的全体居民、大到已不再被认定未被认为是失业人员或从未被认为失业保护制度覆盖的求职人员 第176号建议书：覆盖面应该逐步扩大到全体雇员以及在等待期间遇到困难的人	至少所有活跃年龄的居民，遵守该国现有的国际义务
待遇给付应该提供什么?	定期支付；至少是参照工资准的45%	第168号公约：定期支付；至少是考虑到该受益人健康而合理的生活条件 第176号建议书：对于部分就业、津贴额与来自非全日制工作时的收入相加之和应介于以前的全日制工作收入与完全失业津贴额之间	现金或实物形式的福利，其水平至少确保基本收入保障，以便保障有效获取必要物品和服务；预防或缓解贫困、脆弱性、社会排斥；并得以有尊严的生活
待遇给付期限应该是多长?	覆盖雇员的制度：在12个月内至少领取13周的津贴 基于家计调查的（非缴费型）制度：在12个月内至少领取26周的津贴，最长7天的等待期	第168号公约：整个失业期间，在失业的情况下可将首次津贴支付起算期限为26周或前24个月内限为39周，最长7天的等待期 第176号建议书：对达到规定年龄的失业者，应延长其津贴期限，直至达到可领取养老金的年龄。	只要仍然无法获得足够的收入
获取待遇给付的资格条件是什么?	为防止滥用津贴，可以规定必要的适格期限条件	第168号公约：为防止滥用津贴，可以规定必要的适格期限条件 第176号建议书：对新求职者、资格期限可取消或予以调整	应在国家层面进行界定并由法律加以规定，贯彻不歧视，满足特殊需求，社会包容的原则以及确保人民权利和尊严

[a] 1988年《促进就业和失业保护公约》。[b] 1988年《促进就业和失业保护建议书》。

附件三 国际劳工组织社会保障标准的最低要求：概览表

表 AIII.4 主要要求：国际劳工组织关于老年人收入保障的社会保障标准

	第102号公约：最低标准	第128号公约[a]和第131号建议书[b]：较高标准	第202号建议书：基本保护
必须覆盖什么？	超过规定年龄的生存期（根据各国老年人的工作能力，65岁或更高年龄）	第128号公约：与第102号公约相同；对于那些从事艰苦或有害健康工作的人，规定年龄应低于65岁 第131号建议书：此外，规定的年龄应根据社会环境予以降低	对老年人，至少提供基本的收入保障
必须覆盖谁？	至少： ● 全体雇员中的50%；或 ● 规定类别的经济活动人口（在全体居民中的构成不低于20%）；或 ● 收入低于规定水平的全体居民	第128号公约：包括学徒工在内的全体雇员或规定类别的经济活动人口（在全体居民中的构成不低于75%）；或收入低于规定水平的全体居民 第131号建议书：应将范围扩大到临时工或所有从事经济活动人口	国家规定年龄的所有居民，遵守该国现有的国际义务
待遇给付应提供什么？	定期支付：至少是参照工资水平和/或生活成本发生重大变化后进行调整的45%；在一般收入水平和/或生活成本发生重大变化后进行调整	第128号公约：至少是参照工资标准的55%； 第131号建议书：应通过立法确保老年津贴的最低金额，以确保最低生活标准；如果受益人需要经常帮助（照料），应该提高津贴水平	以现金或实物的福利，以便有效获取必要物品和服务；预防或缓解贫困、脆弱性、社会排斥，并允许有尊严的生活。应定期审查待遇给付水平
待遇给付期限应该是多长？	从规定的年龄开始到受益人死亡	与第102号公约相同	从国家规定的年龄开始到受益人死亡
获取待遇给付的资格条件是什么？	缴纳保险费或就业满30年（针对缴费型制度）或者居住满20年的适格期限（针对非缴费型制度）缴纳保险费或就业满15年的适格期限则有权取得削减的津贴	第128号公约：与第102号公约相同 第131号建议书：缴纳保险费或居住满15年的适格期限（针对非缴费型制度）或就业满20年（针对缴费型制度）由于疾病、事故或发生生育而不能工作的时期，因被迫失业而领取政府津贴的时期，义务兵役取得政府保险费或就业的时期，计算适格期限	应在国家层面进行界定并由法律加以规定，贯彻不歧视、满足特殊需求、社会包容的原则以及确保老年人的权利和尊严

[a] 1967年《残障、老年、遗属津贴公约》。[b] 1967年《残障、老年、遗属津贴建议书》。

表 AIII.5 主要要求：国际劳工组织关于工伤保护的社会保障标准

	第 102 号公约：最低标准	第 121 号公约[a] 和第 121 号建议书[b]：较高标准	第 202 号建议书：基本保护
必须覆盖什么？	疾病；因与工作有关的事故或职业病而工作导致收入中断；全部或部分丧失获取收入的能力，规定程度上部分丧失获取收入的能力，并且很可能是永久性的，或相应丧失官能；由于供养人死亡而丧失依靠	第 121 号公约：与第 102 号公约相同	对那些因工伤而无法获得足够收入的人，至少提供基本的收入保障
必须覆盖谁？	至少全体雇员中的 50% 及他们的配偶和子女	第 121 号公约：所有公共和私营部门雇员，包括合作成员和学徒工；如果供养人死亡，则为其配偶、子女和规定的其他供养人 第 121 号建议书：范围应逐步扩大到所有类别的雇员和其他被供养的家庭成员（父母、兄弟姐妹、孙辈）	至少所有活跃年龄阶段居民，遵守该国现有的国际义务
待遇给付应该提供什么？	医疗保健和相关津贴：全科医生、专科医生、牙科治疗、护理；药物治疗、康复、修复等，以保持、恢复或改善健康及工作和个人生活自理的能力 现金给付： ● 定期支付至少是参照工资标准的 50%；如果供养人死亡，至少是参照工资标准的 40% ● 在一般收入水平和/或生活成本发生重大变化后对长期津贴进行调整 ● 如果失能的程度是轻微，且主管当局确信一次性付款将会得到合理使用，则可一次性支付。	第 121 号公约：医疗保健：与第 102 号公约相同；在工作地点急救和后续治疗 现金给付： 如果工资不能工作或无劳动能力，定期支付至少是参照工资标准的 60%；如果供养人死亡，则为参照工资标准的 50% 第 121 号建议书：如果受害人需要经常帮助或照料，则应该涵盖这类照顾所需的费用 现金给付：不低于以前收入的 66.67%；在一般人水平以前生活成本考虑到长期津贴调整 一次性支付：如果失能性生活程度低于 25%，则允许一次性支付；一次性支付与定期支付长期保持合理的比例关系，不得低于分三年定期支付的津贴总额。	以现金或实物的福利，其水平应至少确保基本收入保障，以便有效获取必要物品和服务、社会排斥、预防或缓解贫困脆弱性，并不允许有尊严的生活。应定期审查待遇给付水平

续表

	第102号公约：最低标准	第121号公约[a]和第121号建议书[b]：较高标准	第202号建议书：基本保护
待遇给付期限应该是多长？	只要该人员需要医疗保健或仍然无工作能力 无等待期（除了不超过3天的暂时不能工作）	第121号公约：只要需要医疗保健或保健或无行为能力 第121号建议书：此外，应从收入中断的第一天起领取现金给付	只要仍然无法获得足够的收入
获取待遇给付的资格条件是什么？	对于工伤者，领取津贴没有适格期限 对于被供养人，可将配偶被推定为无自立能力和子女未达到规定年龄作为其领取补助金的条件	与第102号公约相同	应在国家层面进行界定并由法律加以规定，贯彻不歧视、满足特殊需求、社会包容的原则以及确保工伤者的权利和尊严

[a] 1964年《工伤事故津贴公约》。 [b] 1964年《工伤事故津贴建议书》。

表 AIII.6 主要要求：国际劳工组织关于家庭/儿童福利的社会保障标准

	国际劳工组织第102号公约：最低标准	国际劳工组织第202号建议书：基本保护
必须覆盖什么？	抚养子女的责任	对儿童提供至少基本水平的收入保障
必须覆盖谁？	至少：全体雇员中的50%；或 ● 规定类别经济活动人口（在全体居民中的构成不低于20%） ● 收入低于规定水平的全体居民	所有儿童
待遇给付应该提供什么？	定期现金支付；或 ● 提供食品、衣物、住房、休假或家务帮助；或 ● 两者的结合 在全体人员范围内计算的福利总额： ● 至少参照工资标准的3%乘以受保护人的子女数量；或 ● 至少参照工资标准的1.5%乘以所有居民的子女数量	以现金或实物的福利，其水平至少确保针对儿童的基本收入保障，向其提供必要的物品和服务保障，照护，教育，营养，照护和其他必要的物品和服务

续表

国际劳工组织第102号公约：最低标准	国际劳工组织第202号建议书：基本保护
待遇给付期限应该是多长？	
至少从出生到15岁离校年龄	童年时期
获取待遇给付的资格条件是什么？	
• 缴费或就业满三个月（针对缴费型或基于离业的制度）；或 • 居住满一年（针对非缴费型制度）	应在国家层面并界定并由法律加以规定，贯彻不歧视、满足特殊需求、社会包容各项的原则以确保儿童的权利和尊严

表 AⅢ.7 主要要求：国际劳工组织关于生育保护的社会保障标准

	国际劳工组织第102号公约：最低标准	国际劳工组织第183号公约[a]和191号建议书[b]：较高标准	国际劳工组织第202号建议书：基本保护
必须覆盖什么？	因怀孕、分娩及其产生的后果所需的医疗保健；因之导致的收入损失	第183号公约：因怀孕、分娩及其产生的后果所需要的医疗保健；因之导致的收入损失 第191号建议书：与第183号公约相同	构成基本生育保健的物品和服务 对那些因生育而无法获得足够收入的人，至少提供基本的收入保障
必须覆盖谁？	至少： • 全体女性雇员的50%；或 • 规定类别的经济活动女性人口（在全体居民中构成不低于20%）；或 • 收入低于规定水平的全体女性	第183号公约：所有就业女性，包括从事非典型形式的依赖性工作的女性 第191号建议书：与第183号公约相同	至少所有女性居民，遵守该国现有的国际义务
待遇给付应该提供什么？	医疗福利和产后护理 至少： • 由合格的从业者进行产前、分娩和产后护理 • 必要时住院 现金给付： • 定期支付：至少参照工资标准的45%	第183号公约：医疗福利： • 至少由合格的从业者进行的产前、分娩和产后护理 • 必要时住院 现金给付： 因母乳哺育所需要的休息时间或减少的工时应计算日报酬 至少是以前收入的66.67%；应使母亲和儿童保持适当的健康条件和适宜的生活水平 第191号建议书：福利津贴应提高到女性此前收入的全额	医疗福利：符合可及性，可获取性，可接受性和质量标准；针对最脆弱人员实行免费产前和产后医疗护理 以现金或实物的保障，以便有效获取必要物品和服务；其水平至少确保基本收入保障，其水平应能预防或缓解贫困、脆弱性、社会排斥，并允许有尊严的生活。应定期审查待遇给付水平

附件三 国际劳工组织社会保障标准的最低要求：概览表

续表

	国际劳工组织第102号公约：最低标准	国际劳工组织第183号公约[a]和第191号建议书[b]：较高标准	国际劳工组织第202号建议书：基本保护
待遇给付期限应该是多长？	福利津贴至少为12周	第183号公约：14周的产假，包括生育后6周的强制假期；在因怀孕或分娩而引起患病，并发症或有并发症危险的情况下，可在产假期之前或之后提供休假 第191号建议书：18周的产假 如果是生育多胞胎的情况，则延长产假	只要仍然无法获得足够的收入
获取待遇给付的资格条件是什么？	为防止滥用津贴，可以规定必要的适格期限条件	第183号公约：必须使得大多数女性满足条件；那些不符合条件的人有权获得社会援助 第191号建议书：与第183号公约相同	应在国家层面界定并由法律加以规定，贯彻不歧视、满足特殊需求、社会包容的原则以及确保女性的权利和尊严

[a] 2000年《生育保护公约》。 [b] 2000年《生育保护建议书》。

表 AIII.8 主要要求：国际劳工组织关于残障津贴的社保障标准

	国际劳工组织第102号公约：最低标准	国际劳工组织第128号公约和第131号建议书：较高标准	国际劳工组织第202号建议书：基本保护
必须覆盖什么？	没有能力从事任何有收入的活动，很可能是永久性的，或持续至疾病津贴用尽以后（完全失去能力）	第128号公约：没有能力从事任何有收入的活动，很可能是永久性的，或最初或失能至以后（完全失去能力） 第131号建议书：没有能力从事任何有收入的活动，很可能永久或大到临时失能（完全或部分失去能力）	对那些因残障而无法获得足够收入的人员，至少提供基本的收入保障
必须覆盖谁？	至少： ● 全体雇员中的50%；或 ● 规定类别的经济活动人口（在全体居民中的构成不低于20%）；或 ● 收入低于规定水平的全体居民	第128号公约： ● 包括学徒工在内的经济活动人口（至少占经济活动总人口的75%）；或 ● 全体居民或收入低于规定水平的全体居民 第131号建议书：应将覆盖面扩大到临时工和所有从事经济活动的群体	至少所有居民，遵守该国现有的国际义务

续表

	国际劳工组织第 102 号公约：最低标准	国际劳工组织第 128 号公约和第 131 号建议书：较高标准	国际劳工组织第 202 号建议书：基本保护
待遇给付应该提供什么？	定期支付：至少参照工资准的 40% 在一般收入水平和/或生活成本发生重大变化后进行调整	第 128 号公约：定期支付应至少是参照工资标准的 50% 第 131 号建议书：定期支付应至少是参照工资标准的 60% 部分失能人员领取削减的津贴	以现金或实物形式的福利，其水平至少确保基本收入保障，以便有效获取必要物品和服务；预防或缓解贫困、脆弱性、社会排斥，并允许有尊严的生活
待遇给付期限应该是多长？	只要个人仍然无法从事有收入的工作，或者直到领取养老金	只要仍然无法工作或直到领取老年养老金	只要仍然无法获得足够的收入
获取待遇给付的资格条件是什么？	缴纳保险费或就业满 15 年（针对缴费型制度）或居住满 10 年（针对非缴费型制度）；如缴费期满 5 年或居住满 3 年后，有权获得削减的津贴	第 128 号公约：缴纳保险费或就业满 15 年（针对缴费型制度）或居住满 10 年（针对非缴费型制度）；缴费期满 5 年或居住满 3 年后，有权对非缴费型制度获取削减的津贴 第 131 号建议书：对年轻时劳动者或者因事故造成残障的，领取津贴的适格期限应消减或缩短 因疾病、事故或生育不能工作的时期，因被迫失业而领取津贴的时期，义务兵役时期应视同缴纳保险或就业的时期算人适格期限	无具体指示；应在国家层面确定资格条件，贯彻不歧视，满足特殊需求、社会包容的原则以及确保残障人士的权利和尊严；由法律进行规定

表 AⅢ.9 主要要求：国际劳工组织关于遗属津贴的社会保障标准

	国际劳工组织第 102 号公约：最低标准	国际劳工组织第 128 号公约和第 131 号建议书：较高标准	国际劳工组织第 202 号建议书：基本保护
必须覆盖什么？	因供养人死亡使配偶或子女丧失依靠	第 128 号公约：配偶或子女因其供养人死亡时丧去的支持 第 131 号建议书：与第 128 号公约相同	对那些因失去家依靠而无法获得足够收入的人，至少提供基本收入保障

附件三 国际劳工组织社会保障标准的最低要求：概览表

续表

	国际劳工组织第102号公约：最低标准	国际劳工组织第128号公约和第131号建议书：较高标准	国际劳工组织第202号建议书：基本保护
必须覆盖谁？	供养人的配偶和子女（供养人在全体雇员中的构成不少于50%）；或经济活动总人口中的供养人的配偶和子女（供养人在全体居民中的构成不少于20%）；或收入低于规定水平的全体配偶和子女	第128号公约：雇员或学徒工的配偶、子女和其他供养人；或 ● 至少占经济活动总人口75%的劳动者的配偶、子女和其他被供养人；或 ● 具有居民资格或收入低于规定水平的所有配偶和孩子和其他被供养人 第131号建议书：此外，覆盖面应逐步扩大到同时工和一个残障同龄人口被供养与鳏夫应享有与寡妇相同的权利	至少所有居民和儿童，遵守该国现有的国际义务
待遇给付应该提供什么？	定期支付：至少是参照工资标准的40% 在一般收入水平和/或生活成本发生重大变化后进行调整	第128号公约：定期支付成本应至少是参照工资标准的45%；根据生活成本调整津贴率 第131号建议书：津贴应增加到至少参照工资标准的55%；津贴最低额定应属津贴以确保最低生活标准	以现金或实物形式提供的福利，其水平至少确保基本收入保障，以便有效获取必要物品和服务；预防或缓解贫困、脆弱性，社会排斥；并允许有尊严的生活。应定期审查待遇给付水平
待遇给付期限应该是多长？	直到儿童达到就业年龄；对寡妇没有限制	第128号公约：如果为残障儿童，福利资格期限应到该就业年龄或维持更长时间；对寡妇没有限制	只要仍然无法获得足够的收入
获取待遇给付的资格条件是什么？	缴纳保险费或就业年满15年（针对缴费型或基于就业的制度）；或居住满10年（针对非缴费型制度）；如缴费津贴，则有权获得削减的津贴 对于寡妇，享受津贴的权利以其能自立为条件；对于儿童，则直到15岁或离校年龄	第128号公约：与第102号公约相同，不得高于领取老年津贴的规定年龄。对于残障的寡妇或者需照顾孩子的需供养孩子的寡妇，对年龄没有要求 第131号建议书：与第128号公约相同，因被迫失业而领纳保险费就业事故或生不能工作的时期、因疾病、义务兵役时期应视同缴纳保险费就业的时期时期算入适格期限	应在国家层面进行界定并由法律加以规定，贯彻不歧视、满足特殊需求、社会包容的原则以及确保人民的权利和尊严

附件四 统计表

A 部分 人口、经济和劳动力市场指标[①]

人口指标
- 表 A.1 人口趋势：抚养比
- 表 A.2 人口趋势：老龄化
- 表 A.3 生育率、儿童和孕产妇死亡率、出生时的预期寿命
- 表 A.4 20 岁、60 岁、65 岁和 80 岁的预期寿命、确切年龄、男女两性（以年为单位）

劳动力和就业指标
- 表 A.5 15～64 岁的劳动力与人口比率
- 表 A.6 65 岁以上的劳动力与人口比率
- 表 A.7 15～24 岁的就业人口比率
- 表 A.8 15 岁以上的就业人口比率
- 表 A.9 最近可用年份的就业状况
- 表 A.10 失业率

经济和贫困指标
- 表 A.11 贫困与收入分配
- 表 A.12 各年份的国内生产总值（GDP）和人类发展指数（HDI）

B 部分 社会保护覆盖和支出指标

- 表 B.1 国际劳工组织最新的社会保障公约在各国的批准情况
- 表 B.2 各国社会保障体系概览：有效覆盖（可持续发展目标指标 1.3.1）
- 表 B.3 社会保护的有效覆盖（可持续发展目标指标 1.3.1），最近可用年份

儿童
- 表 B.4 儿童和家庭福利：主要社会保障项目的关键特征和社会保护有效覆盖（有关儿童和育儿家庭的可持续发展目标指标 1.3.1）

[①] A 部分的表格参见 http://www.social-protection.org/gimi/gess/ShowTheme.action? id=4457。本书略。

生育
- 表 B.5　生育：主要社会保障项目的关键特征和社会保护的有效覆盖（有关新生儿母亲的可持续发展目标指标 1.3.1）

失业
- 表 B.6　失业的有效覆盖指标：实际领取福利的失业者，2000 年至最近可用年份（有关失业者的可持续发展目标指标 1.3.1）

工伤
- 表 B.7　工伤：主要社会保障项目的关键特征

残障
- 表 B.8　残障福利：主要社会保障项目的关键特征和社会保护的有效覆盖（有关重度残障人士的可持续发展目标指标 1.3.1）

老年人
- 表 B.9　老年养老金：主要社会保障项目的关键特征
- 表 B.10　非缴费型养老金制度：主要特征和指标
- 表 B.11　老年有效覆盖：活跃的缴费者
- 表 B.12　老年有效覆盖：老年养老金领取者（有关老年人的可持续发展目标指标 1.3.1）

健康相关指标
- 表 B.13　农村和城市地区的全民健康保障赤字（全球、区域和国家估计）
- 表 B.14　实现长期护理全覆盖的可持续发展目标方面的差距
- 表 B.15　全球估计：健康经济就业现状和到 2030 年实现全民健康覆盖的就业潜力

社会保障支出
- 表 B.16　社会保护公共支出，1995 年至最近可用年份（占 GDP 百分比）
- 表 B.17　有保障的社会保护公共支出（占 GDP 百分比）

表 B.1 国际劳工组织最新的社会保障公约在各国家和地区的批准情况

区域/国家	医疗	疾病	失业	老年	工伤	家庭	生育	残障	遗属	移民劳工[a]
	C.102 C.130 C.118	C.102 C.130 C.118	C.102 C.168 C.118	C.102 C.128 C.118	C.102 C.121 C.118	C.102 C.118	C.102 C.183 C.118	C.102 C.128 C.118	C.102 C.128 C.118	C.118[b] C.157
非洲										
贝宁							C.183（2012）			
布基纳法索							C.183（2013）			
佛得角	C.118（1987）	C.118（1987）		C.118（1987）	C.118（1987）	C.118（1987）	C.118（1987）	C.118（1987）	C.118（1987）	C.118（1987）
中非	C.118（1964）			C.118（1964）	C.118（1964）	C.118（1964）	C.118（1964）			C.118（1964）
乍得	C.102（1975）			C.102（2015）	C.102（2015）	C.102（2015）		C.102（2015）	C.102（2015）	
刚果（金）	C.102（1987）			C.102（1987）	C.121（1967）	C.102（1987）		C.102（1987）	C.102（1987）	
埃及	C.118（1993）	C.118（1993）	C.118（1993）	C.118（1993）	C.118（1993）		C.118（1993）	C.118（1993）	C.118（1993）	C.118（1993）
几内亚	C.118（1967）	C.118（1967）		C.118（1967）	C.121（1967） C.118（1967）	C.118（1967）	C.118（1967）	C.118（1967）	C.118（1967）	C.118（1967）
肯尼亚			C.118（1971）	C.118（1971）	C.118（1967）			C.118（1971）	C.118（1971）	C.118（1971）
利比亚	C.102（1975） C.130（1975） C.118（1975）	C.102（1975） C.130（1975） C.118（1975）	C.102（1975） C.118（1975）	C.102（1975） C.128（1975） C.118（1975）	C.102（1975） C.121（1975） C.118（1975）	C.102（1975） C.118（1975）	C.102（1975） C.118（1975）	C.102（1975） C.128（1975） C.118（1975）	C.102（1975） C.128（1975） C.118（1975）	C.118（1975）
马达加斯加	C.118（1964）	C.118（1964）			C.118（1964）		C.118（1964）	C.118（1964）		C.118（1964）
马里							C.183（2008）			
毛里塔尼亚				C.102（1968） C.118（1968）	C.102（1968） C.118（1968）	C.102（1968） C.118（1968）		C.102（1968） C.118（1968）	C.102（1968） C.118（1968）	C.118（1968）
摩洛哥							C.183（2011）			

续表

区域/国家	医疗	疾病	失业	老年	工伤	家庭	生育	残障	遗属	移民劳工[a]
尼日尔	C.102 C.130 C.118	C.102 C.130 C.118	C.102 C.168 C.118	C.102 C.128 C.118	C.102 C.121 C.118	C.102 C.118	C.102 C.183 C.118	C.102 C.128 C.118	C.102 C.128 C.118	C.118[b] C.157
卢旺达				C.118 (1989)	C.102 (1966) C.118 (1989)	C.102 (1966)	C.102 (1966)	C.118 (1989)		C.118 (1989)
圣多美和普林西比							C.183 (2017)①			
塞内加尔					C.102 (1962) C.121 (1966)	C.102 (1962)	C.102 (1962) C.183 (2017)②	C.102 (1972) C.128 (1972)		
多哥				C.102 (2013)		C.102 (2013)	C.102 (2013)		C.102 (2013)	
突尼斯	C.118 (1965)	C.118 (1965)		C.118 (1965)	C.118 (1965)	C.118 (1965)	C.118 (1965)	C.118 (1965)	C.118 (1965)	C.118 (1965)
美洲										
阿根廷	C.102 (2016)			C.102 (2016)		C.102 (2016)	C.102 (2016)	C.102 (2016)	C.102 (2016)	
巴巴多斯		C.102 (1972)		C.102 (1972)	C.102 (1972)			C.102 (1972)	C.102 (1972)	
伯利兹		C.118 (1974)		C.118 (1974)	C.118 (1974)	C.118 (1974)	C.118 (1974)		C.118 (1974)	C.118 (1974)
玻利维亚	C.102 (1977) C.130 (1977) C.118 (1977)	C.102 (1977) C.130 (1977) C.118 (1977)		C.102 (1977) C.128 (1977) C.118 (1977)	C.102 (1977) C.121 (1977)	C.102 (1977)	C.102 (1977) C.183 (2005)	C.102 (1977) C.128 (1977)	C.102 (1977) C.128 (1977)	C.118 (1977)
巴西	C.102 (2009)	C.102 (2009)	C.102 (2009) C.168 (1993)	C.102 (2009)	C.102 (2009)	C.102 (2009)	C.102 (2009)	C.102 (2009)	C.102 (2009)	
智利	C.118 (1969)	C.118 (1969)		C.118 (1969)	C.121 (1999)		C.118 (1969)	C.118 (1969)	C.118 (1969)	C.118 (1969)

续表

区域/国家	医疗	疾病	失业	老年	工伤	家庭	生育	残障	遗属	移民劳工[a]
	C.102 C.130 C.118	C.102 C.130 C.118	C.102 C.168 C.118	C.102 C.128 C.118	C.102 C.121 C.118	C.102 C.118	C.102 C.183 C.118	C.102 C.128 C.118	C.102 C.128 C.118	C.118[b] C.157
哥斯达黎加	C.102 (1972) C.130 (1972)	C.102 (1972) C.130 (1972)		C.102 (1972)	C.102 (1972)	C.102 (1972)	C.102 (1972)	C.102 (1972)	C.102 (1972)	
古巴							C.183 (2004)			
多米尼加	C.102 (2016)	C.102 (2016)		C.102 (2016)	C.102 (2016)	C.102 (2016)	C.102 (2016) C.183 (2016)	C.102 (2016)	C.102 (2016)	
厄瓜多尔	C.102 (1974) C.130 (1978) C.118 (1970)	C.102 (1974) C.130 (1978) C.118 (1970)		C.102 (1974) C.128 (1978)	C.102 (1974) C.121 (1978) C.118 (1970)			C.102 (1974) C.128 (1978) C.118 (1970)	C.102 (1974) C.128 (1978) C.118 (1970)	C.118 (1970)
危地马拉	C.102 (1961)	C.102 (1961)					C.118 (1963)			C.118 (1963)
洪都拉斯	C.102 (2012)	C.102 (2012)		C.102 (2012)	C.102 (2012)		C.102 (2012)	C.102 (2012)	C.102 (2012)	
墨西哥	C.102 (1961) C.118 (1978)	C.102 (1961) C.118 (1978)		C.102 (1961) C.118 (1978)	C.102 (1961) C.118 (1978)		C.102 (1961) C.118 (1978)	C.102 (1961) C.118 (1978)	C.102 (1961) C.118 (1978)	C.118 (1978)
秘鲁	C.102 (1961)	C.102 (1961)		C.102 (1961)			C.102 (1961) C.183 (2016)	C.102 (1961)		
圣文森特和格林纳丁斯	C.102 (2015)	C.102 (2015)		C.102 (2015)	C.102 (2015)		C.102 (2015)	C.102 (2015)	C.102 (2015)	
苏里南					C.118 (1976)					C.118 (1976)
乌拉圭	C.102 (2010) C.130 (1973) C.118 (1983)	C.102 (2010) C.130 (1973) C.118 (1983)	C.102 (2010) C.118 (1983)	C.128 (1973)	C.121 (1973)③ C.118 (1983)	C.102 (2010) C.118 (1983)	C.102 (2010) C.118 (1983)	C.128 (1973)	C.128 (1973)	C.118 (1983)

续表

区域/国家	医疗	疾病	失业	老年	(社会保障)子项目 工伤	家庭	生育	残障	遗属	移民劳工[a]
	C.102 C.130 C.118	C.102 C.130 C.118	C.102 C.168 C.118	C.102 C.128 C.118	C.102 C.121 C.118	C.102 C.118	C.102 C.183 C.118	C.102 C.128 C.118	C.102 C.128 C.118	C.118[b] C.157
委内瑞拉	C.102 (1982) C.130 (1982) C.118 (1982)	C.102 (1982) C.130 (1982) C.118 (1982)		C.102 (1982) C.128 (1983) C.118 (1982)	C.102 (1982) C.121 (1982) C.118 (1982)			C.102 (1982) C.128 (1983) C.118 (1982)	C.102 (1982) C.128 (1983) C.118 (1982)	
阿拉伯国家										
伊拉克	C.118 (1978)	C.118 (1978)		C.118 (1978)	C.118 (1978)		C.118 (1978)	C.118 (1978)	C.118 (1978)	
约旦				C.102 (2014)	C.102 (2014)			C.102 (2014)	C.102 (2014)	
叙利亚				C.118 (1963)	C.118 (1963)		C.118 (1963)	C.118 (1963)	C.118 (1963)	C.118 (1963)
亚洲										
阿塞拜疆							C.183 (2010)			
孟加拉					C.118 (1972)		C.118 (1972)			C.118 (1972)
塞浦路斯			C.102 (1991)	C.102 (1991)	C.102 (1991) C.121 (1966)		C.183 (2005)	C.102 (1991)	C.102 (1991)	
印度	C.118 (1964)	C.118 (1964)					C.118 (1964)			C.118 (1964)
以色列				C.102 (1955) C.118 (1965)	C.102 (1955) C.118 (1965)	C.118 (1965)	C.118 (1965)		C.102 (1955) C.118 (1965)	C.118 (1965)
日本			C.102 (1976)	C.102 (1976)	C.102 (1976) C.121 (1974)③					
哈萨克斯坦							C.183 (2012)			

续表

区域/国家	医疗	疾病	失业	老年	工伤	家庭	生育	残障	遗属	移民劳工[a]
吉尔吉斯斯坦	C.102 C.130 C.118	C.102 C.130 C.118	C.102 C.168 C.118	C.102 C.128 C.118	C.102 C.121 C.118	C.102 C.118	C.102 C.183 C.118	C.102 C.128 C.118	C.102 C.128 C.118	C.118[b] C.157
巴基斯坦										C.157(2008)
菲律宾	C.118(1994)	C.118(1994)		C.118(1994)	C.118(1969)		C.118(1969)	C.118(1994)	C.118(1994)	C.118(1994) C.157(1994)
土耳其	C.102(1975) C.118(1974)	C.102(1975) C.118(1974)		C.102(1975) C.118(1974)	C.102(1975) C.118(1974)		C.102(1975) C.118(1974)	C.102(1975) C.118(1974)	C.102(1975) C.118(1974)	C.118(1974)
欧洲										
阿尔巴尼亚	C.102(2006)	C.102(2006)	C.102(2006) C.168(2006)	C.102(2006)	C.102(2006)		C.102(2006)	C.102(2006)	C.102(2006)	
奥地利	C.102(1969)		C.102(1978)	C.102(1969) C.128(1969)		C.102(1969)	C.102(1969) C.183(2004)			
白俄罗斯							C.183(2004)			
比利时	C.102(1959) C.130(2017)④	C.102(1959) C.130(2017)④	C.102(1959) C.168(2011)	C.102(1959) C.128(2017)④	C.102(1959) C.121(1970)	C.102(1959)	C.102(1959)	C.102(1959) C.128(2017)④	C.102(1959) C.128(2017)	
波黑	C.102(1993)	C.102(1993)	C.102(1993)	C.102(1993)	C.102(1993) C.121(1993)		C.102(1993) C.183(2010)		C.102(1993)	
保加利亚	C.102(2008)	C.102(2008)	C.102(2016)⑤	C.102(2008)	C.102(2008)	C.102(2008)	C.102(2008) C.183(2001)	C.102(2008)	C.102(2008)	
克罗地亚	C.102(1991)	C.102(1991)	C.102(1991)	C.102(1991)	C.102(1991) C.121(1991)		C.102(1991)	C.102(1991)	C.102(1991)	

续表

区域/国家	医疗 C.102 C.130 C.118	疾病 C.102 C.130 C.118	失业 C.102 C.168 C.118	老年 C.102 C.128 C.118	(社会保障)子项目 工伤 C.102 C.121 C.118	家庭 C.102 C.118	生育 C.102 C.183 C.118	残障 C.102 C.128 C.118	遗属 C.102 C.128 C.118	移民劳工[a] C.118[b] C.157
捷克	C.102（1993） C.130（1993）	C.102（1993） C.130（1993）		C.102（1993） C.128（1993）		C.102（1993）	C.102（1993）	C.102（1993）	C.102（1993）	
丹麦	C.102（1955）		C.102（1955）	C.102（1955）	C.102（1955）			C.102（1955）		
芬兰	C.130（1978) C.118（1969）	C.130（1978） C.118（1969）	C.118（1969）	C.128（1976）	C.118（1969）			C.128（1976）	C.128（1976）	C.118（1969）
法国	C.130（1974） C.118（1974）	C.130（1974） C.118（1974）	C.102（1974）	C.102（1974）	C.121（1968）③ C.102（1974） C.118（1974）	C.102（1974） C.118（1974）	C.102（1974） C.118（1974）	C.102（1974） C.118（1974）	C.102（1974） C.118（1974）	C.118（1969）
德国	C.102（1958） C.130（1974） C.118（1971）	C.102（1958） C.130（1974） C.118（1971）	C.102（1958) C.118（1971）	C.102（1958） C.128（1971）	C.102（1958） C.121（1972） C.118（1971）	C.102（1958） C.118（1971）	C.102（1958） C.118（1971）	C.102（1958） C.128（1971）	C.102（1958） C.128（1971）	C.118（1974）
希腊	C.102（1955）	C.102（1955）	C.102（1955）	C.102（1955）	C.102（1955）		C.102（1955）	C.102（1955）	C.102（1955）	C.118（1971）
匈牙利				C.102（1961）		C.102（1961）	C.183（2003）	C.102（1961）		
冰岛			C.102（1968）						C.102（1968）	
爱尔兰	C.118（1964）	C.118（1964）	C.118（1964）		C.121（1969） C.118（1964）	C.118（1964）				C.118（1964）
意大利	C.118（1967）	C.118（1967）	C.118（1967）	C.102（1956） C.118（1967）	C.118（1967）	C.102（1956） C.118（1967）	C.102（1956） C.183（2001） C.118（1967）	C.118（1967）	C.118（1967）	C.118（1967）
拉脱维亚							C.183（2009）			

续表

区域/国家	医疗 C.102 C.130 C.118	疾病 C.102 C.130 C.118	失业 C.102 C.168 C.118	老年 C.102 C.128 C.118	(社会保障)子项目 工伤 C.102 C.121 C.118	家庭 C.102 C.118	生育 C.102 C.183 C.118	残障 C.102 C.128 C.118	遗属 C.102 C.128 C.118	移民劳工[a] C.118[b] C.157
立陶宛							C.102(2003)			
卢森堡	C.102(1964) C.130(1980)	C.102(1964) C.130(1980)	C.102(1964)	C.102(1964)	C.102(1964) C.121(1972)	C.102(1964)	C.102(1964) C.183(2008)	C.102(1964)	C.102(1964)	
北马其顿	C.102(1991)	C.102(1991)	C.102(1991)	C.102(1991)	C.102(1991) C.121(1991)		C.102(1991) C.183(2012)		C.102(1991)	
摩尔多瓦							C.183(2006)			
黑山	C.102(2006)	C.102(2006)	C.102(2006)	C.102(2006)	C.102(2006) C.121(2006)		C.102(2006) C.183(2012)	C.102(2006)	C.102(2006)	
荷兰	C.102(1962) C.130(2006)	C.102(1962) C.130(2006)	C.102(1962)	C.102(1962) C.128(1969)	C.102(1962) C.121(1966)③	C.102(1962)	C.102(1962) C.183(2009)	C.102(1962) C.128(1969)	C.102(1962) C.128(1969)	
挪威	C.102(1954) C.130(1972)	C.102(1954) C.130(1972)	C.102(1954) C.168(1990)	C.102(1954) C.128(1968)	C.102(1954)	C.102(1954)	C.183(2015)	C.128(1968)	C.128(1968) C.118(1963)	C.118(1963)
波兰	C.102(2003)			C.102(2003)			C.102(2003)		C.102(2003)	
葡萄牙	C.102(1994)	C.102(1994)	C.102(1994)	C.102(1994)	C.102(1994)	C.102(1994)	C.102(1994) C.183(2012)	C.102(1994)	C.102(1994)	
罗马尼亚	C.102(2009)	C.102(2009)	C.168(1992)	C.102(2009)		C.102(2009)	C.102(2009) C.183(2002)			
塞尔维亚	C.102(2000)	C.102(2000)	C.102(2000)	C.102(2000)	C.102(2000) C.121(2000)		C.102(2000) C.183(2010)		C.102(2000)	

续表

区域/国家	医疗	疾病	失业	老年	工伤	家庭	生育	残障	遗属	移民劳工[a]
斯洛伐克	C.102 C.130 C.118	C.102 C.130 (1993)	C.102 C.168 C.118	C.102 (1993) C.128 (1993)	C.102 C.121 C.118	C.102 (1993)	C.102 (1993) C.183 (2000)	C.102 (1993)	C.102 (1993)	
斯洛文尼亚	C.102 (1992)	C.102 (1992)	C.102 (1992)	C.102 (1992)	C.102 (1992) C.121 (1992)		C.102 (1992) C.183 (2010)		C.102 (1992)	
西班牙	C.102 (1988)	C.102 (1988)	C.102 (1988)	C.102 (1988)	C.102 (1988)					C.157 (1985)
瑞典	C.102 (1953) C.130 (1970) C.118 (1963)	C.102 (1953) C.130 (1970) C.118 (1963)	C.102 (1953) C.168 (1990) C.118 (1963)	C.102 (1953) C.128 (1968)	C.102 (1953) C.121 (1969) C.118 (1963)	C.102 (1953)	C.102 (1953) C.118 (1963)	C.102 (1953) C.128 (1968)	C.102 (1953) C.128 (1968)	C.157 (1984) C.118 (1963)
瑞士			C.168 (1990)	C.102 (1977) C.128 (1977)	C.102 (1977)	C.102 (1977)	C.183 (2014)	C.102 (1977) C.128 (1977)	C.102 (1977) C.128 (1977)	
乌克兰	C.102 (2016)	C.102 (2016)	C.102 (2016)	C.102 (2016)	C.102 (2016)	C.102 (2016)	C.102 (2016)	C.102 (2016)	C.102 (2016)	C.118[b]
英国	C.102 (1954)	C.102 (1954)	C.102 (1954)	C.102 (1954)	C.102 (1954)	C.102 (1954)			C.102 (1954)	C.157

来源：2017年ILO（日内瓦），《建设社会保护体系：国际标准与人权文书》。

注释：[a] 除特别指明指项不适用于移民劳工外，所有国际社会保障标准都适用于他们。第118号和第157号公约与移民劳工尤为相关。
[b] 第118号公约的部分内容适用于选定的社会保障子项目（见其他列）。

① 第183号公约于2018年6月12日在圣多美和普林西比生效。
② 第183号公约于2018年4月18日在塞内加尔生效。
③ 芬兰、日本、荷兰和乌拉圭接受了1980年国际劳工委员会（ILC）第66届会议修订的《职业病清单（附表一）》文本。
④ 第128号公约于2018年6月14日在比利时生效，第130号公约于2018年11月22日在比利时生效。
⑤ 保加利亚于2016年7月12日接受了第四部分。

表 B.2 各国家和地区社会保障体系概览：有效覆盖（可持续发展目标指标1.3.1）

区域/亚区/国家/地区	至少被一个项目覆盖的政策领域数量	法定项目所覆盖的社会保障政策领域数量	儿童与家庭①	生育②（现金）	疾病（现金）	失业③	工伤④	残障/失能⑤	遗属	老年⑥
非洲										
北非										
阿尔及利亚	8	全面范围的法律覆盖1到8	●	●	●	●	●	●	●	●
埃及	7	接近全面范围的法律覆盖1到7	无	●	●	●	●	●	●	●
利比亚	7	接近全面范围的法律覆盖1到7	●	●	●	▲	●	●	●	●
摩洛哥	8	全面范围的法律覆盖1到8	●	●	●	●	●	●	●	●
苏丹	4	有限范围的法律覆盖1到4	无	▲	▲	▲	●	●	●	●
突尼斯	8	全面范围的法律覆盖1到8	●	●	●	●	●	●	●	●
撒哈拉以南非洲										
安哥拉	6	中等范围的法律覆盖1到6	●	●	△	▲	●	●	●	●
贝宁	6	中等范围的法律覆盖1到6	●	●	▲	无	●	●	●	●
博茨瓦纳	5	中等范围的法律覆盖1到6	●	▲	▲	▲	●	●	●	●
布基纳法索	6	中等范围的法律覆盖1到6	●	●	▲	无	●	●	●	●
布隆迪	6	中等范围的法律覆盖1到6	●	▲	▲	无	●	●	●	●
佛得角	8	全面范围的法律覆盖1到8	●	●	●	●	●	●	●	●
喀麦隆	6	中等范围的法律覆盖1到6	●	●	▲	▲	●	●	●	●

续表

区域/亚区/国家/地区	至少被一个项目覆盖的政策领域数量	至少被一个项目覆盖的政策领域的社会保障政策领域数量	儿童与家庭①	生育（现金）②	疾病（现金）	失业③	工伤④	残障/失能⑤	遗属	老年⑥
中非	6	中等范围的法律覆盖 15 到 6	●	●	▲	无	●	●	●	●
乍得	6	中等范围的法律覆盖 15 到 6	●	●	△	▲	●	●	●	●
科摩罗	⋯	可用信息不完整	⋯	▲	⋯	无	⋯	⋯	⋯	⋯
刚果（布）	6	中等范围的法律覆盖 15 到 6	●	●	▲	无	●	●	●	●
刚果（金）	6	中等范围的法律覆盖 15 到 6	●	●	▲	▲	●	●	●	●
科特迪瓦	6	中等范围的法律覆盖 15 到 6	●	▲	△	无	●	●	●	●
吉布提	6	中等范围的法律覆盖 15 到 6	●	●	▲	▲	●	●	●	●
赤道几内亚	7	接近全面范围的法律覆盖 17	●	▲	⋯	无	●	无	●	●
厄立特里亚	⋯	可用信息不完整	⋯	⋯	⋯	⋯	⋯	⋯	⋯	⋯
埃塞俄比亚⑦	4	有限范围的法律覆盖 11 到 4	无	▲	▲	▲	●	●	●	●
加蓬	6	中等范围的法律覆盖 15 到 6	●	▲	▲	无	●	●	●	●
冈比亚	4	有限范围的法律覆盖 11 到 4	无	▲	▲	无	●	●	●	●
加纳	5	中等范围的法律覆盖 15 到 6	无	●	●	无	●	●	●	●
几内亚	7	接近全面范围的法律覆盖 17	●	▲	●	无	●	●	●	●
几内亚比绍	⋯	可用信息不完整	⋯	⋯	⋯	⋯	⋯	⋯	⋯	⋯
肯尼亚	4	有限范围的法律覆盖 11 到 4	无	▲	▲	无	●	●	●	●

续表

区域/亚区/国家/地区	至少被一个项目覆盖的政策领域数量	法定项目所覆盖的社会保障政策领域数量	法定项目是否存在							
			儿童与家庭①	生育(现金)②	疾病(现金)	失业③	工伤④	残障/失能⑤	遗属	老年⑥
莱索托	3	有限范围的法律覆盖1到4	无	▲	▲	▲	●	无	●	●
利比里亚	4	有限范围的法律覆盖1到4	无	无	无	无	●	●	●	●
马达加斯加	6	中等范围的法律覆盖5到6	●	●	▲	无	●	●	●	●
马拉维	1	有限范围的法律覆盖1到4	无	●	●	▲	●	无	无	●
马里	6	中等范围的法律覆盖5到6	●	●	△	无	●	●	●	●
毛里塔尼亚	6	中等范围的法律覆盖5到6	●	▲	●	●	●	●	●	●
毛里求斯	6	中等范围的法律覆盖5到6	●	●	●	无	…	●	●	●
莫桑比克	6	中等范围的法律覆盖5到6	●	●	▲	●	●	●	●	●
纳米比亚	7	接近全面范围的法律覆盖7	●	●	△	▲	●	●	●	●
尼日尔	6	中等范围的法律覆盖5到6	无	▲	▲	▲	●	●	●	●
尼日利亚	4	有限范围的法律覆盖1到4	无	●	●	无	●	●	●	●
卢旺达	5	中等范围的法律覆盖5到6	无	●	△	无	●	●	●	●
圣多美和普林西比	6	中等范围的法律覆盖5到6	●	●	●	●	●	●	●	●
塞内加尔	6	中等范围的法律覆盖5到6	无	●	△	无	●	●	●	●
塞舌尔	7	接近全面范围的法律覆盖7	无	▲	●	●	●	●	●	●
塞拉利昂	4	有限范围的法律覆盖1到4	无	▲	无	无	●	●	●	●

续表

区域/亚区/国家/地区	至少被一个项目覆盖的政策领域数量	法定项目所覆盖的社会保障政策领域数量	法定项目是否存在							
			儿童与家庭①	生育（现金）②	疾病（现金）	失业③	工伤④	残障/失能⑤	遗属	老年⑥
索马里	…	可用信息不完整	无	▲	…	无	…	…	…	…
南非	8	全面范围的法律覆盖18	●	●	●	无	●	●	●	●
南苏丹	…	可用信息不完整	…	…	…	无	…	…	…	…
斯威士兰	4	有限范围的法律覆盖1到4	无	▲	无	无	●	●	●	●
坦桑尼亚	5	中等范围的法律覆盖15到6	无	●	▲	▲	●	●	●	●
多哥	6	中等范围的法律覆盖15到6	●	▲	▲	无	●	●	●	●
乌干达	4	有限范围的法律覆盖1到4	无	▲	▲	▲	●	●	●	●
赞比亚	4	有限范围的法律覆盖1到4	无	▲	△	无	●	●	●	●
津巴布韦	4	有限范围的法律覆盖1到4	无	▲	无	无	●	●	●	●
美洲										
拉丁美洲和加勒比地区										
安圭拉	…	可用信息不完整	…	…	…	…	…	…	…	…
安提瓜和巴布达	6	中等范围的法律覆盖15到6	无	●	●	无	●	●	●	●
阿根廷	8	全面范围的法律覆盖18	●	●	●	●	●	●	●	●
阿鲁巴	…	可用信息不完整	…	…	…	●	…	…	…	…
巴哈马	7	接近全面范围的法律覆盖17	无	●	●	●	●	●	●	●

续表

区域/亚区/国家/地区	至少被一个项目覆盖的政策领域数量	法定项目所覆盖的社会保障政策领域数量	儿童与家庭①	生育(现金)②	疾病(现金)	失业③	工伤④	残障/失能⑤	遗属	老年⑥
巴巴多斯	7	接近全面范围的法律覆盖 17	无	●	●	●	●	●	●	●
伯利兹	6	中等范围的法律覆盖 15 到 6	无	●	●	▲	●	●	●	●
百慕大	4	有限范围的法律覆盖 11 到 4	无	▲	▲	▲	●	●	●	●
玻利维亚	7	接近全面范围的法律覆盖 17	●	●	●	▲	●	●	●	●
巴西	8	全面范围的法律覆盖 18	●	●	●	●	●	●	●	●
英属维尔京群岛	6	中等范围的法律覆盖 15 到 6	无	●	●	▲	●	●	●	●
智利	8	全面范围的法律覆盖 18	●	●	●	●	●	●	●	●
哥伦比亚	8	全面范围的法律覆盖 18	●	●	●	●	●	●	●	●
哥斯达黎加	7	接近全面范围的法律覆盖 17	●	●	●	▲	●	●	●	●
古巴	6	中等范围的法律覆盖 15 到 6	无	●	●	无	●	●	●	●
多米尼克	6	中等范围的法律覆盖 15 到 6	无	●	●	无	●	●	●	●
多米尼加	7	接近全面范围的法律覆盖 17	●	●	●	无	●	●	●	●
厄瓜多尔	8	全面范围的法律覆盖 18	无	●	●	●	●	●	●	●
萨尔瓦多	6	中等范围的法律覆盖 15 到 6	无	●	●	▲	●	●	●	●
法属圭亚那	…	可用信息不完整	…	…	…	…	…	…	●	●
格林纳达	6	中等范围的法律覆盖 15 到 6	无	●	●	▲	●	●	●	●

续表

区域/亚区/国家/地区	至少被一个项目覆盖的政策领域数量	法定项目所覆盖的社会保障政策领域数量	法定项目是否存在							
			儿童与家庭①	生育(现金)②	疾病(现金)	失业③	工伤④	残障/失能⑤	遗属	老年⑥
瓜德罗普	6	有限范围的法律覆盖15到6	无	●	●	无	●	●	●	●
危地马拉	6	中等范围的法律覆盖15到6	无	●	●	▲	●	●	●	●
圭亚那	6	中等范围的法律覆盖15到6	无	●	●	▲	●	●	●	●
海地	4	有限范围的法律覆盖11到4	无	▲	▲	无	●	●	●	●
洪都拉斯	7	接近全面范围的法律覆盖17	●	●	●	●	●	●	●	●
牙买加	6	中等范围的法律覆盖15到6	●	●	▲	无	●	●	●	●
马提尼克	...	可用信息不完整	无	●	...	...	●	●	●	●
墨西哥	7	接近全面范围的法律覆盖17	●	●	●	▲	●	●	●	●
尼加拉瓜	6	中等范围的法律覆盖15到6	无	●	●	无	●	●	●	●
巴拿马	7	接近全面范围的法律覆盖17	●	●	●	▲	●	●	●	●
巴拉圭	6	中等范围的法律覆盖15到6	▲	●	●	△	●	●	●	●
秘鲁	7	接近全面范围的法律覆盖17	●	●	●	▲	●	●	●	●
波多黎各	...	可用信息不完整	...	▲	●	...	●	●	●	●
圣基茨和尼维斯	6	中等范围的法律覆盖15到6	无	●	●	▲	●	●	●	●
圣卢西亚	6	中等范围的法律覆盖15到6	无	●	●	无	●	●	●	●

续表

区域/亚区/国家/地区	至少被一个项目覆盖的政策领域数量	法定项目所覆盖的社会保障政策领域数量	儿童与家庭①	生育(现金)②	疾病(现金)	失业③	工伤④	残障/失能⑤	遗属	老年⑥
						法定项目是否存在				
圣文森特和格林纳丁斯	6	中等范围的法律覆盖15到6	无	●	●	▲	●	●	●	●
苏里南	...	可用信息不完整	...	...	...	无	...	...	...	●
特立尼达和多巴哥	7	接近全面范围的法律覆盖17	●	●	●	▲	●	●	●	●
乌拉圭	8	全面范围的法律覆盖18	●	●	●	●	●	●	●	●
委内瑞拉	7	接近全面范围的法律覆盖17	无	●	●	●	●	●	●	●
北美										
加拿大	8	全面范围的法律覆盖18	●	●	●	●	●	●	●	●
美国⑦	8	全面范围的法律覆盖18	●	●	●	●	●	●	●	●
阿拉伯国家										
巴林	5	中等范围的法律覆盖15到6	无	▲	●	●	●	●	●	●
伊拉克	7	接近全面范围的法律覆盖17	●	●	●	▲	●	●	●	●
约旦	6	中等范围的法律覆盖15到6	无	▲	●	▲	●	●	●	●
科威特	5	中等范围的法律覆盖15到6	无	▲	▲	●	●	●	●	●
黎巴嫩	5	中等范围的法律覆盖15到6	●	▲	●	无	●	●	●	●
巴勒斯坦被占领土	...	可用信息不完整	...	▲	...	...	...	...	...	...
阿曼	4	有限范围的法律覆盖11到4	无	▲	无	无	●	●	●	●

续表

区域/亚区/国家/地区	至少被一个项目覆盖的政策领域数量	至少被一项目覆盖的政策领域数量	法定项目是否存在						
	至少被一个项目覆盖的政策领域数量	法定项目所覆盖的社会保障政策领域数量	儿童与家庭[1]	生育（现金）[2]	疾病（现金）	失业[3]	工伤[4]	残障/失能[5]	遗属	老年[6]
卡塔尔	3	有限范围的法律覆盖 1 到 4	无	▲	▲	无	●	●	●	●
沙特阿拉伯	5	中等范围的法律覆盖 1 5 到 6	无	▲	▲	●	●	●	●	●
叙利亚	4	有限范围的法律覆盖 1 1 到 4	无	▲	△	▲	●	●	●	●
阿联酋	…	可用信息不完整	…	…	…	…	…	…	…	…
也门	4	有限范围的法律覆盖 1 1 到 4	无	▲	△	▲	●	●	●	●
亚太地区										
东亚										
中国	8	全面范围的法律覆盖 18	●	●	●	●	●	●	●	●
中国香港	8	全面范围的法律覆盖 18	●	●	●	●	●	●	●	●
日本	8	全面范围的法律覆盖 18	●	●	●	●	●	●	●	●
朝鲜	…	可用信息不完整	…	…	…	无	…	…	…	…
韩国	6	中等范围的法律覆盖 1 5 到 6	无	●	△	●	●	●	●	●
中国澳门	…	可用信息不完整	…	…	…	…	…	…	…	…
蒙古	8	全面范围的法律覆盖 18	●	●	●	●	●	●	●	●
中国台湾	7	接近全面范围的法律覆盖 17	无	●	●	●	●	●	●	●
东南亚										
文莱	5	中等范围的法律覆盖 1 5 到 6	无	●	▲	无	●	●	●	●

续表

区域/亚区/国家/地区	至少被一个项目覆盖的政策领域数量	至少被一项目覆盖的政策领域数量	法定项目是否存在							
		法定项目所覆盖的社会保障政策领域数量	儿童与家庭①	生育（现金）②	疾病（现金）	失业③	工伤④	残障/失能⑤	遗属	老年⑥
柬埔寨⑦	3	有限范围的法律覆盖1到4	无	●	●	▲	●	●	●	●
印度尼西亚	5	中等范围的法律覆盖1.5到6	●	▲	▲	▲	●	●	●	●
老挝	6	中等范围的法律覆盖1.5到6	无	●	●	▲	●	●	●	●
马来西亚	4	有限范围的法律覆盖1到4	无	▲	▲	▲	●	●	●	●
缅甸⑧	4	有限范围的法律覆盖1到4	●	●	●	●	●	●	●	●
菲律宾	6	中等范围的法律覆盖1.5到6	无	●	●	无	●	●	●	●
新加坡	7	接近全面范围的法律覆盖17	●	●	●	无	●	●	●	●
泰国	8	全面范围的法律覆盖18	●	●	无	●	▲	●	●	●
东帝汶	4	有限范围的法律覆盖1到4	无	●	●	无	●	●	●	●
越南	8	全面范围的法律覆盖18	●	●	●	●	●	●	●	●
南亚										
阿富汗	...	可用信息不完整	...	...	...	无	...	...	...	...
孟加拉	6	中等范围的法律覆盖1.5到6	无	●	●	▲	●	●	●	●
不丹	4	有限范围的法律覆盖1到4	无	▲	▲	无	●	●	●	●
印度	7	接近全面范围的法律覆盖17	无	●	●	无	●	●	●	●
伊朗	8	全面范围的法律覆盖18	●	●	●	●	●	●	●	●
马尔代夫	...	可用信息不完整	...	...	△	无	...	●	●	●

续表

区域/亚区/国家/地区	至少被一个项目覆盖的政策领域数量	法定项目所覆盖的社会保障政策领域数量	法定项目是否存在							
			儿童与家庭①	生育(现金)②	疾病(现金)	失业③	工伤④	残障/失能⑤	遗属	老年⑥
尼泊尔	4	有限范围的法律覆盖1到4	无	▲	▲	▲	●	●	●	●
巴基斯坦	7	接近全面覆盖17	●	●	●	▲	●	●	●	●
斯里兰卡	5	中等范围的法律覆盖15到6	●	▲	△	▲	●	●	●	●
大洋洲										
澳大利亚	8	全面范围的法律覆盖18	●	●	●	●	●	●	●	●
库克群岛	...	可用信息不完整	...	...	...	...	...	...	...	...
斐济	5	中等范围的法律覆盖15到6	无	▲	●	▲	●	●	●	●
基里巴斯	4	有限范围的法律覆盖11到4	无	△	△	无	●	●	●	无
马绍尔群岛	3	有限范围的法律覆盖11到4	无	无	△	无	无	●	●	●
密克罗尼西亚联邦	3	有限范围的法律覆盖11到4	无	无	无	无	无	●	●	●
瑙鲁	...	可用信息不完整	...	...	...	...	...	...	...	...
新喀里多尼亚	...	可用信息不完整	...	...	...	...	...	...	...	...
新西兰	8	全面范围的法律覆盖18	●	●	●	无	●	●	●	●
纽埃	...	可用信息不完整	...	...	...	...	...	...	...	...
帕劳	3	有限范围的法律覆盖11到4	无	△	△	无	无	●	●	●
巴布亚新几内亚	4	有限范围的法律覆盖11到4	无	△	△	▲	无	●	●	●
萨摩亚	4	有限范围的法律覆盖11到4	无	▲	▲	无	●	●	●	●

续表

区域/亚区/国家/地区	至少被一个项目覆盖的政策领域数量	法定项目所覆盖的社会保障政策领域数量	儿童与家庭①	生育(现金)②	疾病(现金)	失业③	工伤④	残障/失能⑤	遗属	老年⑥
所罗门群岛	4	有限范围的法律覆盖1到4	无	▲	△	▲	●	●	●	●
汤加	...	可用信息不完整	...	...	...	无	●	●	●	●
图瓦卢	...	可用信息不完整	...	...	...	▲	●	●	●	●
瓦努阿图	3	有限范围的法律覆盖1到4	无	▲	▲	▲	无	●	●	●
欧洲和中亚										
北欧、南欧和西欧										
阿尔巴尼亚	8	全面范围的法律覆盖18	●	●	●	●	●	●	●	●
安道尔	8	全面范围的法律覆盖18	●	●	●	●	●	●	●	●
奥地利	8	全面范围的法律覆盖18	●	●	●	●	●	●	●	●
比利时	8	全面范围的法律覆盖18	●	●	●	●	●	●	●	●
波黑	8	全面范围的法律覆盖18	●	●	●	●	●	●	●	●
克罗地亚	8	全面范围的法律覆盖18	●	●	●	●	●	●	●	●
丹麦	8	全面范围的法律覆盖18	●	●	●	●	●	●	●	●
爱沙尼亚	...	可用信息不完整	●	...	●	●	...	●	●	●
法罗群岛	8	全面范围的法律覆盖18	●	●	●	●	●	●	●	●
芬兰	8	全面范围的法律覆盖18	●	●	●	●	●	●	●	●
法国	8	全面范围的法律覆盖18	●	●	●	●	●	●	●	●

续表

区域/亚区/国家/地区	至少被一个项目覆盖的政策领域数量	法定项目所覆盖的社保障政策领域数量	法定项目是否存在							
			儿童与家庭①	生育（现金）②	疾病（现金）	失业③	工伤④	残障/失能⑤	遗属	老年⑥
德国	8	全面范围的法律覆盖18	●	●	●	●	●	●	●	●
希腊	8	全面范围的法律覆盖18	●	●	●	●	●	●	●	●
根西岛	8	全面范围的法律覆盖18	●	●	●	●	●	●	●	●
冰岛	8	全面范围的法律覆盖18	●	●	●	●	●	●	●	●
爱尔兰	8	全面范围的法律覆盖18	●	●	●	●	●	●	●	●
马恩岛	8	全面范围的法律覆盖18	●	●	●	●	●	●	●	●
意大利	8	全面范围的法律覆盖18	●	●	●	●	●	●	●	●
泽西岛	7	接近全面的法律覆盖17	●	●	●	无	●	●	●	●
科索沃	8	全面范围的法律覆盖18	●	●	●	●	●	●	●	●
拉脱维亚	8	全面范围的法律覆盖18	●	●	●	●	●	●	●	●
列支敦士登	8	全面范围的法律覆盖18	●	●	●	●	●	●	●	●
立陶宛	8	全面范围的法律覆盖18	●	●	●	●	●	●	●	●
卢森堡	8	全面范围的法律覆盖18	●	●	●	●	●	●	●	●
北马其顿	8	全面范围的法律覆盖18	●	●	●	●	●	●	●	●
马耳他	8	全面范围的法律覆盖18	●	●	●	●	●	●	●	●
摩纳哥⑦	8	全面范围的法律覆盖18	●	●	●	●	●	●	●	●

续表

区域/亚区/国家/地区	至少被一个项目覆盖的政策领域数量	至少被一个项目覆盖的政策领域数量	法定项目是否存在							
	至少被一个项目覆盖的政策领域数量	法定项目所覆盖的社会保障政策领域数量	儿童与家庭①	生育（现金）②	疾病（现金）	失业③	工伤④	残障/失能⑤	遗属	老年⑥
黑山	8	全面范围的法律覆盖18	●	●	●	●	●	●	●	●
荷兰	8	全面范围的法律覆盖18	●	●	●	●	●	●	●	●
挪威	8	全面范围的法律覆盖18	●	●	●	●	●	●	●	●
葡萄牙	8	全面范围的法律覆盖18	●	●	●	●	●	●	●	●
圣马力诺	8	全面范围的法律覆盖18	●	●	●	●	●	●	●	●
塞尔维亚	8	全面范围的法律覆盖18	●	●	●	●	●	●	●	●
斯洛文尼亚	8	全面范围的法律覆盖18	●	●	●	●	●	●	●	●
西班牙	8	全面范围的法律覆盖18	●	●	●	●	●	●	●	●
瑞典	8	全面范围的法律覆盖18	●	●	●	●	●	●	●	●
瑞士	8	全面范围的法律覆盖18	●	●	●	●	●	●	●	●
英国	8	全面范围的法律覆盖18	●	●	●	●	●	●	●	●
东欧										
白俄罗斯	8	全面范围的法律覆盖18	●	●	●	●	●	●	●	●
保加利亚	8	全面范围的法律覆盖18	●	●	●	●	●	●	●	●
捷克	8	全面范围的法律覆盖18	●	●	●	●	●	●	●	●
匈牙利	8	全面范围的法律覆盖18	●	●	●	●	●	●	●	●

续表

区域/亚区/国家/地区	至少被一个项目覆盖的政策领域数量	法定项目所覆盖的社会保障政策领域数量	法定项目是否存在							
			儿童与家庭①	生育(现金)②	疾病(现金)	失业③	工伤④	残障/失能⑤	遗属	老年⑥
摩尔多瓦	8	全面范围的法律覆盖18	●	●	●	●	●	●	●	●
波兰	8	全面范围的法律覆盖18	●	●	●	●	●	●	●	●
罗马尼亚	8	全面范围的法律覆盖18	●	●	●	●	●	●	●	●
俄罗斯	8	全面范围的法律覆盖18	●	●	●	●	●	●	●	●
斯洛伐克	8	全面范围的法律覆盖18	●	●	●	●	●	●	●	●
乌克兰	8	全面范围的法律覆盖18	●	●	●	●	●	●	●	●
中亚与西亚										
亚美尼亚	7	接近全面范围的法律覆盖17	●	●	●	▲	●	●	●	●
阿塞拜疆	8	全面范围的法律覆盖18	●	●	●	●	●	●	●	●
塞浦路斯	8	全面范围的法律覆盖18	●	●	●	●	●	●	●	●
格鲁吉亚	7	接近全面范围的法律覆盖17	●	●	●	▲	●	●	●	●
以色列	8	全面范围的法律覆盖18	●	●	●	●	●	●	●	●
哈萨克斯坦	8	全面范围的法律覆盖18	●	●	●	●	●	●	●	●
吉尔吉斯斯坦	8	全面范围的法律覆盖18	●	●	●	●	●	●	●	●
塔吉克斯坦	7	接近全面范围的法律覆盖17	●	●	●	●	…	●	●	●
土耳其	7	接近全面范围的法律覆盖17	无	●	●	●	●	●	●	●

续表

区域/亚区/国家/地区	至少被一项目覆盖的政策领域数量		法定项目是否存在							
	至少被一个项目覆盖的政策领域数量	法定项目所覆盖的社会保障政策领域数量	儿童与家庭①	生育（现金）②	疾病（现金）	失业③	工伤④	残障/失能⑤	遗属	老年⑥
土库曼斯坦	8	全面范围的法律覆盖｜8	●	●	●	●	●	●	●	●
乌兹别克斯坦	8	全面范围的法律覆盖｜8	●	●	●	●	●	●	●	●

来源：

国际社会保障协会（ISSA）；美国社会保障总署（SSA），全球社会保障项目（日内瓦和华盛顿特区）。可见 http://www.ssa.gov/policy/docs/progdesc/ssptw/[2017.06.22]。

ILO（国际劳工局）. 世界社会保护数据库，基于社会保障调查（SSI）。可见 http://www.social-protection.org/gimi/gess/RessourceDownload.action?ressourceId=54782[2017.06]。

其他来源：

欧洲理事会. 欧洲社会保护交互信息系统（MISSCEO）. 比较表数据库。可见 http://www.missceo.coe.int/[2017.06.1]。

欧盟委员会. 社会保护交互信息系统（MISSOC）. 比较表数据库。可见 http://www.missoc.org[2017.06.1]。

ILO（国际劳工局）. 国际劳工标准信息系统（NORMLEX）。整合了原 ILOLEX 和 NATLEX 数据库。可见 http://www.ilo.org/dyn/normlex/en/[2017.6.1]。

ILO（国际劳工局）. 2010. 科索沃社会保障体系概况（在联合国安理会第 1244 号决议的意旨内[1999]）（布达佩斯，国际劳工组织体面工作技术支持团队（ILO DWT）和中东欧国家办事处）。

符号：

● 在立法中至少规定了一个项目，包括基于强制风险分摊的雇主责任项目。
● 立法尚未生效。
▲ 有限的规定（如仅有劳工法）。
△ 仅有实物型福利待遇（如医疗福利）。

注释：

… 表示不可用。

详细注释与定义又可见 http://www.social-protection.org/gimi/gess/RessourceDownload.action?ressource.ressourceId=54602。

① 其他相关细节参见表 B.4 儿童和家庭福利：主要社会保障项目的关键特征和社会保护的有效覆盖（有关儿童和育儿家庭的可持续发展目标指标 1.3.1）（http://www.social-protection.org/gimi/gess/RessourceDownload.action?ressourceId=54781）。
② 其他相关细节见表 B.5 生育：主要社会保障项目的关键特征和社会保护的有效覆盖（有关新生儿母亲的可持续发展目标指标 1.3.1）（http://www.social-protection.org/gimi/gess/RessourceDownload.action?ressourceId=54605）。
③ 其他相关细节见表 B.6 失业领域福利的关键指标：实际领取福利的失业者，2000 年至最近可用年份（有关失业者的可持续发展目标指标 1.3.1）（http://www.social-protection.org/gimi/gess/RessourceDownload.action?ressource.ressourceId=54603）。
④ 其他相关细节见表 B.7 工伤：主要社会保障项目的关键特征（http://www.social-protection.org/gimi/gess/RessourceDownload.action?ressource.ressourceId=54604）。
⑤ 其他相关细节见表 B.8 残障福利：主要社会保障项目的关键特征和社会保护的有效覆盖（有关重度残障人士的可持续发展目标指标 1.3.1）。
⑥ 其他相关细节见表 B.9 老年养老金：主要社会保障项目的关键特征（http://www.social-protection.org/gimi/gess/RessourceDownload.action?ressource.ressourceId=54606）。
⑦ 埃塞俄比亚：疾病保障：提供由雇主负责的现金给付。2010 年，议会通过了一项针对公共和私营部门劳动者的新医疗保险制度（2010 年的《社会医疗保险法案》），该制度正在实施之中。
⑧ 缅甸：2012 年制定了社会保障法。通过法国的失业保险项目提供覆盖。
⑨ 摩纳哥：失业保障。该法包括了对老年福利、遗属福利、残障福利、家庭福利和失业保险福利等大部分社会保障子项目的规定。针对私营部门劳动者的养老金制度尚未实施。
⑩ 柬埔寨：目前只有公务员领取养老金。
⑪ 美国：生育保障和疾病保障依据州一级的相关规定。根据有一个项目在国家立法中被规定的社会保障领域（或子项目）的总数，该指标的取值范围为 0 ～ 8。

定义：

覆盖范围是以通过被相关法律加以规定的社会保障政策领域数量来衡量的。根据有一个项目在国家立法中被规定的社会保障政策领域（或子项目）的总数，该指标的取值范围为 0 ～ 8。

如下八个子项目被考虑在内：疾病、生育、老年、遗属、残障、儿童/家庭、工伤和失业。

至少敷一个子项目覆盖的社会保障政策领域数量提供了关于子社会保障法律供给范围的一个概览。

表 B.3 社会保护的有效覆盖（可持续发展目标指标 1.3.1），最近可用年份

区域/亚区/国家/地区	(至少在一个领域中)被覆盖的人口（%）[①]	包括社会保护底线在内的社会保护体系所覆盖的人员（%）					
		儿童[②]	新生儿母亲[③]	重度残障者[④]	失业者[⑤]	老年人[⑥⑧]	脆弱群体[⑦]
非洲							
北非							
阿尔及利亚	…	…	11.2	3.6	…	63.6	…
埃及	36.9	…	100.0	…	…	37.5	…
利比亚	…	…	…	…	…	43.3	…
摩洛哥	…	…	…	…	…	39.8	…
苏丹	…	…	…	…	…	4.6	…
突尼斯	…	…	…	5.1	…	33.8	…
撒哈拉以南非洲							
安哥拉	…	…	…	…	…	14.5	…
贝宁	…	…	…	…	…	9.7	…
博茨瓦纳	15.4	5.5	0.0	…	31.5	100.0	8.4
布基纳法索	7.5	…	0.4	0.1	…	2.7	3.6
布隆迪	…	…	…	…	…	4.0	…
佛得角	30.4	31.5	…	…	…	85.8	5.5
喀麦隆	8.7	0.4	0.6	0.1	…	13.0	0.2
乍得	…	…	…	…	…	1.6	…
刚果（布）	…	…	…	…	…	22.1	…
刚果（金）	14.1	1.3	…	…	…	15.0	5.6

续表

区域/亚区/国家/地区	（至少在一个领域中）被覆盖的人口（%）[1]	包括社会保护底线在内的社会保护体系所覆盖的人员（%）					脆弱群体[7]
		儿童[2]	新生儿母亲[3]	重度残障者[4]	失业者[5]	老年人[6][8]	
科特迪瓦	…	…	…	…	…	7.7	…
吉布提	…	…	…	…	…	12.0	…
埃塞俄比亚	11.6	…	…	…	0.0	15.3	8.0
加蓬	…	…	…	…	…	38.8	…
冈比亚	6.1	5.6	41.7	…	…	17.0	0.5
加纳	18.3	…	…	…	0.0	16.4	3.2
几内亚	…	…	…	…	…	8.8	…
几内亚比绍	10.4	8.1	…	…	…	6.2	…
肯尼亚	9.2	10.4	0.0	…	0.0	24.8	5.8
莱索托	…	…	…	…	0.0	94.0	7.8
马达加斯加	21.3	9.8	…	…	…	4.6	…
马拉维	…	5.4	…	0.6	…	2.3	19.6
马里	…	…	…	…	…	2.7	…
毛里塔尼亚	…	…	…	…	…	9.3	…
毛里求斯	10.9	…	0.0	0.1	1.2	100.0	8.1
莫桑比克	…	…	…	…	0.0	17.3	…
纳米比亚	20.6	4.2	…	…	…	98.4	16.4
尼日尔	4.4	0.0	0.1	…	0.0	7.8	0.2
尼日利亚							

续表

区域/亚区/国家/地区	至少在一个领域中被覆盖的人口（%）①	包括社会保护底线在内的社会保护体系所覆盖的人员					
		儿童②	新生儿母亲③	重度残障者④	失业者⑤	老年人⑥⑧	脆弱群体⑦
卢旺达	…	…	…	…	…	4.7	…
圣多美和普林西比	…	…	…	…	…	52.5	…
塞内加尔	…	4.0	…	…	…	23.5	…
塞舌尔	…	…	…	…	…	100.0	…
塞拉利昂	…	…	…	…	…	0.9	…
南非	48.0	75.1	…	64.3	10.6	92.6	35.6
斯威士兰	…	…	0.3	…	…	86.0	…
坦桑尼亚	…	…	…	…	…	3.2	…
多哥	…	…	…	…	…	10.9	…
乌干达	2.9	…	…	…	0.0	6.6	0.6
赞比亚	15.3	21.1	…	…	…	8.8	10.2
津巴布韦	…	…	…	…	…	6.2	…
美洲							
拉丁美洲和加勒比地区							
安圭拉	…	…	…	…	…	…	…
安提瓜和巴布达	…	…	40.0	32.1	…	83.5	…
阿根廷	67.0	84.6	34.0	11.1	7.2	89.3	45.3
阿鲁巴	…	…	100.0	…	15.7	100.0	…
巴哈马	…	…	…	…	25.7	84.2	…

续表

区域/亚区/国家/地区	(至少在一个领域中)被覆盖的人口(%)[1]	包括社会保护底线在内的社会保护体系所覆盖的人员(%)					脆弱群体[7]
		儿童[2]	新生儿母亲[3]	重度残障者[4]	失业者[5]	老年人[6][8]	
巴巴多斯	…	…	…	…	88.0	68.3	…
伯利兹	…	…	…	…	…	64.6	…
百慕大	…	…	…	33.4	…	…	…
玻利维亚	40.8	65.0	51.5	2.1	3.0	100.0	34.4
巴西	59.8	96.8	45.0	100.0	7.8	78.3	42.0
英属维尔京群岛	…	…	…	…	…	…	…
智利	69.2	93.1	44.0	100.0	45.6	78.6	18.8
哥伦比亚	40.8	27.3	…	6.0	4.6	51.7	14.1
哥斯达黎加	72.0	17.7	…	…	…	68.8	66.5
古巴	…	…	…	…	…	…	…
多米尼克	…	…	…	…	…	38.5	…
多米尼加	…	…	…	…	4.2	11.1	…
厄瓜多尔	31.7	6.7	…	34.5	…	52.0	11.3
萨尔瓦多	…	…	…	…	…	18.1	…
格林纳达	…	…	14.0	…	…	34.0	…
危地马拉	…	…	…	2.3	…	8.3	…
圭亚那	…	…	…	…	…	100.0	…
海地	…	…	…	…	…	1.0	…
洪都拉斯	…	…	…	15.4	…	7.5	…

续表

区域/亚区/国家/地区	(至少在一个领域中)被覆盖的人口(%)①	包括社会保护底线在内的社会保护体系所覆盖的人员(%)					脆弱群体⑦
		儿童②	新生儿母亲③	重度残障者④	失业者⑤	老年人⑥⑧	
牙买加	…	…	…	9.0	…	30.3	…
墨西哥	50.3	25.0	…	…	…	64.1	34.0
尼加拉瓜	…	…	…	…	…	23.7	…
巴拿马	…	37.3	…	…	…	37.3	…
巴拉圭	…	32.8	3.0	21.6	…	22.2	…
秘鲁	…	…	…	3.9	…	19.3	…
圣基茨和尼维斯	…	…	…	…	…	44.7	…
圣卢西亚	…	…	…	…	…	26.5	…
圣文森特和格林纳丁斯	…	…	…	…	…	76.6	…
特立尼达和多巴哥	…	…	…	…	…	98.7	…
乌拉圭	94.5	66.2	100.0	…	30.1	76.5	…
委内瑞拉	…	…	…	28.3	5.1	59.4	…
北美							
加拿大	99.8	39.7	100.0	67.2	40.0	100.0	99.0
美国	76.1	…	…	100.0	27.9	100.0	31.0
阿拉伯国家							
巴林	…	…	…	…	9.8	40.1	…
伊拉克	…	…	…	…	…	56.0	…
约旦	…	…	…	…	…	42.2	…

续表

区域/亚区/国家/地区	（至少在一个领域中）被覆盖的人口（%）①	包括社会保护底线在内的社会保护体系所覆盖的人员（%）					脆弱群体⑦
		儿童②	新生儿母亲③	重度残障者④	失业者⑤	老年人⑥⑧	
科威特	...	...	...	...	...	27.3	...
黎巴嫩	...	...	...	...	...	0.0	...
巴勒斯坦被占领土	...	...	...	...	...	8.0	...
阿曼	...	...	...	6.5	...	24.7	...
卡塔尔	...	...	...	...	...	18.0	...
叙利亚	...	...	...	...	...	16.7	...
也门	...	...	...	...	...	8.5	...
亚太地区							
东亚							
中国⑨	63.0	2.2	15.1	...	18.8	100.0	27.1
中国香港	...	...	...	...	...	72.9	...
日本	75.4	...	...	55.7	20.0	100.0	...
韩国	65.7	...	...	5.8	40.0	77.6	...
中国澳门	...	...	100.0	...	26.9	...	...
蒙古	72.4	100.0	...	100.0	31.0	100.0	35.1
东南亚							
文莱	...	...	...	...	...	81.7	...
柬埔寨	...	...	...	0.7	...	3.2	...
印度尼西亚	...	...	...	...	...	14.0	...

续表

区域/亚区/国家/地区	(至少在一个领域中)被覆盖的人口(%)①	儿童②	新生儿母亲③	重度残障者④	失业者⑤	老年人⑥⑧	脆弱群体⑦
老挝	…	…	…	…	…	5.6	…
马来西亚	…	…	…	…	…	19.8	…
缅甸	…	…	0.7	0.4	…	…	…
菲律宾	47.1	13.6	9.0	3.1	…	39.8	7.8
泰国	…	18.9	…	35.7	43.2	79.7	…
东帝汶	…	30.7	…	21.3	…	89.7	…
越南	37.9	…	44.5	9.7	45.0	39.9	10.0
南亚							
阿富汗	…	…	…	…	…	10.7	…
孟加拉	28.4	29.4	20.9	18.5	…	33.4	4.3
不丹	…	…	…	…	…	3.2	…
印度	19.0	…	41.0	5.4	…	24.1	14.0
伊朗	…	…	…	…	…	26.4	…
马尔代夫	…	…	…	…	…	99.7	…
尼泊尔	…	…	…	…	…	62.5	…
巴基斯坦	…	…	…	…	…	2.3	…
斯里兰卡	30.4	…	…	20.8	…	25.2	4.4
大洋洲							
澳大利亚	82.0	100.0	…	100.0	52.7	74.3	53.0

续表

区域/亚区/国家/地区	(至少在一个领域中)被覆盖的人口(%)①	包括社会保护底线在内的社会保护体系所覆盖的人员(%)					脆弱群体⑦
		儿童②	新生儿母亲③	重度残障者④	失业者⑤	老年人⑥⑧	
斐济	…	…	…	…	…	10.6	…
基里巴斯	…	…	…	…	…	…	…
马绍尔群岛	…	…	…	…	…	64.2	…
瑙鲁	…	…	…	…	…	56.5	…
新喀里多尼亚	…	…	…	…	28.4	…	…
新西兰	66.6	…	…	80.3	44.9	100.0	9.7
帕劳	…	…	…	…	…	48.0	…
巴布亚新几内亚	…	…	…	…	…	0.9	…
萨摩亚	…	…	…	…	…	49.5	…
所罗门群岛	…	…	…	…	…	13.1	…
汤加	…	…	…	…	…	1.0	…
图瓦卢	…	…	…	…	…	19.5	…
瓦努阿图	…	…	…	…	…	3.5	…
欧洲和中亚							
北欧、南欧和西欧							
阿尔巴尼亚	…	…	…	…	6.9	77.0	…
安道尔	…	…	…	…	11.1	…	…
奥地利	98.6	100.0	100.0	93.3	100.0	100.0	93.0
比利时	100.0	100.0	100.0	100.0	100.0	100.0	100.0

续表

区域/亚区/国家/地区	(至少在一个领域中)被覆盖的人口(%)①	包括社会保护底线在内的社会保护体系所覆盖的人员(%)					
		儿童②	新生儿母亲③	重度残障者④	失业者⑤	老年人⑥⑧	脆弱群体⑦
波黑	...	...	...	...	...	29.6	...
克罗地亚	...	...	100.0	...	20.0	57.6	...
丹麦	89.5	100.0	100.0	100.0	66.8	100.0	63.7
爱沙尼亚	98.4	100.0	100.0	100.0	41.5	100.0	91.7
芬兰	100.0	100.0	100.0	100.0	100.0	100.0	100.0
法国	100.0	100.0	100.0	73.6	94.7	100.0	100.0
德国	99.5	100.0	100.0	...	100.0	77.4	96.0
希腊	...	...	...	100.0	21.0	85.6	...
冰岛	90.1	...	100.0	...	28.6	95.8	...
爱尔兰	...	100.0	100.0	100.0	100.0	...	73.8
马恩岛	...	...	...	...	56.6	100.0	...
意大利	96.5	100.0	100.0	100.0	37.8	100.0	85.0
拉脱维亚	92.7	...	100.0	...	33.3	100.0	...
列支敦士登	...	...	100.0	100.0	67.2	...	...
立陶宛	...	...	100.0	100.0	26.0	100.0	51.3
卢森堡	...	...	...	100.0	41.0	100.0	...
北马其顿	...	...	100.0	59.8	11.5	71.4	...
马耳他	...	...	...	...	62.2	100.0	...
黑山	...	...	...	...	35.6	52.3	...

续表

区域/亚区/国家/地区	被覆盖的人口（%）（至少在一个领域中）[1]	包括社会保护底线在内的社会保护体系所覆盖的人员（%）					
		儿童[2]	新生儿母亲[3]	重度残障者[4]	失业者[5]	老年人[6][8]	脆弱群体[7]
荷兰	97.5	100.0	100.0	100.0	73.0	100.0	90.3
挪威	95.8	100.0	100.0	100.0	61.8	100.0	83.1
葡萄牙	90.2	93.1	100.0	89.2	42.1	100.0	59.3
塞尔维亚	…	…	…	…	8.8	46.1	…
斯洛文尼亚	100.0	79.4	96.0	100.0	26.2	100.0	100.0
西班牙	80.9	100.0	100.0	83.5	45.3	100.0	45.0
瑞典	100.0	100.0	100.0	100.0	25.9	100.0	100.0
瑞士	92.7	100.0	100.0	100.0	60.7	100.0	70.2
英国	93.5	100.0	100.0	100.0	60.0	100.0	76.6
东欧							
白俄罗斯	…	…	…	…	44.6	100.0	…
保加利亚	88.3	48.6	100.0	100.0	29.6	100.0	28.8
捷克	88.8	…	100.0	100.0	36.0	100.0	32.0
匈牙利	86.2	100.0	…	100.0	17.4	100.0	56.0
摩尔多瓦	…	…	…	…	10.5	75.2	…
波兰	84.9	100.0	100.0	100.0	15.5	100.0	52.0
罗马尼亚	95.0	100.0	100.0	100.0	23.0	100.0	82.6
俄罗斯	90.4	100.0	69.0	100.0	68.2	91.2	54.5
斯洛伐克	92.1	100.0	100.0	100.0	9.8	100.0	70.0

续表

区域/亚区/国家/地区	（至少在一个领域中）被覆盖的人口（%）①	包括社会保护底线在内的社会保护体系所覆盖的人员（%）					
		儿童②	新生儿母亲③	重度残障者④	失业者⑤	老年人⑥⑧	脆弱群体⑦
乌克兰	…	…	100.0	…	21.9	91.9	…
中亚和西亚							
亚美尼亚	47.3	21.4	61.0	100.0	…	68.5	16.2
阿塞拜疆	40.3	…	14.0	100.0	1.6	81.1	12.6
塞浦路斯	61.2	60.3	100.0	26.5	23.7	100.0	24.1
格鲁吉亚	28.6	…	24.0	100.0	…	91.9	12.0
以色列	54.9	…	…	90.4	29.4	99.1	…
哈萨克斯坦	100.0	100.0	44.6	100.0	5.8	82.6	100.0
吉尔吉斯斯坦	…	17.8	23.8	75.9	1.7	100.0	…
塔吉克斯坦	…	6.4	59.5	…	17.3	92.8	…
土耳其	…	…	…	5.0	1.4	20.0	…
乌兹别克斯坦	…	…	…	…	…	98.1	…

来源：

主要来源：

ILO（国际劳工局）世界社会保护数据库，基于社会保障调查（SSI）。可见 http://www.social-protection.org/gimi/gess/RessourceDownload.action?ressource.ressourceId=54610 ［2017.06］。

其他来源：

ILO（国际劳工局）. ILOSTAT. 可见 http://www.ilo.org/ilostat/faces/wcnav_defaultSelection?_afrLoop=62050388827725&_afrWindowMode=0&_afrWindowId=null#!%40%40%3F_afrWindowId%3Dnull%26_afrLoop%3D62050388827725%26_afrWindowMode%3D0%26_adf.ctrl-state%3Dx34kec4o_4 ［2017.06］。

CISSTAT（独联体国家统计委员会）. 网络统计数据库. 可见 http://www.cisstat.com/ ［2017.06］。

OECD（经济合作与发展组织）. 京. 社会福利受助者数据库（SOCR）. 可见 http://www.oecd.org/social/recipients.htm ［2017.06］。

联合国经济与社会事务部人口司：世界人口展望数据库。可见 https://esa.un.org/unpd/wpp/[2017.06].

WHO（世界卫生组织）：儿童发育与营养不良全球数据库。可见 www.who.int/nutgrowthdb/database/en/[2017.06].

各国的详细资料来源，参见表 B.4、B.5、B.6、B.8、B.12。

注释：

① 至少在一个政策领域被社会保障制度积极缴费的人口占总人口的比例。

② 受社会保护福利覆盖的儿童的比例：领取儿童福利的儿童/家庭数量与儿童/育儿家庭总数之比。

③ 受生育福利覆盖的生育女性的比例：领取生育福利的女性与同年度生育女性人数之比（基于联合国《世界人口展望》中各年龄组女性生育率进行估算，或基于双胎和三胞胎的出生比例修正的活产数进行估算）。

④ 领取福利的残障者的比例：残障福利领取者的残障者数量之比（世界卫生组织公布针对各国各组的数据）和每个国家人口的乘积。后者为残障发生率（世界卫生组织公布针对各国各组的数据）和每个国家人口的乘积。

⑤ 领取失业福利的失业者比例：失业福利领取者与失业人数之比。

⑥ 领取养老金的老年人比例：法定退休年龄之上的养老金（包括缴费型和非缴费型）领取者与法定退休年龄以上人员之比。

⑦ 领取津贴的脆弱群体比例：社会救助受助者与脆弱人员总数之比。后者的计算方法是总人口中减去（1）向社会保险制度缴费或领取缴费型福利的所有劳动年龄人口以及（2）领取缴费型国家（OECD）国家将遗属纳入老年养老金的人。

⑧ 经合组织（OECD）国家将遗属纳入老年养老金的人。

⑨ 中国：包括领取城乡居民养老保险以及领取城镇职工基本养老保险的人数。养老金法定领取年龄方面，蓝领企业女职工（即女工人）50岁退休，而白领企业女职工（即女干部）55岁退休。女性采用60岁及以上的年龄组。

更多详细信息还可见附件二。

表 B.4 儿童和家庭福利：主要社会保障项目的关键特征和社会保护有效覆盖（有关儿童和育儿家庭的可持续发展目标指标 1.3.1）

区域/亚区/国家/地区	缴费型制度	非缴费型制度		立法中没有相关项目或无相关信息	有效覆盖[d]（%）	最近可用年份
	就业关联型[a]	普惠型（非家计调查型）	社会救助（家计调查型）			
非洲						
北非						
阿尔及利亚	●				…	…
埃及				●	…	…
利比亚		●			…	…
摩洛哥	●				…	…
苏丹				●	…	…
突尼斯	●				…	…
撒哈拉以南非洲						
安哥拉	●				…	…
贝宁	●				…	…
博茨瓦纳[①]	●	●			5.5	2015
布基纳法索	●				…	…
布隆迪	●				…	…
佛得角	●				31.5	2015
喀麦隆	●				0.4	2015
中非	●				…	…
乍得	●				…	…
刚果（布）[②]	●				…	…

续表

区域/亚区/国家/地区	缴费型制度	非缴费型制度		立法中没有相关项目或无相关信息	有效覆盖[d] (%)	最近可用年份
	就业关联型[a]	普惠型（非家计调查型）	社会救助（家计调查型）			
刚果（金）	●				1.3	2015
科特迪瓦	●				...	...
吉布提	●				...	...
赤道几内亚	●				...	...
埃塞俄比亚				●	...	...
加蓬	●				...	...
冈比亚				●	5.6	2015
加纳				●	...	...
几内亚				●	8.1	2015
肯尼亚				●	10.4	2015
莱索托				●	...	...
利比里亚				●	...	...
马达加斯加	●				9.8	2015
马拉维	●				5.4	2015
马里	●				...	...
毛里塔尼亚			●		...	...
毛里求斯			●		...	...
莫桑比克			●		...	...
纳米比亚[③]					...	...

续表

区域/亚区/国家/地区	缴费型制度 就业关联型[a]	非缴费型制度 普惠型（非家计调查型）	非缴费型制度 社会救助（家计调查型）	立法中没有相关项目或无相关信息	有效覆盖[d]（%）	最近可用年份
尼日尔	●				4.2	2015
尼日利亚				●	0.0	2015
卢旺达				●	…	…
圣多美和普林西比	●				4.0	2015
塞内加尔				●	…	…
塞舌尔				●	…	…
塞拉利昂				●	…	…
索马里				●	…	…
南非	●		●		75.1	2015
斯威士兰				●	…	…
坦桑尼亚				●	…	…
多哥				●	…	…
乌干达				●	…	…
赞比亚				●	21.1	2015
津巴布韦				●	…	…
美洲						
拉丁美洲和加勒比地区						
安提瓜和巴布达				●	…	…
阿根廷	●[b]		●		84.6	2015

续表

区域/亚区/国家/地区	缴费型制度 就业关联型[a]	非缴费型制度 普惠型（非家计调查型）	社会救助（家计调查型）	立法中没有相关项目或无相关信息	有效覆盖[d]（%）	最近可用年份
巴哈马	●				…	…
巴巴多斯				●	…	…
伯利兹				●	…	…
百慕大				●	…	…
玻利维亚	●		●		65.0	2015
巴西	●[b]		●		96.8	2015
英属维尔京群岛				●	…	…
智利	●[b]		●		93.1	2015
哥伦比亚	●		●		27.3	2015
哥斯达黎加			●		17.7	2015
古巴④				●	…	…
多米尼克				●	…	…
多米尼加			●		…	…
厄瓜多尔			●		6.7	2015
萨尔瓦多				●	…	…
格林纳达				●	…	…
瓜德罗普				●	…	…
危地马拉				●	…	…
圭亚那				●	…	…

续表

区域/亚区/国家/地区	缴费型制度 就业关联型[a]	非缴费型制度		立法中没有相关项目或无相关信息	有效覆盖[d] (%)	最近可用年份
		普惠型（非家计调查型）	社会救助（家计调查型）			
海地	...			●	...	...
洪都拉斯[⑤]	●			●	...	...
牙买加			●		...	...
马提尼克				...	...	...
墨西哥			●		25.0	2015
荷属安的列斯群岛				...	...	...
尼加拉瓜			●	●[⑥]	...	...
巴拿马		●		●	37.3	2015
巴拉圭[⑦]			●[⑧]	●	32.8	2015
秘鲁			●	●	...	...
圣基茨和尼维斯				●	...	...
圣卢西亚			●		...	...
圣文森特和格林纳丁斯			●		...	...
乌拉圭				●[⑨]	66.2	2015
委内瑞拉					...	...
北美						
加拿大		●	●[⑩]		39.7	2015
美国			●[⑪]		...	...

续表

区域/亚区/国家/地区	缴费型制度	非缴费型制度		立法中没有相关项目或无相关信息	有效覆盖[d] (%)	最近可用年份
	就业关联型[a]	普惠型（非家计调查型）	社会救助（家计调查型）			
阿拉伯国家						
巴林				●	⋯	⋯
伊拉克			●		⋯	⋯
约旦				●	⋯	⋯
科威特				●	⋯	⋯
黎巴嫩	●[⑫]				⋯	⋯
阿曼				●	⋯	⋯
卡塔尔				●	⋯	⋯
沙特阿拉伯				●	⋯	⋯
叙利亚				●	⋯	⋯
也门				●	⋯	⋯
亚太地区						
东亚						
中国			●[⑬]		2.2	2015
中国香港			●		⋯	⋯
日本			●		⋯	⋯
韩国	●				⋯	⋯
蒙古		●		●	100.0	2015
中国台湾				●	⋯	⋯

续表

区域/亚区/国家/地区	缴费型制度	非缴费型制度		立法中没有相关项目或无相关信息	有效覆盖ᵈ（%）	最近可用年份
	就业关联型ª	普惠型（非家计调查型）	社会救助（家计调查型）			
东南亚						
文莱				●	...	...
柬埔寨				●	...	...
印度尼西亚			●		...	...
老挝				●	...	...
马来西亚				●	...	...
缅甸	●				...	...
菲律宾	●⑭				13.6	2015
新加坡	●				...	...
泰国			●		18.9	2015
东帝汶		●			30.7	2015
越南				●	...	...
南亚						
孟加拉				●	...	...
不丹⑮	●				29.4	2015
印度				●	...	...
伊朗				●	...	...
尼泊尔				●	...	...
巴基斯坦			●		...	...

续表

区域/亚区/国家/地区	缴费型制度 就业关联型[a]	非缴费型制度 普惠型（非家计调查型）	非缴费型制度 社会救助（家计调查型）	立法中没有相关项目或无相关信息	有效覆盖[d]（%）	最近可用年份
斯里兰卡			●		…	…
大洋洲						
澳大利亚		●[c]	●		100.0	2015
斐济			●		…	…
基里巴斯				●	…	…
马绍尔群岛				●	…	…
密克罗尼西亚联邦				●	…	…
新西兰		●	●		…	…
帕劳				●	…	…
巴布亚新几内亚				●	…	…
萨摩亚				●	…	…
所罗门群岛				●	…	…
瓦努阿图				●	…	…
欧洲和中亚						
北欧、南欧和西欧						
阿尔巴尼亚			●		…	…
安道尔		●	●		…	…
奥地利			●		100.0	2015
比利时	●				100.0	2015

续表

区域/亚区/国家/地区	缴费型制度 就业关联型[a]	非缴费型制度		立法中没有相关项目或无相关信息	有效覆盖[d]（%）	最近可用年份
		普惠型 （非家计调查型）	社会救助 （家计调查型）			
波黑					…	…
克罗地亚			●		…	…
丹麦		●			100.0	2015
爱沙尼亚		●			100.0	2015
芬兰		●			100.0	2015
法国		●	●		100.0	2015
德国			●		…	…
希腊	●			…	…	…
根西岛		●			…	…
冰岛		●	●		…	…
爱尔兰	●[b]		●		100.0	2015
马恩岛			●		…	…
意大利	●		●		…	…
泽西岛			●		…	…
科索沃					…	…
拉脱维亚		●	●		100.0	2015
列支敦士登		●			…	…
立陶宛			●		…	…
卢森堡		●	●		…	…

续表

区域/亚区/国家/地区	缴费型制度 就业关联型 [a]	非缴费型制度 普惠型 （非家计调查型）	非缴费型制度 社会救助 （家计调查型）	立法中没有相关项目或 无相关信息	有效覆盖 [d] （%）	最近可用年份
北马其顿⑫					…	…
马耳他⑬	●[b]				…	…
摩纳哥				…	…	…
黑山					…	…
荷兰	●	●	●		100.0	2015
挪威	●	●	●		100.0	2015
葡萄牙			●		93.1	2015
圣马力诺					…	…
塞尔维亚	●	●	●		79.4	2015
斯洛文尼亚	●		●		100.0	2015
西班牙		●	●		100.0	2015
瑞典			●		100.0	2015
瑞士		●	●		100.0	2015
英国						
东欧						
白俄罗斯		●	●		…	…
保加利亚⑭			●		48.6	2015
捷克					…	…
匈牙利		●	●		100.0	2015

续表

区域/亚区/国家/地区	缴费型制度 就业关联型[a]	非缴费型制度 普惠型 (非家计调查型)	非缴费型制度 社会救助 (家计调查型)	立法中没有相关项目或 无相关信息	有效覆盖[d] （%）	最近可用年份
摩尔多瓦		●			…	…
波兰			●		100.0	2015
罗马尼亚			●		100.0	2015
俄罗斯	●⑲	●	●		100.0	2015
斯洛伐克			●		100.0	2015
乌克兰			●		…	…
中亚和西亚						
亚美尼亚			●		21.4	2015
阿塞拜疆	●		●		…	…
塞浦路斯			●[c]		60.3	2015
格鲁吉亚		●	●		…	…
以色列			●		100.0	2015
哈萨克斯坦			●		17.8	2015
吉尔吉斯斯坦	●				6.4	2015
塔吉克斯坦⑳	●			●	…	…
土耳其					…	…
土库曼斯坦	●				…	…
乌兹别克斯坦			●		…	…

来源：

主要来源：

国际社会保障协会（ISSA）；美国社会保障总署（SSA），不同日期，全球社会保障项目（日内瓦和华盛顿特区）。可见 http://www.ssa.gov/policy/docs/progdesc/ssptw/ [2017.06.20].

ILO（国际劳工局）. 世界社会保护数据库，基于社会保障调查（SSI）。可见 http://www.social-protection.org/gimi/gess/RessourceDownload.action?ressource.ressourceId=54781 [2017.06].

其他来源：

欧盟委员会. 社保护交互信息系统（MISSOC）. 比较表数据库。可见 http://www.missoc.org/MISSOC/MISSOCII/MISSOCII/index.htm [2017.06.20].

注释：

… 表示不可用或无信息。

a 就业关联型：包括通过雇主和劳动者缴费进行筹资的制度以及仅由雇主缴费筹资的制度。

b 某些就业关联型制度也是家计调查或富裕程度调查型的。

c 虽然福利给付需经富裕程度调查（affluence-tested），但是近乎普惠。

d 儿童和家庭福利有效覆盖：没有提供法定福利，18岁以下的居民。对于那些在立法中没有相关项目的国家，数据来源于捐赠筹资的制度。

① 博茨瓦纳：没有提供法定福利，18岁以下，父母患有绝症病的贫困儿童，未被孤儿照护项目覆盖的18岁以下的孤儿或被遗弃儿童。

② 刚果：2012年的一部法律推出了非缴费型家庭津贴，但尚未实施。

③ 纳米比亚：此外，有残障或慢性疾病的孩子每月可领取250纳米比亚元的儿童残障补助金和养父母补助金。残障补助金向每个符合资格的儿童发放，而养父母补助金则是为寄养期间的首个子女发放。

④ 古巴：没有提供法定福利。应征服兵役的年轻劳动者的被供养人有资格获得社会保障救助。如果一家之主因健康、残障或其他正当原因失业，而且收入不足以满足基本家庭需要，则向其家庭提供福利津贴。

⑤ 洪都拉斯：2015年社会保护立法中有关家庭津贴的某些规定尚未得到执行。

⑥ 尼加拉瓜：在老年、残障和遗属项目下，向至少缴费三个月的参保者支付相当于其一个月收入的一次性婚姻补助金。

⑦ 巴拉圭：未提供法定待遇给付。1993年的劳工法规要求雇主根据子女数量提供特定的生育和家庭补贴。

⑧ 秘鲁：参见 http://www.juntos.gob.pe.

⑨ 委内瑞拉：若在结婚前三年已至少缴费100周，则可以得到相当于7 000委内瑞拉玻利瓦尔的一次性婚姻补助金。该补助金是在老年、残障和遗属项目下进行支付的。

⑩ 加拿大：该福利待遇作为可退还税款抵免进行给付。

① 美国：福利待遇在联邦、州和地方层面进行给付，并包括可退还税款抵免。
② 黎巴嫩：津贴为一次性给付，向妻子支付33 000黎巴嫩镑，向每个子女支付60 000黎巴嫩镑，最多不超过五个子女。
③ 中国：通过税收筹资的、家计调查式的最低生活保障制度和医疗救助项目均由地方民政部门进行管理，向人均收入低于最低水平的城镇和农村家庭提供福利待遇。地方政府给遵守计划生育政策的家庭提供各种财政激励（一次性的、定期的或实物给付的福利待遇）。
④ 新加坡：就业人息补助制度（Workfare Income Supplement Scheme）补充35岁以上的、每月总收入不超过2 000新加坡元的低收入劳动者的收入和中央公积金储蓄。个人必须在任何一段长达三个月的时期内至少工作两个月，津贴为每年至多3 600新加坡元（如果是自雇佣者，则根据年龄每年至多为2 333新加坡元）管理笔法规定的10%），并按季度支付。
⑤ 不丹：国王陛下福利办公室（His Majesty's Kidu Office）管理笔法规定的福利（Kidu）体系，包括向不丹公民提供的现金和实物福利。受益人必须被评估为贫困、残障、无土地者或是没有收入来源供其上学的儿童。
⑥ 立陶宛：除定期发放的家计调查型儿童津贴和在职福利外，寄养儿童照护津贴和残障儿童津贴无需家计调查。针对儿童出生或领养的一次性福利待遇和育儿福利待遇、针对残障儿童的长期护理津贴、针对儿童出生或领养的一次性福利待遇给付均无须经家计调查。
⑦ 马耳他：除定期发放的家计调查型儿童津贴和在职福利外，寄养儿童照护津贴和残障儿童津贴无需家计调查。
⑧ 保加利亚：此外，无论收入状况如何，向每名儿童支付普惠型的出生补助金。
⑨ 俄罗斯：家庭（或生育资金）补助金为一次性给付。
⑩ 塔吉克斯坦：每月支付40索莫尼，直到儿童年满18个月。父母一方必须从事被社会保障覆盖的工作。此外，不论父母是否从事被社会保障覆盖的工作，向第一个子女一次性支付150索莫尼，向第二个子女一次性支付100索莫尼，向之后出生的每个子女一次性支付50索莫尼。

附件四 统计表

表 B.5 生育：主要社会保障项目的关键特征和社会保护的有效覆盖（有关新生儿母亲的可持续发展目标指标 1.3.1）

区域/亚区/国家/地区	法律（或劳工法案*）出台时间	生育福利的提供者	项目类型	筹资来源	对自雇佣者的覆盖	产假长度 时长（数字和单位）	产假长度 周数	产假期间的工资百分比 %	2015年领取福利津贴的新生儿母亲占比 %
非洲									
北非									
阿尔及利亚	1949	雇员国家社会保险基金-社会保障	社会保险	雇主和雇员	否	14	14	100	11.2
埃及	1959、1964	国家私营和公共部门基金社会保险组织和社会保险政府部门基金-社会保障（75%），雇主（25%）	社会保险	雇主和雇员	否	120 天	17.2	100④	…
利比亚	1958	雇主	雇主责任	雇主	否（仅提供怀孕津贴和出生补助金）	14 周	14	100⑧	…
摩洛哥	1959	国家社会保障基金-社会保障	社会保险	雇主和雇员	否	14 周	14	100②	…
苏丹	1997*	雇主（无法定社会保障福利）	雇主责任	雇主	否	8 周	8	100	…
突尼斯	1960	国家医疗保险基金-社会保障	社会保险	雇主、雇员和自雇佣者	是	30ᵃ 天	4.3ᵃ	67⑮	12.3

续表

区域/亚区/国家/地区	法律（或劳工法案*）出台时间	生育福利提供者	项目类型	筹资资金来源	对自雇佣者的覆盖	产假长度 时长（数字和单位）	产假长度 单位	产假长度 周数	产假期间的工资百分比 %	2015年领取福利津贴的新生儿母亲占比 %
撒哈拉以南非洲										
安哥拉	2004	国家社会保险机构-社会保障	社会保险	雇主、雇员和自雇佣者	是	3	月	13	100	…
贝宁	1952*	国家社会保障基金-社会保障（50%），雇主（50%）	社会保险和雇主责任	雇主	否	14	周	14	100	…
博茨瓦纳	1981*	雇主（无法定社会保障福利）	雇主责任	雇主	否	12	周	12	50	…
布基纳法索	1955	国家社会保障基金-社会保障	社会保险	雇主	否	14	周	14	100[①②]	0.4
布隆迪	1993*	雇主（50%），社会保障（50%）	雇主责任（部分社会保险）	雇主和雇员	否	12[a]	周	12[a]	100	…
佛得角	1976	国家社会保险机构-社会保障	社会保险	雇主、雇员和自雇佣者	是	60	天	8.6	90[③]	10.7
喀麦隆	1956	国家社会保障基金-社会保障	社会保险	雇主	否	14	周	14	100	0.6
中非	1952*	国家社会保障基金-社会保障	社会保险	雇主	否	14[a]	周	14[a]	50	…

续表

区域/亚区/国家/地区	法律（或劳工法案*）出台时间	生育福利的提供者，项目类型和筹资来源			对自雇佣者的覆盖	产假长度		产假期间的工资百分比	2015年领取福利津贴的新生儿母亲占比
		生育福利提供者	项目类型	筹资来源		时长（数字和单位）	周数	%	%
乍得	1952*, 1966	国家社会保险基金 – 社会保障	社会保险	雇主和政府（补贴）	否	14ª 周	14ª	50	…
科摩罗	…	雇主（无法定社会保障福利）	雇主责任	雇主	否	14 周	14	100	…
刚果（布）	1952*, 1956	国家社会保障基金 – 社会保障（50%），雇主（50%）	社会保险和雇主责任	雇主	否	15ª 周	15ª	100	…
刚果（金）	1967*	雇主（无法定社会保障福利）	雇主责任	雇主	否	14 周	14	67	…
科特迪瓦	1955	国家社会保险机构 – 国家社会保障	社会保险	雇主	否	14ª 周	14ª	100	…
吉布提	1952*, 1972*	社会保险基金 – 社会保障（50%），雇主（50%）	社会保险	雇主	是	14ª 周	14ª	100	…
赤道几内亚	1947, 1984	社会保险机构 – 社会保障	社会保险	雇主，雇员和政府	否	12 周	12	75⑤	…
厄立特里亚	…	雇主（无法定社会保障福利）	雇主责任	雇主	否	60 天	8.6	100	…

续表

区域/亚区/国家/地区	法律（或劳工法案*）出台时间	生育福利提供者	项目类型	筹资来源	对自雇用者的覆盖	产假长度 时长（数字和单位）	产假长度 单位	产假长度 周数	产假期间的工资百分比 %	2015年领取福利津贴的新生儿母亲占比 %
埃塞俄比亚	2003*	雇主（无法定社会保障福利）	雇主责任	雇主	否	90	天	13	100	…
加蓬	1952*, 1975	国家社会保障基金－社会保险（50%）；雇主（50%）	社会保险	雇主	特殊制度	14ª	周	14ª	100	…
冈比亚	1990*	雇主（无法定社会保障福利）	雇主责任	雇主	否	6	月	26	100	…
加纳	…	雇主（无法定社会保障福利）	雇主责任	雇主	否	12ᵃᵇ	周	12ᵃᵇ	100	41.7④
几内亚	1960	国家社会保障基金－社会保险（50%），雇主（50%）	社会保险和雇主责任	雇主和雇员	否	14	周	14	100②	…
几内亚比绍	…	社会保障，雇主	社会保险和雇主责任	雇主	否	60	天	8.6	100⑥	…
肯尼亚	1976*	雇主（无法定社会保障福利）	雇主责任	雇主	否	3	月	13	100	…
莱索托	1992*	雇主（无法定社会保障福利）	雇主责任	雇主	否	12	周	12	100⑦	…

续表

区域/亚区/国家/地区	法律（或劳工法案*）出台时间	生育福利的提供者、项目类型和筹资来源			对自雇用者的覆盖	产假长度			产假期间的工资百分比 %	2015年领取福利津贴的新生儿母亲占比 %
		生育福利提供者	项目类型	筹资来源		时长（数字和单位）	周	周数		
利比里亚	…	雇主（无法定社会保障福利）	雇主责任	雇主	否	14	周	14	100	…
马达加斯加	1952*	国家社会保险基金-社会保障或雇主	社会保险和雇主责任	雇主	否	14	周	14	50⑨	…
马拉维	2000*	雇主通过私人保险（无法定社会保障福利）	雇主责任	雇主	否	8	周	8	100⑩	…
马里	1952*	国家社会保险机构-社会保障	社会保险	雇主、雇员和自雇用者	是，基于自愿	14	周	14	100	…
毛里塔尼亚	1952*	国家社会保险基金-社会保障	社会保险	雇主	否	14	周	14	100	…
毛里求斯	2008*	雇主（无法定社会保障福利）	雇主责任	雇主、雇员	否	12	周	12	100	…
莫桑比克	…	国家社会保障署-社会保障	社会保险	雇主、雇员和自雇用者	是	60	天	8.6	100	0.2
纳米比亚	1994	社会保障（基本工资），雇主（剩余）	社会保险和雇主责任	雇主、雇员和政府	自愿参与社会保险	12	周	12	100②⑪	…
尼日尔	1952*	社会保险（50%），雇主（50%）	社会保险和雇主责任	雇主	否	14ª	周	14ª	100	…

续表

区域/亚区/国家/地区	法律（或劳工法案*）出台时间	生育福利的提供者	项目类型	筹资来源	对自雇佣者的覆盖	产假长度 时长（数字和单位）	产假长度 周数	产假期间的工资百分比 %	2015年领取福利津贴的新生儿母亲占比 %
尼日利亚	1971	雇主（无法定社会保障福利）	雇主责任	雇主	否	12 周	12	50	0.4
卢旺达	2009*	卢旺达社会保障局－社会保障机构和雇主	社会保险和雇主责任	雇主和雇员	否	12 周	12	100⑫	…
圣多美和普林西比	1979	国家社会保障机构－社会保障	社会保险	雇主、雇员、自雇佣者和政府（补贴）	是	90 天ᵇ	13ᵇ	100	…
塞内加尔	1952*	社会保障基金－社会保障	社会保险	雇主和雇员	否	14ᵃ 周	14ᵃ	100	…
塞舌尔	1979	社会保障基金－社会保障和雇主	社会保险和雇主责任	雇主和政府	是	14 周	14	80⑬	…
塞拉利昂	…	雇主（无法定社会保障福利）	雇主责任	雇主	否	84 天	12	100	…
索马里	…	雇主（无法定社会保障福利）	雇主责任	雇主	否	14 周	14	50	…
南非	1937	失业保险－社会保障	社会保险	雇主和雇员	否	17.32 周	17.32	38~60②	…
斯威士兰	…	雇主（无法定社会保障福利）	雇主责任	雇主	否	2（+10无薪）周	2（+10无薪）	100	…

续表

区域/亚区/国家/地区	法律（或劳工法案*）出台时间	生育福利的提供者、项目类型和筹资来源			对自雇用者的覆盖	产假长度			产假期间的工资百分比	2015年领取福利津贴的新生儿母亲占比
		生育福利提供者	项目类型	筹资来源		时长（数字和单位）	时长（数字和单位）	周数	%	%
坦桑尼亚	1997	国家社保基金-社会保障	社会保险	雇主、雇员和自雇佣者	是，自愿缴费	12	周	12	100	0.3
多哥	1956	国家社保基金-社会保障（50%）	社会保险和雇主责任	雇主和自雇佣者	是	14ª	周	14ª	100	…
乌干达	2006*	雇主（无法定社会保障福利）	雇主责任	雇主	否	60	工作日	12	100	…
赞比亚	1973	雇主（无法定社会保障福利）	雇主责任	雇主	否	12	周	12	100	…
津巴布韦	1985*	雇主（无法定社会保障福利）	雇主责任	雇主	否	98	天	14	100	…

美洲

拉丁美洲和加勒比地区

| 安提瓜和巴布达 | 1972、1973 | 安提瓜和巴布达社会保险委员会-社会保险和雇主 | 社会保险、雇主责任 | 雇主、雇员和自雇佣者 | 是 | 13 | 周 | 13 | 100, 60[63] | 40.0 |
| 阿根廷 | 1934 | 国家社会保障管理局-社会保障 | 就业关联与社会救助 | 雇主和政府 | 是，社会救助 | 90 | 天 | 13 | 100[64] | 13.0 |

· 341 ·

续表

区域/亚区/国家/地区	法律(或劳工法案*)出台时间	生育福利的提供者,项目类型和筹资来源			对自雇佣者的覆盖	产假长度			产假期间的工资百分比	2015年领取福利津贴的新生儿母亲占比
		生育福利提供者	项目类型	筹资来源		时长(数字和单位)	时长(数字单位)	周数	%	%
巴哈马	1972	国家保险委员会-社会保障(2/3)和雇主(1/3)	社会保险与雇主责任	雇主、雇员和自雇佣者	是	13	周	13	100⑤	…
巴巴多斯	1966	国家保险办事处-社会保障	社会保险	雇主、雇员和自雇佣者	是	12	周	12	100⑥	…
伯利兹	1979	社会保障委员会-社会保障(80%),雇主(20%)	社会保险和雇主责任	雇主、雇员和自雇佣者	是	14	周	14	100②⑦	…
百慕大	2000*	雇主(无法定社会保障福利)	雇主责任	雇主	否	2 (+10无薪)	周	2 (+10无薪)	100	…
玻利维亚	1949	国家健康保险机构-社会保障	社会保险	雇主和雇佣者	是,基于自愿	90	天	13	95⑧	51.5
巴西	1943	国家社会保障机构-社会保障	社会保险	雇主、雇员和自雇佣者	是	120	天	17.2	100②⑧	45.0
英属维尔京群岛	1979	社会保障委员会-社会保障	社会保险	雇主、雇员和自雇佣者	是	13	周	13	67②⑨	…
智利	1924	国家卫生基金-社会保障	社会保险和私营保险	雇主、自雇佣者和政府	是	18	周	18	100②⑩	44.0

续表

区域/亚区/国家/地区	法律（或劳工法案*）出台时间	生育福利的提供者、项目类型和筹资来源			对自雇佣者的覆盖	产假长度		产假期间的工资百分比 %	2015年领取福利津贴的新生儿母亲占比 %
		生育福利提供者	项目类型	筹资来源		时长（数字和单位）	周数		
哥伦比亚	1938	社会保障和卫生部 – 社会保障	社会保险	雇主、雇员、自雇佣者和政府	是	18	周	18	...	...
哥斯达黎加	1941, 1943	哥斯达黎加社会保险基金 – 社会保障（50%）；雇主（50%）	社会保险和雇主责任	雇主、雇员、自雇佣者和政府	是	4	月	17.2	100	...
古巴	1934	预防、社会救助和劳工和国家社会保障局 – 社会保障	社会保险	雇主、雇员、自雇佣者和政府（承担全部赤字）	特殊制度	18^b	周	18^b	100⑫	...
多米尼克	1975	多米尼克社会保障 – 社会保障	社会保险	雇主、雇员和自雇佣者	是	12	周	12	60⑬	...
多米尼加	1947	社会保障机构 – 社会保障（50%），雇主（50%）	社会保障和雇主责任	雇主和雇员	否	12	周	12	100⑭	...
厄瓜多尔	1935	社会保险所 – 社会保障（75%），雇主（25%）	社会保险和雇主责任	雇主、自雇佣者和雇主	是	12^b	周	12^b	100	...
萨尔瓦多	1949	社会保险所 – 社会保障或雇主	社会保险	雇主、雇员、自雇佣者和政府（补贴）	是	16	周	16	100, 75⑮	...

续表

区域/亚区/国家/地区	法律（或劳工法案*）出台时间	生育福利的提供者、项目类型和筹资来源			对自雇佣者的覆盖	产假长度		产假期间的工资百分比 %	2015年领取福利津贴的新生儿母亲占比 %
		生育福利提供者	项目类型	筹资来源		时长（数字和单位）	周数		
格林纳达	1980	国家保险制度－社会保障（65%，3个月），雇主（最高40%，2个月）	社会保险和雇主责任	雇主、雇员、自雇佣者和政府	是	3	月	13	100, 65①②③	…
瓜德罗普	…	…	…	…	…	…	…	…	…	…
危地马拉	1952	社会保障机构－社会保障（2/3），雇主（1/3）	社会保险和雇主责任	雇主、雇员和政府	否	84	天	12	100③	14.0
圭亚那	1969	国家保险制度－社会保障	社会保险	雇主、雇员、自雇佣者和政府（承担全部赤字）	是	13ᵃ	周	13ᵃ	70③	…
海地	1984*	雇主	雇主责任	雇主	…	6（+6无薪）	周	6（+6无薪）	100	…
洪都拉斯	1959	社会保障机构－社会保障（66%），雇主（34%）	社会保险和雇主责任	雇主、雇员、自雇佣者和政府	是	84	天	12	66③	…
牙买加	1965	劳动社会保险司－社会保障或雇主	社会保险或雇主责任	雇主和雇员或雇主	否	8	周	8	见脚注⑤	…

续表

区域/亚区/国家/地区	法律（或劳工法案*）出台时间	生育福利的提供者、项目类型和筹资来源			对自雇佣者的覆盖	产假长度		产假期间的工资百分比	2015年领取福利津贴的新生儿母亲占比
		生育福利提供者	项目类型	筹资来源		时长（数字和单位）	周数	%	%
墨西哥	1943	墨西哥社会保障机构-社会保障	社会保险	雇主、雇员和政府	是，基于自愿	84	天	12	100	…
尼加拉瓜	1956	尼加拉瓜社会保障机构-社会保障（60%）；雇主（40%）	社会保险和雇主责任	雇主、雇员、自雇佣者和政府	是，基于自愿	12	周	12	100[⑱]	…
巴拿马	1941	社会保险基金-社会保障	社会保险	雇主、雇员、自雇佣者和政府	是，基于自愿	14	周	14	100[⑱]	…
巴拉圭	1943	社会保险机构-社会保障	社会保险	雇主、雇员和政府	否	18	周	18	100	…
秘鲁	1936、1948	社会医疗保险机构和私人医疗服务提供者-社会保障	社会保险和强制私人保险	雇主和自雇佣者	是，基于自愿	90[b]	天	13[b]	100[⑲]	3.0
波多黎各	…	雇主（无法定社保福利）	雇主责任	雇主	否	8	周	8	100	…
圣基茨和尼维斯	1977	社会保障委员会-社会保障	社会保险	雇主、雇员和自雇佣者	是	13	周	13	65[⑲][⑳]	…
圣卢西亚	1978	国家保险公司-社会保障	社会保险	雇主、雇员和自雇佣者	是	3	周	13	65[⑲]	…

续表

区域/亚区/国家/地区	法律（或劳工法案*）出台时间	生育福利的提供者，项目类型和筹资来源			对自雇佣者的覆盖	产假长度		产假期间的工资百分比	2015年领取福利津贴的新生儿母亲占比
		生育福利提供者	项目类型	筹资来源		时长（数字和单位）	周数	%	%
圣文森特和格林纳丁斯	1986	国家保险服务－社会保障	社会保险	雇主、雇员和自雇佣者	是	13	13	65⑲	…
特立尼达和多巴哥	1998	国家保险委员会－社会保障和雇主	社会保险和雇主责任	雇主和雇员	否	13	13	100, 50⑳㉑	…
乌拉圭	1958	社会保险银行－社会保障	就业关联	政府	是	14	14	100	100.0
委内瑞拉	1940	社会保险机构－社会保障	社会保险	雇主、雇员和政府	否	26	26	100	…
北美									
加拿大	1972*	加拿大服务部（Service Canada）－社会保障	社会保险	雇主、雇员和自雇佣者	是，对一些人来说是自愿的	15	15	55㉒㉓	100.0
美国	n.a	无法定供给（在州层面提供）	无偿的	n.a	n.a	0（+12）	0（+12）	0㉔	…
阿拉伯国家									
巴林	1976*	雇主（无法定社会保障福利）	雇主责任	雇主	否	60（+15）无薪	8.6（+2.2）无薪	100	…
伊拉克	1956	职工养老金和社会保障部－社会保障	社会保险	雇主、雇员和政府（补贴）	否	14ᵃᵇ	14ᵃᵇ	100㉒	…

续表

区域/亚区/国家/地区	法律（或劳工法案*）出台时间	生育福利的提供者、项目类型和筹资来源			对自雇佣者的覆盖	产假长度			产假期间的工资百分比 %	2015年领取福利津贴的新生儿母亲占比 %
		生育福利提供者	项目类型	筹资来源		时长（数字和单位）		周数		
约旦	1978	社会保障公司-社会保障	社会保险	雇主和政府（承担全部赤字）	…	10	周	10	100	…
科威特	2010*	雇主（无法定社会保障福利）	雇主责任	雇主	否	70(+120无薪)	天	10(+17无薪)	100	…
黎巴嫩	1963	雇主（无法定社会保障福利）	雇主责任	雇主	否	70	天	10	100[②]	…
巴勒斯坦被占领土	…	雇主（无法定社会保障福利）	雇主责任	雇主	否	70	天	10	100	…
阿曼	2012	雇主（无法定社会保障福利）	雇主责任	雇主	否	50	天	7	100[③]	…
卡塔尔	2004*	雇主（无法定社会保障福利）	雇主责任	雇主	否	50	天	7	100	…
沙特阿拉伯	1969*	雇主（无法定社会保障福利）	雇主责任	雇主	否	10	周	10	50, 100[④]	…
叙利亚	1985	雇主（无法定社会保障福利）	雇主责任	雇主	否	120, 90, 75	天	17.2	100[⑤]	…
阿联酋	…	雇主（无法定社会保障福利）	雇主责任	雇主	否	45	天	6.4	100, 50[⑥]	…

续表

区域/亚区/国家/地区	法律（或劳工法案*）出台时间	生育福利的提供者、项目类型和筹资来源			对自雇佣者的覆盖	产假长度			产假期间的工资百分比 %	2015年领取福利津贴的新生儿母亲占比 %
		生育福利提供者	项目类型	筹资来源		时长（数字和单位）		周数		
也门	1995*	雇主（无法定社会保障福利）	雇主责任	雇主	否	70[ab]	天	10[ab]	100	…
亚太地区										
东亚										
中国	1951	社会保障（单个的国营企业）	社会保险	雇主、自雇佣者和政府（补贴行政成本）	是（在大多数省），基于自愿	98	天	14	100[⑳]	15.1
中国香港	1968	雇主	雇主责任	雇主	否	10	周	10	80	…
日本	1922	就业保险基金－社会保障	社会保险	雇主、雇员和政府	是，有例外	98[b]	天	14[b]	67[㉒]	…
韩国	1993	劳动与就业部－社会保障	社会保险	雇主、雇员、自雇佣者和政府（补贴）	是，在一定条件下自愿覆盖	90	天	13	100[㉒㉕]	…
蒙古	1994	社会保险基金－社会保障	社会保险	雇主、雇员和自雇佣者缴费	是，基于自愿	120	天	17.2	100, 70[㉖]	81.5
	2012	社会福利基金	普惠社会救助	政府	是				定额[㉖]	100.0

续表

区域/亚区/国家/地区	法律(或劳工法案*)出台时间	生育福利的提供者、项目类型和筹资来源			对自雇佣者的覆盖	产假长度		产假期间的工资百分比 %	2015年领取福利津贴的新生儿母亲占比 %
		生育福利提供者	项目类型	筹资来源		时长(数字和单位)	周数		
中国台湾	1950	劳动保险局-社会保障	社会保险	雇主、雇员、自雇佣者和政府	是,有例外	一次性	一次性	一次性[⑱]	…
东南亚									
文莱	1954*	雇主与政府	雇主责任和就业关联	雇主(雇主责任)和政府(就业关联)	否	8(+1无薪)	8(+1无薪)周	100[⑲]	…
柬埔寨	1997*	国家社会保障基金-社会保障和雇主	雇主责任和社会保险	雇主、雇员	否	90	13 天	50	…
印度尼西亚	1957*	雇主(无法定社会保障福利)	雇主责任	雇主	否	3	13 月	100	…
老挝	1999	国家社会保障(80%),雇主(20%)	社会保险和雇主责任	雇主、雇员、自雇佣者和政府	是,基于自愿	105[a]	15[a] 天	100[⑳]	…
马来西亚	1955*	雇主(无法定社会保障福利)	雇主责任	雇主	否	60	8.6 天	100	…
缅甸	1954	社会保障委员会-社会保障	社会保险	雇主、雇员、自雇佣者和政府(补贴)	是,基于自愿	14	14 周	70[㉑㉒]	0.7

续表

区域/亚区/国家/地区	法律(或劳工法案*)出台时间	生育福利提供者	项目类型	筹资来源	对自雇用者的覆盖	产假长度 时长(数字和单位)	产假长度 周数	产假期间的工资百分比 %	2015年领取福利津贴的新生儿母亲占比 %
菲律宾	1977	雇主,社会保障制度	社会保险	雇主、雇员、自雇用者和政府(承担全部赤字)	是	60ᵃ 天	8.6ᵃ	100㉝	9.0
新加坡	1968*	雇主和政府	雇主责任	雇主和政府	否	16 周	16	100㉕㉖	…
泰国	1990	雇主(67%),社会保障办公室-社会保障(33%)	社会保险和雇主责任	雇主、雇员、自雇用者和政府	是,基于自愿	90 天	13	100, 50㉙㉚	…
东帝汶	2016	社会保障部门	社会保险	雇主和雇员	是,基于自愿	12 周	12	100	…
越南	1993	越南社会保障署-社会保障	社会保险	雇主	否	6ᵇ 月	26ᵇ	100⑬	44.5
南亚									
阿富汗	…	雇主(无法定社会保障福利)	雇主责任	雇主	否	90 天	13	100	…
孟加拉	1939	雇主	雇主责任	雇主	否	16 周	16	100⑱	20.9
不丹	…	…	…	…	…	…	…	…	…
印度	1948	职工国家保险公司-社会保障	社会保险	雇主、雇员和政府	否	26ᵃ 周	26ᵃ	100㉑	41.0

续表

区域/亚区/国家/地区	法律(或劳工法案*)出台时间	生育福利的提供者	项目类型	筹资来源	对自雇用者的覆盖	产假长度 时长(数字和单位)	产假长度	产假长度 周数	产假期间的工资百分比 %	2015年领取福利津贴的新生儿母亲占比 %
伊朗	1953	社会保障组织-社会保障	社会保险	雇主、雇员和政府	否	270	天	39	67	...
尼泊尔	1962, 1993*	雇主(无法定社会保障福利)	雇主责任	雇主	否	52	天	7.4	100㉚	...
巴基斯坦	1965	雇主	雇主责任	雇主	否	12	周	12	100㉜	...
斯里兰卡	1941, 1954*	雇主(无法定社会保障福利)	雇主责任	雇主	否	12	周	12	86, 100㊱	...
大洋洲										
澳大利亚	1970	人类服务部-社会保障	普惠	政府	是	18(+34无薪)	周	18(+34无薪)	定额⑩⓪	...
斐济	2007*	雇主(无法定社会保障福利)	雇主责任	雇主	否	84	天	12	100⑩②	...
基里巴斯	1977*	雇主(无法定社会保障福利)	雇主责任	雇主	否	12	周	12	25	...
马绍尔群岛	...	无法定提供者	无福利	...	n.a.			0	...	...
新西兰	1938	税务局	普惠和社会救助	政府	是	18	周	18	100②㉓	100.0

续表

区域/亚区/国家/地区	法律（或劳工法案*）出台时间	生育福利的提供者、项目类型和筹资来源			对自雇佣者的覆盖	产假长度		产假期间的工资百分比	2015年领取福利津贴的新生儿母亲占比
		生育福利提供者	项目类型	筹资来源		时长（数字和单位）	周数	%	%
巴布亚新几内亚	1978*	无社保福利	无偿的	无法定提供	n.a.	0 (+6 无薪)	0 (+6 无薪)	n.a.[⑯]	...
萨摩亚	2013*	雇主（无法定社会保障福利）	雇主责任	雇主	否	4 (+2 无薪), 6	4 (+2 无薪), 6	100, 66.7[⑮]	...
所罗门群岛	1996*	雇主（无法定社会保障福利）	雇主责任	雇主	否	12 周	12	25	...
瓦努阿图	1983*	雇主（无法定社会保障福利）	雇主责任	雇主	否	12 周	12	66	...

欧洲和中亚

北欧、南欧和西欧

阿尔巴尼亚	1947	社会保险机构－社会保障	社会保险	雇主、雇员和自雇佣者	是	365 天[b]	52[b]	80, 50[⑭]	...
安道尔	1966	安道尔国家社会保障基金－社会保障	社会保险	雇主、雇员和自雇佣者	是	16[b] 周	16[b]	100	...
奥地利	1955	地区健康保险基金－社会保障	社会保险	雇主、雇员和政府	特殊制度	16 周	16	100	100.0
比利时	1894	健康保险基金和国家健康与残障保险机构	社会保险	雇主、雇员和政府（补贴）	特殊制度	15[b] 周	15[b]	82, 75[②][㉖]	100.0

续表

区域/亚区/国家/地区	法律（或劳工法案*）出台时间	生育福利的提供者、项目类型和筹资来源			对自雇佣者的覆盖	产假长度			产假期间的工资百分比 %	2015年领取福利津贴的新生儿母亲占比 %
		生育福利提供者	项目类型	筹资来源		时长（数字和单位）	单位	周数		
波黑	…	社会保障	社会保险	雇主和政府	…	365	天	52	50~100⑩	…
克罗地亚	1954	克罗地亚健康保险基金-社会保障	社会保险和社会救助	雇主、自雇佣者和政府	是	6.93	月	30	100⑪	100.0
丹麦	1892	雇主，地方政府	就业关联制度	雇主、自雇佣者和政府	是，基于自愿	18	周	18	见脚注⑤	100.0
爱沙尼亚	1924	健康保险基金-社会保障	社会保险	雇主和自雇佣者	是	140	天	20	100	100.0
芬兰	1963	初级疾病保险基金和法属海外领土普通疾病保险基金-社会保障	社会保险	雇员、自雇佣者和政府	特殊制度	105	工作日	21	70⑳	100.0
法国	1928	疾病基金联合会-社会保障	社会保险	雇主、雇员和政府（补贴）	是，基于自愿	16ᵃᵇ	周	16ᵃᵇ	100②	100.0
德国	1952	社会保险机构-社会保障	社会保险和雇主责任	雇主、雇员和政府	是	14	周	14	100㉒㉖	100.0
希腊	1922	社会保障	社会保险	雇主、雇员、自雇佣者和政府（补贴）	是，某些城市自雇佣者	119	天	17	100	100.0

续表

区域/亚区/国家/地区	法律（或劳工法案*）出台时间	生育福利的提供者	项目类型	筹资来源	对自雇佣者的覆盖	产假长度 时长（数字和单位）	产假长度 周数	产假期间的工资百分比 %	2015年领取福利津贴的新生儿母亲占比 %
根西岛	1971	社会保障部门－社会保障	社会保险	雇主、雇员、自雇佣者和政府	是	18	18	定额⑲	…
冰岛	1975	社会保险管理局－社会保障	社会保险	雇主、自雇佣者和政府（承担全部赤字）	是	3 月	13	80②㉓	100.0
爱尔兰	1911	社会保护部门－社会保障	社会保险	雇主、雇员、自雇佣者和政府（承担全部赤字）	是	26（+16无薪）	26（+16无薪）	定额㉕	100.0
马恩岛	1951	马恩岛财政部－社会保障	社会保险和社会救助	雇主、雇员、自雇佣者和政府（社会救助）	是	39（+13）周	39（+13）	90②㉖	…
意大利	1912	国家保障机构－社会保障	社会保险	雇主、自雇佣者和政府	是	5 月	21.6	80㉑	100.0
泽西岛	1951	社会保障部门－社会保障	社会保险	雇主、雇员和自雇佣者	是	18 周	18	定额㉙	…
科索沃	…	…	社会保险	…	…	…	…	…	…

附件四 统计表

续表

区域/亚区/国家/地区	法律（或劳工法案*）出台时间	生育福利的提供者	项目类型	筹资来源	对自雇佣者的覆盖	产假长度				产假期间的工资百分比 %	2015年领取福利津贴的新生儿母亲占比 %
						时长（数字和单位）		周数			
拉脱维亚	1924	国家社会保险机构－社会保障	社会保险	雇员，雇主和自雇佣者	是	112[ab]	天	16[ab]		80[②]	100.0
列支敦士登	1910	健康保险基金联合会和政府认可的健康保险基金－社会保障	社会保险	雇主，雇员，自雇佣者和政府	是，基于自愿	20	周	20		80[③]	100.0
立陶宛	1925	国家社会保险基金委员会－社会保障	社会保险	雇主，自雇佣者和政府（承担全部赤字）	是	126[ab]	天	18[ab]		100[②⑥]	100.0
卢森堡	1901	国家社会健康保险基金－社会保障	社会保险	雇主，雇员，自雇佣者和政府（补贴）	特殊制度	16[ab]	周	16[ab]		100[⑥]	100.0
北马其顿	…	健康保险基金－社会保障	社会保险	…	…	9	月	39		100	…
马耳他	1981	雇主，社会保障部门－社会保障	雇主责任，社会保险和社会救助	雇主，雇员，自雇佣者和政府	是	18（+4）	周	18（+4）		见脚注[⑥]	100.0

· 355 ·

续表

区域/亚区/国家/地区	法律(或劳工法案*)出台时间	生育福利的提供者、项目类型和筹资来源			对自雇佣者的覆盖	产假长度			产假期间的工资百分比	2015年领取福利津贴的新生儿母亲占比
		生育福利提供者	项目类型	筹资来源		时长(数字和单位)	时长(单位)	周数	%	%
摩纳哥	1944,1949,1971,1982	社会服务补偿基金-社会保障	社会保险	雇主	特殊制度	16^b	周	16^b	90②⑥	…
黑山	…	社会保障	社会保险	雇主、雇员、自雇佣者和政府	是	365	天	52	100⑧	…
荷兰	1931	社会保障	社会保险	雇主和雇员	否	16^b	周	16^b	100②	100.0
挪威	1909	挪威劳工和福利管理局-社会保障	社会保险	雇主、雇员、自雇佣者和政府(承担全部赤字)	是	39(或49)	周	39(或49)	80,100②⑥	100.0
葡萄牙	1935	社会保障机构-社会保障	社会保险和社会救助	雇主、雇员、自雇佣者和政府	是	110—140^b	天	15.7,20^b	100,80⑩	100.0
圣马力诺	1977	国家社会保障机构-社会保障	社会保险	雇主和自雇佣者	是	5	月	22	100⑫	…
塞尔维亚	1922	共和国健康保险基金-社会保障	社会保险	雇主、雇员和自雇佣者	是	140㉓	天	20	见脚注㉒㉔	…

续表

区域/亚区/国家/地区	法律(或劳工法案*)出台时间	生育福利的提供者、项目类型和筹资来源			对自雇佣者的覆盖	产假长度			产假期间的工资百分比	2015年领取福利津贴的新生儿母亲占比
		生育福利提供者	项目类型	筹资来源		时长(数字和单位)		周数	%	%
斯洛文尼亚	1949	劳动、家庭、社会事务和平等机会部社会工作中心 – 社会保障	社会保险	雇主、雇员、自雇佣者和政府	是	105[ab]	天	15[ab]	100[②⑤]	96.0
西班牙	1929	国家社会保障机构 – 社会保险	社会保险,社会救助	雇主、雇员和政府(补贴)	在一定条件下	16[ab]	周	16[ab]	100[⑦]	100.0
瑞典	1891	区域和地方社会保险办事处 – 社会保险	社会保险	雇主和自雇佣者	是	60~420[⑩]	天	14~60	77.6,定额[②⑧]	100.0
瑞士	1911	补偿基金 – 通过私人保险公司实施强制性社会保险	强制性私人保险	雇主、雇员和自雇佣者	是	98	天	14	80[②⑦]	100.0
英国	1911	社会保障,政府(92%由公共基金返还)	混合型:社会保险和社会救助	雇主、雇员、自雇佣者和政府	是	39(+13)	周	39(+13)	90[⑫]	100.0
东欧										
白俄罗斯	1955	人口社会保护基金 – 社会保障	社会保险	雇主、自雇佣者和政府	是	126[a]	天	18[a]	100[②④]	...
保加利亚	1918	国家社会保障机构 – 社会保障	社会保险	雇主、雇员、自雇佣者和政府(承担全部赤字)	是,基于自愿	410	天	58.5	90[⑱]	100.0

续表

区域/亚区/国家/地区	法律（或劳工法案*）出台时间	生育福利的提供者	项目类型	筹资来源	对自雇佣者的覆盖	产假长度 时长（数字和单位）	产假长度 单位	产假长度 周数	产假期间的工资百分比 %	2015年领取福利津贴的新生儿母亲占比 %
捷克	1888	捷克社会保障管理局-社会保障	社会保险	雇主、自雇佣者和政府（承担全部赤字）	是，基于自愿	28[b]	周	28[b]	70[②㉓]	100.0
匈牙利	1891	国家健康保险基金-社会保障	社会保险	雇主、雇员、自雇佣者和政府（承担全部赤字）	是	24	周	24	70[㉕]	100.0
摩尔多瓦	1993	国家社会保险办公室-社会保障	社会保险	雇主、雇员和自雇佣者	是	126	天	18	100	...
波兰	1920	社会保险机构-社会保障	社会保险	雇员和自雇佣者	是，基于自愿	20[b]	周	20[b]	100	100.0
罗马尼亚	1930	国家健康保险所-社会保障	社会保险	雇主和自雇佣者	是	126	天	18	85	100.0
俄罗斯	1912	社会保险基金-社会保障	社会保险	雇主	否	140	天	20	100[㉗]	69.0
斯洛伐克	1888	社会保险机构-社会保障	社会保险	雇主、雇员、自雇佣者和政府	是	34[b]	周	34[b]	70	100.0
乌克兰	1912	社会政策部-社会保障	社会保险和社会救助	雇主、自雇佣者和政府	是	126[ab]	天	18[ab]	100[㉛]	100.0

续表

区域/亚区/国家/地区	法律(或劳工法案*)出台时间	生育福利的提供者、项目类型和筹资来源			对自雇佣者的覆盖	产假长度		产假期间的工资百分比 %	2015年领取福利津贴的新生儿母亲占比 %
		生育福利提供者	项目类型	筹资来源		时长(数字和单位)	周数		
中亚和西亚									
亚美尼亚	1912	国家社会保障管理局-社会保障	社会保险	雇员、自雇佣者和政府(补贴)	是	140ᵃᵇ	天	20ᵃᵇ	100②⑥	61.0
阿塞拜疆	1912	国家社会保护基金-社会保障	社会保险	雇主、雇员和自雇佣者	是	126ᵃᵇ	天	18ᵃᵇ	100⑰	14.0
塞浦路斯	1957	社会保险服务-社会保障	社会保险	雇主、雇员、自雇佣者和政府	是	18ᵇ	周	18ᵇ	72②㉑	100.0
格鲁吉亚	1955	社会服务机构-社会保障	社会保险	政府	是	183(+547无薪)ᵃᵇ	天	26.4(+78无薪)ᵃᵇ	100②	24.0
以色列	1953	国家保险机构-社会保障	社会保险	雇主、雇员、自雇佣者和政府	是	14(+12无薪)	周	14(+12无薪)	100	…
哈萨克斯坦	1999	国家社会保险基金-社会保障	社会保险	雇主	否	126	天	18	100㉙	44.6
吉尔吉斯斯坦	1922	吉尔吉斯共和国社会保障基金-社会保障	社会保险	雇主和雇员	否	126	天	18	见脚注㉕	23.8

续表

区域/亚区/国家/地区	法律（或劳工法案*）出台时间	生育福利的提供者，项目类型和筹资来源			对自雇佣者的覆盖	产假长度			产假期间的工资百分比	2015年领取福利津贴的新生儿母亲占比
		生育福利提供者	项目类型	筹资来源		时长（数字和单位）		周数	%	%
塔吉克斯坦	1997	国家社会保险基金机构－社会保障	社会保险	雇主和自雇佣者	是	140[ab]	天	20[ab]	100	59.5
土耳其	1945	社会保障机构分支办事处－社会保障	社会保险	雇主和自雇佣者	是	16[b]	周	16[b]	66.7[⑩]	...
土库曼斯坦	1994	养老基金区域和地方办事处－社会保障	社会保险	雇主和政府（补贴）	否	112[ab]	天	16[ab]	100[⑪]	...
乌兹别克斯坦	1995*	预算外养老基金－社会保障	社会保险	雇主和政府	否	112[ab]	天	16[ab]	100[⑫]	...

来源：

主要来源：

ILO（国际劳工局）．2016. 社会保障调查（SSI）；新生儿母亲获得社会保障福利（有效覆盖）。可见 http://www.social-protection.org/gimi/gess/RessourceDownload.action?ressource.ressourceId=54605 [2017.06.1]．

国际社会保障协会（ISSA）；美国社会保障总署（SSA），不同日期，全球社会保障项目（日内瓦和华盛顿特区）。可见 http://www.ssa.gov/policy/docs/progdesc/ssptw/ [2017.06.1]．

其他来源：

欧洲理事会．欧洲理事会社会保护交互信息系统（MISSCEO）．对比表数据库。可见 http://www.coe.int/en/web/turin-european-social-charter/missceo-comparative-tables [2017.06.1]．

欧盟委员会．社会保护交互信息系统（MISSOC）．对比表数据库。可见 http://www.missoc.org/MISSOC/INFORMATIONBASE/COMPARATIVETABLES/MISSOCDATABASE/comparativeTableSearch.jsp [2017.06.1]．

ILO（国际劳工局）．工作条件法律数据库：生育保障．可见 http://www.ilo.org/dyn/travail/travmain.home［2017.06.1］．

世界银行．女性、商业和法律数据库．可见 http://wbl.worldbank.org/［2017.06.1］．

注释：

n.a．表示不适用。

…表示不可用。

a 在妊娠或分娩导致并发症的情况下产假延长。

b 在多胎分娩的情况下产假延长。

* 劳动法（或劳动法规），将义务置于雇主的责任范围内。

① 布基纳法索。社会保障基金提供的待遇给相当于女性支付相当于支付社会保险费的工资的百分比。雇主须支付这一数额与女性在产假前所得收入的差额。

② 有封顶线。

③ 佛得角。雇主支付员工 90% 的"正常"薪水和社会保障现金给付之间的差额。如果没有任何给付，那么雇主必须在产假期间支付全部的福利。

④ 埃及。福利仅支付给怀孕三次及以内的女性。

⑤ 赤道几内亚。对没有资格享受生育津贴福利的受保女性支付一笔总金额。

⑥ 几内亚比绍。雇主须支付社会保险福利和以前收入之间的差额。

⑦ 莱索托。根据《劳工法》第 134 条（1992 年第 24 号令，2006 年修正），雇主没有法定义务在产假期间支付工资。然而，2011 年的《劳工法工资（修订）令》（2011 年第 147 号令）规定，纺织业、制衣业、皮革服装业和皮革制造业的劳动者两周的带薪产假、私营保障部门的劳动者可享受六周的带薪产假和产后六周的带薪产假。该福利仅支付给生育不超过两名子女的情况。

⑧ 利比亚。自雇佣女性不被雇主责任项目所覆盖。然而，自雇佣女性可享受社保险项目下的怀孕津贴和生育补助。怀孕津贴为每月 3 利比亚第纳尔，从怀孕第四个月开始发放，生育补助则为一次性 25 利比亚第纳尔。

⑨ 马达加斯加。如果受保女性不符合社会保险生育福利津贴的领取条件，则由雇主支付该福利。

⑩ 马拉维。雇员可以每三年申领一次福利。

⑪ 纳米比亚。社会保险支付雇员的基本工资，雇主支付剩余部分。

⑫ 卢旺达。福利水平：雇主支付产假前六周的福利，并在产假的最后六周内由社会保险报销（2016 年第 003 号法律）。

⑬ 塞舌尔。参保者薪水全额的 80% 或 2380 塞舌尔卢比中较低者，支付 14 周。雇主支付 20%。

⑭ 加纳。这个数字包括国家健康保险制度（NHIS）中的免费健康保险。

⑮ 突尼斯。被保险人的平均日工资的 66.7%，支付 30 天；因分娩或怀孕并发症可延长 15 天。

⑯ 亚美尼亚。此外，非缴费型生育津贴为法定月最低工资的 50%，除以 30.4，乘以 140，为失业的怀孕母亲支付 140 天的津贴。

⑯ 阿塞拜疆。在农业部门工作的女性，在预期分娩日期前70天和后70天支付福利；所有其他受保护女性，在预期分娩日期前70天和后56天支付。此外还支付非缴费型的一次性出生补助，金额为99阿塞拜疆马纳特。

⑰ 孟加拉。为第三个及以后出生的婴儿提供无薪产假。

⑱ 文莱。生育福利津贴是根据雇主责任。有一个与就业有关的项目，为在雇员信托基金登记的人提供现金给付。根据这一项目，支付13周的100%月工资（雇主支付前八周，政府支付后五周，雇员有权享受额外两周的无薪假期）。

⑲ 中国。待遇给予的是根据企业上一年的平均月工资计算的。

⑳ 印度。没有资格享受社会保险项目的人有可能获得根据《第53号生育福利津贴法案》，雇主向没有设施中生产的雇员。社会保险项目涵盖在政府组织、企业、社会团体利非营利组织工作的城市雇员。根据1961年的法律《雇员国家保险法案》所覆盖的雇主提供生育津贴。此外，政府依据地理区域的不同，向有需要的19岁以上的在政府设施中生产的女性提供600～1400印度卢比的生育现金补助。该补助金仅限于指定为经济发达邦的两个活产婴儿。

㉑ 伊拉克。如果因怀孕而离职，将获得生育补助金，补助金是一次性给付。

㉒ 日本。国家财政部支付员工健康保险所提供的现金给付成本的16.4%。除了生育津贴外，还包括一笔420000日元的儿童保育津贴。

㉓ 哈萨克斯坦。除了生育津贴外，还支付一项津贴。该津贴是以父母过去24个月的月平均工资为基础，从带薪产假结束起支付，直至子女年满1岁。

㉔ 韩国。对于符合《就业保险法》标准的企业职工，就业保险基金在整个产假期间进行支付。如果企业不符合这些标准，则雇主支付产假的头60天。基本费用为每月100韩元。此外，儿童保育福利金的支付期为12个月。

㉕ 吉尔吉斯斯坦。头10个工作日支付被保险人100%的月平均工资；从第11天到预产期后的不超过126天中，这一社会保障制度尚未实施。《劳动法》规定的权利仍然有效。

㉖ 老挝。此外有一笔出生补助金，数额为出生前六个月被保险人的月平均被保收入的60%。

㉗ 黎巴嫩。《社会福利法》（第26条）将提供现金给付，为期10周，按先前收入的2/3支付。然而，这一社会保障制度尚未实施。《劳动法》规定的权利仍然有效。

㉘ 缅甸。雇员也有权获得一次性生育补助金，一胎为月工资的50%，双胞胎为75%，三胞胎及以上为100%。

㉙ 尼泊尔。雇主责任津贴最多支付两次生产。此外，被公积金覆盖的员工可获得7500尼泊尔卢比的出生津贴，同样最多支付两次生产。

㉚ 阿曼。在雇主的服务期间内，福利给付不超过三次生产。

㉛ 巴基斯坦。2010年修订的宪法将社会和劳工立法下放给了一些省份已经通过了立法，对于尚未通过立法的省份，联邦立法仍然有效。

㉜ 菲律宾。津贴是参保者日均被覆盖收入的100%。日均被覆盖收入为生产或流产发生的六个月期间（1～6月、4～9月、7～12月或第2年3月之前的十二个月中，六个最高月收入之和除以180。该福利最多可支付到第四次生产。

㉝ 沙特阿拉伯。如果雇员在产假开始前有一到三年的工龄，则（生育津贴）为50%；三年及以上则为100%。

㉟ 新加坡。雇主支付头八周，政府支付第二个八周，有最高限额。对于第三次及随后的生产，政府支付整整16周，有最高限额。

㊱ 斯里兰卡。没有提供法定社会保障生育福利。大农场有自己的药房和产科病房，必须为其雇员提供医疗服务。《生育福利条例》和《商店和办公室雇员法》、《商店和办公室雇员法》要求雇主提供产假。对于第三个及之后的每个孩子，产假期长为六周。产假津贴作为前收入的100%。

㊲ 叙利亚。第一胎为120天，第二胎为90天，第三胎为75天。对每个子女的保育，最长可要求一年的停薪留职假，最多不超过三个子女。

㊳ 中国台湾。对于符合就业保险条件的人，正产或早产，都会一次性支付两个月的平均保险工资。对于符合养老保险的人来说，一次性支付月保险金额的两倍。月保险金额为18 282新台币。

㊴ 泰国。头45天，（生育津贴）为100%（社会保险支付），后45天，生育津贴为50%。该项福利可支付给生产两次的人。根据《劳动保护法》，在最长45天的产假期间，雇主必须支付50%。2011年成立了一个针对非正规部门劳动者的新的自愿社会保障部门劳动者支付分娩补助金；补助金额为每胎一次性13 000泰铢。

㊵ 土库曼斯坦。此外，出生补助金是一次性支付的，包括前两个孩子基本金额的130%，第三个孩子的250%，第四个及之后孩子的500%。基本金额为每月242土库曼斯迪马纳特（2017年1月）。儿童保育津贴是另一项额外津贴，每月向3岁以下的儿童支付津贴，津贴相当于基本金额的65%。

㊶ 阿联酋。持续就业一年后为100%，就业不足一年则为50%。

㊷ 乌兹别克斯坦。支付200%的最低月工资给照顾2岁以下儿童的工作母亲。

㊸ 越南。此外，还发放了一笔出生补助金，包括为每个出生当月领取最低月工资或每个未满四个月的领养儿童提供双倍公务员最低工资（2016年1月1日提高至六个月）。在只有父亲参加社会保险的情况下，他有权在每个子女出生当月领取一笔最低月工资两倍的一次性津贴。

㊹ 阿尔巴尼亚。出生前和出生后150天为80%，其余产假时期则为50%。除生育津贴外，由法定最低月工资的50%组成的出生补助金支付给至少缴费一年的参保父母之一。

㊺ 白俄罗斯。不低于最低工资的50%（2016年11月起：132 609白俄罗斯卢布）。对脱产学生来说，产假时的生育福利津贴是教育补助金的100%；失业女性则为失业津贴的100%。此外，产前护理补助金按出生前平均收入活收水平一次性发放。

㊻ 比利时。前30天，82%；剩下的时间，75%（有最高限额）。

㊼ 波黑。替代率取决于各个州的规定：50-80%（波斯尼亚和黑塞哥维那共和国）；100%（波斯尼亚和黑塞哥维那联邦）。

㊽ 保加利亚。学生在怀孕期间可获得一笔一次性福利金，并在任何生产后获得一笔一次性支付给未参保女性、非缴费型家计调查式的怀孕补助金。所有保加利亚居民均可为每次活产获得一笔非缴费生育补助金。

㊾ 根西岛。被保险人必须在每周80.74英镑至150.43英镑的定额给付之间选择，这取决于缴款的长短，在正常产假期间支付，或是一次性376英镑（2016年11月）。

㊿ 泽西岛。每周199.99英镑的定额给付，最长不超过18周（2016年11月）。除了生育津贴外，还为儿童的出生或收养支付生育补助金。福利金为一次性599.97英镑（2016年11月）。

(51) 克罗地亚。生产前 28 天和生产后 6 个月。在生育津贴之后，支付育婴假津贴：头胎或二胎，每月支付 1 663–2 666.8 库纳，支付六个月；第三个及之后的孩子，每月支付 1 663 库纳，支付 30 个月（2016 年 11 月）。此外，每个孩子出生时，会有一笔相当于 2 328.2 库纳的一次性支付的新生儿救助金，该救助金向失业父母提供，为期 12 个月。

(52) 塞浦路斯。福利包括一项基本津贴（上一年雇员平均基本被覆盖收入的 72%）和一项补充津贴（上一年平均被覆盖收入中超过基本被覆盖收入的部分的 72%，至多为最高被覆盖收入）。周基本被覆盖收入为 174.38 欧元（2016 年 11 月）。除了生育津贴外，还支付一笔 544.08 欧元的生育补助金（也可以付给被保险人的未工作妻子）。

(53) 捷克。该项福利是基于每日评估，按参保者总收入的百分比计算：收入越高，用于计算评估基数的百分比越低。

(54) 丹麦。最多每周支付 4180 克朗，支付 52 周，包括给母亲的预产期前 4 周和产后 14 周以及同时给父亲的 2 周。第 14 周后，父母双方可以在孩子九岁生日之前共享 32 周的假期。

(55) 芬兰。设有封顶线的 70%，加上设有封顶线的额外 40%，再加上额外的 25%。父母津贴在产假后最多支付 156 天。

(56) 德国。对于不属于疾病基金成员的女性，联邦各州在一定条件下支付相当于疾病津贴的生育津贴，最高可达 210 欧元。

(57) 匈牙利。如果父母一方留在家中照顾子女，那么在产假补助金发放后，可在子女满 2 岁之前支付相当于被保险人过去 180 天每日平均总收入 70% 的育儿费。

(58) 冰岛。为每位合格父母支付津贴。此津贴可在预产期或收养日期前最长支付一个月，必须在出生后立即支付给母亲，为期两周；并可同时支付给父母双方。如果父母双方有资格，他们之间可以分享额外的三个月的津贴。

(59) 爱尔兰。每周支付 230 欧元的定额给付，为期 26 周，然后被保险人有权享受另外 16 周的无薪产假。

(60) 马恩岛。自雇佣女性会得到一笔定额给付。除了生育津贴之外，为每个孩子一次性支付一笔 500 英镑的生育津贴（如果母亲或其伴侣在过去三年内领取了生育津贴，则为 250 英镑）。

(61) 意大利。支付 10 个月的育儿假津贴，育儿假津贴为雇员日均收入的 30%。

(62) 拉脱维亚。给已在照顾 1 ~ 5 岁儿童的父母支付双亲津贴。津贴的规模取决于所选择的津贴期限：支付被保险人月平均收入的 60% 直至孩子年满 1 岁；或支付被保险人月平均收入的 43.75% 直到孩子年满 1.5 岁。

(63) 列支敦士登。无资格领取生育津贴的女性可获得 500 ~ 4 500 法郎的一次性生育津贴，视应税收入而定。

(64) 立陶宛。此外，支付育儿津贴给照顾 1 岁以下儿童的父母，津贴金额为被保险人平均收入的 100%。对没有权利领取生育津贴的失业女性支付怀孕补助金。

(65) 卢森堡。对于休产假期间没有收入损失的人，在 16 周产假期间一次性支付 3 104.32 欧元（2016 年 11 月）。

(66) 马耳他。对雇员来说，被保险人周收入的 100% 由雇主支付，为期 14 周；对于没有资格享受雇主责任津贴的失业女性或自雇佣女性，将支付 89.10 欧元的定额给付，为期 14 周。雇员有权享受四周额外的无薪产假。在第 18 周的休假期满后，雇员可以申领四周的定额“产假津贴”（每周 168.01 欧元），这是由社会保险一次性给付的。如果由于任何原因，女性没有使用雇主支付的部分产假，她将有权享受未休产假的生育津贴（政府每周支付 89.01 欧元，最多 14 周）。

(67) 摩纳哥。第一个和第二个孩子的福利津贴是在出生前 8 周和出生后 8 周内支付的，第三个及后来出生的孩子在出生前 8 周和出生后 18 周支付。

(68) 黑山。在产假或陪产假期间按月支付 100% 的收入给母亲或父亲。对自雇佣者来说，津贴介于 30% 和上一年雇佣关系的平均被覆盖收入之间，取决于就业月数。对于在职业介绍所登记的失业人员和学生，每月的津贴为 63.50 欧元。

(69) 挪威。59 周或 49 周的带薪育儿假（不区分产假和陪产假）。在确定产假的长度时，专门为父亲保留的 10 周带薪假期不在考虑之列。母亲可以使用 49 周或 39 周的剩余时间，其中 9 周专门为她保留，3 周为产前，6 周为产后。受益人可以决定是在较短时期（39 周）领取 100% 的津贴，还是在较长时期（49 周）领取 80% 的津贴。如果被保险人不领取生育津贴，则支付 44 190 克朗的生育补助。

(70) 葡萄牙。该津贴支付 120 天或 150 天；其中，10 天是留给父亲的。为了确定产假的长度，专门为父亲保留的 10 天带薪假不在考虑之列。津贴标准为日平均工资的 100%（如果父母选择 120 天的假期）或 80%（如果父母选择 150 天的假期）。不符合社会保险待遇给付资格条件的人，可能领取相当于社会津贴 80% 的一笔社会救助福利金，并在 120 天的育儿假期间领取；如果休假 150 天，则为 64%。社会津贴为每月 419.22 欧元。

(71) 俄罗斯。此外，一次性支付一笔 15 512.65 卢布的分娩补助金。

(72) 圣马力诺。支付参保者收入的 100%，支付 5 个月。此后，母亲可以继续休假并领取 30% 的收入，为期一年；之后再休 6 个月，则为 20%。或者她们可以重返工作岗位，每天最多享受两小时的全薪假，直到孩子 1 岁。

(73) 塞尔维亚。受雇女性有权因怀孕、生产以及育儿休假，总时长为 365 天。她可以根据主管医疗机构的建议，最早在分娩期前 45 天开始休产假，最迟在 28 天。

(74) 塞尔维亚。头六个月支付相当于收入 100% 的津贴水平；第六到第九个月为收入的 60%，最后三个月为 30%。

(75) 斯洛文尼亚。此外，生育津贴停止后开始支付育儿津贴，水平为育儿假期前最后一年平均收入的 90%，最高可支付 260 天。

(76) 西班牙。不具备社会保险待遇给付资格条件的女性领取非缴费型津贴，金额为多效工资指数（Index of Wages with Multiple Effects–IPREM）的 100%，为期 42 天。

(77) 瑞典。父母双方分享 480 天。其中 60 天是为父母双方保留的，其余的可以在他们之间自由转让。在确定产假长度时，专门为父亲保留的 60 天带薪假不予考虑。在单独监护的情况下，所有 480 天都归监护的父母一方所有。

(78) 瑞典。480 天的带薪育儿假中的 390 天为福利津贴 80%；余下 90 天为定额给付。

(79) 瑞士。一些州提供更长的假期。在日内瓦，带薪假期为 16 周。瑞士联邦的雇员有权享受 98 天（或 14 周）的假期，条件是该女性已工作满一年。

(80) 土耳其。此外，每个活产都要支付一笔一次性护理补助金。

(81) 乌克兰。此外，一笔非缴费型育儿津贴每月支付给休育儿假的受雇女性，直到子女 3 岁，无论该女性是否参保。

(82) 英国。雇主管理付款。大中型公司的雇主可以由国家（一般税收）补偿 92% 的费用。小雇主可以通过减少雇主向政府税务机关缴纳的国民保险费来申领 100% 的退费。法定带薪产假时间不超过 39 周，不带薪假期为 13 周；头六周为 90% 津贴，其余几周为 90% 津贴或定额给付（以较低者为准）。首次生产的母亲还得到一笔 500 英镑的一次性生育补助。

㉝ 安提瓜和巴布达。社会保险（13周，60%津贴）和雇主（前6周40%津贴）。
㉞ 阿根廷。此外，一次性支付一笔家计调查式的出生补助金，金额为975阿根廷比索。
㉟ 巴哈马。此外，一次性支付465巴哈马元的出生补助金。
㊱ 巴巴多斯。没有资格享受生育福利津贴的女性一次性领取一笔总额为1 150巴巴多斯元的生育补助金。
㊲ 伯利兹。向参保女性或参保男性的与资格享受生育福利津贴的无资格享受社会福利缴费受生育福利津贴的配偶提供每个子女300伯利兹元的生产补助金。
㊳ 玻利维亚。支付额外的与就业相关和非缴费型的补助金转移支付。
㊴ 巴西。持续时间：可额外提供60天的非强制化的假期，由雇主支付期间工资。
㊵ 英属维尔京群岛，多米尼加，格林纳达，圭亚那，秘鲁，圣基茨和尼维斯，圣卢西亚，圣文森特和格林纳达丁斯，特立尼达和多巴哥。此外，还有一次性给付的生育补助金。
㊶ 智利。产后育儿假可延长：期满后，还可支付12周的全额生育津贴。
㊷ 古巴，多米尼加，格林纳达，圭亚那。从出生后12周开始，如果母亲为了照顾孩子而选择不返回工作，将支付参保者收入的60%。
㊸ 萨尔瓦多。社会保险向被萨尔瓦多社会保险机构（ISSS）所覆盖的人支付75%。如果劳动者无权享受社会保险待遇，雇主应当承担全部福利给付。
㊹ 格林纳达。社会保险支付65%的津贴。未被ISSS所覆盖的人支付100%津贴，支付两个月；受益人因此只有两个月领取的是100%津贴，最后一个月为65%津贴。雇主每两年只支付一次津贴，累计最多三次。
㊺ 牙买加。家政人员和经认证的出口商在社会保险制度的覆盖范围内。给付水平相当于国家最低周工资（2016年11月起为5 600牙买加元）。所有其他雇员领取的100%，为期8周，由雇主支付。
㊻ 圣基茨和尼维斯。津贴是每天支付的，给付标准是投保人的每周平均被覆盖收入除以6。
㊼ 特立尼达和多巴哥。《生育保护法案》规定雇主支付的金额不少于全额生育津贴的，为期一个月，50%的工资给雇员，雇主应向雇员支付差额。
㊽ 当依据《生育保护法》和社会保险所支付的金额少于全额工资时，给付标准雇主支付100%全额工资津贴的形式：在魁北克可选择为干省。在加利福尼亚和罗得岛（以及一些城市）的私营部门劳动者和新泽西公共和私营部门被保障原因受无薪，有工作保障的被覆盖者收入的70%，为期18周；或是被覆盖者收入的75%，为期15周。
㊾ 加拿大。产假的时长取决于省。在加利福尼亚和罗得岛（以及一些城市）的私营部门劳动者和新泽西公共和私营部门被保险所覆盖。被覆盖的雇主包括所有公立州，地方和联邦机构，包括地方教育机构以及大多数拥有50名以上雇员的私营部门雇主。
㊿ 美国。没有国家性项目。在加利福尼亚和罗得岛（以及一些城市）的私营部门劳动者和新泽西公共和私营部门被保险所覆盖。被覆盖的雇主包括所有公立州，地方和联邦机构，包括地方教育机构以及大多数拥有50名以上雇员的私营部门雇主。根据1993年的《家庭及医疗休假法》，地方和联邦机构，包括地方教育机构以及大多数拥有50名以上雇员的私营部门雇主。
(51) 澳大利亚。一个育儿假期制度提供52周假期，可以在父母六周之间共享。母亲可休六周的产前假。福利水平：按联邦最低工资水平支付18周（2017年4月起为每周672.6澳元）。还向有资格享受家庭受税收津贴的父母支付新生儿预付款。
(52) 斐济。从第四周哈起，女性将只享有正常给付额的一半。
(53) 新西兰。自雇用者若收入少于按一周工作10小时，最高成人最低工资计算的金额，则可领取最低津贴。自雇佣者的最低周津贴是152.5新西兰元（税前）。此外，可能会向单身孕妇支付生育求职者（maternity job seeker support）寻求支持。

㊹ 巴布亚新几内亚。1981年的《就业法》要求雇主向雇员提供病假和产假。女雇员有权享有分娩前和分娩后六周住院所必需的产假。产假是无薪的。但是，雇主支付的年假或病假补贴（sick leave credits）可用于产假。

㊺ 萨摩亚。参保人有两种选择：支付四周参保人的正常收入的100%，外加两周的无薪产假；或支付六周参保人收入的66.67%。

㊻ 蒙古。强制参保（雇员）津贴为100%，自愿参保（自雇佣者、牧民）津贴为70%。2017年2月通过的新立法将自愿缴费型生育福利津贴的替代率提高到缴费收入的100%。法律修正案于2018年1月1日生效。

表 B.6 失业的有效覆盖指标：实际领取福利的失业者，2000年至最近可用年份（有关失业者的可持续发展目标指标 1.3.1）

区域/亚区/国家/地区	2000 缴费型和非缴费型制度	2000 实际年份	2005 缴费型和非缴费型制度	2005 实际年份	2007 缴费型和非缴费型制度	2007 实际年份	2008 缴费型和非缴费型制度	2008 实际年份	2009 缴费型和非缴费型制度	2009 实际年份	2010 缴费型和非缴费型制度	2010 实际年份	2011 缴费型和非缴费型制度	2011 实际年份	2015 缴费型和非缴费型制度	2015 实际年份	最近可用年份 缴费型制度	最近可用年份 非缴费型制度	最近可用年份 缴费型和非缴费型制度	最近可用年份 男性	最近可用年份 女性	最新年份	立法中确定的失业项目及项目类型
非洲																							
北非																							
阿尔及利亚①	7.3	2000	8.8	2003	...	...	...	...	...	...	...	...	...	...	n.a.	...	8.8	0.0	8.8	...	...	2003	社会保险
埃及	n.a.	...	...	...	...	...	...	...	...	...	...	...	...	...	0.1	2015	0.1	0.0	...	...	...	2015	社会保险
利比亚②	n.a.	...	n.a.	...	n.a.	...	n.a.	...	n.a.	...	n.a.	...	n.a.	...	n.a.	...	n.a.	n.a.	n.a.	n.a.	n.a.		解雇费[a]
摩洛哥③	n.a.	...	n.a.	...	n.a.	...	n.a.	...	n.a.	...	n.a.	...	n.a.	...	n.a.	...	n.a.	n.a.	n.a.	n.a.	n.a.		社会保险
苏丹②	n.a.	...	n.a.	...	n.a.	...	n.a.	...	n.a.	...	n.a.	...	n.a.	...	n.a.	...	n.a.	n.a.	n.a.	n.a.	n.a.		解雇费[a]
突尼斯①	n.a.	...	n.a.	...	n.a.	...	n.a.	...	n.a.	...	3.0	2008	n.a.	...	n.a.	...	0.0	3.0	3.0	...	...	2008	社会救助
撒哈拉以南非洲																							
安哥拉②	n.a.	...	n.a.	...	n.a.	...	n.a.	...	n.a.	...	n.a.	...	n.a.	...	n.a.	...	n.a.	n.a.	n.a.	n.a.	n.a.		解雇费[a]
贝宁	n.a.	...	n.a.	...	n.a.	...	n.a.	...	n.a.	...	n.a.	...	n.a.	...	n.a.	...	n.a.	n.a.	n.a.	n.a.	n.a.		立法中无项目
博茨瓦纳②	n.a.	...	n.a.	...	n.a.	...	n.a.	...	n.a.	...	n.a.	...	n.a.	...	31.5	2015	31.5	31.5	31.5	n.a.	n.a.	2015	解雇费[a]
布基纳法索	n.a.	...	n.a.	...	n.a.	...	n.a.	...	n.a.	...	n.a.	...	n.a.	...	n.a.	...	n.a.	n.a.	n.a.	n.a.	n.a.		立法中无项目
布隆迪	n.a.	...	n.a.	...	n.a.	...	n.a.	...	n.a.	...	n.a.	...	n.a.	...	n.a.	...	n.a.	n.a.	n.a.	n.a.	n.a.		立法中无项目

续表

区域/亚区/国家/地区	2000 缴费型和非缴费型制度	2000 实际年份	2005 缴费型和非缴费型制度	2005 实际年份	2007 缴费型和非缴费型制度	2007 实际年份	2008 缴费型和非缴费型制度	2008 实际年份	2009 缴费型和非缴费型制度	2009 实际年份	2010 缴费型和非缴费型制度	2010 实际年份	2011 缴费型和非缴费型制度	2011 实际年份	2015 缴费型和非缴费型制度	2015 实际年份	最近可用年份 缴费型制度	最近可用年份 非缴费型制度	最近可用年份 男性	最近可用年份 女性	最新年份	失业福利项目
																						立法中确定的失业项目及项目类型
佛得角㉕	n.a.	…	n.a.	…	n.a.	…	n.a.	…	n.a.	…	n.a.	…	n.a.	…	n.a.	…	n.a.	n.a.	n.a.	n.a.		社会保险
喀麦隆②	n.a.	…	n.a.	…	n.a.	…	n.a.	…	n.a.	…	n.a.	…	n.a.	…	n.a.	…	n.a.	n.a.	n.a.	n.a.		解雇费[a]
中非	n.a.	…	n.a.	…	n.a.	…	n.a.	…	n.a.	…	n.a.	…	n.a.	…	n.a.	…	n.a.	n.a.	n.a.	n.a.		立法中无项目
乍得②	n.a.	…	n.a.	…	n.a.	…	n.a.	…	n.a.	…	n.a.	…	n.a.	…	n.a.	…	n.a.	n.a.	n.a.	n.a.		解雇费[a]
科摩罗㉔	n.a.	…	n.a.	…	n.a.	…	n.a.	…	n.a.	…	n.a.	…	n.a.	…	n.a.	…	n.a.	n.a.	n.a.	n.a.		立法中无项目
刚果（布）	n.a.	…	n.a.	…	n.a.	…	n.a.	…	n.a.	…	n.a.	…	n.a.	…	n.a.	…	n.a.	n.a.	n.a.	n.a.		立法中无项目
刚果（金）	n.a.	…	n.a.	…	n.a.	…	n.a.	…	n.a.	…	n.a.	…	n.a.	…	n.a.	…	n.a.	n.a.	n.a.	n.a.		立法中无项目
科特迪瓦②	n.a.	…	n.a.	…	n.a.	…	n.a.	…	n.a.	…	n.a.	…	n.a.	…	n.a.	…	n.a.	n.a.	n.a.	n.a.		解雇费[a]
吉布提	n.a.	…	n.a.	…	n.a.	…	n.a.	…	n.a.	…	n.a.	…	n.a.	…	n.a.	…	n.a.	n.a.	n.a.	n.a.		立法中无项目
赤道几内亚②	n.a.	…	n.a.	…	n.a.	…	n.a.	…	n.a.	…	n.a.	…	n.a.	…	n.a.	…	n.a.	n.a.	n.a.	n.a.		解雇费[a]
厄立特里亚	n.a.	…	n.a.	…	n.a.	…	n.a.	…	n.a.	…	n.a.	…	n.a.	…	n.a.	…	n.a.	n.a.	n.a.	n.a.		立法中无项目
埃塞俄比亚②	n.a.	…	n.a.	…	n.a.	…	n.a.	…	n.a.	…	n.a.	…	n.a.	…	0.0	2015	n.a.	n.a.	n.a.	n.a.	2015	解雇费[a]

续表

区域/亚区/国家/地区	2000		2005		2007		2008		2009		2010		2011		2015		最近可用年份			失业福利项目
	缴费型和非缴费型制度	实际年份	缴费型和非缴费型制度	实际年份	缴费型和非缴费型制度	实际年份	缴费型和非缴费型制度	实际年份	缴费型和非缴费型制度	实际年份	缴费型和非缴费型制度	实际年份	缴费型和非缴费型制度	实际年份	缴费型和非缴费型制度	实际年份	缴费型制度	非缴费型制度	缴费型和非缴费型制度	男性	女性	最新年份	立法中确定的失业项目及项目类型
加蓬②	n.a.	...	n.a.	...	n.a.		n.a.		n.a.		n.a.		n.a.		n.a.	...	n.a.	n.a.	n.a.	n.a.	n.a.		解雇费ᵃ
冈比亚②	n.a.	...	n.a.	...	n.a.		n.a.		n.a.		n.a.		n.a.		n.a.	...	n.a.	n.a.	n.a.	n.a.	n.a.		解雇费ᵃ
加纳③	n.a.	...	n.a.	...	n.a.		n.a.		n.a.		n.a.		n.a.		0.0	2015	n.a.	n.a.	n.a.	n.a.	n.a.	2015	立法中无失业项目
几内亚	n.a.	...	n.a.	...	n.a.		n.a.		n.a.		n.a.		n.a.		n.a.	...	n.a.	n.a.	n.a.	n.a.	n.a.		立法中无项目
几内亚比绍	n.a.	...	n.a.	...	n.a.		n.a.		n.a.		n.a.		n.a.		n.a.	...	n.a.	n.a.	n.a.	n.a.	n.a.		立法中无项目
肯尼亚②	n.a.	...	n.a.	...	n.a.		n.a.		n.a.		n.a.		n.a.		0.0	2015	n.a.	n.a.	n.a.	n.a.	n.a.	2015	立法中无项目
莱索托②	n.a.	...	n.a.	...	n.a.		n.a.		n.a.		n.a.		n.a.		0.0	2015	n.a.	n.a.	n.a.	n.a.	n.a.	2015	解雇费ᵃ
利比里亚	n.a.	...	n.a.	...	n.a.		n.a.		n.a.		n.a.		n.a.		n.a.	...	n.a.	n.a.	n.a.	n.a.	n.a.		立法中无项目
马达加斯加	n.a.	...	n.a.	...	n.a.		n.a.		n.a.		n.a.		n.a.		n.a.	...	n.a.	n.a.	n.a.	n.a.	n.a.		立法中无项目
马拉维②	n.a.	...	n.a.	...	n.a.		n.a.		n.a.		n.a.		n.a.		n.a.	...	n.a.	n.a.	n.a.	n.a.	n.a.		解雇费ᵃ
马里②	n.a.	...	n.a.	...	n.a.		n.a.		n.a.		n.a.		n.a.		n.a.	...	n.a.	n.a.	n.a.	n.a.	n.a.		解雇费ᵃ

续表

区域/亚区/国家/地区	领取失业福利的失业者百分比[b]																最近可用年份					失业福利项目
	2000		2005		2007		2008		2009		2010		2011		2015		缴费型制度	非缴费型制度	男性	女性	最新年份	
	缴费型和非缴费型制度	实际年份	缴费型和非缴费型制度	实际年份	缴费型和非缴费型制度	实际年份	缴费型和非缴费型制度	实际年份	缴费型和非缴费型制度	实际年份	缴费型和非缴费型制度	实际年份	缴费型和非缴费型制度	实际年份	缴费型和非缴费型制度	实际年份						
毛里塔尼亚	n.a.	...	n.a.	...	n.a.	...	n.a.	...	n.a.	...	n.a.	...	n.a.	...	n.a.	...	n.a.	n.a.	n.a.	n.a.	...	立法中无确定的失业项目及项目类型
毛里求斯①	0.5	2001	0.9	2005	0.9	2007	0.9	2008	0.9	2009	1.1	2010	1.2	2011	1.2	2015	0.0	1.2	...	...	2015	社会救助和社会保险
莫桑比克	n.a.	...	n.a.	...	n.a.	...	n.a.	...	n.a.	...	n.a.	...	n.a.	...	0.0	2015	n.a.	0.0	n.a.	n.a.	2015	立法中无项目
纳米比亚②	n.a.	...	n.a.	...	n.a.	...	n.a.	...	n.a.	...	n.a.	...	n.a.	...	n.a.	...	n.a.	n.a.	n.a.	n.a.	...	解雇费[a]
尼日尔	n.a.	...	n.a.	...	n.a.	...	n.a.	...	n.a.	...	n.a.	...	n.a.	...	n.a.	...	n.a.	n.a.	n.a.	n.a.	...	立法中无项目
尼日利亚④	n.a.	...	n.a.	...	n.a.	...	n.a.	...	n.a.	...	n.a.	...	n.a.	...	0.0	2015	n.a.	n.a.	n.a.	n.a.	2015	从公积金中提款
卢旺达②	n.a.	...	n.a.	...	n.a.	...	n.a.	...	n.a.	...	n.a.	...	n.a.	...	n.a.	...	n.a.	n.a.	n.a.	n.a.	...	解雇费[a]
圣多美和普林西比	n.a.	...	n.a.	...	n.a.	...	n.a.	...	n.a.	...	n.a.	...	n.a.	...	n.a.	...	n.a.	n.a.	n.a.	n.a.	...	立法中无项目
塞内加尔	n.a.	...	n.a.	...	n.a.	...	n.a.	...	n.a.	...	n.a.	...	n.a.	...	n.a.	...	n.a.	n.a.	n.a.	n.a.	...	立法中无项目
塞舌尔⑤	...	...	18.0	2005	...	...	...	...	...	...	...	...	...	...	...	...	18.0	18.0	...	...	2005	社会救助
塞拉利昂	n.a.	...	n.a.	...	n.a.	...	n.a.	...	n.a.	...	n.a.	...	n.a.	...	n.a.	...	n.a.	n.a.	n.a.	n.a.	...	立法中无项目

续表

区域/亚区/国家/地区	2000 缴费型和非缴费型制度	2000 实际年份	2005 缴费型和非缴费型制度	2005 实际年份	2007 缴费型和非缴费型制度	2007 实际年份	2008 缴费型和非缴费型制度	2008 实际年份	2009 缴费型和非缴费型制度	2009 实际年份	2010 缴费型和非缴费型制度	2010 实际年份	2011 缴费型和非缴费型制度	2011 实际年份	2015 缴费型和非缴费型制度	2015 实际年份	最近可用年份 缴费型制度	最近可用年份 非缴费型制度	最近可用年份 男性	最近可用年份 女性	最新年份	失业福利项目
索马里	n.a.	…	n.a.	…	n.a.	…	n.a.	…	n.a.	…	n.a.	…	n.a.	…	n.a.	…	n.a.	n.a.	n.a.	n.a.		立法中无确定的失业项目及项目类型
南非①	10.0	2004	11.0	2005	10.9	2007	9.7	2008	11.3	2009	14.5	2010	12.8	2011	10.6	2015	10.6	0.0	10.6	…	2015	社会保险
南苏丹	n.a.	…	n.a.	…	n.a.	…	n.a.	…	n.a.	…	n.a.	…	n.a.	…	n.a.	…	n.a.	n.a.	n.a.	n.a.		立法中无项目
斯威士兰⑥	n.a.	…	n.a.	…	n.a.	…	n.a.	…	n.a.	…	n.a.	…	n.a.	…	n.a.	…	n.a.	n.a.	n.a.	n.a.		立法中无项目
坦桑尼亚②	n.a.	…	n.a.	…	n.a.	…	n.a.	…	n.a.	…	n.a.	…	n.a.	…	n.a.	…	n.a.	n.a.	n.a.	n.a.		解雇费ᵃ
多哥	n.a.	…	n.a.	…	n.a.	…	n.a.	…	n.a.	…	n.a.	…	n.a.	…	n.a.	…	n.a.	n.a.	n.a.	n.a.		立法中无项目
乌干达②	n.a.	…	n.a.	…	n.a.	…	n.a.	…	n.a.	…	n.a.	…	n.a.	…	0.0	2015	n.a.	n.a.	n.a.	n.a.	2015	解雇费ᵃ
赞比亚②	n.a.	…	n.a.	…	n.a.	…	n.a.	…	n.a.	…	n.a.	…	n.a.	…	n.a.	…	n.a.	n.a.	n.a.	n.a.		解雇费
津巴布韦	n.a.	…	n.a.	…	n.a.	…	n.a.	…	n.a.	…	n.a.	…	n.a.	…	n.a.	…	n.a.	n.a.	n.a.	n.a.		立法中无项目
美洲																						
拉丁美洲和加勒比地区																						
安提瓜和巴布达	n.a.	…	n.a.	…	n.a.	…	n.a.	…	n.a.	…	n.a.	…	n.a.	…	n.a.	…	n.a.	n.a.	n.a.	n.a.		立法中无项目

续表

失业福利领取的失业者百分比[b]

区域/亚区/国家/地区	2000 缴费型和非缴费型制度	2000 实际年份	2005 缴费型和非缴费型制度	2005 实际年份	2007 缴费型和非缴费型制度	2007 实际年份	2008 缴费型和非缴费型制度	2008 实际年份	2009 缴费型和非缴费型制度	2009 实际年份	2010 缴费型和非缴费型制度	2010 实际年份	2011 缴费型和非缴费型制度	2011 实际年份	2015 缴费型和非缴费型制度	2015 实际年份	最近可用年份 缴费型制度	最近可用年份 非缴费型制度	最近可用年份 缴费型和非缴费型制度	男性	女性	最新年份	失业福利项目 立法中确定的失业项目及项目类型
阿根廷①	4.1	2001	2.3	2005	4.3	2007	5.6	2008	5.7	2009	5.7	2010	4.9	2011	7.2	2015	7.2	0.0	7.2	…	…	2015	社会保险
阿鲁巴①	n.a.	…	15.7	2003	…	…	…	…	…	…	…	…	…	…	n.a.	…	15.7	…	15.7	…	…	2003	社会保险
巴哈马①	n.a.	…	…	…	n.a.	…	n.a.	…	n.a.	…	21.7	2010	18.8	2011	25.7	2012	25.7	0.0	25.7	…	…	2012	社会保险
巴巴多斯①	79.2	2000	…	…	…	…	…	…	…	…	…	…	…	…	88.0	2015	88.0	0.0	88.0	…	…	2015	社会保险
伯利兹②	n.a.	…	…	…	…	…	…	…	n.a.	…	n.a.	…	n.a.	…	n.a.	…	n.a.	n.a.	n.a.	n.a.	n.a.		解雇费[a]
百慕大②	n.a.	…	n.a.	…	n.a.	…	n.a.	…	n.a.	…	n.a.	…	n.a.	…	n.a.	…	n.a.	n.a.	n.a.	…	…		解雇费[a]
玻利维亚②	n.a.	…	n.a.	…	n.a.	…	n.a.	…	n.a.	…	n.a.	…	n.a.	…	3.0	2015	3.0	n.a.	n.a.	…	…	2015	解雇费[a]
巴西①	…	…	5.1	2005	6.2	2007	8.0	2008	7.2	2009	7.8	2010	…	…	7.8	2015	7.8	0.0	7.8	…	…	2015	就业关联和个人账户（雇主责任）
英属维尔京群岛②	n.a.	…	n.a.	…	n.a.	…	n.a.	…	n.a.	…	n.a.	…	n.a.	…	n.a.	…	n.a.	n.a.	n.a.	n.a.	n.a.		解雇费[a]
智利①	5.7	2004	9.7	2005	19.6	2007	19.5	2008	20.7	2009	21.1	2010	23.7	2011	45.6	2015	45.6	0.0	45.6	51.9	37.9	2015	强制性私人账户和与就业相关[d]
哥伦比亚①	n.a.	…	n.a.	…	n.a.	…	n.a.	…	n.a.	…	n.a.	…	n.a.	…	4.6	2015	4.6	0.0	4.6	n.a.	n.a.	2015	社会保险和补充个人账户制度，强制和补充个人账户制度

续表

区域/亚区国家/地区	领取失业福利的失业者百分比[b]																						最近可用年份				失业福利项目
	2000		2005		2007		2008		2009		2010		2011		2015								
	缴费型和非缴费型制度	实际年份	缴费型和非缴费型制度	实际年份	缴费型和非缴费型制度	实际年份	缴费型和非缴费型制度	实际年份	缴费型和非缴费型制度	实际年份	缴费型和非缴费型制度	实际年份	缴费型和非缴费型制度	实际年份	缴费型和非缴费型制度	实际年份	缴费型制度	非缴费型制度	缴费型和非缴费型制度 男性	缴费型和非缴费型制度 女性	最新年份	
哥斯达黎加②	n.a.	…	n.a.	…	n.a.	…	n.a.	…	n.a.	…	n.a.	…	n.a.	…	n.a.	…	n.a.	n.a.	n.a.	n.a.		立法中确定的失业及项目类型
古巴	n.a.	…	n.a.	…	n.a.	…	n.a.	…	n.a.	…	n.a.	…	n.a.	…	n.a.	…	n.a.	n.a.	n.a.	n.a.		解雇费[a]
多米尼克	n.a.	…	n.a.	…	n.a.	…	n.a.	…	n.a.	…	n.a.	…	n.a.	…	n.a.	…	n.a.	n.a.	n.a.	n.a.		立法中无项目
多米尼加	n.a.	…	n.a.	…	n.a.	…	n.a.	…	n.a.	…	n.a.	…	n.a.	…	n.a.	…	n.a.	n.a.	n.a.	n.a.		立法中无项目
厄瓜多尔①	6.7	2000	4.2	2005	…	…	…	…	…	…	…	…	…	…	n.a.	…	4.2	0.0	4.2	…	2005	强制性个人账户（无定期给付的津贴）
萨尔瓦多②	n.a.	…	n.a.	…	n.a.	…	n.a.	…	n.a.	…	n.a.	…	n.a.	…	n.a.	…	n.a.	n.a.	n.a.	n.a.		解雇费[a]
格林纳达②	n.a.	…	n.a.	…	n.a.	…	n.a.	…	n.a.	…	n.a.	…	n.a.	…	n.a.	…	n.a.	n.a.	n.a.	n.a.		解雇费[a]
瓜德罗普	n.a.	…	n.a.	…	n.a.	…	n.a.	…	n.a.	…	n.a.	…	n.a.	…	n.a.	…	n.a.	n.a.	n.a.	n.a.		立法中无项目
危地马拉②	n.a.	…	n.a.	…	n.a.	…	n.a.	…	n.a.	…	n.a.	…	n.a.	…	n.a.	…	n.a.	n.a.	n.a.	n.a.		解雇费[a]
圭亚那②	n.a.	…	n.a.	…	n.a.	…	n.a.	…	n.a.	…	n.a.	…	n.a.	…	n.a.	…	n.a.	n.a.	n.a.	n.a.		解雇费[a]

续表

区域/亚区/国家/地区	领取失业福利的失业者百分比 [b]																	最近可用年份			失业福利项目
	2000		2005		2007		2008		2009		2010		2011		2015		缴费型制度	非缴费型制度	男性	女性	最新年份	
	缴费型和非缴费型制度	实际年份	缴费型和非缴费型制度	实际年份	缴费型和非缴费型制度	实际年份	缴费型和非缴费型制度	实际年份	缴费型和非缴费型制度	实际年份	缴费型和非缴费型制度	实际年份	缴费型和非缴费型制度	实际年份	缴费型和非缴费型制度	实际年份						
海地	n.a.	…	n.a.	…	n.a.	…	n.a.	…	n.a.	…	n.a.	…	n.a.	…	n.a.	…	n.a.	n.a.	n.a.	n.a.		立法中确定的失业项目及项目类型
洪都拉斯①	n.a.	…	n.a.	…	n.a.	…	n.a.	…	n.a.	…	n.a.	…	n.a.	…	n.a.	…	n.a.	n.a.	n.a.	n.a.		立法中无项目
牙买加	n.a.	…	n.a.	…	n.a.	…	n.a.	…	n.a.	…	n.a.	…	n.a.	…	n.a.	…	n.a.	n.a.	n.a.	n.a.		强制性个人账户（雇主责任）
墨西哥②③	n.a.	…	n.a.	…	n.a.	…	n.a.	…	n.a.	…	n.a.	…	n.a.	…	n.a.	…	n.a.	n.a.	n.a.	n.a.		立法中无项目
尼加拉瓜	n.a.	…	n.a.	…	n.a.	…	n.a.	…	n.a.	…	n.a.	…	n.a.	…	n.a.	…	n.a.	n.a.	n.a.	n.a.		解雇费[a]
巴拿马②	n.a.	…	n.a.	…	n.a.	…	n.a.	…	n.a.	…	n.a.	…	n.a.	…	n.a.	…	n.a.	n.a.	n.a.	n.a.		立法中无项目
巴拉圭①	n.a.	…	n.a.	…	n.a.	…	n.a.	…	n.a.	…	n.a.	…	n.a.	…	n.a.	…	n.a.	n.a.	n.a.	n.a.		解雇费[a]
秘鲁②	n.a.	…	n.a.	…	n.a.	…	n.a.	…	n.a.	…	n.a.	…	n.a.	…	n.a.	…	n.a.	n.a.	n.a.	n.a.		立法中无项目
圣基茨和尼维斯②	n.a.	…	n.a.	…	n.a.	…	n.a.	…	n.a.	…	n.a.	…	n.a.	…	n.a.	…	n.a.	n.a.	n.a.	n.a.		解雇费[a]
圣卢西亚	n.a.	…	n.a.	…	n.a.	…	n.a.	…	n.a.	…	n.a.	…	n.a.	…	n.a.	…	n.a.	n.a.	n.a.	n.a.		立法中无项目

续表

区域/亚区/国家/地区	领取失业福利的失业者百分比 [b]																最近可用年份				失业福利项目
	2000		2005		2007		2008		2009		2010		2011		2015						
	缴费型和非缴费型制度	实际年份	缴费型和非缴费型制度	实际年份	缴费型和非缴费型制度	实际年份	缴费型和非缴费型制度	实际年份	缴费型和非缴费型制度	实际年份	缴费型和非缴费型制度	实际年份	缴费型和非缴费型制度	实际年份	缴费型和非缴费型制度	实际年份	缴费型制度	非缴费型制度	缴费型和非缴费型制度	男性	女性	最新年份	
圣文森特和格林纳丁斯[②]	n.a.	2000	n.a.	2005	n.a.	2007	n.a.	2008	n.a.	2009	n.a.	2010	n.a.	2011	n.a.	2015	n.a.	n.a.	n.a.	n.a.	n.a.		立法中确定的失业项目及项目类型
苏里南	n.a.	...	n.a.	...	n.a.	...	n.a.	...	n.a.	...	n.a.	...	n.a.	...	n.a.	...	...	...	...	...	...		解雇费[a]
特立尼达和多巴哥[②]	15.6	2000	9.3	2005	12.5	2007	16.1	2008	21.3	2009	22.4	2010	25.4	2011	30.1	2015	30.1	0.0	30.1	n.a.	n.a.	2015	立法中无项目
乌拉圭[①]	n.a.	...	n.a.	...	n.a.	...	n.a.	...	n.a.	...	n.a.	...	n.a.	...	n.a.	...	...	...	...	...	...		解雇费[a]
委内瑞拉	n.a.	...	n.a.	...	n.a.	...	n.a.	...	n.a.	...	n.a.	...	n.a.	...	n.a.	...	...	...	...	...	...		就业关联
北美																							社会保险[d]
加拿大[①]	46.1	2000	44.2	2005	44.5	2007	43.6	2008	48.4	2009	46.1	2010	41.8	2011	40.0	2014	40.0	0.0	40.0	43.6	36.2	2014	社会保险
美国[①②]	37.1	2000	35.0	2005	35.9	2007	37.0	2008	40.4	2009	30.6	2010	27.2	2011	27.9	2014	27.9	0.0	27.9	...	...	2014	社会保险援助和失业援助（缴费型福利的补充）[c]
阿拉伯国家																							
巴林[①]	n.a.	...	n.a.	...	...	...	...	...	7.9	2009	9.8	2010	...	...	...	...	9.8	0.0	9.8	...	...	2010	社会保险和失业援助（缴费型福利的补充）[c]

续表

领取失业福利的失业者百分比 [b]

区域/亚区/国家/地区	2000 缴费型和非缴费型制度	2000 实际年份	2005 缴费型和非缴费型制度	2005 实际年份	2007 缴费型和非缴费型制度	2007 实际年份	2008 缴费型和非缴费型制度	2008 实际年份	2009 缴费型和非缴费型制度	2009 实际年份	2010 缴费型和非缴费型制度	2010 实际年份	2011 缴费型和非缴费型制度	2011 实际年份	2015 缴费型和非缴费型制度	2015 实际年份	最近可用年份 非缴费型制度	最近可用年份 缴费型和非缴费型制度 男性	最近可用年份 女性	最新年份	失业福利项目
																					立法中确定的失业项目及项目类型
伊拉克[②]	n.a.	…	n.a.	…	n.a.	…	n.a.	…	n.a.	…	n.a.	…	n.a.	…	n.a.	…	n.a.	n.a.	n.a.	n.a.	解雇费[a]
约旦	n.a.	…	n.a.	…	n.a.	…	n.a.	…	n.a.	…	n.a.	…	n.a.	…	n.a.	…	n.a.	n.a.	n.a.	n.a.	社会保险
科威特[②]	n.a.	…	n.a.	…	n.a.	…	n.a.	…	n.a.	…	n.a.	…	n.a.	…	n.a.	…	n.a.	n.a.	n.a.	n.a.	社会保险
黎巴嫩	n.a.	…	n.a.	…	n.a.	…	n.a.	…	n.a.	…	n.a.	…	n.a.	…	n.a.	…	n.a.	n.a.	n.a.	n.a.	立法中无项目
阿曼	n.a.	…	n.a.	…	n.a.	…	n.a.	…	n.a.	…	n.a.	…	n.a.	…	n.a.	…	n.a.	n.a.	n.a.	n.a.	立法中无项目
卡塔尔	n.a.	…	n.a.	…	n.a.	…	n.a.	…	n.a.	…	n.a.	…	n.a.	…	n.a.	…	n.a.	n.a.	n.a.	n.a.	立法中无项目
沙特阿拉伯	n.a.	…	n.a.	…	n.a.	…	n.a.	…	n.a.	…	n.a.	…	n.a.	…	n.a.	…	n.a.	n.a.	n.a.	n.a.	社会保险
叙利亚[②]	n.a.	…	n.a.	…	n.a.	…	n.a.	…	n.a.	…	n.a.	…	n.a.	…	n.a.	…	n.a.	n.a.	n.a.	n.a.	解雇费[a]
阿联酋[②]	n.a.	…	n.a.	…	n.a.	…	n.a.	…	n.a.	…	n.a.	…	n.a.	…	n.a.	…	n.a.	n.a.	n.a.	n.a.	解雇费[a]
也门[②]	n.a.	…	n.a.	…	n.a.	…	n.a.	…	n.a.	…	n.a.	…	n.a.	…	n.a.	…	n.a.	n.a.	n.a.	n.a.	解雇费[a]

续表

区域/亚区/国家/地区	领取失业福利的失业者百分比[b]																	最近可用年份				失业福利项目
	2000		2005		2007		2008		2009		2010		2011		2015							立法中确定的失业项目及项目类型
	缴费型和非缴费型制度	实际年份	缴费型和非缴费型制度	实际年份	缴费型和非缴费型制度	实际年份	缴费型和非缴费型制度	实际年份	缴费型和非缴费型制度	实际年份	缴费型和非缴费型制度	实际年份	缴费型和非缴费型制度	实际年份	缴费型和非缴费型制度	实际年份	缴费型制度	非缴费型制度	缴费型和非缴费型制度	男性	女性	最新年份	
亚太地区																							
东亚																							
中国[①]	9.9	2000	20.0	2005	17.1	2007	14.8	2008	14.0	2009	9.2	2010	9.1	2011	18.8	2015	18.8	0.0	18.8	...	...	2015	地方政府管理的社会保险项目
中国香港[①]	14.1	2000	21.0	2005	22.6	2007	24.4	2008	16.9	2009	n.a.	...	...	...	n.a.	...	0.0	16.9	16.9	...	...	2009	社会救助
日本[①]	32.5	2001	21.4	2005	22.1	2007	22.9	2008	25.4	2009	19.6	2010	21.5	2011	20.0	2015	20.0	0.0	20.0	...	...	2015	社会保险
朝鲜	n.a.	...	n.a.	...	n.a.	...	n.a.	...	n.a.	...	n.a.	...	n.a.	...	n.a.	...	n.a.	n.a.	n.a.	n.a.	n.a.		立法中无项目
韩国[①]	25.1	2004	27.5	2005	34.9	2007	39.4	2008	39.2	2009	36.0	2010	35.8	2011	40.0	2014	40.0	0.0	40.0	...	...	2014	社会保险
蒙古[①]	18.0	2003	16.9	2004	...	...	9.7	2008	9.0	2009	10.0	2010	...	...	31.0	2015	31.0	0.0	31.0	29.0	35.0	2015	社会保险
中国台湾[①]	...	...	32.5	2005	16.4	2007	23.7	2008	32.7	2009	14.6	2010	13.0	2011	15.8	2012	15.8	0.0	15.8	...	...	2012	社会保险
东南亚																							
文莱	n.a.	...	n.a.	...	n.a.	...	n.a.	...	n.a.	...	n.a.	...	n.a.	...	n.a.	...	n.a.	n.a.	n.a.	n.a.	n.a.		立法中无项目
柬埔寨[②]	n.a.	...	n.a.	...	n.a.	...	n.a.	...	n.a.	...	n.a.	...	n.a.	...	n.a.	...	n.a.	n.a.	n.a.	n.a.	n.a.		解雇费[a]
印度尼西亚[②①]	n.a.	...	n.a.	...	n.a.	...	n.a.	...	n.a.	...	n.a.	...	n.a.	...	n.a.	...	n.a.	n.a.	n.a.	n.a.	n.a.		解雇费[a]

续表

区域/亚区/国家/地区	2000 缴费型和非缴费型制度	2000 实际年份	2005 缴费型和非缴费型制度	2005 实际年份	2007 缴费型和非缴费型制度	2007 实际年份	2008 缴费型和非缴费型制度	2008 实际年份	2009 缴费型和非缴费型制度	2009 实际年份	2010 缴费型和非缴费型制度	2010 实际年份	2011 缴费型和非缴费型制度	2011 实际年份	2015 缴费型和非缴费型制度	2015 实际年份	最近可用年份 缴费型制度	最近可用年份 非缴费型制度	最近可用年份 缴费型和非缴费型制度	男性	女性	最新年份	失业福利项目 立法中确定的失业项目及项目类型
老挝①	n.a.	…	n.a.	…	n.a.	…	n.a.	…	n.a.	…	n.a.	…	n.a.	…	n.a.	…			n.a.	n.a.	n.a.		社会保险
马来西亚②	n.a.	…	n.a.	…	n.a.	…	n.a.	…	n.a.	…	n.a.	…	n.a.	…	n.a.	…			n.a.	n.a.	n.a.		解雇费ᵃ
缅甸①	n.a.	…	n.a.	…	n.a.	…	n.a.	…	n.a.	…	n.a.	…	n.a.	…	n.a.	…			n.a.	n.a.	n.a.		社会保险（尚未实施）
菲律宾②	n.a.	…	n.a.	…	n.a.	…	n.a.	…	n.a.	…	n.a.	…	n.a.	…	n.a.	…			n.a.	n.a.	n.a.		解雇费ᵃ
新加坡①	n.a.	…	n.a.	…	n.a.	…	n.a.	…	n.a.	…	n.a.	…	n.a.	…	n.a.	…			n.a.	n.a.	n.a.		立法中无项目
泰国①	n.a.	2000	4.2	2005	11.1	2007	13.8	2008	24.3	2009	22.4	2010	37.1	2011	43.2	2015	43.2	0.0	…	…	2015	社会保险
东帝汶	n.a.	…	n.a.	…	n.a.	…	n.a.	…	n.a.	…	n.a.	…	n.a.	…	n.a.	…			n.a.	n.a.	n.a.		立法中无项目
越南①	n.a.	2000	n.a.	…	n.a.	…	n.a.	2008	0.7	2009	10.8	2010	9.5	2011	45.0	2015	45.0	0.0	35.3	56.7	2015	社会保险
南亚																							
阿富汗	n.a.	…	n.a.	…	n.a.	…	n.a.	…	n.a.	…	n.a.	…	n.a.	…	n.a.	…			n.a.	n.a.	n.a.		立法中无项目
孟加拉②	n.a.	…	n.a.	…	n.a.	…	n.a.	…	n.a.	…	n.a.	…	n.a.	…	n.a.	…			n.a.	n.a.	n.a.		解雇费ᵃ
不丹	n.a.	…	n.a.	…	n.a.	…	n.a.	…	n.a.	…	n.a.	…	n.a.	…	n.a.	…			n.a.	n.a.	n.a.		立法中无项目

续表

区域/亚区/国家/地区	2000		2005		2007		2008		2009		2010		2011		2015		最近可用年份						失业福利项目
	缴费型和非缴费型制度	实际年份	缴费型和非缴费型制度	实际年份	缴费型和非缴费型制度	实际年份	缴费型和非缴费型制度	实际年份	缴费型和非缴费型制度	实际年份	缴费型和非缴费型制度	实际年份	缴费型和非缴费型制度	实际年份	缴费型和非缴费型制度	实际年份	缴费型制度	非缴费型制度	缴费型和非缴费型制度	男性	女性	最新年份	立法中确定的失业项目及项目类型
印度[3]	n.a.	2000	n.a.	2005	n.a.	2007	3.0	2008	n.a.	2009	n.a.	2010	n.a.	2011	n.a.	2015	3.0	0.0	3.0	...	...	2008	社会保险,社会救助,公共就业保障(公益)和从公积金中提款制度
伊朗	...		...		...		...		...		...		...		...		...	...	...	...	...		社会保险
马尔代夫	...		...		...		...		...		...		...		...		...	...	...	...	...		立法中无项目
尼泊尔[2]	n.a.		n.a.		n.a.		n.a.		n.a.		n.a.		n.a.		n.a.		n.a.	n.a.	n.a.	n.a.	n.a.		解雇费[a]
巴基斯坦[2]	n.a.		n.a.		n.a.		n.a.		n.a.		n.a.		n.a.		n.a.		n.a.	n.a.	n.a.	n.a.	n.a.		解雇费[a]
斯里兰卡[2]	n.a.		n.a.		n.a.		n.a.		n.a.		n.a.		n.a.		n.a.		n.a.	n.a.	n.a.	n.a.	n.a.		解雇费[a]
大洋洲																							
澳大利亚[1]	73.4	2000	70.4	2005	62.4	2007	65.8	2008	58.2	2009	51.3	2010	51.4	2011	52.7	2014	0.0	52.7	52.7	60.0	44.4	2014	社会救助
斐济[1]	n.a.		n.a.		n.a.		n.a.		n.a.		n.a.		n.a.		n.a.		n.a.	n.a.	n.a.	n.a.	n.a.		从公积金中提款
基里巴斯[1]	n.a.		n.a.		n.a.		n.a.		n.a.		n.a.		n.a.		n.a.		n.a.	n.a.	n.a.	n.a.	n.a.		从公积金中提款

续表

区域/亚区/国家/地区	领取失业福利的失业者百分比 [b]													最近可用年份				失业福利项目
	2000		2005		2007		2008		2009		2010		2011		2015			
	缴费型和非缴费型制度	实际年份	缴费型和非缴费型制度	实际年份	缴费型和非缴费型制度	实际年份	缴费型和非缴费型制度	实际年份	缴费型和非缴费型制度	实际年份	缴费型和非缴费型制度	实际年份	缴费型和非缴费型制度	实际年份	缴费型和非缴费型制度	实际年份	缴费型	非缴费型制度	缴费型和非缴费型制度	男性	女性	最新年份	
马绍尔群岛	n.a.	…	n.a.	…	n.a.	…	n.a.	…	n.a.	…	n.a.	…	n.a.	…	n.a.	…	n.a.	n.a.	n.a.	n.a.	n.a.	立法中确定的失业项目及项目类型
密克罗尼西亚	n.a.	…	n.a.	…	n.a.	…	n.a.	…	n.a.	…	n.a.	…	n.a.	…	n.a.	…	n.a.	n.a.	n.a.	n.a.	n.a.	立法中无项目
瑙鲁	n.a.	…	n.a.	…	n.a.	…	n.a.	…	n.a.	…	n.a.	…	n.a.	…	n.a.	…	n.a.	n.a.	n.a.	n.a.	n.a.	立法中无项目
新喀里多尼亚	17.4	2002	15.8	2005	18.1	2007	20.3	2008	24.4	2009	23.0	2010	24.5	2011	28.4	2015	28.4	0.0	28.4	…	…	2015	社会保险
新西兰[①]	…	…	…	…	28.0	2007	18.6	2008	35.8	2009	41.8	2010	37.5	2011	44.9	2014	0.0	44.9	44.9	…	…	2014	社会救助
纽埃	n.a.	…	n.a.	…	n.a.	…	n.a.	…	n.a.	…	n.a.	…	n.a.	…	n.a.	…	n.a.	n.a.	n.a.	n.a.	n.a.	立法中无项目
帕劳	n.a.	…	n.a.	…	n.a.	…	n.a.	…	n.a.	…	n.a.	…	n.a.	…	n.a.	…	n.a.	n.a.	n.a.	n.a.	n.a.	立法中无项目
巴布亚新几内亚[①]	n.a.	…	n.a.	…	n.a.	…	n.a.	…	n.a.	…	n.a.	…	n.a.	…	n.a.	…	n.a.	n.a.	n.a.	n.a.	n.a.	从公积金中提款
萨摩亚[②]	n.a.	…	n.a.	…	n.a.	…	n.a.	…	n.a.	…	n.a.	…	n.a.	…	n.a.	…	n.a.	n.a.	n.a.	n.a.	n.a.	立法中无项目
所罗门群岛[②]	n.a.	…	n.a.	…	n.a.	…	n.a.	…	n.a.	…	n.a.	…	n.a.	…	n.a.	…	n.a.	n.a.	n.a.	n.a.	n.a.	从公积金中提款

续表

区域/亚区/国家/地区	领取失业福利的失业者百分比[b]																					失业福利项目
	2000		2005		2007		2008		2009		2010		2011		2015			最近可用年份				立法中确定的失业项目及项目类型
	缴费型和非缴费型制度	实际年份	缴费型和非缴费型制度	实际年份	缴费型和非缴费型制度	实际年份	缴费型和非缴费型制度	实际年份	缴费型和非缴费型制度	实际年份	缴费型和非缴费型制度	实际年份	缴费型和非缴费型制度	实际年份	缴费型和非缴费型制度	实际年份	缴费型制度	非缴费型制度	缴费型和非缴费型制度	男性	女性	最新年份	
汤加	n.a.	...	n.a.	...	n.a.	...	n.a.	...	n.a.	...	n.a.	...	n.a.	...	n.a.	...	n.a.	n.a.	n.a.	n.a.	n.a.		立法中无项目
图瓦卢	n.a.	...	n.a.	...	n.a.	...	n.a.	...	n.a.	...	n.a.	...	n.a.	...	n.a.	...	n.a.	n.a.	n.a.	n.a.	n.a.		解雇费[a]
瓦努阿图	n.a.	...	n.a.	...	n.a.	...	n.a.	...	n.a.	...	n.a.	...	n.a.	...	n.a.	...	n.a.	n.a.	n.a.	n.a.	n.a.		解雇费[a]
欧洲和中亚																							
北欧、南欧和西欧																							
阿尔巴尼亚①	10.2	2000	6.7	2005	7.8	2007	6.7	2008	6.3	2009	6.4	2010	6.0	2011	6.9	2012	6.9	0.0	6.9	...	...	2012	社会保险
安道尔②	...	...	...	...	...	...	...	...	...	...	8.3	2010	10.0	2011	11.1	2012	0.0	11.1	11.1	...	...	2012	社会保险
奥地利①	94.1	2000	89.4	2005	89.8	2007	90.4	2008	91.3	2009	91.4	2010	90.5	2011	100.0	2014	59.0	41.0	100.0	...	...	2014	社会保险和失业援助（缴费型福利的补充）[c]
比利时①	81.3	2000	84.0	2005	86.1	2007	85.7	2008	83.6	2009	82.8	2010	83.1	2011	100.0	2014	100.0	0.0	100.0	...	...	2014	社会保险和失业援助（缴费型福利的补充）[c]
波黑①	1.2	2001	1.6	2005	1.6	2007	1.6	2008	2.4	2009	2.6	2010	2.0	2011	n.a.		2.0	0.0	2.0	...	...	2011	社会保险

续表

领取失业福利的失业者百分比 [b]

区域/亚区/国家/地区	2000 缴费型和非缴费型制度	2000 实际年份	2005 缴费型和非缴费型制度	2005 实际年份	2007 缴费型和非缴费型制度	2007 实际年份	2008 缴费型和非缴费型制度	2008 实际年份	2009 缴费型和非缴费型制度	2009 实际年份	2010 缴费型和非缴费型制度	2010 实际年份	2011 缴费型和非缴费型制度	2011 实际年份	2015 缴费型和非缴费型制度	2015 实际年份	最近可用年份 缴费型制度	最近可用年份 非缴费型制度	最近可用年份 缴费型和非缴费型制度	最近可用年份 男性	最近可用年份 女性	最新年份	失业福利项目 立法中确定的失业项目及项目类型
克罗地亚[①]	17.7	2000	23.6	2005	22.5	2007	24.2	2008	26.2	2009	25.9	2010	24.4	2011	20.0	2013	20.0	0.0	20.0	21.0	19.2	2013	社会保险
丹麦[①]	99.9	2000	98.9	2005	77.8	2007	72.0	2008	78.6	2009	70.9	2010	68.3	2011	66.8	2014	41.0	25.8	66.8	...	...	2014	补贴自愿保险和社会救助
爱沙尼亚[①]	17.3	2000	28.9	2005	25.9	2007	31.6	2008	45.1	2009	35.2	2010	25.7	2011	41.5	2014	26.0	15.5	41.5	...	...	2014	社会保险和社会救助
芬兰[①]	63.7	2002	63.6	2005	58.8	2007	57.5	2008	47.9	2009	52.1	2010	57.8	2011	100.0	2014	100.0	0.0	100.0	...	...	2014	补贴自愿保险和社会救助
法国[①]	57.4	2000	67.0	2005	67.4	2007	67.2	2008	66.0	2009	62.3	2010	59.8	2011	94.7	2014	79.7	15.0	94.7	...	...	2014	社会保险和社会救助
德国[①]	81.2	2000	92.1	2004	80.6	2007	86.1	2008	86.4	2009	87.6	2010	86.3	2011	100.0	2015	46.1	53.9	100.0	44.5	48.2	2015	社会保险和社会救助
希腊[①②]	52.9	2000	44.3	2002	53.9	2007	58.0	2008	57.7	2009	30.8	2010	28.6	2011	21.0	2014	21.0	0.0	21.0	...	...	2014	社会保险和失业援助（缴费型福利的补充）[c]
根西岛	...		...		...		...		...		...		...		...		...	...	...	...	...		社会保险

续表

区域/亚区/国家/地区	领取失业福利的失业者百分比 b																最近可用年份					失业福利项目
	2000		2005		2007		2008		2009		2010		2011		2015							立法中确定的失业项目及项目类型
	缴费型和非缴费型制度	实际年份	缴费型和非缴费型制度	实际年份	缴费型和非缴费型制度	实际年份	缴费型和非缴费型制度	实际年份	缴费型和非缴费型制度	实际年份	缴费型和非缴费型制度	实际年份	缴费型和非缴费型制度	实际年份	缴费型和非缴费型制度	实际年份	缴费型制度	非缴费型制度	缴费型和非缴费型制度	男性	女性	最新年份	
冰岛①	50.4	2000	72.6	2005	39.1	2007	49.8	2008	17.7	2009	21.6	2010	28.6	2011	n.a.	…	28.6	0.0	28.6	18.3	43.0	2011	社会保险
爱尔兰①	74.7	2000	81.5	2005	85.9	2007	n.a.	…	91.3	2009	87.2	2010	85.4	2011	100.0	2014	18.2	81.8	100.0	…	…	2014	社会保险和社会救助
马恩岛①	33.2	2001	60.3	2006	42.3	2007	42.8	2008	62.4	2009	56.4	2010	56.6	2011	80.0	2015	80.0	80.0	80.0	…	…	2015	社会保险和社会救助
意大利①	22.6	2000	35.4	2005	42.5	2007	43.9	2008	61.3	2009	56.2	2010	55.8	2011	37.8	2014	37.8	0.0	37.8	…	…	2014	社会保险和失业援助（缴费型福利的补充）d
泽西岛②	n.a.	…	n.a.	…	n.a.	…	n.a.	…	n.a.	…	n.a.	…	n.a.	…	n.a.	…	n.a.	n.a.	n.a.	n.a.	n.a.	…	立法中无项目
科索沃	…	…	…	…	…	…	…	…	…	…	…	…	…	…	…	…	…	…	…	…	…	…	
拉脱维亚①	26.2	2001	37.1	2005	47.0	2007	34.8	2008	33.4	2009	27.9	2010	20.8	2011	33.3	2014	33.3	0.0	33.3	…	…	2014	社会保险
列支敦士登①	63.0	2000	71.8	2005	66.9	2007	64.6	2008	66.8	2009	78.9	2010	67.2	2011	67.2	2012	67.2	0.0	67.2	65.5	68.8	2012	社会保险
立陶宛①	…	…	11.6	2005	26.1	2007	24.8	2008	31.4	2009	20.1	2010	15.6	2011	26.0	2014	26.0	0.0	26.0	…	…	2014	社会保险
卢森堡①	42.3	2000	55.1	2005	52.5	2007	51.3	2008	53.4	2009	50.5	2010	50.9	2011	41.0	2015	41.0	0.0	41.0	…	…	2015	社会保险
北马其顿①	9.9	2003	10.7	2004	7.8	2007	7.7	2008	8.2	2009	…	…	…	…	11.5	2015	11.5	0.0	11.5	…	…	2015	社会保险

续表

区域/亚区/国家/地区	领取失业福利的失业者百分比[b]																		失业福利项目
	2000		2005		2007		2008		2009		2010		2011		2015		最近可用年份		立法中确定的失业项目及项目类型
	缴费型和非缴费型制度	实际年份	缴费型和非缴费型制度	实际年份	缴费型和非缴费型制度	实际年份	缴费型和非缴费型制度	实际年份	缴费型和非缴费型制度	实际年份	缴费型和非缴费型制度	实际年份	缴费型和非缴费型制度	实际年份	缴费型和非缴费型制度	实际年份	缴费型制度	非缴费型制度	缴费型和非缴费型制度	男性	女性	最新年份	
马耳他[①]	89.2	2003	98.7	2005	96.3	2007	94.8	2008	94.2	2009	84.4	2010	86.9	2011	62.2	2015	42.3	19.9	62.2	…	…	2015	社会保险和社会救助
摩纳哥	…	…	…	…	…	…	…	…	…	…	…	…	…	…	…	…	…	…	…	…	…	…	在法国失业保险制度下覆盖
黑山[①]	…	…	…	…	…	…	32.9	2008	43.9	2009	41.6	2010	40.9	2011	35.6	2012	35.6	0.0	35.6	…	…	2012	社会保险
荷兰[⑬]	66.7	2002	69.3	2005	65.1	2007	59.7	2008	60.1	2009	65.1	2010	64.8	2011	73.0	2014	73.0	0.0	73.0	…	…	2014	社会保险和社会救助
挪威[①]	…	…	58.1	2006	50.9	2007	42.1	2008	74.6	2009	73.4	2010	69.5	2011	61.8	2014	61.8	0.0	61.8	…	…	2014	普惠型社会保险
葡萄牙[①]	64.6	2003	67.3	2005	60.8	2007	59.5	2008	61.9	2009	57.2	2010	41.9	2011	42.1	2014	34.6	7.5	42.1	…	…	2014	社会保险和社会救助
圣马力诺[①]	…	…	…	…	…	…	…	…	…	…	…	…	…	…	…	…	…	…	…	…	…	…	社会保险
塞尔维亚[①]	11.1	2000	10.4	2005	7.7	2007	9.6	2008	11.6	2009	10.2	2010	8.5	2011	8.8	2015	8.8	0.0	8.8	9.9	7.8	2015	社会保险
斯洛文尼亚[①]	21.7	2000	19.2	2005	20.0	2007	26.4	2008	36.1	2009	34.4	2010	32.8	2011	26.2	2014	26.2	0.0	26.2	…	…	2014	社会保险
西班牙[①]	41.4	2000	65.1	2005	73.9	2007	67.4	2008	62.3	2009	63.0	2010	53.2	2011	45.3	2014	18.9	26.4	45.3	…	…	2014	社会保险和失业援助（缴费型福利的补充）[c]

续表

区域/亚区/国家/地区	2000		2005		2007		2008		2009		2010		2011		2015		最近可用年份						失业福利项目
	缴费型和非缴费型制度	实际年份	缴费型和非缴费型制度	实际年份	缴费型和非缴费型制度	实际年份	缴费型和非缴费型制度	实际年份	缴费型和非缴费型制度	实际年份	缴费型和非缴费型制度	实际年份	缴费型和非缴费型制度	实际年份	缴费型和非缴费型制度	实际年份	缴费型制度	非缴费型制度	缴费型和非缴费型制度	男性	女性	最新年份	立法中确定的失业项目及项目类型
瑞典①	…	2000	86.2	2005	64.8	2007	44.5	2008	39.2	2009	33.9	2010	28.4	2011	25.9	2014	25.9	0.0	25.9	…	…	2014	自愿入关联保利和社会救助
瑞士①	79.2	2000	82.4	2005	71.4	2007	68.3	2008	72.2	2009	74.8	2010	64.7	2011	60.7	2014	60.7	0.0	60.7	…	…	2014	社会保险
英国①	68.2	2000	61.0	2005	53.8	2007	52.0	2008	65.0	2009	61.6	2010	60.8	2011	60.0	2014	60.0	0.0	60.0	…	…	2014	社会保险和社会救助
东欧																							
白俄罗斯①	39.0	2000	55.7	2005	54.0	2007	46.6	2008	49.4	2009	44.0	2010	46.1	2011	44.6	2015	44.6	0.0	44.6	29.1	57.4	2015	社会保险
保加利亚①	21.1	2003	23.4	2005	27.1	2007	44.8	2008	45.6	2009	30.8	2010	28.4	2011	29.6	2015	29.6	0.0	29.6	s	37.2	2015	社会保险
捷克①	…	2000	27.6	2005	31.5	2007	42.7	2008	40.4	2009	30.8	2010	25.8	2011	36.0	2014	36.0	0.0	36.0	…	…	2014	社会保险
匈牙利①	45.1	2003	42.6	2005	42.6	2007	41.3	2008	48.0	2009	39.5	2010	35.7	2011	17.4	2014	12.4	5.0	17.4	…	…	2014	社会保险和失业援助（缴费型福利的补充）c
摩尔多瓦①②	22.8	2000	6.5	2005	10.6	2007	11.8	2008	14.0	2009	11.1	2010	8.5	2011	10.5	2014	10.5	0.0	10.5	…	…	2014	社会保险
波兰①	20.3	2000	13.5	2005	14.3	2007	18.4	2008	20.1	2009	16.7	2010	16.5	2011	15.5	2014	15.5	0.0	15.5	…	…	2014	社会保险

续表

区域/亚区/国家/地区	2000		2005		2007		2008		2009		2010		2011		2015			最近可用年份			失业福利项目
	缴费型和非缴费型制度	实际年份	缴费型和非缴费型制度	实际年份	缴费型和非缴费型制度	实际年份	缴费型和非缴费型制度	实际年份	缴费型和非缴费型制度	实际年份	缴费型和非缴费型制度	实际年份	缴费型和非缴费型制度	实际年份	缴费型制度	非缴费型制度	缴费型和非缴费型制度	男性	女性	最新年份	立法中确定的失业项目及项目类型
罗马尼亚①	45.2	2001	38.0	2005	33.2	2007	30.0	2008	52.3	2009	55.4	2010	26.8	2011	23.0	0.0	23.0	...	...	2014	社会保险和失业援助(缴费型福利的补充)c
俄罗斯①	11.8	2000	29.8	2005	28.4	2007	26.2	2008	29.4	2009	24.1	2010	21.3	2011	0.0	68.2	68.2	59.2	78.7	2015	就业关联d
斯洛伐克①	23.1	2000	9.1	2005	7.6	2007	9.1	2008	15.8	2009	11.1	2010	11.5	2011	9.8	0.0	9.8	...	...	2014	社会保险
乌克兰①	23.6	2000	40.3	2005	34.4	2007	31.3	2008	26.2	2009	18.7	2010	21.3	2011	21.9	0.0	21.9	...	...	2015	社会保险
中亚和西亚																					
亚美尼亚②,a	12.0	2000	5.7	2005	20.1	2007	22.2	2008	30.5	2009	24.1	2010	20.8	2011	0.0	0.0	0.0	0.0	0.0	2015	解雇费a
阿塞拜疆①	6.3	2000	3.7	2005	5.0	2007	4.7	2008	6.6	2009	n.a.	...	2.6	2011	1.6	0.0	1.6	n.a.	n.a.	2015	社会保险
塞浦路斯①	...	2000	68.1	2005	81.5	2007	81.2	2008	79.1	2009	78.7	2010	...	...	23.7	0.0	23.7	...	...	2014	社会保险
格鲁吉亚②	2.4	2000	4.0	2005	n.a.	...	n.a.	2008	n.a.	2009	n.a.	...	n.a.	2011	n.a.	n.a.	n.a.	n.a.	n.a.	2011	解雇费a
以色列①	43.3	2000	29.1	2005	29.7	2007	33.1	2008	38.2	2009	36.3	2010	40.0	2011	29.4	0.0	29.4	...	...	2015	社会保险
哈萨克斯坦①	0.5	2000	0.7	2005	0.9	2007	0.8	2008	1.0	2009	0.5	2010	0.4	2011	5.8	0.0	5.8	...	...	2015	社会保险
吉尔吉斯斯坦①	8.2	2000	10.4	2005	3.3	2007	1.4	2008	1.4	2009	1.2	2010	1.2	2011	1.7	0.0	1.7	...	...	2015	社会保险
塔吉克斯坦①	n.a.	...	5.1	2005	5.0	2007	5.2	2008	3.8	2009	5.3	2010	8.5	2011	17.3	0.0	17.3	16.2	18.2	2015	社会保险

续表

区域/亚区国家/地区	2000		2005		2007		2008		2009		2010		2011		2015				最近可用年份						立法中确定的失业项目及项目类型
	缴费型和非缴费型制度	实际年份	缴费型和非缴费型制度	实际年份	缴费型和非缴费型制度	实际年份	缴费型和非缴费型制度	实际年份	缴费型和非缴费型制度	实际年份	缴费型和非缴费型制度	实际年份	缴费型和非缴费型制度	实际年份	缴费型和非缴费型制度	非缴费型制度	缴费型制度	实际年份	缴费型和非缴费型制度	非缴费型制度	缴费型制度	男性	女性	最新年份	
土耳其①	8.7	2004	5.4	2005	4.3	2007	5.1	2008	7.9	2009	6.3	2010	6.5	2011	1.4	n.a.	1.4	2014	1.4	0.0	1.4	…	…	2014	社会保险
土库曼斯坦	…	…	…	…	…	…	…	…	…	…	…	…	…	…	…	…	…	…	…	…	…	…	…	…	社会保险
乌兹别克斯坦①	57.1	2000	56.7	2005	61.1	2007	39.5	2008	n.a.	…	n.a.	…	…	…	n.a.	n.a.	39.5	2008	39.5	0.0	39.5	…	…	2008	社会保险

来源：

主要来源：

ILO（国际劳工局）. 世界社会保护数据库，基于社会保障调查（SSI）. 可见 http://www.social-protection.org/gimi/gess/RessourceDownload.action?ressource.ressourceId=54603 [2017.06].

其他来源（立法中现存的失业项目和项目类型）：

有关102号公约应用的政府详细报告（2015—2016年）：

ILO（国际劳工局）. 就业保护立法数据库（EPlex）. 可见 http://www.ilo.org/dyn/eplex/termmain.home?p_lang=en [2017.05.26].

——国际劳工标准信息系统（NORMLEX）（整合了原 ILOLEX 和 NATLEX 数据库）. 可见 http://www.ilo.org/dyn/normlex/en/ [2017.05.26].

ISSA（国际社会保障协会）；SSA（美国社会保障总署）. 全球社会保障项目：不同日期（日内瓦和华盛顿特区）. 可见 http://www.ssa.gov/policy/docs/progdesc/ssptw/ [2017.05.26].

OECD（经济合作与发展组织）. 社会保护受助人数数据库（SOCR）. 可见 http://www.oecd.org/social/recipients.htm [2017.05.26].

注释：

n.a. 表示不适用。

… 表示不可用。

a 解雇费：在国内法（如劳动法规）中有规定，由雇主直接支付，但没有国家立法确定的失业福利项目。

b 由于缺乏数据，一般社会救助制度的失业受益人不包括在内。将这部分人群包括在内会提高覆盖率，但仅限于存在较大规模此类制度的国家（高收入和一些中等收入国家）。

c 失业救济（对缴费型福利的补充）：非缴费型失业现金救助，该现金救助提供给不具备社会保险失业福利待遇享受资格或已用尽资格的人，包括初次求职者。

d 就业关联：待遇给付与收入或以前的就业挂钩，但由政府提供资金。

分国别的来源和注释

① 数据储存年：国际劳工组织世界社会保护数据库，基于社会保障调查（SSI）[2017.06]。

② 在失业情况下，如果没有社会保障待遇给付，劳动法所覆盖的劳动者可能有权获得解雇费，这通常取决于劳动者最短服务期限和/或终止雇佣关系的原因有时取决于职业类别。企业规模或其他标准。解雇费是一次性支付。48个没有在立法中规定失业福利项目的国家提供这种劳动保护（更多信息可见国际劳工组织就业保护立法数据库（EPLex）和国际劳工组织协会与美国社会保障总署《全球社会保障项目》）。

③ 加纳。立法中没有失业项目。

④ 尼日利亚。如果在50岁前失业了，在4个月的等待期后，公积金成员可以一次性提取账户余额。如果55岁时失业了，可在55岁时提前领取养老金。

⑤ 塞舌尔。根据1980年的《失业基金法》，社会保障基金向失业人员提供生计收入。社会保护局为在失业救济制度，学徒制度和技能获得项目等核准项目中工作的登记失业青年提供工资。可见数据指的是失业救济制度。

⑥ 斯威士兰。立法中无失业项目。向公积金缴费的劳动者如果失业终止被社保覆盖的就业，则可在45岁时提前领取养老金。

⑦ 亚美尼亚。2015年，失业福利被终止并由就业促进措施取代之，包括向劳动力市场中缺乏竞争力的人提供现金救助。

⑧ 印度。统计分子是国际劳工组织社会保障调查。2005年将"失业津贴"增加到现有的雇员国家保险公司（Employee's State Insurance Corporation）制度中，包括疾病和生育，涵盖所有正规部门劳动者的24%，或整个劳动力的2%。不包括哪些国家农村就业保障制度的受益人。这个项目的目标群体比失业者更广泛。如果被社保覆盖的就业在非自愿情况下终止，无论任何年龄都可以提取公积金。

⑨ 印度尼西亚（No.13/2003）规定在就业终止被社保支付解雇金的情况下强制性支付解雇费（金额为1～8个月的薪水，视雇佣时长而定）。

⑩ 缅甸。缅甸于2012年颁布了社会保障法。该法包括失业保险法（第37条），但失业待遇给付尚未落实。

⑪ 新加坡。立法中无失业项目。工作福利培训支持制度提供有补贴的就业培训，包括对那些有资格享受工作福利收入支持制度的人提供最高每小时4.5新加坡元的培训津贴。

⑫ 安道尔。没有单独的失业项目，但政府救助可用于已确认的有需要的情况。

⑬ 荷兰。统计分子是荷兰统计局公布的福利数目。可见http://statline.cbs.nl/StatWeb/selection/default.aspx?DM=SLEN&PA=37789ENG&LA=EN&VW=T[2017.05]。

⑭ 哥伦比亚。受雇和自雇佣者可以选择将其缴费的一部分划入强制性个人遣散账户或补充个人账户。

⑮ 多米尼加。立法中无失业项目。向强制性个人账户项目、失业且至少缴费25年的劳动者如果年龄在57～59岁，则可以领取"失业劳动者老年

① 墨西哥。在失业的情况下，60 岁以上的劳动者可以从老年强制个人账户缴费的年限：至少缴费五年，取款数额为用于计算最近 250 周缴费的平均收入，计 90 天的收入，或是 11% 的个人账户余额，两者中以较低者为准；缴费 3 至 5 年且至少有 12 次双月进行的缴费，取款数额可等于参保者 30 天用于计算缴费的受覆盖月最低工资的十倍。此外，还有支持失业人员的项目，诸如就业支持项目（Programa de Apoyo al Empleo, PAE）和临时就业项目（Programa de Empleo Temporal, PET）。就业支持项目由一套积极的劳动力市场政策构成，通过就业总协调（General Coordination of Employment, CGE），由劳动和社会福利部秘书处实施，就业总协调负责设计、协调、监督和资助该项目，并由各州的国家就业服务机构（National Employment Service, SNE）经办。

② 巴拉圭。立法中无失业项目。第 253 号法律（1971 年）要求下属于劳动、就业和社会保障部的国家就业促进服务部门（National Service for Employment Promotion, SNPP）提供就业培训和置项目。

③ 美国。各州以及波多黎各、美属维尔京群岛、哥伦比亚区根据单独的法律创建自己的项目。

④ 斐济。立法中无失业项目。如果成员辞职、被解雇或裁员，若失业超过六个月，可在任何年龄从其账户中取款。

⑤ 基里巴斯。向公积金缴费的劳动者，若失业三个月后有限的现金提款，可在失业五年以上，允许失业一年情况下的全额现金提款。

⑥ 巴布亚新几内亚。2000 年的《养老金（一般规定）法》向公积金项目、国家公积金项目、国家公积金允许有限的现金提款、或失业一年情况下的全额现金提款。

⑦ 萨摩亚。立法中无失业项目。如果失业五年以上，可在 50 岁时从其账户中取款。

⑧ 所罗门群岛。根据《国家公积金法》，失业的基金成员如果失业不公平解雇或遭到遣散的情况下，可以提取高达 30% 的储蓄，前提是成员在基金中的储蓄超过 10 000 所罗门群岛元。且他/她在被解雇后三个月内没有再就业。在一定条件下，可在之后提取剩余部分。

⑨ 老挝。2016 年实施社会保险。

⑩ 佛得角。2016 年实施失业律贴法。

⑪ 泽西岛。只有因雇主破产而在 2012 年 12 月 1 日及之后停止就业的情况下，才有有限的社会救助。

⑫ 科摩罗。立法中无失业项目。《劳动法》第 48 条（原第 50 条）：解雇费和裁员遣散费由劳工和就业咨询委员会（前最高劳工委员会）磋商后确定，截至 2012 年 10 月，没有通过任何法令。

⑬ 希腊。欧洲社会政策网络（ESPN），2015 年，关于希腊长期失业综合支持的专题报告（布鲁塞尔，欧洲联盟委员会）。

⑭ 摩尔多瓦。劳动、社会保护和家庭部，2015 年，2014 年度社会报告（基希讷乌）。可见 http://msmps.gov.md/sites/default/files/document/attachments/rsa2014en.pdf [2017.06]。

⑮ 摩洛哥。2014 年推行社会保险项目。

⑯ 洪都拉斯。2015 年推行社会保险项目。

⑰ 科威特。2013 年推行社会保险项目。

表 B.7 工伤：主要社会保障项目的关键特征

区域/亚区/国家/地区	项目类型[a]	缴费率[b] 雇员	缴费率[b] 雇主	缴费率[b] 自雇用者	政府筹资	工伤法律覆盖的估计值（在劳动力中的占比，%）强制覆盖	工伤法律覆盖的估计值（在劳动力中的占比，%）自愿覆盖	最近可用年份[c]
非洲								
北非								
阿尔及利亚	社会保险	不缴费	工资总额的1.25%	未覆盖	不缴费	31.8	0.0	2014
埃及	社会保险	不缴费	被覆盖工资总额的3%	未覆盖	不缴费	54.5	0.0	2015
利比亚	社会保险	老年福利津贴（被覆盖收入的3.75%）和疾病医疗福利（被覆盖收入的1.5%）下的整体缴费	老年福利津贴（被覆盖收入的10.5%，外企则为11.25%）和疾病福利津贴（被覆盖工资总额的2.45%）下的整体缴费	老年福利津贴（申报收入的15.675%）和疾病医疗福利（被覆盖收入的3.5%）下的整体缴费	老年福利津贴（被覆盖收入的0.75%加年度补贴）和疾病医疗福利（被覆盖收入的5%）下的整体缴费	80.8	0.0	2015
摩洛哥	雇主责任（包括私人保险）	不缴费	全部费用（支付待遇或保险费）	未覆盖	不缴费	40.4	0.0	2014
苏丹	社会保险	不缴费	每月工资的2%	老年保险下的整体缴费（申报月收入的25%）	不缴费	62.1	0.0	2013
突尼斯	社会保险	不缴费	工资总额的0.4%~4%，视评估风险而定	基于自愿	不缴费	42.0	15.3	2013
撒哈拉以南非洲								
安哥拉	雇主责任	不缴费	全部费用（支付保险费）	基于自愿	不缴费	44.7	0.0	2015

续表

区域/亚区/国家/地区	项目类型[a]	雇员	缴费率[b] 雇主	自雇佣者	政府筹资	工伤法律覆盖的估计值（在劳动力中的占比，%） 强制覆盖	自愿覆盖	最近可用年份[c]
贝宁	社会保险，雇主责任	不缴费	按评估风险计算的工资总额的1%～4%	未覆盖	不缴费	5.2	0.0	2013
博茨瓦纳	雇主责任（通常包括私人保险）	不缴费	全部费用（支付保险费或直接提供福利）	未覆盖	不缴费	43.1	0.0	2013
布基纳法索	社会保险（现金和医疗福利），雇主责任（仅临时现金给付）	不缴费	被覆盖工资总额的3.5%，雇主责任则全部成本	未覆盖	不缴费	5.5	0.0	2013
布隆迪	社会保险	不缴费	被覆盖工资总额的3%	未覆盖	不缴费	4.9	0.0	2013
佛得角	社会保险	不缴费	2%～6%，取决于劳动者的状况；家政工作者统一费率	被覆盖月收入的6%	不缴费	56.6	0.0	2013
喀麦隆	社会保险	不缴费	根据评估的风险，工资总额的1.75%、2.5%或5%	未覆盖	不缴费	12.4	0.0	2013
中非	社会保险	不缴费	被覆盖工资总额的3%	未覆盖	不缴费	13.9	0.0	2013
乍得	社会保险	不缴费	工资总额的4%	未覆盖	补贴项目	4.7	0.0	2013
刚果（布）	社会保险	不缴费	被覆盖工资总额的2.25%	收入的2.25%，基于自愿	不缴费	14.2	0.0	2013

续表

区域/亚区/国家/地区	项目类型[a]	缴费率[b]			政府筹资	工伤法律覆盖的估计值（在劳动力中的占比，%）		最近可用年份[c]
		雇员	雇主	自雇佣者		强制覆盖	自愿覆盖	
刚果（金）	社会保险	不缴费	月收入的1.5%（高风险行业可能更高）	未覆盖	不缴费	26.2	0.0	2013
科特迪瓦	社会保险	不缴费	按评估风险的工资总额的2%~5%	缴费根据评估风险而有所不同基于自愿	不缴费	14.7	46.2	2013
吉布提	社会保险	不缴费（现金给付，被覆盖人的2%（疾病时的医疗福利）	1.2%（现金给付），5%（疾病时的医疗福利）	被覆盖收入的7%（仅疾病时有医疗福利）	不缴费	93.6	0.0	2015
赤道几内亚	社会保险	老年保险下的整体缴费（总收入的4.5%）	老年保险下的整体缴费（工资总额的21.5%）	未覆盖	老年保险下的整体缴费（至少25%的社会保障收入）	67.2	0.0	2015
埃塞俄比亚	社会保险；雇主责任	老年保险下的整体缴费（基本工资的7%）	老年保险下的整体缴费11%[文职]或工资总额25%（军队）],雇主责任全部保险费（支付保险费）	基于自愿	不缴费	17.4	0.0	2013
加蓬	社会保险	不缴费	工资总额的3%	特殊制度	不缴费	80.8	0.0	2015
冈比亚	雇主责任	不缴费	被覆盖工资总额的1%	未覆盖	不缴费	23.4	0.0	2013

续表

区域/亚区/国家/地区	项目类型[a]	缴费率[b] 雇员	缴费率[b] 雇主	缴费率[b] 自雇佣者	缴费率[b] 政府筹资	工伤法律覆盖的估计值（在劳动力中的占比，%）强制覆盖	工伤法律覆盖的估计值（在劳动力中的占比，%）自愿覆盖	最近可用年份[c]
加纳	雇主责任（通常包括私人保险）	不缴费	全部成本（直接提供福利）	未覆盖	不缴费	16.6	0.0	2013
几内亚	社会保险	不缴费	被覆盖工资总额的4%	未覆盖	不缴费	30.8	0.0	2015
肯尼亚	雇主责任（包括公共保险）	不缴费	全部成本（支付保险费或直接提供福利）	未覆盖	不缴费	9.3	0.0	2013
莱索托	社会保险	不缴费	每月总收入的百分比（根据协议条款，行业授权或部长指令可变）	未覆盖	不缴费	…	…	…
利比里亚	社会保险	不缴费	工资总额的1.75%	申报收入的1.75%	不缴费	80.5	0.0	2013
马达加斯加	社会保险	不缴费	被覆盖工资总额的1.25%①	未覆盖	不缴费	10.4	0.0	2015
马拉维	雇主责任（通常包括私人保险）	不缴费	全部成本	未覆盖	不缴费	6.9	0.0	2013
马里	社会保险	不缴费	工资总额的1%~4%，取决于评估风险	总收入的1%~4%，取决于评估风险。基于自愿	不缴费	8.6	57.2	2015
毛里塔尼亚	社会保险	不缴费	被覆盖月工资总额的5.5%（永久残障为3%，医疗保健福利临时残障福利为2.5%）	未覆盖	不缴费	49.1	0.0	2015

续表

区域/亚区/国家/地区	项目类型[a]	缴费率[b]			政府筹资	工伤法律覆盖的估计值（在劳动力中的占比，%）		最近可用年份[c]
		雇员	雇主	自雇佣者		强制覆盖	自愿覆盖	
毛里求斯	社会保险	不缴费	老年保险下的整体缴费（工资总额的6%~10.5%）	未覆盖	不缴费	79.3	0.0	2016
纳米比亚	社会保险	不缴费	全部成本（根据行业分类而有所不同）	未覆盖	不缴费	53.5	0.0	2014
尼日尔	社会保险	不缴费	被覆盖工资总额的1.75%	被覆盖年收入的1.4%	不缴费	90.9	0.0	2013
尼日利亚	社会保险	不缴费	工资总额的1%（根据工资估的风险可能在2年后增加）	筹资机制仍未确定	不缴费	32.8	0.0	2013
卢旺达	社会保险	不缴费	每月工资总额的2%	未覆盖	不缴费	19.0	0.0	2015
圣多美和普林西比	社会保险	老年保险下的整体缴费（总收入的6%）	老年保险下的整体缴费（工资总额的8%）	老年保险下的选择性整体缴费（收入的14%）	根据需要补贴	86.4	0.0	2015
塞内加尔	社会保险	不缴费	被覆盖工资总额的1%、3%或5%，取决于评估的风险	1%、3%或5%，视评估风险而定	不缴费	27.3	34.0	2013
塞舌尔	社会保险	不缴费	不缴费	未覆盖	全部成本由专用所得税支付	80.0	0.0	2015
塞拉利昂	雇主责任（通常包括私人保险）	不缴费	全部成本（支付保险费或直接提供福利）	未覆盖	年度缴费	6.1	0.0	2013

续表

区域/亚区/国家/地区	项目类型[a]	缴费率[b]			工伤法律覆盖的估计值（在劳动力中的占比，%）		最近可用年份[c]
		雇员	雇主	自雇佣者	政府筹资	强制覆盖	自愿覆盖
南非	雇主责任（包括公共保险）	不缴费	全部成本（根据行业情况和事故率支付保险费）	未覆盖	不缴费	63.9	0.0	2015
斯威士兰	雇主责任（包括私人保险）	不缴费	全部成本（支付保险费）	未覆盖	不缴费	62.6	0.0	2013
坦桑尼亚	社会保险	老年保险下的整体缴费（总工资的10%）	工资总额的1%（私营部门）、0.5%（公共部门）	老年保险下的整体缴费（金额根据计划而异）基于自愿	不缴费	8.8	68.0	2013
多哥	社会保险	不缴费	工资总额的2%	申报收入的2%	不缴费	84.2	0.0	2013
乌干达	雇主责任（包括私人保险）	不缴费	全部成本（支付保险费）	未覆盖	不缴费	16.0	0.0	2013
赞比亚	雇主责任（包括公共保险）	不缴费	全部成本（根据保险评估风险而变化）	未覆盖	不缴费	93.4	0.0	2015
津巴布韦	雇主责任	不缴费	全部成本（根据员工月收入支付保险费）	未覆盖	不缴费	21.7	0.0	2014

美洲

拉丁美洲和加勒比地区

区域/亚区/国家/地区	项目类型[a]	雇员	雇主	自雇佣者	政府筹资	强制覆盖	自愿覆盖	最近可用年份[c]
阿根廷	雇主责任	不缴费	全部成本（支付保险费或支付自我保险）	未覆盖	不缴费	69.7	0.0	2014

续表

区域/亚区/国家/地区	项目类型[a]	缴费率[b] 雇员	缴费率[b] 雇主	缴费率[b] 自雇佣者	政府筹资	工伤法律覆盖的估计值（在劳动力中的占比,%） 强制覆盖	工伤法律覆盖的估计值（在劳动力中的占比,%） 自愿覆盖	最近可用年份[c]
巴哈马	社会保险	老年保险下的整体缴费（被覆盖周收入的3.9%）	老年保险下的整体缴费（被覆盖工资总额的5.9%）	被覆盖收入的2%	不缴费	82.6	0.0	2013
巴巴多斯	社会保险	不缴费	工资总额的0.75%	未覆盖	不缴费	65.6	0.0	2013
伯利兹	社会保险	老年保险下的整体缴费（根据8个工资等级而变化的统一费率）	老年保险下的整体缴费（根据8个工资等级而变化的统一费率）	老年保险下的整体缴费（根据8个工资等级而变化的统一费率）	不缴费	88.3	0.0	2015
百慕大	雇主责任（通常包括私人保险）	不缴费	全部成本（支付保险费或直接提供福利）	未覆盖	不缴费	32.2	0.0	2013
玻利维亚	社会保险；强制私人保险	老年保险下的整体缴费（临时伤残收入的1.71%）[①]	疾病保险下的疾病福利和医疗福利为工资总额的10%；老年保险下的整体缴费为被覆盖福利的1.71%[①]	疾病保险下的整体缴费和医疗福利（临时残障和医疗福利）；老年保险（永久残障收入被覆盖的1.71%）[①]	不缴费	33.7	57.9	2014
巴西	社会保险	不缴费	根据评估的风险,工资总额的1%~3%；农村劳动者雇主为工资总额的0.1%	未覆盖	不缴费	62.9	0.0	2015

续表

区域/亚区/国家/地区	项目类型[a]	缴费率[b] 雇员	缴费率[b] 雇主	缴费率[b] 自雇佣者	政府筹资	工伤法律覆盖的估计值（在劳动力中的占比，%） 强制覆盖	工伤法律覆盖的估计值（在劳动力中的占比，%） 自愿覆盖	最近可用年份[c]
英属维尔京群岛	社会保险	不缴费	被覆盖月工资总额的0.5%	申报月收入的0.5%	不缴费	98.4	0.0	2013
智利	社会保险	不缴费	0.95%加上根据被评估的风险，高达3.4%的被覆盖工资总额（高事故率的公司支付被覆盖工资总额的6.8%）	申报收入的0.95%+高达3.4%的申报收入，取决于职业	不缴费	93.8	0.0	2015
哥伦比亚	社会保险和个人账户制度	不缴费	根据评估风险，被覆盖工资总额的0.34%~8.7%	根据评估风险，0.34%~8.7%的申报收入，基于自愿	整体缴费	44.6	46.3	2015
哥斯达黎加	雇主责任（包括公共承保人的强制和自愿保险）	不缴费	全部成本（根据评估的风险而支付的保险费）	未覆盖	不缴费	68.6	0.0	2015
古巴	社会保险（现金）、普惠型（医疗保健）	老年保险下的整体缴费（收入的1%~5%）	老年保险下的整体缴费（公共部门为工资总额12.5%，私营部门为14.5%）	未覆盖	老年保险下的整体缴费（承担全部赤字）	97.3	0.0	2014
多米尼克	雇主责任	不缴费	员工总收入的0.5%	未覆盖	不缴费	60.8	0.0	2013
多米尼加	社会保险	不缴费	全部成本（根据评估风险，平均为工资总额的1.2%）	未覆盖	不缴费	47.8	0.0	2015

续表

区域/亚区/国家/地区	项目类型[a]	缴费率[b]			政府筹资	工伤法律覆盖的估计值(在劳动力中的占比,%)		最近可用年份[c]
		雇员	雇主	自雇佣者		强制覆盖	自愿覆盖	
厄瓜多尔	社会保险	不缴费,自愿缴费者总收入的0.55%	工资总额的0.55%	净申报收入的0.55%	工伤养恤金成本的40%	52.9	43.4	2015
萨尔瓦多	社会保险	疾病保险下的整体缴费(被覆盖收入缴费收入的3%)	疾病保险下的整体缴费(被覆盖工资总额的7.5%)	疾病保险下的整体缴费(申报收入的10.5%)	年度补贴	26.8	0.0	2013
格林纳达	社会保险	不缴费	工资总额的1%	总收入的1%	不缴费	60.7	0.0	2013
危地马拉	社会保险	总收入的1%	工资总额的3%	未覆盖	工资总额的1.5%	58.8	0.0	2015
圭亚那	社会保险	老年保险下的整体缴费(被覆盖收入的5.6%,自愿参保者平均周收入的9.3%)	老年保险下的整体缴费(被覆盖工资月工资总额的8.4%,16岁以下与60岁及以上的人为1.5%)	未覆盖	覆盖承担全部赤字	56.6	0.0	2013
海地	社会保险	不缴费	根据部门,工资总额的2%~6%	未覆盖	不缴费	15.7	0.0	2013
洪都拉斯	雇主责任(包括公共或私人保险)	不缴费	全部成本(支付保险费)	未覆盖(少数类别的自雇佣者被覆盖,需支付保险费)	不缴费	34.5	0.0	2015
牙买加	社会保险	不缴费	老年保险下的整体缴费(被覆盖工资总额的2.5%,家政工人为每周100牙买加元J)	未覆盖	不缴费	52.0	0.0	2013

续表

区域/亚区/国家/地区	项目类型[a]	缴费率[b]				工伤法律覆盖的估计值（在劳动力中的占比，%）		最近可用年份[c]
		雇员	雇主	自雇佣者	政府筹资	强制覆盖	自愿覆盖	
墨西哥	社会保险	不缴费	工资总额的0.5%~15%，取决于评估风险	基于自愿	不缴费	49.3	8.9	2013
尼加拉瓜	社会保险	不缴费	被覆盖工资总额的1.5%（加上被覆盖工资总额的1.5%，用于战争受害者抚恤金）	未覆盖	不缴费	44.9	0.0	2013
巴拿马	雇主责任（包括公共保险）	不缴费	全部成本（根据评估的风险而支付的保险费）	未覆盖	不缴费	64.1	0.0	2014
巴拉圭	社会保险	老年保险下的整体缴费（总收入的9%）	老年保险下的整体缴费（工资总额的14%）	老年保险下的整体缴费（法定最低工资12.5%+0.5%管理费用）基于自愿	老年保险下的整体缴费（总收入的1.5%）	52.8	41.8	2015
秘鲁	社会保险	不缴费	根据所评估的事故风险和所报告工资被覆盖工资总额的0.63%~1.84%	定额缴费，11~39 秘鲁索尔不等	不缴费	48.4	0.0	2015
圣基茨和尼维斯	社会保险	不缴费	被覆盖工资总额的1%	未覆盖	不缴费	80.6	0.0	2013
圣卢西亚	社会保险	老年保险下的整体缴费（被覆盖月收入的5%）	老年保险下的整体缴费（被覆盖月工资总额的5%）	未覆盖	不缴费	49.5	0.0	2013

续表

区域/亚区/国家/地区	项目类型[a]	缴费率[b]			工伤法律覆盖的估计值（在劳动力中的占比，%）		最近可用年份[c]
		雇员	雇主	自雇用者	政府筹资	强制覆盖	自愿覆盖	

区域/亚区/国家/地区	项目类型[a]	雇员	雇主	自雇用者	政府筹资	强制覆盖	自愿覆盖	最近可用年份[c]
圣文森特和格林纳丁斯	社会保险	不缴费	被覆盖工资总额的0.5%	未覆盖	不缴费	59.4	0.0	2013
特立尼达和多巴哥	社会保险	老年保险下的整体缴费（根据16个工资等级划分的每周或每月被覆盖工资收入的4%，自愿参保者为11.4%）	老年保险下的整体缴费（根据16个工资等级，每周或每月被覆盖工资总额的8%）	未覆盖	不缴费	74.3	0.0	2015
乌拉圭	通过公共承保人的强制性保险	不缴费	全部成本（根据评估风险而变化）	未覆盖	不缴费	68.3	0.0	2014
委内瑞拉	社会保险	不缴费	根据评估风险，被覆盖工资总额的0.75%~10%	基于自愿	不缴费	57.9	0.0	2013
北美								
加拿大	社会保险	不缴费	全部成本（根据行业和评估风险而变化；一些省份的大公司可以自行投保）	未覆盖	不缴费	78.8	0.0	2015
美国	雇主责任，社会保险（仅限尘肺病津贴）[①]	在少数州有名义上的缴费	私人保险的全部费用或大部分费用，保费根据评估风险而有所不同（2013年平均为工资总额的1.3%）	未覆盖	不缴费	87.6	0.0	2015

续表

区域/亚区/国家/地区	项目类型[a]	缴费率[b] 雇员	缴费率[b] 雇主	缴费率[b] 自雇佣者	政府筹资	工伤法律覆盖的估计值（在劳动力中的占比，%）强制覆盖	工伤法律覆盖的估计值（在劳动力中的占比，%）自愿覆盖	最近可用年份[c]
阿拉伯国家								
巴林	社会保险	不缴费	雇员每月收入的3%	未覆盖	不缴费	84.6	0.0	2013
约旦	社会保险	不缴费	根据行业风险和职业安全与卫生标准的实施，月工资总额的2%~4%	…	承担全部赤字	44.6	0.0	2013
科威特	雇主责任	不缴费	全部成本	未覆盖	不缴费	95.1	2.6	2013
黎巴嫩	雇主责任（包括私人保险）	不缴费	全部成本	未覆盖	不缴费	47.8	0.0	2013
阿曼	社会保险	不缴费	工资总额的1%	未覆盖	不缴费	40.2	0.0	2013
沙特阿拉伯	社会保险	不缴费	工资总额的2%	未覆盖	承担全部精算赤字	89.9	0.0	2015
叙利亚	社会保险	不缴费	工资总额的3%	未覆盖	不缴费	47.8	0.0	2013
也门	社会保险	不缴费	工资总额的14%	未覆盖	不缴费	37.7	0.0	2013
亚太地区								
东亚								
中国	社会保险；雇主责任	不缴费	按行业风险分类，工资总额的0.2%~1.9%	基于自愿	根据需要补贴	83.7	13.3	2014
中国香港	雇主责任（包括私人保险）	不缴费	全部成本[②]	未覆盖	不缴费	88.0	0.0	2015

续表

区域/亚区/国家/地区	项目类型[a]	缴费率[b]			工伤法律覆盖力中的占比,%)		最近可用年份[c]
		雇员	雇主	自雇佣者	政府筹资	强制覆盖	自愿覆盖	

区域/亚区/国家/地区	项目类型[a]	雇员	雇主	自雇佣者	政府筹资	强制覆盖	自愿覆盖	最近可用年份[c]
日本	社会保险	不缴费	根据业务类型,工资总额的0.25%~8.8%	平均收入的0.3%~5.2%,取决于业务类型	根据需要补贴	85.5	0.0	2015
韩国	社会保险	不缴费	根据评估的风险,年度工资总额的0.7%~34%	0.7%~34%的申报人或工资总额④基于自愿	不缴费	70.6	0.0	2014
蒙古	社会保险	不缴费	根据主要活动和行业的风险分类,工资总额的0.8%、1.8%~2.8%	基于自愿。每月申报收入的1%(缴费收入的范围:每月最低工资和每月最低工资的10倍)	不缴费	61.9	38.1	2015
中国台湾	社会保险	不缴费	现金给付根据风险,平均0.22%(月工资总额)+上下班事故0.92%)+上下班事故0.07% 医疗福利:在疾病和生育津贴之下⑤	现金给付:按评估风险计算的月总收入的0.66%~0.594%;医疗福利:被保险人的4.69%乘以报告收入加被供养人数,最多3个	现金给付:管理成本;根据行业收入的0.044%至0.396% 医疗福利:在疾病和生育保险下⑤	74.1	0.0	2013

东南亚

区域/亚区/国家/地区	项目类型[a]	雇员	雇主	自雇佣者	政府筹资	强制覆盖	自愿覆盖	最近可用年份[c]
文莱	雇主责任	不缴费	直接向雇员提供福利	未覆盖	不缴费	85.3	0.0	2014
柬埔寨	社会保险	不缴费	社会保险为工资总额的0.80%,雇主负任全部成本	未覆盖	根据需要补贴	15.3	0.0	2016

续表

区域/亚区/国家/地区	项目类型ᵃ	缴费率ᵇ				工伤法律覆盖的估计值（在劳动力中的占比,%）		最近可用年份ᶜ
		雇员	雇主	自雇佣者	政府筹资	强制覆盖	自愿覆盖	
印度尼西亚	社会保险	不缴费	每月工资的0.24%至1.74%（根据工作环境风险评估的不同而有所不同）③	月申报收入的1%	不缴费	93.8	0.0	2015
老挝	社会保险	不缴费	每月可保总收入的0.5%	未覆盖	每月可保总收入的0.5%	6.7	0.0	2013
马来西亚	社会保险	不缴费	每月工资总额的1.25%，根据45个工资等级	未覆盖	不缴费	71.6	0.0	2015
缅甸	社会保险	不缴费	被覆盖月工资总额的1~1.5%（根据经营规模和事故率，费率有所不同）	基于自愿	不缴费	38.2	61.0	2015
菲律宾	社会保险	不缴费	月收入不低于14 750菲律宾比索为0.2%，月收入低于14 750菲律宾比索为0.06%	未覆盖	承担全部赤字	55.5	0.0	2015
新加坡	雇主责任（包括私人保险）	不缴费	全部成本（直接提供福利或支付保险费）	未覆盖	不缴费	72.9	0.0	2014
泰国	雇主责任（包括公共保险）	不缴费	按评估风险，年度工资总额的0.2%~1%	未覆盖	不缴费	41.0	0.0	2014

续表

区域/亚区国家/地区	项目类型[a]	缴费率[b]			工伤法律覆盖的估计值（在劳动力中的占比,%）		最近可用年份[c]
		雇员	雇主	自雇佣者	政府筹资	强制覆盖	自愿覆盖	
越南	社会保险，雇主责任（临时残障福利）	不缴费	每月工资总额的0.5%，全部成本（临时残障福利）	未覆盖	不缴费	38.5	0.0	2015
南亚								
孟加拉	雇主责任	不缴费	全部成本	未覆盖	不缴费	12.5	0.0	2013
不丹	雇主责任（包括公共保险）	不缴费	全部成本（直接提供福利或支付保险费）	未覆盖	不缴费	26.3	0.0	2015
印度	社会保险	疾病保险下的整体缴费（工资的1%）	疾病保险下的整体缴费（工资总额的3%）	未覆盖	疾病保险下的整体缴费（医疗福利成本的12%）	7.9	0.0	2013
伊朗	社会保险	老年保险下的整体缴费（收入人的5%，商业司机为收入的9.5%）	老年保险下的整体缴费（工资总额的14%）	老年保险下的整体缴费	老年保险下的整体缴费（受雇、自雇佣和自愿参保人员为收入的2%，商业司机为9.5%）	49.7	0.0	2015
尼泊尔	雇主责任（包括私人保险）	不缴费	全部成本（直接提供福利或支付保险费）	未覆盖	不缴费	3.8	0.0	2013
巴基斯坦	社会保险，雇主责任	不缴费	每月工资总额的6%，雇主责任全部成本	未覆盖	不缴费	28.6	0.0	2013
斯里兰卡	雇主责任	不缴费	根据评估的风险，工资总额的1%~75%（直接提供福利或支付保险费）	未覆盖	医疗福利的全部成本	53.6	0.0	2014

续表

区域/亚区/国家/地区	项目类型[a]	缴费率[b]			工伤法律覆盖的估计值（在劳动力中的占比，%）		最近可用年份[c]
		雇员	雇主	自雇佣者	政府筹资	强制覆盖	自愿覆盖	

区域/亚区/国家/地区	项目类型[a]	雇员	雇主	自雇佣者	政府筹资	强制覆盖	自愿覆盖	最近可用年份[c]
大洋洲								
澳大利亚	雇主责任（包括公共或私人保险）	不缴费	全部成本（保险费根据评估风险而变化）	自我保险的全部成本；基于自愿	不缴费	77.9	16.0	2015
斐济	雇主责任	不缴费	全部成本（直接提供福利）	未覆盖	不缴费	40.1	0.0	2013
基里巴斯	雇主责任（包括私人保险）	不缴费	全部成本	未覆盖	不缴费	32.8	0.0	2013
新西兰	普惠型，雇主责任（包括公共保险）	不缴费	每年设定缴费率	每年设定缴费率	不缴费	100.0	0.0	2016
帕劳	雇主责任	不缴费	全部成本	未覆盖	不缴费	...	...	...
巴布亚新几内亚	雇主责任（包括私人保险）	不缴费	全部成本或直接提供保险费或直接提供福利	未覆盖	不缴费	6.4	0.0	2013
萨摩亚	雇主责任（包括私人保险）	不缴费	工资总额的1%	未覆盖	不缴费	57.9	0.0	2014
所罗门群岛	雇主责任（包括私人保险）	不缴费	全部成本	未覆盖	不缴费	14.5	0.0	2013
欧洲和中亚								
北欧、南欧和西欧								
阿尔巴尼亚	社会保险	不缴费	工资总额的0.3%	未覆盖	不缴费	34.0	0.0	2015
奥地利	社会保险	不缴费	被覆盖工资总额的1.3%	特殊制度	不缴费	94.3	0.0	2015

续表

区域/亚区/国家/地区	项目类型[a]	缴费率[b]			政府筹资	工伤法律覆盖的估计值（在劳动力中的占比，%）		最近可用年份[c]
		雇员	雇主	自雇佣者		强制覆盖	自愿覆盖	
比利时	社会保险	不缴费	工伤参考收入的0.32%+根据业参考收入变化的保险费；职业病参考收入的1%+与石棉有关的疾病的参考收入的0.01%	未覆盖	不缴费	77.6	0.0	2015
克罗地亚	社会保险（临时残障福利），永久性福利包括伤残、残障人和遗属保险中	不缴费（临时残障福利）	被覆盖工资总额的0.5%（临时残障福利）	收入的0.5%（临时残障福利）	不缴费	83.7	0.0	2015
丹麦	直接提供包括私人（意外）或公共承保人保险（医疗福利），普惠型	不缴费	全部成本，在疾病和生育保险下	基于自愿	整体缴费，疾病保险之下	78.5	8.1	2015
爱沙尼亚	社会保险，没有针对工伤的特殊项目	不缴费	疾病保险下的整体缴费（工资总额的13%）	疾病保险下的整体缴费（申报收入的13%）	承担全部赤字（雇主破产的雇员的全部费用）	93.9	0.0	2015
芬兰	雇主责任，强制私人保险	不缴费	根据行业评估风险，年度工资总额的0.1%～7%	按行业评估风险的年度保险费基于自愿	不缴费	77.7	12.9	2015
法国	社会保险	不缴费。自愿参保者按评估风险支付不同的缴费	全部成本（根据评估风险而变化）	特殊制度	不缴费	89.6	0.0	2015

续表

区域/亚区/国家/地区	项目类型[a]	缴费率[b]			政府筹资	工伤法律覆盖的估计值（在劳动力中的占比，%）		最近可用年份[c]
		雇员	雇主	自雇佣者		强制覆盖	自愿覆盖	
德国	社会保险	不缴费	平均1.3%（缴费根据评估风险而异）	未覆盖（少数例外）	农业事故保险补贴为特定群体（学生、日托机构的儿童和指定的志愿活动）的缴费	89.2	0.0	2015
希腊	社会保险	疾病保险下的整体缴费，福利津贴覆盖月收入的0.4%，医疗福利则为2.15%	疾病保险下的整体缴费（福利津贴覆盖月收入的0.25%，医疗福利为4.3%）+工资总额的1%（视报告事故率而定）	未覆盖	保证年度补贴	48.9	0.0	2015
冰岛	社会保险，社会救助	不缴费	老年保险下的整体缴费，工资总额的7.35%	老年保险下的整体缴费（普惠养老金收入的7.35%的部分）	通过一般税收部分筹资	96.3	0.0	2015
爱尔兰	社会保险	老年保险下的整体缴费（根据收入的0%~4%的被覆盖人）	老年保险下的整体缴费，按周收入计算的工资的8.5%~10.75%	未覆盖	承担全部赤字（私营部门雇员），全部成本（公共部门雇员）	75.0	0.0	2015
意大利	社会保险	不缴费	平均8.25%（根据评估的风险，工资总额的0.5%~10.75%）	根据评估风险的可变缴费	不缴费	88.1	0.0	2015
拉脱维亚	社会保险	不缴费	老年保险下的整体缴费（被覆盖收入的23.59%）	未覆盖	国家保证保健服务成本（年度国家预算）	78.8	0.0	2015

续表

区域/亚区/国家/地区	项目类型[a]	缴费率[b]				工伤法律覆盖力中的占比（在劳动力中的占比，%）		最近可用年份[c]
		雇员	雇主	自雇佣者	政府筹资	强制覆盖	自愿覆盖	
列支敦士登	社会保险	不缴费	根据评估风险的可变缴费	根据所需承保范围和评估风险的可变缴费基于自愿	不缴费	…	…	…
立陶宛	社会保险	不缴费	根据四个就业类别，收入的 0.37%～1.8%	未覆盖	不缴费	79.7	0.0	2015
卢森堡	社会保险	不缴费	被覆盖工资总额的 1%	被覆盖收入的 1%	管理成本的 50%	93.1	0.0	2015
马耳他	社会保险	老年保险下的整体缴费（被覆盖工资总额的 10%）	老年保险下的整体缴费（被覆盖工资总额的 10%）	老年保险下的整体缴费，可变金额取决于净收入	缴费总额的 50%	95.0	0.0	2016
摩纳哥	强制私人保险	不缴费	全部成本（根据报告的风险率而支付保险费）[①]	未覆盖	不缴费	…	…	…
荷兰	社会保险，没有针对工伤的特殊项目[①]	疾病、老年、残障和遗属保险下的整体缴费	疾病、老年、残障和遗属保险下的整体缴费	疾病、老年、残障和遗属保险下的整体缴费	疾病、老年、残障和遗属保险下的整体缴费	93.1	0.0	2015
挪威	社会保险（现金给付）、普惠型（医疗福利）和雇主责任（强制私人保险）	不缴费	老年保险下的整体缴费（工资总额的 14.1%），强制私人保险费的全部成本	应税收入的 0.4%基于自愿	承担全部赤字	88.9	6.7	2015

续表

区域/亚区/国家/地区	项目类型[a]	缴费率[b] 雇员	雇主	自雇用者	政府筹资	工伤法律覆盖的估计值（在劳动力中的占比，%） 强制覆盖	自愿覆盖	最近可用年份[c]
葡萄牙	雇主责任（包括私人保险）（工伤），社会保险（职业病）	不缴费（工伤），老年保险下的整体缴费（职业病）	保险费根据评估风险（工伤），老年保险下的整体缴费（工资总额的23.75%）（职业病）	同，老年保险下的整体缴费（参考收入的29.6%，特殊职业者为34.75%）（职业病）	不缴费	87.6	0.0	2015
圣马力诺	社会保险	老年保险下的整体缴费（总收入的5.4%）	老年保险下的整体缴费（工资总额的16.10%）	老年保险下的整体缴费（按就业类别，总收入的14.5%~22%）	老年保险下整体缴费（缴费总额的5%，农业劳动者缴费更高）或承担不超过25%缴费总额的承担全部赤字	90.9	0.0	2015
塞尔维亚	社会保险，没有针对工伤的特殊项目	在老年、残障和遗属保险下提供	在老年、残障和遗属保险下提供	在老年、残障和遗属保险下提供	在老年、残障和遗属保险下提供	82.1	0.0	2015
斯洛文尼亚	社会保险	疾病保险下的整体缴费（临时残障和医疗福利），老年保险下的整体缴费（总收入的15.5%）（永久残障福利）	工资总额的0.53%（临时残障和医疗福利），老年保险下的整体缴费（工资总额的8.85%）（永久残障福利）	疾病保险下的整体缴费（临时残障和医疗福利），老年保险下的整体缴费（评估收入24.35%，某些农民缴费15.5%）（永久残障福利）	因永久伤残福利而造成的承担率下的承担全部赤字	91.0	0.0	2015
西班牙	社会保险	不缴费	1.98%（根据评估工资总额的0.90%~7.15%）	缴费根据所选的保险范围而有所不同，基于自愿	不缴费	64.4	13.5	2015

续表

区域/亚区/国家/地区	项目类型 [a]	缴费率 [b]				工伤法律覆盖的估计值（在劳动力中的占比，%）		最近可用年份 [c]
		雇员	雇主	自雇用者	政府筹资	强制覆盖	自愿覆盖	
瑞典	社会保险	不缴费	工资总额的0.3%	申报收入的0.3%	不缴费	92.6	0.0	2015
瑞士	强制私人保险	不缴费	私人保险费用（保险费根据评估风险而有所不同）	基于自愿	不缴费	81.9	13.6	2015
英国	社会保险；社会救助	老年保险下的整体缴费（周收入的12%）[⑧]	老年保险下的整体缴费（员工收入的13.8%）	未覆盖	老年保险下的整体缴费（家计调查津贴的全部成本，支付财政拨款以弥补承担全部赤字）	80.3	0.0	2015
东欧								
白俄罗斯	社会保险	不缴费	根据职业风险评估，工资总额的0.3%到0.9%	未覆盖	不缴费	96.3	0.0	2015
保加利亚	社会保险	不缴费	根据评估的风险，工资总额的0.4%~1.1%	按评估风险计算的收入的0.4%~1.1%；基于自愿	不缴费	79.9	10.9	2015
捷克	社会保险，雇主责任	不缴费（临时残障福利），老年保险下的整体缴费（被覆盖人的月收入的6.5%）（永久性残障养恤金）	老年、疾病和生育保险下的整体缴费，私人保险费的全部成本（工资总额的0.28%~5.04%，取决于所做活动的评估风险）[⑥]	未覆盖	承担全部赤字	78.5	0.0	2015

· 411 ·

续表

区域/亚区/国家/地区	项目类型[a]	缴费率[b]			政府筹资	工伤法律覆盖的估计值（在劳动力中的占比，%）		最近可用年份[c]
		雇员	雇主	自雇佣者		强制覆盖	自愿覆盖	
匈牙利	社会保险，没有针对工伤的特殊项目	老年保险和疾病保险的整体缴费（被覆盖月收入的17%）	老年保险下的整体缴费（每月工资总额的27%）	老年保险下的整体缴费（申报月收入的37%）	承担全部赤字	93.2	0.0	2015
摩尔多瓦	社会保险（现金给付），普惠型（医疗福利）	不缴费	老年保险下的整体缴费（工资总额的22%~23%，取决于行业）	统一费率缴费（每年6372摩尔多瓦列伊，农业土地所有者则为每年1584摩尔多瓦列伊）基于自愿	不缴费	62.2	32.9	2015
波兰	社会保险	不缴费	根据评估的风险和雇员人数，从工资总额的0.4%~3.6%	申报收入的1.8%	承担用于推广良好公共卫生做法的专门程序的费用	100.0	0.0	2015
罗马尼亚	社会保险	不缴费。自愿参保者支付平均月收入的1%	按评估风险计算的平均月收入总额的0.15%~0.85%	平均月收入的1%基于自愿	补贴	66.2	27.0	2015
俄罗斯	社会保险	不缴费	根据与22类相关的32类职业风险，工资总额的0.2%~8.5%	未覆盖	不缴费	87.6	0.0	2015
斯洛伐克	社会保险	不缴费	被覆盖工资总额的0.8%	未覆盖	承担全部赤字	75.1	0.0	2015

续表

区域/亚区/国家/地区	项目类型[a]	缴费率[b]				工伤法律覆盖的估计值（在劳动力中的占比，%）		最近可用年份[c]
		雇员	雇主	自雇佣者	政府筹资	强制覆盖	自愿覆盖	
乌克兰	社会保险（现金给付），普惠型（医疗福利）	不缴费	老年保险下的整体缴费（工资总额的22%）	老年保险下的整体缴费（月最低工资的22%）	不缴费（现金给付），疾病保险下的全部成本（医疗福利）	76.4	0.0	2015
中亚和西亚								
亚美尼亚	社会保险	个人所得税的一部分	不缴费	未覆盖	根据需要补贴	46.7	0.0	2015
阿塞拜疆	雇主责任（包括私人保险）	不缴费	全部成本（私人保险费率根据行业风险而有所不同）	全部成本（费率根据评估行业风险而变化）基于自愿	丧葬补助的全部成本	30.6	64.5	2015
塞浦路斯	社会保险	老年保险下的整体缴费（被覆盖收入的7.8%）	老年保险下的整体缴费（被覆盖工资总额的7.8%）	未覆盖	老年保险下的整体缴费（被覆盖工资总额的4.6%）	72.4	0.0	2015
格鲁吉亚	雇主责任	不缴费	全部成本	未覆盖	不缴费	37.2	0.0	2015
以色列	社会保险	不缴费	全国平均工资60%以上的收入的0.37%～1.96%	高于全国平均工资60%的收入的0.39%～0.68%	工资总额或收入的0.03%（受雇和自雇佣者）提供雇佣费总额45.1%的综合补贴	90.0	0.0	2015
哈萨克斯坦	雇主责任（包括私人保险），社会救助	不缴费	保险费的全部成本（工资总额的0.04%～9.9%）或直接提供福利	未覆盖	永久残障和遗属福利的成本	69.4	0.0	2015

续表

区域/亚区/国家/地区	项目类型[a]	缴费率[b] 雇员	缴费率[b] 雇主	缴费率[b] 自雇用者	政府筹资	工伤法律覆盖的估计值（在劳动力中的占比,%）强制覆盖	工伤法律覆盖的估计值（在劳动力中的占比,%）自愿覆盖	最近可用年份[c]
吉尔吉斯斯坦	社会保险（现金给付），普惠型（医疗福利）	老年福利津贴下的整体缴费（收入的10%），医疗福利不缴费	老年保险下的整体缴费（工资总额的15.25%）（现金给付）和疾病保险下的整体缴费（工资总额的2%用于医疗福利）	未覆盖（现金给付），医疗福利不缴费	全部费用（永久伤残福利），剩余费用（医疗福利）	51.4	0.0	2015
土耳其	社会保险	不缴费（现金给付），月收入的5%（医疗福利）	疾病保险下的整体缴费（月工资总额的2%），月工资总额的7.5%（医疗福利）	疾病保险下的整体缴费（申报收入的2%）（现金津贴），申报收入的12.5%（医疗福利）	技工学校学徒和学生缴费的成本	60.3	0.0	2015
土库曼斯坦	社会保险（现金给付），普惠型（医疗福利）	不缴费	现金给付：老年保险下的整体缴费（工资总额的20%+危险职业为3.5%）医疗福利：不缴费	未覆盖（现金给付），不缴费（医疗福利）	根据需要补贴（现金给付），全部成本（医疗福利）	52.6	0.0	2013
乌兹别克斯坦	社会保险（现金给付），普惠型（医疗福利）	不缴费	老年保险下的整体缴费（工资总额的25%，小型和微型企业为15%）	未覆盖	补贴（现金给付），全部成本（医疗福利）	68.1	0.0	2015

来源：

主要来源：

国际社会保障协会（ISSA）；美国社会保障总署（SSA），不同日期，全球社会保障项目（日内瓦和华盛顿特区）。可见http://www.ssa.gov/policy/docs/progdesc/ssptw/[2017.5.27]。

附件四 统计表

其他来源：

ILO（国际劳工局）：劳工和社会权利国家立法数据库（NATLEX）。可见 http://www.ilo.org/dyn/natlex/natlex_browse.home [2017.5.27].

一、ILOSTAT. 可见 http://www.ilo.org/ilostat/.

国家统计局. 来自国家劳动力调查或其他家庭或机构调查的数据集和报告。

注释：

n.a. 表示不适用。

... 表示不可用。

a 关于项目类型的定义可在本表的电子版（http://www.social-protection.org/gimi/gess/RessourceDownload.action?ressource.ressourceId=54604）和主要术语表（附件一）中查阅。

b 缴费率包括现金给付和医疗福利，除非另有说明。如果有一个以上的费率，或为报告的平均缴纳费率，或为可能的费率范围。

c 国家劳动力调查或其他家庭或机构调查的数据集和报告。最新可用年份或为国际劳工组织2015年的模拟估计。

① 马达加斯加。雇主缴费根据劳动者的类型而有所不同：有薪零散农业劳动者为1%，全职家政劳动者和烟农地的年收入的1.5%，烟农为每公顷劳动力收入的1%。

② 中国香港。按季度缴费。合作社成员和期农依按年缴费。最低总保额为1亿港币，对于有不超过200名雇员的雇主，对于有200名以上雇员的雇主，合作社成员为每月385阿里亚里的固定缴费，合作社成员为被覆盖年收入的1%，烟农为每公顷劳动力收入的1%。

③ 印度尼西亚。雇主缴费根据五个风险类别而有所不同：月工资总额的0.24%（一类）、0.54%（二类）、0.89%（三类）、1.27%（四类）、1.74%（五类）。定义工作环境五个风险级组别，至少每两年评估一次。

④ 韩国。对某些自雇佣人士为自愿参保。自雇佣家政人员被排除在外。

⑤ 中国台湾。医疗福利。雇主缴费：针对挣取收入者的缴费基于被保险人每月报告收入的4.69%。根据6个劳动者类别和52个工资等级，依据相应类别分别乘以35%、60%或70%。所得结果乘以1与平均被供养人数（自2007年1月以来为0.7）之和。政府缴费：针对挣取收入者的缴费基于被保险人每月报告收入的4.69%。根据6个劳动者类别和52个工资等级，依据相应类别乘以0~70%。所得结果×（1+平均被供养人数）（自2007年1月以来为0.7）之和。非挣取收入者的缴费基于某些类别的月平均保费，根据相应类别，分别乘以40%、70%或100%。所得结果乘以1与被供养人数之和。

⑥ 捷克。雇主缴费、老年保险金和遗属保险（月工资总额的21.5%）为临时残障养恤金提供资金，疾病和生育保险（工资总额的2.3%）为永久残障养恤金提供资金。

⑦ 摩纳哥。雇员缴费，占保费24%的额外缴费支付给补充性赔偿基金。

⑧ 英国。雇员缴费、医疗福利。被保险人在老年、残障和遗属保险下进行整体缴费。缴费率为：周收入155英镑到827英镑的12%（某些已婚女性和寡妇为5.85%），加上周收入超过827英镑之部分的2%。

⑨ 玻利维亚。雇主和自雇佣者缴费的20%也为因结石老金提供资金。

⑩ 美国。社会保险待遇给付。雇主在1973年以后缴费的由雇佣人群体的人支付尘肺病津贴的全部费用，1974年之前进入劳动力的由政府支付全部费用。

⑪ 荷兰。没有特定的工伤项目。与疾病和生育保险的人支付福利及残障养恤金项目（社会保险类型）相关的1966年和1968年的立法规定适用于所有伤残者，无论伤残是否与工作相关。这些制度在此被归为社会保险。

表 B.8 残障福利：主要社会保障项目的关键特征和社会保护的有效覆盖（有关重度残障人士的可持续发展目标指标 1.3.1）

区域/亚区/国家/地区	缴费型制度			非缴费型制度		立法中无相关项目	有效覆盖（%）b	最近可用年份
	社会保险	公积金a	强制职业年金 / 强制个人账户	普惠型（非家计调查式）	社会救助（家计调查式）			
非洲								
北非								
阿尔及利亚	●						3.6	2015
埃及	●						…	…
利比亚	●						…	…
摩洛哥	●						…	…
苏丹	●						…	…
突尼斯	●						5.1	2015
撒哈拉以南非洲								
安哥拉	●						…	…
贝宁	●						…	…
博兹瓦纳①				●			…	…
布基纳法索	●						0.1	2015
布隆迪	●						…	…
佛得角	●				●		…	…
喀麦隆	●						0.1	2015
中非	●						…	…
乍得	●						…	…
刚果（布）	●						…	…

续表

区域/亚区/国家/地区	缴费型制度				非缴费型制度		立法中无相关项目	有效覆盖(%)ᵇ	最近可用年份
	社会保险	公积金ᵃ	强制职业年金	强制个人账户	普惠型(非家计调查式)	社会救助(家计调查式)			
刚果(金)	●							…	…
科特迪瓦	●							…	…
吉布提	●						●	…	…
赤道几内亚	●							…	…
埃塞俄比亚	●							…	…
加蓬	●							…	…
冈比亚	●	●						…	…
加纳	●		●②					…	…
几内亚								…	…
几内亚比绍							●	…	…
肯尼亚				●			●	…	…
莱索托	●					●	●	…	…
利比里亚	●							…	…
马达加斯加	●							…	…
马拉维	●				●			…	…
马里	●							0.6	2015
毛里塔尼亚	●							…	…
毛里求斯	●							…	…
莫桑比克	●					●		0.1	2015

续表

区域/亚区/国家/地区	缴费型制度				非缴费型制度		立法中无相关项目	有效覆盖(%)[b]	最近可用年份
	社会保险	公积金[a]	强制职业年金	强制个人账户	普惠型(非家计调查式)	社会救助(家计调查式)			
纳米比亚	●							…	…
尼日尔	●							…	…
尼日利亚				●③				…	…
卢旺达	●							…	…
圣多美和普林西比	●							…	…
塞内加尔	●				●			…	…
塞舌尔	●							…	…
塞拉利昂	●							64.3	2015
南非						●		…	…
斯威士兰		●						…	…
坦桑尼亚	●							…	…
多哥		●						…	…
乌干达		●						…	…
赞比亚	●							…	…
津巴布韦④	●							…	…
美洲									
拉丁美洲和加勒比地区									
安圭拉	●							32.1	2015
安提瓜和巴布达	●							11.1	2015

续表

区域/亚区/国家/地区	缴费型制度				非缴费型制度		立法中无相关项目	有效覆盖(%)ᵇ	最近可用年份
	社会保险	公积金ª	强制职业年金	强制个人账户	普惠型(非家计调查式)	社会救助(家计调查式)			
阿根廷	●					●		…	…
巴哈马	●					●		…	…
巴巴多斯	●					●		…	…
伯利兹	●							…	…
百慕大	●		●					33.4	2015
玻利维亚	●			●⑤	●			2.1	2015
巴西	●					●		100.0	2015
英属维尔京群岛	●							…	…
智利	●			●⑥		●		100.0	2015
哥伦比亚	●			●⑦		●⑧		6.0	2015
哥斯达黎加	●					●		…	…
古巴	●							…	…
多米尼克	●					●		…	…
多米尼加	●			●⑨				34.5	2015
厄瓜多尔	●			●⑩				…	…
萨尔瓦多	●							…	…
法属圭亚那								…	…
格林纳达	●							…	…
瓜德罗普							●	…	…

续表

区域/亚区/国家/地区	缴费型制度			非缴费型制度		立法中无相关项目	有效覆盖(%)[b]	最近可用年份
	社会保险	公积金[a] 强制职业年金	强制个人账户	普惠型(非家计调查式)	社会救助(家计调查式)			
危地马拉	●						2.3	2015
圭亚那	●						…	…
海地	●						…	…
洪都拉斯	●						15.4	2015
牙买加	●				●		9.0	2015
马提尼克	●					●	…	…
墨西哥	●		●⑪				…	…
尼加拉瓜	●						…	…
巴拿马	●		●⑫				…	…
巴拉圭	●						21.6	2015
秘鲁	●		●⑬		●		3.9	2015
波多黎各	●					●	…	…
圣基茨和尼维斯	●				●		…	…
圣卢西亚	●						…	…
圣文森特和格林纳丁斯	●		●⑭		●		…	…
特立尼达和多巴哥	●				●		…	…
乌拉圭	●						…	…
委内瑞拉	●						28.3	2015

续表

区域/亚区/国家/地区	缴费型制度				非缴费型制度		立法中无相关项目	有效覆盖(%)[b]	最近可用年份
	社会保险	公积金[a]	强制职业年金	强制个人账户	普惠型(非家计调查式)	社会救助(家计调查式)			
北美									
加拿大	●							67.2	2015
美国	●					●		100.0	2015
阿拉伯国家									
巴林	●							…	…
伊拉克	●					●		…	…
约旦	●							…	…
科威特	●							…	…
黎巴嫩	●[⑮]							…	…
阿曼	●							…	…
卡塔尔	●							6.5	2015
沙特阿拉伯	●							…	…
叙利亚	●							…	…
也门	●							…	…
亚太地区									
东亚									
中国	●							…	…
中国香港	●		●[⑯]		●	●		…	…
日本	●							55.7	2015

续表

区域/亚区/国家/地区	缴费型制度				非缴费型制度		立法中无相关项目	有效覆盖(%)b	最近可用年份
	社会保险	公积金a	强制职业年金	强制个人账户	普惠型(非家计调查式)	社会救助(家计调查式)			
韩国	●							5.8	2015
蒙古	●					●		100.0	2015
中国台湾	●					●		…	…
东南亚									
文莱		●			●			…	…
柬埔寨	●㉓							0.7	2015
印度尼西亚	●	●						…	…
老挝	●							…	…
马来西亚	●	●						0.4	2015
缅甸	●							3.1	2015
菲律宾	●							…	…
新加坡		●						35.7	2015
泰国⑰	●				●			21.3	2015
东帝汶	●					●		9.7	2015
越南						●		18.5	2015
南亚									
孟加拉						●		…	…
不丹		●						…	…
印度⑱	●	●				●		5.4	2015

续表

区域/亚区/国家/地区	缴费型制度				非缴费型制度		立法中无相关项目	有效覆盖(%)b	最近可用年份
	社会保险	公积金a	强制职业年金	强制个人账户	普惠型(非家计调查式)	社会救助(家计调查式)			
伊朗	●							…	…
马尔代夫							●	…	…
尼泊尔		●			⑲●			…	…
巴基斯坦	●							…	…
斯里兰卡⑳		●						20.8	2015
大洋洲									
澳大利亚			㉒●		㉑●			100.0	2015
斐济		●						…	…
基里巴斯	●							…	…
马绍尔群岛	●							…	…
密克罗尼西亚	●							…	…
新西兰						●		80.3	2015
帕劳								…	…
巴布亚新几内亚			㉓●					…	…
萨摩亚		●						…	…
所罗门群岛		●						…	…
汤加							●	…	…
图瓦卢							●	…	…
瓦努阿图		●						…	…

续表

区域/亚区/国家/地区	缴费型制度				非缴费型制度		立法中无相关项目	有效覆盖(%)b	最近可用年份
	社会保险	公积金a	强制职业年金	强制个人账户	普惠型(非家计调查式)	社会救助(家计调查式)			
欧洲和中亚									
北欧、南欧和西欧									
阿尔巴尼亚	●							…	…
安道尔	●					●		…	…
奥地利	●							93.3	2015
比利时	●							100.0	2015
波黑							●	…	…
克罗地亚	●			●				100.0	2015
丹麦	●					●		100.0	2015
爱沙尼亚	●							100.0	2015
芬兰	●		●					100.0	2015
法国	●					●		100.0	2015
德国	●							73.6	2015
希腊	●							…	…
根西岛	●				●㉕	●		100.0	2015
冰岛	●							100.0	2015
爱尔兰	●				●	●		…	…
马恩岛	●							…	…
意大利	●㉖							100.0	2015

附件四 统计表

续表

区域/亚区/国家/地区	缴费型制度				非缴费型制度		立法中无相关项目	有效覆盖(%)[b]	最近可用年份
	社会保险	公积金[a]	强制职业年金	强制个人账户	普惠型(非家计调查式)	社会救助(家计调查式)			
泽西岛	●							...	...
科索沃	●						●	...	...
拉脱维亚	●							100.0	2015
列支敦士登	●		●					...	...
立陶宛	●				●			100.0	2015
卢森堡	●							100.0	2015
北马其顿	●							...	...
马耳他	●				●			59.8	2015
摩纳哥	●							...	...
黑山	●					●		...	...
荷兰	●				●[㉗]			100.0	2015
挪威	●							100.0	2015
葡萄牙	●					●		89.2	2015
圣马力诺	●			●[㉘]				...	...
塞尔维亚	●					●		...	...
斯洛文尼亚	●							100.0	2015
西班牙	●							83.5	2015
瑞典	●							100.0	2015
瑞士	●		●					100.0	2015

续表

区域/亚区/国家/地区	缴费型制度				非缴费型制度		立法中无相关项目	有效覆盖(%)b	最近可用年份
	社会保险	公积金a	强制职业年金	强制个人账户	普惠型(非家计调查式)	社会救助(家计调查式)			
英国	●					●		100.0	2015
东欧									
白俄罗斯	●				●㉙			…	…
保加利亚	●				●			100.0	2015
捷克	●				●㉚			100.0	2015
匈牙利	●							100.0	2015
摩尔多瓦	●				●			…	…
波兰	●			●㉜	●㉛			100.0	2015
罗马尼亚	●				●			100.0	2015
俄罗斯	●							100.0	2015
斯洛伐克	●							100.0	2015
乌克兰	●					●		…	…
中亚和西亚									
亚美尼亚	●					●		100.0	2015
阿塞拜疆	●							100.0	2015
塞浦路斯	●							26.5	2015
格鲁吉亚					●			100.0	2015
以色列	●				●			90.4	2015
哈萨克斯坦	●					●		100.0	2015

续表

区域/亚区/国家/地区	缴费型制度				非缴费型制度		立法中无相关项目	有效覆盖(%)[b]	最近可用年份
	社会保险	公积金[a]	强制职业年金	强制个人账户	普惠型(非家计调查式)	社会救助(家计调查式)			
吉尔吉斯斯坦	●	●						75.9	2015
塔吉克斯坦	●					●		...	...
土耳其	●					●		5.0	2015
土库曼斯坦	●					●		...	...
乌兹别克斯坦	●					●		...	...

来源：

主要来源：

国际社保障协会（ISSA）；美国社会保障总署（SSA），不同日期，全球社会保障项目（日内瓦和华盛顿特区）。参见：http://www.ssa.gov/policy/docs/progdesc/ssptw/ [2017.06.22]。

ILO（国际劳工局）. 世界社会保护数据库，基于社会保障调查（SSI）。可见 http://www.social-protection.org/gimi/gess/RessourceDownload.action?ressource.ressourceId=54782 [2017.06]。

其他来源：

欧盟委员会. 社会保护交互信息系统（MISSOC）. 比较表数据库. 可见 http://www.missoc.org/MISSOC/MISSOCII/MISSOCII/index.htm [2017.6.22]。

注释：

n.a. 表示不适用。

... 表示不可用。

[a] 公积金：除另有说明外，福利为一次性给付。

[b] 对重度残障人士的有效覆盖。详细统计方法见附件二。

① 博兹瓦纳。每月给向所有贫困居民提供90博兹瓦纳普拉的现金给付和价值450~750博兹瓦纳普拉的月菜篮子，包括那些因年老、残障或慢性病而难以自立者。

② 加纳。一次性支付缴费总额的现值加利息。

③ 尼日利亚。养恤金是基于参保人参保基金所计算出的年金或月金，按季度付款。在退休时，参保人可以选择根据预期寿命所计算出的年金或月金，按季度付款。如果余额

④ 津巴布韦。此外，根据 1998 年的《社会福利救助法案》，社会福利部门向无劳动能力的贫困人口、65 岁及以上的老年人或被评估有残障的人士提供有限的公共救助。

⑤ 玻利维亚。每月的养恤金以参保人之前的收入为基础的。保险公司每月向参保者支付参保者的个人账户支付参保者过去五年平均收入 10% 的缴费，直至退休或死亡。如果被评估为残障的参保者不满足残障养恤金的缴费要求（如果适用）下的累积权益未购买基于参保者之前收入（有法定的最低退休金）的临时年金。

⑥ 智利。每月的养恤金是参保者之前收入的一定百分比。养恤金由个人账户提供资金（如果个人账户余额少于为永久残障养恤金提供资金所要求的最低限额，则残障保险公司补足个人账户累积的资金）。如果参保人的账户余额不足以支付最低养恤金，则提供保障的最低残障养恤金（A guaranteed minimum disability pension）或残障社会保障补足福利（APS Invalidez）。

⑦ 哥伦比亚。每月津贴是参保人先前月收入的一定百分比。如果参保人不符合个人账户残障养恤金的缴费要求，则支付一笔一次性付款。如果缴费低于规定的门槛水平，通过家庭津贴项目支付给的个人账户待遇给付（Beneficios Ec ó nomicos Peri ó dicos-BEPS）。

⑧ 哥斯达黎加。每月津贴是参保人者可以获得家计调查式的个人账户待遇给付（Benefícios Ec ó nomicos Peri ó dicos-BEPS）。

⑨ 多米尼加。残障养恤金是参保者先前收入的一定百分比，由残障保险提供资金，直至其退休或老金停止。残障养恤金在达到正常可领取养老金年龄时，此时参保人可以通过个人账户余额购买的最低养恤金，则支付有保障的最低残障养恤金。

⑩ 萨尔瓦多。每月养恤金是参保者先前收入的一定百分比。如果个人账户余额不足以支付法律规定的社会保险制度下领取福利待遇，则支付的月养恤金是参保人的一定百分比。

⑪ 墨西哥。1997 年 7 月 1 日前参保的人可以选择在强制个人账户或之前的社会保险制度规定的最低残障养恤金。

⑫ 巴拿马。参保者的账户余额除以一个与预期寿命相关的精算值，按计划提款支付。如果社会保险和个人账户残障养恤金相加低于参保者在旧的社会保险制度下所应享受的福利待遇，则由集体保险支付差额。

⑬ 秘鲁。当公共部门和私营部门雇员进入劳动力市场时，他们可以在个人账户制度（SPP）和公共社会保险体系（SNP）之间进行选择。未做出选择的参保者成为个人账户体系成员。公共社会保险体系的成员可以转到个人账户制度，但不能转回来。个人账户系统提供的养恤金是参保者之前收入的一定百分比。如果个人账户余额不足以支付法律规定的社会保险制度下领取永久残障养恤金，则残障保险支付差额。

⑭ 乌拉圭。养恤金是参保者之前收入的一定百分比。个人账户余额转为支付养恤金的保险公司。

⑮ 黎巴嫩。福利是一次性给付的。

⑯ 中国香港。强制性职业年金是一项公积金。香港的强制公积金是私营的强制性职业基金，不应当与其他国家和地区公共运营的国家和地区公积金相混淆。

⑰ 泰国。此外，还通过国家储蓄基金提供一次性残障福利。这是一项针对在非正规经济部门工作的自雇用者的自愿性制度。

⑱ 印度。此外，雇主支付强制养恤金制度下的一次性给付。

⑲ 尼泊尔。养恤金支付给 16 岁及以上的且被评估为失明或手脚机能丧失的人。

㉑ 斯里兰卡。此外，受雇于公共和私营部门的人员，包括学徒和非正式工、临时工、合同工和计件工人，可通过强制信托基金获得一笔补充性的一次性残障津贴。
㉒ 澳大利亚。除非受益者是盲人，否则残障支持养恤金（Disability Support Pension）需要经过富裕程度调查（affluence-tested）。
㉓ 澳大利亚。残障养恤金、强制性职业（退休金）残障津贴是一次性给付的，另一种选择则是从退休金账户中领取养恤金。
㉔ 巴布亚新几内亚。该养恤金是基于覆盖的一般残障社会保险养恤金和强制性个人账户余额价值的总和。
㉕ 冰岛。待遇给付需经富裕程度调查。
㉖ 意大利。支付给名义账户制（NDC）养恤金。此外，有至少五年缴费，且申领待遇时的最近五年内有至少三年在缴费的人，可以领取家计调查型的残障津贴。
㉗ 荷兰。向在18岁之前因残障或疾病被评定为不能工作的人（如果在残障发生前的一年至少有六个月为学生，年龄限制则为30岁），支付非缴费型残障津贴。
㉘ 圣马力诺。此津贴是作为基于个人账户余额的年金支付的。
㉙ 白俄罗斯。残障社会保险养恤金支付给非工作公民，这些公民没有资格领取残障社会保险养恤金，他们从儿童起就残障，或未满18岁目残障。
㉚ 捷克。青年残障社会保险养恤金支付给未满18岁就失能的人。
㉛ 波兰。残障社会保险养恤金支付给18岁及以上的人，这些人被评定为在18岁之前或作为全日制学生时的时候就完全丧失工作能力。
㉜ 罗马尼亚。个人账户津贴是基于累积的终生资本价值的月养恤金低于规定的月最低额，可以进行一次性待遇给付或支付最长不超过五年的月养恤金。
㉝ 柬埔寨。只有公务员领取养恤金。针对私营部门劳动者的制度完全由国家预算提供资金。该制度尚未实施。

表 B.9 老年养老金：主要社会保障项目的关键特征

区域/亚区/国家/地区	首部法律引入年份	项目类型[a]	可领取养老金的年龄[a]（岁）		缴费率：老年、残障、遗属[a]（%，本国货币）	
			男性	女性[②]	被保险人	雇主
非洲						
北非						
阿尔及利亚	1949	社会保险	60	55	7.0	10.3
	…	经家计调查的非缴费型养老金	60	60	不缴费	不缴费
埃及	1950	社会保险	60	60	10.0+3.0（一次性待遇给付）	15.0+3.0（一次性待遇给付）
	1980	经养老金调查的非缴费型养老金（社会救助）	65	65	不缴费	不缴费
利比亚	1957	社会保险	65	60	3.8	10.5
摩洛哥	1959	社会保险	60	60	4.0	7.9
苏丹	1974	社会保险	60	60	8.0	17.0
突尼斯	1960	社会保险	60	60	4.7	7.8
撒哈拉以南非洲						
安哥拉	1990	社会保险	60	60	3.0	8.0
贝宁	1970	社会保险	60	60	3.6（自愿参保则为10.0）	6.4
博茨瓦纳	1996	普惠型非缴费养老金	65	65	不缴费	不缴费
布基纳法索	1960	社会保险	56~63（取决于职业）	56~63（取决于职业）	5.5	5.5
布隆迪	1956	社会保险	60	60	4.0	6.0
佛得角	1957	社会保险	60	60	3.0（+1.0作为管理费）	7.0（+1.0作为管理费）

缴费：老年、残障、遗属[a]		老年法律覆盖的估计值[a]（占劳动年龄人口的百分比）							
		共计*		强制缴费型		自愿缴费型		非缴费型	
自雇者	政府筹资	共计	女性	共计	女性	共计	女性	共计	女性
特殊制度	补贴最低养老金	100.0	100.0	37.9	13.2	0.0	0.0	100.0	100.0
不缴费	全部费用								
n.a.	被覆盖月工资总额的1.0%加全部赤字	100.0	100.0	29.3	10.0	0.0	0.0	70.7	90.0
不缴费	全部费用								
15.7%	被覆盖收入的0.75%，年度补贴	41.8	20.1	41.8	20.1	0.0	0.0	0.0	0.0
n.a.	不缴费	29.7	10.2	29.7	10.2	…	…	0.0	0.0
25.0%	不缴费	42.2	19.9	42.2	19.9	0.0	0.0	0.0	0.0
特殊制度	在低收入经济地区提供补贴，鼓励青年毕业生、残障人士和其他类别的劳动者就业	43.3	21.1	43.3	21.1	…	…	0.0	0.0
11.0%（8.0%则领取部分待遇给付）	不缴费	60.0	50.5	60.0	50.5	0.0	0.0	0.0	0.0
n.a.	不缴费	7.0	3.6	7.0	3.6	…	…	0.0	0.0
不缴费	全部费用	100.0	100.0	0.0	0.0	0.0	0.0	100.0	100.0
11.0%	不缴费	41.8	19.7	5.9	3.1	35.8	16.6	0.0	0.0
n.a.	不缴费	4.6	2.6	4.6	2.6	…	…	0.0	0.0
10.0%（+1.5%作为管理费）	不缴费	100.0	100.0	62.7	46.0	0.0	0.0	37.3	53.9

区域/亚区/国家/地区	首部法律引入年份	项目类型[a]	可领取养老金的年龄[a]（岁）		缴费率：老年、残障、遗属[a]（%，本国货币）	
			男性	女性[②]	被保险人	雇主
佛得角	2006	经养老金调查的非缴费型养老金	60	60	不缴费	不缴费
喀麦隆	1969	社会保险	60	60	2.8	4.2
中非	1963	社会保险	60	60	3.0	4.0
乍得	1977	社会保险	60	60	3.5	5.0
刚果（布）	1962	社会保险	57~65（取决于职业）	57~65（取决于职业）	4.0	8.0
刚果（金）	1956	社会保险	65	60	3.5	3.5
科特迪瓦	1960	社会保险	60	60	6.3	7.7
吉布提	1976	社会保险	60	60	4.0	4.0
赤道几内亚	1947	社会保险	60	60	4.5	21.5
埃塞俄比亚	1963	社会保险	60	60	7.0	11.0
加蓬	1963	社会保险	55	55	2.5（合同工为2.0）	5.0
冈比亚	1978	社会保险	60	60	不缴费	15.0
	1981	公积金	60	60	5.0	10.0
加纳	1972	社会保险和强制性职业养老金（一次性待遇给付）	60	60	5.5	13.0
几内亚	1958	社会保险	55~65（取决于职业）	55~65（取决于职业）	2.5	10.0
几内亚比绍	…	…	…	…	…	…
肯尼亚	1965	强制性个人账户（养老基金）和自愿性公积金[③]	60	60	6.0	6.0
	2006	经家计调查的非缴费型养老金	65	65	不缴费	不缴费
	2008	经家计调查的非缴费型养老金（饥饿安全网项目-试点）[c]	55	55	不缴费	不缴费

续表

缴费：老年、残障、遗属 [a]		老年法律覆盖的估计值 [a]（占劳动年龄人口的百分比）							
自雇者	政府筹资	共计*		强制缴费型		自愿缴费型		非缴费型	
		共计	女性	共计	女性	共计	女性	共计	女性
n.a.	全部费用	100.0	100.0	62.7	46.0	0.0	0.0	37.3	53.9
n.a.	不缴费	17.4	9.4	17.4	9.4	0.0	0.0	0.0	0.0
基于自愿	不缴费	76.3	71.2	21.8	10.0	54.5	61.2	0.0	0.0
n.a.	不缴费	5.6	1.0	5.6	1.0	0.0	0.0	0.0	0.0
12.0%	若需要，提供年度补贴	17.2	6.1	17.2	6.1	…	…	0.0	0.0
n.a.	有最高限额的年度补贴	28.2	14.0	28.2	14.0	0.0	0.0	0.0	0.0
n.a.	不缴费	14.0	5.2	14.0	5.2	0.0	0.0	0.0	0.0
n.a.	不缴费	31.9	12.6	31.9	12.6	0.0	0.0	0.0	0.0
n.a.	至少25的社会保障年收入	57.9	51.3	57.9	51.3	0.0	0.0	0.0	0.0
18.0	不缴费	57.5	45.8	31.2	24.4	26.3	21.3	0.0	0.0
特殊制度	不缴费	41.9	33.3	41.9	33.3	0.0	0.0	0.0	0.0
n.a.	不缴费	10.7	8.4	10.7	8.4	…	…	0.0	0.0
基于自愿	不缴费								
11.0%（社会保险），5.0%（强制职业养老金）基于自愿	不缴费	68.1	58.0	13.0	7.4	48.7	50.6	0.0	0.0
n.a.	不缴费	26.8	20.5	26.8	20.5	0.0	0.0	0.0	0.0
…	…	…	…	…	…	…	…	…	…
每月200先令或每年4 800先令	不缴费								
不缴费	全部费用	100.0	100.0	67.1	62.1	0.0	0.0	32.9	37.9
不缴费	全部费用								

区域/亚区/国家/地区	首部法律引入年份	项目类型[a]	可领取养老金的年龄[a]（岁）		缴费率：老年、残障、遗属[a]（%，本国货币）	
			男性	女性[②]	被保险人	雇主
莱索托	2004	普惠型非缴费养老金	70	70	不缴费	不缴费
利比里亚	1975	社会保险	60~65	60~65	3.0	3.0
	1975	经家计调查和养老金调查的非缴费型养老金（社会救助）	60~65	60~65	n.a.	n.a.
马达加斯加	1969	社会保险	60（商船海员55）	60（商船海员55）	1.0（家务工作者定额缴费）	9.5（家务工作者定额缴费）
马拉维[④]	2011	强制性个人账户（尚未实施）	…	…	…	…
马里	1961	社会保险	58	58	3.6	5.4
毛里塔尼亚	1965	社会保险	60	60	1.0	8.0
毛里求斯	1950	社会保险	63	63	3.0	6.0（磨坊主和制糖业的大雇主为10.5）
	1950	普惠型	60	60	n.a.	n.a.
莫桑比克	1989	社会保险	60	55	3.0	4.0
	1992	经家计调查的非缴费型养老金（社会救助）	60	55	不缴费	不缴费
纳米比亚	1956	社会保险	60	60	0.9	0.9
	1949,1992	普惠型非缴费养老金（社会救助）	60	60	n.a.	n.a.
	1965	退伍军人的非缴费型养老金（社会救助）	55	55	不缴费	不缴费
尼日尔	1967	社会保险	60（公共部门雇员为58）	60（公共部门雇员为58）	5.3	6.3
尼日利亚	1961	强制性个人账户	50	50	8.0	10.0

续表

缴费：老年、残障、遗属[a]		老年法律覆盖的估计值[a]（占劳动年龄人口的百分比）							
		共计[*]		强制缴费型		自愿缴费型		非缴费型	
自雇者	政府筹资	共计	女性	共计	女性	共计	女性	共计	女性
不缴费	全部费用	100.0	100.0	0.0	0.0	0.0	0.0	100.0	100.0
5.0%（基于自愿）	不缴费	100.0	100.0	12.6	5.6	47.8	52.2	39.6	42.2
n.a.	全部费用								
n.a.	不缴费	9.5	7.0	9.5	7.0	0.0	0.0	0.0	0.0
…	…	27.9	21.7	27.9	21.7	0.0	0.0	0.0	0.0
9.0%（根据5.0%工资级别）基于自愿	不缴费	51.8	42.9	8.6	2.8	43.2	40.1	0.0	0.0
n.a.	不缴费	24.5	13.4	24.5	13.4	…	…	0.0	0.0
150~885卢比每月	全部赤字	100.0	100.0	50.2	40.3	10.7	4.7	100.0	100.0
n.a.	全部费用								
7.0%基于自愿	不缴费	100.0	100.0	50.9	36.0	…	…	49.1	64.0
不缴费	全部费用								
1.8%基于自愿	全部赤字	100.0	100.0	38.4	28.9	…	…	100.0	100.0
n.a.	全部费用								
不缴费	全部费用								
n.a.	不缴费	4.8	1.6	4.8	1.6	…	…	0.0	0.0
n.a.	补贴最低养老金	34.3	25.4	34.3	25.4	…	…	0.0	0.0

区域/亚区/国家/地区	首部法律引入年份	项目类型 a	可领取养老金的年龄 a（岁）		缴费率：老年、残障、遗属 a（%，本国货币）	
			男性	女性②	被保险人	雇主
尼日利亚	2012	经家计调查的非缴费型养老金［阿格巴奥逊（Agba Osun）老年人项目，仅奥逊州）］c	…	…	n.a.	n.a.
卢旺达	1956	社会保险	60	60	3.0	3.0
圣多美和普林西比	1979	社会保险	60	60	6.0	8.0
塞内加尔	1975	社会保险（一般制度）①	60	60	5.6	8.4
	1975	社会保险（针对白领劳动者的补充制度）	55	55	2.4	3.6
塞舌尔⑤	1971	社会保险	63	63	2.0	2.0
	1971	普惠型非缴费养老金	63	63	不缴费	不缴费
塞拉利昂	2001	社会保险	60（军人和警察55）	60（军人和警察55）	5.0	10.0
南非	1928	经家计调查的非缴费型养老金（社会救助）	60	60	不缴费	不缴费
	1928	面向退伍军人的经家计调查的非缴费型养老金（社会救助）	60	60	不缴费	不缴费
斯威士兰	1974	公积金	50（如果被覆盖的就业停止则为45）	50（如果被覆盖的就业停止则为45）	5.0	5.0
	2005	经家计调查和养老金调查的非缴费型养老金（社会救助）	60	60	不缴费	不缴费
坦桑尼亚	1964	社会保险	60	60	10.0	10.0~20.0
	2016	普惠型非缴费养老金	70	70	不缴费	不缴费

续表

缴费：老年、残障、遗属[a]		老年法律覆盖的估计值[a]（占劳动年龄人口的百分比）							
自雇者	政府筹资	共计[*]		强制缴费型		自愿缴费型		非缴费型	
		共计	女性	共计	女性	共计	女性	共计	女性
n.a.	全部费用	34.3	25.4	34.3	25.4	…	…	0.0	0.0
6.0% 基于自愿	不缴费	71.3	70.3	11.1	6.3	60.3	64.0	0.0	0.0
14.0%（10.0%则领取部分待遇给付）	需要时补贴	54.4	17.3	54.4	17.3	0.0	0.0	0.0	0.0
n.a.	不缴费	23.9	16.7	23.9	16.7	…	…	0.0	0.0
n.a.	不缴费								
4.0%	不缴费	100.0	100.0	64.7	66.7	0.0	0.0	100.0	100.0
不缴费	全部费用，来自专项税收								
15.0% 自愿参保	2.5%~12.0%[⑥]	67.6	67.6	6.4	3.6	61.2	64.0	0.0	0.0
不缴费	全部费用	100.0	100.0	0.0	0.0	0.0	0.0	100.0	100.0
不缴费	全部费用								
n.a.	不缴费	100.0	100.0	32.6	22.3	67.4	77.7	67.4	77.7
不缴费	全部费用								
与联盟项目协商的数量	不缴费	100.0	100.0	57.1	59.8	…	…	100.0	100.0
不缴费	全部费用								

区域/亚区/国家/地区	首部法律引入年份	项目类型[a]	可领取养老金的年龄[a]（岁）		缴费率：老年、残障、遗属[a]（%，本国货币）	
			男性	女性[②]	被保险人	雇主
多哥	1968	社会保险	60	60	4.0	12.5
乌干达	1967	公积金	55	55	5.0	10.0
	2011	普惠型和经养老金调查的地区非缴费型养老金	65（卡拉莫贾地区为60）	65（卡拉莫贾地区为60）	不缴费	不缴费
赞比亚	1966	社会保险	55	55	5.0（自愿参保为10.0）	5.0
	2007	经家计调查的非缴费型养老金（社会现金转移，卡泰特—试点）[c]	60	60	n.a.	n.a.
津巴布韦	1989	社会保险	60	60	3.5	3.5

美洲

拉丁美洲和加勒比地区

区域/亚区/国家/地区	首部法律引入年份	项目类型[a]	可领取养老金的年龄[a]（岁）		缴费率：老年、残障、遗属[a]（%，本国货币）	
			男性	女性[②]	被保险人	雇主
安提瓜和巴布达	1972	社会保险	60	60	4.0	6.0
	1993	经家计调查和养老金调查的非缴费型养老金	87（盲人或残障人士为60）	87（盲人或残障人士为60）	不缴费	不缴费
阿根廷[⑦]	1904	社会保险	65	60	11.0	10.17~12.71（取决于企业类型）
	1994	经家计调查和养老金调查的非缴费型养老金（社会救助）	70	70	不缴费	不缴费
阿鲁巴	1960	普惠型非缴费养老金	60	60	不缴费	不缴费
巴哈马	1956	社会保险	65	65	3.9	5.9
	1956	经家计调查和养老金调查的非缴费型养老金	65	65	不缴费	不缴费
巴巴多斯	1966	社会保险	66.5	66.5	5.93~6.75（+0.1进入灾难基金）；8.3（自愿参保）	5.93~6.75
	1937	经养老金调查的非缴费型养老金（社会救助）[⑥⑥]	66.5	66.5	2.0	2.0

续表

缴费：老年、残障、遗属 [a]		老年法律覆盖的估计值 [a]（占劳动年龄人口的百分比）							
自雇者	政府筹资	共计 [*]		强制缴费型		自愿缴费型		非缴费型	
		共计	女性	共计	女性	共计	女性	共计	女性
16.5%	不缴费	57.7	57.1	57.7	57.1	…	…	0.0	0.0
n.a.	不缴费								
不缴费	全部费用	100.0	100.0	16.5	10.9	…	…	100.0	100.0
10.0% 基于自愿	不缴费								
n.a.	全部费用	48.1	35.9	12.0	5.5	36.1	30.3	0.0	0.0
n.a.	不缴费	27.2	31.4	27.2	31.4	0.0	0.0	0.0	0.0
10.0%	不缴费								
不缴费	全部费用	100.0	100.0	59.8	56.9	0.0	0.0	40.2	43.1
27.0%	为社会养老保险提供资金								
不缴费	全部费用	100.0	100.0	57.9	49.8	…	…	42.1	50.2
不缴费	全部费用	100.0	100.0	0.0	0.0	0.0	0.0	100.0	100.0
6.8%	不缴费								
不缴费	全部费用	100.0	100.0	76.2	72.2	…	…	23.8	27.8
13.5%（+0.1% 进入灾难基金）	不缴费								
		100.0	100.0	71.4	68.9	…	…	28.6	31.1
2.0%	全部赤字								

区域/亚区/国家/地区	首部法律引入年份	项目类型[a]	可领取养老金的年龄[a]（岁）		缴费率：老年、残障、遗属[a]（%，本国货币）	
			男性	女性[②]	被保险人	雇主
伯利兹	1979	社会保险	65	65	缴费率根据8个工资等级而有所不同	缴费率根据8个工资等级而有所不同
	2003	经家计调查的非缴费型养老金（社会救助）	67	65	不缴费	不缴费
百慕大	1967	社会保险	65	65	每周定额32.07百慕大元	每周定额32.07百慕大元
	1998	强制职业养老金	65	65	5.0	5.0
	1967	经养老金调查的非缴费型养老金（社会救助）	65	65	不缴费	不缴费
玻利维亚[⑧]	1949	强制性个人账户和团结养老金	55	50	12.71（个人账户）+（0.5~10）（团结养老金，根据4个收入等级确定具体缴费率）	不缴费（个人账户）+3（团结养老金；采矿部门为2）
	1997	普惠型非缴费养老金	60	60	不缴费	不缴费
巴西	1923	社会保险（老龄养老金）	65（城镇），60（农村）	60（城镇），55（农村）	城镇：8.0~11.0（根据3个收入等级），20.0（自愿参保）农村：不缴费（农村工作60~180个月的证明）	城镇：20.0（根据年收入和部门划分的小企业为2.75~7.83）农村：n.a
	1996	经家计调查和养老金调查的非缴费型养老金（社会救助、基本老年团结养老金）	65	65	不缴费	不缴费

续表

缴费：老年、残障、遗属 [a]		老年法律覆盖的估计值 [a]（占劳动年龄人口的百分比）							
		共计 [*]		强制缴费型		自愿缴费型		非缴费型	
自雇者	政府筹资	共计	女性	共计	女性	共计	女性	共计	女性
7.0%	不缴费	100.0	100.0	67.0	44.5	…	…	33.0	55.5
不缴费	由社会保障委员会资助								
每周定额64.17百慕大元	不缴费								
10.0%	不缴费	…	…	…	…	…	…	…	…
不缴费	全部费用								
10.0%+1.71%（残障和遗属）+0.5%（管理费）	为社会保险制度下已产生权利的价值提供资金，丧葬补助金	100.0	100.0	28.5	21.2	34.9	25.5	100.0	100.0
不缴费	全部费用								
城镇：20% 农村：n.a.	通过专项税收为社会保险的管理费和全部赤字筹资	100.0	100.0	61.2	48.6	38.8	51.4	38.8	51.4
不缴费	全部费用								

区域/亚区/国家/地区	首部法律引入年份	项目类型 a	可领取养老金的年龄 a（岁）		缴费率：老年、残障、遗属 a（%，本国货币）	
			男性	女性②	被保险人	雇主
英属维尔京群岛	1979	社会保险	65	65	3.3	3.3
智利	1924	社会保险	65	60	18.84~30.0（取决于职业）+1.39（管理费）	不缴费
	1980	强制性个人账户	65	60	10.0+1.39（管理费）	1.0（艰苦工作为2.0）+1.15（残障和遗属）
	2008	经家计调查和养老金调查的非缴费型养老金	65	65	不缴费	不缴费
哥伦比亚⑨	1946	社会保险和个人账户	62	57	4.0	12.0
	2003	经家计调查的非缴费型养老金（社会救助）	59	54	1.0~2.0（取决于收入）	不缴费
哥斯达黎加	1941	社会保险	65	65	2.8	5.1
	1941	个人账户	65	65	1.0+0.19（管理费）	3.3
	1974	经家计调查和养老金调查的非缴费型养老金（社会救助）⑦	65	65	不缴费	5.0
古巴	1963	社会保险	65	60	1.0~5.0	12.5（公共部门）；14.5（私人部门）
	…	经家计调查和养老金调查的非缴费型养老金（社会救助）	65	60	不缴费	不缴费
多米尼克	1970	社会保险	62	62	5.0	6.8

续表

缴费：老年、残障、遗属[a]		老年法律覆盖的估计值[a]（占劳动年龄人口的百分比）							
自雇者	政府筹资	共计[*]		强制缴费型		自愿缴费型		非缴费型	
		共计	女性	共计	女性	共计	女性	共计	女性
8.5%	不缴费	79.6	71.1	79.6	71.1	…	…	0.0	0.0
18.8%	社会保险制度下已产生权利的全部费用								
10.0%+1.15%（残障和遗属）+1.39%（管理费）	资助最低福利、老年和残障社会保障团结补充福利，资助年轻劳动者的前24次缴费	100.0	100.0	61.5	51.4	…	…	38.5	48.6
不缴费	全部费用								
15.9%（社会保险）或16%（个人账户）	部分资助养老金团结和保证基金；资助脆弱的自雇人士缴费	100.0	100.0	68.1	56.6	…	…	31.9	43.4
自愿缴费	剩余费用								
7.9%	全部劳动者和自雇者总收入的0.58%								
n.a.	不缴费	100.0	100.0	59.2	43.4	0.0	0.0	40.8	56.6
不缴费	提供补贴								
特殊制度	全部赤字								
		100.0	100.0	51.0	41.2	0.0	0.0	49.0	58.8
不缴费	全部费用								
11.0	不缴费	50.2	39.8	50.2	39.8	…	…	0.0	0.0

区域/亚区/国家/地区	首部法律引入年份	项目类型[a]	可领取养老金的年龄[a]（岁）		缴费率：老年、残障、遗属[a]（%，本国货币）	
			男性	女性[②]	被保险人	雇主
多米尼加[⑩]	1947	强制性个人账户	60	60	2.9	7.1
	…	经家计调查的非缴费型养老金（社会救助）	60	60	不缴费	不缴费
厄瓜多尔[⑪]	1928	社会保险	最高70岁（却决于缴费月数）	最高70岁（却决于缴费月数）	6.64（公共部门），8.64（私人部门）	1.10（私人部门），3.1（公共部门）
	2003	经家计调查和养老金调查的非缴费型养老金（社会救助）	65	65	不缴费	不缴费
萨尔瓦多[⑫]	1953	社会保险（逐步取消）和强制性个人账户	60	55	6.3	4.6
	2009	经家计调查和养老金调查的非缴费型养老金（社会救助）	70	70	不缴费	不缴费
法属圭亚那	…	…	…	…	…	…
格林纳达	1969	社会保险	60	60	4.0	4.0（+1.0，若16岁以下或60岁以上）
瓜德罗普	…	…	…	…	…	…
危地马拉	1969	社会保险	60	60	1.8	3.7
	2005	经家计调查的非缴费型养老金（社会救助）	65	65	不缴费	不缴费
圭亚那	1944	社会保险	60	60	5.6	8.4（+1.5，若16岁以下或60岁以上）
	1944	普惠型非缴费养老金（社会救助）	65	65	不缴费	不缴费

附件四 统计表

续表

缴费：老年、残障、遗属[a]		老年法律覆盖的估计值[a]（占劳动年龄人口的百分比）							
自雇者	政府筹资	共计[*]		强制缴费型		自愿缴费型		非缴费型	
		共计	女性	共计	女性	共计	女性	共计	女性
n.a.	部分资助有保障的最低养老金和在旧社会保险制度下缴费的人群已产生的权利价值	…	…	…	…	…	…	…	…
不缴费	全部费用								
9.74%+1%（特殊残障养老金）	老年、残障和遗属社会养老保险金的40%	100.0	100.0	62.9	46.7	37.0	53.2	37.0	53.2
不缴费	全部费用								
13.0%	有保障的最低养老金的全部费用	100.0	100.0	36.0	21.9	20.2	19.8	43.7	58.1
不缴费	全部费用								
…	…	…	…	…	…	…	…	…	…
8.0%（自愿参保为6.75%）	不缴费	51.9	41.8	51.9	41.8	…	…	0.0	0.0
…	…	…	…	…	…	…	…	…	…
5.5%	已缴费总额的25%	100.0	100.0	59.2	23.8	22.3	19.3	18.5	56.9
不缴费	全部费用								
12.5%	全部赤字	100.0	100.0	56.5	38.2	…	…	100.0	100.0
不缴费	全部费用								

区域/亚区/国家/地区	首部法律引入年份	项目类型a	可领取养老金的年龄a（岁）		缴费率：老年、残障、遗属a（%，本国货币）	
			男性	女性②	被保险人	雇主
海地	1965	社会保险	55	55	6.0	6.0
洪都拉斯⑬	1959	社会保险	65	60	2.5	3.5
牙买加	1965	社会保险	65	64岁9个月	2.5（家务工作者或自愿参保者为每周100.0牙买加元）	2.5（家务工作者为每周100.0牙买加元）
	2001	经家计调查和养老金调查的非缴费型养老金	60	60	不缴费	不缴费
马提尼克	1943	社会保险和强制性个人账户	65	65	1.125+0.625（残障和遗属）	5.15+1.75（残障和遗属）
	2001	经养老金调查的非缴费型养老金（社会救助）	65	65	不缴费	不缴费
尼加拉瓜⑮	1956	社会保险	60	60	4.0	9.5
	1941	仅社会保险	62	57	9.3	4.3
	2010	社会保险和个人账户	62	57	9.3	4.3
	2010	仅个人账户	62	57	n.a.	n.a.
	2010	经家计调查和养老金调查的非缴费型养老金（社会救助）	65	65	不缴费	不缴费

续表

缴费：老年、残障、遗属[a]		老年法律覆盖的估计值[a]（占劳动年龄人口的百分比）							
自雇者	政府筹资	共计[*]		强制缴费型		自愿缴费型		非缴费型	
		共计	女性	共计	女性	共计	女性	共计	女性
n.a.	需要时补贴	7.0	4.7	7.0	4.7	…	…	0.0	0.0
4.0%	被保险人和雇主缴费总额的至少0.5%	76.7	48.3	76.7	48.3	…	…	0.0	0.0
5.0%	不缴费	100.0	100.0	57.3	49.6	…	…	42.7	50.4
不缴费	全部费用								
6.275%+2.375%（残障和遗属）	补助个人账户及资助有保障的最低养老金[⑪]	100.0	100.0	44.0	31.7	17.2	12.0	38.8	56.3
	全部费用								
10.0%	不缴费	60.8	53.5	35.4	28.5	25.4	18.1	0.0	0.0
13.5%	每年向储备基金存入1.4亿科多巴								
n.a.	所有参保者收入的0.8%和每年2 050万科多巴补贴	100.0	100.0	46.8	50.9	…	…	53.2	49.1
13.5%（基数为全年总收入的52%）	不缴费								
不缴费	全部费用								

区域/亚区/国家/地区	首部法律引入年份	项目类型a	可领取养老金的年龄a（岁）		缴费率：老年、残障、遗属a（%，本国货币）	
			男性	女性②	被保险人	雇主
巴拉圭	1943	社会保险	60	60	9.0	14.0
	2009	经家计调查和养老金调查的非缴费型养老金（社会救助）	65	65	不缴费	不缴费
秘鲁⑯	1936	社会保险	65	65	13.0	不缴费
	1992	个人账户	65	65	10.0（老年）+1.23（残障和遗属）+1.25（管理费）	不缴费
	2011	经家计调查和养老金调查的非缴费型养老金（社会救助）	65	65	不缴费	不缴费
波多黎各	…	…	…	…	…	…
圣基茨和尼维斯	1968	社会保险	62	62	5.0	5.0
	1998	经家计调查和养老金调查的非缴费型养老金（社会救助）	62	62	不缴费	不缴费
圣卢西亚	1970	社会保险	65	65	5.0	5.0
圣文森特和格林纳丁斯	1970	社会保险	60	60	4.5	5.5
	2009	经家计调查和养老金调查的非缴费型养老金（社会救助，老年救助福利）	75	75	不缴费	不缴费
	2009	经家计调查和养老金调查的非缴费型养老金（社会救助，非缴费型老龄救助养老金）	85	85	不缴费	不缴费
苏里南	1973	普惠型非缴费养老金	60	60	不缴费	不缴费

续表

缴费：老年、残障、遗属[a]		老年法律覆盖的估计值[a]（占劳动年龄人口的百分比）							
自雇者	政府筹资	共计[*]		强制缴费型		自愿缴费型		非缴费型	
		共计	女性	共计	女性	共计	女性	共计	女性
12.5%+0.5%（管理费）	总收入的1.5%	100.0	100.0	41.2	33.0	29.0	25.0	29.8	42.0
不缴费	全部费用								
13.0%	最低养老金和必要时的补贴	100.0	100.0	64.1	49.8	8.6	12.0	27.3	38.2
10.0%（老年）+0.96%（残障和遗属）+1.25%（管理费）	为社会保险制度下已产生权利的价值提供资金（针对转向个人账户的人群）								
	全部费用								
…	…	…	…	…	…	…	…	…	…
10.0%	不缴费	100.0	100.0	56.9	35.1	…	…	43.1	64.9
不缴费	全部费用								
缴费根据工资类别而有所不同	不缴费	63.2	51.6	63.2	51.6	…	…	0.0	0.0
9.5%	不缴费								
不缴费	全部费用	100.0	100.0	60.8	48.6	…	…	39.2	51.4
不缴费	全部费用								
不缴费	全部费用	100.0	100.0	0.0	0.0	0.0	0.0	100.0	100.0

区域/亚区/国家/地区	首部法律引入年份	项目类型[a]	可领取养老金的年龄[a]（岁）		缴费率：老年、残障、遗属[a]（%，本国货币）	
			男性	女性[②]	被保险人	雇主
特立尼达和多巴哥	1939	社会保险	60	60	4.0（自愿参保为11.4）	8.0
	...	强制职业养老金	60	60	5.0或6.0（取决于计划）	5.0或6.0（取决于计划）
	1939	经家计调查的非缴费型养老金（社会救助）	65	65	不缴费	不缴费
乌拉圭[⑰]	1995	社会保险和个人账户	60	60	15.0	不缴费
	1829	仅社会保险	60	60	15.0	7.5
	1919	经家计调查的非缴费型养老金（社会救助）	70	70	不缴费	不缴费
委内瑞拉	1940	社会保险	60	55	4.0（私人部门）；2.0（公共部门）	9.0~11.0（取决于评估的风险程度）
	2011	经家计调查的非缴费型养老金（社会救助）	60	55	不缴费	不缴费
北美						
加拿大[⑱]	1952	社会保险	65	65	4.95（魁北克为5.35）	4.95（魁北克为5.35）
	1927	经家计调查的非缴费型养老金	65	65	不缴费	不缴费
美国	1935	社会保险	66	66	6.2	6.2
	1935	经家计调查的非缴费型养老金（社会救助）	65	65	不缴费	不缴费
阿拉伯国家						
巴林	1976	社会保险	60	55	6.0（自愿参保为15.0）	9.0
伊拉克	1956	社会保险	60	55	4.1	9.9（石油部门为15.0）

续表

缴费：老年、残障、遗属[a]		老年法律覆盖的估计值[a]（占劳动年龄人口的百分比）							
自雇者	政府筹资	共计[a]		强制缴费型		自愿缴费型		非缴费型	
		共计	女性	共计	女性	共计	女性	共计	女性
n.a.	不缴费								
n.a.	不缴费	100.0	100.0	53.8	48.9	…	…	46.2	51.1
不缴费	全部费用								
15.0%	不缴费								
15.0%	全部赤字	100.0	100.0	69.5	61.8	0.7	13.5	29.8	24.7
不缴费	全部费用								
13.0%	总被覆盖收入的至少1.5%用以支付管理成本	100.0	100.0	39.1	32.2	7.5	8.6	53.3	59.0
不缴费	全部费用								
9.9%（魁北克为10.65%）	不缴费	100.0	100.0	75.7	72.2	0.0	0.0	100.0	100.0
不缴费	全部费用								
12.4%	由社会保障福利专项税收向信托基金缴费	100.0	100.0	73.6	67.8	…	…	26.4	32.2
不缴费	全部费用								
15.0%基于自愿	不缴费	69.9	38.5	67.7	38.0	2.2	0.3	0.0	0.0
n.a.	可以提供补贴	100.0	100.0	21.0	5.9	0.0	0.0	79.0	94.1

区域/亚区/国家/地区	首部法律引入年份	项目类型 a	可领取养老金的年龄 a（岁）		缴费率：老年、残障、遗属 a（%，本国货币）	
			男性	女性②	被保险人	雇主
伊拉克	2014	经家计调查和养老金调查的非缴费型津贴（社会救助）	60	55	n.a.	n.a.
约旦	1978	社会保险	60	55	6.5（自愿参保为17.5）	11.0（高危职业+1.0）
科威特①③	1976	社会保险：基本制度	51	51	5.0	10.0
	1992	社会保险：补充制度	51	51	5.0	10.0
	2014	社会保险：报酬制度	51	51	2.5	不缴费
黎巴嫩	1963	社会保险（仅一次性待遇给付）	60~64	60~64	不缴费	8.5
阿曼	1991	社会保险	60	55	7.0	10.5
卡塔尔	2002	社会保险	60	60	5.0	10.0
沙特阿拉伯	1969	社会保险	58	53	9.0	9.0
叙利亚	1959	社会保险	60	55	7.0	14.1
也门	1980	社会保险	60	55	6.0	9.0
亚太						
东亚						
中国②②	1951	城镇职工的社会保险和个人账户（城镇职工基本养老保险制度）	60	60（女性专业技术人员），55（非专业女性工薪技术人员），50（其他女性劳动者）	不缴费（社会保险）或8（个人账户）	工资总额的20（社会保险）或不缴费（个人账户）

附件四 统计表

续表

缴费：老年、残障、遗属[a]		老年法律覆盖的估计值[a]（占劳动年龄人口的百分比）							
自雇者	政府筹资	共计[a]		强制缴费型		自愿缴费型		非缴费型	
		共计	女性	共计	女性	共计	女性	共计	女性
n.a.	全部费用	100.0	100.0	21.0	5.9	0.0	0.0	79.0	94.1
17.5%	全部赤字	35.5	13.4	35.5	13.4	…	…	0.0	0.0
5.0%~15.0%（根据27个收入等级）	10.0%~32.5%	71.0	46.1	71.0	46.1	0.0	0.0	0.0	0.0
n.a.	10%								
2.5%	5%								
n.a.	不缴费	30.7	18.7	30.7	18.7	0.0	0.0	0.0	0.0
6.5%~16.0%（取决于收入水平）	月薪的5.5%，为自雇人士提供4.0%~13.5%（取决于收入水平，为最低收入水平的缴费最高）	27.5	10.6	27.5	10.6	…	…	0.0	0.0
n.a.	管理费用和全部赤字	…	…	…	…	…	…	…	…
18.0%基于自愿	精算赤字	20.8	7.9	17.1	7.7	3.7	0.2	0.0	0.0
21.1%	不缴费	36.9	10.0	36.9	10.0	…	…	0.0	0.0
n.a.	不缴费	25.8	8.6	25.8	8.6	0.0	0.0	0.0	0.0
12%（社会保险）或8%（个人账户）	中央和地方政府根据需要提供补贴	100.0	100.0	49.8	43.8	50.2	56.2	0.0	0.0

区域/亚区/国家/地区	首部法律引入年份	项目类型 a	可领取养老金的年龄 a（岁）		缴费率：老年、残障、遗属 a（%，本国货币）	
			男性	女性②	被保险人	雇主
中国①②	2011	面向农村和城镇非工薪居民的非缴费型养老金和个人账户制度	60	60	不缴费（非缴费型养老金）或基于自愿的（个人账户）	n.a.
中国香港	1995	强制职业养老金（私人公积金）	65	65	5.0	5.0
	1973	普惠型非缴费型养老金（生果金）	70	70	不缴费	不缴费
	1973	经家计调查和养老金调查的非缴费型养老金	65	65	不缴费	不缴费
	1993	经家计调查的非缴费型养老金（社会救助，综合社会保障援助计划）	60	60	不缴费	不缴费
日本③	1941	社会保险（国家养老金项目）	65	65	一个月16 260日元	不缴费
	1954	社会保险（雇员的养老保险）	60（海员和矿工为59）	60（海员和矿工为59）	8.9	8.9
	…	公共救助	…	…	…	…
韩国	1973	社会保险	61	61	4.5	4.5
	2007	经家计调查的非缴费型养老金（社会救助）	65	65	n.a.	n.a.

续表

缴费：老年、残障、遗属[a]		老年法律覆盖的估计值[a]（占劳动年龄人口的百分比）							
自雇者	政府筹资	共计[*]		强制缴费型		自愿缴费型		非缴费型	
		共计	女性	共计	女性	共计	女性	共计	女性
不缴费（非缴费型养老金）或基于自愿的（个人账户）	至少70元（税收筹资）或50%的补贴，各地区不同（非缴费型养老金）；30元（个人账户）	100.0	100.0	49.8	43.8	50.2	56.2	0.0	0.0
5.0%	不缴费	100.0	100.0	68.7	62.3	0.0	0.0	100.0	100.0
不缴费	全部费用								
不缴费	全部费用								
不缴费	全部费用								
一个月16 260日元	养老金给付支出的50.0%和全部管理费用	98.0	92.4	97.5	92.3	…	…	0.0	0.0
n.a（通常）	全部管理费用								
…	…	…	…	…	…	…	…	…	…
9.0%	部分社会保险的管理费用以及某些群体（包括服兵役的参保者）的缴款	100.0	100.0	70.9	59.8	0.0	0.0	29.1	40.2
n.a.	全部费用								

区域/亚区/国家/地区	首部法律引入年份	项目类型ᵃ	可领取养老金的年龄ᵃ（岁）		缴费率：老年、残障、遗属ᵃ（%，本国货币）	
			男性	女性②	被保险人	雇主
蒙古③㉔	1994	社会保险：给付确定型（1960年1月1日以前出生者），给付确定型或名义账户制（1960年1月1日至1978年12月31日出生者可在这两者之间选择），名义账户制（1979年1月1日及之后出生者）	60	55	7.0	7.0
	1995	社会福利：经养老金调查的非缴费型养老金	60	55	不缴费	不缴费
中国台湾	1950	社会保险：台湾地区养老金	65	65	5.1	不缴费
	1950	社会保险：劳动保险项目	60	60	1.8	6.7
	1950	强制性个人账户	60	60	最高6.0基于自愿	至少6.0
	2007	经家计调查和养老金调查的非缴费型养老金（社会救助）	65	65	不缴费	不缴费
东南亚						
文莱	1955	公积金	55	55	5.0	5.0
	1955	补充性个人账户制度	60	60	3.5	3.5
	1984	普惠型非缴费养老金	60	60	不缴费	不缴费
柬埔寨㉕	1994	社会保险	55	55	不缴费	不缴费
印度尼西亚㉖㉘	1977	公积金（老龄保障，Jaminan Hari Tua）	56	56	2.0	3.7
	2004	给付确定型养老金制度［私人部门劳动者，养老金保障（Jaminan pensiun）］	56	56	1.0	2.0

续表

缴费：老年、残障、遗属[a]		老年法律覆盖的估计值[a]（占劳动年龄人口的百分比）							
自雇者	政府筹资	共计[*]		强制缴费型		自愿缴费型		非缴费型	
		共计	女性	共计	女性	共计	女性	共计	女性
10.0%	政府承担全部赤字	100.0	100.0	42.1	37.7	0.0	0.0	57.9	62.3
不缴费	全部费用								
5.1%	3.4%								
5.7%	0.95%								
最高 6.0% 基于自愿	不缴费	100.0	100.0	40.6	32.2	13.5	12.1	45.9	55.7
不缴费	全部费用								
n.a.	不缴费	100.0	100.0	62.5	50.6	3.2	2.0	100.0	100.0
定额每月 17.50 文莱元	全部赤字以及补充低收入雇员和自雇者的缴费								
不缴费	全部费用								
不缴费	全部费用	0.0	0.0	0.0	0.0	0.0	0.0	0.0	0.0
n.a.	不缴费								
n.a.	不缴费	69.7		65.9		3.8		0.0	0.0

区域/亚区/国家/地区	首部法律引入年份	项目类型 a	可领取养老金的年龄 a（岁）		缴费率：老年、残障、遗属 a（%，本国货币）	
			男性	女性②	被保险人	雇主
印度尼西亚㉒㉓	2006	经家计调查的非缴费型养老金（社会救助，Asistensi Sosial Usia Lanjut）	70（慢性病为60）	70（慢性病为60）	n.a.	n.a.
老挝	1999	社会保险	60	55	2.5（公务员、警察和军人为6.0）	2.5
马来西亚㉒	1951	社会保险	55	55	0.5（根据45个工资等级）	0.5（根据45个工资等级）
		公积金	55	55	8.0	13.0
	…	经家计调查的非缴费型养老金（社会救助）	60	60	不缴费	不缴费
缅甸	2012	社会保险	60	60	3.0	3.0
菲律宾	1954	社会保险	60	60	3.6	7.4
	2011	经家计调查的非缴费型养老金（社会救助）	60	60	不缴费	不缴费
新加坡	1953	公积金	55	55	20.0	17.0
	2015	经家计调查的（社会救助，乐龄补贴计划）	65	65	不缴费	不缴费
泰国㉓㉛	1990	社会保险：正规部门养老金	55	55	3.0	3.0
	2011	社会保险和国家储蓄基金：非正式部门养老金	60	60	n.a.	n.a.
	1993	经养老金调查的非缴费型养老金（社会救助）	60	60	不缴费	不缴费

续表

缴费：老年、残障、遗属[a]		老年法律覆盖的估计值[a] （占劳动年龄人口的百分比）							
自雇者	政府筹资	共计[*]		强制缴费型		自愿缴费型		非缴费型	
		共计	女性	共计	女性	共计	女性	共计	女性
n.a.	全部费用	69.7		65.9		3.8		0.0	0.0
5.0% 基于自愿	不缴费	80.5	85.8	13.8	13.8	66.7	72.0	0.0	0.0
每月 50~5 000 令吉	不缴费								
n.a.	为自雇者和家务工作者每年配套 10% 的缴费，120 令吉封顶	100.0	100.0	48.6	38.1	14.5	13.2	36.9	48.6
不缴费	全部费用								
6.0%	不缴费	…	…	…	…	…	…	…	…
11.0%	全部赤字								
不缴费	全部费用	100.0	100.0	57.5	43.7	…	…	42.5	56.3
4.0%~10.5% （取决于年龄和收入）	不缴费	100.0	100.0	65.4	62.0	…	…	34.6	38.0
不缴费	全部费用								
定额每年 5 184 泰铢	参保者月收入的 1%								
100 泰铢每月基于自愿	参保者 50%~100% 的缴费（取决于参保者的年龄）	100.0	100.0	36.3	32.2	38.9	37.9	100.0	100.0
不缴费	全部费用								

区域/亚区/国家/地区	首部法律引入年份	项目类型 a	可领取养老金的年龄 a（岁）		缴费率：老年、残障、遗属 a（%，本国货币）	
			男性	女性②	被保险人	雇主
东帝汶	2008	普惠型非缴费养老金	60	60	不缴费	不缴费
	2012	非缴费型养老金②	60	60	…	…
	2016	社会保险	60	60	…	…
越南③	1961	社会保险	60	55	8.0	14.0
	2004	经家计调查的非缴费型养老金，80岁以上经养老金调查	60, 80	60, 80	不缴费	不缴费
南亚						
孟加拉	1998	经家计调查和养老金调查的非缴费型养老金	65	62	不缴费	不缴费
不丹	1976	公积金	56	56	5.0	5.0
印度	1952	公积金	58	58	12.0	3.67（+0.85用于管理费）
	1952	养老金（社会保险）	58	58	不缴费	8.3
	…	产业工人的退休金计划（一次性给付，雇主责任）	…	…	不缴费	4.0
	1995	经家计调查的非缴费型养老金（社会救助）	60	60	n.a.	n.a.
伊朗	1953	社会保险	60	55	5.0（商业司机为9.5）	14.0
马尔代夫	2009	社会保险	65	65	n.a.	n.a.
	2010	经养老金调查的非缴费型养老金（社会救助）	65	65	不缴费	不缴费

续表

缴费：老年、残障、遗属[a]		老年法律覆盖的估计值[a]（占劳动年龄人口的百分比）							
自雇者	政府筹资	共计[*]		强制缴费型		自愿缴费型		非缴费型	
		共计	女性	共计	女性	共计	女性	共计	女性
不缴费	全部费用	100.0	100.0	…	…	…	…	100.0	100.0
…	…								
…	…								
22.0% 基于自愿	需要时补贴	100.0	100.0	33.1	27.6	66.9	72.4	66.9	72.4
不缴费	全部费用								
不缴费	全部费用	2.8	1.5	2.8	1.5	0.0	0.0	0.0	0.0
n.a.	不缴费	20.5	9.3	20.5	9.3	0.0	0.0	0.0	0.0
n.a.	不缴费								
n.a.	参保者基本工资的1.16%	100.0	100.0	10.4	0.8	…	…	87.5	95.4
n.a.	不缴费								
n.a.	全部费用								
18.0%（12.0%，部分待遇给付）	受雇者、自雇者和自愿参保者为收入的2%，商业司机为9.5%；政府支付某些战略行业雇主的缴费，最多为每个公司五名员工支付	38.6	12.4	38.6	12.4	…	…	0.0	0.0
n.a.	全部费用								
不缴费	全部费用	…	…	…	…	…	…	…	…

区域/亚区/国家/地区	首部法律引入年份	项目类型[a]	可领取养老金的年龄[a]（岁）		缴费率：老年、残障、遗属[a]（%，本国货币）	
			男性	女性[②]	被保险人	雇主
尼泊尔	1962	公积金（政府雇员，至少有10名雇员的公司自愿参加）	58	58	10.0	10.0
	1995	经养老金调查的非缴费型养老金（社会救助）	70（某些地区60）	70（某些地区60）	不缴费	不缴费
巴基斯坦	1976	社会保险	60	55	1.0	5.0
斯里兰卡	1958	公积金	55	50	8.0	12.0
	1980	信托基金（补充养老金）	60	60	不缴费	3.0
大洋洲						
澳大利亚	1908	强制职业养老金（退休金）	56	56	基于自愿	9.5
	1908	经家计调查的非缴费型养老金	65	65	不缴费	不缴费
库克群岛	1966	普惠型非缴费型养老金	60	60	不缴费	不缴费
斐济[③]	1966	公积金	55	55	8.0	10.0
	2000	经养老金调查的非缴费型养老金（社会救助）	68	68	不缴费	不缴费
基里巴斯[③]	1976	公积金	50	50	7.5	7.5
	2003	普惠型非缴费养老金	65	65	不缴费	不缴费
马绍尔群岛[③]	1967	社会保险	60	60	7.0	7.0

续表

缴费：老年、残障、遗属[a]		老年法律覆盖的估计值[a]（占劳动年龄人口的百分比）							
		共计*		强制缴费型		自愿缴费型		非缴费型	
自雇者	政府筹资	共计	女性	共计	女性	共计	女性	共计	女性
n.a.	不缴费	100.0	100.0	2.0	0.8	…	…	70.9	70.4
不缴费	全部费用								
n.a.	不缴费	21.0	4.9	21.0	4.9	…	…	0.0	0.0
…（覆盖某些群体，但具体信息不可得）	不缴费	42.7	45.8	32.9	29.3	9.8	16.6	0.0	0.0
每月至少25卢比	不缴费								
基于自愿	共同缴费：参保者自愿缴费的每1澳元匹配缴费0.5澳元，年税后收入不超过36 021澳元的自愿缴费每年至少20澳元，500澳元封顶	100.0	100.0	62.4	60.8	12.8	5.8	24.8	33.4
不缴费	全部费用								
不缴费	全部费用	100.0	100.0	…	…	0.0	0.0	100.0	100.0
每年缴费至少84斐济元	不缴费	100.0	100.0	31.0	36.0	…	…	69.0	64.0
不缴费	全部费用								
每月至少5澳元	不缴费	100.0	100.0	20.8	15.4	…	…	100.0	100.0
不缴费	全部费用								
总收入75.0%的14.0%	不缴费	55.0	33.3	55.0	33.3	0.0	0.0	0.0	0.0

区域/亚区/国家/地区	首部法律引入年份	项目类型ª	可领取养老金的年龄ª（岁）		缴费率：老年、残障、遗属ª（%，本国货币）	
			男性	女性②	被保险人	雇主
密克罗尼西亚㊱	1968	社会保险	65	65	7.5	7.5
纽埃	...	...	60	60	...	...
新西兰	1898	普惠型非缴费养老金	65	65	不缴费	不缴费
帕劳㊱	1967	社会保险	62	62	6.0	6.0
巴布亚新几内亚㊱	1980	强制职业退休制度	55	55	6.0	8.4
	2009	普惠型非缴费项目[老年和残障养老金（仅限新爱尔兰）]ᶜ	60	60	...	...
萨摩亚㊱,㊲	1972	有年金选择的公积金	55	55	7.0	7.0
	1990	普惠型非缴费养老金（社会救助）	65	65	不缴费	不缴费
所罗门群岛㊱	1973	公积金	50	50	5.0	7.5
汤加	...	...	...	...	...	...
图瓦卢	...	非缴费型养老金	70	70	不缴费	不缴费
瓦努阿图㊱	1986	公积金	55	55	4.0	4.0
欧洲及中亚						
北欧、南欧和西欧						
阿尔巴尼亚	1947	社会保险	65	60	8.8	12.8
	2015	经养老金调查和家计调查的非缴费型养老金（社会救助）	70	70	不缴费	不缴费
安道尔	1966	社会保险	65	65	5.5	14.5
	1966	经家计调查的非缴费型养老金（社会救助）	65（遗属养老金领取者为60）	65（遗属养老金领取者为60）	不缴费	不缴费

续表

缴费：老年、残障、遗属[a]		老年法律覆盖的估计值[a]（占劳动年龄人口的百分比）							
自雇者	政府筹资	共计[*]		强制缴费型		自愿缴费型		非缴费型	
		共计	女性	共计	女性	共计	女性	共计	女性
5.0%	不缴费	…	…	…	…	…	…	…	…
…	…								
不缴费	全部费用	100.0	100.0	0.0	0.0	0.0	0.0	100.0	100.0
12.0%	不缴费	…	…	…	…	…	…	…	…
每月至少20.0基那	不缴费	6.2	34.7	6.2	34.7	32.6	36.3	0.0	0.0
…	…								
每月 100~2 000塔拉 基于自愿	不缴费	100.0	100.0	21.4	15.1	9.0	10.5	100.0	100.0
不缴费	全部费用								
… 基于自愿	不缴费	10.1	5.5	10.1	5.5	0.0	0.0	0.0	0.0
…	…	…	…	…	…	…	…	…	…
不缴费	全部费用	100.0	100.0	0.0	0.0	0.0	0.0	100.0	100.0
每月 1 000~10 000瓦图	不缴费	100.0	100.0	20.5	15.2	79.5	84.8	0.0	0.0

21.6%；从事农业则为定额缴费	全部赤字，为某些群体缴费	38.3	28.0	38.3	28.0	…	…	0.0	0.0
不缴费	全部费用								
18.0%	全部赤字								
不缴费	全部费用	…	…	…	…	…	…	…	…

区域/亚区/国家/地区	首部法律引入年份	项目类型[a]	可领取养老金的年龄[a]（岁）		缴费率：老年、残障、遗属[a]（%，本国货币）	
			男性	女性[②]	被保险人	雇主
奥地利	1906	社会保险	65	60	10.3	12.6
	1978	经家计调查和养老金调查的非缴费型养老金（奥地利补偿性养老金）	65	60	…	…
比利时	1900	社会保险	65	65	7.5	8.9
	2001	经家计调查的非缴费型养老金	65	65	不缴费	不缴费
波黑	…	社会保险	65	65	17.0	7.0
克罗地亚[⑨]	1922	社会保险和强制性个人账户	65	61.5	20.0	不缴费（雇员在艰苦或不健康行业工作的除外）
丹麦[⑩]	1891	社会保险	65	65	设定的数额	设定的数额
	1891	普惠型	65	65	不缴费	不缴费
爱沙尼亚[⑪]	1924	社会保险	63	63	不缴费	16.0
	2004	强制性个人账户	63	63	2.0	4.0
	…	经养老金调查的非缴费型养老金（社会救助）	63	63	不缴费	不缴费
法罗群岛	…	普惠型非缴费养老金	67	67	不缴费	不缴费
芬兰	1937	强制职业养老金（收入相关养老金）	63~68（灵活退休）	63~68（灵活退休）	5.7	18.0
	1937	经家计调查的非缴费型养老金（国民养老金）	65	65	不缴费	不缴费
	2010	经家计调查的非缴费型养老金（保障养老金）	65	65	不缴费	不缴费

续表

缴费：老年、残障、遗属[a]		老年法律覆盖的估计值[a]（占劳动年龄人口的百分比）							
自雇者	政府筹资	共计[*]		强制缴费型		自愿缴费型		非缴费型	
		共计	女性	共计	女性	共计	女性	共计	女性
特殊制度	补贴以及护理福利、经收入调查的津贴	72.9	68.7	72.9	68.7	0.0	0.0	0.0	0.0
...	...								
n.a.	年度补贴	100.0	100.0	62.9	52.2	0.0	0.0	37.1	47.8
不缴费	全部费用								
	...	...	...	...	...	...	...	...	...
20.0%	为国家雇员缴费	51.8	49.3	51.8	49.3	0.0	0.0	0.0	0.0
设定的数额	不缴费	100.0	100.0	70.3	69.2	...	...	100.0	100.0
不缴费	全部费用								
16.0%	某些类型参保者的养老金补贴和津贴，以及丧葬补助的费用	100.0	100.0	62.9	73.2	...	...	37.1	26.8
4.0%	不缴费								
不缴费	全部费用								
不缴费	全部费用	...	...	...	...	...	...	...	...
特殊制度	不缴费	100.0	100.0	70.7	69.3	0.0	0.0	29.3	30.7
不缴费	全部费用								
不缴费	...								

区域/亚区/国家/地区	首部法律引入年份	项目类型[a]	可领取养老金的年龄[a]（岁）		缴费率：老年、残障、遗属[a]（%，本国货币）	
			男性	女性[②]	被保险人	雇主
法国[⑪]	1928	社会保险	61岁7个月（法定最低年龄）	61岁7个月（法定最低年龄）	6.9（老年）+0.35（遗属津贴）	8.55（老年）+1.85（遗属津贴）
	1947	强制性补充制度			3.0~8.0（取决于制度）	4.65~12.75（取决于制度）
	1956	经家计调查的非缴费型养老金	65	65	不缴费	不缴费
德国	1889	社会保险	65岁5个月（1963年后出生67岁）	65岁5个月（1963年后出生67岁）	9.3	9.3
	2003	经家计调查的非缴费型养老金（社会救助）	65	65	不缴费	不缴费
希腊	1934	社会保险（国家老年养老金和缴费型养老金）	67（国家养老金）；62~67（缴费型养老金，根据缴费等级有所不同）	67（国家养老金）；62~67（缴费型养老金，根据缴费等级有所不同）	6.67（艰苦和不利于健康的工作为8.87）	13.33（艰苦和不利于健康的工作为14.73）
	1982	经家计调查的非缴费型养老金（社会救助）	65	65	不缴费	不缴费
根西岛	1925	社会保险	65	65	6.0（失业者9.9）	6.5
	1984	经家计调查的非缴费型养老金（社会救助）	60	60	不缴费	不缴费
冰岛[⑫]	1909	强制职业养老金	67	67	4.0	8.0
	1980	经家计调查的非缴费型养老金	67（某些海员60）	67（某些海员60）	不缴费	7.4

续表

缴费：老年、残障、遗属[a]		老年法律覆盖的估计值[a]（占劳动年龄人口的百分比）							
自雇者	政府筹资	共计[*]		强制缴费型		自愿缴费型		非缴费型	
		共计	女性	共计	女性	共计	女性	共计	女性
特殊制度	可变补贴	100.0	100.0	71.4	61.6	10.1	9.9	18.5	28.5
n.a.	不缴费								
不缴费	全部费用（一部分收入来自一般社会缴费，CSG）								
18.7%	补贴某些福利，并为每周至少提供14小时无偿护理的护理人员缴费	100.0	100.0	76.4	72.0	23.5	27.9	0.1	0.1
不缴费	全部费用								
20.0%（根据14个保险类别）	有保证的年度补贴	100.0	100.0	49.0	43.5	…	…	51.0	56.5
不缴费	全部费用								
10.5%	缴费总额的15.0%	…	…	…	…	…	…	…	…
不缴费	全部费用								
12.0%	不缴费	100.0	100.0	91.8	88.2	0.0	0.0	100.0	100.0
7.4%	全部赤字								

区域/亚区/国家/地区	首部法律引入年份	项目类型[a]	可领取养老金的年龄[a]（岁）		缴费率：老年、残障、遗属[a]（%，本国货币）	
			男性	女性[②]	被保险人	雇主
爱尔兰	1908	社会保险	66	66	4.0	8.5~10.75（取决于雇员的每周收入）
	1908	经家计调查和养老金调查的非缴费型养老金（社会救助）	66	66	不缴费	不缴费
马恩岛	1948	社会保险	65	63	11.0（自愿参保为每周定额14.10英镑）	12.8
	…	经家计调查的非缴费型养老金（社会救助）	80	80	不缴费	不缴费
意大利	1919,1995	社会保险（逐渐取消）和名义账户制（NDC）	66岁7个月	62岁7个月	9.19（舞蹈家9.89）	23.81（舞蹈家25.81）
	1969	经家计调查和养老金调查的非缴费型养老金（社会救助）	65岁7个月	65岁7个月	不缴费	不缴费
泽西岛	1951	社会保险	65	65	6.0	6.5
科索沃[b]	2002	普惠型非缴费养老金	65	65	不缴费	不缴费
拉脱维亚	1922	名义账户制（NDC）和强制性个人账户	62岁9个月	62岁9个月	10.5	23.6
	…	经养老金调查的非缴费型养老金（社会救助）	67岁9个月	67岁9个月	不缴费	不缴费
列支敦士登[③]	1952	社会保险	64	64	4.6	12.8
	1988	强制性职业养老金	64	64	6.0+管理费的50	工资总额的8.0或每名参保雇员收入的6.0+管理费的50.0

续表

缴费：老年、残障、遗属[a]		老年法律覆盖的估计值[a]（占劳动年龄人口的百分比）							
自雇者	政府筹资	共计[*]		强制缴费型		自愿缴费型		非缴费型	
		共计	女性	共计	女性	共计	女性	共计	女性
4.0%	全部赤字	100.0	100.0	67.0	60.8	0.0	0.0	33.0	39.2
不缴费	全部费用								
8.0%的年收入+每周定额英镑5.40	不缴费	...	...	...	...	...	...	...	...
不缴费	经家计调查的津贴和其他非缴费型待遇给付								
23.1%	全部赤字	100.0	100.0	58.5	48.8	..	..	41.5	51.2
不缴费	全部费用								
12.5%	不缴费	...	...	...	...	...	...	...	...
不缴费	全部费用	...	...	...	...	...	...	...	...
30.6%	为某些群体缴费	100.0	100.0	76.3	70.3	23.7	29.7	23.7	23.7
不缴费	全部费用								
固定费率加上一定比例的管理费和残障待遇给付	每年缴费5 000万瑞士法郎	...	...	...	...	...	...	...	...
基于自愿	不缴费								

区域/亚区/国家/地区	首部法律引入年份	项目类型ª	可领取养老金的年龄ª（岁）		缴费率：老年、残障、遗属ª（%，本国货币）	
			男性	女性②	被保险人	雇主
立陶宛㊸	1922	社会保险	63岁4个月	61岁4个月	3.0	23.3
	1994	经养老金调查的非缴费型养老金（社会救助）	63岁4个月	61岁4个月	不缴费	不缴费
卢森堡	1911	社会保险	65	65	8.0	8.0
马耳他㊺	1956	社会保险	62~65	62~65	10.0	10.0
	1956	经家计调查和养老金调查的非缴费型养老金（社会救助）	60	60	不缴费	不缴费
	1956	普惠型养老金	75	75	不缴费	不缴费
摩纳哥	1944	社会保险	65	65（55）②	6.6	7.0
黑山	1922	社会保险	65	60	15.0	5.5
荷兰	1901	社会保险和经家计调查的非缴费型养老金[普惠型养老金，基本国家养老金（AOW）]	65岁6个月	65岁6个月	17.9（老年）+0.6（遗属）	不缴费（5.7残障）
挪威㊻,㊼	1936	社会保险（旧制度）和名义账户制	62（灵活）	62（灵活）	8.2	14.1
	1936	经家计调查的非缴费型养老金	67	67	…	…
葡萄牙	1935	社会保险	66	66	11.0	23.8
	1980	经家计调查和养老金调查的非缴费型养老金（社会救助）	66岁2个月	66岁2个月	不缴费	不缴费

续表

缴费：老年、残障、遗属 [a]		老年法律覆盖的估计值 [a]（占劳动年龄人口的百分比）							
		共计*		强制缴费型		自愿缴费型		非缴费型	
自雇者	政府筹资	共计	女性	共计	女性	共计	女性	共计	女性
26.3%	全部赤字	100.0	100.0	68.9	71.3	…	…	31.0	28.6
不缴费	全部费用								
16.0%	8%	70.0	60.8	70.0	60.8	0.0	0.0	0.0	0.0
一周28.73欧元~63.86欧元（取决于收入）	缴费总额的50.0%	100.0	100.0	69.0	52.9	0.0	0.0	31.0	47.1
不缴费	全部费用								
不缴费	全部费用								
特殊制度	不缴费	…	…	…	…	…	…	…	…
20.5%	全部赤字	…	…	…	…	…	…	…	…
17.9%（老年）+0.6%（遗属）	提供补贴使所有给付达到适用的社会最低标准，支付自童年就有残障的人士的养老金	100.0	100.0	100.0	100.0	0.0	0.0	100.0	100.0
11.4%	全部赤字	100.0	100.0	77.0	74.9	0.0	0.0	23.0	25.1
…	…								
29.6%（独资企业和某些类型公司的所有者为34.75%）	通过一部分增值税部分资助	100.0	100.0	68.3	64.4	…	…	31.7	35.6
不缴费	全部费用								

区域/亚区/国家/地区	首部法律引入年份	项目类型 a	可领取养老金的年龄 a（岁）		缴费率：老年、残障、遗属 a（%，本国货币）	
			男性	女性②	被保险人	雇主
圣马力诺⑱	1955	社会保险和强制性个人账户	65	65	5.4（社会保险）+1.5（个人账户）	16.1（社会保险）+1.5（个人账户）
塞尔维亚	1922	社会保险	65	61	14.0	12.0
斯洛文尼亚⑲	1922	社会保险	65	65	15.5	8.9
	1999	经家计调查的非缴费型养老金	68	68	不缴费	不缴费
西班牙	1919	社会保险	65	65	4.7	23.6
	1994	经家计和养老金调查的非缴费型养老金（社会救助）	65	65	不缴费	不缴费
瑞典⑳	1913	名义账户制（NDC）和强制性个人账户	61（灵活）	61（灵活）	7.0（老年）+管理费	10.21（老年）+4.85（残障）+1.17（遗属）
	1913	经家计调查的非缴费型养老金（社会救助）	65	65	不缴费	不缴费
瑞士	1946	社会保险	65	64	4.2（老年）+0.7（残障）	4.2（老年）+0.7（残障）
	1982	强制职业养老金	65	64	7.0~18(取决于年龄)	不少于雇员的缴费
	1946	经养老金调查的非缴费型养老金	65	64	不缴费	不缴费

续表

缴费：老年、残障、遗属[a]		老年法律覆盖的估计值[a]（占劳动年龄人口的百分比）							
自雇者	政府筹资	共计[*]		强制缴费型		自愿缴费型		非缴费型	
		共计	女性	共计	女性	共计	女性	共计	女性
14.5%~22%（社会保险，取决于收入水平）+3.0%（个人账户）	缴费总额的5%（为农业从业者的缴费更高）或是最高25%用于填补全部赤字，需要时补贴	65.7	57.5	65.7	57.5	…	…	0.0	0.0
26.0	保证现金给付并填补全部赤字	57.9	50.4	57.9	50.4	0.0	0.0	0.0	0.0
24.35%（某些农民为15.5%）	支付退伍军人和某些参保人群的费用，全部赤字	100.0	100.0	71.6	63.5	…	…	16.5	30.5
不缴费	全部费用								
特殊制度	年度补贴								
不缴费	全部费用	100.0	100.0	60.0	54.7	0.0	0.0	40.0	45.3
17.21%+管理费	政府根据疾病或残疾津贴、学生援助或父母现金津贴领取者的名义收入为其缴费	100.0	100.0	78.9	77.1	0.0	0.0	21.0	22.8
不缴费	全部费用								
（4.2%~7.8%）取决于收入水平，加上（0.75%~1.4%）取决于残障情况	年度联邦补贴19.55%的用于老年和遗属津贴以及37.7%的残障津贴	100.0	100.0	100.0	100.0	…	…	100.0	100.0
根据养老基金而不同	不缴费								
不缴费	由各州提供								

区域/亚区/国家/地区	首部法律引入年份	项目类型[a]	可领取养老金的年龄[a]（岁）		缴费率：老年、残障、遗属[a]（%，本国货币）	
			男性	女性[②]	被保险人	雇主
英国[①]	1908	社会保险	65	63	12.0（高收入+2.0）	13.8
	1908	经家计调查和养老金调查的非缴费型养老金（社会救助，养老金补贴）	65	65	不缴费	不缴费
	1908	经家计调查的非缴费型养老金（社会救助，老年人的养老金）	80	80	不缴费	不缴费
东欧						
白俄罗斯	1956	社会保险	60	55	1.0	28.0（根据行业而有所不同）
	…	经养老金调查的非缴费型养老金（社会救助）	65	60	不缴费	不缴费
保加利亚	1924	社会保险	63岁10个月	60岁10个月	7.9	9.9
	…	强制性个人账户	63岁10个月（取决于职业有提前退休）	60岁10个月（取决于职业有提前退休）	2.2	2.8
	…	经家计调查的非缴费型养老金（社会救助）	70	70	不缴费	不缴费
捷克	1906	社会保险	63	62岁4个月	6.5	21.5
匈牙利[②]	1928	社会保险和强制性个人账户（自愿）	63岁6个月	63岁6个月	10.0	27.0
	1993	经家计调查的非缴费型养老金（社会救助）	62	62	不缴费	不缴费

续表

缴费：老年、残障、遗属[a]		老年法律覆盖的估计值[a]（占劳动年龄人口的百分比）							
自雇者	政府筹资	共计[*]		强制缴费型		自愿缴费型		非缴费型	
		共计	女性	共计	女性	共计	女性	共计	女性
定额每周2.80英镑+申报年收入的9.0%（高收入+2.0）	缴费型项目的赤字由财政资金填平								
不缴费	经家计调查的老年养老金和其他非缴费型待遇的全部费用	100.0	100.0	69.2	70.6	…	…	30.8	29.4
不缴费	经家计调查的老年养老金和其他非缴费型待遇的全部费用								
29.0%	军人养老金的费用，需要时提供补贴	100.0	100.0	70.9	67.6	0.0	0.0	29.1	32.4
不缴费	全部费用								
12.8%	全部赤字								
5.0%	不缴费	100.0	100.0	64.8	61.1	0.0	0.0	35.2	38.9
不缴费	全部费用								
28.0%	全部赤字	91.5	87.3	71.0	62.7	20.5	24.6	0.0	0.0
10.0%	全部赤字								
不缴费	全部费用	100.0	100.0	70.1	60.7	29.9	39.3	29.9	39.3

区域/亚区/国家/地区	首部法律引入年份	项目类型ᵃ	可领取养老金的年龄ᵃ（岁）		缴费率：老年、残障、遗属ᵃ（%，本国货币）	
			男性	女性②	被保险人	雇主
摩尔多瓦	1956	社会保险	62	57	6.0	23.0（农业部门22.0）
	1956	经养老金调查的非缴费型养老金（社会救助）	62	57	不缴费	不缴费
波兰㉝	1927—1999	社会保险或名义账户制（NDC）	65	60	9.76（老年）+1.5（残障和遗属）	9.75（老年）+6.5（残障和遗属）
	1999	名义账户制（NDC）和个人账户	65	60	名义账户制：6.84（老年）+1.5（残障和遗属）个人账户：2.92（老年）+1.75（管理费）	名义账户制：9.75（老年）+6.5（残障和遗属）个人账户：不缴费
	…	经家计调查和养老金调查的非缴费型养老金（社会救助）	65	60	…	…
罗马尼亚	1912	社会保险和强制性个人账户	65	60	5.4（社会保险）+5.1（个人账户）或10.5（若仅社会保险）	15.8~25.8（社会保险，根据职业而不同）
俄罗斯㉟	1922	名义账户制（NDC）	60	55	不缴费	22.0
	…	经养老金调查的非缴费型养老金（社会救助）	65	60	不缴费	不缴费
斯洛伐克㊱㊲	1906	社会保险和个人账户	62	62	7.0	17.0（社会保险）+4.0（个人账户）

续表

缴费：老年、残障、遗属[a]		老年法律覆盖的估计值[a]（占劳动年龄人口的百分比）							
		共计[*]		强制缴费型		自愿缴费型		非缴费型	
自雇者	政府筹资	共计	女性	共计	女性	共计	女性	共计	女性
每年定额摩尔多瓦列伊6 372（农业地主1 584）	不缴费	100.0	100.0	42.3	31.9	0.0	0.0	57.7	68.1
不缴费	全部费用								
19.52%（老年）+1.5%（残障和遗属）	有保障的最低养老金的全部费用，为某些群体缴费	68.8	58.8	68.8	58.8	…	…	0.0	0.0
名义账户制：16.6%（老年）+1.5%（管理费）个人账户：2.92%（老年）+1.75%（管理费）	有保障的最低养老金的全部费用								
…	…	…	…	…	…	…	…	…	…
21.2%（社会保险）+5.1%（个人账户）或26.3%（若仅社会保险）	全部赤字	58.3	48.1	58.3	48.1	…	…	0.0	0.0
每年缴费17 332.48卢布	不缴费	100.0	100.0	66.2	62.7	…	…	33.8	37.3
	社会养老金的全部费用，地方政府可以为补充福利提供资金								
24.0%（社会保险）+4.0%（个人账户）	全部赤字	65.4	58.7	65.4	58.7	0.0	0.0	0.0	0.0

区域/亚区/国家/地区	首部法律引入年份	项目类型 [a]	可领取养老金的年龄 [a]（岁）		缴费率：老年、残障、遗属 [a]（%，本国货币）	
			男性	女性[②]	被保险人	雇主
乌克兰	1922	社会保险	60	57.5	不缴费	22.0
	…	经家计和养老金调查的非缴费型养老金（社会救助）	63	60.5	不缴费	不缴费
中亚和西亚						
亚美尼亚[⑧]	1956	社会保险	63	63	部分个人所得税	不缴费
	2014	强制性个人账户	63	63	5.0	不缴费
	…	经养老金调查的非缴费型养老金（社会救助）	65	65	n.a.	不缴费
阿塞拜疆	1956	社会保险和名义账户制（NDC）	63	60	3.0	22.0
	2006	经养老金调查的非缴费型养老金（社会救助）	67	62（57）	不缴费	不缴费
塞浦路斯	1957	社会保险	65（矿工为63）	65（矿工为63）	7.8（自愿参保为13.0）	7.8
	1995	经养老金调查的非缴费型养老金（社会救助）	65	65	不缴费	不缴费
格鲁吉亚	2006	普惠型非缴费养老金	65	60	不缴费	不缴费
以色列[⑨⑩]	1953	社会保险	70	68	0.22~3.85	1.30~2.04
	…	经家计调查和养老金调查的非缴费型养老金（社会救助，新移民的特殊老年养老金）	67	62	n.a.	n.a.
	1980	经家计调查的非缴费型养老金（社会救助，收入支持）	…	…	n.a.	n.a.

续表

缴费：老年、残障、遗属[a]		老年法律覆盖的估计值[a] （占劳动年龄人口的百分比）							
自雇者	政府筹资	共计[*]		强制缴费型		自愿缴费型		非缴费型	
		共计	女性	共计	女性	共计	女性	共计	女性
22.0%	需要时，中央和地方政府提供补贴	100.0	100.0	60.8	56.1	…	…	39.2	43.9
不缴费	国家社会福利的成本								
部分个人所得税	需要时补贴	100.0	100.0	56.1	48.6	0.0	0.0	43.9	51.4
5.0%	10.0%								
n.a.	全部费用								
20.0；50.0（贸易或建筑业）	提供补贴	100.0	100.0	49.3	45.5	0.0	0.0	50.7	54.5
不缴费	全部费用								
14.6%	4.6%（自愿参保为4.1%）	100.0	100.0	64.1	59.1	…	…	35.9	40.9
不缴费	全部费用								
不缴费	全部费用	100.0	100.0	…	…			100.0	100.0
3.09%~5.21%	提供补贴	100.0	100.0	62.6	61.0	0.0	0.0	37.4	39.0
n.a.	全部费用								
n.a.	全部费用								

区域/亚区/国家/地区	首部法律引入年份	项目类型 a	可领取养老金的年龄 a（岁）		缴费率：老年、残障、遗属 a（%，本国货币）	
			男性	女性②	被保险人	雇主
哈萨克斯坦	1991	强制性个人账户和团结（社会保险）养老金	63	58	10.0（团结养老金不缴费）	不缴费（危险职业5.0，团结养老金不缴费）
	1991	经家计调查和养老金调查的非缴费型养老金（社会救助，国家社会津贴）	63	58	n.a.	n.a.
	1997	普惠型非缴费养老金（国家基本养老金）	63	58	n.a.	n.a.
吉尔吉斯斯坦	1922	社会保险，名义账户制（NDC）养老金和强制性个人账户	63	58	8.0（社会保险和名义账户制）+2.0（个人账户）	15.25（0.25用于员工健康改善项目）
	1922	经养老金调查的非缴费型养老金（社会救助）	63	58	n.a.	n.a.
塔吉克斯坦[①]	1993	社会保险：名义账户制（NDC）项目	63	58	不缴费	25.0
	1999	强制性个人账户	63	58	1.0	不缴费
	1993	经养老金调查的非缴费型养老金（社会救助）	63	58	不缴费	不缴费
土耳其[②]	1949	社会保险	60	58	9.0	11.0
	1976	经家计调查的非缴费型养老金（社会救助）	65	65	不缴费	不缴费
土库曼斯坦[③④]	1956	社会保险：名义账户制（NDC）养老金	62	57	不缴费	20.0（危险职业+3.0）
	…	经家计调查和养老金调查的非缴费型养老金（社会救助）	62	57	不缴费	不缴费

续表

缴费：老年、残障、遗属[a]		老年法律覆盖的估计值[a]（占劳动年龄人口的百分比）							
		共计[*]		强制缴费型		自愿缴费型		非缴费型	
自雇者	政府筹资	共计	女性	共计	女性	共计	女性	共计	女性
10.0%（团结养老金不缴费）	不向个人账户缴费，补贴团结养老金								
n.a.	全部费用	100.0	100.0	70.6	69.2	0.0	0.0	100.0	100.0
n.a.	需要时补贴								
9.3	不缴费								
		100.0	100.0	57.0	28.2	0.0	0.0	43.0	71.8
n.a.	全部费用								
20.0%	不缴费								
n.a.	不缴费								
不缴费	提供部分补贴，地方政府可以从自己的预算中提供补充福利	100.0	100.0	64.1	56.2	0.0	0.0	35.9	43.8
20.0%	已征缴总额的25.0%								
不缴费	全部费用	100.0	100.0	35.2	31.9	…	…	64.8	68.1
最低工资的10.0%（不同职业间有所不同）	需要时补贴								
		100.0	100.0	50.0	65.9	0.0	0.0	56.2	34.1
不缴费	全部费用								

区域/亚区/国家/地区	首部法律引入年份	项目类型[a]	可领取养老金的年龄[a]（岁）		缴费率：老年、残障、遗属[a]（%，本国货币）	
			男性	女性[②]	被保险人	雇主
乌兹别克斯坦[⑤]	1956	社会保险	60	55	7.5	25.0（小微企业15.0）
	1956	强制性个人账户	60	55	1.0	不缴费
	…	经家计调查和养老金调查的非缴费型养老金	60	55	不缴费	不缴费

来源：

主要来源：

国际社会保障协会（ISSA）；美国社会保障总署（SSA），全球社会保障项目（日内瓦和华盛顿特区）。可见 http://www.ssa.gov/policy/docs/progdesc/ssptw/ ［2017.05.31］.

国际劳工组织社会保护数据库，基于社会保障调查（SSI）。可见 http://www.social-protection.org/gimi/gess/RessourceDownload.action?ressource.ressourceId=54606 ［2017.06］.

其他来源：

国际助老会．社会养老金数据库。可见 http://www.pension-watch.net/about-social-pensions/about-social-pensions/social-pensions-database/ ［2017.05.29］.

ILO（国际劳工局）.ILOSTAT. 可见 http://www.ilo.org/ilostat/ ［2017.06.01］.

国家统计局．各个日期．来自国家劳动力调查或其他家庭或机构调查的数据集和报告。可见 http://www.ilo.org/ilostat/ ［2017.06.01］.

联合国，经济和社会事务部，人口司．2015．世界人口展望：2015年修订版（纽约）。可见 https://esa.un.org/unpd/wpp/ ［2017.06］.

注释：

n.a. 表示不适用。

… 表示不可用。

[*] 强制与自愿；缴费型与非缴费型。

[a] 详细的注释与定义可见 http://www.social-protection.org/gimi/gess/RessourceDownload.action?ressource.ressourceId=54606.

[b] 根据联合国安理会1999年第1244号决议的规定。

[c] 国家立法中没有相关项目。

本表与表B.10的"非缴费型养老金制度"——主要特征和指标（http://www.social-protection.org/gimi/gess/RessourceDownload.action?ressource.ressourceId=54607）互为补充。

[①] 在许多国家，如果雇员由于艰苦或不健康的工作而过早衰老，就有可能在正常退休年龄之前退休。

[②] 在一些国家，在某些情况下，女性可以在正常退休年龄之前退休，以便有时间抚养子女。

[③] 肯尼亚。项目类型。2013年《国家社会保障基金法》设立了一个养老基金和一个新的公积金。所有18～60岁的受雇者都必须强制加入养老基金。旧的公积金参保者自动加入该养老基金，他们在旧的公积金中的资产仍保留在那里。新的公积金是自愿参加的。此处所提到的比例是两个项目（养老基金和自愿公积金）的总和。

续表

缴费：老年、残障、遗属[a]		老年法律覆盖的估计值[a]（占劳动年龄人口的百分比）							
自雇者	政府筹资	共计[*]		强制缴费型		自愿缴费型		非缴费型	
		共计	女性	共计	女性	共计	女性	共计	女性
月缴费额不低于最低工资	需要时补贴	100.0	100.0	45.0	37.0	13.9	9.5	41.1	53.5
1.0%	不缴费								
不缴费	全部费用								

④ 马拉维。2011年3月，一部养老金法建立了一个强制性养老金制度，该制度是基于私营部门收入超过最低工资标准的劳动者的个人账户。该法尚未实施。

⑤ 塞舌尔。如果被保险人不符合老年养老金的缴费要求，则支付老年补助金（来自社会保险）。

⑥ 塞拉利昂。月收入的2.5%，公务员为10%，军人和警务人员则为12%。

⑦ 阿根廷。从1994—2008年年底，存在一种混合型制度，即所有参保劳动者都在第一支柱的公共现收现付（PAYG）制度中；对于第二支柱，劳动者则在向个人账户缴费和向现收现付的给付确定型制度缴费之间作出选择。2008年出台的一部法律取消了第二支柱的个人账户，并将所有劳动者及其账户余额转入新的单支柱现收现付制度中。

⑧ 玻利维亚。1997年，社会保险制度的所有活跃成员转入私营的强制性个人账户制度。2008年，一项新的普惠型养老金"体面收入计划"（Renta Dignidad）取代了"互济养老金计划"Bonosol（所有在1996—2008年年龄在65岁以上的玻利维亚常住公民均可享受Bonosol）。

⑨ 哥伦比亚。老年家庭养老金支付给不符合缴费要求并被归为SISBEN I或II（贫困家庭）的达到可领取养老金年龄的夫妇。社会救助由缴费型制度被覆盖工资总额的1%~2%筹资。

⑩ 多米尼加。针对私营部门劳动者的"现收现付"社会保险制度于2003年停止对新加入者开放，目前正在逐步取消。它覆盖了2003年选择留在社会保险制度中的45岁及以上的私营部门劳动者，以及在2003年6月之前开始领取养老金的私营部门退休人员。选择不加入个人账户制度的公共部门劳动者仍留在针对公共部门劳动者的单独的社会保险制度中。针对自雇佣者和其他脆弱群体的补贴个人账户尚未实施。

⑪ 厄瓜多尔。2001年的法律中关于建立个人账户制度以补充社会保险养老金项目的规定没有得到执行。

⑫ 萨尔瓦多。1998年时年龄在55岁（男性）或50岁（女性）以上的被保险人，以及1998年年满36岁而没有选择个人账户制度的劳动者，均被旧的社会保险制度所覆盖。政府补贴现收现付（PAYG）制度，并为向旧的社会保险制度缴费的账户持有者提供指数债券资金。债券是参保者对旧的社会保险制度的缴费加上利息。

⑬ 洪都拉斯。针对月收入超过8 882.30洪都拉斯伦皮拉人员的强制性个人账户尚未实施。月收入不超过8 882.30洪都拉斯伦皮拉的人员可向个人账户自愿缴费。

⑭ 墨西哥。收入不超过法定最低月工资15倍的参保者每缴费一天，政府向其个人账户缴纳0.225%的被覆盖收入加上4.21墨西哥比索的平均定额（2013年），残障和遗属福利则为被覆盖收入的0.125%，为最低保障养老金提供资金。

⑮ 尼加拉瓜。为战争受害者、矿工、贫困老年人和贫困残障人士设立了特殊制度（非缴费型）。

⑯ 秘鲁。当公共和私营部门的雇员进入劳动力市场时，他们可以在个人账户制度（SPP）和公共

社会保险制度（SNP）之间进行选择。未作出选择的参保者成为个人账户制度成员。公共社会保险制度参保者可以转为个人账户制度参保者，但无特殊情况则不能再转回公共社会保险制度。

⑰ 乌拉圭。1956年4月1日以后出生的月收入超过39 871乌拉圭新比索的受雇者和自雇佣者必须强制参加社会保险和个人账户混合制度，月收入低于39 871乌拉圭新比索的人则自愿参加。其余所有人则仅被社会保险制度覆盖。

⑱ 加拿大。退休后津贴支付给达到领取养老金年龄而继续工作的人。在魁北克养老金计划（Quebec Pension Plan）下，任何年龄的人都必须向养老金制度缴费；在加拿大养老金计划（Canada Pension Plan）下，60~64岁的人也强制缴费。而65~70岁的人则自愿缴费（对于该年龄组，雇主缴费是强制性的）。

⑲ 科威特。基本制度、补充制度和补偿制度都是社会保险制度的组成部分。有资格领取补充养老金的人是符合基本养老金制度要求的雇员，其月收入超过1 500科威特第纳尔（请注意，自雇佣者仅被排除在补充养老金之外）。月收入超过2 750科威特第纳尔的雇员每月额外支付2.5%，以为基本制度下的待遇调整筹资（月收入不超过1 500科威特第纳尔的自雇佣者为3.5%，月收入不超过2 750科威特第纳尔的雇员的雇主费率为1%）。来源于补偿制度的养老金针对的是领取前述两种养老金之一且不同时领取的人员，以及不符合缴费要求的雇员。所有缴费者（雇员、自雇佣者和政府）在缴费18年后停止向补偿制度缴费。

⑳ 科威特。基本制度，政府：被覆盖收入的10%（公共雇员），工资总额的32.5%（军人）和月收入减去自雇佣者缴费的25%（自雇佣人员）。

㉑ 中国。基本养老金保险制度有两个组成部分：社会保险项目和强制性个人账户。农村居民和非城镇居民的养老金制度有两个组成部分：非缴费型养老金和个人账户。

㉒ 中国。自2011年7月以来，现有的区域和地方社会保障制度，包括社会统筹安排，正逐步统一于该国的第一部社会保险国家立法之下。

㉓ 日本。社会保险制度包括国民养老金项目（NP）下的定额给付和雇员养老保险项目（EPI）下的与收入相关的给付。

㉔ 蒙古。2017年通过的新立法规定，退休年龄应每年提高6个月（2018年开始），直至2026年男性的退休年龄达到65岁，2036年女性的退休年龄达到65岁。这同样适用于有资格领取老年社会福利养老金的年龄。

㉕ 蒙古。2017年通过的新立法将雇主和劳动者的养老金缴费率均提高了2.5个百分点（2018年提高1%、2019年提高0.5%、2020年提高1%），使强制缴费总额达到19%。自愿养老保险缴费同样如此（2018年提高1%、2019年为0.5%、2020年为1%），提高到12.5%。

㉖ 柬埔寨。只有公务员才能领取养老金。A类的法定退休年龄为60岁、B类为58岁、C类和D类则为55岁。当公务员至少工作30年后，每月领取相当于其净基本工资80%的养老金；如果他们在退休年龄之前至少有20年但不到30年的工龄，则养老金为其净基本工资的60%。工龄超过20年者，可领取相当于其净工资2%的比例年度补充养老金。总金额不超过年资养老金的80%，不低于基本月工资。年满退休年龄且工龄不足20年的公务员将不领取养老金，只领取一笔一次性津贴，相当于8个月工资总额。该制度完全由国家预算提供资金。针对私营部门劳动者的养老金制度尚未实施。

㉗ 印度尼西亚。随着《国家社会保障制度法》（Sistem Jaminan Sosial Nasional，SJSN）（2004年第40号）的制定，给付确定型养老金制度（针对私营部门劳动者的社会保险）从2015年7月1日起生效；然后则是《社会保障经办机构法》（Badan Penyelenggara Jaminan Sosial，BPJS）（2011年第24号）和养老金项目政府规章（2015年第45号）。

㉘ 印度尼西亚。覆盖率是用劳动者人数的替代数据来计算的，而非精确值。

㉙ 马来西亚。社会保险制度只适用于公务员。

㉚ 泰国。2011年启动了一项针对非正规部门劳动者的新的自愿社会保障制度。该制度以劳动者和

政府缴费为基础，为老年、残障、遗属、疾病和生育福利提供资金。

㉛ 泰国。政府对非正规部门劳动者养老金的缴费取决于参保者的年龄：30 岁以下为参保者缴费的 50%；30~49 岁为参保者缴费的 80%；50 岁及以上为参保者缴费的 100%。

㉜ 东帝汶。该制度只覆盖公务员，并将从 2017 年起逐步纳入一般社会保险制度。被覆盖的个体不缴费，而福利待遇则与历史工资挂钩。

㉝ 越南。1995 年以前退休的劳动者的养老金总费用和必要补贴；公共部门雇员和 1995 年 1 月以前退休的人的缴费。从 2018 年 1 月 1 日起，政府开始补贴自愿缴费。

㉞ 斐济、基里巴斯、马绍尔群岛、巴布亚新几内亚、萨摩亚、所罗门群岛、瓦努阿图。如果在正常退休年龄之前已经失业一段时间（视国家而定）或在任何年龄时如果永久移民，则可以从公积金或退休金基金领取养老金。

㉟ 密克罗尼西亚联邦。雇主缴费是每季度最高报酬职业工资两倍的 7.5%。自雇佣者可缴纳上一日历年营业总收入的 5% 或最高报酬职业（小企业）工资两倍的 5%。年收入低于 10 000 美元的自雇佣者自愿缴费，缴费额为上一日历年总收入的 15%。

㊱ 帕劳。自雇佣者缴费为其最高报酬工作工资两倍的 12%，或无雇员的（自雇佣者）年总收入 1/4 的 12%。

㊲ 萨摩亚群岛。公积金制度的可领取养老金年龄在如下情况有调整：如果一个人失业至少五年则降至 50 岁；如果永久移民、医学意义上失能、进入神学院或成为神职人员时可在任何年龄时领取。如果在 55 岁后继续被保险覆盖的就业，那么基金成员必须继续缴费。如果在 55 岁提款后继续就业或开始新的就业，则基金成员必须至少缴费 12 个月，然后才能再次提款。

㊳ 克罗地亚。如果雇员和自雇佣者同时向社会保险养老金和强制性个人账户缴费，则向社会保险支付 15% 的被覆盖收入或保险基数，外加向强制性个人账户支付 5%。如果只向社会保险制度缴款，则支付 20% 的被覆盖收入或保险基数。保险费基是所有就业者平均工资总额的百分比（65%~100%），具体取决于自雇佣的类别和个体的教育水平。

㊴ 丹麦。社会保险养老金缴费（劳动力市场补充养老金或 ATP）是一个有上限的固定数额：如果是全职劳动者，则其每年支付 1 135.80 克朗；自雇佣者每年支付 3 408 丹麦克朗；雇主每年为全职劳动者支付 2 272.20 丹麦克朗。

㊵ 爱沙尼亚。当有至少 20 年工龄，包括从事特别有危害的职业 10 年，则最多可以在正常退休年龄之前 10 年退休；当有至少 25 年工龄，包括从事特别有危害职业的 12 年零 6 个月，则最多可在正常退休年龄之前 5 年退休；当工作及用以抚养子女（视子女数量或子女是否为残障而定）的时间为至少 15 年，或者若参保者参与过切尔诺贝利灾难清理，则最多可在正常退休年龄之前 5 年退休。

㊶ 法国。强制性补充制度针对工商业雇员、农业部门的工薪劳动者以及在某些条件下针对被供养配偶。该养老金制度由雇主和雇员共同管理。

㊷ 冰岛。如果年收入低于某个特定门槛水平，则会给付一项收入调查式的社会津贴以支付生活支出成本。

㊸ 列支敦士登。年收入不超过 3 000 瑞士法郎的自雇佣人员支付 234 瑞士法郎（老年人和遗属）的定额，加上 4.2% 的缴费总额（管理费）；对于年收入超过 3 000 瑞士法郎的部分，则为其 7.8%（老年人和遗属）和 1.5%（残障），加上 4.2% 的缴费总额（管理费用）。

㊹ 立陶宛。2004 年实施了个人账户。虽然雇员自愿参加，但一旦加入，就不得选择退出。账户持有人及其雇主必须各自缴纳参保者收入的 2%，并获得国家对自愿缴费的配套补贴，补贴额为参保者收入的 1%。

㊺ 马耳他。社会保险和社会救助养老金的可领取年龄均为：62 岁（若出生于 1952—1955 年）；63 岁（若出生于 1956—1958 年）；64 岁（若出生于 1959—1961 年）；65 岁（若出生于 1962 年及以后）。老年公民补助金（社会救助）则为 70 岁。

㊻ 挪威。2011 年实施的新养老金制度以最低福利保障代替了普惠型养老金，并以名义账户制取代了与收入挂钩的养老金。新制度覆盖 1963 年以来出生的人。1954 年以前出生的人仍被旧制度所覆盖。新老制度相结合的过渡性（混合）制度覆盖 1954—1962 年出生的人。

㊼ 挪威。名义账户（NDC）养老金的可领取年龄在 62 ~ 75 岁。雇员可因照顾他人的无偿劳动或因履行义务兵役或文职服务而获得入账（credit）。还可通过失业津贴获得入账。

㊽ 圣马力诺。2012 年实行了强制性个人账户制度，作为社会保险制度的补充。参保人和雇主都必须缴纳保险费。

㊾ 斯洛文尼亚。承担战争老兵、警察和退伍军人等某些参保人群的费用，为农民支付雇主缴费，在缴费非预期情况下减少时弥补所有赤字，为社会救助福利待遇提供资金，作为雇主缴费。

㊿ 瑞典。社会保险老年养老金制度覆盖 1938 年以前出生的被雇佣和自雇佣者（不能再向这一制度缴款）。从与收入挂钩的社会保险制度逐步过渡到针对 1938—1953 年出生人员的名义账户和强制个人账户制度。

(51) 英国。2016 年 4 月推出了一种针对 2016 年 4 月 6 日及之后退休的劳动者的新的定额单层次国家养老金。新的养老金取代了此前由基本国家退休养老金和国家第二养老金所组成的双层制度。

(52) 匈牙利。2010 年的社会保障法修正案终止了将缴费转入第二支柱个人账户的做法，并自动将账户余额转入社会保险项目（除非账户持有人选择退出）。自 2009 年以来，个人账户项目是自愿参加的。

(53) 波兰。1999 年，社会保险现收现付（PAYG）制度被名义账户（NDC）制度所取代。1949 年 1 月 1 日以前出生的参保者仍被社会保险现收现付制度所覆盖。1949 年 1 月 1 日至 1968 年 12 月 31 日期间出生的参保者，其老年津贴可以只选择新的名义账户制度，也可以同时选择名义账户和个人账户制度。直到 2013 年 12 月 31 日，个人账户制度对于 1968 年 12 月 31 日以后出生的参保者都是强制性的。2014 年 2 月 1 日起，个人账户制度对于所有参保者均为自愿的。

(54) 波兰。最低养老金保障的总成本，为休育儿假或领取生育津贴的参保者、领取失业津贴的人员和失业毕业生支付养老金缴费。

(55) 俄罗斯。2011 年对 1967 年及之后出生的人实行了个人账户制度。目前，个人账户的缴费被转到了社会保险。

(56) 斯洛伐克。自 2013 年 1 月 1 日起，新加入者自愿参加个人账户项目。向个人账户缴费的决定必须在 35 岁之前作出，且不可逆。

(57) 斯洛伐克。为所有赤字提供资金，为养育 6 岁以下儿童（患有严重慢性疾病的为 18 岁以下）、生育福利和残障福利的领取者（直到退休年龄或提前领取退休金）缴费。

(58) 亚美尼亚。截至 2014 年 1 月 1 日，个人账户对 1974 年 1 月 1 日或之后出生的劳动者是强制的，对 1974 年之前出生的人则是自愿的；从 2014 年 7 月 1 日之后个人账户才对所有的劳动者实施强制参保。一旦劳动者选择参加，该决定就不能撤销。2010 年的《所得税法》用税收筹资的制度取代了强制社会缴费（2000 年第 HO-179 号法律），但是仍旧保留了社会保险项目的基本结构。

(59) 以色列。政府缴费：参保者收入的 0.25%（老年和遗属养老金），参保者收入的 0.10%（残障福利），参保和自雇佣者收入的 0.02%（长期护理）；老年与遗属特别津贴和新移民长期护理津贴的总费用；以及流动津贴的总费用。政府还补贴老年、残障和遗属、疾病和生育、工伤、失业和家庭津贴缴费总额的 45.1%。

(60) 以色列。支付新移民特殊老年养老金给 60 ~ 62 岁后到以色列的新移民，以及从以色列移居国外后回国但不符合社会保险养老金缴费要求的人。如果资产和收入，包括特别老年养老金，低于法律规定的最低标准，则给付一项收入调查型补充养老金。

(61) 塔吉克斯坦。2013 年，针对所有劳动者，无论其年龄，实施了名义账户制项目。根据过渡规则，将社会保险项目下积累的权益纳入考量。

(62) 土耳其。2006 年 5 月，将针对公共和私营部门雇员以及自雇佣者分设的制度合并到新创设的社会保障机构之下。

(63) 土库曼斯坦。降低了有三个或以上子女的母亲和残障人士可领取社会保险养老金的年龄。军人为 53 岁（男性）或 48 岁（女性）；飞行员和机组人员为 50 岁（男性）或 48 岁（女性）。

(64) 土库曼斯坦。自雇佣者的缴费因职业部门而异：企业家和自由职业者根据月收入，缴纳最低月收入的 15%～80%；农民支付净收入的 10%～20% 或最低月工资的 15%，以较高者为准。最低月工资为 650 土库曼斯坦塔纳库（2017 年 1 月）。

(65) 乌兹别克斯坦。对于从事有危害或艰苦工作或在生态受损地区工作的人、失业老年劳动者、至少有 25 年工龄的教师以及某些其他类别的劳动者，可领取社会保险养老金的年龄降低。

(66) 巴巴多斯。社会救助由缴费型制度的被覆盖工资总额的 2% 筹资。受益人需要自 40 岁起在巴巴多斯居住 12 年（公民）或 15 年（永久居民），或自 18 岁起总计 20 年。不符合老年社会保险养老金缴费要求，或不符合外国政府、国际组织发放的老年养老金的缴费要求。

(67) 哥斯达黎加。社会救助由缴费型制度的被覆盖工资总额的 5% 加销售税收的 20% 筹资。

表 B.10 非缴费型养老金制度：主要特征和指标

区域/亚区/国家/地区	引入年份	制度名称	制度的法律要求和特征					给付水平（每月）	
			资格年龄（岁）	公民身份	居住	收入调查	资产调查	养老金调查	本币	美元

区域/亚区/国家/地区	引入年份	制度名称	资格年龄（岁）	公民身份	居住	收入调查	资产调查	养老金调查	本币	美元
非洲										
北非										
阿尔及利亚	1994	定额团结津贴	60	…	…	●	…	…	3 000.0	28.4
埃及	2008	社会救助部社会团结养老金	65	…	…	…	…	●	300.0	38.3
撒哈拉以南非洲										
博茨瓦纳	1996	国家老年养老金	65	●	●	○	○	○	250.0	29.8
佛得角	2006	最低社会养老金	60	…	…	…	…	●	5 000.0	50.6
肯尼亚	2006	老年人现金转移—试点	65	…	…	●	…	…	2 000.0	19.4
肯尼亚	2008	饥饿安全网项目—试点（粮食安全）	55	…	…	○	○	○	2 550.0	26.0
莱索托	2004	老年养老金	70	●	…	○	○	○	500.0	36.7
利比里亚	…	…	60~65	…	…	●	…	●	n.a.	n.a.
毛里求斯	1950	基本退休养老金	60	●	●	○	○	○	5 000.0	140.5
莫桑比克	1992	基本社会补贴项目	60（男性）55（女性）	…	…	●	…	…	280.0	6.6
纳米比亚	1949（特定群体），1992（全民）	老年养老金	60	●	●	○	○	○	10 000.0	74.6
纳米比亚	1965	退伍军人养老金	55						2 200.0	…
尼日利亚	2011	埃基蒂州老年人社会保障项目（仅限于埃基蒂州）	65	○	…	…	…	●	5 000.0	25.1
尼日利亚	2012	Agba Osun 老年人计划（仅限奥逊州）	…	…	…	●	…	…	1 000.0	50.3
塞舌尔	1987	老年养老金（社会保障基金）	63	●	●	○	○	○	2 950.0	221.6
南非	1927（特定群体），1944	老年补助金	60	●	●	●	●	…	1 410.0（不超过74岁），1 430.0（75岁及以上）	110.1, 111.7

给付水平（每月）			有效覆盖（数量，百分比%）					费用	
购买力平价	年份	最低工资百分比（%）b	待遇领取人数（人）	60岁及以上的人口	65岁及以上的人口	合资格年龄以上人口	年份	费用（占GDP的百分比）	年份
101.5	2015	16.7	284 661.0	8.0	12.1	8.0	2015	0.1	2015
142.2	2014	25.0	1 400 000.0	19.3	29.3	29.3	2008	0.3	2014
68.0	2013	32.1	93 639.0	65.2	93.3	93.3	2012/2013	0.3	2010
102.9	2015	45.5	23 000.0	68.2	85.2	68.2	2011	0.9	2011
47.0	2015	8.0～36.7	310 000.0	14.8	24.0	24.0	2015	0.0	2015
54.2	2016	18.9	n.a.	n.a.	n.a.	n.a.	…	n.a.	…
108.7	2015	37.7～41.2	83 000.0	60.8	94.3	125.5	2014/2015	1.3	2015
n.a.	…	n.a.	n.a.	n.a.	n.a.	n.a.	…	n.a.	…
293.1	2015	157～206	184 487.0	102.7	159.0	102.7	2014	2.9	2015
15.9	2015	3.4～8.8	341 188.0	23.8	36.4	19.3	2015	0.3	2015
158.6	2015	n.a	152 272.0	113.6	175.0	113.6	2015	1.2	2015
…	2015	…	…	…	…	…	…	…	…
57.5	2014	277.8	25 000.0	0.3	0.5	0.5	2013	0.0	2015
115.0	2015	55.6	1 602.0	0.0	0.0	n.a	2015	0.0	2015
390.7	2015	71.0	6 951.0	71.2	99.0	88.6	2011	1.5	2012
256.4, 260.0	2015	n.a.	3 114 729.0	74.0	113.6	74.0	2015	1.3	2015

区域/亚区/国家/地区	引入年份	制度名称	制度的法律要求和特征					给付水平（每月）	
			资格年龄（岁）	公民身份	居住	收入调查	资产调查	养老金调查	本币	美元
南非	1928	战争老兵补助金	60	●	●	●	●	…	不超过1 430.0	…
斯威士兰	2005	老年补助金	60	…	●	…	●		200.0	14.4
坦桑尼亚	2016	桑给巴尔全民养老金项目	70	…	…	○	○	…	20 000.0	9.2
乌干达	2011	老年公民补助金	65（卡拉莫贾地区为60）	…	…	●		●	25 000.0	6.8
赞比亚	2007	社会现金转移项目，卡泰特－试点	60	…	…	…	…	…	60 000.0	10.8
美洲										
拉丁美洲和加勒比地区										
安提瓜和巴布达	1993	老年救助项目	87	…	●	…	●		255.0	94.4
阿根廷	1994	福利养老金	70	○	●	●	●		3 009.3	325.9
阿鲁巴	1960	一般老年保险（Pensioen di biehes AOV）	60	●	●	○	○	○	1 107.0	618.4
巴哈马	1956	老年非缴费型养老金	65	○	●	●	●		262.34（60.54每周）	262.3
巴巴多斯	1937	非缴费型老年养老金	66.5	○	●	○	○		598.0	299.0
伯利兹	2003	非缴费型养老金项目	67（男性）65（女性）	●	●	●	…	○	100.0	50.1
百慕大	1967	非缴费型老年养老金	65	●	●	○	●		451.1	451.08
玻利维亚	1997	Renta Dignidad 或老年普遍收入（Renta Universal de Vejez），此前是 Bonosol	60	●	●	○	○	○	250.0	36.2
巴西	1996	持续现金给付	65	…	●	●	○	●	880.0	264.5
	1963	农村劳动者的老年养老金	60（男性）55（女性）	…	…	…		●	880.0	264.5
智利	2008	基本老年团结养老金	65	○	●	●		●	89 764.0	137.2
哥伦比亚	2003	地区性制度	59（男性）54（女性）	●	●	●	●	○	40 000.0 ~ 75 000.0	13.0 ~ 24.5
哥斯达黎加	1974	非缴费型计划	65						115 331.0	229.3
古巴	…	…	65（男性）60（女性）	…	…	●	…	●	n.a.	n.a.

续表

给付水平（每月）			有效覆盖（数量，百分比%）					费用	
购买力平价	年份	最低工资百分比（%）[b]	待遇领取人数（人）	60岁及以上的人口	65岁及以上的人口	合资格年龄以上人口	年份	费用（占GDP的百分比）	年份
…	2015	…	…	…	…	…	…	…	…
41.9	2015	30.4	55 000.0	77.1	134.1	77.1	2011	0.3	…
29.8	2016	5.0~50.0	27 370.0	0.4	1.5	1.4	2016	0.0	2016
25.8	2015	416.7	60 000.0	4.3	6.2	6.5	2015	0.0	2015
13.3	2010	22.4	4 706.0	0.9	1.3	0.9	2009	n.a.	…
151.1	2015	19.4	152.0	1.5	2.4	10.3	2011	0.0	2011
453.9	2015	53.9	143 650.0	2.3	3.2	4.7	2012	0.0	2013
…	2017	66.0	14 000.0	79.3	100.0	79.3	2013	n.a.	…
264.5	2015	31.2	1 847.0	3.8	5.7	5.7	2014	0.1	2015
309.2	2015	59.8	10 403.0	23.9	35.1	36.9	2011	0.7	2015
87.0	2015	15.5	4 297.0	22.2	32.6	35.4	2013	0.1	2015/2012
288.5	2011	n.a.	n.a.	n.a.	n.a.	n.a.	…	n.a.	…
80.3	2015	15.1	902 749.0	91.3	130.3	91.3	2015	1.2	2015
471.7	2015	100.0	1 918 918.0	8.0	11.7	11.7	2015	0.3	2013
471.7	2015	100.0	5 820 780.0	27.1	40.5	22.1	2012	1.0	2012
239.0	2015	38.7	400 134.0	16.0	22.8	22.8	2013	0.9	2013
33.3~62.4	2015	0.6~11.6	1 258 000.0	26.1	38.9	19.7	2014	0.1	2012
297.7	2012	54.6	106 544.0	17.4	24.9	24.9	2015	0.5	2015
n.a.	…	n.a.	71 000.0	3.7	5.1	4.3	2010	n.a.	…

区域/亚区/国家/地区	引入年份	制度名称	制度的法律要求和特征					给付水平（每月）	
			资格年龄（岁）	公民身份	居住	收入调查	资产调查	养老金调查	本币	美元
多米尼加	…	老龄项目（Programa Nonagenarios）	60	…	…	●	…	…	4 086.0	104.0
厄瓜多尔	2003	老年养老金	65	●	●	●	●	●	50.0	50.0
萨尔瓦多	2009	全民基本养老金	70	…	●	●	…	●	50.0	50.0
危地马拉	2005	老年人经济贡献项目	65	●	●	●	●	●	400.0	51.4
圭亚那	1944	老年养老金	65	●	●	○	○	○	17 000.0	83.7
牙买加	2001	通过健康和教育提升的项目	60	…	…	●	…	…	1 500.0	15.0
墨西哥	2001	老年养老金	65	○	●	○	○	●	580.0	35.2
巴拿马	2009	老年社会养老金（120 a los 65）	65	●	●	●	●	●	120.0	120.0
巴拉圭	2009	老年养老金（Pensión alimentaria para las personas adultas mayores）	65	●	●	●	○	●	456 015.0	81.5
秘鲁	2011	养老金65（Pensión 65）	65	●	…	●	…	●	125.0	37.9
圣基茨和尼维斯	1998	老年社会救助养老金	62	…	●	…	…	●	255.0	94.4
圣文森特和格林纳丁斯	2009	老年救助福利	75	…	●	●	…	●	162.5（75.0每两周）	60.2
	2009	非缴费救助老年养老金	85	…	●	●	…	●	162.5（75.0每两周）	…
苏里南	1973	国家老年养老金	60	…	…	○	○	○	525.0	159.1
特立尼达和多巴哥	1939	老年公民养老金	65	○	●	●	○	○	3 500.0	548.8
乌拉圭	1919	非缴费型养老金项目	70	…	●	●	…	…	7 692.2	261.9
委内瑞拉	2011/12	大爱中的伟大使命（Gran Misión en Amor Mayor）	60（男性）55（女性）	…	●	…	●	…	9 648.2	1535.3
北美										
加拿大	1927	老年保障养老金	65	○	●	●	○	○	570.0	428.0
美国	1935	老年补充性收入保障	65	●	●	●	…	…	733.0	733.0
阿拉伯国家										
伊拉克	2014	社会福利项目老年津贴	60（男性）55（女性）	●	●	●	…	●	420 000.0（每户）	n.a.
亚太地区										
东亚										
中国	2011	城镇居民养老保险制度	60	…	○	…	…	●	70.0（基本税收筹资福利）	10.2

续表

给付水平（每月）			有效覆盖（数量，百分比%）					费用	
购买力平价	年份	最低工资百分比（%）[b]	待遇领取人数（人）	60岁及以上的人口	65岁及以上的人口	合资格年龄以上人口	年份	费用（占GDP的百分比）	年份
172.3	2012	41.3	n.a.	n.a.	n.a.	n.a.	…	n.a.	…
86.2	2013	15.7	625 001.0	42.6	62.3	62.3	2013	0.3	2013
101.6	2014	20.6~47.6	28 154.0	4.2	5.9	8.7	2013	0.1	2013
79.1	2012	19.3~21.0	103 125.0	11.2	16.3	16.3	2010	0.1	2012
144.1	2015	48.6	42 397.0	66.5	110.4	110.4	2015	1.3	2015
26.2	2013	6.9	51 846.0	17.9	24.1	17.9	2010	0.0	2012
71.4	2015	39.0	5 100 000.0	41.9	62.1	62.1	2013	0.2	2015
206.9	2015	19.2	95 116.0	22.1	31.7	31.7	2015	0.2	2015
189.0	2015	25.0	147 170.0	24.6	36.8	36.8	2015	0.5	2015
81.0	2015	16.7	501 681.0	16.0	23.4	23.4	2015	0.1	2014
150.0	2015	17.7	475.0	8.0	12.0	8.3	2011	n.a	…
95.2	2015	14.5~25.3	1 203.0	11.0	…	15.9	2012	0.1	2015
…	2015	…	…	…	…	..	…	…	…
226.1	2013	n.a.	42 818.0	92.1	133.8	92.1	2008	1.6	2012
1 055.3	2015	134.6	79 942.0	45.5	68.4	68.4	2012	1.6	2012
382.4	2015	76.9	33 436.0	5.2	6.9	9.6	2013	0.2	2013
879.0	2015	100.0	559 799.0	20.0	29.9	16.3	2014	0.9	2015
467.6	2015	30.8	5 600 715.0	69.8	96.6	96.6	2015	1.8	2015
733.0	2015	58.3	1 158 158.0	1.7	2.4	2.4	2014	0.1	2014
n.a.	…	n.a.	n.a.	n.a.	n.a.	n.a.	…	n.a.	…
19.8	2015	3.5~7.0	148 003 000.0	70.7	112.6	70.7	2015	0.1	2012

区域/亚区/国家/地区	引入年份	制度名称	资格年龄（岁）	公民身份	居住	收入调查	资产调查	养老金调查	本币	美元
中国香港	1973	老年生活津贴（生果金）	70	○	●	○	○	○	1 135.0	146.3
	1973	老年津贴	65	○	●	●	●	●	2 200.0	283.6
	1993	综合社会保障援助计划	60	○	●	●	●	○	3 340~5 690	…
日本	…	公共救助	65	…	…	●	…	…	80 818.0	1 012.9
韩国	2014	基本老年养老金	65	●	…	●	○	…	204 010.0	175.8
蒙古	1995	社会福利养老金	60（男性）55（女性）	○	●	○	○	●	126 500.0	63.4
中国台湾	2008	老年基本保障养老金	65	●	●	○	●	●	3 628.0	112.4
东南亚										
文莱	1984	老年养老金	60	○	●	○	○	○	250.0	179.2
印度尼西亚	2006	老年人社会救助	70（患有慢性病的为60岁）	…	…	●	…	…	200 000.0	14.9
马来西亚	1982	老年救助制度	60	…	…	●	○	…	300.0	72.3
菲律宾	2011	社会养老金制度	60	…	…	●	…	…	500.0	10.0
泰国	1993	老年津贴	60	●	…	○	…	●	600.0~1 000.0	16.9~28.3
新加坡	2015	乐龄补贴计划	65	●	○	●	●	○	100~250（300~750每季度）	…
东帝汶	2008	老年人支持性津贴	60	…	…	…	…	…	30.0	30.0
	2012	非缴费型养老金	60	…	…	…	…	…	…	…
越南	2004	社会救助（类别1：80岁及以上）	80	●	…	○	…	●	540 000.0	24.6
	2004	社会救助（类别2：60~79岁）	60	…	…	●	…	…	405 000.0	18.5
南亚										
孟加拉	1998	老年津贴	65（男性）62（女性）	●	●	●	…	●	500.0	6.4
印度	1995	英迪拉甘地国家老年养老金计划	60	…	…	…	…	…	200.0	3.0
马尔代夫	2010	老年基本养老金	65	…	…	…	…	●	2 300.0	150.3

附件四　统计表

续表

给付水平（每月）			有效覆盖（数量，百分比%）					费用	
购买力平价	年份	最低工资百分比（%）[b]	待遇领取人数（人）	60岁及以上的人口	65岁及以上的人口	合资格年龄以上人口	年份	费用（占GDP的百分比）	年份
199.7	2013	17.8	396 847.0	27.4	39.3	56.2	2013	n.a.	…
387.1	2013	34.5	194 491.0	13.4	19.3	19.3	2013	n.a.	…
…	2015	…	…	…	…	…	…	…	…
777.6	2011	63.3	n.a.	n.a.	n.a.	n.a.	…	n.a.	…
227.8	2016	16.2	4 640 000.0	49.8	70.3	70.3	2015	0.0	2015
190.6	2015	65.9	1 999.0	1.0	1.7	0.8	2015	0.0	2015
241.1	2016	13.1	n.a.	n.a.	n.a.	n.a.	…	n.a.	…
379.9	2015	n.a.	27 166.0	90.9	159.8	90.9	2014	0.4	2014
52.8	2015	11.2	26 500.0	0.1	0.2	0.1	2013	0.0	2013
211.9	2016	30.0~32.6	120 496.0	5.5	8.8	5.5	2010	0.1	2010
27.4	2017	101.8~110.1	2 800 000.0	35.4	58.4	35.4	2017	0.1	2017
49.2~82.1	2016	7.7~12.8	8 048 298.0	71.8	108.4	71.8	2016	0.5	2016
…	2015	…	…	…	…	…	…	…	…
57.5	2016	26.1	86 974.0	89.7	126.9	89.7	2016	1.5	2016
…	…	…	…	…	…	…	…	…	…
71.3	2016	15.4~22.5	1 350 226.0	14.7	22.1	70.2	2014	0.1	2016
53.5	2016	11.6~16.9	207 421.0	2.3	3.4	2.3	2014	0.0	2016
16.9	2015	9.4	3 150 000.0	27.3	39.3	34.9	2015	0.1	2016
11.4	2014	6.1	20 595 274.0	17.7	28.0	17.7	2015	0.0	2015
235.8	2015	n.a.	16 172.0	65.6	94.6	94.6	2015	1.0	2015

区域/亚区/国家/地区	引入年份	制度名称	资格年龄（岁）	公民身份	居住	收入调查	资产调查	养老金调查	本币	美元
尼泊尔	1995	老年津贴	70（达利特人和卡纳利地区居民60岁或以上）	●	…	○	○	●	2 000.0	18.7
大洋洲										
澳大利亚	1908	老年养老金	65	○	●	●	…	○	1 728.78（797.90每两周）	1 285.1
库克群岛	1966	老年养老金（全民）	60	…	…	…	…	…	500.0	335.8
斐济	2013	社会养老金项目	68	○	●	○	●	○	50.0	23.1
基里巴斯	2003	老年养老金	65	●	…	○	○	○	50.0	35.7
新西兰	1898	退休金	65	○	●	○	○	○	1 667.2（384.7每周）	1 160.6
纽埃	…	…	60	…	…	○	○	○	483.0	396.1
巴布亚新几内亚	2009	老年和残障养老金计划（仅限新爱尔兰）	60	…	●	…	…	…	30.0	10.2
萨摩亚	1990	老年公民福利	65	●	…	○	○	○	135.0	58.6
图瓦卢	…	老年公民计划	70	…	…	…	…	…	50.0	35.9
欧洲和中亚										
北欧、南欧和西欧										
阿尔巴尼亚	2015	社会养老金	70	…	●	●	○	●	6 750.0	54.4
安道尔	1966	老年人团结养老金	65	…	●	●	…	…	n.a.	n.a.
奥地利	1978	奥地利补偿性津贴	65（男性）60（女性）	…	●	●	…	●	889.8	988.7
比利时	2001	老年人收入保障	65	…	…	…	…	…	1 052.6	1 396.5
丹麦	2008	国家养老金—全民基本养老金	65	○	●	○	○	●	6 063.0	900.7
爱沙尼亚	2008	国家养老金	63	○	●	○	○	●	167.4	185.2
法罗群岛	…	老年养老金（基本养老金，全民）	67	…	…	…	…	…	4 169.0	592.0
芬兰	1937	国家养老金	65	○	●	●	○	●	634.3	701.6
芬兰	2010	保证养老金	65	○	●	●	○	●	766.9	848.3
法国	1956	老年人团结津贴	65	○	●	●	○	●	800.0	862.5

续表

给付水平（每月）			有效覆盖（数量，百分比%）					费用	
购买力平价	年份	最低工资百分比（%）[b]	待遇领取人数（人）	60岁及以上的人口	65岁及以上的人口	合资格年龄以上人口	年份	费用（占GDP的百分比）	年份
63.6	2015	25.0	635 938.0	31.2	46.3	79.9	2010/2011	0.7	2010/2011
1 194.3	2016	60.0	2 356 226.0	51.1	70.4	70.4	2013	2.6	2010/2011
…	2014	52.1	n.a.	n.a.	n.a.	n.a.	…	n.a.	…
43.9	2015/2016	11.2～12.0	15 000.0	18.2	28.8	51.2	2015	0.1	2015
46.9	2012	n.a.	2 090.0	34.9	52.3	93.0	2010	1.2	2015
1 147.8	2016	63.6	598 933.0	70.8	99.2	99.2	2012	4.5	2012
…	2013	…	n.a	n.a	n.a	n.a	…	n.a	…
14.6	2015	5.3	8 362.0	2.3	3.7	2.3	2013—2015	0.0	2013—2015
97.7	2015	31.8～36.7	8 700.0	65.2	92.6	92.6	2010	0.9	2014
41.8	2015	n.a	n.a	n.a	n.a	n.a	…	n.a	…
155.9	2016	30.7	5 000.0	1.0	1.4	2.1	2015	n.a.	…
n.a.	…	n.a.	n.a.	n.a.	n.a.	n.a.	…	n.a.	n.a.
1 112.3	2017	n.a.	103 431.0	5.3	6.8	5.9	2011	n.a.	…
1 319.8	2014	70.1	93 620.0	3.6	4.8	4.8	2012	0.3	2013
833.3	2016	n.a.	1 074 980.0	76.8	100.0	100.0	2015	5.7	2013
313.5	2016	38.9	6 436.0	2.1	2.8	2.2	2013	0.1	2015
…	2014	n.a.	n.a.	n.a.	n.a.	n.a.	…	…	…
701.8	2016	n.a.	479 089.0	32.0	42.5	42.5	2015	0.7	2015
848.5	2016	n.a.	n.a.	n.a.	n.a.	n.a.	…	n.a.	…
972.1	2015	54.9	512 726.7	3.8	5.0	5.0	2010	0.3	2012

区域/亚区/国家/地区	引入年份	制度名称	资格年龄（岁）	公民身份	居住	收入调查	资产调查	养老金调查	本币	美元
德国	2003	基于需求的养老金补充	65	…	…	●	…	…	407.0	452.2
希腊	1982	社会团结津贴	65	○	●	●	…	…	230.0	254.4
根西岛	1984	补充性福利	60	…	…	…	…	●	1 764.0	2 786.5
冰岛	1890	国家基本养老金	67	○	●	●	○	○	39 862.0	329.4
爱尔兰	1909	国家养老金（非缴费型）	66	○	●	…	●	…	962.0（222.0每周）	1 064.1
马恩岛	…	老年人养老金	80（2016年4月）	●	…	…	…	…	306.4	n.a.
意大利	1969	社会津贴	65岁7个月	●	…	●	…	●	448.1	495.6
科索沃ª	2002	老年基本养老金	65	…	○	…	○	…	75.0	83.3
拉脱维亚	…	国家社会保障福利	67岁9个月	…	…	○	…	●	70.3	77.8
立陶宛	…	老年社会救助养老金	63岁4个月（男性）61岁8个月（女性）	…	…	○	…	●	97.2	107.5
马耳他	1956	非缴费型老年养老金	60	○	●	○	●	●	459.85（106.12每周）	508.7
	1956	老年公民补助金	75	○	●	○	○	…	…	…
荷兰	1957	老年养老金	65.5	○	●	○	○	…	1 161.7	1 285.0
挪威	1936	基本养老金	67（弹性）	…	●	●	…	○	7 505.7	893.5
葡萄牙	1980	老年社会养老金	66岁2个月	●	●	●	○	●	237.3	262.5
斯洛文尼亚	1999	国家养老金	68	…	…	●	…	…	181.4	240.6
西班牙	1994	非缴费型退休养老金	65	…	●	●	…	…	367.9	407.0
瑞典	1913	保证养老金	65	○	●	●	…	●	7 863.0	918.4
瑞士	…	特别养老金	65（男性）64（女性）	●	…	…	…	●	1 512.0	1 612.5
英国	1909	养老金补贴	65	○	●	●	…	○	674.2（155.6每周）	963.2

续表

给付水平（每月）			有效覆盖（数量，百分比 %）					费用	
购买力平价	年份	最低工资百分比（%）[b]	待遇领取人数（人）	60岁及以上的人口	65岁及以上的人口	合资格年龄以上人口	年份	费用（占GDP的百分比）	年份
515.2	2015	28.3	527 352.0	2.4	3.1	3.1	2015	0.1	2015
373.7	2016	34.6	67 000.0	2.5	3.2	3.2	2008	0.2	2008
…	2012	175.0	n.a.	n.a.	n.a.	n.a.	…	n.a.	…
278.3	2016	n.a.	30 201.0	51.0	71.9	83.4	2013	0.6	2013
1 209.2	2016	62.2	95 570.0	11.4	16.1	17.4	2014	0.5	2014
n.a.	…	n.a.	n.a.	n.a.	n.a.	n.a.	…	n.a.	…
616.6	2016	n.a.	859 985.0	5.3	6.9	6.9	2011	n.a.	…
230.8	2015	44.1~57.7	125 883.0	74.1	107.8	107.8	2014	2.0	2014
142.0	2016	19.0	1 077.0	0.2	0.3	0.3	2011	n.a.	…
218.9	2016	8.0	n.a.	n.a.	n.a.	n.a.	…	n.a.	…
768.2	2016	63.1	5 137.0	5.0	6.8	5.0	2013	0.3	2013
…	…	…	…	…	…	…	…	…	…
1 398.7	2017	75.9	3 131 400.0	79.8	109.9	109.9	2013	6.2	2011
798.4	2016	n.a	800 350.0	73.3	100.3	110.1	2013	5.3	2013
405.6	2016	44.8	n.a	n.a	n.a	n.a	…	n.a	…
287.4	2010	25.5	17 085.0	3.7	4.9	5.9	2011	0.1	2011
554.8	2016	56.2	193 043.0	1.8	2.4	2.4	2013	0.1	2012
881.9	2016	n.a.	786 388.0	31.8	41.3	41.3	2014	0.0	2014
916.9	2012	n.a.	n.a.	n.a.	n.a.	n.a.	…	n.a.	…
977.5	2016	56.4	1 102 000.0	7.4	9.6	9.6	2015	0.5	2011

区域/亚区/国家/地区	引入年份	制度名称	资格年龄（岁）	公民身份	居住	收入调查	资产调查	养老金调查	本币	美元
英国	1909	老年人养老金	80	...	●	●	...	...	310.6（71.5每周）	n.a
东欧										
白俄罗斯	...	社会养老金	65（男性）60（女性）	●	●	○	○	●	795 655.0	67.5
保加利亚	...	社会老年养老金	70	...	●	●	...	●	115.2	65.1
匈牙利	1993	老年津贴	62	...	...	●	...	●	22 800.0	78.6
摩尔多瓦	1999	面向老年人的国家社会分配	62（男性）57（女性）	●	○	●	○	●	129.3	6.5
波兰	...	有针对性的养老金	65（男性）60（女性）	...	...	●	...	●	419.2	128.7
俄罗斯	...	国家社会养老金	65（男性）60（女性）	●	...	...	...	●	3 692.0	59.1
乌克兰	...	社会养老金+社会养老金补充	63（男性）60.5（女性）	●	●	...	...	●	1 074.0	42.0
中亚和西亚										
亚美尼亚	1956	老年社会养老金	65	...	...	○	●	●	16 000.0	33.3
阿塞拜疆	2006	社会津贴（老年）	67（男性）62（女性）	●	...	...	...	●	60.0	57.3
塞浦路斯	1995	社会养老金计划	65	○	●	...	...	●	336.3	362.5
格鲁吉亚	2006	老年养老金	65（男性）60（女性）	●	○	○	○	○	160.0	67.0
以色列	...	特殊老年福利	67（男性）62（女性）	○	●	●	...	●	1 530.7	391.5
	1980	收入支持	...	○	●	●	...	○	1 729.6	450.4
哈萨克斯坦	1991	全民国家基本养老金	63（男性）58（女性）	●	○	○	○	○	11 886.7	34.7
	1997	老年国家社会福利	63（男性）58（女性）	○	●	●	○	○	11 886.7	34.7
吉尔吉斯斯坦	1922	社会救助津贴（老年）	63（男性）58（女性）	...	...	...	...	●	1 000.0	14.5
塔吉克斯坦	1993	老年养老金	65（男性）58（女性）	...	...	...	...	●	40.0	8.4

续表

给付水平（每月）			有效覆盖（数量，百分比%）					费用	
购买力平价	年份	最低工资百分比（%）b	待遇领取人数（人）	60岁及以上的人口	65岁及以上的人口	合资格年龄以上人口	年份	费用（占GDP的百分比）	年份
n.a	2016	n.a	n.a	n.a	n.a	n.a	…	n.a	…
154.0	2016	33.2	51 900.0	2.7	3.9	2.2	2011	n.a	…
170.3	2016	27.4	4 917.0	0.3	0.4	0.5	2011	0.0	2011
179.3	2013	23.3	6 175.0	0.3	0.4	0.3	2013	0.1	2013
19.0	2016	6.1～12.9	4 986.0	0.7	1.2	0.7	2015	0.0	2015
208.2	2012	27.9	49 205.0	0.6	0.9	1.0	2011	n.a	…
171.8	…	n.a	3 000 000.0	10.4	n.a	12.1	…	0.2	…
184.6	2016	69.3	213 000.0	2.3	3.0	2.2	2011	n.a	…
80.8	2016	29.1	48 000.0	11.6	14.2	14.2	2007	n.a.	…
159.6	2015	57.1	230 935.0	23.6	42.1	36.1	2015	0.3	2015
528.7	2014	38.7	15 537.0	8.1	11.5	11.5	2012	0.3	2014
183.7	2015	118.5～800.0	707 700.0	86.5	126.1	104.4	2015	4.8	2015
373.7	2015	36.5	61 178.0	5.2	7.5	6.1	2012	0.1	2015
453.4	2016	…	…	…	…	…	…	…	…
127.8	2016	52.3	1 964 500.0	104.4	165.5	105.0	2015	0.7	2015
127.8	2016	52.0	n.a.	n.a.	n.a.	n.a.	…	n.a.	…
45.4	2010	200.0	n.a.	n.a.	n.a.	n.a.	…	n.a.	…
19.4	2012	50.0	91 000.0	24.4	36.0	28.8	2011	0.1	2011

区域/亚区/国家/地区	引入年份	制度名称	制度的法律要求和特征					给付水平（每月）	
			资格年龄（岁）	公民身份	居住	收入调查	资产调查	养老金调查	本币	美元
土耳其	1976	经家计调查的老年养老金	65	…	…	●	…	…	125.6	43.4
土库曼斯坦	…	社会津贴	62（男性）57（女性）			●		●	169.4	48.4
乌兹别克斯坦		老年社会养老金	60（男性）55（女性）	●	●		●		142 100.0	53.1

来源：

主要来源：

国际助老会．社会养老金数据库。可见 http://www.pension-watch.net/about-social-pensions/about-social-pensions/social-pensions-database/［2017.05.28］．

国际社会保障协会（ISSA）；美国社会保障总署（SSA），不同日期，全球社会保障项目（日内瓦和华盛顿特区）。可见 http://www.ssa.gov/policy/docs/progdesc/ssptw/ and https://www.issa.int/en_GB/country-profiles［2017.05.28］．

其他来源：

欧盟委员会．社会保护交互信息系统（MISSOC）．比较表数据库。可见 http://www.missoc.org/INFORMATIONBASE/COMPARATIVETABLES/MISSOCDATABASE/comparativeTableSearch.jsp［2017.05.28］．

ILO（国际劳工局）．世界社会保护数据库，基于社会保障调查（SSI）［2017.06］．

各国来源．不同日期．详细链接可见 http://www.social-protection.org/gimi/gess/RessourceDownload.action?ressource.ressourceId=54607．

用作分母的数据的其他来源：

ILO（国际劳工局）．国际劳工组织统计局：按性别和年龄划分的人口；联合国估计和预测。可见 http://www.ilo.org/ilostat/faces/oracle/webcenter/portalapp/pagehierarchy/Page27.jspx?subject=ILOEST&indicator=POP_2POP_SEX_AGE_NB&datasetCode=A&collectionCode=ILOEST［2017.06.09］．

——.ILOSTAT：法定名义最低月工资总额有效期为12月31日。可见 http://www.ilo.org/ilostat/faces/wcnav_defaultSelection?_afrLoop=1401941427353402&_afrWindowMode=0&_afrWindowId=jbahgxgkv_1#!%40%40%3F_afrWindowId%3Djbahgxgkv_1%26_afrLoop%3D1401941427353402%26_afrWindowMode%3D0%26_adf.ctrl-state%3Djbahgxgkv_50［2017.06.14］．

IMF（国际货币基金组织）．世界经济展望数据库。可见 http://www.imf.org/external/pubs/ft/weo/2014/01/weodata/index.aspx［2017.05.28］．

世界银行．数据库：世界发展指标．官方汇率（1美元的本币单位，时期平均值）。可见 http://databank.worldbank.org/data/reports.aspx?source=2&series=PA.NUS.FCRF&country=［2017.06.09］．

——.数据库：世界发展指标．PPP转换因子，GDP（每一国际元的本币单位）。可见 http://databank.worldbank.org/data/reports.aspx?source=2&series=PA.NUS.PPP&country=［2017.06.09］．

符号：

● 是

○ 否

续表

给付水平（每月）			有效覆盖（数量，百分比%）					费用	
购买力平价	年份	最低工资百分比（%）[b]	待遇领取人数（人）	60岁及以上的人口	65岁及以上的人口	合资格年龄以上人口	年份	费用（占GDP的百分比）	年份
102.3	2015	9.9	n.a	n.a	n.a	n.a	…	n.a	…
119.9	2016	28.7	n.a	n.a	n.a	n.a	…	n.a	…
150.1	2015	109.1	5 700.0	0.3	0.5	0.3	2011	n.a	…

注释：

n.a. 表示不适用。

… 表示不可用。

[a] 根据联合国安理会1999年第1244号决议的界定。

[b] 对于国家最低工资根据地域和/或经济部门而有所不同的国家，考虑到了区间。

引入年份：指作为任一现行制度的法律前身的首项制度。自那时以来，大多数制度都进行了改革，目前的立法很少是其创始之年的立法。

法律要求：申请人必须达到的标准类别，例如，拥有有关国家的公民身份，拥有合法居留权，收入低于规定水平或通过收入调查，资产低于规定水平，未领取任何其他养老金或只领取一份低水平的养老金。

表 B.11 老年有效覆盖：活跃缴费者

区域 / 亚区 / 国家 / 地区	劳动年龄人口中养老金制度的活跃缴费者（%）				年龄段	劳动力中养老金制度的活跃缴费者				年份
	合计	男性	女性	年份		合计（%）	男性（%）	女性（%）	年龄	
非洲										
北非										
阿尔及利亚	19.6	30.7	8.3	2015	15~64	41.0	40.1	45.0	15+	2015
埃及	28.7	…	…	2015	15~64	53.6	…	…	15+	2015
利比亚	11.2	18.5	3.5	2008	15~64	19.6	22.9	10.9	15+	2008
摩洛哥	15.6	…	…	2011	15~64	30.2	…	…	15+	2011
苏丹	2.8	…	…	2008	15~64	4.9	…	…	15+	2008
突尼斯	47.2	68.9	26.1	2015	15~64	61.0	73.9	55.9	15+	2015
撒哈拉以南非洲										
安哥拉	0.9	…	…	2015	15~64	1.2	…	…	15+	2015
贝宁	5.2	…	…	2009	15~64	6.8	…	…	15+	2009
博茨瓦纳	12.5	…	…	2009	15~64	15.5	…	…	15+	2009
布基纳法索	2.0	0.9	3.0	2015	15~64	2.3	1.0	3.7	15+	2015
布隆迪①	4.5	8.2	1.0	2011	15~64	5.2	9.6	1.1	15+	2011
佛得角	17.8	19.5	16.2	2015	15~64	24.4	22.0	28.0	15+	2015
喀麦隆	7.0	10.7	3.3	2015	15~64	8.7	12.5	4.4	15+	2015
中非	1.3	…	…	2003	15~64	1.5	…	…	15+	2003
乍得	1.5	…	…	2005	15~64	2.0	…	…	15+	2005
刚果（布）	6.9	9.5	4.2	2012	15~64	9.1	12.3	5.8	15+	2012
刚果（金）	10.5	…	…	2009	15~64	14.0	…	…	15+	2010
科特迪瓦②	6.3	…	…	2010	15~64	8.8	…	…	15+	2010
吉布提	6.6	…	…	2003	15~64	12.6	…	…	15+	2003
冈比亚	10.1	6.1	13.6	2015	15~64	12.5	7.0	18.1	15+	2015
加纳	6.7	9.4	3.9	2011	15~64	9.0	12.5	5.5	15+	2011
几内亚	11.1	…	…	2006	15~64	14.7	…	…	15+	2006
几内亚比绍	0.5	…	…	2010	15~64	0.6	…	…	15+	2010
肯尼亚	11.3	…	…	2009	15~64	16.3	…	…	15+	2009
莱索托	2.7	…	…	2015	15~64	3.8	…	…	15+	2015
利比里亚	0.2	0.3	0.0	2015	15~65	0.3	0.4	0.1	15+	2015
马达加斯加③	5.7	…	…	2011	15~64	6.2	…	…	15+	2011

续表

区域/亚区/国家/地区	劳动年龄人口中养老金制度的活跃缴费者（%）				年龄段	劳动力中养老金制度的活跃缴费者				年份
	合计	男性	女性	年份		合计（%）	男性（%）	女性（%）	年龄	
马拉维④	3.7	…	…	2015	15~64	4.3	…	1.7	15+	2015
马里	2.3	3.7	0.9	2015	15~64	3.3	4.3	1.7	15+	2015
毛里塔尼亚	2.5	…	…	2015	15~64	5.0	…	45.4	15+	2015
毛里求斯	39.7	…	…	2010	15~64	60.9	…	…	15+	2010
莫桑比克	4.9	…	…	2015	15~64	5.8	…	…	15+	2015
纳米比亚	5.6	…	…	2008	15~64	8.2	…	…	15+	2008
尼日尔	1.8	…	…	2015	15~64	2.7	…	…	15+	2015
尼日利亚	7.6	…	…	2015	15~64	12.9	…	…	15+	2015
卢旺达	3.8	5.7	2.0	2009	15~64	4.3	6.5	2.2	15+	2009
圣多美和普林西比	1.4	1.6	1.7	2015	15~64	2.8	2.2	3.6	15+	2015
塞内加尔	1.7	…	…	2015	15~64	2.8	…	…	15+	2015
塞拉利昂	4.6	…	…	2007	15~64	6.6	…	…	15+	2007
南非	3.6	…	…	2015	15~64	6.3	…	…	15+	2015
斯威士兰	15.2	…	…	2010	15~64	25.5	…	…	15+	2010
坦桑尼亚	3.6	…	…	2015	15~64	4.3	…	…	15+	2015
多哥	3.1	…	…	2009	15~64	3.7	…	…	15+	2009
乌干达	3.8	3.4	4.2	2007	15~64	4.6	4.1	5.1	15+	2007
赞比亚	9.7	…	…	2015	15~64	12.2	…	…	15+	2015
津巴布韦	17.0	…	…	2009	15~64	18.3	…	…	15+	2009
美洲										
拉丁美洲和加勒比地区										
安提瓜和巴布达	66.2	78.3	55.3	2015	15~64	…	…	…	n.a.	n.a.
阿根廷	29.9	26.9	32.6	2015	15~64	50.2	49.8	50.8	15+	2015
阿鲁巴④	90.8	92.0	89.8	2015	15~64	100.0	100.0	100.0	15+	2015
巴哈马	66.7	…	…	2011	15~64	81.9	…	…	15+	2011
巴巴多斯	65.1	…	…	2009	15~64	79.6	…	…	15+	2009
伯利兹	44.2	58.0	30.6	2011	15~64	64.0	66.8	59.4	15+	2011
玻利维亚	13.5	9.7	17.2	2015	15~64	16.7	10.7	24.2	15+	2015
巴西	39.2	34.2	44.1	2015	15~64	52.5	52.6	52.3	15+	2015

续表

区域/亚区/国家/地区	劳动年龄人口中养老金制度的活跃缴费者（%）				年龄段	劳动力中养老金制度的活跃缴费者				年份
	合计	男性	女性	年份		合计（%）	男性（%）	女性（%）	年龄	
智利	41.4	35.2	47.6	2015	15~64	60.0	43.1	83.2	15+	2015
哥伦比亚	23.3	19.8	26.7	2015	15~64	30.8	22.7	41.4	15+	2015
哥斯达黎加	50.0	36.3	63.8	2015	15~64	71.9	42.3	100.0	15+	2015
多米尼克	52.9	49.9	56.1	2011	15~64	…	…	…	n.a.	n.a.
多米尼加	23.1	…	…	2015	15~64	32.1	…	…	15+	2015
厄瓜多尔	29.8	23.7	35.9	2015	15~64	42.1	27.1	66.0	15+	2015
萨尔瓦多	20.7	18.1	22.9	2015	15~64	29.3	20.4	41.2	15+	2015
格林纳达	58.7	…	…	2010	15~64	…	…	…	n.a.	n.a.
危地马拉	13.2	11.2	14.1	2015	15~64	19.7	18.8	21.4	15+	2015
圭亚那	29.7	…	…	2009	15~64	45.7	…	…	15+	2009
洪都拉斯	12.7	11.2	14.1	2015	15~64	17.3	16.3	18.7	15+	2015
牙买加	12.5	…	…	2004	15~64	16.7	…	…	15+	2004
墨西哥	18.8	14.8	22.8	2015	15~64	27.6	17.0	45.4	15+	2015
尼加拉瓜	14.6	12.8	16.2	2015	15~64	21.0	14.9	30.4	15+	2015
巴拿马	35.6	55.3	37.1	2015	15~64	48.7	62.0	42.7	15+	2015
巴拉圭	13.5	15.9	11.1	2011	15~64	18.9	18.5	19.5	15+	2011
秘鲁	19.9	14.8	25.0	2015	15~64	24.3	16.3	34.1	15+	2015
圣基茨和尼维斯	77.9	76.6	79.3	2010	15~64	…	…	…	n.a.	n.a.
圣卢西亚	43.1	44.1	42.3	2008	15~64	56.5	53.1	60.3	15+	2008
圣文森特和格林纳丁斯	49.5	…	…	2007	15~64	67.3	…	…	15+	2007
特立尼达和多巴哥	49.7	…	…	2010	15~64	68.8	…	…	15+	2010
乌拉圭	56.7	…	…	2015	15~64	70.8	…	…	15+	2015
委内瑞拉	24.1	27.4	20.8	2009	15~64	33.9	31.8	37.3	15+	2009
北美										
加拿大	56.1	53.1	59.3	2015	15~64	71.1	63.8	79.2	15+	2015
美国	78.5	81.1	76.0	2010	15~64	100.0	100.0	100.0	15+	2010
阿拉伯国家										
巴林	10.5	12.4	7.3	2007	15~64	15.1	14.1	19.0	15+	2007

续表

区域/亚区/国家/地区	劳动年龄人口中养老金制度的活跃缴费者（%）			年份	年龄段	劳动力中养老金制度的活跃缴费者			年龄	年份
	合计	男性	女性			合计（%）	男性（%）	女性（%）		
伊拉克	19.8	⋯	⋯	2009	15~64	45.2	⋯	⋯	15+	2009
约旦	22.6	33.0	11.5	2010	15~64	51.5	47.4	70.1	15+	2010
科威特	12.9	⋯	⋯	2010	15~64	18.4	⋯	⋯	15+	2010
黎巴嫩⑤	0.0	⋯	⋯	2012	15~64	0.0	⋯	⋯	15+	2012
巴勒斯坦被占领土	5.2	⋯	⋯	2010	15~64	12.0	⋯	⋯	15+	2010
阿曼	8.7	11.3	4.4	2011	15~64	13.7	13.4	15.4	15+	2011
卡塔尔	3.3	⋯	⋯	2008	15~64	3.9	⋯	⋯	15+	2008
沙特阿拉伯	26.2	43.8	2.1	2010	15~64	50.1	56.8	11.5	15+	2010
叙利亚	13.4	⋯	⋯	2008	15~64	28.4	⋯	⋯	15+	2008
也门	2.6	4.8	0.5	2011	15~64	5.2	6.4	1.8	15+	2011
亚太地区										
东亚										
中国⑥	55.9	⋯	⋯	2015	15~64	69.8	⋯	⋯	15+	2015
中国香港	52.3	⋯	⋯	2011	15~64	75.7	⋯	⋯	15+	2011
日本	84.9	⋯	⋯	2010	15~64	100.0	100.0	100.0	15+	2010
韩国	53.7	⋯	⋯	2009	15~64	77.8	⋯	⋯	15+	2009
蒙古	50.0	⋯	⋯	2015	15~64	74.5	⋯	⋯	15+	2015
中国台湾	56.6	55.4	57.8	2011	15~64	86.8	75.8	99.9	15+	2011
东南亚										
柬埔寨	0.0	⋯	⋯	2010	15~64	0.0	⋯	⋯	15+	2010
印度尼西亚	7.6	⋯	⋯	2015	15~64	10.5	⋯	⋯	15+	2015
老挝	1.3	⋯	⋯	2010	15~64	1.6	⋯	⋯	15+	2010
马来西亚	28.1	32.4	23.6	2010	15~64	43.2	39.3	50.2	15+	2010
菲律宾	21.4	⋯	⋯	2015	15~64	30.9	⋯	⋯	15+	2015
新加坡	48.1	⋯	⋯	2015	15~64	61.7	⋯	⋯	15+	2015
泰国	33.6	⋯	⋯	2015	15~64	31.9	⋯	⋯	15+	2015
东帝汶	0.0	0.0	0.0	2011	15~64	0.0	⋯	⋯	15+	2011
越南	20.6	⋯	⋯	2015	15~64	23.5	⋯	⋯	15+	2015

续表

区域/亚区/国家/地区	劳动年龄人口中养老金制度的活跃缴费者（%）				年龄段	劳动力中养老金制度的活跃缴费者				年份
	合计	男性	女性	年份		合计（%）	男性（%）	女性（%）	年龄	
南亚										
阿富汗	2.2	…	…	2006	15~64	4.4	…	…	15+	2006
孟加拉⑦	0.6	…	…	2015	15~64	0.8	…	…	15+	2015
不丹	9.1	12.1	6.1	2012	15~64	12.1	14.8	8.6	15+	2012
印度	8.0	…	…	2015	15~64	13.7	…	…	15+	2015
伊朗⑧	18.7	…	…	2010	15~64	39.3	…	…	15+	2010
马尔代夫	19.9	…	…	2010	15~64	28.1	…	…	15+	2010
尼泊尔	2.5	4.1	1.0	2011	15~64	2.8	4.4	1.1	15+	2011
巴基斯坦	3.5	…	…	2015	15~64	6.0	…	…	15+	2015
斯里兰卡	18.9	19.9	21.1	2015	15~64	32.1	24.5	33.8	15+	2015
大洋洲										
澳大利亚	69.6	74.5	64.6	2008	15~64	88.8	87.1	90.9	15+	2008
斐济	64.2	…	…	2011	15~64	99.0	…	…	15+	2011
巴布亚新几内亚	3.0	…	…	2010	15~64	4.0	…	…	15+	2010
萨摩亚	22.8	…	…	2011	15~64	34.4	…	…	15+	2011
所罗门群岛	46.9	66.5	26.1	2008	15~64	66.6	79.4	46.3	15+	2008
汤加⑨	6.5	…	…	2012	15~64	9.8	…	…	15+	2012
瓦努阿图⑩	16.9	16.4	17.5	2011	15~64	22.6	19.4	26.9	15+	2011
欧洲和中亚										
北欧、南欧和西欧										
阿尔巴尼亚	29.8	…	…	2006	15~64	43.3	…	…	15+	2006
奥地利	68.3	…	…	2013	15~64	88.6	…	…	15+	2013
比利时	63.2	…	…	2013	15~64	92.0	…	…	15+	2013
波黑	24.4	…	…	2008	15~64	44.6	…	…	15+	2008
克罗地亚	51.8	…	…	2013	15~64	77.0	…	…	15+	2013
丹麦	78.1	…	…	2010	15~64	96.6	…	…	15+	2010
爱沙尼亚	63.6	…	…	2010	15~64	82.3	…	…	15+	2010
芬兰	65.7	…	…	2013	15~64	84.9	…	…	15+	2013
法国	63.6	…	…	2013	16~64	88.6	…	…	15+	2013
德国	68.6	…	…	2015	16~64	86.0	…	…	15+	2015

续表

区域/亚区/国家/地区	劳动年龄人口中养老金制度的活跃缴费者（%）			年份	年龄段	劳动力中养老金制度的活跃缴费者			年龄	年份
	合计	男性	女性			合计（%）	男性（%）	女性（%）		
希腊	59.7	…	…	2013	15~64	86.6	…	…	15+	2013
爱尔兰	75.4	…	…	2013	15~64	100.0	…	…	15+	2013
马恩岛	…	…	…		…	…	…	…	…	
意大利	61.0	…	…	2013	15~64	93.4	…	…	15+	2013
泽西岛	…	…	…		…	…	…	…	…	
科索沃	…	…	…		…	…	…	…	…	
拉脱维亚	72.4	…	…	2013	15~64	92.6	…	…	15+	2013
立陶宛	54.5	…	…	2010	15~64	76.0	…	…	15+	2010
卢森堡	100.0	…	…	2013	15~64	100.0	…	…	15+	2013
马其顿	52.3	…	…	2011	15~64	80.0	…	…	15+	2011
马耳他	63.9	…	…	2013	15~64	94.7	…	…	15+	2013
黑山	36.8	…	…	2007	15~64	80.4	…	…	15+	2007
荷兰	74.6	…	…	2013	15~64	91.4	…	…	15+	2013
挪威	76.2	…	…	2013	15~64	94.1	…	…	15+	2013
葡萄牙	58.6	…	…	2010	15~64	74.5	…	…	15+	2010
塞尔维亚	29.7	…	…	2010	15~64	61.1	…	…	15+	2010
斯洛文尼亚	60.7	…	…	2013	15~64	83.3	…	…	15+	2013
西班牙	56.2	…	…	2013	15~64	75.0	…	…	15+	2013
瑞典	67.5	…	…	2013	15~64	79.3	…	…	15+	2013
英国	71.4	…	…	2005	15~64	92.9	…	…	15+	2005
东欧										
白俄罗斯	44.0	29.1	57.4	2010	15~64	66.6	41.6	91.9	15+	2010
保加利亚	60.0	59.3	60.7	2013	15~64	85.0	79.3	91.5	15+	2013
捷克	70.0	…	…	2013	15~64	92.0	…	…	15+	2013
匈牙利	59.7	…	…	2013	15~64	87.5	…	…	15+	2013
摩尔多瓦	33.6	33.5	33.7	2011	15~64	70.1	66.5	73.8	15+	2011
波兰	59.1	…	…	2010	15~64	88.0	…	…	15+	2010
罗马尼亚	45.4	…	…	2013	16~64	64.6	…	…	15+	2013
俄罗斯	48.7	…	…	2009	15~64	65.9	…	…	15+	2009
斯洛伐克	60.0	…	…	2013	15~64	84.4	…	…	15+	2013

续表

区域/亚区/国家/地区	劳动年龄人口中养老金制度的活跃缴费者（%）				年龄段	劳动力中养老金制度的活跃缴费者				年份
	合计	男性	女性	年份		合计（%）	男性（%）	女性（%）	年龄	
乌克兰	33.9	…	…	2015	15~64	47.1	…	…	15+	2015
中亚和西亚										
亚美尼亚	27.0	29.0	25.2	2015	15~64	36.9	35.0	39.1	15+	2015
阿塞拜疆	22.5	…	…	2007	15~64	33.3	…	…	15+	2007
塞浦路斯	51.0	…	…	2013	15~64	67.4	…	…	15+	2013
格鲁吉亚	22.7	…	…	2008	15~64	29.5	…	…	15+	2008
以色列	69.8	…	…	2011	15~64	100.0	100.0	100.0	15+	2011
哈萨克斯坦	80.0	…	…	2015	15~64	100.0	…	…	15+	2015
吉尔吉斯斯坦	34.8	…	…	2015	15~64	51.9	…	…	15+	2015
塔吉克斯坦	20.5	…	…	2015	15~65	28.6	…	…	15+	2015
土耳其	27.8	44.1	11.7	2011	15~64	52.1	58.4	37.1	15+	2011

来源：

主要来源：

ILO（国际劳工局）世界社会保护数据库，基于社会保障调查（SSI）。可见 http://www.social-protection.org/gimi/gess/RessourceDownload.action?ressource.ressourceId=54608［2017.06.01］.

其他来源：

ADB（亚洲开发银行）.社会保护指数数据库。可见 http://spi.adb.org/spidmz/index.jsp［2017.06.01］.

CISSTAT（独联体国家间统计委员会）.独联体 WEB 统计数据库。可见 http://www.cisstat.com/0base/index-en.htm［2017.06.01］.

欧盟委员会.2015年老龄化报告：28个欧盟成员国的经济和预算预测（2013—2060年）（卢森堡，欧盟）。可见 http://ec.europa.eu/economy_finance/publications/european_economy/2015/ee3_en.htm［2017.06.01］.

Hirose K.（编）.在危机、紧缩及其后时期的中东欧养老金改革.布达佩斯：国际劳工组织，2011.

各国来源.不同日期.详细注释与资料来源可见 http://www.social-protection.org/gimi/gess/RessourceDownload.action?ressource.ressourceId=54608.

注释：

n.a 表示不适用。

…表示不可用。

① 布隆迪。包括针对60岁及以上人员的老年和遗属养老金。

② 科特迪瓦。数据来源于国家社会福利基金（Caisse Nationale de Prévoyance Sociale，CNPS）和国家工作人员养老基金（Caisse Générale de Retraite des Agents de l'Etat，CGRAE）。

③ 马达加斯加。数据指的是国家社会保险基金（Caisse nationale de la Prévoyance sociale，CNaPS）和两个公务员职业制度：覆盖公务员、政府工作人员和军人的"军民养老基金"（Caisse de Retraites civiles et Militaires，CRCM）和覆盖受雇于政府但尚未获得完全政府雇员身份的辅助人员的"福利与养老基金"（Caisse de Prévoyance et de Retraites，CPR）。

④ 马拉维。马拉维没有国家社会保险制度。政府公共养老金制度是一种非缴费的、给付确定型的现收现付制度。马拉维约有的 600 家私人养老基金在此并未包括。

⑤ 黎巴嫩。目前没有通过定期老年养老金待遇给付为老年人提供的收入保障，只有一次性给付。

⑥ 中国。中国的指标包括 2009 年在全国推行的新型农村社会养老金计划的缴费者。这一新的养老金有两个组成部分：由地方与中央政府出资的基础养老金部分以及基于参保个体缴费的个人账户部分。在相对贫穷地区，基础养老金部分的约 80% 费用由中央政府支付，其余则由地方政府承担。第一个组成部分即基础养老金重点关注老年人定期现金给付以确保基本收入保障，故理应被包括在这个指标中。

⑦ 孟加拉。政府通过税收为政府雇员提供由税收筹资的、非缴费的、给付确定型养老金和遗属津贴。公务员有资格在 57 岁时领取养老金。

⑧ 伊朗。对应于作为主要缴费者的参保人员总数，并且指的是社会保障组织和国家退休基金。

⑨ 汤加。2010 年 9 月，立法大会通过了《2010 年国家退休福利制度法案》(National Retirement Benefits Scheme，NRBS)，为私营部门和其他组织提供类似的强制性退休金计划。尚无可用统计数据（参见 http://www.nrbf.to/［2017.05］）。

⑩ 瓦努阿图。活跃成员，是指在当前或前三个月中至少有一次以自己的名义进行缴费的人（参见 http://www.vnpf.com.vu/p/vnpf-index.html［2017.05］）。

表 B.12 老年有效覆盖：老年养老金领取者（有关老年人的可持续发展目标指标 1.3.1）

区域/亚区/国家/地区	按性别计占比（%）			按项目类型划分占比（缴费型或非缴费型，%）			年份	法定可领取养老金年龄（岁，参照人口的基准）
	总计	男性	女性	无法区分的类型	缴费型	非缴费型 a		
非洲								
北非								
阿尔及利亚①	63.6	…	…	…	51.1	12.5	2010	60+ 男 | 55+ 女
埃及	37.5	…	…	…	…	…	2014	60+
利比亚	43.3	…	…	…	43.3	…	2006	65+ 男 | 60+ 女
摩洛哥	39.8	…	…	…	39.8	…	2009	60+
苏丹	4.6	…	…	…	4.6	…	2010	60+
突尼斯	33.8	…	…	…	24.5	9.3	2015	60+
撒哈拉以南非洲								
安哥拉②	14.5	…	…	…	14.5	…	2012	60+
贝宁	9.7	…	…	…	9.7	…	2009	60+
博茨瓦纳	100.0	100.0	100.0	…	…	100.0	2015	65+
布基纳法索	2.7	5.4	0.7	…	2.7	…	2015	56–63+
布隆迪③	4.0	6.8	2.0	…	4.0	…	2015	65+ 男 | 60+ 女
佛得角④	85.8	…	…	…	…	…	2015	60+
喀麦隆	13.0	20.2	5.9	…	13.0	…	2015	60+
乍得	1.6	…	…	…	1.6	…	2008	60+
刚果（布）⑤	22.1	42.4	4.7	…	22.1	…	2011	57–65+
刚果（金）	15.0	…	…	…	15.0	…	2009	65+ 男 | 60+ 女
科特迪瓦⑥	7.7	…	…	…	7.7	…	2010	60+
吉布提	12.0	…	…	…	12.0	…	2002	60+
埃塞俄比亚	15.3	…	…	…	15.3	…	2015	60+
加蓬⑦	38.8	…	…	…	38.8	…	2010	55+
冈比亚	17.0	…	…	…	17.0	…	2015	60+
加纳	16.4	…	…	…	16.4	…	2015	60+
几内亚	8.8	…	…	…	8.8	…	2008	55–65+
几内亚比绍	6.2	…	…	…	6.2	…	2008	60+
肯尼亚	24.8	…	…	…	…	…	2015	60+

续表

区域/亚区/国家/地区	按性别计占比（%）			按项目类型划分占比（缴费型或非缴费型，%）			年份	法定可领取养老金年龄（岁，参照人口的基准）
	总计	男性	女性	无法区分的类型	缴费型	非缴费型[a]		
莱索托	94.0	…	…	…	…	94.0	2015	70+
马达加斯加	4.6	…	…	…	4.6	…	2011	60+
马拉维	2.3	…	…	…	2.3	…	2016	…
马里	2.7	5.3	0.6	…	2.7	…	2015	58+
毛里塔尼亚	9.3	…	…	…	9.3	…	2002	60+
毛里求斯	100.0	100.0	100.0	…	…	100.0	2010	63+
莫桑比克	17.3	20.0	15.9	…	1.7	15.6	2011	60+ 男 | 55+ 女
纳米比亚	98.4	…	…	…	…	98.4	2011	60+
尼日尔	5.8	…	…	…	5.8	…	2015	60+
尼日利亚	7.8	…	…	…	7.8	…	2015	50+
卢旺达	4.7	…	…	…	4.7	…	2004	60+
圣多美和普林西比	52.5	…	…	…	52.5	…	2015	60+
塞内加尔	23.5	…	…	…	23.5	…	2010	55+
塞舌尔	100.0	100.0	100.0	…	11.4	88.6	2011	63+
塞拉利昂	0.9	…	…	…	0.9	…	2007	60+
南非	92.6	…	…	…	…	…	2015	60+
斯威士兰	86.0	…	…	…	…	86.0	2011	60+
坦桑尼亚	3.2	…	…	…	3.2	…	2008	60+
多哥	10.9	…	…	…	10.9	…	2009	60+
乌干达	6.6	…	…	…	4.5	2.1	2012	55+
赞比亚	8.8	…	…	…	…	…	2015	55+
津巴布韦	6.2	…	…	…	6.2	…	2006	60+
美洲								
拉丁美洲和加勒比地区								
安提瓜和巴布达	83.5	86.1	81.4	…	…	…	2015	60+
阿根廷	89.3	…	…	…	…	…	2015	65+ 男 | 60+ 女

续表

区域/亚区/国家/地区	按性别计占比（%）			按项目类型划分占比（缴费型或非缴费型，%）			年份	法定可领取养老金年龄（岁，参照人口的基准）
	总计	男性	女性	无法区分的类型	缴费型	非缴费型 a		
阿鲁巴	100.0	100.0	100.0	…	…	100.0	2015	60+
巴哈马	84.2	…	…	…	75.3	8.9	2011	65+
巴巴多斯	68.3	…	…	…	33.2	35.1	2011	66.5+
伯利兹	64.6	…	…	…	32.0	32.6	2011	65+
玻利维亚	100.0	100.0	100.0	…	…	100.0	2015	60+（有资格领取Renta Dignidad的年龄）
巴西⑧	78.3	…	…	…	…	…	2015	65+ 男 | 60+ 女
智利	78.6	…	…	…	…	…	2015	65+ 男 | 60+ 女
哥伦比亚⑨	51.7	53.6	53.0	…	…	…	2015	62+ 男 | 57+ 女
哥斯达黎加⑩	68.8	65.4	48.8	…	…	…	2015	65+
多米尼克	38.5	…	…	…	38.5	…	2011	62+
多米尼加⑪	11.1	16.5	6.2	11.1	…	…	2009	60+
厄瓜多尔	52.0	…	…	52.0	…	…	2015	65+
萨尔瓦多	18.1	31.6	10.3	…	15.9	2.2	2009	60+ 男 | 55+ 女
格林纳达	34.0	…	…	…	34.0	…	2010	60+
危地马拉	8.3	…	…	…	…	…	2015	60+
圭亚那	100.0	100.0	100.0	…	4.6	100.0	2012	60+
海地	1.0	…	…	…	…	…	2001	55+
洪都拉斯	7.5	7.6	7.3	…	…	…	2012	65+ 男 | 60+ 女
牙买加	30.3	…	…	…	…	…	2015	65+ 男 | 64.8+ 女
墨西哥	64.1	69.8	60.2	…	3.0	22.2	2009	65+
尼加拉瓜⑫	23.7	42.3	16.2	…	23.7	…	2011	60+
巴拿马⑬	37.3	49.4	28.9	37.3	…	…	2008	62+ 男 | 57+ 女
巴拉圭	22.2	24.9	20.0	…	4.3	17.9	2013	60+
秘鲁	19.3	…	…	…	…	…	2015	65+
圣基茨和尼维斯	44.7	51.6	39.7	…	36.4	8.3	2010	62+

续表

区域/亚区/国家/地区	按性别计占比（%）			按项目类型划分占比（缴费型或非缴费型，%）			年份	法定可领取养老金年龄（岁，参照人口的基准）
	总计	男性	女性	无法区分的类型	缴费型	非缴费型[a]		
圣卢西亚	26.5	...	...	...	26.5	...	2008	65+
圣文森特和格林纳丁斯	76.6	...	...	...	23.3	53.3	2012	60+
特立尼达和多巴哥	98.4	...	...	...	50.7	47.7	2009	60+
乌拉圭[14]	76.5	74.6	77.7	...	66.9	9.6	2011	60+
委内瑞拉	59.4	70.0	50.2	...	39.2	20.2	2012	60+ 男 | 55+ 女
北美								
加拿大	100.0	100.0	100.0	...	...	...	2015	65+
美国[15]	100.0	100.0	100.0	100.0	...	...	2015	65+
阿拉伯国家								
巴林	40.1	...	...	...	...	...	2011	60+ 男 | 55+ 女
伊拉克	56.0	...	...	...	...	...	2007	60+ 男 | 55+ 女
约旦	42.2	82.3	11.8	...	42.2	...	2010	60+ 男 | 55+ 女
科威特	27.3	...	...	...	...	...	2008	51+
黎巴嫩[16]	0.0	...	...	...	0.0	0.0	2013	60–64+
巴勒斯坦被占领土	8.0	...	...	...	...	...	2009	65+
阿曼	24.7	...	...	...	...	...	2010	60+ 男 | 55+ 女
卡塔尔	18.0	22.9	8.2	...	...	...	2015	60+
叙利亚	16.7	...	...	...	...	...	2006	60+ 男 | 55+ 女
也门	8.5	...	...	...	...	...	2011	60+ 男 | 55+ 女
亚太地区								
东亚								
中国[17]	100.0	...	...	...	...	...	2015	60+ 男 | 50–60 女
中国香港	72.9	...	...	...	...	72.9	2009	65+
日本	100.0	...	...	...	...	...	2015	65+

续表

区域/亚区/国家/地区	按性别计占比（%）			按项目类型划分占比（缴费型或非缴费型，%）			年份	法定可领取养老金年龄（岁，参照人口的基准）
	总计	男性	女性	无法区分的类型	缴费型	非缴费型 a		
韩国	77.6	...	...	...	...	...	2010	61+
蒙古	100.0	100.0	100.0	...	...	...	2015	60+ 男 | 55+ 女
东南亚								
文莱	81.7	...	...	...	...	81.7	2011	60+
柬埔寨	3.2	...	...	...	...	...	2015	55+
印度尼西亚	14.0	...	...	...	...	...	2015	56+
老挝	5.6	...	...	...	...	...	2010	60+ 男 | 55+ 女
马来西亚[18]	19.8	...	...	...	16.2	3.6	2010	55+
菲律宾[19]	39.8	53.2	29.0	...	21.9	17.9	2015	60+
新加坡	0.0	...	...	...	0.0	0.0	2011	55+
泰国[20]	83.0	...	...	...	8.2	74.8	2016	55+
东帝汶	89.7	83.9	95.1	...	...	...	2015	60+
越南	39.9	...	...	...	...	...	2015	60+ 男 | 55+ 女
南亚								
阿富汗	10.7	...	...	...	...	...	2010	60+ 男 | 55+ 女
孟加拉	33.4	...	...	...	...	...	2015	65+（62+ 女性的老年津贴）
不丹	3.2	...	...	...	3.2	...	2012	56+
印度	24.1	...	...	...	9.9	14.2	2011	58+
伊朗[21]	26.4	...	...	...	...	...	2010	60+ 男 | 55+ 女
马尔代夫	99.7	...	...	...	9.1	90.6	2012	65+
尼泊尔	62.5	...	...	...	9.2	53.3	2010	58+
巴基斯坦	2.3	...	...	...	...	...	2010	60+ 男 | 55+ 女
斯里兰卡[22]	25.2	...	...	...	...	...	2015	55+ 男 | 50+ 女
大洋洲								
澳大利亚	74.3	...	...	...	...	74.3	2014	56+
斐济	10.6	...	...	...	...	...	2015	55+

续表

区域/亚区/国家/地区	按性别计占比（%）			按项目类型划分占比（缴费型或非缴费型，%）			年份	法定可领取养老金年龄（岁，参照人口的基准）
	总计	男性	女性	无法区分的类型	缴费型	非缴费型 a		
马绍尔群岛	64.2	…	…	…	64.2	…	2010	60+
瑙鲁	56.5	…	…	…	15.5	41.0	2010	55+
新西兰	100.0	100.0	100.0	…	…	100.0	2014	65+
帕劳	48.0	…	…	…	…	…	2010	62+
巴布亚新几内亚	0.9	…	…	…	…	…	2010	55+
萨摩亚㉓	49.5	…	…	…	3.7	45.8	2011	55+
所罗门群岛	13.1	…	…	…	…	…	2010	50+
汤加㉔	1.0	…	…	…	…	…	2012	55+
图瓦卢	19.5	…	…	…	…	…	2005	70+
瓦努阿图㉕	3.5	…	…	…	…	…	2011	55+
欧洲和中亚								
北欧、南欧和西欧								
阿尔巴尼亚㉖	77.0	100.0	60.8	…	…	…	2011	65+男|60+女
奥地利	100.0	100.0	100.0	…	94.0	6.0	2014	65+男|60+女
比利时	100.0	100.0	100.0	…	…	…	2014	65+
波黑	29.6	…	…	…	29.6	…	2009	65+
克罗地亚	57.6	85.1	44.2	…	…	…	2010	65+男|61.5+女
丹麦	100.0	100.0	100.0	…	…	100.0	2014	65+
爱沙尼亚	100.0	…	…	…	…	…	2014	63+
芬兰	100.0	100.0	100.0	…	…	…	2014	63–68+
法国	100.0	100.0	100.0	…	…	…	2014	61.6+
德国	100.0	100.0	100.0	…	…	…	2015	65.5+
希腊	77.4	100.0	54.6	…	60.4	17.0	2010	67+
冰岛	85.6	…	…	…	…	…	2014	67+
爱尔兰	95.8	…	…	…	…	…	2014	66+
马恩岛	…	…	…	…	…	…		65+男|63+女
意大利	100.0	100.0	100.0	…	…	…	2014	66.6+

续表

区域/亚区/国家/地区	按性别计占比（%）			按项目类型划分占比（缴费型或非缴费型，%）			年份	法定可领取养老金年龄（岁，参照人口的基准）
	总计	男性	女性	无法区分的类型	缴费型	非缴费型 a		
泽西岛	…	…	…	…	…	…		65+
科索沃	…	…	…	…	…	…		65+
拉脱维亚	100.0	100.0	100.0	…	…	…	2014	62.8+
立陶宛	100.0	100.0	100.0	…	…	…	2014	63.3+ 男 | 61.6+ 女
卢森堡	100.0	100.0	100.0	…	…	…	2014	65+
北马其顿	71.4	…	…	…	…	…	2015	64+ 男 | 62+ 女
马耳他	100.0	…	…	…	…	…	2014	62-65 +
黑山	52.3	…	…	…	…	…	2011	65+ 男 | 60+ 女
荷兰	100.0	100.0	100.0	…	…	…	2014	65.5+
挪威	100.0	100.0	100.0	…	…	…	2014	62+
葡萄牙	100.0	100.0	100.0	…	…	…	2014	66+
塞尔维亚	46.1	48.4	44.8	…	…	…	2010	65+ 男 | 61+ 女
斯洛文尼亚	100.0	100.0	100.0	…	…	…	2014	65+
西班牙	100.0	100.0	100.0	…	…	…	2014	65+
瑞典	100.0	100.0	100.0	…	…	…	2014	61+
瑞士	100.0	100.0	100.0	…	…	…	2014	65+ 男 | 64+ 女
英国	100.0	100.0	100.0	…	…	…	2014	65+ 男 | 63+ 女
东欧								
白俄罗斯	100.0	…	…	…	…	…	2015	60+ 男 | 55+ 女
保加利亚	100.0	100.0	100.0	…	…	…	2015	63.8+ 男 | 60.8+ 女
捷克	100.0	100.0	100.0	…	…	…	2014	63+ 男 | 62.3 女
匈牙利	100.0	100.0	100.0	…	…	…	2014	63.5+
摩尔多瓦	75.2	…	…	…	…	…	2015	62+ 男 | 57+ 女
波兰	100.0	100.0	100.0	…	…	…	2014	65+ 男 | 60+ 女
罗马尼亚	100.0	100.0	100.0	…	…	…	2014	65+ 男 | 60+ 女
俄罗斯	91.2	…	…	…	…	…	2015	60+ 男 | 55+ 女
斯洛伐克	100.0	100.0	100.0	…	…	…	2014	62+

续表

区域/亚区/国家/地区	按性别计占比（%）			按项目类型划分占比（缴费型或非缴费型，%）			年份	法定可领取养老金年龄（岁，参照人口的基准）
	总计	男性	女性	无法区分的类型	缴费型	非缴费型 a		
乌克兰	91.9	…	…	…	…	…	2015	60+ 男 | 57.5+ 女
中亚和西亚								
亚美尼亚	68.5	62.3	72.6	…	…	…	2015	63+
阿塞拜疆[22]	81.1	63.1	95.3	…	…	…	2015	63+ 男 | 60+ 女
塞浦路斯	100.0	…	…	…	…	…	2015	65+
格鲁吉亚	91.9	97.7	89.7	…	…	…	2015	65+ 男 | 60+ 女
以色列	99.1	…	…	…	…	…	2015	70+ 男 | 68+ 女
哈萨克斯坦	82.6	…	…	…	…	…	2015	63+ 男 | 58+ 女
吉尔吉斯斯坦	100.0	100.0	100.0	…	…	…	2015	63+ 男 | 58+ 女
塔吉克斯坦	92.8	…	…	…	…	…	2015	63+ 男 | 58+ 女
土耳其	20.0	…	…	…	…	…	2014	60+ 男 | 58+ 女
乌兹别克斯坦	98.1	…	…	…	97.8	0.3	2010	60+ 男 | 55+ 女

来源：

主要来源：

ILO（国际劳工局）.世界社会保护数据库，基于社会保障调查（SSI）。可见 http://www.social-protection.org/gimi/gess/RessourceDownload.action?ressource.ressourceId=54609［2017.06.01］.

其他来源：

ADB（亚洲开发银行）.社会保护指数数据库。可见 http://spi.adb.org/spidmz/index.jsp［2017.06.01］.

Barrientos A; Nino-Zarazúa M.; Maitrot M. 发展中国家社会救助数据库（5.0版）（曼彻斯特和伦敦，Brooks 世界贫困研究所和海外发展研究所），2010. 可见 https://assets.publishing.service.gov.uk/media/57a08af9ed915d3cfd000a5a/social-assistance-database-version-5.pdf［2017.06.01］.

CISSTAT（独联体国家间统计委员会）.独联体WEB统计数据库。可见 http://www.cisstat.com/0base/index-en.htm［2017.06.01］.

欧洲统计局.养老金受益人数据库：按国家和养老金类型划分的养老金受益人人数。为本指标之目的列入：排除了预期老年养老金受益人的老年养老金受益人。可见 http://appsso.eurostat.ec.europa.eu/nui/show.do?dataset=spr_pns_ben&lang=en［2017.06.01］.

国际助老会.社会养老金数据库。可见 http://www.pension-watch.net/about-social-pensions/about-social-pensions/social-pensions-database/［2017.05.29］.

Hirose K.（编）.在危机、紧缩及其后时期的中东欧养老金改革（布达佩斯，国际劳工组织），2011.

各国来源.不同日期.详细注释与来源可见 http://www.social-protection.org/gimi/gess/RessourceDownload.action?ressource.ressourceId=54609.

OECD（经济合作与发展组织社会福利受益人数据库（SOCR）。可见 http://www.oecd.org/social/recipients.htm［2017.05.26］.

世界银行.养老金数据。可见http://web.worldbank.org/WBSITE/EXTERNAL/TOPICS/EXTSOCIALPROTECTION/EXTPENSIONS/0,contentMDK：23231994~menuPK：8874064~pagePK：148956~piPK：216618~theSitePK：396253,00.html［2017.06.01］.

注释：

a 与表B.10中所示比例之间的差异可能是由于：参考年份的差异，非缴费型养老金与法定可领取养老金年龄之间的参照人口差异。后者在此作为确定适用于所有养老金的参照人口的主要标准。

① 阿尔及利亚。包括老年逆转养老金（reversion pension），但不包括预期养老金（anticipated pension）。非缴费养老金（2009年数据）：Evolution de la catégorie des personnes âgées bénéficiaires de l'AFS（2004—2009）。参考人群：符合资格的60岁人口。

② 安哥拉。养老金领取者总人数。没有针对老年人的一般社会救助项目。

③ 布隆迪。包括60岁及以上人群的老年、遗属和上升养老金（ascendant pensions）。

④ 佛得角。对于Caisse Nationale de Prévoyance Sociale（CNPS）提供的缴费型养老金，法定退休年龄为男性65岁，女性60岁。然而，由于男性和女性的非缴费型养老金的资格年龄均为60岁，因此分母的参照人口被设定为60岁。调查数据（本统计附件中提供）低于管理部门提供的数据。

⑤ 刚果（布）。包括法定可领养老金年龄60岁以上的残障和遗属养老金的领取者。

⑥ 科特迪瓦。数据来自CNPS和Caisse Générale de Retraite des Agents de l'Etat（CGRAE）。

⑦ 加蓬。该数字指的是所有养老金，可能导致高估老年养老金领取者。

⑧ 巴西。指标使用的年龄范围：男性和女性均为65岁及以上，尽管女性的法定退休年龄为60岁。

⑨ 哥伦比亚。指标使用的年龄范围：60岁及以上。

⑩ 哥斯达黎加。正常的退休年龄为65岁，且至少缴费300个月。可以通过额外的缴费月份降低退休年龄。65岁被用作确定该指标参考人口的基础。

⑪ 多米尼加。指标使用的年龄范围：60岁及以上。

⑫ 尼加拉瓜。使用正常退休年龄60岁作为确定该指标参考人口的基础。

⑬ 巴拿马。使用62岁（男性）或57岁（女性）的正常退休年龄作为确定该指标参考人口的基础。

⑭ 乌拉圭。计算的是60岁及以上人群的比例。对于65岁及以上人群，这一比例按性别计达到85.9%。

⑮ 美国。退休［包括老年和遗属保险（OASI）］，所有65岁及以上的领取待遇者，包括在外国的待遇领取者。

⑯ 黎巴嫩。目前没有老年人通过常规的老年养老金给付获得收入保障，只有一次性给付。

⑰ 中国。包括城乡居民养老金和城镇职工养老金领取人员数量。关于法定可领养老金的年龄，女性50岁退休，其中女干部55岁退休。女性使用60岁及以上年龄组。

⑱ 马来西亚。包括政府养老金制度，这是唯一一个提供定期现金给付、针对无家庭供养的贫困老人的社会救助项目。

⑲ 菲律宾。2011年推出的老年补助金以及退伍军人退休项目被视为非缴费型制度。

⑳ 泰国。这些比例仅指老年或残障社会养老金的领取者。因此，参照的不是法定可领养老金年龄55岁，而是老年社会养老金的资格年龄（60岁及以上）。

㉑ 伊朗。指社会保障组织和国家退休基金。

㉒ 斯里兰卡。该指标是指为法定退休年龄以上的人提供养老金的缴费型强制性制度。即不包括非缴费制度（PSPS）、提供一次性给付的制度（EPF和ETF）以及三种自愿型社会保障制度［农民养老金和社会保障福利制度、渔民养老金和社会保障福利制度，以及社会养老金和社会保障福利制度（最初仅针对自雇者），这些制度是自愿性的，提供一次性或定期待遇给付］。

㉓ 萨摩亚。萨摩亚国家公积金（SNPF）提供了退休养老金或全额提款（full withdrawal）的选择。由于大多数SNPF成员选择全额提款，2011年只有445名养老金领取者和276名受益者（占55岁及

以上人群的 3.7%）。

㉔ 汤加。只有少数人在达到领取养老金年龄时选择常规养老金。2010 年 9 月，立法大会通过的《2010 年国家退休福利制度法案》（National Retirement Benefits Scheme，NRBS），为私营部门和其他组织提供类似的强制性退休金计划。尚无可用统计数据。

㉕ 瓦努阿图。主要是公积金取款（mainly withdrawals）。

㉖ 阿尔巴尼亚。其中包括老年养老金，包括战争老兵、优抚及补充养老金。计算的分母是法定退休年龄以上的人数。

㉗ 阿塞拜疆。计算覆盖面时，出于一致性的考虑而使用了较低的符合条件的年龄（法定可领取养老金年龄 60 岁）。

表 B.13 农村和城市地区的全民健康保障赤字（全球、区域和国家估计）

区域/亚区/国家/地区	健康保障法律覆盖赤字，无法律覆盖的人口百分比[1][4][5]				自付费用，占卫生总费用的百分比[4][7]			
	合计	城市	农村	年份*	合计	城市	农村	年份*
非洲	74.6	60.8	83.5	…	46.0	53.0	42.2	…
拉丁美洲和加勒比地区	14.5	9.8	32.6	…	34.4	39.6	9.5	…
北美	14.4	13.5	18.4	…	12.0	12.0	12.0	…
西欧	0.4	0.4	0.4	…	13.7	13.1	15.4	…
中欧和东欧	5.6	1.7	13.6	…	32.4	40.6	15.5	…
亚太地区	42.2	24.5	55.8	…	46.4	46.9	45.9	…
中东地区	26.2	18.8	41.2	…	57.8	56.7	62.1	…
全球	38.1	21.6	55.8	…	41.2	40.6	41.9	…
非洲								
阿尔及利亚	14.8	8.9	26.5	2005	19.7	…	…	…
安哥拉	100.0	100.0	100.0	2005	28.1	…	…	…
贝宁	91.0	87.2	94.0	2009	44.5	48.5	41.3	2003
博茨瓦纳	…	…	…	…	4.4	…	…	…
布基纳法索	99.0	99.0	99.0	2010	32.9	36.2	31.8	2009
布隆迪	71.6	67.8	72.0	2009	26.3	7.9	28.4	2006
佛得角	35.0	27.9	46.5	2010	21.8	31.0	6.8	2007
喀麦隆	98.0	…	…	2009	66.1	91.6	38.9	2007
中非	94.0	94.6	93.6	2010	45.1	…	…	…
乍得	…	…	…	…	72.7	45.2	80.4	2003
科摩罗	95.0	94.4	95.2	2010	58.8	…	…	…
刚果（布）	…	…	…	…	37.2	49.4	16.4	2005
刚果（金）	90.0	82.1	94.0	2010	33.4	37.0	33.2	2004
科特迪瓦	98.8	98.6	99.0	2008	56.5	67.4	45.3	2008
吉布提	70.0	68.4	75.3	2006	41.7	53.4	2.6	1996
埃及	48.9	20.8	70.4	2008	59.2	74.7	47.3	2009
赤道几内亚	…	…	…	…	30.5	…	…	…
厄立特里亚	95.0	85.7	97.5	2011	54.8	…	…	…
埃塞俄比亚	95.0	94.3	95.1	2011	36.1	18.2	39.7	2004
加蓬	42.4	40.6	53.6	2011	44.6	…	…	…
冈比亚	0.1	0.1	0.1	2011	20.4	28.8	9.4	2003

财务赤字，因财务赤字而未被覆盖的人口百分比（阈值：239 美元）③④⑥				人力赤字，因卫生专业人员赤字而未被覆盖的人口百分比（阈值：41.1）②④⑥				孕产妇死亡率，每万例活产中孕产妇死亡人数④⑥			
合计	城市	农村	年份*	合计	城市	农村	年份*	合计	城市	农村	年份*
80.3	69.6	86.8	…	66.9	50.0	77.1	…	47.7	28.9	54.9	…
7.4	4.4	19.5	…	14.2	11.3	23.9	…	11.2	8.0	16.0	…
0.0	0.0	0.0	…	0.0	0.0	0.0	…	2.0	2.0	2.0	…
0.0	0.0	0.0	…	0.0	0.0	0.0	…	0.7	0.7	0.7	…
7.3	6.8	8.5	…	0.0	0.0	0.0	…	2.3	2.3	2.3	…
57.3	46.7	65.6	…	44.2	33.3	52.5	…	14.6	8.4	18.0	…
36.1	22.9	56.7	…	38.8	28.0	56.2	…	6.3	3.9	10.1	…
48.0	33.2	63.2	…	37.7	24.2	51.6	…	21.9	10.8	28.9	…
23.1	…	…	…	32.5	…	…	…	9.7	…	…	…
43.4	…	…	…	62.0	…	…	…	45.0	…	…	…
91.2	90.4	91.7	2006	81.4	79.8	82.5	2006	35.0	32.2	37.2	2006
0.0	0.0	0.0	2010	32.0	…	…	…	16.0	…	…	…
90.1	86.1	90.9	2010	86.2	81.3	87.9	2010	30.0	21.4	32.6	2010
94.5	92.0	94.7	2010	96.2	94.5	96.4	2010	80.0	54.9	83.5	2010
49.3	…	…	…	79.1	…	…	…	7.9	…	…	…
90.0	86.4	92.7	2011	89.9	86.8	93.2	2011	69.0	50.6	94.0	2011
95.7	91.1	95.9	2010	93.0	88.1	96.1	2010	89.0	42.9	93.4	2010
95.7	88.0	97.5	2004	95.6	87.9	97.7	2004	110.0	39.3	188.2	2004
89.7	88.4	90.2	2012	76.2	73.3	77.3	2012	28.0	25.0	29.3	2012
75.0	73.0	78.5	2012	93.6	76.4	81.2	2012	56.0	51.8	65.0	2012
95.3	94.5	96.1	2010	87.2	84.4	88.6	2010	54.0	46.2	64.4	2010
88.1	82.3	90.7	2011	85.3	80.1	90.6	2011	40.0	27.0	51.1	2011
69.9	63.6	84.5	2006	75.9	72.0	88.9	2006	20.0	16.6	38.9	2006
76.1	72.7	78.1	2008	0.0	0.0	0.0	2010	6.6	5.8	7.2	2008
0.0	0.0	0.0	2010	86.0	…	…	…	24.0	…	…	…
97.2	…	…	…	89.2	…	…	…	24.0	…	…	…
95.4	84.1	98.9	2011	93.7	77.1	97.0	2011	35.0	6.8	72.9	2011
19.9	16.0	36.9	2012	0.0	0.0	0.0	2010	23.0	21.9	29.2	2012
91.1	88.1	93.6	2013	78.5	72.7	86.3	2013	36.0	26.8	49.7	2013

区域/亚区/国家/地区	健康保障法律覆盖赤字，无法律覆盖的人口百分比①④⑤				自付费用，占卫生总费用的百分比④⑦			
	合计	城市	农村	年份*	合计	城市	农村	年份*
加纳	26.1	4.5	48.8	2010	27.7	35.3	19.8	2006
几内亚	99.8	99.6	99.9	2010	62.6	71.4	57.9	2007
几内亚比绍	98.4	…	…	2011	39.6	…	…	…
肯尼亚	60.6	33.1	69.1	2009	45.8	51.6	44.0	2005
莱索托	82.4	58.8	91.1	2009	17.6	16.8	17.9	2002
利比里亚	…	…	…	…	24.6	29.1	20.4	2007
利比亚	0.0	0.0	0.0	2004	30.0	…	…	…
马达加斯加	96.3	93.8	97.5	2009	43.3	31.7	48.7	2005
马拉维	…	…	…	…	14.0	4.5	15.7	2011
马里	98.1	97.6	98.4	2008	58.9	62.6	56.9	2006
毛里塔尼亚	94.0	89.4	97.2	2009	33.2	30.8	34.9	2004
毛里求斯	0.0	0.0	0.0	2010	45.6	78.6	21.8	2007
摩洛哥	57.7	42.3	76.5	2007	57.2	81.5	25.4	2000
莫桑比克	96.0	93.5	97.1	2011	5.7	7.9	5.6	2008
纳米比亚	72.0	49.2	85.9	2007	7.7	3.5	10.2	2009
尼日尔	96.9	95.7	97.1	2003	60.5	40.6	64.7	2007
尼日利亚	97.8	97.0	98.5	2008	70.5	69.9	71.2	2009
卢旺达	9.0	1.0	11.1	2010	21.2	22.4	20.9	2005
圣多美和普林西比	97.9	97.3	98.8	2009	56.2	77.4	21.4	2000
塞内加尔	79.9	69.1	87.4	2007	35.4	50.8	24.2	2005
塞舌尔	10.0	1.0	21.4	2011	4.0	…	…	…
塞拉利昂	100.0	100.0	100.0	2008	77.4	99.0	59.8	2003
索马里	80.0	…	…	2006	…	…	…	…
南非	0.0	0.0	0.0	2010	7.4	10.9	1.9	2011
南苏丹	…	…	…	…	65.2	…	…	…
苏丹	70.3	53.6	78.6	2009	…	…	…	…
斯威士兰	93.8	82.5	97.0	2006	14.1	11.5	14.8	2010
坦桑尼亚	87.0	79.1	89.8	2010	31.9	24.4	34.6	2007
多哥	96.0	93.9	97.3	2010	45.7	58.1	45.0	2006
突尼斯	20.0	2.6	52.5	2005	35.0	…	…	…

续表

财务赤字，因财务赤字而未被覆盖的人口百分比（阈值：239美元）③④⑥				人力赤字，因卫生专业人员赤字而未被覆盖的人口百分比（阈值：41.1）②④⑥				孕产妇死亡率，每万例活产中孕产妇死亡人数④⑥			
合计	城市	农村	年份*	合计	城市	农村	年份*	合计	城市	农村	年份*
77.7	70.7	82.1	2011	74.1	67.5	81.0	2011	35.0	26.7	43.6	2011
95.9	91.3	97.2	2005	97.2	94.5	98.5	2005	61.0	28.7	90.5	2005
90.9	85.4	94.3	2010	83.0	73.5	90.3	2010	79.0	49.2	126.2	2010
91.9	86.2	93.2	2009	77.2	61.9	81.9	2009	36.0	21.1	42.8	2009
51.5	30.4	57.8	2009	85.6	79.6	87.8	2009	62.0	43.2	71.3	2009
81.1	67.9	86.9	2007	94.0	90.8	96.9	2007	77.0	45.3	110.7	2007
0.0	0.0	0.0	2010	0.0	0.0	0.0	2010	5.8	…	…	…
94.4	89.6	95.0	2009	90.4	84.0	93.4	2009	24.0	12.9	26.8	2009
88.9	86.9	89.2	2010	92.2	90.8	92.5	2010	46.0	39.1	47.5	2010
91.5	86.5	92.6	2013	86.9	80.7	90.2	2013	54.0	34.0	62.0	2013
84.9	76.2	89.7	2007	82.4	72.6	88.4	2007	51.0	32.3	74.5	2007
0.0	0.0	0.0	2010	0.0	0.0	0.0	2010	6.0	…	…	…
67.3	61.6	82.2	2004	62.3	52.3	74.6	2004	10.0	8.5	18.4	2004
86.6	80.2	89.1	2011	92.6	89.2	94.1	2011	49.0	33.1	60.1	2011
0.0	0.0	0.0	2010	29.7	18.2	35.9	2007	20.0	17.3	22.5	2007
94.7	85.0	96.2	2012	96.6	90.7	97.9	2012	59.0	20.8	81.5	2012
86.8	77.8	90.6	2008	59.6	36.7	81.6	2008	63.0	37.5	88.5	2008
79.4	75.4	79.9	2010	84.0	81.1	84.7	2010	34.0	28.5	34.9	2010
78.8	76.7	80.2	2009	49.7	46.4	55.2	2009	7.0	6.4	7.5	2009
81.2	73.9	85.8	2010	89.4	85.5	92.2	2010	37.0	26.6	49.1	2010
0.0	0.0	0.0	2010	0.0	0.0	0.0	2010	…	…	…	…
92.8	91.5	93.0	2010	95.3	94.7	95.7	2010	89.0	75.4	91.9	2010
…	…	…	…	97.0	94.0	98.6	2006	100.0	50.8	227.6	2006
0.0	0.0	0.0	2010	0.0	0.0	0.0	2010	30.0	…	…	…
…	…	…	…	…	…	…	…	…	…	…	…
86.6	…	…	…	71.7	…	…	…	73.0	…	…	…
3.7	0.0	17.4	2010	0.0	0.0	0.0	2010	32.0	29.8	37.3	2010
89.3	81.8	90.7	2010	95.0	91.9	96.1	2010	46.0	27.1	53.2	2010
88.8	76.8	89.0	2010	92.1	86.5	95.4	2010	30.0	14.5	30.5	2010
32.5	…	…	…	0.0	0.0	0.0	2010	5.6	…	…	…

区域/亚区/国家/地区	健康保障法律覆盖赤字，无法律覆盖的人口百分比①④⑤				自付费用，占卫生总费用的百分比④⑦			
	合计	城市	农村	年份*	合计	城市	农村	年份*
乌干达	98.0	95.1	98.5	2008	49.9	18.2	55.5	2009
赞比亚	91.6	88.2	93.7	2008	26.3	43.0	15.8	2010
津巴布韦	99.0	99.0	99.0	2009	…	…	…	…
拉丁美洲和加勒比地区								
安提瓜和巴布达	48.9	43.8	71.3	2007	21.0	…	…	…
阿根廷	3.2	1.0	5.9	2008	21.6	…	…	…
阿鲁巴	0.8	0.8	0.8	2003	…	…	…	…
巴哈马	0.0	0.0	0.0	1995	28.8	…	…	…
巴巴多斯	0.0	0.0	0.0	1995	28.2	…	…	…
伯利兹	75.0	61.8	85.7	2009	23.6	…	…	…
玻利维亚	57.3	46.7	78.3	2009	26.3	35.2	8.8	2007
巴西	0.0	0.0	0.0	2009	30.6	35.6	3.7	2009
智利	6.9	1.0	17.3	2011	33.0	33.0	33.0	2010
哥伦比亚	12.3	9.3	21.3	2010	17.8	22.7	3.0	2010
哥斯达黎加	0.0	0.0	0.0	2009	24.0	…	…	…
古巴	0.0	0.0	0.0	2011	4.8	…	…	…
多米尼克	86.6	83.3	93.2	2009	26.0	…	…	…
多米尼加	73.5	73.0	74.6	2007	39.0	…	…	…
厄瓜多尔	77.2	72.3	87.1	2009	54.5	…	…	…
萨尔瓦多	78.4	73.8	86.6	2009	33.6	42.5	17.5	2010
格林纳达	…	…	…	…	53.7	…	…	…
危地马拉	70.0	55.2	83.3	2005	52.9	77.2	29.2	2000
圭亚那	76.2	58.0	83.4	2009	30.2	…	…	…
海地	96.9	…	…	2001	23.9	…	…	…
洪都拉斯	88.0	82.3	93.4	2006	47.2	76.4	16.1	2004
牙买加	79.9	76.0	84.2	2007	31.0	38.3	23.0	2007
墨西哥	14.4	1.0	24.6	2010	47.1	48.2	8.1	2010
尼加拉瓜	87.8	84.8	91.6	2005	39.6	52.1	22.7	2005
巴拿马	48.2	48.0	48.7	2008	25.0	…	…	…
巴拉圭	76.4	71.9	83.5	2009	60.1	…	…	…

续表

财务赤字，因财务赤字而未被覆盖的人口百分比（阈值：239 美元）③④⑥				人力赤字，因卫生专业人员赤字而未被覆盖的人口百分比（阈值：41.1）②④⑥				孕产妇死亡率，每万例活产中孕产妇死亡人数④⑥			
合计	城市	农村	年份*	合计	城市	农村	年份*	合计	城市	农村	年份*
90.7	85.7	91.5	2011	72.6	58.0	75.2	2011	31.0	20.2	34.1	2011
73.3	52.3	82.0	2007	81.4	68.0	89.1	2007	44.0	24.7	65.4	2007
...	...	...	...	69.0	60.7	74.1	2010	57.0	43.9	65.2	2010
0.0	0.0	0.0	2010	33.1	...	...	...	...	...	...	...
0.0	0.0	0.0	2010	16.3	...	...	...	7.7	...	...	...
...	...	...	...	...	...	...	...	...	...	...	...
0.0	0.0	0.0	2010	0.0	0.0	0.0	2010	4.7	...	...	...
0.0	0.0	0.0	2010	0.0	0.0	0.0	2010	5.1	...	...	...
16.0	13.1	16.3	2011	39.1	37.8	40.2	2011	5.3	5.1	5.3	2011
63.3	54.4	73.7	2008	34.1	20.8	60.4	2008	19.0	15.3	26.5	2008
0.0	0.0	0.0	2010	0.0	0.0	0.0	2010	5.6	5.6	5.8	2010
0.0	0.0	0.0	2010	72.3	...	...	...	2.5	2.5	2.5	2010
0.0	0.0	0.0	2010	47.9	46.2	53.0	2010	9.2	8.9	10.2	2010
0.0	0.0	0.0	2010	55.2	54.8	55.8	2011	4.0	4.0	4.1	2011
0.0	0.0	0.0	2010	0.0	0.0	0.0	2010	7.3	...	...	...
0.0	0.0	0.0	2010	0.0	0.0	0.0	2010	...	...	...	...
25.7	25.2	26.5	2007	26.6	26.2	27.4	2007	15.0	14.9	15.2	2007
29.8	...	...	...	19.3	...	...	...	11.0	...	...	...
28.9	...	...	...	44.1	...	...	...	8.1	...	...	...
...	...	...	...	...	...	...	...	...	...	...	...
58.3	32.1	74.4	1999	6.6	0.0	12.0	1999	12.0	7.4	19.6	1999
31.4	26.7	32.7	2009	82.9	81.8	83.3	2009	28.0	26.2	28.6	2009
81.2	70.1	87.6	2012	93.3	90.3	96.6	2012	35.0	22.0	53.1	2012
...	...	...	...	67.9	63.9	72.2	2011	10.0	8.8	11.3	2011
...	...	...	...	64.6	63.9	65.4	2005	11.0	10.8	11.3	2005
...	...	...	...	0.0	0.0	0.0	2010	5.0	4.9	5.5	2010
...	...	...	...	67.9	65.7	70.5	2001	9.5	8.8	10.2	2001
0.0	0.0	0.0	2010	19.4	...	...	...	9.2	...	...	...
35.4	...	...	...	39.6	...	...	...	9.9	...	...	...

区域/亚区/国家/地区	健康保障法律覆盖赤字，无法律覆盖的人口百分比①④⑤				自付费用，占卫生总费用的百分比④⑦			
	合计	城市	农村	年份*	合计	城市	农村	年份*
秘鲁	35.6	34.7	38.6	2010	37.1	46.6	5.7	2010
圣基茨和尼维斯	71.2	35.8	87.8	2008	49.9	…	…	…
圣卢西亚岛	64.5	17.7	78.5	2003	44.9	…	…	…
圣文森特和格林纳丁斯	90.6	87.9	93.2	2008	18.0	…	…	…
苏里南	…	…	…	…	13.4	…	…	…
特立尼达和多巴哥	…	…	…	…	35.5	…	…	…
乌拉圭	2.8	2.2	10.3	2010	17.9	…	…	…
委内瑞拉	0.0	0.0	0.0	2010	59.5	…	…	…
北美								
加拿大	0.0	0.0	0.0	2011	14.2	14.2	14.2	2010
美国	16.0	15.0	20.6	2010	11.7	11.7	11.7	2010
亚洲和中东地区								
阿富汗	…	…	…	…	74.3	35.9	86.0	2007
亚美尼亚	0.0	0.0	0.0	2009	55.9	70.2	30.3	2009
阿塞拜疆	97.1	96.2	98.0	2006	69.2	80.5	56.2	2008
巴林	0.0	0.0	0.0	2006	17.6	…	…	…
孟加拉	98.6	97.0	99.2	2003	61.3	30.4	73.3	2010
不丹	10.0	1.0	15.2	2009	14.6	14.1	14.8	2007
文莱	0.0	0.0	0.0	2010	7.6	…	…	…
柬埔寨	73.9	65.7	75.9	2009	61.6	18.7	72.2	2008
中国	3.1	1.0	5.1	2010	35.3	55.3	15.9	…
格鲁吉亚	75.0	64.4	86.8	2008	69.1	…	…	…
中国香港	0.0	0.0	…	2010	…	…	…	…
印度	87.5	74.9	93.1	2010	61.8	49.8	67.2	2009
印度尼西亚	41.0	18.4	63.5	2010	47.2	61.2	33.3	2010
伊朗	10.0	1.0	19.5	2005	53.6	…	…	…
伊拉克	…	…	…	…	26.1	32.7	13.1	2006
以色列	0.0	0.0	0.0	2011	25.0	25.0	25.0	2010
日本	0.0	0.0	0.0	2010	14.4	14.4	14.4	2010

续表

财务赤字，因财务赤字而未被覆盖的人口百分比（阈值：239美元）③④⑥				人力赤字，因卫生专业人员赤字而未被覆盖的人口百分比（阈值：41.1）②④⑥				孕产妇死亡率，每万例活产中孕产妇死亡人数④⑥			
合计	城市	农村	年份*	合计	城市	农村	年份*	合计	城市	农村	年份*
25.5	14.8	44.9	2009	47.3	42.1	64.7	2009	6.7	5.9	9.1	2009
0.0	0.0	0.0	2010	0.0	0.0	0.0	2010	…	…	…	…
0.0	0.0	0.0	2010	47.5	…	…	…	3.5	…	…	…
0.0	0.0	0.0	2010	0.0	0.0	0.0	2010	4.8	…	…	…
0.0	0.0	0.0	2010	0.0	0.0	0.0	2010	13.0	12.1	13.6	2010
0.0	0.0	0.0	2010	0.0	0.0	0.0	2010	4.6	…	…	…
0.0	0.0	0.0	2010	0.0	0.0	0.0	2010	2.9	2.9	2.9	2010
0.1	…	…	…	38.3	…	…	…	9.2	…	…	…
0.0	0.0	0.0	2010	0.0	0.0	0.0	2010	1.2	1.2	1.2	2010
0.0	0.0	0.0	2010	0.0	0.0	0.0	2010	2.1	2.1	2.1	2010
95.2	91.3	96.7	2010	92.3	85.7	94.3	2010	46.0	25.5	67.9	2010
74.8	74.7	74.9	2010	0.0	0.0	0.0	2010	3.0	3.0	3.0	2010
55.3	51.3	59.3	2006	0.0	0.0	0.0	2010	4.3	3.9	4.7	2006
0.0	0.0	0.0	2010	21.9	…	…	…	2.0	2.0	2.0	2010
…	…	…	…	86.4	77.5	89.9	2011	24.0	15.0	35.0	2011
67.0	49.3	69.3	2010	72.6	61.2	78.7	2010	18.0	11.7	19.3	2010
0.0	0.0	0.0	2010	0.0	0.0	0.0	2010	2.4	2.4	2.4	2010
90.8	87.7	91.4	2010	75.2	67.3	77.2	2010	25.0	18.7	26.7	2010
24.1	23.9	24.2	2009	29.0	28.9	29.1	2009	3.7	3.7	3.7	2009
54.0	53.7	54.3	2005	0.0	0.0	0.0	2010	6.7	6.7	6.7	2005
…	…	…	…	…	…	…	…	…	…	…	…
90.0	89.0	94.4	2011	62.5	50.5	68.0	2011	20.0	18.1	35.5	2011
80.1	78.0	82.1	2012	61.7	57.7	65.7	2012	22.0	19.9	24.5	2012
39.8	…	…	…	49.1	…	…	…	2.1	2.1	2.1	2010
0.0	0.0	0.0	2010	52.8	51.2	56.0	2011	6.3	6.1	6.8	2011
0.0	0.0	0.0	2010	0.0	0.0	0.0	2010	0.7	0.7	0.7	2010
0.0	0.0	0.0	2010	0.0	0.0	0.0	2010	0.5	0.5	0.5	2010

区域/亚区/国家/地区	健康保障法律覆盖赤字，无法律覆盖的人口百分比[1][4][5]				自付费用，占卫生总费用的百分比[4][7]			
	合计	城市	农村	年份*	合计	城市	农村	年份*
约旦	25.0	21.7	39.4	2006	25.1	29.8	2.9	2002
哈萨克斯坦	30.0	6.7	59.3	2001	40.4	56.5	21.8	2003
朝鲜	…	…	…	…	…	…	…	…
韩国	0.0	0.0	0.0	2010	34.2	34.2	34.2	…
科威特	0.0	0.0	0.0	2006	17.5	…	…	…
吉尔吉斯斯坦	17.0	7.4	22.2	2001	38.7	29.4	43.7	2010
老挝	88.4	85.2	90.0	2009	41.8	41.4	42.0	2007
黎巴嫩	51.7	51.6	52.3	2007	44.4	…	…	…
马来西亚	0.0	0.0	0.0	2010	32.7	…	…	…
马尔代夫	70.0	57.9	78.1	2011	26.1	21.6	29.0	2010
蒙古	18.1	8.7	37.6	2009	35.2	45.4	14.0	2008
缅甸	…	…	…	…	76.6	…	…	…
尼泊尔	99.9	99.9	99.9	2010	48.8	14.0	55.8	2010
巴勒斯坦被占领土	83.8	…	…	2004	…	…	…	…
阿曼	3.0	1.0	10.7	2005	10.9	…	…	…
巴基斯坦	73.4	56.5	82.8	2009	60.6	42.2	70.9	2010
菲律宾	18.0	1.0	35.1	2009	52.5	71.1	34.9	2006
卡塔尔	0.0	0.0	0.0	2006	16.0	…	…	…
沙特阿拉伯	74.0	71.5	85.5	2010	20.0	…	…	…
新加坡	0.0	0.0	…	2010	62.6	…	…	…
斯里兰卡	0.0	0.0	0.0	2010	44.8	24.5	80.8	2009
叙利亚	10.0	1.0	21.6	2008	54.0	…	…	…
塔吉克斯坦	99.7	99.7	99.7	2010	66.5	31.3	79.2	2009
泰国	2.0	1.0	3.0	2007	14.2	15.3	13.6	2009
东帝汶	…	…	…	…	3.7	7.0	2.3	2010
土耳其	14.0	10.8	21.7	2011	16.1	18.3	10.7	2009
土库曼斯坦	17.7	1.0	34.3	2011	43.7	…	…	…
阿联酋	0.0	0.0	0.0	2010	19.5	…	…	…
乌兹别克斯坦	0.0	0.0	0.0	2010	45.2	…	…	…
越南	39.0	1.0	56.0	2010	44.8	35.0	49.2	2008

续表

财务赤字，因财务赤字而未被覆盖的人口百分比（阈值：239美元）③④⑥				人力赤字，因卫生专业人员赤字而未被覆盖的人口百分比（阈值：41.1）②④⑥				孕产妇死亡率，每万例活产中孕产妇死亡人数④⑥			
合计	城市	农村	年份*	合计	城市	农村	年份*	合计	城市	农村	年份*
0.0	0.0	0.0	2010	0.0	0.0	0.0	2010	6.3	6.3	6.3	2012
0.0	0.0	0.0	2010	0.0	0.0	0.0	2010	5.1	5.1	5.1	2010
…	…	…	…	0.0	0.0	0.0	2010	8.1	…	…	…
0.0	0.0	0.0	2010	0.0	0.0	0.0	2010	1.6	1.6	1.6	2010
0.0	0.0	0.0	2010	0.0	0.0	0.0	2010	1.4	1.4	1.4	2010
80.4	80.3	80.4	2012	0.0	0.0	0.0	2010	7.1	7.1	7.1	2012
90.7	81.5	92.9	2011	76.1	55.8	86.7	2011	47.0	23.7	61.4	2011
0.0	0.0	0.0	2010	0.0	0.0	0.0	2010	2.5	2.5	2.5	2010
15.6	…	…	…	0.0	0.0	0.0	2010	2.9	2.9	2.9	2010
0.0	0.0	0.0	2010	0.0	0.0	0.0	2010	6.0	5.7	6.1	2009
59.5	59.3	59.9	2010	0.0	0.0	0.0	2010	6.3	6.3	6.4	2010
98.2	…	…	…	67.0	…	…	…	20.0	…	…	…
…	…	…	…	84.8	70.4	87.7	2011	17.0	8.4	18.9	2011
…	…	…	…	…	…	…	…	…	…	…	…
0.0	0.0	0.0	2010	0.0	0.0	0.0	2010	3.2	…	…	…
95.4	93.7	96.1	2012	68.1	57.5	74.0	2012	26.0	19.1	30.5	2012
82.2	77.8	86.3	2008	0.0	0.0	0.0	2010	9.9	7.9	12.9	2008
0.0	0.0	0.0	2010	0.0	0.0	0.0	2010	0.7	0.7	0.7	2010
0.0	0.0	0.0	2010	31.0	…	…	…	2.4	2.4	2.4	2010
0.0	0.0	0.0	2010	0.0	0.0	0.0	2010	0.3	0.3	0.3	2010
78.2	…	…	…	41.2	…	…	…	3.5	…	…	…
79.3	78.3	80.3	2006	23.6	20.1	27.7	2006	7.0	6.7	7.4	2006
91.0	90.4	91.2	2012	0.0	0.0	0.0	2010	6.5	6.1	6.6	2012
27.1	25.5	27.7	2005	57.9	57.0	58.3	2005	4.8	4.7	4.8	2005
81.4	62.5	86.9	2010	59.1	18.4	74.9	2010	30.0	14.9	42.5	2010
0.0	0.0	0.0	2010	3.4	0.0	21.3	2003	2.0	2.0	2.0	2010
67.2	…	…	…	0.0	0.0	0.0	2010	6.7	…	…	…
0.0	0.0	0.0	2010	24.0	…	…	…	1.2	1.2	1.2	2010
79.2	79.2	79.2	2006	0.0	0.0	0.0	2010	2.8	2.8	2.8	2010
82.4	81.3	82.9	2010	47.7	44.5	49.1	2010	5.9	5.6	6.1	2010

区域/亚区/国家/地区	健康保障法律覆盖赤字，无法律覆盖的人口百分比[1][4][5]				自付费用，占卫生总费用的百分比[4][7]			
	合计	城市	农村	年份*	合计	城市	农村	年份*
也门	58.0	26.8	70.7	2003	73.8	68.0	99.0	2005
欧洲								
阿尔巴尼亚	76.4	70.6	82.8	2008	54.4	59.4	49.0	2008
安道尔	…	…	…	…	19.6	…	…	…
奥地利	0.7	0.7	0.7	2010	15.2	15.2	15.2	2010
白俄罗斯	0.0	0.0	0.0	2010	19.8	24.6	5.9	2010
比利时	1.0	1.0	1.0	2010	20.7	20.7	20.7	2010
波黑	40.8	8.5	67.5	2004	28.3	30.0	26.8	2007
保加利亚	13.0	10.2	20.4	2008	42.9	…	…	…
克罗地亚	3.0	1.0	7.1	2009	14.6	…	…	…
塞浦路斯	35.0	23.9	61.2	2008	49.4	…	…	…
捷克	0.0	0.0	0.0	2011	14.9	14.9	14.9	2010
丹麦	0.0	0.0	0.0	2011	13.2	13.2	13.2	2010
爱沙尼亚	7.1	1.0	18.7	2011	18.7	18.7	18.7	2010
芬兰	0.0	0.0	0.0	2010	19.8	19.8	19.8	2010
法国	0.1	0.1	0.1	2011	7.4	7.4	7.4	2010
德国	0.0	0.0	0.0	2010	11.9	11.9	11.9	2010
希腊	0.0	0.0	0.0	2010	29.2	29.2	29.2	2010
匈牙利	0.0	0.0	0.0	2010	26.3	…	…	…
冰岛	0.0	0.0	0.0	2010	17.9	…	…	…
爱尔兰	0.0	0.0	0.0	2011	12.9	12.9	12.9	2010
意大利	0.0	0.0	0.0	2010	19.9	19.9	19.9	2010
拉脱维亚	30.0	25.1	40.3	2005	34.9	47.9	16.8	2009
列支敦士登	5.0	…	…	2008	…	…	…	…
立陶宛	5.0	1.0	13.5	2009	26.4	33.5	12.0	2008
卢森堡	2.4	…	…	2010	10.0	10.0	10.0	2010
北马其顿	5.1	1.0	12.5	2006	36.2	42.3	27.3	2003
马耳他	0.0	0.0	0.0	2009	33.4	…	…	…
摩尔多瓦	24.3	1.0	30.3	2004	44.9	52.7	38.0	2009

续表

财务赤字，因财务赤字而未被覆盖的人口百分比（阈值：239 美元）③④⑥				人力赤字，因卫生专业人员赤字而未被覆盖的人口百分比（阈值：41.1）②④⑥				孕产妇死亡率，每万例活产中孕产妇死亡人数④⑥			
合计	城市	农村	年份*	合计	城市	农村	年份*	合计	城市	农村	年份*
91.9	86.0	94.0	2006	78.2	62.7	84.5	2006	20.0	11.6	27.1	2006
52.1	51.8	52.2	2009	0.0	0.0	0.0	2010	2.7	2.7	2.7	2010
0.0	0.0	0.0	2010	0.0	0.0	0.0	2010	…	…	…	…
0.0	0.0	0.0	2010	0.0	0.0	0.0	2010	0.4	0.4	0.4	2010
5.8	5.9	5.8	2012	0.0	0.0	0.0	2010	0.4	0.4	0.4	2010
0.0	0.0	0.0	2010	0.0	0.0	0.0	2010	0.8	0.8	0.8	2010
0.0	0.0	0.0	2010	0.0	0.0	0.0	2010	0.8	0.8	0.8	2010
…	…	…	…	0.0	0.0	0.0	2010	1.1	1.1	1.1	2010
…	…	…	…	0.0	0.0	0.0	2010	1.7	1.7	1.7	2010
0.0	0.0	0.0	2010	0.0	0.0	0.0	2010	1.0	1.0	1.0	2010
0.0	0.0	0.0	2010	0.0	0.0	0.0	2010	0.5	0.5	0.5	2010
0.0	0.0	0.0	2010	0.0	0.0	0.0	2010	1.2	1.2	1.2	2010
0.0	0.0	0.0	2010	0.0	0.0	0.0	2010	0.2	0.2	0.2	2010
0.0	0.0	0.0	2010	0.0	0.0	0.0	2010	0.5	0.5	0.5	2010
0.0	0.0	0.0	2010	0.0	0.0	0.0	2010	0.8	0.8	0.8	2010
0.0	0.0	0.0	2010	0.0	0.0	0.0	2010	0.7	0.7	0.7	2010
0.0	0.0	0.0	2010	0.0	0.0	0.0	2010	0.3	0.3	0.3	2010
0.0	0.0	0.0	2010	0.0	0.0	0.0	2010	2.1	2.1	2.1	2010
0.0	0.0	0.0	2010	0.0	0.0	0.0	2010	0.5	0.5	0.5	2010
0.0	0.0	0.0	2010	0.0	0.0	0.0	2010	0.6	0.6	0.6	2010
0.0	0.0	0.0	2010	0.0	0.0	0.0	2010	0.4	0.4	0.4	2010
…	…	…	…	0.0	0.0	0.0	2010	3.4	…	…	…
…	…	…	…	0.0	0.0	0.0	2010	…	…	…	…
…	…	…	…	0.0	0.0	0.0	2010	0.8	0.8	0.8	2010
0.0	0.0	0.0	2010	0.0	0.0	0.0	2010	2.0	2.0	2.0	2010
13.8	13.8	13.8	2011	0.0	0.0	0.0	2010	1.0	1.0	1.0	2010
…	…	…	…	0.0	0.0	0.0	2010	0.8	0.8	0.8	2010
48.5	48.4	48.5	2005	0.0	0.0	0.0	2010	4.1	4.1	4.1	2005

区域/亚区/国家/地区	健康保障法律覆盖赤字，无法律覆盖的人口百分比[1][4][5]				自付费用，占卫生总费用的百分比[4][7]			
	合计	城市	农村	年份*	合计	城市	农村	年份*
摩纳哥	…	…	…	…	7.0	…	…	…
黑山	5.0	1.0	11.6	2004	38.0	48.1	20.8	2009
荷兰	1.1	1.1	1.1	2010	5.3	5.3	5.3	2010
挪威	0.0	0.0	0.0	2011	13.6	13.6	13.6	2010
波兰	2.5	1.0	3.5	2010	22.2	22.2	22.2	2010
葡萄牙	0.0	0.0	0.0	2010	25.8	25.8	25.8	2010
罗马尼亚	5.7	1.0	12.1	2009	19.2	25.9	11.7	2009
俄罗斯	12.0	1.0	16.7	2011	36.4	46.9	7.3	2008
圣马力诺	…	…	…	…	14.3	…	…	…
塞尔维亚	7.9	1.0	16.3	2009	36.4	68.3	32.4	2007
斯洛伐克	5.2	1.0	11.5	2010	25.7	25.7	25.7	2010
斯洛文尼亚	0.0	0.0	0.0	2011	12.2	12.2	12.2	2010
西班牙	0.8	0.8	0.8	2010	19.8	19.8	19.8	2010
瑞典	0.0	0.0	0.0	2011	16.3	16.3	16.3	2010
瑞士	0.0	0.0	0.0	2010	25.1	25.1	25.1	2010
乌克兰	0.0	0.0	0.0	2011	40.5	50.2	19.3	2010
英国	0.0	0.0	0.0	2010	9.4	9.4	9.4	2010
大洋洲								
澳大利亚	0.0	0.0	0.0	2011	19.3	19.3	19.3	2010
库克群岛	…	…	…	…	5.8	…	…	…
斐济	0.0	0.0	0.0	2010	19.7	26.6	12.2	2002
基里巴斯	…	…	…	…	…	…	…	…
马绍尔群岛	…	…	…	…	12.8	…	…	…
密克罗尼西亚	…	…	…	…	8.7	…	…	…
瑙鲁	…	…	…	…	5.8	…	…	…
新西兰	0.0	0.0	0.0	2011	10.5	10.5	10.5	2010
纽埃	…	…	…	…	…	…	…	…
帕劳	…	…	…	…	11.1	…	…	…
巴布亚新几内亚	…	…	…	…	13.8	4.9	15.1	2009
萨摩亚	…	…	…	…	7.9	…	…	…

续表

财务赤字，因财务赤字而未被覆盖的人口百分比（阈值：239美元）③④⑥				人力赤字，因卫生专业人员赤字而未被覆盖的人口百分比（阈值：41.1）②④⑥				孕产妇死亡率，每万例活产中孕产妇死亡人数④⑥			
合计	城市	农村	年份*	合计	城市	农村	年份*	合计	城市	农村	年份*
0.0	0.0	…	2010	0.0	0.0	…	2010	…	…	…	…
0.0	0.0	0.0	2010	0.0	0.0	0.0	2010	0.8	0.8	0.8	2010
0.0	0.0	0.0	2010	0.0	0.0	0.0	2010	0.6	0.6	0.6	2010
0.0	0.0	0.0	2010	0.0	0.0	0.0	2010	0.7	0.7	0.7	2010
0.0	0.0	0.0	2010	0.0	0.0	0.0	2010	0.5	0.5	0.5	2010
0.0	0.0	0.0	2010	0.0	0.0	0.0	2010	0.8	0.8	0.8	2010
…	…	…	…	0.0	0.0	0.0	2010	2.7	2.7	2.7	2010
0.0	0.0	0.0	2010	0.0	0.0	0.0	2010	3.4	3.4	3.4	2010
…	…	…	…	0.0	0.0	0.0	2010	…	…	…	…
0.0	0.0	0.0	2010	0.0	0.0	0.0	2010	1.2	1.2	1.2	2010
…	…	…	…	19.7	…	…	…	0.6	0.6	0.6	2010
…	…	…	…	0.0	0.0	0.0	2010	1.2	1.2	1.2	2010
…	…	…	…	0.0	0.0	0.0	2010	0.6	0.6	0.6	2010
0.0	0.0	0.0	2010	0.0	0.0	0.0	2010	0.4	0.4	0.4	2010
0.0	0.0	0.0	2010	0.0	0.0	0.0	2010	0.8	0.8	0.8	2010
35.0	34.7	35.4	2007	0.0	0.0	0.0	2010	3.2	…	…	…
0.0	0.0	0.0	2010	0.0	0.0	0.0	2010	1.2	1.2	1.2	2010
0.0	0.0	0.0	2010	0.0	0.0	0.0	2010	0.7	0.7	0.7	2010
0.0	0.0	0.0	2010	0.0	0.0	0.0	2010	…	…	…	…
44.5	…	…	…	35.2	…	…	…	2.6	2.6	2.6	2010
26.9	…	…	…	0.0	0.0	0.0	2010	…	…	…	…
0.0	0.0	0.0	2010	26.4	…	…	…	…	…	…	…
0.0	0.0	0.0	2010	7.1	…	…	…	10.0	…	…	…
0.0	0.0	…	2010	0.0	0.0	…	2010	…	…	…	…
0.0	0.0	0.0	2010	0.0	0.0	0.0	2010	1.5	1.5	1.5	2010
0.0	0.0	0.0	2010	0.0	0.0	0.0	2010	…	…	…	…
0.0	0.0	0.0	2010	0.0	0.0	0.0	2010	…	…	…	…
70.9	…	…	…	89.2	…	…	…	23.0	…	…	…
3.4	…	…	…	43.6	…	…	…	10.0	…	…	…

区域/亚区/国家/地区	健康保障法律覆盖赤字，无法律覆盖的人口百分比①④⑤				自付费用，占卫生总费用的百分比④⑦			
	合计	城市	农村	年份*	合计	城市	农村	年份*
所罗门群岛	…	…	…	…	3.2	…	…	…
汤加	…	…	…	…	12.7	…	…	…
图瓦卢	…	…	…	…	…	…	…	…
瓦努阿图	0.0	0.0	0.0	2010	6.0	…	…	…

来源：

主要来源：

ILO（国际劳工局）．社会健康保障数据库，统计附件．可见 http://www.ilo.org/gimi/gess/ShowTheme.action?th.themeId=3985［2015.02.18］．

联合国，经济和社会事务部，人口司．2012．《世界人口展望：2012年修订本》（纽约）．可见 https://esa.un.org/unpd/wpp/［2015.02.27］．

世界卫生组织全球卫生观测站的数据储存库（GHO）：全球卫生人力统计．可见 http://apps.who.int/gho/data/node.main.HWF?lang=en［2015.02.18］．

其他来源：

世界银行．数据库：世界发展指标数据库．可见 http://data.worldbank.org/data-catalog/world-development-indicators［2015.02.18］．

ILO（国际劳工局）．根据世界卫生组织全球卫生观测站的数据储存库（GHO）：卫生筹资和全球卫生人力统计进行的计算（见下文）．

全球消费数据库：健康．可见 http://datatopics.worldbank.org/consumption/sector/Health［2015.02.27］．

WHO（世界卫生组织）．全球卫生支出数据库．可见 http://apps.who.int/nha/database/Select/Indicators/en 以及自付费用在卫生总费用中所占百分比的定义可见 http://apps.who.int/gho/indicatorregistry/App_Main/view_indicator.aspx?iid=3105［2015.03.09］．

世界卫生组织全球卫生观测站的数据储存库（GHO）：卫生筹资．可见 http://apps.who.int/gho/data/node.main.484?lang=en［2015.02.18］．

注释：

…表示不可用。

*"年份"一列所示为代理数据收集的年份。

国家估计：

① 未受健康保障法律覆盖的人口百分比估计。覆盖范围包括医疗保险的附属参保成员或可免费享受国家提供的健康服务的人口估计。

② 国际劳工组织的人力赤字指标反映了供给一侧的可获得性——这种情况下，人力资源的供应水平应当至少保证每个人都能有效获得基本但普惠的服务。为了估算由专业医务人员（医生、护士及助产士）所提供的服务的可及性，它以某一特定国家卫生专业人员的密度与其在低脆弱度国家的中值之间的相对差异作为代理数据（proxy data）因此，低脆弱度国家可获得专业医务人员服务的人口被用作其他国家的阈值。国际劳工组织使用的相对阈值与这些"低脆弱"（就业结构和贫困程度方面）国家的中值一致。基于世界卫生组织2011年数据（每万人所需的医生、护士及助产士数量），按照总人口加权估算的中值是每万人需要41.1名卫生工作者。另一种方式是参考因服务供给方赤字而未被覆盖

续表

财务赤字，因财务赤字而未被覆盖的人口百分比（阈值：239 美元）③④⑥				人力赤字，因卫生专业人员赤字而未被覆盖的人口百分比（阈值：41.1）②④⑥				孕产妇死亡率，每万例活产中孕产妇死亡人数④⑥			
合计	城市	农村	年份*	合计	城市	农村	年份*	合计	城市	农村	年份*
45.6	…	…	…	47.0	…	…	…	11.0	…	…	…
18.5	…	…	…	0.0	0.0	0.0	2010	11.0	…	…	…
				0.0	0.0	0.0	2010				
48.0	39.0	49.7	2007	60.1	53.7	62.0	2007	11.0	9.4	11.4	2007

的人口。国际劳工组织的人力赤字指标估算了医疗卫生服务递送整体绩效这一维度，即无法获取所需的医疗卫生服务的人口所占百分比。该数值高于由世界卫生组织就初级卫生保健服务递送所设定的最低值，即每万人中需要 23 名卫生工作人员。专业人员包括由世界卫生组织定义的医生、护士及助产士。指标 HRH_01（护理人员数）、HRH_02（医生人数）和 HRH_03（助产士人数）的指标定义和元数据。可见 http://apps.who.int/gho/data/node.imr［2015.02.27］。

③ 因财政资源赤字造成的覆盖面差距是基于低脆弱度国家的中值。关于不含自费支付的医疗卫生总支出（美元，人均每年），国际劳工组织的财政赤字指标所遵循的原则与人力赤字指标一致。2011年被评估为"低脆弱度"国家组的相对中值估算为人均每年 239 美元。

④ 合计的测算经总人口加权的。参见上页来自联合国的数据。

农村/城市估计：

⑤ 使用农业部门所提供的国内生产总值百分比作为农村人口法定保障权指标的代理数据；其他部门所提供的国内生产总值百分比作为城市人口法定保障权指标的代理数据。可见 http://data.worldbank.org/indicator/NV.AGR.TOTL.ZS［2015.02.27］。

⑥ 使用全国、农村和城市的熟练助产人员（SBA）率作为卫生工作者分布、财政资源分配和孕产妇死亡率的代理数据。假设农村（/城市）人力赤字（SAD）、农村（/城市）财政赤字（FD）和城市与全国的 SBA 比率直接相关，农村（/城市）孕产妇死亡率（MMR）和城市与全国的 SBA 比率成反比。使用的是全球卫生观察网站上公布的最新调查数据。可见 http://apps.who.int/gho/data/view.main.1630?lang=en and http：//apps.who.int/gho/data/view.main.94130［2015.02.27］。

⑦ 农村和城市地区的家庭卫生消费（美元购买力平价）提取自世界银行全球消费数据库。农村（或城市）与全国的家庭卫生消费之比被用作农村和城市自付费用的代理数据。可见 http://datatopics.worldbank.org/consumption/sector/Health［2015.02.27］。

表 B.14 实现长期护理全覆盖的可持续发展目标方面的差距

A. 按国家划分的长期护理法律覆盖缺口，2015 年

区域/亚区/国家/地区	2013 年 65 岁及以上人口占总人口的百分比（%）	2013 年人口总数（人）	2013 年 65 岁及以上人口总数（人）	长期护理法律覆盖缺口，（不受国家立法保护的人口百分比）[①-㉙]
全球		7 101 752 708	563 733 738	
部分典型国家		4 863 551 386	447 825 650	
非洲				
阿尔及利亚	4.6	39 208 194	1 802 554	100.0
加纳	3.5	25 904 598	902 082	100.0
尼日利亚	2.7	173 615 345	4 764 597	100.0
南非	5.5	53 157 490	2 941 212	非常高的赤字（家计调查）
美洲				
阿根廷	11.0	41 446 246	4 537 520	100.0
巴西	7.5	200 361 925	15 078 596	100.0
加拿大	15.2	35 154 279	5 337 669	100.0
智利	10.0	17 619 708	1 756 933	100.0
哥伦比亚	6.2	48 321 405	2 978 161	100.0
墨西哥	6.4	122 332 399	7 838 255	100.0
美国	14.0	316 128 839	44 136 229	非常高的赤字（家计调查）
亚太地区				
澳大利亚	14.3	23 129 300	3 313 928	非常高的赤字（家计调查）
中国	8.9	1 357 380 000	120 474 979	非常高的赤字（家计调查）
印度	5.3	1 252 139 596	66 045 874	100.0

续表

区域/亚区/国家/地区	2013年65岁及以上人口占总人口的百分比（%）	2013年人口总数（人）	2013年65岁及以上人口总数（人）	长期护理法律覆盖缺口，（不受国家立法保护的人口百分比①-③）
印度尼西亚	5.2	249 865 631	13 050 119	100.0
日本	25.1	127 338 621	31 933 383	0.0
新西兰	14.0	4 442 100	619 781	非常高的赤字（家计调查）
泰国	9.7	67 010 502	6 504 151	100.0
欧洲和中亚				
奥地利	18.4	8 479 823	1 556 840	非常高的赤字（家计调查）
比利时	18.0	11 182 817	2 011 005	0.0
捷克	16.7	10 514 272	1 756 496	非常高的赤字（家计调查）
丹麦	17.9	5 614 932	1 005 009	0.0
爱沙尼亚	18.0	1 317 997	237 706	非常高的赤字（家计调查）
芬兰	19.0	5 438 972	1 035 547	非常高的赤字（家计调查）
法国	17.9	65 939 866	11 777 556	非常高的赤字（家计调查）
德国	21.1	80 651 873	17 046 807	0.0
希腊	19.7	11 027 549	2 168 948	非常高的赤字（家计调查）
匈牙利	17.2	9 893 899	1 703 372	非常高的赤字（家计调查）
冰岛	12.8	323 764	41 468	0.0
爱尔兰	12.1	4 597 558	554 197	非常高的赤字（家计调查）
以色列	10.7	8 059 500	864 190	非常高的赤字（家计调查）
意大利	21.1	60 233 948	12 729 637	非常高的赤字（家计调查）
卢森堡	14.2	543 360	77 280	0.0

续表

区域/亚区/国家/地区	2013年65岁及以上人口占总人口的百分比（%）	2013年人口总数（人）	2013年65岁及以上人口总数（人）	长期护理法律覆盖缺口,（不受国家立法保护的人口百分比①-㉖）
荷兰	17.0	16 804 432	2 857 852	非常高的赤字（家计调查）
挪威	15.8	5 080 166	803 541	非常高的赤字（家计调查）
波兰	14.4	38 514 479	5 558 820	非常高的赤字（家计调查）
葡萄牙	18.8	10 457 295	1 962 879	非常高的赤字（家计调查）
俄罗斯	13.0	143 499 861	18 695 637	非常高的赤字（家计调查）
斯洛伐克	13.0	5 413 393	701 790	100.0
斯洛文尼亚	17.2	2 059 953	355 117	非常高的赤字（家计调查）
西班牙	17.8	46 617 825	8 279 823	非常高的赤字（家计调查）
瑞典	19.3	9 600 379	1 855 420	0.0
瑞士	17.7	8 087 875	1 432 046	非常高的赤字（家计调查）
土耳其	7.4	74 932 641	5 527 954	100.0
英国	17.5	64 106 779	11 212 690	非常高的赤字（家计调查）

来源：
国际劳工组织基于世界银行数据的计算。
数据库：世界发展指标数据库。可见 http://data.worldbank.org/data-catalog/world-development-indicators [2015.06.29].

注释：
更多信息和资料来源请参见 Scheil-Adlung, 2015b. Long-term care protection for older persons: A review of coverage deficits in 46 countries, Extension of Social Security (ESS) Paper Series No.50 (Geneva, ILO).

附件四 统计表

B. 长期护理劳动力

区域/亚区/国家/地区	每百位65岁及以上老年人需要的正式长期护理人员（全职人力工时）[1]			正式长期护理人员（全职人力工时）绝对值[1]				正式长期护理人员（总人数）[1]			因正式长期护理人员不足造成的覆盖面差距（相对国值：每百位65岁及以上老年人需要4.2个全职人力工时护理人员）[1][2][3][4][5]	非正式长期护理人员（总人数）[1][2]		
	合计	机构护理	居家护理	年份	合计	机构护理	居家护理	每百位65岁及以上老年人	绝对值	年份		每百位65岁及以上老年人	绝对值	年份
非洲														
阿尔及利亚	0.0	...	...	2006	—	...	...	...	...	...	100.0	...	...	...
加纳	0.0	...	...	2007	—	...	...	...	...	...	100.0	...	...	...
尼日利亚	0.0	...	...	2014	—	...	...	...	...	...	100.0	...	...	...
南非	0.4	...	...	2012	11 562	...	...	0.6	16 740	2012	90.5	...	...	...
美洲														
阿根廷	0.0	...	...	2012	—	...	...	...	...	...	100.0	...	...	...
巴西	0.0	...	...	2014	—	...	...	...	...	...	100.0	...	...	...
加拿大	3.6	...	...	2006	157 575	...	...	5.2	226 715	2006	13.3	60.9	2 700 000	2007
智利	0.0	...	...	2012	—	...	...	...	...	...	100.0	...	...	...
哥伦比亚	0.0	...	...	2009	—	...	...	...	...	...	100.0	...	...	...
墨西哥	1.8	...	...	2008	137 845	...	...	2.6	169 358	2008	57.6	...	...	...
美国	6.4	5.3	1.1	2012	2 769 442	2 302 002	467 440	11.9	5 123 639	2012	0.0	122.8	44 443 800	2004
亚太地区														
澳大利亚	4.4	2.8	1.6	2012	140 135	89 797	50 338	7.1	226 956	2012	0.0	83.8	2 694 600	2012

续表

区域/亚区/国家/地区	每百位65岁及以上老年人需要的正式长期护理人员（全职人力工时）①				正式长期护理人员（全职人力工时）绝对值①					正式长期护理人员（总人数）①			因正式长期护理人员不足造成的覆盖面差距（相对阈值：每百位65岁及以上老年人需要4.2个全职人力工时护理人员）①③④⑤	非正式长期护理人员（总人数）①②		
	合计	机构护理	居家护理	年份	合计	机构护理	居家护理	年份		每百位65岁及以上老年人	绝对值	年份		每百位65岁及以上老年人	绝对值	年份
中国	1.1	...	...	1999	1 384 528	...	...	1999		...	...	...	72.3	...	...	...
印度	0.0	...	...	2015	...	...	...	2015		...	...	...	100.0	...	...	...
印度尼西亚	...	...	...	...	...	...	...	...		...	...	...		...	...	...
日本	4.0	1.3	2.7	2012	1 233 587	404 994	828 593	2012		5.8	1 797 827	2012	3.6	...	...	...
新西兰	4.3	3	1.4	2011	25 413	17 436	7 977	2011		7.3	37 203	2006	0.0	4.8	24 500	2006
泰国	0.7	...	...	2000	13 511	...	...	2000		1.0	36 179	2000	83.9	...	...	...
欧洲和中亚																
奥地利	2.6	...	...	2006	40 478	...	...	2006		...	...	...	37.3	21.4	289 882	2006
比利时	2.9	2.0	...	2006	58 319	37 089	...	2006		...	...	...	30.1	23.2	420 231	2006
捷克	2.1	1.3	0.8	2009	32 153	20 127	12 026	2009		2.4	38 041	2009	49.4	17.6	281 227	2010
丹麦	6.3	...	...	2009	55 419	...	...	2009		9.0	79 067	2009	0.0	2.3	19 613	2008
爱沙尼亚	6.1	0.6	5.6	2012	14 406	1 362	13 044	2012		6.2	14 484	2012	0.0	...	...	...
芬兰	6.5	...	1.2	2006	67 000	...	12 000	2006		...	...	...	0.0	...	...	...
法国	1.1	1.4	...	2003	108 197	140 670	...	2003		1.6	160 029	2003	73.5	20.7	2 101 795	2006
德国	3.2	2.1	1.0	2011	534 815	361 792	173 023	2011		4.4	745 932	2011	22.9	19.0	3 199 384	2012

续表

区域/亚区/国家/地区	每百位65岁及以上老年人需要的正式长期护理人员（全职人力工时）[1]				正式长期护理人员（全职人力工时）绝对值[1]				正式长期护理人员（总人数）[1]			因正式长期护理人员不足造成的覆盖面差距（相对阈值：每百位65岁及以上老年人需要4.2个全职人力工时护理人员）[1][3][4][5]	非正式长期护理人员（总人数）[1][2]		
	合计	年份	机构护理	居家护理	合计	年份	机构护理	居家护理	每百位65岁及以上老年人	绝对值	年份		每百位65岁及以上老年人	绝对值	年份
希腊[5]	1.6	2006	…	…	34 703	2006	…	…	…	…	…	61.4	13.3	273 234	2006
匈牙利	1.8	2012	…	…	30 509	2012	…	…	2.6	43 527	2012	56.6	…	…	…
冰岛	…	…	…	…	…	…	…	…	…	…	…	…	…	…	…
爱尔兰	1.8	2013	1.1	0.6	9 915	2013	6 293	3 621	2.8	17 358	2013	56.6	35.5	187 112	2011
以色列	8.0	2012	0.7	7.3	68 573	2012	6 035	62 538	10.7	84 450	2013	0.0	…	…	…
意大利	2.6	2003	…	…	330 971	2003	3 217	…	3.7	406 669	2003	37.3	37.2	4 034 696	2003
卢森堡	6.9	2012	4.4	2.5	5 043	2012	…	1 826	…	…	…	0.0	3.3	2 439	2012
荷兰	7.3	2012	…	…	45 244	2012	…	…	10.6	288 000	2012	0.0	144.9	3 500 000	2008
挪威	17.1	2012	…	…	131 180	2012	7 186	…	23.5	180 406	2012	0.0	87.2	670 000	2012
波兰[5]	3.0	2006	…	…	58 886	2006	5 146	965	…	…	…	27.7	23.9	1 214 331	2006
葡萄牙	0.4	2013	0.4	0.0	8 151	2013	…	…	0.6	10 872	2013	90.4	…	…	…
俄罗斯	0.7	2011	…	…	4 743	2011	…	…	1.0	184 000	2011	83.7	…	…	…
斯洛伐克	1.1	2012	0.7	0.4	7 878	2012	…	2 732	1.5	10 449	2012	73.5	8.6	59 187	2012
斯洛文尼亚	1.2	2010	…	1.2	4 249	2010	…	4 249	…	…	…	71.1	…	…	…
西班牙	2.9	2012	…	…	235 456	2012	…	…	4.2	335 929	2012	30.1	4.9	408 401	2013

续表

区域/亚区/国家/地区	每百位65岁及以上老年人需要的正式长期护理人员（全职人力工时）①			正式长期护理人员（全职人力工时）绝对值①				正式长期护理人员（总人数）①			因正式长期护理人员不足造成的覆盖面差距（相对阈值：每百位65岁及以上老年人需要4.2个全职人力工时护理人员）①②③④⑤	非正式长期护理人员（总人数）①②		
	合计	机构护理	居家护理	合计	年份	机构护理	居家护理	每百位65岁及以上老年人	绝对值	年份		每百位65岁及以上老年人	绝对值	年份
瑞典	9.6	…	…	166 179	2011	…	…	12.8	222 446	2011	0.0	12.8	200 060	2006
瑞士	5.2	4.1	1.1	71 339	2012	56 299	15 040	8.5	116 409	2012	0.0	…	…	…
土耳其	0.0	…	…	…	2000	…	…	…	…	…	100.0	…	…	…
英国⑤	6.9	…	…	773 676	2009	…	…	…	…	…	0.0	55.6	5 550 000	2009

来源：

基于以下资料的国际劳工组织的计算：OECD.2014.加强长期护理制度的数据（巴黎）。可见 http://www.oecd.org/els/health-systems/Long-Term-Care-Dataset-OECD-Health-Statistics-2014.xls（2015.06.05）.

注释：

… 表示不可用。

LTC 表示长期护理。

FTE 表示全职人力工时。

HC 表示总人数。

① 使用一组对长期护理采用一系列广泛的法律、财务和组织方法的代表性国家进行计算得出，2013年（或最近可用年份）经人口加权的中位阈值为每100名65岁及以上老年人需要4.2名长期护理人员（全职人力工时，FTE）。这组国家包括澳大利亚、加拿大、捷克、爱沙尼亚、法国、德国、爱尔兰、以色列、日本、卢森堡、新西兰、挪威、葡萄牙、斯洛伐克、瑞典、瑞士、美国等。

② 21个国家中关于非正式长期护理人员数量的数据仅显示总人数。因此，表中所示数据包括非全日制和全职人员。数据可用的国家有：澳大利亚、奥地利、比利时、加拿大、捷克、丹麦、德国、希腊、爱尔兰、意大利、卢森堡、荷兰、新西兰、挪威、波兰、斯洛伐克、西班牙、瑞典、英国、美国。

③ 基于选定国家组中值得到的因人力赤字造成的覆盖面差距。2013 年，每百位 65 岁及以上老年人需要的正式长期护理人员（全职人力工时，FTE）的相对中值为 4.2。该指标反映了 65 岁及以上人口中由于正式长期护理人员数量不足而导致无法获得长期护理服务的百分比。计算方法如下：

$$人力赤字 = \frac{(阈值 - 国家\ x\ 的值)}{阈值} \times 100\%$$

	澳大利亚	加拿大
每百位 65 岁及以上人口需要的正式长期护理人员（全职人力工时，FTE）	4.4	3.6
基于 OECD 国家中位数计算的阈值：4.2	4.2	4.2
国际劳工组织人力赤字指标 [(阈值 - 国家 x 的值) ÷ 阈值 × 100]	0（基于临界值）	13.3

④ 根据 2013 年或最近可获数据年份的"以全职人力工时（FTE）计的每百位 65 岁及以上人口的正式长期护理人员"与"以总人数（HC）计的每百位 65 岁及以上的正式长期护理人员"的中值比（FTE：HC）所得到的最佳近似估算。在典型国家组中 FTE：HC 的中值比为 0.69。利用 FTE 与 HC 之间的高度相关关系（二者的相关系数为 0.81），FTE：HC 中值比可以对数据不可用的国家的 FTE 进行最优预测。

⑤ 根据 2013 年或最新可获数据年份的"以全职人力工时（FTE）计的每百位 65 岁及以上人口需要的正式长期护理人员"与"每百位 65 岁及以上者的非正式长期护理人员（FTE：INF）"的中值比（FTE：INF）所得到的近似估算。FTE：INF 的中值比为 0.12，该数值基于注释②中提到的国家。由于这些国家中的大多数实行基于家计调查的长期护理制度，因此 FTE：INF 中值可以对数据不可用的国家的 FTE 进行次优预测（存在高估倾向）。

更多信息和资料来源请参见：Scheil-Adlung.2015b.Long-term care protection for older persons: A review of coverage deficits in 46 countries, Extension of Social Security (ESS) Paper Series No.50 (Geneva, ILO).

C. 长期护理公共和私人支出

区域/亚区/国家/地区	长期护理公共支出			长期护理自付费用		
	长期护理公共支出的GDP占比（%，2006—2010年平均数）①	每位65岁及以上老年人的长期护理公共支出（按美元购买力平价计算）①	每位65岁及以上老年人的长期护理公共支出，占人均GDP之比（%）①	因财政资源赤字导致无法获取长期护理服务的65岁及以上人口百分比（阈值：1 461.8美元购买力平价）②③	65岁及以上有长期护理费用自付情况的人口百分比④	长期护理自付费用
						占家庭收入比例（加权平均数）⑥ / 占家庭人均收入的比例（加权平均数）⑦
非洲						
阿尔及利亚	0.0	0.0	0.0	100.0	...	... ...
加纳	0.0	0.0	0.0	100.0	...	... ...
尼日利亚	0.0	0.0	0.0	100.0	...	... ...
南非	0.2	450.2	3.6	69.2	...	... ...
美洲						
阿根廷	...	...	...	...	...	... ...
巴西	0.0	0.0	0.0	100.0	...	... ...
加拿大	1.2	3 336.6	7.9	0.0	...	... ...
智利	0.0	0.0	0.00	100.0	...	... ...
哥伦比亚	0.0	0.0	0.00	100.0	...	... ...
墨西哥	0.0	0.0	0.0	100.0	...	... ...
美国	0.6	2 206.4	4.3	0.0	...	... ...
亚太地区						
澳大利亚	0.0	0.0	0.0	100.0	...	... ...
中国	0.1	133.0	1.1	90.9	...	... ...

续表

区域/亚区/国家/地区	长期护理公共支出				长期护理自付费用		
	长期护理公共支出的GDP占比（%，2006—2010年平均数）①	每位65岁及以上老年人的长期护理公共支出（按美元购买力平价计算）①	每位65岁及以上老年人的长期护理公共支出，占人均GDP之比（%）①	因财政资源赤字导致无法获取长期护理服务的65岁及以上人口百分比（阈值：1 461.8美元购买力平价）②③	65岁及以上有长期护理费用自付情况的人口百分比④	65岁及以上人口的长期护理自付费用⑤	
						占家庭收入的比例（加权平均数）⑥	占家庭人均收入的比例（加权平均数）⑦
印度	0.1	99.4	1.9	93.2	...	...	...
印度尼西亚	0.1	186.3	1.9	87.3	...	...	...
日本	0.7	994.1	2.8	32.0	...	...	...
新西兰	1.3	818.10	2.5	44.0	...	...	...
泰国	...	...	...	...	...	...	...
欧洲和中亚							
奥地利	1.1	2 639.6	6.0	0.0	65.6	11.0	9.2
比利时	1.7	3 838.7	9.5	0.0	86.5	6.3	5.1
捷克	0.3	505.1	1.8	65.5	65.7	3.7	3.2
丹麦	2.2	5 221.7	12.3	0.0	49.9	5.3	4.5
爱沙尼亚	0.2	280.0	1.1	80.8	15.3	11.1	10.5
芬兰	0.8	1 629.8	4.2	0.0	...	...	...
法国	1.1	2 297.1	6.2	0.0	75.3	6.3	5.2
德国	0.9	1 826.0	4.3	0.0	56.3	6.5	5.1
希腊	0.5	614.2	2.5	58.0	...	...	...
匈牙利	0.3	395.7	1.7	72.9	...	...	...

续表

区域/亚区/国家/地区	长期护理公共支出			长期护理自付费用		
	长期护理公共支出的GDP占比(%,2006—2010年平均数)①	每位65岁及以上老年人的长期护理公共支出(按美元购买力平价计算)①	每位65岁及以上老年人的长期护理公共支出,占人均GDP之比(%)①	因财政资源赤字导致无法获取长期护理服务的65岁及以上人口百分比(阈值:1 461.8美元购买力平价)②③	65岁及以上有长期护理费用自付情况的人口百分比④	65岁及以上人口的长期护理自付费用⑤
						占家庭收入比例(加权平均数)⑥	占家庭人均收入的比例(加权平均数)⑦
冰岛	1.7	5 436.3	13.3	0.0	…	…	…
爱尔兰	0.4	1 481.6	3.3	0.0	…	…	…
以色列	0.5	1 442.1	4.7	1.3	48.2	22.9	14.5
意大利	0.7	1 120.4	3.3	23.4	73.7	14.4	8.9
卢森堡	0.9	5 622.4	6.3	0.0	66.9	3.5	2.7
荷兰	2.3	6 088.8	13.5	0.0	80.2	3.8	3.2
挪威	2.1	8 406.1	13.3	0.0	…	…	…
波兰	0.4	633.5	2.7	56.7	…	…	…
葡萄牙	0.1	136.8	0.5	90.6	…	…	…
俄罗斯	0.2	361.7	1.5	75.3	…	…	…
斯洛伐克	0.0	0.0	0.0	100.0	…	…	…
斯洛文尼亚	0.7	1 111.3	4.1	24.0	54.1	9.0	8.3
西班牙	0.5	891.9	2.8	39.0	66.0	12.1	8.4
瑞典	0.7	1 573.7	3.6	0.0	83.4	4.0	3.3
瑞士	1.2	3 727.0	6.8	0.0	70.0	4.0	3.0
土耳其	0.0	0.0	0.0	100.0	…	…	…
英国	0.9	1 899.1	5.1	0.0	…	…	…

附件四 统计表

	中国	俄罗斯
长期护理公共支出的GDP占比（2006—2010年平均值）	0.1	0.2
2013年人均GDP，按购买力平价计算（2011年不变价国际美元）	11 805.1	23 561.4
2013年GDP，按购买力平价计算（2011年不变价国际美元，百万）	16 023 988.5	3 381 219.1
2013年65岁及以上人口数（2011年不变价国际美元，绝对值）	120 474 979.0	18 695 637.1
2013年长期护理公共支出，按购买力平价计算（百万美元）	16 024.0	6 762.4
65岁及以上人口长期护理公共支出	133	361.7
65岁及以上人口长期护理公共支出（人均GDP占比）	1.1	1.5
OECD国家人口加权中位数阈值，按购买力平价计算（美元）	1 461.8	1 461.8
国际劳工组织财政赤字指标	90.9	75.3

来源：

ILO 基于欧洲健康、老龄化和退休调查（SHARE）第5轮调查数据库的计算。可见 http://www.share-project.org/home0/wave-5.html［2015.06.15］.

OECD（经济合作与发展组织）. 医疗和长期护理的公共支出：一套新的预测. OECD第6号经济政策文件（巴黎），2013. 可见 http://www.oecd.org/eco/growth/Health%20FINAL.pdf［2015.06.05］.

世界银行. 数据库：世界发展指标数据库. 可见 http://data.worldbank.org/data-catalog/world-development-indicators［2015.06.05］.

注释：

… 表示不可用。

① 总人口数和65岁及以上人口百分比数据来自世界银行《2013 世界发展指标》。按购买力平价（PPP）计算的人均GDP（2011年不变价国际美元）和按购买力平价（PPP）计算的GDP（2011年不变价国际美元）也来源于此。

② 利用OECD国家得到的2013年的人口中位数阈值为每名65岁及以上老人1 461.8美元（按购买力平价计算）。

③ 根据所有OECD国家人口加权计算得到的人口加权中位值是基于2006—2010年长期护理平均支出，相对人口加权中位值由于财政赤字导致的无法获得长期护理服务的65岁及以上人口的百分比。其计算方法如下：

④ 有自付（OOP）长期护理费用经历的人口百分比是基于15个欧洲国家的92 689名人口计算得出的。其中：年龄在50~64岁的为33 794人，65岁及以上人口数为42 441。基于"欧洲健康、老龄化和退休调查"（SHARE）的"医疗卫生使用和自付费用"模块，它显示了过去12个月里居家长期护理

⑤（hc128_）和机构护理（ho062_）中有自费支出的人口百分比。其计算方法如下：

$$\frac{\text{自费支付长期护理费用的65岁及以上人口数量（居家护理和机构护理）}}{\text{65岁及以上人口总数}} \times 100\%$$

⑥由于欧洲样本国家在生活水平上的差异，自付（OOP）费用以占家庭（HH）年收入百分比的形式表示。它是居家护理和机构护理自付费用的加权平均数，其计算方法如下：

家庭收入中自付费用$_{居家护理}$所占的百分比加权

= 家庭收入中自付费用$_{居家护理}$所占的百分比 × 受访者人数$_{居家护理}$ + 家庭收入中自付费用$_{机构护理}$所占的百分比 × 受访者人数$_{机构护理}$ / 长期护理中需自费的受访者总数$_{居家护理 + 机构护理}$

因此，家庭收入中自付费用$_{长期护理}$所占的百分比加权平均数

⑦长期护理自费用也表示为家庭人均年收入的百分比，其计算方法如下：

家庭人均收入中自付费用$_{居家护理}$所占的百分比加权

= 家庭人均收入中自付费用$_{居家护理}$所占的百分比 × 人数$_{居家护理}$ + 家庭人均收入中自付费用$_{机构护理}$所占的百分比 × 人数$_{机构护理}$ / 长期护理中需自费的受访者总数$_{居家护理 + 机构护理}$

因此，家庭人均收入中自付费用$_{长期护理}$所占的百分比加权

更多信息和资料来源请参见：Scheil-Adlung.2015b.Long-term care protection for older persons: A review of coverage deficits in 46 countries, Extension of Social Security (ESS) Paper Series No.50 (Geneva, ILO).

表 B.15 全球估计：健康经济就业现状和到 2030 年实现全民健康覆盖的就业潜力

A. 185 个国家健康经济中的就业现状估算：劳动力规模（2016 年或最近可用年份）

区域/亚区/国家/地区	当前健康经济中的卫生职业人员数量（千）$(A+B)$ ①②	当前健康经济中的非卫生职业人员数量（千）$(C+D)$ ③④	当前全部或部分退出正规劳动力市场来提供长期护理服务的非正式护理人员数量（千）(E) ⑤⑥	当前健康经济中含无偿护理人员在内的非卫生职业人员数量（千）$(C+D+E)$ ③~⑥	非卫生职业人员（不含无偿非正式护理人员）与卫生职业人员数量之比 $\{(C+D)/(A+B)\}$ ①~④	非卫生职业人员（含无偿非正式护理人员）与卫生职业人员之比 $\{(C+D+E)/(A+B)\}$ ①~⑥
非洲	4 377	5 958	3 707	9 665	1.4	2.2
美洲	13 404	21 312	9 627	30 939	1.6	2.3
阿拉伯国家	1 203	1 914	445	2 359	1.6	2.0
亚太地区	32 918	47 117	29 314	76 431	1.4	2.3
欧洲和中亚	18 715	29 719	13 567	43 286	1.6	2.3
高收入国家	27 873	46 655	20 804	67 459	1.7	2.4
中高收入国家	26 383	36 744	19 694	56 438	1.4	2.1
较低收入国家	15 695	21 741	14 618	36 358	1.4	2.3
低收入国家	716	902	1 550	2 452	1.3	3.4
阿富汗	62	85	77	162	1.4	2.6
阿尔巴尼亚	31	43	34	78	1.4	2.5
阿尔及利亚	426	590	226	815	1.4	1.9
安道尔	2	3	…	3	1.7	1.7
安哥拉	39	54	56	110	1.4	2.8
阿根廷	497	580	455	1 035	1.2	2.1
亚美尼亚	51	70	31	102	1.4	2.0

续表

区域/亚区/收入组/国家/地区	当前健康经济中的卫生职业人员数量(千)(A+B) ①②	当前健康经济中的非卫生职业人员数量(千)(C+D) ③④	当前全部或部分退出正规劳动力市场来提供长期护理服务的无偿非正式护理人员数量(千)(E) ⑤⑥	当前健康经济中含无偿护理人员在内的非卫生职业人员数量(千)(C+D+E) ③-⑥	非卫生职业人员(不含无偿非正式护理人员)与卫生职业人员数量之比 {(C+D)/(A+B)} ①-④	非卫生职业人员(含无偿非正式护理人员)与卫生职业人员之比 {(C+D+E)/(A+B)} ①-⑥
澳大利亚	751	1 211	346	1 557	1.6	2.1
奥地利	228	384	154	537	1.7	2.4
阿塞拜疆	168	232	53	285	1.4	1.7
巴哈马	5	9	3	12	1.7	2.4
巴林	10	17	3	20	1.7	2.1
孟加拉	260	360	768	1 128	1.4	4.3
巴巴多斯	4	7	4	11	1.7	2.7
白俄罗斯	248	343	127	470	1.4	1.9
比利时	271	561	198	759	2.1	2.8
伯利兹	2	3	1	4	1.4	2.0
贝宁	24	34	30	64	1.4	2.6
不丹	7	10	4	14	1.4	1.9
玻利维亚	48	67	67	133	1.4	2.8
波黑	29	38	56	94	1.3	3.3
博茨瓦纳	30	42	8	50	1.4	1.6
巴西	3 203	4 433	1 564	5 997	1.4	1.9

续表

区域/亚区/收入组/国家/地区	当前健康经济中的卫生职业人员数量（千）①②$(A+B)$	当前健康经济中的非卫生职业人员数量（千）③④$(C+D)$	当前全部或部分退出正规劳动力市场来提供长期护理服务的无偿非正式护理人员数量（千）⑤⑥(E)	当前健康经济中含无偿护理人员在内的非卫生职业人员数量（千）③⋯⑥$(C+D+E)$	非卫生职业人员（不含无偿非正式护理人员）与卫生职业人员数量之比 $\{(C+D)/(A+B)\}$ ①⋯④	非卫生职业人员（含无偿非正式护理人员）与卫生职业人员之比 $\{(C+D+E)/(A+B)\}$ ①⋯⑥
文莱	8	14	2	16	1.7	1.9
保加利亚	115	160	137	297	1.4	2.6
布基纳法索	19	27	42	68	1.4	3.5
布隆迪	10	13	26	40	1.4	4.1
佛得角	1	1	2	4	1.4	3.9
柬埔寨	26	50	62	111	1.9	4.3
喀麦隆	64	88	72	160	1.4	2.5
加拿大	1 063	1 831	556	2 388	1.7	2.3
中非	6	8	18	27	1.4	4.3
乍得	9	13	33	46	1.4	5.0
智利	51	88	189	277	1.7	5.5
中国	15 520	21 482	12 607	34 088	1.4	2.2
哥伦比亚	248	343	326	669	1.4	2.7
科摩罗	2	3	2	5	1.4	2.5
刚果（布）	12	17	16	33	1.4	2.7
哥斯达黎加	47	108	41	149	2.3	3.2
科特迪瓦	33	46	66	112	1.4	3.4

续表

区域/亚区/收入组/国家/地区	当前健康经济中的卫生职业人员数量（千）(A+B) ①②	当前健康经济中的非卫生职业人员数量（千）(C+D) ③④	当前全部或部分退出正规劳动力市场来提供长期护理服务的无偿非正式护理人员数量（千）(E) ⑤⑥	当前健康经济中含无偿护理人员在内的非卫生职业人员数量（千）(C+D+E) ③~⑥	非卫生职业人员（不含无偿非正式护理人员）与卫生职业人员数量之比 {(C+D)/(A+B)} ①~④	非卫生职业人员（含无偿非正式护理人员）与卫生职业人员之比 {(C+D+E)/(A+B)} ①~⑥
克罗地亚	82	80	77	157	1.0	1.9
古巴	459	635	153	788	1.4	1.7
塞浦路斯	11	21	14	35	2.0	3.4
捷克	227	248	183	430	1.1	1.9
丹麦	182	462	103	565	2.5	3.1
吉布提	2	3	4	6	1.4	3.2
多米尼加	53	73	67	140	1.4	2.7
厄瓜多尔	95	229	104	333	2.4	3.5
埃及	1 135	1 571	458	2 029	1.4	1.8
萨尔瓦多	42	122	48	170	2.9	4.0
赤道几内亚	3	6	2	8	1.7	2.4
厄立特里亚	7	9	13	23	1.4	3.3
爱沙尼亚	25	34	24	58	1.4	2.4
埃塞俄比亚	101	37	332	369	0.4	3.7
斐济	6	8	5	13	1.4	2.3
芬兰	165	334	108	443	2.0	2.7
法国	1 386	3 652	1 181	4 833	2.6	3.5

续表

区域/亚区/收入组/国家/地区	当前健康经济中的卫生职业人员数量（千）(A+B) ①②	当前健康经济中的非卫生职业人员数量（千）(C+D) ③④	当前全部或部分退出正规劳动力市场来提供长期护理服务的无偿非正式护理人员数量（千）(E) ⑤⑥	当前健康经济中含无偿护理人员在内的非卫生职业人员数量（千）(C+D+E) ③·⑥	非卫生职业人员（不含无偿非正式护理人员）与卫生职业人员数量之比 {(C+D)/(A+B)} ①·④	非卫生职业人员（含无偿非正式护理人员）与卫生职业人员数量之比 {(C+D+E)/(A+B)} ①·⑥
加蓬	14	19	8	27	1.4	2.0
冈比亚	8	12	4	16	1.4	1.9
格鲁吉亚	76	105	54	159	1.4	2.1
德国	3 360	3 467	1 644	5 111	1.0	1.5
加纳	56	77	89	166	1.4	3.0
希腊	125	176	225	401	1.4	3.2
格林纳达	1	1	1	2	1.4	2.2
危地马拉	90	159	76	235	1.8	2.6
几内亚	12	16	37	53	1.4	4.6
几内亚比绍	5	7	6	12	1.4	2.5
圭亚那	1	2	4	6	1.4	3.9
洪都拉斯	34	47	38	85	1.4	2.5
匈牙利	183	234	168	402	1.3	2.2
冰岛	10	18	4	22	1.8	2.2
印度	7 506	10 390	7 063	17 453	1.4	2.3
印度尼西亚	1 116	1 545	1 278	2 823	1.4	2.5
伊朗	799	1 106	384	1 490	1.4	1.9

续表

区域/亚区/收入组/国家/地区	当前健康经济中的卫生职业人员数量(千) $(A+B)$ ①②	当前健康经济中的非卫生职业人员数量(千) $(C+D)$ ③④	当前全部或部分退出正规劳动力市场来提供长期护理服务的非正式护理人员数量(千) (E) ⑤⑥	当前健康经济中含无偿非正式护理人员在内的非卫生职业人员数量(千) $(C+D+E)$ ③-⑥	非卫生职业人员(不含无偿非正式护理人员)与卫生职业人员数量之比 $\{(C+D)/(A+B)\}$ ①-④	非卫生职业人员(含无偿非正式护理人员)与卫生职业人员之比 $\{(C+D+E)/(A+B)\}$ ①-⑥
伊拉克	51	71	107	177	1.4	3.5
爱尔兰	114	200	59	259	1.8	2.3
以色列	153	351	87	438	2.3	2.9
意大利	997	1 450	1 285	2 736	1.5	2.7
牙买加	12	16	24	40	1.4	3.5
日本	4 060	6 991	3 198	10 190	1.7	2.5
约旦	96	132	28	160	1.4	1.7
哈萨克斯坦	367	508	114	622	1.4	1.7
肯尼亚	84	116	124	240	1.4	2.9
基里巴斯	1	1	0	2	1.4	1.8
科威特	69	118	7	126	1.7	1.8
吉尔吉斯斯坦	78	108	24	132	1.4	1.7
老挝	26	37	25	61	1.4	2.3
拉脱维亚	30	50	37	86	1.7	2.9
黎巴嫩	64	89	46	135	1.4	2.1
莱索托	3	4	8	12	1.4	4.7
利比里亚	5	6	13	19	1.4	4.2

续表

区域/亚区/收入组/国家/地区	当前健康经济中的卫生职业人员数量（千）$(A+B)$ ①②	当前健康经济中的非卫生职业人员数量（千）$(C+D)$ ③④	当前全部或部分退出正规劳动力市场来提供长期护理服务的无偿非正式护理人员数量（千）(E) ⑤⑥	当前健康经济中含无偿护理人员在内的非卫生职业人员数量（千）$(C+D+E)$ ③~⑥	非卫生职业人员（不含无偿非正式护理人员）与卫生职业人员数量之比 $\{(C+D)/(A+B)\}$ ①~④	非卫生职业人员（含无偿非正式护理人员）与卫生职业人员之比 $\{(C+D+E)/(A+B)\}$ ①~⑥
利比亚	103	143	27	170	1.4	1.7
立陶宛	67	63	52	115	0.9	1.7
卢森堡	10	25	8	33	2.4	3.2
北马其顿	28	25	25	49	0.9	1.8
马达加斯加	32	44	66	110	1.4	3.5
马拉维	35	49	57	106	1.4	3.0
马来西亚	259	319	170	490	1.2	1.9
马尔代夫	6	9	2	11	1.4	1.6
马里	30	42	43	85	1.4	2.8
马耳他	8	17	8	25	2.1	3.0
马绍尔群岛	1	1	…	1	1.4	1.4
毛里塔尼亚	9	12	13	25	1.4	2.8
毛里求斯	18	25	12	36	1.4	2.0
墨西哥	950	1 507	788	2 295	1.6	2.4
密克罗尼西亚	2	2	0	3	1.4	1.6
摩尔多瓦	48	65	39	104	1.4	2.2
摩纳哥	3	4	…	4	1.7	1.7

续表

区域/亚区/收入组/国家/地区	当前健康经济中的卫生职业人员数量(千)(A+B)①②	当前健康经济中的非卫生职业人员数量(千)(C+D)③④	当前全部或部分退出正规劳动力市场长期供长期护理服务的无偿非正式护理人员数量(千)(E)⑤⑥	当前健康经济中含无偿非正式护理人员在内的非卫生职业人员数量(千)(C+D+E)③~⑥	非卫生职业人员(不含无偿非正式护理人员)与卫生职业人员数量之比{(C+D)/(A+B)}①~④	非卫生职业人员(含无偿非正式护理人员)与卫生职业人员之比{(C+D+E)/(A+B)}①~⑥
蒙古	34	19	11	30	0.6	0.9
黑山	8	11	8	20	1.4	2.4
摩洛哥	107	148	203	352	1.4	3.3
莫桑比克	24	33	90	123	1.4	5.1
缅甸	160	221	277	498	1.4	3.1
纳米比亚	13	18	8	26	1.4	2.0
瑙鲁	0	0	…	0	1.4	1.4
尼泊尔	66	92	152	244	1.4	3.7
荷兰	546	1 075	296	1 371	2.0	2.5
新西兰	7	13	65	77	1.7	10.3
尼加拉瓜	53	73	30	103	1.4	2.0
尼日尔	5	7	49	56	1.4	11.1
尼日利亚	592	819	478	1 297	1.4	2.2
纽埃	0	0	…	0	1.4	1.4
挪威	220	420	82	502	1.9	2.3
阿曼	75	130	11	141	1.7	1.9
巴基斯坦	736	1 019	814	1 833	1.4	2.5

续表

区域/亚区/收入组/国家/地区	当前健康经济中的卫生职业人员数量（千）(A+B) ①②	当前健康经济中的非卫生职业人员数量（千）(C+D) ③④	当前全部或部分退出正规劳动力市场来提供长期护理服务的无偿非正式护理人员数量（千）(E) ⑤⑥	当前健康经济中含无偿护理人员在内的非卫生职业人员数量（千）(C+D+E) ③~⑥	非卫生职业人员（不含无偿非正式护理人员）与卫生职业人员数量之比 {(C+D)/(A+B)} ①~④	非卫生职业人员（含无偿非正式护理人员）与卫生职业人员之比 {(C+D+E)/(A+B)} ①~⑥
帕劳	0	0	…	0		1.4
巴拿马	44	74	29	103	1.7	2.4
巴布亚新几内亚	19	26	22	48	1.4	2.6
巴拉圭	55	76	38	114	1.4	2.1
秘鲁	357	494	205	699	1.4	2.0
菲律宾	478	583	442	1 025	1.2	2.1
波兰	642	655	575	1 230	1.0	1.9
葡萄牙	192	379	206	585	2.0	3.1
卡塔尔	30	51	3	53	1.7	1.8
罗马尼亚	296	232	324	556	0.8	1.9
俄罗斯	1 988	3 423	1 839	5 262	1.7	2.7
卢旺达	21	29	31	60	1.4	2.9
圣基茨和尼维斯	1	1	…	1	1.7	1.7
圣卢西亚	0	0	2	2	1.4	35.2
圣文森特和格林纳丁斯	2	2	1	3	1.4	1.9
萨摩亚	2	3	1	4	1.4	1.9

续表

区域/亚区/收入组/国家/地区	当前健康经济中的卫生职业人员数量(千)(A+B)①②	当前健康经济中的非卫生职业人员数量(千)(C+D)③④	当前全部或部分退出正规劳动力市场供长期护理服务的无偿非正式护理人员数量(千)(E)⑤⑥	当前健康经济中含无偿护理人员在内的非卫生职业人员数量(千)(C+D+E)③-⑥	非卫生职业人员(不含无偿非正式护理人员)与卫生职业人员数量之比{(C+D)/(A+B)}①-④	非卫生职业人员(含无偿非正式护理人员)与卫生职业人员之比{(C+D+E)/(A+B)}①-⑥
圣马力诺	1	2	…	2	1.7	1.7
圣多美和普林西比	2	3	1	4	1.4	1.6
沙特阿拉伯	512	882	87	968	1.7	1.9
塞内加尔	23	32	43	74	1.4	3.3
塞尔维亚	122	95	145	240	0.8	2.0
塞舌尔	3	4	1	5	1.7	2.0
塞拉利昂	3	4	17	20	1.4	7.3
新加坡	84	145	63	208	1.7	2.5
斯洛伐克	106	131	72	203	1.2	1.9
斯洛文尼亚	44	51	36	87	1.2	2.0
所罗门群岛	2	3	2	5	1.4	2.3
索马里	2	3	29	32	1.4	15.3
南非	721	998	263	1 262	1.4	1.8
西班牙	851	1 351	831	2 182	1.6	2.6
斯里兰卡	93	129	185	314	1.4	3.4
苏丹	164	227	128	356	1.4	2.2
苏里南	5	7	4	11	1.4	2.1

续表

区域/亚区/收入组/国家/地区	当前健康经济中的卫生职业人员数量（千）$(A+B)$ ①②	当前健康经济中的非卫生职业人员数量（千）$(C+D)$ ③④	当前全部或部分退出正规劳动力市场来提供长期护理服务的无偿非正式护理人员数量（千）(E) ⑤⑥	当前健康经济中含无偿护理人员在内的非卫生职业人员数量（千）$(C+D+E)$ ③~⑥	非卫生职业人员（不含无偿非正式护理人员）与卫生职业人员数量之比 $\{(C+D)/(A+B)\}$ ①~④	非卫生职业人员（含无偿非正式护理人员）与卫生职业人员之比 $\{(C+D+E)/(A+B)\}$ ①~⑥
斯威士兰	22	30	4	35	1.4	1.6
瑞典	318	721	187	908	2.3	2.9
瑞士	302	519	144	663	1.7	2.2
叙利亚	175	242	72	314	1.4	1.8
塔吉克斯坦	86	119	24	144	1.4	1.7
坦桑尼亚	29	41	164	205	1.4	7.0
泰国	453	735	683	1 418	1.6	3.1
东帝汶	4	6	6	12	1.4	2.9
多哥	14	19	19	38	1.4	2.8
汤加	1	2	1	2	1.4	1.8
特立尼达和多巴哥	12	21	12	33	1.7	2.7
突尼斯	90	125	82	207	1.4	2.3
土耳其	572	896	569	1 465	1.6	2.6
土库曼斯坦	124	172	21	194	1.4	1.6
乌干达	112	154	93	248	1.4	2.2

续表

区域/亚区/收入组/国家/地区	当前健康经济中的卫生职业人员数量（千）(A+B) ①②	当前健康经济中的非卫生职业人员数量（千）(C+D) ③④	当前全部或部分退出正规劳动力市场来提供长期护理服务的无偿非正式护理人员数量（千）(E) ⑤⑥	当前健康经济中含无偿护理人员在内的非卫生职业人员数量（千）(C+D+E) ③-⑥	非卫生职业人员（不含无偿非正式护理人员）与卫生职业人员数量之比 {(C+D)/(A+B)} ①-④	非卫生职业人员（含无偿非正式护理人员）与卫生职业人员之比 {(C+D+E)/(A+B)} ①-⑥
乌克兰	901	1 247	658	1 905	1.4	2.1
阿联酋	42	72	10	82	1.7	2.0
英国	1 731	3 599	1 102	4 702	2.1	2.7
美国	5 762	9 923	4 564	14 487	1.7	2.5
乌拉圭	57	119	48	167	2.1	2.9
乌兹别克斯坦	790	1 094	134	1 228	1.4	1.6
瓦努阿图	1	2	1	3	1.4	2.2
委内瑞拉	151	260	187	447	1.7	3.0
越南	371	513	604	1 118	1.4	3.0
也门	79	110	72	182	1.4	2.3
赞比亚	47	65	45	110	1.4	2.4
津巴布韦	48	66	44	110	1.4	2.3
合计	70 631	106 042	56 665	162 707		
中位数					1.4	2.4
均值					1.5	2.9
加权平均比率					1.5	2.3

B. 到2030年实现全民健康覆盖的全球健康保障供应链中新增就业潜力的估算（2016年或最近可用年份；2030年）

区域/收入组/国家/领土	当前健康经济中缺失的卫生职业人员数量（千）$(A+B)$①②⑦	当前健康经济中缺失的非卫生职业人员数量（千）$(C+D)$③④⑦	当前缺失的护理人员数量（千）(E)⑤⑥⑦	当前健康经济中缺失的非卫生职业人员数量（含护理人员），2016年或最近可用年份（千）$(C+D+E)$③-⑦	2030年健康经济中缺失的卫生职业人员数量（千）$(A+B)$①②⑦⑧	2030年健康经济中缺失的非卫生职业人员数量（千）$(C+D)$③④⑦⑧	2030年缺失的护理人员数量（千）(E)⑤-⑧	2030年健康经济中缺失的非卫生职业人员（含护理人员）数量（千）$(C+D+E)$③-⑧
非洲	6 368	10 494	2 949	13 443	10 102	16 586	5 634	22 219
美洲	966	1 510	47	1 558	1 439	2 373	299	2 672
阿拉伯国家	499	829	462	1 291	858	1 401	771	2 172
亚太地区	10 347	18 575	2 264	20 893	14 136	24 658	4 755	29 413
欧洲和中亚	160	353	104	457	259	484	173	657
高收入国家	335	539	205	744	437	784	315	1 099
中高收入国家	1 401	2 459	473	2 933	2 201	3 917	1 053	4 971
较低收入国家	12 583	22 208	3 587	25 795	17 982	30 856	7 288	38 144
低收入国家	4 021	6 556	1 562	8 118	6 173	9 945	2 977	12 921
阿富汗	238	387	120	507	343	552	189	741
阿尔巴尼亚	...	...	...	...	...	...	...	...
阿尔及利亚	...	...	15	15	20	112	67	179
安道尔	...	...	0	0	0	...	0	0
安哥拉	192	309	96	405	324	517	183	700
阿根廷	...	51	...	51	...	137	...	137
亚美尼亚	...	...	...	...	...	...	...	...

续表

区域/收入组/国家/领土	当前健康经济中缺失的卫生职业人员数量（千）(A+B) ①②⑦	当前健康经济中缺失的非卫生职业人员数量（千）(C+D) ③④⑦	当前缺失的护理人员数量（千）(E) ⑤⑥⑦	当前健康经济中缺失的非卫生职业人员数量（含护理人员），2016年或最近可用年份（千）(C+D+E) ③-⑦	2030年健康经济中缺失的卫生职业人员数量（千）(A+B) ①②⑦⑧	2030年健康经济中缺失的非卫生职业人员数量（千）(C+D) ③④⑦⑧	2030年缺失的护理人员数量（千）(E) ⑤-⑧	2030年健康经济中缺失的非卫生职业人员（含护理人员）数量（千）(C+D+E) ③-⑧
澳大利亚	...	...	...	...	...	...	...	...
奥地利	...	...	...	...	...	...	...	...
阿塞拜疆	...	...	7	7	...	...	12	12
巴哈马	...	...	...	...	...	...	...	...
巴林	3	3	5	8	5	7	7	14
孟加拉	1 225	1 979	208	2 187	1 460	2 349	362	2 712
巴巴多斯	...	...	...	...	...	...	...	...
白俄罗斯	...	...	...	...	...	...	...	...
比利时	...	...	...	...	...	...	...	...
伯利兹	1	2	1	3	2	4	2	5
贝宁	76	125	36	160	120	193	64	257
不丹	...	...	...	...	...	...	...	...
玻利维亚	51	89	...	89	73	125	13	138
波黑	6	17	...	17	4	14	...	14
博茨瓦纳	...	...	6	6	...	...	9	9

续表

区域/收入组/国家/领土	当前健康经济中缺失的卫生职业人员数量(千)($A+B$)①②⑦	当前健康经济中缺失的非卫生职业人员数量(千)($C+D$)③④⑦	当前缺失的护理人员数量(千)(E)⑤⑥⑦	当前健康经济中缺失的非卫生职业人员数量(含护理人员),2016年或最近可用年份(千)($C+D+E$)③-⑦	2030年健康经济中缺失的卫生职业人员数量(千)($A+B$)①②⑦⑧	2030年健康经济中缺失的非卫生职业人员数量(千)($C+D$)③④⑦⑧	2030年缺失的护理人员数量(千)(E)⑤-⑧	2030年健康经济中缺失的非卫生职业人员(含护理人员)数量(千)($C+D+E$)③-⑧
巴西	...	...	...	...	...	...	...	...
文莱	...	...	1	1	...	...	1	1
保加利亚	...	...	...	...	...	...	...	...
布基纳法索	148	236	68	304	232	369	124	493
布隆迪	94	149	41	190	151	239	79	318
佛得角	4	6	1	7	5	8	1	9
柬埔寨	118	176	33	209	149	226	54	280
喀麦隆	152	251	70	321	240	391	128	519
加拿大	...	...	...	...	...	...	...	...
中非	39	63	12	74	54	86	21	107
乍得	120	191	52	244	193	306	100	406
智利	115	173	...	173	136	207	...	207
中国	...	...	...	...	...	...	...	...
哥伦比亚	197	358	...	358	243	430	...	430
科摩罗	5	9	3	11	8	13	4	17
刚果(布)	30	50	12	62	50	82	25	107

续表

区域/收入组/国家/领土	当前健康经济中缺失的卫生职业人员数量（千）(A+B) ①②⑦	当前健康经济中缺失的非卫生职业人员数量（千）(C+D) ③④⑦	当前缺失的护理人员数量（千）(E) ⑤⑥⑦	当前健康经济中缺失的非卫生职业人员数量（含护理人员），2016年或最近可用年份（千）(C+D+E) ③-⑦	2030年健康经济中缺失的卫生职业人员数量（千）(A+B) ①②⑦⑧	2030年健康经济中缺失的非卫生职业人员数量（千）(C+D) ③④⑦⑧	2030年缺失的护理人员数量（千）(E) ⑤-⑧	2030年健康经济中缺失的非卫生职业人员（含护理人员）数量（千）(C+D+E) ③-⑧
哥斯达黎加	...	...	...	...	3	...	...	...
科特迪瓦	176	284	72	355	263	421	129	550
克罗地亚	...	...	...	...	...	...	...	...
古巴	...	...	...	...	...	...	...	...
塞浦路斯	0.19	...	...	...	1	...	...	...
捷克	...	...	...	...	...	...	...	...
丹麦	...	...	...	...	...	...	...	...
吉布提	6	10	2	12	8	13	3	15
多米尼加	44	80	...	80	59	102	6	108
厄瓜多尔	54	5	...	5	85	55	15	70
埃及	...	...	97	97	...	131	252	383
萨尔瓦多	14	...	...	...	17	...	...	...
赤道几内亚	4	6	3	9	8	12	5	17
厄立特里亚	41	67	19	85	61	97	31	128
爱沙尼亚	...	...	...	...	...	...	...	...
埃塞俄比亚	816	1 407	270	1 677	1 175	1 972	506	2 479

续表

区域/收入组/国家/领土	当前健康经济中缺失的卫生职业人员数量（千）$(A+B)$①②⑦	当前健康经济中缺失人员的非卫生职业人员数量（千）$(C+D)$③④⑦	当前缺失的护理人员数量（千）(E)⑤⑥⑦	当前健康经济中缺失的非卫生职业人员数量（含护理人员），2016年或最近可用年份（千）$(C+D+E)$③~⑦	2030年健康经济中缺失的卫生职业人员数量（千）$(A+B)$①②⑦⑧	2030年健康经济中缺失的非卫生职业人员数量（千）$(C+D)$③④⑦⑧	2030年缺失的护理人员数量（千）(E)⑤~⑧	2030年健康经济中缺失的非卫生职业人员（含护理人员）数量（千）$(C+D+E)$③~⑧
斐济	3	5	0	6	3	6	1	7
芬兰	…	…	…	…	…	…	…	…
法国	…	…	…	…	…	…	…	…
加蓬	2	6	2	8	8	15	6	21
冈比亚	10	17	8	25	20	34	14	48
格鲁吉亚	…	…	…	…	…	…	…	…
德国	…	…	…	…	…	…	…	…
加纳	197	321	77	398	285	459	134	593
希腊	…	…	…	…	0	0	…	…
格林纳达	0.1	0.3	…	0.3	0	0	…	0
危地马拉	60	79	23	102	107	152	54	206
几内亚	105	167	39	207	157	250	74	323
几内亚比绍	12	20	6	26	18	30	10	40
圭亚那	6	9	1	10	6	10	1	11
洪都拉斯	41	70	11	82	56	94	21	116
匈牙利	…	…	…	…	…	…	…	…

续表

区域/收入组/国家/领土	当前健康经济中缺失的卫生职业人员数量（千）(A+B) ①②⑦	当前健康经济中缺失的非卫生职业人员数量（千）(C+D) ③④⑦	当前缺失的护理人员数量（千）(E) ⑤⑥⑦	当前健康经济中缺失的非卫生职业人员（含护理人员），2016年或最近可用年份（千）(C+D+E) ③-⑦	2030年健康经济中缺失的卫生职业人员数量（千）(A+B) ①②⑦⑧	2030年健康经济中缺失的非卫生职业人员数量（千）(C+D) ③④⑦⑧	2030年缺失的护理人员数量（千）(E) ⑤-⑧	2030年健康经济中缺失的非卫生职业人员（含护理人员）数量（千）(C+D+E) ③-⑧
冰岛	...	...	...	...	...	...	...	...
印度	4 591	8 660	887	9 547	6 590	11 807	2 200	14 007
印度尼西亚	1 261	2 198	283	2 481	1 610	2 749	513	3 262
伊朗	...	44	96	140	18	181	153	334
伊拉克	285	459	114	573	448	715	221	936
爱尔兰	...	...	...	...	...	...	...	...
以色列	...	...	...	...	...	...	...	...
意大利	...	...	...	...	...	...	...	...
牙买加	14	25	...	25	15	26	...	26
日本	...	...	...	...	...	...	...	...
约旦	...	...	18	18	...	...	28	28
哈萨克斯坦	...	...	...	...	...	...	8	8
肯尼亚	341	553	155	708	520	834	273	1 107
基里巴斯	0	0	0	1	0	1	0	1
科威特	...	...	16	16	...	...	23	23
吉尔吉斯斯坦	...	...	12	12	...	...	19	19

续表

区域/收入组/国家/领土	当前健康经济中缺失的卫生职业人员数量（千）（A+B）①②⑦	当前健康经济中缺失的非卫生职业人员数量（千）（C+D）③④⑦	当前缺失的护理人员数量（千）（E）⑤⑥⑦	当前健康经济中缺失的非卫生职业人员数量（含护理人员），2016年或最近可用年份（千）（C+D+E）③-⑦	2030年健康经济中缺失的卫生职业人员数量（千）（A+B）①②⑦⑧	2030年健康经济中缺失的非卫生职业人员数量（千）（C+D）③④⑧	2030年缺失的护理人员数量（千）（E）⑤-⑧	2030年健康经济中缺失的非卫生职业人员（含护理人员）数量（千）（C+D+E）③-⑧
老挝	36	62	16	78	52	87	27	113
拉脱维亚	…	…	…	…	…	…	…	…
黎巴嫩	…	…	…	…	…	…	…	…
莱索托	17	27	4	32	20	33	7	39
利比里亚	37	59	14	73	55	87	26	113
利比亚	…	…	11	11	…	…	18	18
立陶宛	…	…	…	…	…	…	…	…
卢森堡	…	…	…	…	…	…	…	…
北马其顿	…	…	…	…	…	…	…	…
马达加斯加岛	192	308	81	389	300	479	152	631
马拉维	124	201	48	249	210	337	104	442
马来西亚	21	122	14	135	74	205	49	254
马尔代夫	…	…	1	1	…	…	1	1
马里	132	214	64	278	222	356	123	479
马耳他	…	…	…	…	…	…	…	…
马绍尔群岛	…	…	0	0	…	…	0	0

续表

区域/收入组/国家/领土	当前健康经济中缺失的卫生职业人员数量（千）$(A+B)$ ①②⑦	当前健康经济中缺失的非卫生职业人员数量（千）$(C+D)$ ③④⑦	当前缺失的护理人员数量（千）(E) ⑤⑥⑦	当前健康经济中缺失的非卫生职业人员数量（含护理人员），2016年或最近可用年份（千）$(C+D+E)$ ③-⑦	2030年健康经济中缺失的卫生职业人员数量（千）$(A+B)$ ①②⑦⑧	2030年健康经济中缺失的非卫生职业人员数量（千）$(C+D)$ ③⑦⑧	2030年缺失的护理人员数量（千）(E) ⑤-⑧	2030年健康经济中缺失的非卫生职业人员（含护理人员）数量（千）$(C+D+E)$ ③-⑧
毛里塔尼亚	29	47	12	59	44	70	22	92
毛里求斯	...	...	...	...	...	...	...	...
墨西哥	222	338	...	338	417	645	110	755
密克罗尼西亚	...	...	0	0	...	0	0	0
摩尔多瓦	...	...	...	...	...	...	...	...
摩纳哥	...	...	0	0	...	...	0	0
蒙古	...	24	6	31	...	32	10	42
黑山	...	...	...	...	...	...	...	...
摩洛哥	210	351	5	356	260	430	38	467
莫桑比克	234	373	80	453	358	569	161	730
缅甸	337	562	50	611	396	654	88	742
纳米比亚	10	18	7	24	17	30	12	41
瑙鲁	...	...	...	...	...	...	...	...
尼泊尔	197	322	21	343	239	389	49	438
荷兰	...	...	...	...	...	...	...	...
新西兰	34	53	...	53	40	61	...	61

续表

区域/收入组/国家/领土	当前健康经济中缺失的卫生职业人员数量(千)①②⑦ $(A+B)$	当前健康经济中缺失的非卫生职业人员数量(千)③④⑦ $(C+D)$	当前缺失的护理人员数量(千)⑤⑥⑦ (E)	当前健康经济中缺失的非卫生职业人员数量(含护理人员),2016年或最近可用年份(千)③~⑦ $(C+D+E)$	2030年健康经济中缺失的卫生职业人员数量(千) $(A+B)$ ①②⑦⑧	2030年健康经济中缺失的非卫生职业生人员数量(千) $(C+D)$ ③④⑦⑧	2030年缺失的护理人员数量(千) (E) ⑤~⑧	2030年健康经济中缺失的非卫生职业人员(含护理人员)数量(千) $(C+D+E)$ ③~⑧
尼加拉瓜	3	15	7	22	12	29	13	42
尼日尔	179	282	71	354	327	516	169	684
尼日利亚	1 090	1 829	626	2 455	1 832	2 997	1 114	4 111
纽埃	…	…	…	…	…	…	…	…
挪威	…	…	16	16	…	…	21	21
阿曼	1 007	1 727	331	2 058	1 524	2 540	671	3 211
帕劳	…	…	0	0	0	0	0	0
巴拿马	…	…	…	…	0	…	…	…
巴布亚新几内亚	51	85	24	109	74	120	39	159
巴拉圭	6	20	2	22	17	38	9	47
秘鲁	…	…	…	…	…	41	18	59
菲律宾	451	881	168	1 049	662	1 213	307	1 520
波兰	…	…	…	…	…	…	…	…
葡萄牙	…	…	…	…	…	…	…	…
卡塔尔	…	…	11	11	…	…	14	14

续表

区域/收入组/国家/领土	当前健康经济中缺失的卫生职业人员（千）数量（A+B）①②⑦	当前健康经济中缺失的非卫生职业人员（千）数量（C+D）③④⑦	当前缺失的护理人员数量（千）（E）⑤⑥⑦	当前健康经济中缺失的非卫生职业人员（含护理人员），2016年或最近可用年份（千）（C+D+E）③-⑦	2030年健康经济中缺失的卫生职业人员数量（千）（A+B）①②⑧	2030年健康经济中缺失的非卫生职业人员数量（千）（C+D）③④⑧	2030年缺失的护理人员数量（千）（E）⑤-⑧	2030年健康经济中缺失的非卫生职业人员（含护理人员）数量（千）（C+D+E）③-⑧
罗马尼亚	…	52	…	52	…	25	…	25
俄罗斯	…	…	…	…	…	…	…	…
卢旺达	86	140	39	179	125	200	65	265
圣基茨和尼维斯	…	…	0	0	…	…	0	0
圣卢西亚	2	3	…	3	2	3	…	3
圣文森特和格林纳丁斯	…	…	…	…	…	…	…	…
萨摩亚	…	0	0	0	0	0	0	1
圣马力诺	…	…	0	0	…	…	0	0
圣多美和普林西比	…	…	1	1	…	0	1	1
沙特阿拉伯	…	…	105	105	…	…	151	151
塞内加尔	117	188	49	237	188	300	96	395
塞尔维亚	…	33	…	33	…	25	…	25
塞舌尔	…	…	…	…	…	…	…	…
塞拉利昂	57	90	23	112	77	121	36	157
新加坡	…	…	…	…	…	…	…	…

续表

区域/收入组/国家/领土	当前健康经济中缺失的卫生职业人员数量（千）$(A+B)$ ①②⑦	当前健康经济中缺失的非卫生职业人员数量（千）$(C+D)$ ③④⑦	当前缺失的护理人员数量（千）(E) ⑤⑥⑦	当前健康经济中缺失的非卫生职业人员数量（含护理人员），2016年或最近可用年份（千）$(C+D+E)$ ③-⑦	2030年健康经济中缺失的卫生职业人员数量（千）$(A+B)$ ①②⑦⑧	2030年健康经济中缺失的非卫生职业人员数量（千）$(C+D)$ ③④⑦⑧	2030年缺失的护理人员数量（千）(E) ⑤-⑧	2030年健康经济中缺失的非卫生职业人员（含护理人员）数量（千）$(C+D+E)$ ③-⑧
斯洛伐克	…	…	…	…	…	…	…	…
斯洛文尼亚	…	…	…	…	…	…	…	…
所罗门群岛	3	6	2	7	5	8	3	11
索马里	97	154	36	190	150	237	71	308
南非	…	…	67	67	…	…	101	101
西班牙	…	…	…	…	…	…	…	…
斯里兰卡	98	172	…	172	106	184	…	184
苏丹	207	357	116	473	357	593	214	807
苏里南	…	1	…	1	0	2	0	2
斯威士兰	…	…	3	3	…	…	5	5
瑞典	…	…	…	…	…	…	…	…
瑞士	…	…	…	…	…	…	…	…
叙利亚	…	27	40	67	89	174	102	276
塔吉克斯坦	…	4	27	31	16	42	43	85
坦桑尼亚	464	736	160	896	736	1 164	339	1 503
泰国	175	252	…	252	177	257	…	257

续表

区域/收入组/国家/领土	当前健康经济中缺失的卫生职业人员数量（千）(A+B) ①②⑦	当前健康经济中缺失的非卫生职业人员数量（千）(C+D) ③⑦	当前缺失的护理人员数量（千）(E) ③⑦	当前健康经济中缺失的非卫生职业人员（含护理人员）数量，2016年或最近可用年份（千）(C+D+E) ③⑦	2030年健康经济中缺失的卫生职业人员数量（千）(A+B) ①②⑧	2030年健康经济中缺失的非卫生职业人员数量（千）(C+D) ③⑧	2030年缺失的护理人员数量（千）(E) ③⑧	2030年健康经济中缺失的非卫生职业人员（含护理人员）数量（千）(C+D+E) ③⑧
东帝汶	7	11	1	12	10	17	3	20
多哥	...	...	0	0	...	...	0	0
特立尼达和多巴哥	0.32	...	...	...	0	...	...	...
突尼斯	14	38	...	38	27	59	...	59
土耳其	154	247	...	247	237	378	...	378
土库曼斯坦	...	...	11	11	...	...	16	16
乌干达	249	413	143	556	460	746	282	1 028
乌克兰	...	...	...	...	...	...	...	...
阿联酋	42	61	46	106	59	87	57	144
英国	...	...	...	...	...	...	...	...
美国	...	...	...	...	...	...	...	...
乌拉圭	...	...	...	...	...	...	...	...
乌兹别克斯坦	...	...	48	48	...	...	75	75
瓦努阿图	1	2	1	3	2	3	1	4
委内瑞拉	136	192	2	193	187	272	35	308

续表

区域/收入组/国家/领土	当前健康经济中缺失的卫生职业人员数量（千）$(A+B)$ ①②⑦	当前健康经济中缺失的非卫生职业人员数量（千）$(C+D)$ ③④⑦	当前缺失的护理人员数量（千）(E) ⑤⑥⑦	当前健康经济中缺失的非卫生职业人员数量（含护理人员）（千），2016年或近可用年份（千）$(C+D+E)$ ③-⑦	2030年健康经济中缺失的卫生职业人员数量（千）$(A+B)$ ①②⑧	2030年健康经济中缺失的非卫生职业人员数量（千）$(C+D)$ ③④⑧	2030年缺失的护理人员数量（千）(E) ③-⑧	2030年健康经济中缺失的非卫生职业人员（含护理人员）数量（千）$(C+D+E)$ ③-⑧
越南	491	844	…	844	600	1 016	34	1 049
也门	168	280	91	371	256	418	149	567
赞比亚	103	171	53	224	187	303	108	411
津巴布韦	96	161	50	211	149	244	85	329
合计	18 340	31 762	5 827	37 642	26 794	45 502	11 632	57 133

译者注：该表中某些数据根据加减乘除的关系，存在并不绝对相等的情况，是因A表中前四列为四舍五入后的数据，后两列除去计算时，用的是四舍五入前的数据；B表中 $(C+D+E)$ 列也是用四舍五入前的数据，两表最后合计数亦是用四舍五入前的数据合计得到。

来源：

Carers UK（英国护理员）.《2015 照护的现状》（伦敦），2015. 可见 https://www.carersuk.org/for-professionals/policy/policy-library/state-of-caring-2015.

ILO（国际劳工局）. 国际标准职业分类（ISCO-08）（日内瓦），2008. 可见 http://www.ilo.org/public/english/bureau/stat/isco/.

国际劳工组织数据库（ILOSTAT）. 可见 http://www.ilo.org/global/statistics-and-databases/lang--en/index.htm.

OECD（经济合作与发展组织）. 健康统计数据库，2017. 可见 http://www.oecd.org/els/health-systems/health-data.htm.

Scheil-Adlung X. 对老年人的长期护理保障：46个国家覆盖面赤字的综述（日内瓦，ILO），2015. 可见 http://www.ilo.org/secsoc/information-resources/publications-and-tools/Workingpapers/WCMS_407620/lang--en/index.htm.

联合国统计司. 所有经济活动的国际标准工业分类（ISIC），第4版（纽约），2008. 可见 http://unstats.un.org/unsd/cr/registry/regcst.asp?Cl=27.

联合国经济和社会事务部人口司.《世界人口展望：2012年修订本》（纽约），2012. 可见 https://esa.un.org/unpd/wpp/ [2015.02.27].

美国卫生与公众服务部. HRSA/国家卫生人力分析中心（华盛顿），2013. 可见 http://bhpr.hrsa.gov/healthworkforce/supplydemand/usworkforce/chartbook/chartbookbrief.pdf.

WHO（世界卫生组织）．全球卫生观测站的数据储存库（GHO）：全球卫生人力统计（日内瓦）。可见http://apps.who.int/gho/data/node.main?showonly=HWF.

…表示不可用。

LTC表示长期护理。

注释：

① 卫生职业人员（A+B）被定义为有偿的正式和非正式卫生职业人员：

A. 受雇于卫生部门内的公共或私人部门（含自雇佣者）；

B. 卫生部门以外的贡献于卫生部门发展的其他经济部门。

这些人员均接受过卫生专业领域的高等或职业教育，正如国际标准职业分类（ISCO-08）中第22类（卫生专业人员）和第32类（卫生助理专业人员）所列。这些群体包括ISCO-88（1988年国际标准职业分类）中第22类（卫生专业人员，包括医生、牙医、兽医、药剂师以及其他卫生官员，除护理人员以外的卫生专业人员）；第223类（护理和助产专业人员）；第222类（除护理人员以外的卫生助理专业人员，包括医务助理、卫生师、健康和环境官员，膳食顾问与营养师，验光师和配镜师，牙医助理，物理治疗师和相关助理卫生专业人员，兽医助理，药剂助理以及其他不再作为分类的卫生助理专业人员）；第323类（护理和助产助理专业人员）以及第324类（传统医学从业人员和信仰治疗师）。

② 为估算ILOSTAT国家的健康经济卫生职业人员数量（A+B），ISCO第22类（卫生专业人员）和第32类（卫生助理专业人员）人员数量的最新数据是从ILOSTAT数据库中提取的，并得出了52个国家的数据。对于ILOSTAT中未涵盖的133个国家，则使用了世界卫生组织全球卫生观察站的数据。由于该数据库不包含私营部门的卫生职业人员数据，因此将其与ISCO分类数据库不进行匹配与调整。关于美国的数据，是从美国卫生与公众服务部获取并与ISCO分类进行了匹配。由于ILOSTAT不能将ISCO的编码分解成三位数等级进行估算，因此无法使用OECD卫生统计数据对数值进行估算。来自17个OECD国家2012年、2013年和2014年的数据显示，在卫生和社会护理领域的总就业人员中，10%是个人护理人员。国际标准产业分类（ISIC）第4次修订版中的Q类（人类健康与社会工作活动）劳动者人数加到了从ILOSTAT和世界卫生组织全球卫生观察站提取的数字之上。

③ 非卫生职业人员为在卫生部门内（C）和卫生部门外（D）从事公共与私营（包括自雇佣者）工作的正式和非正式健康经济有偿劳动者。非卫生职业人员通过速送产品和服务来支持卫生职业人员的工作。这些非卫生职业人员属于国际标准产业分类（ISIC）第4次修订版中G～P类以及R～U类的类别：

— 批发和零售业以及汽车和摩托车的修理（G）；

— 运输和储存（H）；

— 食宿服务活动（I）；

— 信息和通信（J）；

— 金融和保险活动（K）；

— 房地产活动（L）；

—专业、科学和技术活动（M）；
—行政和辅助服务活动（N）；
—公共管理与国防：强制性社会保障（O）；
—教育（P）；
—艺术、娱乐和休闲活动（R）；
—其他服务活动（S）；
—雇用家政服务人员的私人家庭的活动，私人家庭无差别自用用物资生产活动和自我服务提供活动（T）；
—域外组织和机构的活动（U）。

④ 为了估算 ILOSTAT 数据库中各国健康经济中的非卫生职业人员数量（C+D），使用国际标准产业分类（ISIC）第 4 次修订版中 Q 类（人类健康与社会工作活动）的最新数据代表在卫生部门就业的健康经济工作者（A+C）。为了估算在卫生部门以外适用于所有国际标准产业分类（ISIC）第 4 次修订版中 G~P 类以及 R~U 类，亦即国际标准产业部门以外提供卫生服务的工作者百分比与用于卫生的 GDP 所占百分比相同。假设在卫生部门以外提供卫生服务的工作者百分比与用于卫生的 GDP 占国内生产总值（GDP）百分比作为代理变量。因此，用所有健康经济从业人员数量（A+B）就得出了非卫生职业人员数量（A+B+C+D）减去卫生职业的健康经济从业人员数量（C+D）。

⑤ 因可负担的长期护理服务无法获得而放弃工作的无偿非正式护理工作者可能是家庭成员、朋友或邻居。他们向需要长期护理的人提供非正式无偿服务（E）。

⑥ 第一步，估算无偿非正式护理人员（他们的工作需要转换成正式的劳动力）的数量。国际劳工组织最近一份基于 OECD 数据测算的报告公布了 21 个国家的无偿非正式护理人员数量（Scheil-Adlung，2015）。计算得到了这 21 个国家的无偿非正式护理人员与 65 岁以上人口比率的中位数，并将其适用于所有 185 个国家。根据英国 2015 年对提供护理服务的家庭成员的调查，估算了应转换为无偿劳动力的无偿非正式护理人员的中位数，51% 的护理人员为了向家庭或家庭成员提供长期护理而放弃了工作，12% 的人提前退休，21% 的人减少了其工作时间。在那些放弃工作或减少工作时间的人中，30% 的人表示因为没有合适的护理的护理服务，22% 的人表示无法负担服务费用。这表明应将 44% 的无偿非正式护理人员视为健康经济劳动力的一部分，因为他们所从事的工作应转变为正式工作，所以由第一步产生的数字应乘以 0.4。[（51%+12%+21%）×（30%+22%）=44%]。因此，考虑到并非所有无偿工作者都转变为正式工作，用所有无偿非正式护理人员的数量减去当前的劳动力数量，就可以估算出劳动力的缺口。如果所得结果为负，则缺口设定为零。

⑦ 基于一组低低脆弱度国家，即贫困程度较低和非正规经济规模较小的国家，计算出了卫生职业人员和非卫生职业人员的中值。这些被应用于 185 个国家 2015 年人口数的统计，以估计目前缺失的每类劳动力数量。用所需劳动力数量减去当前的劳动力数量，就可以估算出劳动力的缺口。如果所得结果为负，则缺口设定为零。

⑧ 使用了联合国人口中等水平变量的 2030 年人口预测，以及目前卫生职业人员数量与非卫生职业人员数量的差距统计，以估计 2030 年缺失劳动者的相关水平。

表 B.16 社会保护公共支出，1995 年至最近可用年份（占 GDP 百分比）

区域/亚区/国家/地区	社会保护公共总支出（GDP 占比）									
	1995(%)	年份	2000(%)	年份	2005(%)	年份	2010(%)	年份	2011(%)	年份
非洲										
北非										
阿尔及利亚	4.5	1995	6.3	1999	7.4	2005	…	…	8.5	2011
埃及	5.3	1995	8.6	2000	8.4	2005	12.0	2010	12.6	2011
利比亚	…	…	…	…	2.5	2005	6.6	2010	…	…
摩洛哥	3.5	1995	3.9	2000	4.8	2005	6.6	2010	…	…
苏丹	1.5	1995	1.4	2000	1.7	2005	2.3	2010	…	…
突尼斯	7.5	1995	6.9	2000	8.1	2005	…	…	10.4	2011
撒哈拉以南非洲										
安哥拉④	…	…	3.1	2000	6.6	2005	9.4	2010	11.1	2011
贝宁	2.6	1995	2.6	2000	3.3	2005	4.2	2010	…	…
博茨瓦纳	2.5	1997	4.4	2000	7.7	2005	6.6	2010	…	…
布基纳法索	2.4	1995	3.5	2000	5.2	2005	…	…	5.1	2011
布隆迪	3.3	1995	3.7	2000	4.2	2005	4.9	2010	…	…
佛得角	…	…	…	…	…	…	6.9	2010	…	…
喀麦隆	1.7	1995	1.5	2000	1.9	2005	2.3	2010	…	…
中非	…	…	0.8	2000	0.7	2005	…	…	2.4	2011
乍得	…	…	3.1	2000	2.0	2005	1.3	2010	…	…
刚果（布）④	2.9	1995	2.1	2000	1.3	2005	1.4	2010	1.7	2011
刚果（金）	…	…	0.3	2000	1.7	2005	…	…	3.7	2011
科特迪瓦①	1.7	1995	1.7	2000	1.8	2005	…	…	1.9	2011
吉布提	…	…	…	…	…	…	…	…	…	…
赤道几内亚	…	…	…	…	…	…	2.8	2010	…	…
厄立特里亚	…	…	2.2	2000	1.4	2005	…	…	1.6	2011
埃塞俄比亚	2.0	1995	6.0	2000	4.6	2005	3.2	2010	…	…
冈比亚	3.2	1995	2.5	2000	3.0	2005	3.0	2010	…	…
加纳	3.6	1995	3.1	2000	6.6	2005	5.4	2010	…	…
几内亚	0.8	1995	1.3	2000	1.0	2005	2.5	2010	…	…
几内亚比绍	…	…	2.5	2000	…	…	5.4	2010	…	…
肯尼亚④	1.2	1995	1.4	2000	2.1	2005	2.3	2010	2.1	2011

社会保护公共总支出（GDP 占比）							来源
2012(%)	年份	2013(%)	年份	2014—2015(%)	年份	最新可用(%)	年份	
...	...	...	...	...	...	8.5	2011	ILO/WHO
12.0	2012	11.8	2013	11.2	2015	11.2	2015	IMF
...	...	...	...	...	...	6.6	2010	ILO/WHO
...	...	...	...	...	...	6.6	2010	ILO/WHO
...	...	...	...	...	...	2.3	2010	ILO/WHO
...	...	...	...	...	...	10.4	2011	IMF
8.2	2012	9.6	2013	6.0	2015	6.0	2015	IMF
...	...	...	...	...	...	4.2	2010	World Bank/WHO
...	...	...	...	...	...	6.6	2010	ILO/WHO
...	...	...	...	2.7	2015	2.7	2015	ILO/WHO
...	...	...	...	...	...	4.9	2010	UNICEF/WHO
...	...	...	...	...	...	6.9	2010	IMF
...	...	...	...	...	...	2.3	2010	ILO/WHO
2.6	2012	...	...	...	...	2.6	2012	GSW/IMF（医疗卫生）
...	...	...	...	...	...	1.3	2010	ILO/WHO
2.2	2012	...	...	...	...	2.2	2012	IMF/WHO
3.5	2012	...	...	...	...	3.5	2012	GSW/WHO
...	...	...	...	2.0	2015	2.0	2015	GSW，2015 年之前：国家数据/IMF（医疗卫生）
...	...	...	...	...	...	7.3	2007	World Bank/WHO
...	...	...	...	...	...	2.8	2010	IMF/WHO
...	...	...	...	...	...	1.6	2011	ILO/WHO
...	...	...	...	...	...	3.2	2010	IMF/WHO
...	...	...	...	4.2	2014	4.2	2014	GSW，2014 年之前：ILO/WHO
...	...	...	...	...	...	5.4	2010	ILO/WHO
...	...	...	...	...	...	2.5	2010	ILO/WHO
...	...	...	...	...	...	5.4	2010	ILO/WHO
2.3	2012	...	...	...	...	2.3	2012	IMF

区域/亚区/国家/地区	社会保护公共总支出（GDP占比）									
	1995（%）	年份	2000（%）	年份	2005（%）	年份	2010（%）	年份	2011（%）	年份
莱索托	…	…	…	…	9.1	2005	…	…	16.3	2011
利比里亚	…	…	…	…	…	…	…	…	…	…
马达加斯加④	1.5	1995	…	…	1.3	2005	0.6	2010	0.7	2011
马拉维	…	…	…	…	…	…	…	…	…	…
马里	…	…	…	…	…	…	4.9	2010	…	…
毛里塔尼亚	3.6	1995	4.3	2000	4.0	2005	4.9	2010		
毛里求斯	5.8	1995	6.9	2000	7.5	2005	9.6	2010	9.1	2011
莫桑比克	3.5	1995	4.5	2000	4.7	2005	5.3	2010		
纳米比亚④	3.9	1995	6.0	2000	5.5	2005	6.1	2010	8.0	2011
尼日尔	2.0	1995	1.8	2000	3.5	2005	2.9	2010	…	…
尼日利亚④	…	…	…	…	0.7	2005	0.8	2010	0.5	2011
卢旺达	…	…	2.2	2000	4.7	2005	7.3	2010		
圣多美和普林西比	…	…	…	…	…	…	4.9	2010	…	…
塞内加尔	3.0	1995	3.4	2000	4.8	2005	5.3	2010		
塞舌尔	11.8	1995	11.5	2000	9.8	2005	5.7	2010	7.8	2011
塞拉利昂	2.0	1995	4.3	2000	4.2	2005	…	…	…	…
南非	6.8	1995	6.7	2000	8.6	2005	9.8	2010		
斯威士兰④	2.9	1995	3.1	2000	…	…	5.5	2010	4.3	2011
坦桑尼亚	2.0	1995	2.1	2000	3.3	2005	6.8	2010	…	…
多哥	2.8	1995	3.7	2000	4.2	2005	5.7	2010	…	…
乌干达	0.9	1998	4.3	2000	4.2	2005	…	…	3.5	2011
赞比亚	2.5	1995	3.9	2000	5.4	2005			5.5	2011
津巴布韦	3.5	1995	5.6	2000	3.9	2005			5.6	2011
美洲										
拉丁美洲和加勒比地区										
安提瓜和巴布达	5.2	1995	5.3	2000	5.5	2005	…	…	7.1	2011
巴哈马④	2.9	1995	3.3	2000	3.6	2005	4.8	2010	4.8	2011
巴巴多斯	9.9	1995	8.5	2000	9.7	2005	11.4	2010	…	…
伯利兹	4.1	1995	3.4	2000	3.8	2005	…	…	5.8	2011
玻利维亚	2.1	1995	8.1	2000	8.5	2005	8.8	2010	8.6	2011
巴西	15.5	1995	14.2	2000	15.5	2005	16.4	2010	16.1	2011

续表

社会保护公共总支出（GDP 占比）								来源
2012（%）	年份	2013（%）	年份	2014—2015（%）	年份	最新可用（%）	年份	
…	…	…	…	…	…	16.3	2011	ILO/WHO
…	…	…	…	3.3	2015	3.3	2015	GSW
0.7	2012	0.7	2013	0.7	2014	0.7	2014	IMF
…	…	…	…	1.0	2015	1.0	2015	ILO
…	…	…	…	…	…	4.9	2010	World Bank/WHO
…	…	…	…	…	…	4.9	2010	ILO/WHO
9.0	2012	9.6	2013	9.8	2014	9.8	2014	IMF
				4.5	2015	4.5	2015	GSW，2015 年之前：ILO/WHO
7.3	2012	8.0	2013	6.7	2015	6.7	2015	IMF，2000 年之前：ILO/WHO
…	…	…	…	…	…	2.9	2010	ILO/WHO
0.5	2012	0.7	2013	…	…	0.7	2013	IMF
…	…	…	…	…	…	7.3	2010	国家数据/WHO
…	…	…	…	4.0	2014	4.0	2014	GSW，2014 年之前：IMF
…	…	…	…	…	…	5.3	2010	ILO/WHO
8.0	2012	7.6	2013	7.5	2015	7.5	2015	IMF
…	…	…	…	…	…	4.2	2005	ILO/WHO
9.9	2012	10.0	2013	10.1	2015	10.1	2015	IMF
4.4	2012	…	…	…	…	4.4	2012	IMF/WHO
…	…	…	…	…	…	6.8	2010	ILO
…	…	…	…	2.6	2014	2.6	2014	GSW，2014 年之前：ILO/WHO
…	…	…	…	2.2	2015	2.2	2015	IMF
…	…	…	…	…	…	5.5	2011	ILO/WHO
…	…	…	…	…	…	5.6	2011	国家数据
…	…	…	…	…	…	7.1	2011	ILO/WHO
4.7	2012	4.7	2013	4.9	2015	4.9	2015	IMF
…	…	…	…	…	…	11.4	2010	ILO/WHO
…	…	…	…	4.6	2015	4.6	2015	GSW，2015 年之前：ILO/WHO
8.9	2012	9.4	2013	10.2	2014	10.2	2014	ECLAC
16.6	2012	15.3	2013	18.3	2015	18.3	2015	ECLAC

区域/亚区/国家/地区	社会保护公共总支出（GDP 占比）									
	1995（%）	年份	2000（%）	年份	2005（%）	年份	2010（%）	年份	2011（%）	年份
智利	13.5	1995	16.1	2000	11.1	2005	13.5	2010	…	…
哥伦比亚	8.3	1995	7.3	2000	9.7	2005	12.7	2010	12.6	2011
哥斯达黎加	9.4	1995	10.7	2000	9.9	2005	12.6	2010	12.7	2011
古巴	18.9	1995	11.9	2000	16.6	2005	18.4	2010	18.0	2011
多米尼克	7.0	1995	6.8	2000	6.3	2005	8.0	2010	…	…
多米尼加	2.8	1995	3.4	2000	5.0	2005	4.8	2010	…	…
厄瓜多尔	1.7	1995	1.1	2000	2.1	2005	4.4	2010	…	…
萨尔瓦多	…	…	…	…	5.2	2005	10.8	2010	10.8	2011
格林纳达	4.1	1995	4.7	2000	4.6	2005	4.3	2010	…	…
危地马拉	2.6	1995	3.8	2000	4.7	2005	…	…	4.4	2011
圭亚那	5.8	1995	8.2	2000	8.2	2003	8.2	2010	…	…
海地	…	…	…	…	…	…	…	…	…	…
洪都拉斯	2.5	1995	3.1	2000	3.3	2005	4.4	2010	…	…
牙买加	3.8	1995	3.6	2000	4.4	2005	…	…	4.4	2011
墨西哥	…	…	6.9	2000	7.6	2005	10.4	2010	10.4	2011
尼加拉瓜	4.2	1995	4.8	2000	6.3	2005	…	…	…	…
巴拿马	4.7	1995	5.1	2000	3.7	2005	6.6	2010	…	…
巴拉圭	4.4	1995	5.0	2000	4.2	2005	6.4	2010	…	…
秘鲁	4.2	1995	5.1	2000	5.9	2005	4.9	2010	4.7	2011
圣基茨和尼维斯②	5.3	1995	5.6	2000	4.8	2005	5.6	2010	…	…
圣卢西亚	3.9	1995	4.5	2000	4.7	2005	6.0	2010	…	…
圣文森特和格林纳丁斯	6.1	1995	7.2	2000	6.7	2005	8.2	2010	…	…
特立尼达和多巴哥	3.7	1995	4.6	2000	5.8	2005	9.0	2010	…	…
乌拉圭	18.1	1995	17.8	2000	16.4	2005	17.9	2010	…	…
委内瑞拉	4.2	1995	6.1	2000	6.9	2005	6.9	2010	…	…
北美										
加拿大	18.4	1995	15.8	2000	16.1	2005	17.5	2010	17.0	2011
美国	15.1	1995	14.3	2000	15.6	2005	19.3	2010	19.1	2011

续表

社会保护公共总支出（GDP 占比）							来源
2012（%）	年份	2013（%）	年份	2014—2015（%）	年份	最新可用（%）	年份	
…	…	13.4	2013	15.3	2015	15.3	2015	OECD
13.3	2012	13.5	2013	14.1	2015	14.1	2015	ECLAC
13.1	2012	13.3	2013	13.6	2015	13.6	2015	ECLAC
…	…	…	…	…	…	18.0	2011	ECLAC
…	…	…	…	…	…	8.0	2010	ILO/WHO
…	…	…	…	6.4	2014	6.4	2014	ECLAC/PAHO，2014 年之前：ECLAC
…	…	4.7	2013	7.8	2014	7.8	2014	ILO，2013 年之前：ECLAC
11.1	2012	12.1	2013	11.6	2015	11.6	2015	ECLAC
…	…	…	…	…	…	4.3	2010	国家数据/WHO
…	…	…	…	…	…	4.4	2011	ECLAC
…	…	…	…	…	…	8.2	2010	ILO/WHO
…	…	3.3	2013	…	…	3.3	2013	GSW
…	…	…	…	…	…	4.4	2010	ECLAC
…	…	…	…	…	…	4.4	2011	IMF
10.5	2012	11.1	2013	12.0	2015	12.0	2015	ECLAC
…	…	…	…	…	…	6.3	2005	ECLAC
…	…	…	…	9.8	2015	9.8	2015	ILO（2015），2015 年之前：ECLAC
…	…	…	…	…	…	6.4	2010	ECLAC
4.8	2012	5.3	2013	5.5	2015	5.5	2015	ECLAC
…	…	…	…	…	…	5.6	2010	国家数据/WHO
…	…	…	…	…	…	6.0	2010	ILO/WHO
…	…	…	…	…	…	8.2	2010	ILO/IMF
…	…	…	…	…	…	9.0	2010	ECLAC
…	…	…	…	17.0	2015	17.0	2015	ILO（2015），2015 年之前：ECLAC
…	…	…	…	8.8	2015	8.8	2015	ILO.2015 年之前：ECLAC
17.1	2012	16.9	2013	17.2	2015	17.2	2015	OECD
18.8	2012	18.8	2013	19.0	2015	19.0	2015	OECD

区域/亚区/国家/地区	社会保护公共总支出（GDP 占比）										
	1995(%)	年份	2000(%)	年份	2005(%)	年份	2010(%)	年份	2011(%)	年份
阿拉伯国家										
巴林	3.6	1995	3.3	2000	2.9	2005	4.0	2010	…	…
约旦④	7.4	1995	8.4	2000	16.2	2005	9.0	2010	12.1	2011
科威特	11.1	1995	13.5	2000	6.5	2005	…	…	11.4	2011
黎巴嫩④	3.2	1995	2.3	2000	1.3	2005	1.0	2010	0.8	2011
阿曼④	3.7	1995	3.8	2000	4.0	2005	3.1	2010	4.1	2011
卡塔尔	…	…	…	…	2.3	2005	1.7	2010	…	…
沙特阿拉伯	…	…	…	…	…	…	…	…	3.6	2011
叙利亚	…	…	3.2	2000	3.1	2005	1.9	2010	…	…
阿联酋	2.3	1997	2.1	1999	…	…	…	…	3.9	2011
也门	…	…	1.4	2000	1.4	2005	1.9	2010	6.4	2011
亚太地区										
东亚										
中国	3.2	1995	4.7	2000	2.7	2005	6.7	2010	7.3	2011
中国香港	…	…	2.1	2000	2.4	2005	2.3	2010	2.2	2011
日本	14.1	1995	16.3	2000	18.2	2005	22.1	2010	23.1	2011
韩国	3.1	1995	4.5	2000	6.1	2005	8.3	2010	8.2	2011
蒙古	5.6	1995	8.6	2010	8.7	2005	15.7	2010	18.5	2011
中国台湾③	9.5	1995	9.9	2000	10.1	2005	9.7	2010	…	…
东南亚										
文莱	3.6	1995	3.3	2000	2.5	2005	…	…	2.3	2011
柬埔寨	0.8	1995	1.1	2000	0.6	2005	0.6	2010	1.2	2011
印度尼西亚	1.6	1995	1.8	1999	2.0	2005	0.9	2010	0.9	2011
老挝	3.0	1995	1.7	2000	0.7	2005	0.7	2010	0.8	2011
马来西亚	2.1	1995	2.4	2000	2.5	2005	3.4	2010	3.5	2011
缅甸	0.8	1995	0.5	2000	0.4	2005	…	…	1.0	2011
菲律宾④	0.7	1995	1.1	2000	0.9	2005	1.6	2010	1.6	2011
新加坡	1.9	1995	1.6	2000	1.1	2005	2.3	2010	2.7	2011
泰国	1.8	1995	2.6	2000	3.7	2005	2.7	2010	4.3	2011
东帝汶	…	…	…	…	0.7	2005	3.3	2010	2.2	2011
越南	5.0	1995	4.1	2000	4.2	2005	4.6	2010	4.5	2011

续表

社会保护公共总支出（GDP 占比）							来源
2012（%）	年份	2013（%）	年份	2014—2015（%）	年份	最新可用（%）	年份	

2012（%）	年份	2013（%）	年份	2014—2015（%）	年份	最新可用（%）	年份	来源
...	...	...	...	...	...	4.0	2010	IMF
12.6	2012	9.8	2013	8.9	2015	8.9	2015	IMF
...	...	...	...	...	...	11.4	2011	IMF
0.7	2012	0.9	2013	2.1	2015	2.1	2015	IMF
3.5	2012	3.8	2013	...	...	3.8	2013	IMF
...	...	...	...	...	...	1.7	2010	IMF
...	...	...	...	...	...	3.6	2011	IMF/WHO
...	...	...	...	...	...	1.9	2010	IMF/WHO
4.8	2012	5.0	2013	5.0	2015	5.0	2015	IMF
9.6	2012	...	...	...	...	9.6	2012	IMF
8.0	2012	8.4	2013	6.3	2015	6.3	2015	ILO，2015 年之前：IMF
2.3	2012	2.6	2013	2.7	2015	2.7	2015	ADB
22.9	2012	23.1	2013	...	...	23.1	2013	OECD
8.8	2012	9.3	2013	10.1	2015	10.1	2015	OECD
18.4	2012	...	...	14.4	2015	14.4	2015	ILO，2015 年之前：IMF
...	...	...	...	...	...	9.7	2010	国家数据
...	...	...	...	...	...	2.3	2011	ADB
1.2	2012	1.2	2013			1.2	2013	ADB
1.0	2012	1.1	2013	1.1	2015	1.1	2015	IMF，2010 年之前：ILO/WHO
0.7	2012	1.2	2013	...	...	1.2	2013	ADB，2005 年之前：ADB/WHO
3.8	2012	...	...	...	...	3.8	2012	ADB
...	...	...	...	...	...	1.0	2011	ILO/IMF
1.9	2012	2.0	2013	2.2	2015	2.2	2015	IMF
3.1	2012	3.0	2013	4.2	2015	4.2	2015	IMF
4.4	2012	4.3	2013	3.7	2015	3.7	2015	ADB，2011 年之前：IMF
3.0	2012	3.4	2013	3.3	2014	3.3	2014	ADB
5.0	2012	5.1	2013	6.3	2015	6.3	2015	ADB，2010 年之前：ADB/WHO

区域/亚区/国家/地区	社会保护公共总支出（GDP占比）									
	1995(%)	年份	2000(%)	年份	2005(%)	年份	2010(%)	年份	2011(%)	年份
南亚										
阿富汗	0.8	1995	0.8	2000	2.2	2005	7.2	2010	5.1	2011
孟加拉	1.1	1995	1.1	2000	1.2	2005	...		2.7	2011
不丹	2.8	1995	4.0	2000	3.1	2005	3.0	2010	2.9	2011
印度	1.5	1995	1.6	2000	1.5	2005	...		2.6	2011
伊朗	6.1	1995	8.9	2000	9.3	2005	12.5	2010	...	
马尔代夫	4.1	1995	4.0	2000	7.1	2005	5.1	2010	4.2	2011
尼泊尔	1.2	1995	1.7	2000	1.5	2005	3.1	2010	2.3	2011
巴基斯坦④	0.4	1995	0.3	2000	0.2	2005	0.2	2010	0.1	2011
斯里兰卡④	6.5	1995	4.4	2000	5.6	2005	3.2	2010	3.3	2011
大洋洲										
澳大利亚	16.9	1995	18.2	2000	16.7	2005	16.7	2010	17.2	2011
斐济	2.1	1995	2.4	2000	2.3	2005	3.4	2010	...	
基里巴斯	...		8.5	2000	11.2	2005	...		10.0	2011
新西兰	17.9	1995	18.5	2000	17.8	2005	20.3	2010	19.9	2011
帕劳④	...		...		...		9.7	2010	8.5	2011
巴布亚新几内亚	3.2	1995	3.8	2000	3.5	2005	...		4.6	2011
萨摩亚	0.9	1995	1.1	2000	1.0	2005	2.3	2010	1.8	2011
所罗门群岛	4.0	1995	4.0	2000	8.1	2005	8.2	2010	...	
欧洲和中亚										
北欧、南欧和西欧										
阿尔巴尼亚	10.0	1995	10.8	2000	10.3	2005	10.9	2010	11.0	2011
奥地利	26.0	1995	25.5	2000	25.9	2005	27.6	2010	26.8	2011
比利时	25.2	1995	23.5	2000	25.3	2005	28.3	2010	28.7	2011
克罗地亚	17.2	1995	22.8	2000	19.2	2005	20.8	2010	20.4	2011
丹麦	25.5	1995	23.8	2000	25.2	2005	28.9	2010	28.9	2011
爱沙尼亚	15.3	1995	13.8	2000	13.0	2005	18.3	2010	16.3	2011
芬兰	28.9	1995	22.6	2000	23.9	2005	27.4	2010	27.1	2011
法国	28.3	1995	27.5	2000	28.7	2005	30.7	2010	30.5	2011
德国	25.2	1995	25.4	2000	26.3	2005	25.9	2010	24.7	2011

续表

社会保护公共总支出（GDP 占比）							来源
2012（%）	年份	2013（%）	年份	2014—2015（%）	年份	最新可用（%）	年份	
3.5	2012	2.8	2013	…	…	2.8	2013	IMF
…	…	…	…	1.7	2014	1.7	2014	GSW，2014 年之前：ADB
3.3	2012	2.9	2013	2.7	2014	2.7	2014	IMF
2.4	2012	…	…	2.7	2014	2.7	2014	GSW
…	…	…	…	…	…	12.5	2010	IMF
…	…	…	…	…	…	4.2	2011	IMF
…	…	2.2	2013	3.0	2015	3.0	2015	GSW，2015 年之前：GSW/IMF（医疗卫生）
0.2	2012	0.1	2013	0.2	2014	0.2	2014	ADB，2000 年之前：ADB/ 国家数据
3.0	2012	8.5	2013	6.5	2015	6.5	2015	IMF
17.5	2012	18.1	2013	18.8	2015	18.8	2015	OECD
…	…	…	…	3.4	2015	3.4	2015	GSW，2015 年之前：ADB
9.4	2012	9.3	2013	12.0	2015	12.0	2015	IMF，2011 年之前：ADB
19.9	2012	19.3	2013	19.7	2015	19.7	2015	OECD
8.7	2012	9.5	2013	7.1	2015	7.1	2015	IMF
4.4	2012	…	…	3.6	2015	3.6	2015	GSW
1.3	2012	1.2	2013	2.0	2015	2.0	2015	ADB
…	…	…	…	6.6	2015	6.6	2015	IMF，2015 年之前：ADB
11.4	2012	12.0	2013	11.9	2015	11.9	2015	IMF
27.2	2012	27.6	2013	28.0	2015	28.0	2015	OECD
29.0	2012	29.3	2013	29.2	2015	29.2	2015	OECD
21.1	2012	22.0	2013	21.6	2014	21.6	2014	Eurostat，2010 年之前：IMF
28.9	2012	29.0	2013	28.8	2015	28.8	2015	OECD
15.9	2012	15.9	2013	17.0	2015	17.0	2015	OECD
28.4	2012	29.5	2013	30.6	2015	30.6	2015	OECD
31.0	2012	31.5	2013	31.7	2015	31.7	2015	OECD
24.6	2012	24.8	2013	25.0	2015	25.0	2015	OECD

区域/亚区/国家/地区	社会保护公共总支出（GDP占比）									
	1995(%)	年份	2000(%)	年份	2005(%)	年份	2010(%)	年份	2011(%)	年份
希腊	16.6	1995	18.4	2000	20.4	2005	23.8	2010	25.9	2011
冰岛	14.7	1995	14.6	2000	15.9	2005	17.0	2010	17.2	2011
爱尔兰	17.5	1995	12.6	2000	14.9	2005	22.4	2010	21.0	2011
意大利	21.0	1995	22.6	2000	24.1	2005	27.6	2010	27.3	2011
拉脱维亚	…		14.8	2000	12.2	2005	18.7	2010	15.9	2011
立陶宛	13.0	1995	15.7	2000	13.2	2005	18.9	2010	16.9	2011
卢森堡	19.7	1995	18.6	2000	22.4	2005	22.9	2010	22.2	2011
马耳他	16.0	1995	16.6	2000	17.7	2005	19.3	2010	18.9	2011
荷兰	22.3	1995	18.4	2000	20.5	2005	22.1	2010	22.0	2011
挪威	22.5	1995	20.4	2000	20.7	2005	21.9	2010	21.4	2011
葡萄牙	16.0	1995	18.5	2000	22.3	2005	24.5	2010	24.4	2011
圣马力诺	…		23.3	2000	23.1	2005	21.4	2010	…	
塞尔维亚	21.0	1995	20.9	2000	23.1	2005	23.9	2010	22.7	2011
斯洛文尼亚	…		22.4	2000	21.4	2005	23.4	2010	23.5	2011
西班牙	20.7	1995	19.5	2000	20.4	2005	25.8	2010	26.3	2011
瑞典	30.6	1995	26.8	2000	27.4	2005	26.3	2010	25.8	2011
瑞士	16.1	1995	16.3	2000	18.4	2005	18.4	2010	18.3	2011
英国	18.3	1995	17.7	2000	19.4	2005	22.8	2010	22.4	2011
东欧										
白俄罗斯	16.7	1995	16.0	2000	18.5	2005	18.7	2010	15.8	2011
保加利亚	14.8	1995	17.2	2000	14.7	2005	17.0	2010	16.5	2011
捷克	16.1	1995	18.0	2000	18.1	2005	19.8	2010	19.8	2011
匈牙利	25.1	1995	20.1	2000	21.9	2005	23.0	2010	22.2	2011
摩尔多瓦	18.4	1995	15.2	2000	15.5	2005	19.9	2010	18.6	2011
波兰	21.8	1995	20.2	2000	20.9	2005	20.6	2010	19.4	2011
罗马尼亚	12.7	1995	13.0	2000	13.4	2005	17.3	2010	16.4	2011
俄罗斯	11.1	1995	9.4	2000	11.8	2005	16.6	2010	14.9	2011
斯洛伐克	18.4	1995	17.6	2000	15.8	2005	18.1	2010	17.7	2011
乌克兰	19.8	1995	18.1	2000	23.1	2005	27.2	2010	17.4	2011
中亚和西亚										
亚美尼亚	5.7	1995	2.1	2000	2.0	2005	7.1	2010	6.4	2011

续表

社会保护公共总支出（GDP 占比）							来源
2012（%）	年份	2013（%）	年份	2014—2015（%）	年份	最新可用（%）	年份
28.0	2012	26.0	2013	26.4	2015	26.4	2015	OECD
17.0	2012	16.6	2013	15.7	2015	15.7	2015	OECD
21.0	2012	20.2	2013	17.0	2015	17.0	2015	OECD
28.1	2012	28.6	2013	28.9	2015	28.9	2015	OECD
14.8	2012	14.4	2013	14.4	2015	14.4	2015	OECD
16.3	2012	15.3	2013	14.7	2014	14.7	2014	Eurostat
23.2	2012	23.2	2013	22.2	2015	22.2	2015	OECD
19.1	2012	18.9	2013	18.2	2014	18.2	2014	Eurostat
22.5	2012	22.9	2013	22.3	2015	22.3	2015	OECD
21.3	2012	21.8	2013	23.9	2015	23.9	2015	OECD
24.5	2012	25.5	2013	24.1	2015	24.1	2015	OECD
…	…	…	…	…	…	21.4	2010	IMF
24.0	2012	23.3	2013	23.4	2014	23.4	2014	Eurostat，2010 年之前：IMF
23.6	2012	24.0	2013	22.4	2015	22.4	2015	OECD
26.1	2012	26.3	2013	25.4	2015	25.4	2015	OECD
26.7	2012	27.4	2013	26.7	2015	26.7	2015	OECD
18.8	2012	19.2	2013	19.6	2015	19.6	2015	OECD
22.5	2012	21.9	2013	21.5	2015	21.5	2015	OECD
17.2	2012	18.7	2013	19.4	2015	19.4	2015	IMF
16.6	2012	17.6	2013	18.5	2014	18.5	2014	Eurostat，2005 年之前：IMF
20.0	2012	20.3	2013	19.5	2015	19.5	2015	OECD
22.5	2012	22.1	2013	20.7	2015	20.7	2015	OECD
18.6	2012	17.8	2013	18.1	2015	18.1	2015	IMF
19.0	2012	19.6	2013	19.4	2015	19.4	2015	OECD
15.4	2012	14.9	2013	14.8	2014	14.8	2014	Eurostat
14.8	2012	15.4	2013	15.6	2015	15.6	2015	IMF
17.9	2012	18.1	2013	19.4	2015	19.4	2015	OECD
26.6	2012	27.2	2013	22.2	2015	22.2	2015	IMF
6.5	2012	6.2	2013	7.6	2015	7.6	2015	ADB，2015 年之前：GSW/ADB

区域/亚区/国家/地区	社会保护公共总支出（GDP 占比）									
	1995（%）	年份	2000（%）	年份	2005（%）	年份	2010（%）	年份	2011（%）	年份
阿塞拜疆	…	…	8.6	2000	7.1	2005	7.9	2010	8.1	2011
塞浦路斯	10.3	1995	13.7	2000	16.6	2005	19.9	2010	21.5	2011
格鲁吉亚	5.7	1995	5.1	2000	7.2	2005	9.0	2010	8.0	2011
以色列	17.0	1995	17.0	2000	16.3	2005	16.0	2010	15.8	2011
哈萨克斯坦	8.0	1995	8.7	2000	7.0	2005	7.0	2010	6.3	2011
吉尔吉斯斯坦④	14.0	1995	5.2	2000	5.1	2005	8.2	2010	8.3	2011
土耳其	5.6	1995	7.7	2000	10.3	2005	12.8	2010	12.5	2011
乌兹别克斯坦	…	…	…		13.1	2005	11.2	2010	12.8	2011

来源：

ADB（亚洲开发银行）.社会保护指数数据库。可见 https://spi.adb.org/spidmz/［2017.06.01］。

ECLAC（拉丁美洲和加勒比经济委员会）.统计和指标：社会公共支出。可见 http://estadisticas.cepal.org/cepalstat/WEB_CEPALSTAT/Portada.asp?idioma=i［2017.06.01］。

欧洲统计局.生活条件和福利：社会保护数据库（ESSPROS）（卢森堡）。可见 http://appsso.eurostat.ec.europa.eu/nui/show.do?dataset=spr_exp_gdp&lang=en［2017.06.08］。

GSW（政府支出观察）.支出数据。可见 http://www.governmentspendingwatch.org/spending-data［2017.06.01］。

ILO（国际劳工局）.世界社会保护数据库，基于社会保障调查（SSI）。可见 http://www.social-protection.org/gimi/gess/RessourceDownload.action?ressource.ressourceId=54614［2017.06］。

IMF（国际货币基金组织）.2017.政府财政统计（华盛顿特区）［2017.06］。

各国来源：财政部。

WHO（世界卫生组织）.全球卫生支出数据库：国家卫生账户。可见 http://apps.who.int/nha/database［2017.06.01］。

世界银行.养老金数据库 HDNSP，绩效指标。可见 http://web.worldbank.org/WBSITE/EXTERNAL/TOPICS/EXTSOCIALPROTECTION/EXTPENSIONS/0,contentMDK:23231994~menuPK:8874064~pagePK:148956~piPK:216618~theSitePK:396253,00.html［2017.06.07］。

续表

社会保护公共总支出（GDP 占比）							来源
2012（%）	年份	2013（%）	年份	2014—2015（%）	年份	最新可用（%）	年份
9.0	2012	8.6	2013	8.2	2015	8.2	2015	IMF
22.3	2012	24.2	2013	23.0	2014	23.0	2014	Eurostat
8.2	2012	9.4	2013	10.6	2015	10.6	2015	IMF.2013 年之前：ADB/IMF（医疗卫生）
16.0	2012	16.1	2013	16.0	2015	16.0	2015	OECD
6.4	2012	6.0	2013	5.4	2015	5.4	2015	IMF
9.4	2012	9.2	2013	9.0	2014	9.0	2014	IMF
13.0	2012	13.4	2013	13.5	2014	13.5	2014	OECD
12.4	2012	12.0	2013	11.6	2014	11.6	2014	IMF.2011 年之前：ADB/WHO

注释：

…表示不可用。

① UNICEF，牛津政策管理（OPM），就业、社会事务和团结部．科特迪瓦．《制定科特迪瓦国家社会保护战略的框架（第 1 卷 加强社会保护的现状、挑战和前景）》（阿比让，UNICEF），2012．可见 http://www.opml.co.uk/sites/default/files/Situational%20analysis%20of%20social%20protection%20%28in%20French%29.pdf．

② 圣基茨和尼维斯．社会保障委员会 2011 年 12 月统计摘要。可见 http://www.socialsecurity.kn/res_publist.asp?SFType=3［2017.06］．

③ 中国台湾．地区统计 –2011 年社会指标。可见 http://eng.stat.gov.tw/ct.asp?xItem=31978&ctNode=6410&mp=5［2017.06］．

④ 社会保护与医疗卫生支出仅指中央政府部门的支出。

分国别的详细来源、注释及定义可见 http://www.social-protection.org/gimi/gess/RessourceDownload.action?ressource.ressourceId=54614．

表 B.17 有保障的社会保护公共支出（占 GDP 百分比）

区域/亚区/国家/地区	包括医疗卫生在内的社会保护总支出（GDP 占比）		老年人的社会保护公共支出（GDP 占比，不含医疗卫生支出）			活跃年龄人口的社会保护公共支出（GDP 占比，不含医疗卫生支出）					
						活跃年龄人口的社会福利（不含一般性社会救助）			失业		
	最近可用年份(%)ª	年份	最近可用年份(%)ª	来源	年份	最近可用年份(%)ª	来源	年份	最近可用年份(%)ª	来源	年份
非洲											
北非											
阿尔及利亚	8.5	2011	5.6	①	2016	0.3	⑤	2009	0.0	⑤	2009
埃及	11.2	2015	3.0	②	2010	…		…	…		…
利比亚	6.6	2010	2.1	②	2010	…		n.a.			…
摩洛哥	6.6	2010	3.0	②	2012	1.5	①	2010	n.a.	⑧	2010
苏丹	2.3	2010	…			…			…		
突尼斯	10.4	2011	5.2	②	2015	2.4	①	2010	…		…
撒哈拉以南非洲											
安哥拉	6.0	2015	1.7	③	2015	0.2	③	2015	0.0	③	2015
贝宁	4.2	2010	1.6	②	2011/2015	0.1	①	2010	n.a.	⑧	2010
博茨瓦纳	6.6	2010	1.9	②	2014	1.3	①	2009	n.a.	⑧	2009
布基纳法索	2.7	2015	1.0	①	2015	n.a.			n.a.	⑧	2009
布隆迪	4.9	2010	0.7	②	2010	n.a.			0.2	③	2013
佛得角	6.9	2010	2.8	②	2013	1.9	①	2010	n.a.		2010
喀麦隆	2.3	2010	0.5	②	2009	0.4	①	2009	n.a.	⑧	2009
中非	2.6	2012	0.6	②	2010	0.1	①	2010	n.a.		2010
乍得	1.3	2010	0.2	②	2010	0.1	①	2010	n.a.		2010
刚果（布）	2.2	2012	1.0	②	2010	0.3	①	2010	0.0	①	2010
刚果（金）	3.5	2012	0.4	②	2005	0.1		2005	n.a.		2005
科特迪瓦	2.0	2015	1.5	②	2013	0.2	⑩	2010	n.a.		2010
吉布提	7.3	2007	1.5	②	2007	…			n.a.	⑧	2010
赤道几内亚	2.8	2010	0.3	②	2010	0.2		2009	n.a.	⑧	2009
厄立特里亚	1.6	2011	0.3	②	2001	…			n.a.	⑧	2001
埃塞俄比亚	3.2	2010	0.3	②	2014	…			…		…
冈比亚	4.2	2014	0.4	②	2006	0.2	①	2003	n.a.	⑧	2003

活跃年龄人口的社会保护公共支出（GDP 占比，%，不含医疗卫生支出）									儿童的社会保护公共支出（GDP 占比，%，不含医疗卫生支出）		
劳动力市场项目			疾病、生育、工伤、残障			一般性社会救助					
最近可用年份(%)a	来源	年份	最近可用年份(%)a	来源	年份	最近可用年份(%)a	来源	年份	最近可用年份(%)a	来源	年份
…		…	0.3	①	2009	0.9	①	2016	0.1	①	2016
…		…	…		…	…		…	…		…
…		…	…		…	…		…	…		…
…		…	1.5	①	2010	0.1	①	2010	0.1	①	2010
…		…	…		…	…		…	…		…
…		…	2.4	①	2010	0.7	①	2010	0.2	①	2010
…		…	0.2	③	2015	…		…	0.0	③	2015
…		…	0.1	①	2010	0.1	①	2010	0.4	①	2010
…		…	1.3	①	2009	…		…	0.6	①	2009
…		…	0.2	①	2015	1.4	①	2015	0.0	①	2015
…		…	0.2	①	2010	0.0	③	2013	0.0	③	2013
…		…	1.9	①	2010	…		…	0.2	①	2010
…		…	0.4	①	2009	…		…	0.0	①	2014
…		…	0.1	①	2010	…		…	0.1	①	2010
…		…	0.1	①	2010	…		…	0.0	①	2010
…		…	0.3	①	2010	0.1	①	2010	0.1	①	2010
…		…	0.1	①	2005	…		…	0.0	①	2005
…		…	0.2	①	2010	…		…	0.3	⑩	2010
…		…	…		…	…		…	…		…
…		…	0.2	①	2009	…		…	0.0	①	2010
…		…	…		…	…		…	…		…
…		…	…		…	…		…	…		…
…		…	0.2	①	2003	0.2	①	2003	0.0	①	2003

区域/亚区/国家/地区	包括医疗卫生在内的社会保护总支出（GDP占比）		老年人的社会保护公共支出（GDP占比，不含医疗卫生支出）			活跃年龄人口的社会保护公共支出（GDP占比，不含医疗卫生支出）						
						活跃年龄人口的社会福利（不含一般性社会救助）			失业			
	最近可用年份(%)a	年份	最近可用年份(%)a	来源	年份	最近可用年份(%)a	来源	年份	最近可用年份(%)a	来源	年份
加纳	5.4	2010	0.6	②	2014	0.7	①	2010	n.a.	⑧	2009
几内亚	2.5	2010	…		…	…		…	…		…
几内亚比绍	5.4	2010	0.8	②	2014	0.7	①	2010	n.a.	⑧	2010
肯尼亚	2.3	2012	1.6	②	2013—2015	0.1	⑤	2010	n.a.	⑧	2010
莱索托	16.3	2011	1.3	②	2014	…		…	n.a.		2008
利比里亚	3.3	2015	0.2	②	2010	…		…	n.a.	⑧	2010
马达加斯加	0.7	2014	1.4	②	2014	…		…	…		…
马拉维	1.0	2015	1.2	②	2015	…					
马里	4.9	2010	1.6	②	2010	0.3	①	2009	n.a.	⑧	2009
毛里塔尼亚	4.9	2010	0.7	②	2007	…		…	n.a.	⑧	2009
毛里求斯	9.8	2014	4.5	②	2013—2015	0.9	①	2011	0.0	①	2011
莫桑比克	4.5	2015	1.8	②	2010	0.1	①	2010	n.a.	⑧	2010
纳米比亚	6.7	2015	2.4	②	2013	n.a.		…	0.1	③	2015
尼日尔	2.9	2010	0.7	②	2006	…		…	…		…
尼日利亚	0.7	2013	0.9	②	2004	0.3	①	2004	n.a.	⑧	2004
卢旺达	7.3	2010	0.8	①	2009	n.a.			n.a.	⑧	2009
圣多美和普林西比	4.0	2014	0.1	①	2013	0.0	①	2013	…		…
塞内加尔	5.3	2010	1.9	①	2015	0.2	①	2010	n.a.	⑧	2010
塞舌尔	7.5	2015	2.4	②	2014/2015	2.3	③	2015	1.9	⑧	2015
塞拉利昂	4.2	2005	0.3	②	2014	0.1	①	2010	n.a.	⑧	2010
南非	10.1	2015	3.4	②	2014/2015	0.9	③	2015	0.2	③	2015
斯威士兰	4.4	2012	2.1	②	2012/15	1.2	①	2010	n.a.	⑧	2010
坦桑尼亚	6.8	2010	2.0	②	2013	0.0	①	2010	n.a.	⑧	2010

续表

活跃年龄人口的社会保护公共支出（GDP 占比，%，不含医疗卫生支出）									儿童的社会保护公共支出（GDP 占比，%，不含医疗卫生支出）		
劳动力市场项目			疾病、生育、工伤、残障			一般性社会救助					
最近可用年份（%）a	来源	年份	最近可用年份（%）a	来源	年份	最近可用年份（%）a	来源	年份	最近可用年份（%）a	来源	年份
…	…	…	0.7	①	2009	…		…	0.3	①	2011
…	…	…	…		…	…		…	…		…
…	…	…	0.7	①	2010	0.1	①	2010	0.1	①	2010
…	…	…	0.1	⑤	2010	0.1	⑤	2010	0.1	⑤	2013
…	…	…	0.0	①	2016	0.4	①	2016	0.3	①	2016
…	…	…	…		…	…		…	0.0	③	2015
…	…	…	…		…	1.0	①	2015	…		…
…	…	…	0.3	①	2009	0.1	⑤	2010	0.1	⑤	2010
…	…	…	…		…	…		…	…		…
…	…	…	0.9	①	2011	0.5	⑤	2011	0.3	①	2011
…	…	…	0.1	①	2010	0.1	①	2010	…		…
…	…	…	0.3	①	2011	0.8	①	2011	0.5	③	2015
…	…	…	…		…	…		…	…		…
…	…	…	0.3	①	2004	0.2	①	2009	0.0	⑧	2004
…	…	…	…		…	0.1	①	2009	0.2	①	2009
…	…	…	0.0	①	2013	0.6	①	2013	…		…
…	…	…	0.2	①	2010	0.1	①	2010	0.2	①	2015
…	…	…	0.3	③	2015	…		…	0.2	③	2015
…	…	…	0.1	①	2010	…		…	…		…
…	…	…	0.6	③	2015	0.0	③	2015	1.6	③	2016
…	…	…	1.2	①	2010	0.0	①	2010	0.0	⑧	2010
…	…	…	0.0	①	2010	0.4	①	2010	0.0	①	2010

区域/亚区/国家/地区	包括医疗卫生在内的社会保护总支出（GDP占比）		老年人的社会保护公共支出（GDP占比，不含医疗卫生支出）			活跃年龄人口的社会保护公共支出（GDP占比，不含医疗卫生支出）					
						活跃年龄人口的社会福利（不含一般性社会救助）			失业		
	最近可用年份(%)a	年份	最近可用年份(%)a	来源	年份	最近可用年份(%)a	来源	年份	最近可用年份(%)a	来源	年份
多哥	2.6	2014	1.9	②	2014	0.0	①	2009	n.a.	⑧	2009
乌干达	2.2	2015	0.4	③	2015	0.4	①	2011	n.a.	⑧	2011
赞比亚	5.5	2011	0.9	①	2015	0.0	①	2015	0.0	①	2015
津巴布韦	5.6	2011	0.5	②	2015	0.1	①	2010	n.a.	⑧	2010
美洲											
拉丁美洲和加勒比地区											
安提瓜和巴布达	7.1	2011	0.0	②	2011	0.3	①	2006	…		…
阿根廷	…	…	9.0	③	2015	n.a.		…	0.1	③	2015
巴哈马	4.9	2015	1.9	⑤	2011	n.a.		…	0.1	⑤	2011
巴巴多斯	11.4	2010	4.1	①	2009	1.8	①	2009	0.6	①	2009
伯利兹	4.6	2015	0.1	②	2011	0.6	①	2010	n.a.	⑧	2010
玻利维亚	10.2	2014	1.1	②	2014	2.5	⑤	2009	n.a.	⑧	2009
巴西	18.3	2015	9.6	②	2013—2015	2.6	①	2010	0.7	①	2010
智利	15.3	2015	3.0	④	2015	1.1	④	2015	0.1	④	2015
哥伦比亚	14.1	2015	3.8	②	2015	3.9		2009	n.a.	⑧	2009
哥斯达黎加	13.6	2015	5.7	③	2015	3.4	①	2010	n.a.	⑧	2010
古巴	18.0	2011	…		…	…		…	…		…
多米尼克	8.0	2010	3.1		2011	0.5		2011	n.a.		2011
多米尼加	6.4	2014	0.9	③	2015	2.0	①	2010	n.a.	⑧	2010
厄瓜多尔	7.8	2014	0.2	②	2012	0.2	①	2010	n.a.	⑧	2010
萨尔瓦多	11.6	2015	1.1	③	2015	0.8	①	2015	0.0	③	2015
格林纳达	4.3	2010	2.0	②	2006	…		…	n.a.	⑧	2006
危地马拉	4.4	2011	0.5	①	2016	1.7	①	2009	n.a.	⑧	2009
圭亚那	8.2	2010	1.1	②	2014	…		…	n.a.	⑧	2010
海地	3.3	2013	…		…	…		…	…		…

续表

活跃年龄人口的社会保护公共支出（GDP 占比，%，不含医疗卫生支出）									儿童的社会保护公共支出（GDP 占比，%，不含医疗卫生支出）		
劳动力市场项目			疾病、生育、工伤、残障			一般性社会救助					
最近可用年份（%）a	来源	年份	最近可用年份（%）a	来源	年份	最近可用年份（%）a	来源	年份	最近可用年份（%）a	来源	年份
…		…	0.0	⑤	2009	0.0	⑤	2009	0.2	⑤	2009
…		…	0.4	①	2011	0.3	③	2015	0.0		2015
…		…	0.0	①	2015	0.1	①	2015	…		…
…		…	0.1	⑤	2010	0.1	⑤	2011	0.2	⑤	2010
…		…	0.3	①	2006	…		…	0.1	①	2006
…		…	5.1	⑤	2009	2.0	⑤	2009	1.6	③	2015
…		…	0.4	③	2015	…		…	0.0	①	2011
…		…	1.2	①	2009	0.2	①	2009	0.0	⑧	2009
…		…	0.6	①	2009	1.1	①	2010	0.0	⑨	2010
…		…	2.5	⑤	2009	1.5		2008	0.5	①	2014
0.3	①	2010	1.7	①	2010	4.5	①	2010	0.6		2010
0.3	④	2015	0.7	④	2015	1.2	④	2015	1.7	④	2015
…		…	3.9	①	2009	0.8	⑨	2010	0.4		2009
…		…	3.4	①	2010	2.3	⑨	2010	1.3	③	2015
…		…	…			2.7	①	2010	…		…
…		…	0.5	①	2011	0.2	①	2011	0.0		2011
…		…	2.0	①	2010	0.8	③	2015	0.0	③	2015
…		…	0.2	①	2010	0.0	①	2010	0.2		2014
…		…	0.8	③	2015	0.8	⑨	2009	0.3	⑨	2010
…		…	…		…	…		…	…		…
…		…	1.7	①	2009	0.0	⑨	2009	0.3	⑨	2009
…		…	…		…	…		…	…		…

区域/亚区/国家/地区	包括医疗卫生在内的社会保护总支出（GDP占比）		老年人的社会保护公共支出（GDP占比，不含医疗卫生支出）			活跃年龄人口的社会保护公共支出（GDP占比，不含医疗卫生支出）					
						活跃年龄人口的社会福利（不含一般性社会救助）			失业		
	最近可用年份（%）a	年份	最近可用年份（%）a	来源	年份	最近可用年份（%）a	来源	年份	最近可用年份（%）a	来源	年份
洪都拉斯	4.4	2010	0.2	①	2015	0.2	①	2015	n.a.	⑧	2010
牙买加	4.4	2011	0.9	①	2015	0.4	①	2009	n.a.	⑧	2009
墨西哥	12.0	2015	1.7	②	2015	0.1	④	2011	0.0	①	2011
尼加拉瓜	6.3	2005	1.6	⑤	2009	0.5	⑤	2009	n.a.	⑧	2009
巴拿马	9.8	2015	2.7	①	2015	0.1	①	2015	0.0	①	2015
巴拉圭	6.4	2010	0.4	②	2012	1.5	①	2010	n.a.	⑧	2010
秘鲁	5.5	2015	2.5	②	2010	0.8	①	2010	n.a.	⑧	2010
圣基茨和尼维斯	5.6	2010	1.3	①	2009	1.5	①	2009	n.a.	⑧	2009
圣卢西亚	6.0	2010	1.2	①	2009	0.5	①	2009	n.a.	⑧	2009
圣文森特和格林纳丁斯	8.2	2010	1.5	②	2006	1.2	①	2006	n.a.	⑧	2009
特立尼达和多巴哥	9.0	2010	1.4	②	2012	0.2	①	2008	n.a.	⑧	2008
乌拉圭	17.0	2015	8.9	①	2015	0.8	①	2015	0.6	①	2015
委内瑞拉	8.8	2015	7.4	①	2015	…		…	…		…
北美											
加拿大	17.2	2015	4.6	④	2014	1.6	④	2014	0.6	④	2014
美国	19.0	2015	7.0	④	2013	2.0	④	2013	0.4	④	2013
阿拉伯国家											
巴林	4.0	2010	1.0	①	2010	0.5	①	2010	0.0	①	2010
约旦	8.9	2015	4.4	③	2015	0.7	①	2010	n.a.		2010
科威特	11.4	2011	3.5	①	2011	…			n.a.	⑧	2011
黎巴嫩	2.1	2015	2.7	②	2013	…			…		…
阿曼	3.8	2013	…		…	…			…		…
沙特阿拉伯	3.6	2011	0.3	②	2013	…			…		…
叙利亚	1.9	2010	1.3	②	2004	…			…		…

续表

活跃年龄人口的社会保护公共支出（GDP 占比，%，不含医疗卫生支出）									儿童的社会保护公共支出（GDP 占比，%，不含医疗卫生支出）		
劳动力市场项目			疾病、生育、工伤、残障			一般性社会救助					
最近可用年份（%）a	来源	年份	最近可用年份（%）a	来源	年份	最近可用年份（%）a	来源	年份	最近可用年份（%）a	来源	年份
…	…	…	0.2	①	2015	0.3	⑨	2010	0.2	⑨	2010
…	…	…	0.4	①	2009	0.8	①	2009	0.3	①	2011
0.0	④	2011	0.1	④	2011	1.5	④	2011	1.1	④	2011
…	…	…	0.5	⑤	2009	0.7	①	2009	0.1	⑨	2009
…	…	…	0.1	①	2015	1.0	①	2015	…		…
…	…	…	1.5	①	2010	0.7	①	2010	0.2	①	2010
0.0	①	2015	0.8	①	2010	1.9	⑨	2010	0.1	⑨	2009
…	…	…	1.5	①	2009	0.2	①	2009	0.0	①	2009
…	…	…	0.5	①	2009	0.1	①	2009	0.1	①	2009
…	…	…	1.2	①	2006	0.4	①	2006	0.2	①	2006
…	…	…	0.2	①	2008	0.5	①	2008	0.1	①	2008
…	…	…	0.3	①	2015	3.1	①	2010	0.4	①	2015
…	…	…	1.0	①	2015	…		…	…		…
0.2	④	2014	0.8	④	2014	2.4	④	2014	1.2	④	2014
0.1	④	2013	1.4	④	2013	1.2	④	2013	0.7	④	2013
…	…	…	0.5	⑥	2010	0.1	⑥	2010	0.0	⑧	2010
0.0	①	2010	0.7	①	2010	0.6	①	2010	0.0	①	2010
…	…	…	…		…	…		…	…		…
…	…	…	…		…	…		…	…		…
…	…	…	…		…	…		…	…		…
…	…	…	…		…	…		…	…		…

区域/亚区/国家/地区	包括医疗卫生在内的社会保护总支出（GDP占比）		老年人的社会保护公共支出（GDP占比，不含医疗卫生支出）			活跃年龄人口的社会保护公共支出（GDP占比，不含医疗卫生支出）					
						活跃年龄人口的社会福利（不含一般性社会救助）			失业		
	最近可用年份（%）ª	年份	最近可用年份（%）ª	来源	年份	最近可用年份（%）ª	来源	年份	最近可用年份（%）ª	来源	年份
也门	9.6	2012	0.5	⑤	2010	0.2	①	2010	n.a.	⑧	2010
亚太地区											
东亚											
中国	6.3	2015	3.7	①	2015	n.a.	…		0.1	①	2015
中国香港	2.7	2015	1.6	②	2011	n.a.	…		n.a.	⑧	2010
日本	23.1	2013	12.1	④	2013	1.4	④	2013	0.2	④	2013
韩国	10.1	2015	2.7	④	2014	1.3	④	2014	0.3	④	2014
蒙古	14.4	2015	5.5	①	2015	0.9	①	2015	0.1	①	2015
中国台湾	9.7	2010	4.7	⑤	2009	1.1	⑤	2009	0.3	①	2009
东南亚											
文莱	2.3	2011	…		…	…		…	…		…
印度尼西亚	1.1	2015	1.0	②	2015	n.a.	…		n.a.	⑧	2010
老挝	1.2	2013	0.2	②	2013	n.a.	…		n.a.	⑧	2010
马来西亚	3.8	2012	0.9	⑥	2012	n.a.	…		n.a.	⑧	2012
缅甸	1.0	2011	0.7	②	2014—2015	0.1	①	2011	n.a.	⑧	2011
菲律宾	2.2	2015	0.6	⑥	2012	n.a.	…		0.0	③	2015
新加坡	4.2	2015	0.7	①	2011	n.a.	…		n.a.	⑧	2011
泰国	3.7	2015	2.2	②	2015	n.a.	…		0.1	⑥	2011
越南	6.3	2015	5.5	⑤	2015	n.a.	…		0.0	⑥	2010
南亚											
孟加拉	1.7	2014	0.1	③	2015	n.a.	…		n.a.	⑧	2011
不丹	2.7	2014	0.7	①	2010	n.a.	…		n.a.	⑧	2010
印度	2.7	2014	4.3	②	2011	n.a.	…		…		2009
伊朗	12.5	2010	5.9	②	2013	1.8	①	2009	0.3	①	2009
尼泊尔	3.0	2015	1.8	②	2013—2014	n.a.	…		n.a.	⑧	2011

续表

活跃年龄人口的社会保护公共支出（GDP 占比，%，不含医疗卫生支出）									儿童的社会保护公共支出（GDP 占比，%，不含医疗卫生支出）		
劳动力市场项目			疾病、生育、工伤、残障			一般性社会救助					
最近可用年份（%）a	来源	年份	最近可用年份（%）a	来源	年份	最近可用年份（%）a	来源	年份	最近可用年份（%）a	来源	年份
…	…	…	0.2	⑤	2010	0.1	⑤	2010	0.0	⑤	2010
0.1	①	2015	1.6	⑥	2009	0.3	⑥	2013	0.2	⑥	2009
…		…	2.4	③	2013	0.0		2010	0.2		2013
0.2	④	2013	1.0	④	2013	0.4	④	2013	1.3	④	2013
0.5	④	2014	0.6	④	2014	0.6	④	2014	1.1	④	2014
0.3	①	2015	0.5	①	2015	4.9	①	2015	1.3	①	2015
0.2	①	2009	0.6	⑤	2009	0.5	⑤	2009	0.4	⑤	2009
…	…	…	…	…	…	…	…	…	…	…	…
0.0	⑥	2013	0.0	⑥	2010	0.8	⑥	2013	0.7	⑥	2010
0.0	⑥	2013	0.1	⑥	2010	0.1	⑥	2013	0.0	⑥	2010
0.0	⑥	2013	0.1	⑥	2012	0.4	⑥	2013	0.0	⑥	2012
…		…	0.1	①	2011	0.0	①	2011	0.0	①	2011
0.0	⑥	2013	0.2	⑥	2012	0.5	⑥	2013	0.1	⑥	2012
0.3	⑥	2013	0.9	①	2011	0.7	⑥	2013	0.0	①	2011
0.0	⑥	2010	1.2	③	2015	0.1	⑥	2015	0.5	⑥	2011
0.1	⑤	2015	0.3	⑥	2010	0.3	⑤	2015	0.0	⑥	2010
0.4	⑥	2013	0.0	⑥	2015	0.3	⑥	2015	0.0	③	2015
0.0	⑥	2013	0.0	⑥	2010	0.2	⑥	2013	0.0	③	2014
0.4	⑥	2013	0.1	⑥	2010	0.4	⑥	2013	0.1	⑥	2010
…		…	1.5	①	2009	5.0	①	2010	1.0	①	2010
0.0	⑥	2013	0.1	⑥	2011	0.8	⑥	2013	0.1	⑥	2011

区域/亚区/国家/地区	包括医疗卫生在内的社会保护总支出（GDP 占比）		老年人的社会保护公共支出（GDP 占比，不含医疗卫生支出）			活跃年龄人口的社会保护公共支出（GDP 占比，不含医疗卫生支出）					
						活跃年龄人口的社会福利（不含一般性社会救助）			失业		
	最近可用年份（%）a	年份	最近可用年份（%）a	来源	年份	最近可用年份（%）a	来源	年份	最近可用年份（%）a	来源	年份
巴基斯坦	0.2	2014	1.8	②	2015—2016	n.a.	…	n.a.	…	⑧	2010
斯里兰卡	6.5	2015	1.4	②	2013	n.a.	…	n.a.	…	⑧	2011
大洋洲											
澳大利亚	18.8	2015	5.2	④	2014	3.5	④	2014	0.7	④	2014
斐济	3.4	2015	0.8	⑥	2010	n.a.	…	n.a.	…	⑧	2010
基里巴斯	12.0	2015	…		…	…		…	…		…
新西兰	19.7	2015	5.1	④	2014	3.3	④	2014	0.4	④	2014
帕劳	7.1	2015	5.1	⑥	2010	n.a.	…	n.a.	…	⑧	2010
巴布亚新几内亚	3.6	2015	0.1	⑥	2010	0.0	⑥	2013	n.a.	⑧	2010
萨摩亚	2.0	2015	0.6	⑥	2011	0.1	⑥	2011	n.a.	⑧	2011
所罗门群岛	6.6	2015	1.3	⑥	2010	n.a.	…	n.a.	…	0.0	①	2010
欧洲和中亚											
北欧、南欧和西欧											
阿尔巴尼亚	11.9	2015	7.5	③	2015	0.1	③	2015	0.1	③	2015
奥地利	28.0	2015	14.0	④	2013	4.0	④	2013	1.0	④	2013
比利时	29.2	2015	10.5	④	2013	6.9	④	2013	3.2	④	2013
克罗地亚	21.6	2014	9.3	⑦	2014	3.1	⑦	2014	0.5	⑦	2014
丹麦	28.8	2015	10.1	④	2013	8.8	④	2013	2.3	④	2013
爱沙尼亚	17.0	2015	6.5	④	2013	2.7	④	2013	0.3	④	2013
芬兰	30.6	2015	12.3	④	2013	6.8	④	2013	1.9	④	2013
法国	31.7	2015	14.3	④	2013	4.2	④	2013	1.6	④	2013
德国	25.0	2015	10.1	④	2013	3.7	④	2013	1.0	④	2013
希腊	26.4	2015	17.5	④	2012	2.3	④	2012	1.0	④	2012
冰岛	15.7	2015	2.5	④	2013	3.8	④	2013	0.9	④	2013
爱尔兰	17.0	2015	5.4	④	2013	5.5	④	2013	2.5	④	2013
意大利	28.9	2015	16.4	④	2013	3.8	④	2013	1.7	④	2013

续表

活跃年龄人口的社会保护公共支出 （GDP 占比，%，不含医疗卫生支出）									儿童的社会保护公共支出 （GDP 占比，%，不含医疗卫生支出）		
劳动力市场项目			疾病、生育、工伤、残障			一般性社会救助					
最近可用年份（%）a	来源	年份	最近可用年份（%）a	来源	年份	最近可用年份（%）a	来源	年份	最近可用年份（%）a	来源	年份
0.0	⑥	2013	0.0	⑥	2010	0.2	⑥	2013	0.0	⑥	2010
0.0	⑥	2013	0.0	①	2011	0.3	⑥	2013	0.1	①	2011
0.2	④	2014	2.6	④	2014	0.8	④	2014	2.8	④	2014
0.1	⑥	2013	0.0	⑥	2010	0.6	⑥	2013	0.6	⑥	2010
0.2	⑥	2013	…		…	1.1	⑥	2013	…		…
0.3	④	2014	2.5	④	2014	1.0	④	2014	2.6	④	2014
0.0	⑥	2013	0.2	⑥	2010	0.1	⑥	2015	1.7	⑥	2010
0.0	⑥	2013	…		…	0.0	⑥	2013	0.1	⑥	2010
0.0	⑥	2013	0.0	⑥	2011	0.2	⑥	2013	0.1	⑥	2011
0.1	⑥	2013	0.0	⑥	2010	0.0	⑥	2010	0.3	③	2015
…			0.0	③	2015	…		…	1.4	③	2015
0.8	④	2013	2.3	④	2013	0.5	④	2013	2.6	④	2013
0.7	④	2013	2.9	④	2013	1.1	④	2013	2.9	④	2013
…			2.6	⑦	2014	0.2	⑦	2014	1.5	⑦	2014
1.8	④	2013	4.7	④	2013	2.0	④	2013	3.7	④	2013
0.2	④	2013	2.2	④	2013	0.1	④	2013	2.0	④	2013
1.0	④	2013	3.8	④	2013	1.4	④	2013	3.2	④	2013
0.9	④	2013	1.7	④	2013	1.5	④	2013	2.9	④	2013
0.7	④	2013	2.1	④	2013	0.8	④	2013	2.2	④	2013
0.3	④	2012	1.0	④	2012	0.7	④	2012	1.3	④	2012
0.1	④	2013	2.8	④	2013	1.4	④	2013	3.6	④	2013
0.9	④	2013	2.1	④	2013	0.6	④	2013	3.3	④	2013
0.4	④	2013	1.7	④	2013	0.2	④	2013	1.4	④	2013

区域/亚区/国家/地区	包括医疗卫生在内的社会保护总支出（GDP占比）		老年人的社会保护公共支出（GDP占比，不含医疗卫生支出）			活跃年龄人口的社会保护公共支出（GDP占比，不含医疗卫生支出）					
						活跃年龄人口的社会福利（不含一般性社会救助）			失业		
	最近可用年份(%)ª	年份	最近可用年份(%)ª	来源	年份	最近可用年份(%)ª	来源	年份	最近可用年份(%)ª	来源	年份
拉脱维亚	14.4	2015	7.7	④	2013	2.4	④	2013	0.5	④	2013
立陶宛	14.7	2014	6.6	⑦	2014	1.7	⑦	2014	0.3	⑦	2014
卢森堡	22.2	2015	8.5	④	2013	4.7	④	2013	1.4	④	2013
马耳他	18.2	2014	9.4	⑦	2014	1.2	⑦	2014	0.5	⑦	2014
荷兰	22.3	2015	6.4	④	2013	5.6	④	2013	1.6	④	2013
挪威	23.9	2015	7.9	④	2013	4.5	④	2013	0.3	④	2013
葡萄牙	24.1	2015	14.0	④	2013	4.0	④	2013	1.6	④	2013
圣马力诺	21.4	2010	…		…	…		…	…		…
塞尔维亚	23.4	2014	12.7	⑦	2014	2.4	⑦	2014	0.6	⑦	2014
斯洛文尼亚	22.4	2015	12.0	④	2013	3.2	④	2013	0.7	④	2013
西班牙	25.4	2015	12.0	④	2013	6.3	④	2013	3.1	④	2013
瑞典	26.7	2015	10.0	④	2013	6.1	④	2013	0.5	④	2013
瑞士	19.6	2015	6.6	④	2013	3.6	④	2013	0.8	④	2013
英国	21.5	2015	6.6	④	2013	2.5	④	2013	0.3	④	2013
东欧											
白俄罗斯	19.4	2015	8.0	②	2015	1.1	①	2010	0.0	③	2015
保加利亚	18.5	2014	8.9	⑦	2014	1.9	⑦	2014	0.5	⑦	2014
捷克	19.5	2015	8.9	④	2013	2.8	④	2013	0.6	④	2013
匈牙利	20.7	2015	10.8	④	2013	3.2	④	2013	0.5	④	2013
摩尔多瓦	18.1	2015	7.5	③	2015	1.8	③	2015	0.1	③	2015
波兰	19.4	2015	10.4	④	2012	2.9	④	2012	0.2	④	2012
罗马尼亚	14.8	2014	8.0	⑦	2014	1.5	⑦	2014	0.4	⑦	2014
俄罗斯	15.6	2015	8.7	③	2015	2.9	③	2010	0.2	①	2010
斯洛伐克	19.4	2015	7.5	④	2013	2.5	④	2013	0.4	④	2013
乌克兰	22.2	2015	13.7	③	2015	1.5	③	2015	0.4	③	2015
中亚和西亚											
亚美尼亚	7.6	2015	5.6	③	2015	n.a.		…	0.0	③	2015

续表

活跃年龄人口的社会保护公共支出（GDP占比，%，不含医疗卫生支出）									儿童的社会保护公共支出（GDP占比，%，不含医疗卫生支出）		
劳动力市场项目			疾病、生育、工伤、残障			一般性社会救助					
最近可用年份（%）a	来源	年份	最近可用年份（%）a	来源	年份	最近可用年份（%）a	来源	年份	最近可用年份（%）a	来源	年份
0.2	④	2013	1.8	④	2013	0.3	④	2013	1.2	④	2013
…		…	1.4	⑦	2014	0.4	⑦	2014	1.1	⑦	2014
0.6	④	2013	2.7	④	2013	0.8	④	2013	3.6	④	2013
…		…	0.7	⑦	2014	0.4	⑦	2014	1.2	⑦	2014
0.8	④	2013	3.1	④	2013	1.7	④	2013	1.3	④	2013
0.5	④	2013	3.7	④	2013	0.8	④	2013	3.0	④	2013
0.5	④	2013	1.9	④	2013	0.2	④	2013	1.2	④	2013
…		…	…		…	…		…	…		…
…		…	1.8	⑦	2014	0.5	⑦	2014	1.3	⑦	2014
0.4	④	2013	2.1	④	2013	0.7	④	2013	2.0	④	2013
0.6	④	2013	2.5	④	2013	0.3	④	2013	1.3	④	2013
1.4	④	2013	4.3	④	2013	1.2	④	2013	3.6	④	2013
0.6	④	2013	2.3	④	2013	0.8	④	2013	1.6	④	2013
0.2	④	2013	2.0	④	2013	1.8	④	2013	3.8	④	2013
…		…	1.1	①	2010	0.3	⑤	2010	0.2	③	2015
…		…	1.4	⑦	2014	0.3	⑦	2014	1.9	⑦	2014
0.3	④	2013	1.8	④	2013	0.5	④	2013	2.2	④	2013
0.8	④	2013	1.9	④	2013	0.4	④	2013	3.0	④	2013
…		…	1.7	③	2015	1.3	③	2015	0.8		2015
0.4	④	2012	2.2	④	2012	0.2	④	2012	1.2	④	2012
…		…	1.1	⑦	2014	0.2	⑦	2014	1.2	⑦	2014
…		…	2.7	①	2010	1.8	①	2010	0.6		2015
0.2	④	2013	1.9	④	2013	0.4	④	2013	2.1	④	2013
…		…	1.1	③	2015	0.7	③	2015	1.8	③	2015
0.0	⑥	2013	0.4	⑥	2011	2.0	⑥	2013	1.2	③	2015

区域/亚区/国家/地区	包括医疗卫生在内的社会保护总支出（GDP占比）最近可用年份（%）a	年份	老年人的社会保护公共支出（GDP占比，不含医疗卫生支出）最近可用年份（%）a	来源	年份	活跃年龄人口的社会福利（不含一般性社会救助）最近可用年份（%）a	来源	年份	失业最近可用年份（%）a	来源	年份
阿塞拜疆	8.2	2015	5.0	②	2014	n.a.		…	0.1	⑥	2010
塞浦路斯	23.0	2014	12.3	⑦	2014	2.6	⑦	2014	1.9	⑦	2014
格鲁吉亚	10.6	2015	4.4	③	2015	0.8	③	2011	n.a.	⑧	2011
以色列	16.0	2015	5.4	④	2015	3.0	④	2015	0.3	④	2015
哈萨克斯坦	5.4	2015	3.4	①	2015	0.4	①	2015	…		…
吉尔吉斯斯坦	9.0	2014	9.0	③	2015	n.a.		…	0.0	⑤	2014
土耳其	13.5	2014	8.3	④	2013	0.5	④	2013	0.1	④	2013
乌兹别克斯坦	11.6	2014	6.5	②	2012	0.7		2010			

来源：

① ILO（国际劳工局）．世界社会保护数据库，基于社会保障调查（SSI）。可见 http://www.social-protection.org/gimi/gess/RessourceDownload.action?ressource.ressourceId=54615［2017.06］．

② 世界银行．养老金数据库 HDNSP，绩效指标。可见 http://web.worldbank.org/WBSITE/EXTERNAL/TOPICS/EXTSOCIALPROTECTION/EXTPENSIONS/0, contentMDK: 23231994~menuPK: 8874064~pagePK: 148956~piPK: 216618~theSitePK: 396253, 00.html［2017.06.07］．

③ IMF（国际货币基金组织）．政府财政统计（华盛顿特区），2017.［2017.06］．

④ OECD（经济合作与发展组织）．社会支出数据库（SOCX）：社会与福利统计。可见 https://stats.oecd.org/Index.aspx?DataSetCode=SOCX_AGG［2017.06.08］．

⑤ 各国来源：财政部。

⑥ ADB（亚洲开发银行）．社会保护指数数据库。可见 https://spi.adb.org/spidmz/［2017.06.01］．

⑦ 欧洲统计局．生活条件和福利：社会保护数据库（ESSPROS）（卢森堡）。可见 http://appsso.eurostat.ec.europa.eu/nui/show.do?dataset=spr_exp_gdp&lang=en［2017.06.08］．

⑧ 国际社会保障协会（ISSA），美国社会保障总署（SSA）．不同日期，全球社会保障项目（日内瓦和华盛顿特区）。可见 http://www.ssa.gov/policy/docs/progdesc/ssptw/［2017.05］．

⑨ ECLAC（拉丁美洲和加勒比经济委员会）．统计和指标：社会公共支出。可见 http://estadisticas.cepal.org/cepalstat/WEB_CEPALSTAT/Portada.asp?idioma=i［2017.06.01］．

续表

活跃年龄人口的社会保护公共支出（GDP 占比，%，不含医疗卫生支出）									儿童的社会保护公共支出（GDP 占比，%，不含医疗卫生支出）		
劳动力市场项目			疾病、生育、工伤、残障			一般性社会救助					
最近可用年份（%）a	来源	年份	最近可用年份（%）a	来源	年份	最近可用年份（%）a	来源	年份	最近可用年份（%）a	来源	年份
0.0	⑥	2013	0.5	⑥	2010	2.0	⑥	2013	0.4	③	2015
…		…	0.7	⑦	2014	1.4	⑦	2014	1.4	⑦	2014
…		…	0.8	⑥	2011	1.4	⑥	2011	2.3	③	2015
0.1	④	2015	2.5	④	2015	0.7	④	2015	1.9	④	2015
0.1	①	2015	0.3	①	2015	0.2	①	2015	0.2	①	2015
0.0	⑥	2013	3.1	⑥	2010	2.5	⑥	2013	1.2	③	2015
0.0	④	2013	0.3	④	2013	0.2	④	2013	0.4	④	2013
0.0	⑥	2013	0.7	⑥	2010	1.6	⑥	2013	1.9	⑥	2010

⑩ UNICEF– 牛津政策管理（OPM）– 就业、社会事务和团结部. 科特迪瓦.《制定科特迪瓦国家社会保护战略的框架（第 1 卷 加强社会保护的现状、挑战和前景）》(阿比让，UNICEF)，2012. 可见 http：//www.opml.co.uk/sites/default/files/Situational%20analysis%20of%20social%20protection%20%28in%20French%29.pdf［2017.05］.

注释：
… 表示不可用。
n.a. 表示不适用。
a 在全球估计方面与表 B.16 的一些差异是由于参考年份和所考虑国家数量的不同造成的。

参考文献

Abu Alghaib, O. Forthcoming. *Building social protection floors for persons with disabilities: Lessons learned from non-contributory programmes in Argentina, Ethiopia, Ghana, Indonesia, the Kyrgyz Republic and South Africa*, ILO discussion paper (Geneva, ILO).

Acemoglu, D.; Shimer, R. 2000. "Productivity gains from unemployment insurance", in *European Economic Review*, Vol. 44, pp. 1195–1224.

Adascalitei, D.; Domonkos, S. 2015. "Reforming against all odds: Multi-pillar pension systems in the Czech Republic and Romania", in *International Social Security Review*, Vol. 68, No. 2, pp. 85–104. DOI: 10.1111/issr.12066.

ADB (Asian Development Bank). 2009. *Social assistance and conditional cash transfers: The proceedings of the regional workshop* (Manila).

—. 2013. *The Social Protection Index: Assessing results for Asia and the Pacific* (Manila).

Adesina, J. 2010. *Rethinking the social protection paradigm: Social policy in Africa's development* (Dakar, European Report on Development).

Adioetomo, S.; Mont, D.; Irwanto. 2014. *Persons with disabilities in Indonesia: Empirical facts and implications for social protection policies* (Jakarta, University of Indonesia and TNP2K).

Alderman, H.; Yemtsov, R. 2013. *How can safety nets contribute to economic growth?*, Policy Research Working Paper, No. WPS 6437 (Washington, DC, World Bank).

Alfers, L. 2016. *"Our children do not get the attention they deserve": A synthesis of research findings on women informal workers and child care from six membership-based organizations*, WIEGO Child Care Initiative Research Report (Durban, WIEGO).

Altiparmakov, N. 2014. *Disappointing performance of pension privatization in Eastern Europe*, Working Paper. Available at: www.bancaditali.it.

Atkinson, A. B. 1999. *The economic consequences of rolling back the welfare state* (Boston, MIT Press).

AU (African Union). 2015a. *Addis Ababa Declaration on Social Protection for Inclusive Development*, No. STC-SDLE-1/Min/ (Addis Ababa).

—. 2015b. *Agenda* 2063: *The Africa we want*（Addis Ababa）.

Babajanian, B.; Hagen-Zanker, J. 2012. *Social protection and social exclusion: An analytical framework to assess the links*, Background note（London, Overseas Development Institute）.

Banks, L. M.; Polack, S. 2014. *The economic costs of exclusion and gains of inclusion of people with disabilities: Evidence from low and middle income countries*（London, International Centre for Evidence in Disability）.

—; Mearkle, R.; Mactaggart, I.; Walsham, M.; Kuper, H.; Blanchet, K. 2017. "Disability and social protection programmes in low- and middle-income countries: A systematic review", in *Oxford Development Studies*, Vol. 45, No. 3, pp. 223–239. DOI: http: //dx. doi. org/ 10. 1080/13600818. 2016. 1142960.

Barrientos, A. 2013. *Social assistance in developing countries*（Cambridge, Cambridge University Press）.

Bastagli, F. 2016. *Bringing taxation into social protection analysis and planning*, Guidance note（London, Overseas Development Institute）.

—; Hagen-Zanker, J.; Harman, L.; Barca, V.; Sturge, G.; Schmidt, T.; Pellerano, L. 2016. *Cash transfers: What does the evidence say? A rigorous review of programme impact and of the role of design and implementation features*（London, Overseas Development Institute）.

Beattie, R.; McGillivray, W. 1995. "*A risky strategy: reflections on the World Bank report Averting the old age crisis*", in *International Social Security Review*, Vol. 48, No. 3–4, pp. 5–23.

Behrendt, C. 2013. "Investing in people: Implementing the extension of social security through national social protection floors", in D. Kucera and I. Islam（eds）: *Beyond macroeconomic stability: Structural transformation and inclusive development*（Geneva, ILO; Basingstoke, Palgrave）, pp. 228–261.

—. 2017. "Can graduation approaches contribute to building social protection floors? ", in *Policy in Focus*, Vol. 14, No. 2, pp. 33–35.

—; Woodall, J. 2015. "Pensions and other social security income transfer systems", in J. Berg（ed. ）: *Labour markets, institutions and inequality: Building just societies in the 21st century*（Geneva, ILO; Cheltenham, Edward Elgar）, pp. 242–262.

—; Saint-Pierre Guilbault, E.; Stern Plaza, M.; Umuhire, V; Wodsak, V. Forthcoming. "Implementing the principles of the Social Protection Floors Recommendation", in T. Dijkhoff and L. G. Mpedi（eds）: *Recommendation on Social Protection Floors: Basic principles for innovative solutions*（Alphen aan den Rijn, Kluwer）.

Berg, J. 2015a. "Labour market institutions: The building blocks of just societies", in J.

Berg (ed.): *Labour markets, institutions and inequality: Building just societies in the 21st century* (Geneva, ILO; Cheltenham, Edward, Elgar), pp. 1–38.

—. 2015b. "Income support for the unemployed and the poor", in J. Berg (ed.): *Labour markets, institutions and inequality. Building just societies in the 21st century* (Geneva, ILO; Cheltenham, Edward Elgar), pp. 263–286.

—; Salerno, M. 2008. "The origins of unemployment insurance: Lessons for developing countries", in J. Berg and D. Kucera (eds): *In defence of labour market institutions: Cultivating justice in the developing world* (Geneva, ILO; Basingstoke, Palgrave Macmillan), pp. 80–99.

Bertranou, F. M.; Maurizio, R. 2012. "Semi-conditional cash transfers in the form of family allowances for children and adolescents in the informal economy in Argentina", in *International Social Security Review*, Vol. 65, No. 1, pp. 53–72. DOI: 10. 1111/j. 1468-246X. 2011. 01419. x.

—; Calvo, E.; Bertranou, E. 2009. *Is Latin America retreating from individual retirement accounts?* (Cambridge, MA, Boston College Center for Retirement Research).

—; Casali, P.; Schwarzer, H. 2014. *La estrategia de desarrollo de los sistemas de seguridad social de la OIT: El papel de los pisos de protección social en América Latina y el Caribe* (Lima, ILO Regional Office for Latin America and the Caribbean).

Bonnet, F. 2015. "Social protection coverage across employment patterns", in *World Employment and Social Outlook: The changing nature of jobs* (Geneva, ILO), pp. 73–109.

—; Tessier, L. 2013. *Mapping existing international social protection statistics and indicators that would contribute to the monitoring of social protection extension through social protection floors*, Extension of Social Security (ESS) Paper Series No. 38 (Geneva, ILO).

Borzutzky, M.; Hyde, S. 2016. "Chile's private pension system at 35: Impact and lessons", in *Journal of International and Comparative Social Policy*, Vol. 32, No. 1, pp. 57–73. DOI: http: //dx. doi. org/10. 1080/21699763. 2016. 1148623.

Bradshaw, J.; Hirose, K. 2016. *Child benefits in Central and Eastern Europe: A comparative review* (Budapest, ILO Regional Office for Central and Eastern Europe).

Braithwaite, J.; Mont, D. 2009. "Disability and poverty: A survey of World Bank Poverty Assessment and implications", in *European Journal of Disability Research*, Vol. 3, No. 3, pp. 219–232. DOI: http: //dx. doi. org/10. 1016/j. alter. 2008. 10. 002.

Brown, C.; Ravallion, M.; Van De Walle, D. 2016. *A poor means test? Econometric targeting in Africa*, Policy Research Working Paper No. 7915 (Washington, DC, World Bank).

Bruckauf, Z.; Chzhen, Y.; Toczydlowska, E. 2016. *Bottom-end inequality: Are children with an immigrant background at a disadvantage?*, Innocenti Research Brief No.

2016-07 (Florence, UNICEF Office of Research - Innocenti).

Buckup, S. 2009. *The price of exclusion: The economic consequences of excluding people with disabilities from the world of work*, Employment Working Paper No. 43 (Geneva, ILO).

Cantillon, B.; Chzhen, Y.; Handa, S.; Nolan, B. (eds.). 2017. *Children of austerity: Impact of the Great Recession on child poverty in rich countries* (Oxford, UNICEF and Oxford University Press).

Carter, J. 2016. "Unemployment protection schemes in Asia", in A. Isgut and J. Weller (eds.): *Protection and training: Institutions for improving workforce integration in Latin America and Asia* (Santiago, ECLAC), pp. 113-136.

—; Bédard, M.; Peyron Bista, C. 2013. *Comparative review of unemployment and employment insurance experiences in Asia and worldwide* (Bangkok, ILO Regional Office for Asia and the Pacific).

CESCR (United Nations Committee on Economic, Social and Cultural Rights). 2000. *General Comment No. 14: The right to the highest attainable standard of health* (Geneva).

—. 2008. *General Comment No. 19: The right to social security* (Geneva). CESR (Center for Economic and Social Rights). 2012. *Fiscal fallacies: Eight myths about the age of austerity and human rights responses*, Rights in Crisis Briefing Paper (New York).

Chai, J.; Ortiz, I.; Sire, X. R. 2010. *Protecting salaries of frontline teachers and health workers*, Social and Economic Policy Working Brief (New York, UNICEF).

Chronic Poverty Advisory Network. 2014. *The Chronic Poverty Report 2014-2015: The road to zero extreme poverty* (London, Overseas Development Institute).

Cichon, M. 2004. *Approaching a common denominator? An interim assessment of World Bank and ILO position on pensions* (Geneva, ILO).

—; Scholz, W.; Van de Meerendonk, A.; Hagemejer, K.; Bertranou, F.; Plamondon, P. 2004. *Financing social protection*, Quantitative Methods in Social Protection Series (Geneva, ILO).

Cirillo, C.; Tebaldi, R. 2016. *Social protection in Africa: Inventory of non-contributory programmes* (Brasilia, International Poverty Centre for Inclusive Growth; New York, UNICEF).

Cornia, G. A.; Jolly, R.; Stewart, F. (eds.) 1987. *Adjustment with a human face: Protecting the vulnerable and promoting growth* (Oxford, Oxford University Press).

Crabbe, C. (ed.). 2005. *A quarter century of pension reform in Latin America and the Caribbean: Lessons learned and next steps* (Washington, DC, Inter-American Development Bank).

Cummins, M.; Dublin, Y.; Engilbertsdóttir, S.; Evans, M.; Martins, D.; Murthy,

S.; Yablonski, J. 2013. *Subsidy reforms and impact on the middle class* (New York, UNICEF).

Dasgupta, J.; Sandhya, Y.; Mukherjee, A. 2012. *The crisis of maternity: Health care and maternity benefits for women wage workers in the informal sector in India* (Lucknow, Sahayong).

Davis, B.; Handa, S.; Hypher, N.; Winder Rossi, N.; Winters, P.; Yablonski, J. 2016. *From evidence to action: The story of cash transfers and impact evaluation in sub-Saharan Africa* (Oxford, Oxford University Press).

Deacon, B. 2013. "Globalisation and social policy in developing countries", in R. Surender and R. Walker (eds.): *Social policy in a developing world* (Cheltenham, Edward Elgar), pp. 217–236.

—; Olivier, M.; Beremauro, R. 2015. *Social security and social protection of migrants in South Africa and SADC*, MiWORC Report No. 8 (Johannesburg, African Centre for Migration and Society, University of the Witwatersrand).

Deaton, A. 2013. *The great escape: Health, wealth and origins of inequality* (Princeton, Princeton University Press).

Degryse, C. 2016. *Digitalisation of the economy and its impact on labour markets*, Background Working Paper No. 2 for the Conference "Shaping the New World of Work" (Brussels, European Trade Union Institute).

De Milliano, M.; Plavgo, I. 2014. *Analysing child poverty and deprivation in sub-Saharan Africa*, Office of Research Working Paper No. WP-2014-19 (Florence, UNICEF Office of Research–Innocenti).

Devereux, S. 2015. *Realising the right to social security and the right to food: The contribution of national social protection floors towards food security and the realisation of the right to adequate food for all*, Extension of Social Security (ESS) Paper Series No. 51 (Geneva, ILO).

DfID (Department for International Development); HelpAge International; Hope & Homes for Children; IDS (Institute of Development Studies); ILO; ODI (Overseas Development Institute); Save the Children UK; UNDP; UNICEF; World Bank. 2009. *Joint statement on advancing child-sensitive social protection* (New York).

Duran-Valverde, F.; Pacheco, J. F. 2012. *Fiscal space and the extension of social protection: Lessons from developing countries*, Extension of Social Security (ESS) Paper Series No. 33 (Geneva, ILO).

Ebbinghaus, B. 2015. "The privatization and marketization of pensions in Europe: A double transformation facing the crisis", in *European Policy Analysis*, Vol. 1, No. 1, pp. 56–73.

ECLAC (United Nations Economic Commission for Latin America and the Caribbean). 2016. *Desarrollo inclusivo: Una nueva generación de políticas para superar la pobreza y reducir la desigualdad en América Latina y el Caribe* (Santiago).

Ehmke, E. 2015. *National experiences in building social protection floors: India's Mahatma Gandhi National Rural Employment Guarantee Scheme*, Extension of Social Security (ESS) Paper Series No. 49 (Geneva, ILO).

ESCAP (United Nations Economic and Social Commission for Asia and the Pacific). 2015. *Time for equality: The role of social protection in reducing inequalities in Asia and the Pacific* (Bangkok).

—. 2016. *Disability at a Glance* 2015: *Strengthening employment prospects for persons with disabilities in Asia and the Pacific* (Bangkok).

Escudero, V. 2015. *Are active labour market policies effective in activating and integrating low-skilled individuals? An international comparison*, Research Department Working Paper No. 3 (Geneva, ILO).

—; Mourelo, E. L. 2016. *Effectiveness of active labour market tools in Conditional Cash Transfers programmes: Evidence for Argentina*, Research Department Working Paper No. 11 (Geneva, ILO).

ESCWA (United Nations Economic and Social Commission for Western Asia). 2014. *Participation and social protection in the Arab Region* (Beirut).

Esser, I.; Ferrarini, T.; Nelson, K.; Palme, J.; Sjöberg, O. 2013. *Unemployment benefits in EU Member States* (Brussels, European Commission).

European Commission. 2015a. *Review of recent social policy reforms*, 2015 Report of the Social Protection Committee (Brussels).

—. 2015b. *Adequacy and sustainability of pensions* (Brussels).

—. 2015c. *The 2015 Pension Adequacy Report: current and future income adequacy in old age in the EU* (Brussels).

—. 2015d. *The 2015 Ageing Report: Economic and budgetary projections for the 28 EU Member States* (2013–2060) (Brussels).

—. 2016. *Labour Market and Wage Developments in Europe: Annual Review* 2016 (Brussels).

—. 2017a. *Employment and Social Developments in Europe: Annual Review* 2017 (Brussels).

—. 2017b. *Access to social protection for people working on non-standard contracts and as self-employed in Europe: A study of national policies* (Brussels).

Eurostat. 2017. *Europe 2020 indicators: Poverty and social exclusion* (Luxembourg).

FAO (Food and Agriculture Organization of the United Nations). 2017. *FAO Social*

Protection Framework: Promoting rural development for all (Rome).

FES (Friedrich Ebert Stiftung). 2016. *Social Protection Floor Index: Monitoring national social protection policy implementation* (Berlin).

Flores Lima, R. 2010. *Innovaciones en la evaluación del impacto del servicio de intermediación laboral en México*, Notas técnicas No. IDB-TN-118 (Washington, DC, Inter-American Development Bank).

Florez, L. A.; Perales, F. 2016. "Labour protection and informal work: A cross-national analysis of European countries, 2004-2012", in *International Labour Review*, Vol. 155, No. 4, pp. 623-650. DOI: http://dx.doi.org/10.1111/j.1564-913X.2015.00049.x.

Fultz, E. 2011. *Pension crediting for caregivers: Policies in Finland, France, Germany, Sweden, the United Kingdom, Canada and Japan* (Washington, DC, Institute for Women's Policy Research).

—; Francis, J. 2013. *Cash transfer programmes, poverty reduction and empowerment of women: A comparative analysis: Experiences from Brazil, Chile, India, Mexico and South Africa* (Geneva, ILO).

Gassmann, F. 2011. *Background paper on social protection in Central Asia*, presented at the Third Inter-Agency Conference on Improving Regional Coordination in Managing Compound Risks in Central Asia, 14-15 April 2011, Almaty, Kazakhstan (Geneva, UNICEF Regional Office for CEECIS).

Ghana GSS (Ghana Statistical Service). 2013. *Population and housing census report (2010): The elderly in Ghana* (Accra).

Ghana Ministry of Gender, Children and Social Protection. 2014. *The Ghana Livelihood Empowerment against Poverty (LEAP) programme: A case study of social protection intervention* (Accra).

Ghosh, J. 2013. *Economic crisis and womens' work* (New York, UN Women).

Gillion, C.; Turner, J. A.; Bailey, C.; Latulippe, D. (eds.). 2000. *Social security pensions: Development and reform* (Geneva, ILO).

Global Partnership for Universal Social Protection. 2016a. *The Universal Child Money Programme in Mongolia*, Universal Social Protection Series (Washington, DC, World Bank; Geneva, ILO).

—. 2016b. *Universal protection for children and adolescents in Argentina*, Universal Social Protection Series (Washington, DC, World Bank; Geneva, ILO).

—. 2016c. *Universal maternity protection in Argentina*, Universal Social Protection Series (Washington, DC, World Bank; Geneva, ILO).

—. 2016d. *Universal old-age and disability pensions, and other universal allowances in Nepal*, Universal Social Protection Series (Washington, DC, World Bank; Geneva, ILO).

—. 2016e. *Universal disability grants in South Africa*, Universal Social Protection Series (Washington, DC, World Bank; Geneva, ILO).

—. 2016f. *Universal old-age and disability pensions in Timor-Leste*, Universal Social Protection Series (Washington, DC, World Bank; Geneva, ILO).

—. 2016g. *Universal old-age, disability and survivors pensions in Ukraine*, Universal Social Protection Series (Washington, DC, World Bank; Geneva, ILO).

—. 2016h. *Universal pensions in Bolivia*, Universal Social Protection Series (Washington, DC, World Bank; Geneva, ILO).

—. 2016i. *Universal old-age pensions in Botswana*, Universal Social Protection Series (Washington, DC, World Bank; Geneva, ILO).

—. 2016j. *Universal pensions in Lesotho*, Universal Social Protection Series (Washington, DC, World Bank; Geneva, ILO).

—. 2016k. *The Basic Social Grant for all older persons in Namibia*, Universal Social Protection Series (Washington, DC, World Bank; Geneva, ILO).

—. 2016l. *The Universal Pension Scheme in Zanzibar*, Universal Social Protection Series (Washington, DC, World Bank; Geneva, ILO).

—. 2016m. *Universal pensions in China*, Universal Social Protection Series (Washington, DC, World Bank; Geneva, ILO).

—. 2016n. *Universal pensions in Cabo Verde*, Universal Social Protection Series (Washington, DC, World Bank; Geneva, ILO).

—. 2016o. *Universal pensions in South Africa*, Universal Social Protection Series (Washington, DC, World Bank; Geneva, ILO).

—. 2016p. *Universal pensions in Thailand*, Universal Social Protection Series (Washington, DC, World Bank; Geneva, ILO).

—. 2016q. *Universal pensions in Trinidad and Tobago*, Universal Social Protection Series (Washington, DC, World Bank; Geneva, ILO).

—. 2016r. *Universal old-age pensions in Maldives*, Universal Social Protection Series (Washington, DC, World Bank; Geneva, ILO).

Goursat, M. P.; Pellerano, L. 2016. *Extension of social protection to workers in the informal economy in Zambia: Lessons learnt from field research on domestic workers, small scale farmers and construction workers* (Lusaka, ILO).

Grosh, M.; Bussolo, M.; Freije, J. 2014. *Understanding the poverty impact of the global financial crisis in Latin America and the Caribbean* (Washington, DC, World Bank).

Hagen-Zanker, J.; Mosler Vidal, E.; Sturge, G., 2017. *Social protection, migration and the* 2030 *Agenda for Sustainable Development*, ODI Briefing Paper (London, Overseas

Development Institute).

He, W.; Muenchrath, M. N.; Kowal, P. 2012. *Shades of gray: A cross-country study of health and well-being of the older populations in SAGE countries*, 2007-2010, International Population Reports (Washington, DC, US Department of Commerce, Economics and Statistics Administration, US Census Bureau).

HelpAge International, 2015. *Global AgeWatch Index* 2015: *Insight report* (London, HelpAge International).

Hill, S. 2015. *New economy, new social contract: A plan for a safety net in a multi-employer world* (Washington, DC, New America Foundation).

Hirose, K. (ed.) 2011. *Pension reform in Central and Eastern Europe in times of crisis, austerity and beyond* (Budapest, ILO Regional Office for Central and Eastern Europe).

—; Hetteš, M. 2016. *Extending social security to the informal economy: Evidence from Bosnia and Herzegovina and the Republic of Moldova* (Budapest, ILO DWT and Country Office for Central and Eastern Europe).

Hodges, A.; Dashdorj, K.; Yun Jong, K.; Dufay, A-C.; Budragchaa, U.; Mungun, T. 2007. *Child benefits and poverty reduction: Evidence from Mongolia's child money programme*, Working Paper, Division of Policy and Planning (New York, UNICEF).

Holliday, I. 2000. "Productivist welfare capitalism: Social policy in East Asia", in *Political Studies*, Vol. 48, No. 4, pp. 706-723. DOI: http://dx.doi.org/10.1111/1467-9248.00279.

Holmes, R.; Sadana, N.; Rath, S. 2010. *Gendered risks, poverty and vulnerability in India: Case study of the Mahatma Gandhi National Rural Employment Act (Madhya Pradesh)* (London, Overseas Development Institute).

Holzmann, R.; Vodopivec, M. 2012. *Reforming severance pay: An international perspective* (Washington, DC, World Bank).

Hujo, K.; Rulli, M. 2014. *The political economy of pension re-reform in Chile and Argentina: Toward more inclusive protection*, Research Paper No. 2014-1 (Geneva, UNRISD).

ICLS (International Conference of Labour Statisticians). 1957. *Resolution concerning the development of social security statistics*, adopted by the Ninth International Conference of Labour Statisticians (Geneva).

ILO (International Labour Office). 2001. *Social security: Issues, challenges and prospects*, Report VI, International Labour Conference, 89th Session, Geneva, 2001 (Geneva).

—. 2010a. *World Social Security Report* 2010/11: *Providing coverage in the time of crisis and beyond* (Geneva).

—. 2010b. *Maternity at work: A review of national legislation: Findings from the ILO Database of Conditions of Work and Employment Laws* (Geneva).

—. 2011a. *Social security and the rule of law: General survey concerning social security instruments in the light of the 2008 Declaration on Social Justice for a Fair Globalization*, Report III (Part 1B), International Labour Conference, 100th Session, Geneva, 2011 (Geneva).

—. 2011b. *Growth, employment and decent work in the least developed countries*, Report for the Fourth UN Conference on Least Developed Countries, Istanbul, 9–13 May 2011 (Geneva).

—. 2012a. *Social security for all: The strategy of the International Labour Organization*, Resolution and conclusions concerning the recurrent discussion on social protection (social security), adopted at the 100th Session of the International Labour Conference, Geneva, 2011 (Geneva).

—. 2012b. *Social security for all: Building social protection floors and comprehensive social security systems: The strategy of the International Labour Organization* (Geneva).

—. 2012c. *Global Employment Trends for Women* 2012 (Geneva).

—. 2012d. *World of Work Report* 2012: *Better jobs for a better economy* (Geneva, International Institute for Labour Studies and ILO).

—. 2013a. *The informal economy and decent work: A policy resource guide supporting transitions to formality* (Geneva).

—. 2013b. *World Report on Child Labour: Economic vulnerability, social protection and the fight against child labour* (Geneva).

—. 2013c. *Employment and social protection in the new demographic* context, Report IV, International Labour Conference, 102nd Session, Geneva, 2013 (Geneva).

—. 2014a. *World Social Protection Report* 2014/15: *Building economic recovery, inclusive development and social justice* (Geneva).

—. 2014b. *Maternity and paternity at work: Law and practice across the world* (Geneva).

—. 2014c. *Rules of the Game: A brief introduction to International Labour Standards*, rev. ed. (Geneva).

—. 2014d. *World of Work Report* 2014: *Developing with jobs* (Geneva).

—. 2014e. *Global Wage Report* 2014/15: *Wages and income inequality* (Geneva).

—. 2014f. *Colombia: Universalizing health protection*, Social Protection in Action Country Brief (Geneva).

—. 2014g. *Uruguay - Monotax: Promoting formalization and protection of independent workers*, Social Protection in Action Country Brief (Geneva).

—. 2015a. *Non-standard forms of employment*, Report for discussion at the Tripartite Meeting of Experts on Non-standard Forms of Employment (Geneva, 16-19 February 2015), MENSFE/2015 (Geneva).

—. 2015b. *Bangladesh: Comparison between employment injury provisions in the Labour Act and standard provisions of an employment injury insurance scheme*, Technical note (Geneva).

—. 2015c. *Rationalizing social protection expenditure in Ghana (consolidated report)*, ILO Technical Cooperation Report (Geneva).

—. 2015d. *Feasibility study of the introduction of a new maternity cash benefits scheme in Rwanda*, Technical note (Geneva).

—. 2015e. *Jordan: 8th Actuarial Review of the Social Security Corporation as at 31 December* 2013 (Beirut and Geneva).

—. 2015f. *Lao PDR: Report to the Government: Actuarial valuation of the National Social Security Fund Private Sector Branch as of 31 September* 2013, unpublished manuscript (Geneva).

—. 2015g. *ILO global estimates on migrant workers - Results and methodology* (Geneva).

—. 2015h. *Guidelines for a just transition towards environmentally sustainable economies and societies for all* (Geneva).

—. 2016a. *Women at Work: Trends* 2016 (Geneva).

—. 2016b. *Non-standard employment around the world: Understanding challenges, shaping prospects* (Geneva).

—. 2016c. *Social Security Inquiry Manual* 2016 (Geneva).

—. 2016d. *Mongolia: Child Money Programme*, Social Protection in Action Country Brief (Geneva).

—. 2016e. *Global Wage Report 2016/17: Wage inequality in the workplace* (Geneva).

—. 2016f. *Maternity cash benefits for workers in the informal economy*, Social Protection for All Issue Brief (Geneva).

—. 2016g. *What works: Active labour market policies in Latin America and the Caribbean*, Studies on Growth with Equity (Geneva).

—. 2016h. *What works in short: Active labour market policies in Latin America and the Caribbean*, Research Brief No. 1 (Geneva).

—. 2016i. *People's Republic of China: Extending health coverage to all*, Social Protection in Action Country Brief (Geneva).

—. 2016j. *Rwanda: Progress towards universal health coverage*, Social Protection in Action Country Brief (Geneva).

—. 2016k. *Thailand: Universal health-care coverage scheme*, Social Protection in

Action Country Brief (Geneva).

—. 2016l. *Panorama Laboral Temático* 3: *Trabajar en el campo en el siglo XXI. Realidad y perspectivas del empleo rural en América Latina y el Caribe* (Lima).

—. 2016m. *Building an inclusive future with decent work: Towards sustainable development in Asia and the Pacific* (Geneva).

—. 2016n. *Social protection in Asia and Pacific and the Arab States* (Bangkok and Beirut).

—. 2016o. *People's Republic of China: Extending social protection in Qingdao through labour and social security inspection*, Social Protection in Action Country Brief (Geneva).

—. 2016p. *Indonesia: Financing social protection through contributions and the removal of fuel subsidy*, Social Protection in Action Country Brief (Geneva).

—. 2016q. *A challenging future for the employment relationship: Time for affirmation or alternatives*, The Future of Work Centenary Initiative, Issue Note Series No. 3 (Geneva).

—. 2016r. *Social contract and the future of work: Inequality, income security, labour relations and social dialogue*, The Future of Work Centenary Initiative, Issue Note Series No. 4 (Geneva).

—. 2016s. *Zambia: Financing social protection through taxation of natural resources*, Social Protection in Action Country Brief (Geneva).

—. 2016t. *Brazil: Financing social protection through financial transaction taxes*, Social Protection in Action Country Brief (Geneva).

—. 2016u. *Ecuador: Financing social protection through debt restructuring*, Social Protection in Action Country Brief (Geneva).

—. 2017a. *World Employment and Social Outlook: Trends* 2017 (Geneva).

—. 2017b. *Building social protection systems: International standards and human rights instruments* (Geneva).

—. 2017c. *Indigenous peoples and climate change: From victims to change agents through decent work* (Geneva).

—. 2017d. *Women in non-standard employment*, INWORK Issue Brief No. 9 (Geneva).

—. 2017e. *Inception policy report on the establishment of a workers' compensation scheme for the Government of Malawi* (Geneva).

—. 2017f. *What future for decent work in Europe and Central Asia: Opportunities and challenges*, Report of the Director-General, Tenth European Regional Meeting, Istanbul, 2–5 October 2017 (Geneva).

—. 2017g. *Resolution concerning fair and effective labour migration governance*, International Labour Conference, 106th Session, Geneva, 2017 (Geneva).

—. Forthcoming a. *Maternidad en el empleo: ¿cuáles son los costos de la escasa corresponsabilidad social y cómo se distribuyen?* (Lima).

—. Forthcoming b. *Extending social security coverage to workers in the informal economy: Lessons from international experience* (Geneva).

—. Forthcoming c. *Report to the Government: Legal, governance and compliance issues concerning the development of a comprehensive work injury compensation legislation in Kenya* (Geneva).

—. Forthcoming d. *Employment injury protection guidebook* (Geneva).

—. Forthcoming e. *Social protection for indigenous women, men and children* (Geneva).

—; ADB (Asian Development Bank). 2014. *ASEAN Community* 2015: *Managing integration for better jobs and shared prosperity* (Bangkok, ILO and Asian Development Bank).

—; AFD (Agence française de développement). 2016a. *How did the Philippines combine emergency relief with lasting protection after Haiyan?*, Social Protection and Climate Change Brief (Geneva).

—; —. 2016b. *How can social protection address regular climate-related risks in the Sahel?*, Social Protection and Climate Change Brief (Geneva).

—; —. 2016c. *How are rural workers and residents in China faring with conservation efforts?*, Social Protection and Climate Change Brief (Geneva).

—; —. 2016d. *Can Brazil pursue twin social and environmental objectives together?*, Social Protection and Climate Change Brief (Geneva).

—; UNDG (United Nations Development Group). 2016. *UNDG social protection coordination toolkit: Coordinating the design and implementation of nationally defined social protection floors* (Geneva).

—; World Bank; DfID (Department for International Development); UNICEF (United Nations International Children's Emergency Fund); ISSA (International Social Security Association); ODI (Overseas Development Institute); IPC (International Policy Center); HelpAge International. 2013. *Joint proposal on international social protection data harmonisation: Input to 3rd SPIAC-B meeting* (Geneva and Washington, DC).

IMF (International Monetary Fund). 2010a. *Exiting from crisis intervention policies* (Washington, DC).

—. 2010b. *Strategies for fiscal consolidation in the post-crisis world* (Washington, DC).

—. 2014a. *Fiscal policy and income inequality*, IMF Staff Report (Washington, DC).

—. 2014b. *Angola*, Country Report No. 14/274 (Washington, DC).

—. 2017a. *IMF Executive Board approves financial arrangements for Mongolia*, Press Release No. 17/193 (Washington, DC).

—. 2017b. *Slovak Republic*, Country Report No. 17/72 (Washington, DC).

—. 2017c. *Regional Economic Outlook: Asia Pacific: Preparing for choppy seas* (Washington, DC).

ISSA (International Social Security Association). 2016a. *ISSA guidelines on administrative solutions for coverage extension* (Geneva).

—. 2016b. *Ten global challenges for social security* (Geneva).

—; SSA (United States Social Security Administration). 2015. *Social security programs throughout the world: Africa, 2015* (Geneva and Washington, DC).

—; —. 2016. *Social security programs throughout the world: The Americas, 2015* (Geneva and Washington, DC).

—; —. 2017a. *Social security programs throughout the world: Asia and Pacific, 2016* (Geneva and Washington, DC).

—; —. 2017b. *Social security programs throughout the world: Europe, 2016* (Geneva and Washington, DC).

Jaumotte, F.; Osorio Buitron, C. 2015. *Inequality and labor market institutions*, IMF Staff Discussion Note No. SDN/15/14 (Washington, DC, IMF).

Jawad, R. 2014. *Social protection in the Arab region: Emerging trends*, Arab Human Development Report Research Paper Series (New York, UNDP).

—. 2015. *Social protection and social policy systems in the MENA region: Emerging trends and recommendations for future social policy* (New York, UNDESA).

JICA (Japan International Cooperation Agency). 2015. *Data collection survey on disability and development in Indonesia* (Tokyo).

Jones, L.; Bellis, M.; Wood, S.; Hughes, K.; McCoy, E.; Eckley, L.; Bates, G.; Mikton, C.; Shakespeare, T.; Officer, A. 2012. "Prevalence and risk of violence against children with disabilities: A systematic review and meta-analysis of observational studies", in *The Lancet*, Vol. 380, No. 9845, pp. 899–907. DOI: 10.1016/S0140-6736(12)60692-8.

Jones, N.; Holmes, R. 2013. *Gender and social protection in the developing world: Beyond mothers and safety nets* (London, Zed Books).

Jones, W.; Williamson, E. 2013. *New unemployment insurance benefits for employees in the GCC* (London, Lexology).

Kabeer, N. 2008. *Mainstreaming gender in social protection for the informal economy* (London, Commonwealth Secretariat).

Kaltenborn, M. 2015. *Global social protection: New impetus from the 2030 Agenda for Sustainable Development*, Global Governance Spotlight No. 7 (Bonn, Development and Peace Foundation).

Karanikolos, M.; Mladovsky, P.; Cylus, J.; Thomson, S.; Basu, S.; Stuckler, D.; Mackenbach, J. P.; McKee, M. 2013. "Financial crisis, austerity, and health in

Europe", in *The Lancet*, Vol. 381, No. 9874, pp. 1323-1331. DOI: 10. 1016/S0140-6736（13）62291-6.

Kay, S. 2014. *Political risk and pension reform in Latin America and Central and Eastern Europe* (Atlanta, Federal Reserve Bank).

KELA (Kansaneläkelaitos). 2016. *From idea to experiment: Report on universal basic income experiment in Finland*, KELA Research Working Paper No. 106 (Helsinki, Finnish Social Security Institution).

Kentikelenis, A. 2017. "Structural adjustment and health: A conceptual framework and evidence on pathways", in *Social Science & Medicine*, Vol. 187, Issue C, pp. 296-305.

Kidd, S.; Gelders, B.; Bailey-Athias, D. 2017. *Exclusion by design: An assessment of the effectiveness of the proxy means test poverty targeting mechanism*, Extension of Social Security (ESS) Paper Series No. 56 (Geneva, ILO and Development Pathways).

—; Wapling, L.; Schjoedt, R.; Gelders, B., Bailey-Athias, D.; Tran, A. Forthcoming. *Leaving no-one behind: Building inclusive social security systems for persons with disabilities* (draft).

Koehler, G. 2011. "Transformative social protection: Reflections on South Asian policy experiences", in *IDS Bulletin*, Vol. 42, No. 6, pp. 96-103. DOI: 10. 1111/j. 1759-5436. 2011. 00280. x.

Kombe, G.; Fleisher, L.; Kariisa, E.; Arur, A.; Sanjana, P.; Paina, L.; Dare, L.; Abubakar, A.; Baba, S.; Ubok-Udom, E.; Unom, S. 2009. *Nigeria Health System Assessment* 2008 (Bethesda, MD, Abt Associates).

Kuddo, A.; Robalino, D. A.; Weber, M. 2015. *Balancing regulations to promote jobs: From employment contracts to unemployment benefits* (Washington, DC, World Bank).

Kukrety, N. 2016. *Poverty, inequality and social protection in Lebanon* (London, Oxfam).

Kulke, U.; Alaraimi, S. 2017. *Social protection in a changing world of work: Towards a future with social protection for all in the Arab States*, Fact sheet presented at the Tripartite Arab Meeting on the Future of Work, Beirut, 3 Apr. (ILO).

Kuper, H.; Walsham, M.; Myamba, F.; Mesaki, S.; Mactaggart, I.; Banks, M.; Blanchet, K. 2016. "Social protection for people with disabilities in Tanzania: A mixed methods study", in *Oxford Development Studies*, Vol. 44, No. 4, pp. 441-457. DOI: 10. 1080/13600818. 2016. 1213228.

Kyrgyz Republic Ministry of Social Development, 2014. *National review of the Kyrgyz Republic in the framework of the Beijing Declaration and platform for action* (Bishkek).

Lamichhane, K.; Sawada, Y. 2013. "Disability and returns to education in a developing country", in *Economics of Education Review*, Vol. 37, pp. 85-94.

—; Tsujimoto, T. 2017. *Impact of universal primary education policy on out of school children in Uganda*, Working Paper No. 153 (Tokyo, JICA Research Institute).

Langenbucher, K. 2015. *How demanding are eligibility criteria for unemployment benefits, quantitative indicators for OECD and EU countries*, OECD Social, Employment and Migration Working Papers No. 166 (Paris, OECD).

Lee, S.; Torm, N. 2017. "Social security and firm performance: The case of Vietnamese SMEs", in *International Labour Review*, Vol. 156, No. 2, pp. 185-212. DOI: 10.1111/j.1564-913X.2015.00054.x.

Lópezー Calva, L. F.; Lustig, N. (eds). 2010. *Declining inequality in Latin America: A decade of progress?* (Washington, DC, Brookings Institution; New York, UNDP).

Lucchetti, L. R.; Malasquez Carbonel, E. A.; Monsalve, E.; Reyes, G. J.; Sousa, L. D. C.; Viveros, M. 2016. *Childhood poverty in Latin America and the Caribbean*, Brief No. 106573 (Washington, DC, World Bank).

Martin, J. P. 2014. *Activation and active labour market policies in OECD countries: Stylised facts and evidence on their effectiveness*, IZA Policy Paper No. 84 [Bonn, Institute of Labor Economics (IZA)].

Martinez Franzoni, J.; Sánchez-Ancochea, D. 2015. "Public social services and income inequality", in J. Berg (ed.): *Labour markets, institutions and inequality: Building just societies in the 21st century* (Geneva, ILO; Cheltenham, Edward Elgar), pp. 287-312.

Matsaganis, M.; Özdemir, E.; Ward, T.; Zavakou, A. 2016. *Non-standard employment and access to social security benefits*, Research note 8/2015 (Brussels, European Commission).

McCord, A. 2012. *Public works and social protection in sub-Saharan Africa: Do public works work for the poor?* (Tokyo, New York and Paris, United Nations University Press).

Mesa-Lago, C. 2004. "An appraisal of a quarter-century of structural pension reforms in Latin America", in *CEPAL Review*, Vol. 84, pp. 57-81.

—. 2014. *Reversing pension privatization: The experience of Argentina, Bolivia, Chile and Hungary*, Extension of Social Security (ESS) Paper Series No. 44 (Geneva, ILO).

Mitra, S.; Palmer, M.; Kim, H.; Mont, D.; Groce, N. 2017. "Extra costs of living with a disability: A systematized review and agenda for research", in *Disability and Health Journal*, Vol. 10, No. 4, pp. 475-484. DOI: 10.1016/j.dhjo.2017.04.007.

Mizunoya, S.; Mitra, S.; Yamasaki, I. 2016. "The disability gap in employment rates in a developing country context: New evidence from Vietnam", in *Economics Bulletin*, Vol. 36, No. 2, pp. 771-777.

Mkandawire, T. 2015. *Africa: Beyond recovery* (London, Sub-Saharan Publishers).

Molyneux, M. 2007. *Change and continuity in social protection in Latin America: Mothers at the service of the State?* (Geneva, UNRISD).

Mont, D.; Cuong, N. 2011. "Disability and poverty in Vietnam", in *The World Bank Economic Review*, Vol. 25, No. 2, pp. 323–359. DOI: https://doi.org/10.1093/wber/lhr019.

Moussié, R. 2016. *Women informal workers mobilizing for child care* (Durban, WIEGO).

Mpedi, L. G.; Nyenti, M. A. T. 2016. *Employment injury protection in Eastern and Southern African countries* [Stellenbosch, Centre for International and Comparative Labour and Social Security Law (CICLASS), Friedrich Ebert Stiftung (FES) and ILO].

Munoz Boudet, A. M.; Petesch, P.; Turk, C.; Thumala, A. 2012. *On norms and agency: Conversations about gender equality with women and men in 20 countries*, Working Paper No. 74191 (Washington, DC, World Bank).

Nagler, P. 2013. "How unemployment insurance savings accounts affect employment duration: Evidence from Chile", in *IZA Journal of Labor & Development*, Vol. 2, No. 9, pp. 1–25. DOI: https://doi.org/10.1186/2193-9020-2-9.

Nawal, D.; Sekher, T. V.; Goli, S. 2013. "Decomposing the socioeconomic inequality in utilisation of maternal health-care services in selected Asian and sub-Saharan African countries", in *The Lancet*, Vol. 381, Special Issue S97. DOI: 10.1016/S0140-6736(13)61351-3.

Ocampo, J. A.; Gómez-Arteaga, N. 2016. *Sistemas de protección social en América Latina: Una evaluación*, Extension of Social Security (ESS) Paper Series No. 52 (Geneva, ILO; Lima, ILO Regional Office for Latin America and the Caribbean).

—; Jomo, K. S. (eds.) 2007. *Towards full and decent employment* (London and New York, Zed Books).

OECD (Organisation for Economic Co-operation and Development). 2009a. *Promoting pro-poor growth: Social protection* (Paris).

—. 2009b. *Public works programmes and social protection*, Promoting Pro-Poor Growth Policy Instrument Note No. 3 (Paris).

—. 2010. *Latin American Economic Outlook 2011: How middle-class is Latin America?* (Paris).

—. 2015. *Pensions at a glance: OECD and G20 indicators* (Paris).

—. 2016. *Balancing inclusiveness, work incentives and sustainability in Denmark*, Economics Department Working Papers No. 1338 (Paris).

—. 2017a. *Benefits and wages: Statistics* (Paris).

—. 2017b. *Basic income as a policy option: Can it add up?*, Policy Brief on the Future of

Work (Paris).

OHCHR (United Nations Office of the High Commissioner for Human Rights). 2012a. *Guiding principles on extreme poverty and human rights*, submitted by the Special Rapporteur on extreme poverty and human rights (Geneva).

—. 2012b. *Thematic study on the work and employment of persons with disabilities*, Report of the United Nations High Commissioner for Human Rights, Document A/HRC/22/25 (Geneva).

—. 2013. *Report on austerity measures and economic and social rights* (Geneva).

—. 2016. *Brazil 20-year public expenditure cap will breach human rights*, UN expert warns (Geneva).

Ong, C. B.; Peyron Bista, C. 2015. *The state of social protection in ASEAN at the dawn of integration* (Bangkok, ILO Regional Office for Asia and the Pacific).

Orozco Corona, M. E.; Gammage, S. 2017. *Cash transfer programmes, poverty reduction and women's economic empowerment: Experience from Mexico*, Working Paper No. 1/2017 (Geneva, ILO).

Ortiz, I.; Cummins, M. 2012. *A recovery for all: Rethinking socio-economic policies for children and poor households* (New York, UNICEF).

—; —; Capaldo, J.; Karunanethy, K. 2015. *The decade of adjustment: A review of austerity trends* 2010–2020 *in* 187 *countries*, Extension of Social Security (ESS) Paper Series No. 53 (Geneva, ILO; New York, South Centre, Initiative for Policy Dialogue).

—; —; Karunanethy, K. 2017. *Fiscal space for social protection options to expand social investments in* 187 *countries*, Extension of Social Security (ESS) Paper Series No. 48 (Geneva and New York, ILO, UNICEF and UN Women).

Ostry, J. D.; Berg, A. G.; Tsangarides, C. G. 2014. *Redistribution, inequality, and growth*, IMF Staff Discussion Note No. 14/02 (Washington, DC, IMF).

Ottaway, M. 2016. *What does corruption mean in the Middle East, exactly?* (Washington, DC, Wilson Center).

Oxfam. 2013. *A cautionary tale: The true cost of austerity and inequality in Europe*, Oxfam Briefing Paper (London).

Paes de Barros, R.; Corseuil, C. H.; Foguel, M. 2001. *Os incentivos adversos e a focalização dos programas de proteção ao trabalhador no Brasil* (Rio de Janeiro).

Palmer, M. 2013. "Social protection and disability: A call for action", in *Oxford Development Studies*, Vol. 41, No. 2, pp. 139–154. DOI: http://dx.doi.org/10.1080/13600818.2012.746295.

—; Groce, N.; Mont, D.; Nguyen, O. H.; Mitra, S. 2015. "The economic lives of people with disabilities in Vietnam", in *PLoS ONE*, Vol. 10, No. 7.

—; Williams, J.; McPake, B. 2016. *The cost of disability in a low-income country*. Available at: https://ssrn.com/abstract=2856285. DOI: https://doi.org/10.1371/journal.pone.0133623.

Petrongolo, B. 2009. "The long-term effects of job search requirements: Evidence from the UK JSA reform", in *Journal of Public Economics*, Vol. 93, No. 11–12, pp. 1234–1253.

Peyron Bista, C.; Carter, J. 2017. *Unemployment protection: A good practices guide and training package: Experiences from ASEAN* (Bangkok, ILO Regional Office for Asia and the Pacific).

Pignatti, C. 2016. *Do public employment services improve employment outcomes? Evidence from Colombia*, Research Department Working Paper No. 10 (Geneva, ILO).

Pino, A.; Badini Confalonieri, A. M. 2014. "National social protection policies in West Africa: A comparative analysis", in *International Social Security Review*, Vol. 67, No. 3–4, pp. 127–152.

Plagerson, S.; Ulriksen, M. S. 2015. *Cash transfer programmes, poverty reduction and empowerment of women in South Africa*, GED Working Paper No. 4 (Geneva, ILO).

Ramos, C. A. 2002. *Las políticas del mercado de trabajo y su evaluación en Brasil*, Serie Macroeconomía del Desarrollo No. 16 (Santiago, CEPAL).

Razavi, S.; Arza, C.; Braunstein, E.; Cook, S.; Goulding, K. 2012. *Gendered impacts of globalization: Employment and social protection*, Gender and Development Paper No. 16 (Geneva, UNRISD).

Renda, L. 2017. "Renewed hope in Lebanon", in *UNDP Our Perspectives*, blog (28 Mar.) Available at: www.undp.org.

Robalino, D. A.; Vodopivec, M.; Bodor, A. 2009. *Savings for unemployment in good or bad times: Options for developing countries*, IZA Discussion Paper No. 4516 (Bonn, Institute for the Study of Labor).

Sabates-Wheeler, R.; Kabeer, N. 2003. *Gender equality and the extension of social protection*, Extension of Social Security (ESS) Paper Series No. 16 (Geneva, ILO).

Samman, E.; Presler-Marshall, E.; Jones, N. 2016. *Women's work, mothers, children and the global childcare crisis* (London, Overseas Development Institute).

Samson, M.; Kenny, K. 2016. "Designing and delivering social protection programs for informal sector workers in Asia", in Sri Wening Handayani (ed.): *Social protection for informal workers in Asia*, (Manila, Asian Development Bank), pp. 9–62.

SASSA (South African Social Security Agency). 2017. *Statistical summary of social grants in South Africa*, Issue 4 (Pretoria).

Scheil-Adlung, X. (ed.). 2014. *Can productivity in SMEs be increased by investing in workers' health? Taking stock of findings on health protection of workers in small and medium-sized enterprises and their impacts on productivity*, Extension of Social Security(ESS) Paper Series No. 45 (Geneva, ILO).

—. 2015a. *Global evidence on inequities in rural health protection: New data on rural deficits in health coverage for 174 countries*, Extension of Social Security (ESS) Paper Series No. 47 (Geneva, ILO).

—. 2015b. *Long-term care protection for older persons: A review of coverage deficits in 46 countries*, Extension of Social Security (ESS) Paper Series No. 50 (Geneva, ILO).

—. 2016. *Health workforce: A global supply chain approach: New data on the employment effects of health economies in 185 countries*, Extension of Social Security (ESS) Paper Series No. 55 (Geneva, ILO).

—; Behrendt, T.; Wong, L. 2015. "Health sector employment: A tracer indicator for universal health coverage in national Social Protection Floors", in *Human Resources for Health*, Vol. 13, p. 66.

—; Bonnet, F. 2011. "Beyond legal coverage: Assessing the performance of social health protection", in *International Social Security Review*, Vol. 64, No. 3, pp. 21–38. DOI: 10.1111/j.1468-246X.2011.01400.x.

Schlogl, L.; Sumner, A. 2014. *How middle class are the "emerging middle" or "scooter class" in Indonesia? A household asset approach to social stratification*, Economics and Development Studies Working Papers No. 201407 (Bandung, Padjadjaran University).

Schwarzer, H.; van Panhuys, C.; Diekmann, K. 2016. *Protecting people and the environment: Lessons learnt from Brazil's Bolsa Verde, China, Costa Rica, Ecuador, Mexico, South Africa, and 56 other experiences*, Extension of Social Security (ESS) Paper Series No. 54 (Geneva, ILO).

Seguino, S. 2009. *The global economic crisis, its gender implications and policy responses*, paper presented at the Gender Perspectives on the Financial Crisis Panel at the 53rd Session of the Commission on the Status of Women, New York, 2–13 March 2009.

Stiglitz, J. 2009. "The global crisis, social protection and jobs", in *International Labour Review*, Vol. 148, No. 1–2, pp. 1–13. DOI: 10.1111/j.1564-913X.2009.00046.x.

Tatsiramos, K. 2014. "Unemployment benefits and job match quality: Do unemployment benefits help those seeking work to obtain better jobs?", in *IZA World of Labor*, No. 44. DOI: 10.15185/izawol.44.

Tawiah, E. 2011. "Population ageing in Ghana: A profile and emerging issues", in *African Population Studies*, Vol. 25, No. 2, pp. 623–645.

Ulrichs, M. 2016. *Informality, women and social protection: Identifying barriers to provide effective coverage* (London, Overseas Development Institute).

UN (United Nations). 2011. *Report of the Independent Expert on the question of human* rights and extreme poverty, Magdalena Sepúlveda Carmona, General Assembly Document No. A/HRC/17/34 (New York).

—. 2012. *World Economic Situation and Prospects* 2012 (New York).

—. 2014. *Extreme poverty and human rights*, Report of the Special Rapporteur, General Assembly Document No. A/69/297 (New York).

—. 2015a. *Report of the Special Rapporteur on the Rights of Persons with Disabilities*, General Assembly Document No. A/70/297 (New York).

—. 2015b. *Transforming our world: The 2030 Agenda for Sustainable Development*, Resolution adopted by the General Assembly on 25 September 2015 (New York).

—. 2015c. *International Migration Report* 2015 (New York).

—. 2015d. *Recovering from the Ebola Crisis*, Report submitted by United Nations, The World Bank, European Union and African Development Bank as a contribution to the formulation of national Ebola recovery strategies in Liberia, Sierra Leone and Guinea (New York).

—. 2015e. *Addis Ababa Action Agenda of the Third International Conference on Financing for Development* (New York).

—. 2016a. *Leave no one behind: A call to action for gender equality and women's economic empowerment*, Report of the UN Secretary General's High-Level Panel on Women's Economic Empowerment (New York).

—. 2016b. *Report of the Special Rapporteur on the rights of persons with disabilities on disability-inclusive policies*, General Assembly Document No. A/71/314 (New York).

—. 2017a. *Mainstreaming of the three dimensions of sustainable development throughout the United Nations system*, Report of the Secretary-General, Document No. A/72/75-E/2017/56 (New York).

—. 2017b. *The Sustainable Development Goals Report* 2017 (New York).

—. 2017c. *Progress towards the Sustainable Development Goals*, Report of the Secretary-General, Document No. E/2017/66 (New York).

—. 2017d. *Report of the Special Rapporteur on extreme poverty and human rights on universal basic income*, Human Rights Council Document A/HRC/35/26 (Geneva).

—. Forthcoming. *Report on the World Social Situation* 2017: *Promoting inclusion through social protection* (New York).

UNAIDS (United Nations Programme on HIV and AIDS). 2017. *HIV and social protection assessment tool: Generating evidence for policy and action on HIV and social protection* (Geneva).

UNCTAD (United Nations Conference on Trade and Development). 2011. *On the brink: Fiscal austerity threatens a global recession*, Policy Brief No. 24 (Geneva).

—. 2016. *Trade and Development Report* 2016: *Structural transformation for inclusive and sustained growth* (Geneva).

—. 2017. *Trade and Development Report* 2017: *Beyond austerity - towards a global new deal* (Geneva).

UNDG (United Nations Development Group); ILO. 2014. *Call to develop social protection floors by the UNDG Chair and Director-General of the ILO to all UN Resident Co-ordinators and UN Country Teams* (New York and Geneva).

UNDP (United Nations Development Programme). 2016. *Social protection for sustainable development: Dialogues between Africa and Brazil* (New York).

—; ILO; UNICEF; WHO (World Health Organization); IDA (International Disability Alliance); SRRPWD (United Nations Special Rapporteur on the Rights of Persons with Disabilities); IDDC (International Disability and Development Consortium). 2016. *Disability data disaggregation: Joint statement by the disability sector*, presented at the Fourth Meeting of the IAEG–SDGs, Geneva, 15–18 Nov. 2016.

—; League of Arab States. 2014. *Disability in the Arab region: An overview* (Beirut).

UNFPA (United Nations Population Fund); HelpAge International. 2012. *Ageing in the twenty-first century: A celebration and a challenge* (New York and London).

UNHCR (United Nations High Commissioner for Refugees). 2017a. *Syria regional refugee response*. Available at: http://data.unhcr.org/syrianrefugees/regional.php.

—. 2017b. *Iraq emergency*. Available at: http://www.unhcr.org/iraq-emergency.html.

—. 2017c. *Yemen emergency*. Available at: http://www.unhcr.org/yemen-emergency.html.

UNICEF (United Nations International Children's Emergency Fund). 2012a. *Integrated social protection systems: Enhancing equity for children* (New York).

—. 2012b. *Children under the age of three in formal care in Eastern Europe and Central Asia: A rights-based regional situation analysis* (New York).

—. 2013. *The State of the World's Children* 2013: *Children with disabilities* (New York).

—. 2015a. *Unless we act now: The impact of climate change on children* (New York).

—. 2015b. *Social Monitor: Social protection for child rights and well-being in Central and Eastern Europe, the Caucasus and Central Asia* (New York).

—. 2016a. *Mapping the global goals for sustainable development and the Convention on the Rights of the Child* (New York).

—. 2016b. *The State of the World's Children* 2016: *A fair chance for every child* (New York).

—. 2017. *Building the future: Children and the Sustainable Development Goals in rich countries* (Florence, UNICEF Office of Research – Innocenti).

—; WHO; World Bank Group. 2017. *Levels and trends in child malnutrition: joint malnutrition estimates* (New York, Geneva and Washington, DC).

UNRISD (United Nations Research Institute for Social Development). 2010. *Combating poverty and inequality: Structural change, social policy and politics* (Geneva).

—. 2016. *Policy Innovations for Transformative Change: UNRISD Flagship Report 2016* (Geneva).

UN Women (United Nations Women). 2015. *Progress of the world's women* 2015-2016: *Transforming economies, realizing rights* (New York).

van der Hoeven, R. 2010. *Labour markets trends, financial globalization and the current crisis in developing countries*, UNDESA Working Paper No. 99 (New York, UNDESA).

van Panhuys, C.; Kazi-Aoul, S.; Binette, G. 2017. *Migrant access to social protection under Bilateral Labour Agreements: A review of 120 countries and nine bilateral arrangements*, Extension of Social Security (ESS) Paper Series No. 57 (Geneva, ILO).

Vaughan-Whitehead, D. (ed.). 2014. *Is Europe losing its soul? The European Social Model in times of crisis* (Geneva, ILO).

—. 2016. *Europe's disappearing middle class? Evidence from the world of work* (Geneva, ILO; Cheltenham, Edward Elgar).

Washington Group on Disability Statistics. 2016. *The Washington Group short set of disability questions.* Available at: www-washingtongtoup-disability.com

Wening Handayani, S. (ed.). 2016. *Social protection for informal workers in Asia* (Manila, Asian Development Bank).

WFP (World Food Programme). 2013. *State of School Feeding Worldwide* 2013 (Rome).

—. 2017. *How school meals contribute to the SDGs: A collection of evidence* (Rome).

Whitehouse, E. 2012. *Adequacy (1) Pension entitlements, replacement rates and pension wealth*, World Bank Pension Indicators and Database: Briefing 3 (Washington, DC, World Bank).

WHO (World Health Organization). 2010. *The World Health Report: Health systems financing: The path to universal coverage* (Geneva).

—. 2017. *World Health Statistics* 2017: *Monitoring health for the SDGs* (Geneva).

—; World Bank. 2011. *World Report on Disability* (Geneva and Washington, DC).

World Bank. 1994. *Averting the old age crisis: Policies to protect the old and promote growth*, World Bank Policy Research Report No. 13584 (Washington, DC).

—. 2012. *Resilience, equity and opportunity: The World Bank's Social Protection and Labor Strategy* 2012-2022 (Washington, DC).

—. 2014. *Productive Safety Net Program Phase* 4: *Enhanced social assessment and consultation* (Washington, DC).

—. 2015. *The State of Social Safety Nets* 2015（Washington, DC）.

—. 2016a. *Poverty and Shared Prosperity* 2016: *Taking on inequality*（Washington, DC）.

—. 2016b. *Forever young? Social policies for a changing population in Southern Africa*（Washington, DC）.

—. 2016c. *Live long and prosper: Aging in East Asia and Pacific*（Washington, DC）.

国际统计和数据来源

ADB (Asian Development Bank). 2017. Social Protection Index. Available at: http://spi.adb.org/spidmz/index.jsp [1 June 2017].

CISSTAT (Interstate Statistical Committee of the Commonwealth of Independent States). 2017. WEB Database Statistics of the CIS. Available at: http://www.cisstat.com/0base/index-en.htm [1 June 2017].

ECLAC (Economic Commission for Latin America and the Caribbean). 2017. Statistics and Indicators: Social Public Expenditure. Available at: http://estadisticas.cepal.org/cepalstat/WEB_CEPALSTAT/Portada.asp?idioma=i [1 June 2017].

ESSPROSS (European System of Integrated Social Protection Statistics). 2017. Living Conditions and Welfare: Social Protection. Available at: http://appsso.eurostat.ec.europa.eu/nui/show.do?dataset=spr_exp_gdp&lang=en [8 June 2017].

Eurostat. 2017. Pensions Beneficiaries Data. Available at: http://appsso.eurostat.ec.europa.eu/nui/show.do?dataset=spr_pns_ben&lang=en [1 June 2017].

GSW (Government Spending Watch). 2017. Spending Data. Available at: http://www.governmentspendingwatch.org/spending-data [1 June 2017].

HelpAge International. 2017. Social Pensions Database. Available at: http://www.pension-watch.net/about-social-pensions/about-social-pensions/social-pensions-database/ [29 May 2017].

ILO (International Labour Office). 2014. Social Health Protection, Statistical Annexes. Available at: http://www.ilo.org/gimi/gess/ShowTheme.action?th.themeId=3985 [1 June 2017].

—. 2010-17. Social Protection Monitor. Available at: http://www.social-protection.org/gimi/gess/ShowWiki.action?id=3205 [1 June 2017].

—. 2017. EPLex: Employment Protection Legislation. Available at: http://www.ilo.org/dyn/eplex/termmain.home?p_lang=en [26 May 2017].

—. ILOSTAT. 2017. Available at: http://www.ilo.org/global/statistics-and-databases/lang--en/index.htm [1 June 2017].

—. 2017. NORMLEX: Information System on International Labour Standards. Available at: http://www.ilo.org/dyn/normlex/en/. [1 June 2017].

—. 2017. World Social Protection Database, based on the Social Security Inquiry (SSI). http://www.social-protection.org/gimi/gess/ShowTheme.action? id=4457 [1 June 2017].

IMF (International Monetary Fund). 2017. Government Finance Statistics. Available at: data.imf.org [June 2017].

—. 2017. World Economic Outlook Database. Available at: http://www.imf.org/external/pubs/ft/weo/2013/02/weodata/index.aspx [1 June 2017].

ISPA (Inter-Agency Social Protection Assessments). 2017. SPIAC-B, data obtained from tools' applications in the countries. Available at: http://ispatools.org/ [1 June 2017].

ISSA (International Social Security Association); SSA (US Social Security Administration). Various dates. Social Security Programs Throughout the World. Available at: http://www.ssa.gov/policy/docs/progdesc/ssptw/ and https://www.issa.int/en_GB/country-profiles [20 June 2017].

MISSCEO (Mutual Information System on Social Protection of the Council of Europe). 2017. Comparative Tables. Available at: http://www.missceo.coe.int/ [1 June 2017].

MISSOC (Mutual Information System on Social Protection/Social Security). 2017. Available at: http://www.missoc.org/ [1 June 2017].

OECD (Organisation for Economic Co-operation and Development). 2017. Health Statistics. Available at: http://www.oecd.org/els/health-systems/health-data.htm [1 June 2017].

—. 2017. SOCR: Social Protection Recipients Database. Available at: http://www.oecd.org/social/recipients.htm [26 May 2017].

WHO (World Health Organization). 2015. Global Health Observatory Data Repository (GHO): Health Financing and Global Health Workforce Statistics. Available at: http://apps.who.int/nha/database/Select/Indicators/en; definitions for out-of-pocket expenditure on health as % of total health expenditure available at: http://apps.who.int/gho/indicatorregistry/App_Main/view_indicator.aspx? iid=3105 [9 Mar. 2015].

—. 2017. Global Database on Child Growth and Malnutrition. Available at: http://www.who.int/nutgrowthdb/database/en/ [June 2017].

—. 2017. Global Health Expenditure Database: National Health Accounts. Available at: http://apps.who.int/nha/database [1 June 2017].

World Bank. 2015. Global Consumption Database: Health. Available at: http://datatopics.worldbank.org/consumption/sector/Health [27 Feb. 2015].

—. 2017. World Development Indicators. Available at: http://data.worldbank.org/data-catalog/world-development-indicators [18 June 2017].

—. 2017. Pensions data. Available at: http://web.worldbank.org/WBSITE/EXTERNAL/

TOPICS/EXTSOCIALPROTECTION/EXTPENSIONS/0,contentMDK:23231994~menuPK:8874064~pagePK:148956~piPK:216618~theSitePK:396253,00.html[1 June 2017].

—. 2017. Women, Business and the Law. Available at: http://wbl.worldbank.org/[1 June 2017].